U0668062

抗日战争时期中国人口伤亡和财产损失调研丛书

主　编　李忠杰

副主编　李　蓉　姚金果

　　　　霍海丹　蒋建农

抗日战争时期华侨人口伤亡和财产损失

黄晓坚　编著

中共党史出版社

图书在版编目(CIP)数据

抗日战争时期华侨人口伤亡和财产损失/黄晓坚编著.—北京：中共党史出版社，2016.1

(抗日战争时期中国人口伤亡和财产损失调研丛书/李忠杰主编)

ISBN 978-7-5098-3229-5

Ⅰ.①抗… Ⅱ.①黄… Ⅲ.①抗日战争—华侨—损失—史料—中国 Ⅳ.①K265.06

中国版本图书馆 CIP 数据核字(2015)第 197538 号

出版发行：中共党史出版社
责任编辑：姚建萍
复　　审：陈海平
终　　审：汪晓军
责任校对：龚秀华
责任印制：谷智宇
责任监制：贺冬英
社　　址：北京市海淀区芙蓉里南街6号院1号楼
邮　　编：100080
网　　址：www.dscbs.com
经　　销：新华书店
印　　刷：北京汇林印务有限公司
开　　本：170mm×240mm　1/16
字　　数：569 千字
印　　张：29.5　16 面前插
印　　数：1—2550 册
版　　次：2016 年 1 月第 1 版
印　　次：2016 年 1 月第 1 次印刷

ISBN 978-7-5098-3229-5
定　　价：62.00 元

此书如有印制质量问题，请与中共党史出版社出版业务部联系
电话：010—82517197

《抗日战争时期中国人口伤亡和财产损失调研丛书》

本课题在中共中央党史研究室室委会领导下进行。先后三位时任主任孙英、李景田、欧阳淞对本课题给予了重要指导。

主　编　李忠杰

副主编　李　蓉　姚金果　霍海丹　蒋建农

参加审稿的领导和专家：

一、中共中央党史研究室领导和专家

曲青山　孙　英　龙新民　陈　威　石仲泉

谷安林　张树军　黄小同　黄如军　李向前

陈　夕　任贵祥　郑　谦　王　淇　黄修荣

刘益涛　韩泰华

二、有关部门和单位的专家

李景田（第十二届全国人大常委、民族委员会主任委员；中共中央党史研究室原主任；中共中央党校原常务副校长）

何　理（中国人民解放军国防大学少将、教授、中国抗日战争史学会会长）

支绍曾（中国人民解放军军事科学院少将、原军事历史研究部副部长、研究员）

罗焕章（中国人民解放军军事科学院研究员）

刘庭华（中国人民解放军军事科学院原军事历史研究部研究室主任、研究员、博士生导师、首席军史专家）

阮家新（中国人民革命军事博物馆原副馆长、研究员）

步　平（中国社会科学院近代史研究所原所长、研究员）

汤重南（中国社会科学院世界历史研究所研究员、中国日本史学会名誉会长）

姜　涛（中国社会科学院近代史研究所研究员）

荣维木（《抗日战争研究》原主编）

郭德宏（中共中央党校党史教研部原主任、教授、博士生导师）

肖一平（中共中央党校党史教研部教授）

杨圣清（中共中央党校党史教研部教授）

李东朗（中共中央党校党史教研部教授、博士生导师）

徐　勇（北京大学历史系教授、博士生导师）

李良志（中国人民大学中共党史系教授）

王桧林（北京师范大学教授、博士生导师）

谢忠厚（河北省社会科学院原现代史研究所所长、历史研究所顾问、研究员）

中共中央党史研究室课题组成员

李忠杰　霍海丹　李　蓉　姚金果　李　颖

王志刚　王树林　杨　凯

《抗日战争时期中国人口伤亡和财产损失调研丛书》

总　　序

中共中央党史研究室副主任　李忠杰

发生在20世纪三四十年代的中国人民抗日战争，是中华民族抵抗日本帝国主义侵略的一场规模巨大的战争，是世界反法西斯战争的重要组成部分和东方主战场，是近代以来中国反对外敌入侵第一次取得完全胜利的民族解放战争。中国人民抗日战争的胜利，成为中华民族由衰败走向振兴的重大转折点，也对世界各国人民取得反法西斯战争的胜利、争取世界和平的伟大事业产生了巨大影响。

这场战争，作为世界反法西斯战争的一部分，从根本上来说，是反法西斯正义力量与法西斯侵略势力之间的一场大决战，是文明与野蛮的一场大搏斗。日本侵略者，站在法西斯阵营一边，不仅与中国人民为敌，而且与世界人民为敌，肆意践踏人类的公理和正义，企图以残暴杀戮的手段，将中华民族置于自己的铁蹄之下。日本侵略者先后占领了中国、东南亚、南亚、大洋洲许多国家的领土，杀害居民，掠夺物资，强征劳工，施放毒气，蹂躏妇女和儿童，毁坏和窃取文物，造成了大量人员和财产的损失，给中国人民和亚洲其他许多国家人民留下了巨大的创伤，给世界文明造成了空前的破坏。

中国是受战争摧残最为严重的国家。从1931年到1945年的14年间，日本侵略者先后占领了东北、华北、华中、华南等大片中国最重要的经济政治文化战略地区。在整个战争进程中，日军到处屠杀、焚烧、抢掠、奸淫，使中国人民的生命财产惨遭蹂躏；大量使用生化武器，进行残酷的细菌战和化学战；把大批中国平民和俘虏当作细菌和毒气的试验品；对无辜的中国平民施放毒气，或在河流、湖泊、水井中投毒；掠走大批中国劳工，强迫他们筑路、开矿、拓荒，从事大型军事工程，使其大批冻、饿、病、累而死；强征中国妇女作为“慰安妇”，严重残害妇女的身心健康；对抗日根据地实行“烧光、杀光、抢光”政策，企图摧毁抗战军民起码的生存条件；在许多地方还制造了一系列触目惊心的大惨案。直至今天，日本侵略所造成的后果还难以完全消除，日军遗留的毒气弹还不时地威胁着中国人民的生命安全。

日本侵略者的罪行，违背了起码的人类良知和国际公法，不仅是对人权和人道主义的践踏，而且是对人类文明的挑战。它决不是如某些日本右翼分子所说是解放亚洲和太平洋地区人民的行动，而是亚洲和太平洋地区历史上最黑暗的一幕，是人类文明史上的一场浩劫。第二次世界大战结束后，根据《波茨坦公告》的规定，远东国际军事法庭在东京对日本首要战犯进行了国际审判，确认侵略战争为国际法上的犯罪，策划、准备、发动或进行侵略战争者为甲级战犯。此外，盟军还在马尼拉、新加坡、仰光、西贡、伯力等地，对日本的乙、丙级战犯进行了审判。中国也先后对日本的有关战犯进行了审判。这些审判，与欧洲的纽伦堡审判一起，使发动侵略战争的罪犯受到了应有的惩处，代表了全世界一切爱好和平人民的共同愿望。这是正义的审判，历史的审判！这一审判的结果是不容挑战的！

策划和制造当年这场战争的，是一小撮日本军国主义和法西斯分子。而日本人民，从根本上来说，也是受害者。所以，日本人民也用不同方式对这场战争进行了抵制和反抗。不少参加侵华战争的士兵认识到战争的性质，幡然悔悟，积极参加了国际和日本国内的反战活动。战后，很多人勇敢面对历史事实，以见证人的身份揭露了日本军国主义的罪行。还有很多当年的士兵，真诚忏悔战争的罪行，以实际行动推动世界和平和中日友好，做了很多有益的工作。他们的良知和勇气，应该得到充分的肯定和赞赏。

相反，日本国内一些右翼势力，直到今天仍然否认侵略战争的性质和罪行，竭力推卸侵略战争的责任。对早已由当年远东国际军事法庭作出严正判决的南京大屠杀一案，始终企图翻案。历史不容改变，事实岂能抹杀！企图歪曲历史，掩盖罪行，这是中国人民绝对不能同意的！

中国人民在当年那场战争中的胜利，是正义战胜邪恶、光明战胜黑暗、进步战胜反动的伟大胜利！是正义的胜利、人民的胜利、和平的胜利！既是中华民族永远值得纪念的胜利，也是世界人民永远值得纪念的胜利！但是，在纪念胜利的同时，我们不要忘记，这一胜利是用极为惨重的代价换来的。在这一伟大胜利的背后，是中华民族遭受的巨大人员伤亡和财产损失！中华民族，既为这场战争的胜利作出了巨大的贡献，也在这场战争中付出了巨大的民族牺牲。

1995 年，江泽民同志在首都各界纪念抗日战争暨世界反法西斯战争胜利 50 周年大会上，对当年日本侵略中国造成巨大人口伤亡和财产损失的基本数据作出了重要表述。2005 年，胡锦涛同志在纪念中国人民抗日战争暨世界反法西斯战争胜利 60 周年大会的讲话中，再次郑重宣布，据不完全统计，在抗日战争期间，中国军民死伤 3500 多万人；按 1937 年的比值折算，中国直接经济损失 1000 多亿美元，间接经济损失 5000 多亿美元。中国领导人公开宣布的基本数据，从整体上揭示了中国人口伤亡和财产损失的规模，有力地揭露了日本军国主义侵略的罪行。

数据，是历史的抽象。数据的背后，是大量的事实、确凿的证据，是无数人们的惨痛记忆和血泪控诉。为了更直接、更具体、更全面、更系统、更立体地还原当年的历史，展示中国人民遭受的灾难和损失，揭露日本军国主义的罪行，驳斥日本右翼势力否认侵略罪行的种种言论，我们必须通过更多档案资料的展示、历史文书的挖掘、具体事实的考查、当事人的证词证言、各种各样的物证书证，等等，将侵略者的罪行昭告天下。因此，作为炎黄子孙，作为郑重的历史工作者，有必要、有责任、有义务、也有权利对战争期间中国的人口伤亡和财产损失进行更加系统、详尽、具体的调查研究，将当年中国人民的巨大牺牲和惨重损失永远地记载下来。

这项调查研究工作，本来在抗日战争结束之后，或者在新中国成立时，就应该进行。但由于种种历史原因，未能系统、全面地进行。由于年代久远，资料散失，在世的证人越来越少，现在进行这方面的调查和研究已经有很大困难。但是，无论早晚，这项工作总得有人来做。现在才做，已经晚了几十年。但如果现在再不做，将来就更晚，也更困难了。所以，无论再困难，做，都是必要的。做好这项调研，是对历史负责、对人民负责、对当年的牺牲殉难者负责、对我们的子孙后代负责。根本上，是对整个中华民族负责，也是对国际社会和人类文明负责。

因此，2004 年，中央党史研究室决定开展《抗日战争时期中国人口伤亡和财产损失》的课题调研。从 2005 年开始，组织全国党史部门围绕这一重大课题，开展了系统深入的调研工作。其基本任务，是按照实事求是的原则，调查更加详实、有力、具体、准确的档案、材料、事实，更加清楚准确地掌握日本军国主义的侵略罪行，更加清楚准确地掌握日本侵略在各个不同领域、地区和方面对中国造成的破坏和损失。其中包括：各个省、自治区、直辖市在抗战中的人口伤亡和财产损失情况；历次重大战役战斗中中国军队伤亡的情况；日本从中国掠走各种资源的情况；日本从中国掠走和破坏文物的情况；日军在中国制造的一系列重大惨案；中国劳工的损失情况；中国妇女遭受日军性侵犯的情况，包括“慰安妇”的情况；日军在中国使用细菌武器、化学武器及其造成伤害的情况；日本侵略在其他方面给中国造成破坏的情况；等等。

课题调研的整体布局，实行块块和条条的结合。每个省、自治区、直辖市党史研究室，主要负责把本区域内的情况调查清楚。也可根据实际情况，选择一些重点，进行专题性的调研，形成专题性的研究成果。一些重要专题，单靠某个省（自治区、直辖市）做不了，就采取条条的办法，组织专题性的调研。还有一些，则是条条与块块相结合。如毒气，日军在不同区域使用过，有关的省（自治区、直辖市）都调查。但作为一个专题，由相关的区域进行协调，配合开展调研工作，并形成专项的调研成果。如劳工、性侵犯等，就大致属于这种类型。

课题调研的方式方法，主要是查阅和搜集档案文献资料，包括不同历史时期的统计报表。同时查阅当时有关的报刊资料，查阅多年来涉及有关地方、有关课题的研究成果。对一些特殊的重大事件，特别是重大惨案等，也同时进行社会调查，对当事人、知情人、有关研究人员等进行走访，记录证词证言。对于特别重要的事件，有条件的，还进行必要的司法公证，如南京大屠杀、潘家峪惨案等，使这些调查都成为在法律上可以采信的证据。根据需要与可能，也到国外境外包括台湾地区查阅搜集档案资料。

中央党史研究室进行了大量组织和指导工作。在课题确定前，首先进行了必要的论证，得到了许多专家的支持。随后，制定了详细的工作方案，向各省、自治区、直辖市党史研究室发出正式通知和实施意见，明确了工作的指导思想、组织领导、调研项目、工作步骤、基本要求、注意事项等等。为了提高认识，振奋精神，交流经验，落实措施，专门召开了工作培训会议，就课题的总体规划、调研方法、需要把握的问题等，作了全面部署，特别是提出了把调研工作做成“基础工程、精品工程、警世工程、传世工程”的要求。多年来，一直分阶段、有步骤地把这项课题调研推向前进。有关领导和专家分别到各地参加会议，指导培训，提出要求，统一规格，解答疑难问题。在调研过程中，随时就有关问题进行具体指导。工作班子及时编发简报和简讯，交流情况和经验。

各级党委和政府高度重视。多数地方成立了由党史研究室领导负责的课题组。各地先后召开工作会议、电话会议等，培训人员，落实任务。许多地方形成了由党史研究室牵头，档案、民政、财政、司法、地方志、社科院以及高校等部门单位联合攻关的局面，保证了调研工作扎扎实实、有计划有步骤地向前推进。

《抗日战争时期中国人口伤亡和财产损失》课题调研先后经历了六个阶段。第一，酝酿启动。第二，全面调研。这是最重要的阶段。各地组织专门人员，查询档案，实地走访，搜集了大量资料。第三，起草报告。凡参加调研的县以上单位，都要在搜集整理、考证研究档案文献资料和进行实地调查的基础上，写出调研报告，全面、准确地反映调研成果。同时，将调研中搜集的档案文献资料进行分类整理，制作统计表、大事记和人员伤亡名录等。第四，分级验收。为保证调研成果的科学性、准确性、严肃性，各省、自治区、直辖市调研报告都要经过四级验收。首先由课题领导小组审查通过，然后聘请所在省份资深专家审读验收，合格后报送中央党史研究室课题组。中央党史研究室课题组审读各省、自治区、直辖市的调研报告及相关调研成果，认为合格后，再聘请有全国影响的专家审读，写出书面意见并亲笔署名。根据审读意见，各地都要反复认真进行修改，只有达到规定要求才能通过验收。第五，上报成果。完成调研工作的省、自治区、直辖市，都按统一要求，将调研中收集的档案文献资料等所有文件，精心整理，分类成册，向中央党史研究室提交调研成果。各市县也要逐级向省级报送。第六，反复审核。中央党史研究室召开审稿会，组织各省、自治区、直辖市按照标准自审，相互间互审，将各种材料进行比对，将有关数据核实，解决带有共性的问题，进一步统一标准、统一规范、统一格式。

这项课题调研，作为一项浩大的工程，到目前为止，进行了将近10年之久。前后共有60多万党史工作者、史学工作者和其他各类有关人员参加。将近10年来，各个地方都周密组织，采取有力措施推动工作开展，保证调研质量。如山东省，先在30个县（市、区）进行试点，然后在全省普遍推开，形成了纵向省市县乡村五级联动、步调一致，横向十几个部门优势互补、携手攻关的工作格局。课题调研期间，山东省参加工作的同志共查阅档案238742卷，复印档案资料406912页，查阅抗战期间及战后出版的书刊61301册（期），复制文献资料220177页。走访调查8万余个行政村、609万名70岁以上（即1937年全国性抗战爆发以前出生）老人中的507万余人，收集证言证词79万余份。拍摄照片资料7376幅、录像资料49678分钟，制作光盘2037张。全省1931个乡镇，每个乡镇都建立了包括证人证言证词、伤亡人员名录、财产损失清单、人员伤亡和财产损失数字统计、人员伤亡和财产损失大事记、重大惨案证据材料以及证人和知情人口述录音、录像、照片等内容的抗战时期人口伤亡和财产损失材料卷宗，共12892个。

这项课题调研，也得到了社会各界特别是档案图书部门、专家学者的普遍支持。许多档案馆、图书馆为这次调研提供各种方便。不少专家学者在教学科研任务繁重、经费困难的情况下，承担专题研究任务。有的外请专家利用学校假期全力以赴做课题，缺少交通工具，就以自行车代步或徒步，到档案馆和图书馆查阅文献资料。

为了扩大搜寻面，中央党史研究室还组织查档小组，分赴美国、俄罗斯、日本，搜集了许多抗战史料。很多地方的课题组都到台湾查档。在台北“国史馆”、中国国民党党史馆、“中央研究院”近代史研究所档案馆等，找到了数量巨大、整理比较细致的抗战档案。台北“国史馆”馆藏的国民党在大陆统治时期行政院赔偿委员会档案，涉及抗战时期中国人口伤亡和财产损失的有8924卷，内容十分翔实具体。既有中央机关、军队系统人口伤亡和财产损失情况，也有地方省、市，县、区和个人填报的资料，包括台湾地区和华侨的档案资料。新疆防空委员会也报送有财产损失材料，如修筑防空工事、疏散费等财产损失。重庆市报送有日机空袭慰恤重伤难胞姓名卡，上面有卡号、伤员姓名、性别、年龄、籍贯、受伤时间、受伤地点、犒金额、发犒金时期、所住医院名称、医院地址、入院时间等，受伤部位还配有图片加以说明。所有这些，为查明当时各方面的人口伤亡和财产损失，提供了重要证据。

这项重大课题调研的成果，均编成《抗日战争时期中国人口伤亡和财产损失调研丛书》公开出版，为国内外学者提供并为子孙后代留下一份关于抗战时期中国人口伤亡和财产损失的系统资料。经过验收、审核合格的调研报告和主要档案文献资料，都按统一体例，编辑成为丛书的A、B两个系列。A系列为各省、自治区、直辖市各一本调研成果，以及若干重要专题的调研成果，由中央党史研究室负责审核。B系列为各省、自治区、直辖市的其他大量调研成果，由各省、自治区、直辖市党史研究室负责审核。全部成果统一设计、统一规格、统一版式、统一编号，由中共党史出版社统一出版。全部出齐之后，将有300本左右。

为了集中反映日本侵略者在中国制造的各种重大惨案，我们专门编纂了一套《抗日战争时期全国重大惨案》，收录抗战时期死伤平民（或以平民为主）800人以上的重大惨案100多个，配以档案、文献、口述及照片等作为历史证据。日本一些右翼分子，常常攻击中国为什么不拿出伤亡人员名单。我们专门安排了一个省，即山东省，公布该省具体的伤亡人员名录（第一批先公布该省100个县＜市、区＞的死难人员名录），包括姓名、籍贯、年龄、性别、伤亡时间等多项要素。以此说明，中国的伤亡人员都是有根有据、铁证如山的。

历史的生命在于真实、客观、准确。《抗日战争时期中国人口伤亡和财产损失》这一课题调研的生命也在于真实、客观、准确。所以，在开展这一课题调研的过程中，我们始终把保证调研质量，保证所有材料、事实、成果的真实性、客观性和准确性放在第一位，并在五个重要环节上严格要求、严格把关。第一，严格要求。一开始就明确规定，课题调研工作坚持实事求是的原则和科学严谨的态度。整个调研工作必须尊重历史事实。档案怎么记录的，就怎么记载，不能随意改变。当事人、知情人怎么说的，就怎么记录，不能随意加工。所有的材料、事实都要经得起法律上和学术上的质证。在需要与可能的情况下，对当事人、知情人的证词证言要进行司法公证。各种数据，都要确有根据，不能随便编排、采信。不许追求任何高数字、高指标。第二，统一规范。对课题调研的项目、内容，都做了认真细致的研究，提出了统一要求和严格规范。对全部调研项目设计了统一的表格，对调研报告的内容和格式做了统一规定。每个数字的内涵外延，包括如何计算、如何换算等等，都有明确的规定。事前对调研人员进行了培训。调研过程中，对没有理解的问题、疑难的问题等，都由专家给予统一的解释、说明。第三，责任到人。对所有参与课题调研的人员，都实行责任制。查档的、笔录的、整理的、起草调研报告的、审读的……，每个环节的人员都要签名，以对这一环节自己的工作负责，对子孙后代负责。明确规定，今后凡遇到质疑，有关环节的调研人员都要能够站出来进行证明、解释和辩论。第四，客观撰写。在汇总情况、起草调研报告阶段，要求所有的数据统计都必须客观、真实、准确。一律用事实说话，材料要具体、实在。不允许像写文艺作品那样来写调研报告；不允许作任何想象、编造和煽情性的描写；不允许刻意追求语言的生动华美；不允许使用任何带有夸张性、主观推断性的文字；不允许用“不计其数”、“无恶不作”这类抽象的形容词来概括相关内容；经过调研，凡是能够说清的事实、数字都予采用，但仍然说不清的情况、数据，就客观地说明未查核清楚，在汇总和整理数据时充分考虑这些因素，绝对不得编造数字。第五，逐级验收。除了在调研过程中由特聘的专家随时给予指导外，对各地提交的调研报告和相关材料，都实行逐级验收制度。其中，对省级调研成果实行由地方到中央的四级验收，其他调研成果由有关省、自治区、直辖市党史研究室组织验收。每一验收环节都要有专家审读、签字。凡存在问题和不符合要求之处，都要退回重新核查和修改。

经过艰苦努力，到 2010 年底，我们在深入调研的基础上，初步编出了几十本成果，先行印制了少量样本作为内部工作用书，组织力量作进一步的研究、审读、复查、校核。从 2014 年初开始，我们又组织展开了新一轮较大规模的审核工作。第一，召开有关省、自治区、直辖市党史部门参加的审稿会，进一步提高认识，明确规范，听取相互评审以及从社会各方面听到的意见，对审核工作提出要求，进行部署。第二，开展自审、复核、修改，确保准确无误。同时在各省、自治区、直辖市党史部门之间交叉审读，相互间进行比较、核对、衔接。自审互审完成后，都要确认是否具备正式出版的质量水准，签署是否同意交付出版的意见。第三，由中央党史研究室组织专家，对所有拟第一批出版的成果（书稿）进行六个环节的审读、检查、修改、校对，不仅检查是否还有表述不够准确或不够清楚的地方，而且对各本书稿之间、每本书稿各个部分之间的内容、叙述、时间、数字等进行统筹检查，排除表述不一致的内容。第四，如实客观地说明我们工作尽最大努力后达到的程度。始终强调，凡是已经清楚的，就清楚表述。还没有搞清楚的，就如实说明还没有搞清楚。某些数据、结论与其他书籍资料不完全一致的，则说明我们是依据什么材料、从什么角度得出和叙述的，不强求一致。第五，组织各地党史部门继续参与审核。凡有疑问的，都与有关地方党史部门联系、查核。多数省、自治区、直辖市都派专人来京参与审核、修改、校对。审核完毕后，又组织各地党史部门对自己书稿的清样再次进行审核。然后再按出版流程交付印制。今年以来对这些成果再次进行如此繁密、细致的复核工作，都是为了进一步保证成果的质量，保证历史事实的真实性和准确性。

特别需要强调的是，开展这项调研，不是为了简单汇总、计算这样那样的数据，而是为了寻找、展示更多的档案、更多的材料、更多的人证物证、更多的历史事实，用具体的事实来反映当年中华民族遭受的巨大灾难，揭露日本侵略者反人类的罪行。时隔几十年，很多数据难以查清，很多数据可能不很吻合，而且数据的分类、统计、核算都极为复杂，远远不是简单做一做加法就能算出来的。所以，我们在数据上采取了十分谨慎的态度。能统计出来的就统计出来，难以统计的也不强求。统计的口径、结果相互有差别的，也注意说明。今后，我们将会对数据问题作进一步研究。因此，目前的研究还只是阶段性的，不能说已经包罗万象，更不是最终的结论。总体上，还是在为今后更加综合性的研究提供一个详尽、扎实的基础。

由于自始至终都高度重视和强调调研的质量，所以，对于这一项目的真实性、客观性、准确性，我们有充分的信心。当然，无论如何，历史已经过去了六七十年，很多当事人已经去世，很多档案资料已经散失。现在再对发生在六七十年前的灾难进行大规模的调查，其困难是可想而知的。所以，即使做了最大的努力，我们仍然充分预计在调研成果及有关材料中，还是会有不足和差错之处，出版之后，肯定会有不同意见。所以，我们真诚地欢迎所有看到这些调研成果的人们，对其中的内容、材料、数据等进行审查、讨论。如此，必将有更多的人们关心和参与对当年那场灾难的调查，必将会提供和发现更多的档案、更多的资料、更多的见证，必将对我们调研成果中的很多内容进行不断的推敲琢磨，从而使我们能够更加准确、系统地展示当年中国的人口伤亡和财产损失，使我们为子孙后代留下的资料更为完整、更为丰富。我们也欢迎日本和其他国家的人们对这些调研成果进行阅读、审查、讨论、质疑。如此，将会有更多的国家和人们关注中国当年所遭受的灾难，也将会有更多的存留于国外境外的档案资料出现在公众面前，也将会使对当年这段历史和灾难的记录、研究更加准确和科学。

《抗日战争时期中国人口伤亡和财产损失》课题调研，是一项学术性的工作。开展这项课题调研，是为了更加准确和详尽地记录这场战争和灾难的历史，更加充分和有力地揭露日本军国主义的侵略罪行、反击日本右翼势力否认侵略战争的言行，更加充分和有效地进行爱国主义教育，毋忘国耻、振兴中华，更加积极地促进两岸交流、推进祖国和平统一进程，同时，也是为了给全世界所有关注当年这场战争和灾难的国家、政府和人们一个更加负责任的交代，为子孙后代继续研究当年中国人民抗日战争和日本军国主义的侵略罪行留下一笔丰富翔实的历史遗产。因此，虽然是学术性调研，但具有重大的历史意义、现实意义、国际意义、政治意义。作为历史工作者，我们有责任、有义务，实事求是地把中华民族在那场战争中蒙受的巨大灾难和损失尽可能完整地记载下来。推动和开展这项课题调研，是良心所在，是责任所在！每每读到那些令人震颤的历史事实，每每想到那数千万死难者的冤魂亡灵，每每掂量我们今人特别是历史工作者的责任，我们都禁不住潸然泪下。将近10年来，所有调研人员本着对历史和民族负责的精神，殚精竭虑，无私奉献，千方百计寻找各种线索，逐字逐页翻阅档案资料。为了做好对当事人、知情人的调查取证工作，顶酷暑，冒严寒，深入村镇，一家一户进行走访。也许，随着时间的流逝，这样的调研工作，以后再也不可能如此全面深入大规模地进行了。所以，对于能够基本完成这一课题的调研，我们极为欣慰，对能够取得今天这样的成果，我们极为珍惜。将近10年来，调研工作遇到过重重困难，调研人员付出了巨大心血，但只要能够对国家、对民族、对人民有一个负责任的交代，我们所有的努力、辛劳甚至痛苦都是值得的！

现在，《抗日战争时期中国人口伤亡和财产损失调研丛书》A系列第一批成果就要正式出版了，随后我们还将根据工作进程陆续出版第二批、第三批……B系列丛书的编纂和出版工作也将同时推进。而且，这项课题调研工作远没有结束。截至目前课题调研取得的成果，都还是阶段性的、部分的、不完全的成果。很多专题性调研还要继续进行，对大量档案资料还要进行分析研究。所有这些，都还需要我们继续不懈地努力。我们将以对历史负责的精神，一如既往地将这项课题调研工作做好。

历史，是现实的基础，更是未来的起点。打开尘封的记忆，重温昔日的往事，我们可以得到很多的启示和教诲，增长很多的聪明和智慧。所以，研究历史，形式上是向后看，但根本目的是向前看。作为一种科学的研究，我们调查历史的真相，记录历史的灾难，不是为了延续旧时的仇恨，不是为了扩大中日之间的裂痕，不是为了煽动狭隘民族主义的情绪，而是为了以史为鉴，不让历史的悲剧重演；面向未来，书写更加友好合作的美好篇章。经历了太多的苦难和挫折之后，我们更加坚定地热爱和平，更加执着地追求正义，更加珍惜国家的主权与独立，也更加关注世界的文明发展和进步。我们真诚地希望，世界各国能够携手努力，平等协商，求同存异，友好相处，共同推进世界的发展，共享人类文明的成果；我们真诚地希望，中日两国人民能够更多地加强交流、理解和合作，共同开辟中日关系的新局面，使中日关系更加健康稳定地向前发展，使中日两国人民真正世世代代地友好下去；我们真诚地希望，中华民族能够始终以坚韧不拔的努力，坚定不移地走和平发展之路，在中国特色社会主义旗帜下全面建设小康社会，努力实现社会主义现代化，为推动建设一个和平发展、文明进步的世界作出自己的贡献！

2014 年 4 月 30 日

《抗日战争时期中国人口伤亡和财产损失》课题[1]调研工作规范和要求

2004年，中共中央党史研究室决定开展《抗日战争时期中国人口伤亡和财产损失》课题调研。2005年向全国各省、自治区、直辖市党史研究室发出开展此项工作的正式通知，进行相应部署，着重说明工作的指导思想、调查项目、实施步骤及规范和要求。以后又随着课题调研的深入开展，对规范和要求进行了补充和完善。

一、课题调研的基本任务

抗战损失课题调研的目的和任务是深化对抗日战争时期中国人口伤亡和财产损失的研究。1995年，在首都各界纪念抗日战争暨世界反法西斯战争胜利50周年之际，江泽民同志曾经对20世纪三四十年代日本侵略中国造成巨大人口伤亡和财产损失的基本数据做出了重要表述。2005年，在纪念中国人民抗日战争暨世界反法西斯战争胜利60周年大会的讲话中，胡锦涛同志再次郑重宣布，据不完全统计，在抗日战争期间，中国军民伤亡3500多万人；按1937年的比值折算，中国直接经济损失1000多亿美元、间接经济损失5000多亿美元。中共中央党史研究室组织开展的课题调研，旨在全面详尽调查有关抗日战争时期中国人口伤亡和财产损失的具体事实，为这组基本数据提供强有力的史实支撑，并不是简单地做数据统计。

---

① 本课题亦简称为抗战损失课题或抗损课题。因为抗日战争时期及抗战胜利后国民政府统计人口伤亡和财产损失多采用“抗战损失”等概括性提法，其中将人口伤亡也称作抗战损失之一种，与财产损失并提，故沿用这一表述。

课题调研的基本任务是：按照实事求是的原则，经过广泛、全面、深入细致的调查研究，包括查阅搜集档案资料、对统计数据进行分析等，获得更多的证据，以更加全面和准确地揭露日本帝国主义侵略中国的罪行及其对中国人民造成的伤害。

课题调研的主要内容包括：(1)各个省、自治区、直辖市在抗战中的人口伤亡和财产损失情况；(2)历次重大战役战斗中中国军队伤亡的情况；(3)日本从中国掠走各种资源的情况；(4)日本从中国掠走和破坏文物的情况；(5)日军在中国制造的一系列重大惨案；(6)中国劳工的损失情况；(7)中国妇女遭受日军性侵犯的情况，包括“慰安妇”的情况；(8)日军在中国使用细菌武器、化学武器及其造成伤害的情况；(9)日本侵略在其他方面给中国造成破坏的情况；等等。

二、课题调研的方式和方法

主要是组织有关人员查阅和搜集档案馆、图书馆和其他文博单位以及民间保存的有关中国抗战人口伤亡和财产损失的档案资料、报刊杂志、历年出版的专题资料集和发表的研究成果。对一些特殊、重大的事件如重大惨案，则走访当事人、知情人和有关研究人员，进行录音录像，整理和保存证人证言，有条件的还进行司法公证，努力使这些调查材料成为在法律上可以采信的证据。有些省份的课题组还到境外的有关机构查阅相关档案资料，作为对大陆保存的档案资料的丰富和补充。这次课题调研的整体布局，实行块块和条条相结合。每个省、自治区、直辖市党史研究室在负责开展地区性的广泛调研的同时，也从实际出发开展一些专题性调研。一些重要的、涉及多个地方的带有全局性的专题，则另组织专家进行调研。

三、对搜集档案资料的要求

1. 明确搜集档案资料的范围。搜集档案资料是本课题调研工作的基础，调研成果的质量也主要决定于档案资料是否翔实，是否尽可能完整和全面。所以，凡相关内容的档案资料，不论是直接反映人口伤亡和财产损失的，还是间接反映的（如关于人口状况、财产状况、生产能力、各类资源情况等资料），都尽量搜集，作为撰写调研报告的客观的历史依据。搜集的要件有：档案、报刊、史志、时人日记、专著专论、实地调查报告、图片、影像资料以及出版、发表的研究成果等。

2. 认真整理原始档案和资料。对于搜集到的档案资料，不论是来自原始的档案，还是来自报刊、史志、日记、图书、专题论文等，都认真整理，每份每件都注明保存的地点、单位，文件卷号、出版或发表处等，然后分类汇总，妥善保存。档案资料使用时一律保持原貌，必要时作注释说明，不允许对原件内容增改、涂抹。对搜集到的档案资料要在分门别类整理的基础上进行必要的考证、鉴别和研究。整理后的档案资料，不仅是有关课题承担者撰写课题调研报告的重要依据，其主要内容也作为附件收入有关的调研成果之中。

四、有关数据统计中的几个问题

1. 根据搜集、掌握资料的情况，抗日战争时期中国的人口伤亡分为直接伤亡和间接伤亡两大类。直接伤亡，一般是指日本侵略中国的战争直接导致的中国方面人员的死、伤、失踪等；间接伤亡，一般是指在日本侵略中国的战争包括特定战争环境中造成的中国方面被俘捕人员、灾民、难民、劳工等的伤亡。抗战期间，被俘捕人员、灾民、难民、劳工等伤亡很大，但由于其流动性大等复杂原因，很难形成具体数据资料，统计起来十分困难。因此，本课题调研中，将已确定属于死、伤或失踪的被俘捕人员、灾民、难民、劳工的数据归入有关地方间接伤亡统计数据；无法确定是否伤亡失踪的，可视情况单列相关数据并加以说明。需要补充说明的是，在战争中失踪者，按通常惯例归为死亡。

2. 抗日战争时期中国的财产损失分为直接损失和间接损失两大类。直接损失，一般是指在日军攻击、轰炸或掠夺中直接造成的社会财产损失。居民财产损失列为直接损失。间接损失，一般包括：(1)政府机关等因抗战需要而增加的费用，如迁移费、防空设备费、疏散费、救济费、抚恤费等；(2)各种营业活动可获利润额的减少及由于成本上升等增加的费用；(3)有关伤亡人员的医药、埋葬等费用；(4)为抗战捐献的物资和钱财；(5)有关人力资源的损失。总之，一切因战争造成的间接财产损失均包括在内。

3. 在财产损失中所列的人力资源类损失，包括了被俘捕人员、劳工等在财产方面的损失。中国各级政府所组织的劳役，例如为战争修筑公路、机场、军事工事等抽调民工，都算作人力资源损失。但中国方面征用民工和日本侵略军强征劳工有所区别。日军强征劳工的伤亡率很高，和中国方面征用民工民夫的情况区别很大，因此要分别统计和说明，不能混淆。

4. 中国军队在重大战役战斗中的人员伤亡，分别情况加以统计处理。此次课题调研以统计平民伤亡为主。有关省（自治区、直辖市）如发现有本地发生过军队人员伤亡的重要资料，可以搜集整理并在调研报告中说明，但不计入本地人口伤亡总数。若是本地籍军人的伤亡，则计入本地人口伤亡总数。

5. 海外华侨拥有中国国籍，因此在计算抗日战争时期中国人口伤亡和财产损失时，华侨人口伤亡和财产损失均计算在内。各有关地方在计算本地人口伤亡和财产损失时，视情况可以将本地籍华侨的伤亡、损失计入统计数据总数，亦可单列数据并加以说明。

6. 工厂、学校、机关团体等由于战争原因搬迁造成的损失，算作间接损失，原则上由工厂、学校、机关团体等原所在地方统计。如果原所在地方缺少相关资料，新迁移处具备资料条件，也可由后者统计。为避免交叉和重复，遇到这类情况须特别加以说明。

7. 政党、政府机构的财产损失，归入公用事业的社会团体类财产损失一并计算。

8. 被日军、日本占领当局无偿征用、占用的中国耕地，按农作物的产量及其价值计算财产损失。

9. 伪军、伪政府的人员伤亡和财产损失，一般计入中国人口伤亡和财产损失。

10. 由战争原因导致的如黄河花园口决堤一类重大事件所造成的人口伤亡和财产损失，计算在间接人口伤亡和财产损失中。

11. 重大的财产损失，均以相应数额的货币反映价值。反映财产损失的货币一般要注明币种。

12. 通常用于抗日战争时期财产损失统计的货币（主要是法币），币值问题非常复杂。本课题调研中，涉及财产损失统计的货币数据，有条件进行折算的，一般按1937年即全国抗战爆发当年通用货币法币的币值进行折算，并说明折算的方式方法。因条件不具备，保留原始数据未作折算的，则注明有关数据中用以反映财产损失的货币系何种货币、何年币值。

五、关于撰写课题调研报告的要求

本次课题调研，有关课题组和承担专门课题的专家均按要求撰写出调研报告。

1. 各省、自治区、直辖市课题组撰写调研报告，内容大致分为概述、主体、结论三部分。

概述部分主要包括：介绍课题调研工作的基本情况，如：投入多少力量，到过什么地方查阅搜集档案资料，搜集了多少档案资料等。反映本地的自然地理概况，抗战爆发前的经济社会发展和人口状况，以及在抗战时期是重灾区还是大后方，是沦陷区还是根据地等。叙述日本侵略者在本地的主要罪行。还可简略回顾以往相关课题的资料和研究情况。

主体部分主要包括：分析说明本地人口伤亡和财产损失情

况。根据现掌握资料，将本地抗战时期人口伤亡分为直接伤亡和间接伤亡，将本地财产损失分为直接损失和间接损失，并分别说明主要的史料依据和分析结果。

结论部分，汇总本地人口伤亡数据、财产损失数据。据实说明迄今所掌握资料的局限性、本地遭受人口伤亡和财产损失的特点、影响等。

撰写调研报告依据的主要资料以及调研中同步完成的专题研究报告等，作为调研报告的附件，纳入课题调研成果中。

2. 由一批专家承担的全局性专门课题，如抗日战争时期重大惨案、劳工问题、“慰安妇”问题、细菌战、化学战、文化损失、海外华侨人口伤亡和财产损失、中国军队伤亡、重要战役战斗伤亡等，其调研报告的撰写和附件的收录，参照以上要求进行。

六、对调研成果的验收

在各省、自治区、直辖市课题调研工作结束后，完成的包括课题调研报告在内的省级调研成果和市、县等调研成果，要装订成册，通过审阅和验收，逐级上报，送交各省、自治区、直辖市党史研究室和中共中央党史研究室分别保存。

为确保质量，在调研过程中形成的各省、自治区、直辖市A、B两个系列书稿（省级调研成果为A系列书稿，市、县等调研成果为B系列书稿），要分别通过验收。其中，省级调研成果要通过由地方到中央的四级验收，市、县等调研成果则在有关省、自治区、直辖市内验收。

省级调研成果上报验收前，课题组先认真进行自审，以保证内容的完整准确，特别是调研报告和有关专题研究报告、资料、大事记的内容和数据要互相补充、印证，不能互相矛盾。课题组完成自审后，省级调研成果首先报送省级抗战损失课题领导小组验收。省级课题领导小组审查通过后，送省级专家验收组验收。省级专家验收组参加验收的专家一般为3—5人，人选来自党史系统、社会科学院和社科联系统、档案史志部门、高等院校等方面，为较有影响力、权威性的专家。省级专家验收组在本省（自治区、直辖市）课题领导小组的指导下，按照学术规范的严格要求和有关规定审读、验收本省（自治区、直辖市）拟提交中共中央党史研究室的省级调研成果。验收的主要标准和目的是确保调研成果的准确性、可靠性。对于验收中指出的问题、提出的意见和建议，各省（自治区、直辖市）课题组须采取有效措施解决和落实。对一次验收不合格的，修改、完善之后进行第二次以至多次验收，直到合格为止。省级专家验收组验收合格后，填写《A系列书稿验收报告表》。填写的报告表和书稿同时报送中共中央党史研究室课题组。

中共中央党史研究室课题组收到经省级专家验收组验收合格的省级调研成果后，先进行验收。认为合格后，再聘请国内知名专家进行验收，并填写《A系列书稿验收报告表》。验收中所提修改意见，由有关省、自治区、直辖市课题组予以逐条落实，对调研成果做出相应修改或者说明相关情况。

由一批专家承担的全局性专题研究成果，最后形成的书稿也纳入A系列，其验收也参照上述程序和要求，由中共中央党史研究室课题组组织有关专家进行。对于验收中提出的意见，承担课题的专家要逐条落实，对调研成果进行修改完善直至合格为止。

最后，中共中央党史研究室课题组对经过反复修改形成的省级调研成果和全局性专门课题调研成果进行复核。完成各项程序并符合要求的调研成果，包括通过四级验收的A系列书稿和由有关省、自治区、直辖市党史研究室组织验收并合格的B系列书稿，分批次送交中共党史出版社付印出版。

中共中央党史研究室课题组

荷属东印度归侨、八路军120师第6支队骑兵营女政治教导员李林烈士。1940年4月26日在山西平鲁反“扫荡”战斗中，为掩护部队、群众突围而英勇牺牲，时年24岁。

菲律宾归侨、新四军沈尔七烈士。曾多次到海外宣传抗日、筹集军需物资，1942年牺牲于广东东江游击区。

泰国归侨、东江纵队著名的“革命夫妻”钟若潮、王丽烈士。

奔驰在滇缅路上的南洋华侨机工

回国参加抗战的华侨飞行员。左起："中国战鹰"陈瑞钿、马鸿安、苏英祥（阵亡）、"虎将"黄泮扬、战斗英雄黄新瑞(阵亡)、陈锡庭（殉职）。

广东台山故乡人民为中国空军抵抗外侮捐躯第一人黄毓全建立的纪念碑

坐落在云南昆明西山公园的南洋华侨机工抗日纪念碑。该碑由云南省人民政府所立，建成于1989年7月7日，以此纪念南洋华侨机工回国参战的赤子功勋。

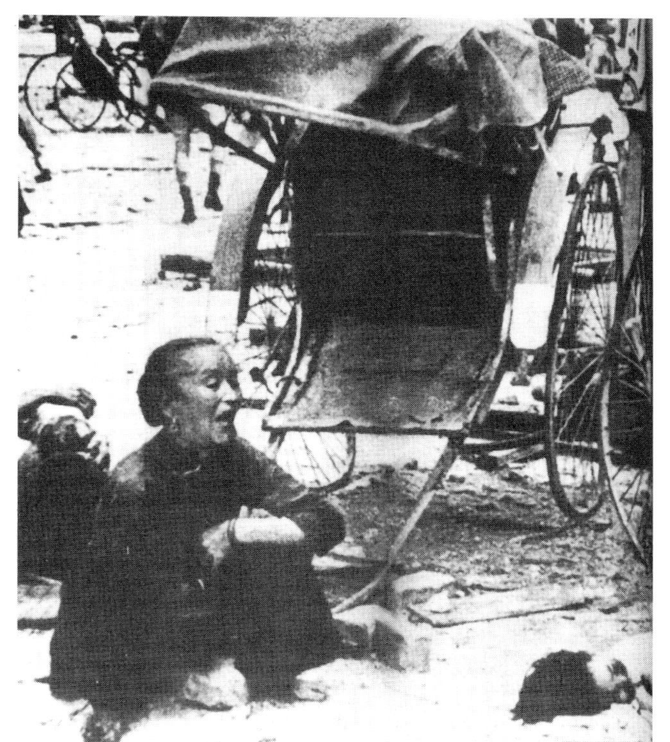

面对被炸毙的孩子，老妇人不禁号啕大哭。据估计，新加坡在被日军占领前，全岛有数以万计的平民死于日机空袭。

1942年2月，日军对新加坡华侨进行“检证”屠杀，数以万计的无辜华侨集体被害。此为小坡大马路左侧古墓巷口“检证”情形。

一位日本军官挥动军刀，准备砍下这个平民的头

日军宪兵在严刑拷打逼供抗日嫌疑分子

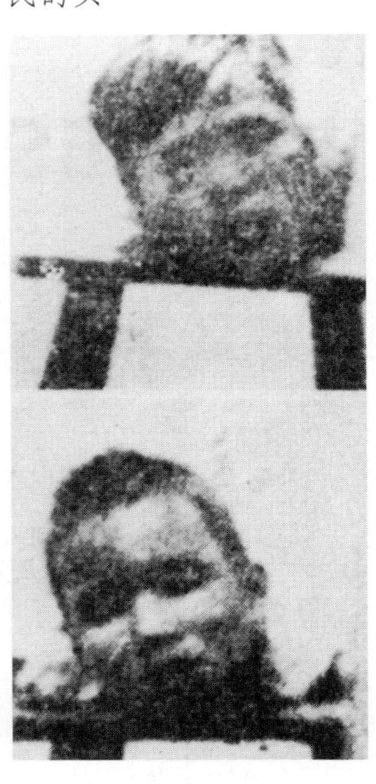

吉隆坡爪哇街人头

死于日军“检证”的新加坡华侨尸骸

从新加坡实乞纳惹兰培本挖掘出来的遗骸，总共有200多瓮

马来亚槟榔屿占梅岗上发掘出的遇害者尸骨，分装66箱，计全尸16具，腿骨790具，头颅破裂者331具。总数在1000人以上。

马来亚槟榔屿华侨收集殉难尸骨，在芭都丁宜掘出因受潮而凝成泥团的骷髅，唯捆绑手足之青索仍坚韧如初

马来亚森美兰被害华侨的部分尸骨

马来亚沙巴州群众为在纳闽狱中殉难的170名亚庇神山抗日游击队员遗骸举行公葬

第二次世界大战马来亚柔佛州华侨殉难烈士公墓

马来亚柔佛州新山殉难侨胞公墓

1942年3月9日，日军南侵时在马来亚柔佛州埔莱港永成园集体屠杀华侨200余人。1945年冬，当地华侨集资建立纪念碑三座。

1951年11月11日11时落成揭幕的马来亚华侨抗战殉职机工罹难同胞纪念碑（陈勇摄影）

马来亚雪兰莪华侨机工回国抗战殉难纪念碑

雪蘭莪華僑機工回國抗戰殉難紀念碑銘

中華民國二十六年七七事變倭寇禍發蹂躪神州我國政府頒發總動員令全面抗戰職彼僑叙南島華僑紛起響應組織籌賑機構從事救國運動斯時沿海各地均被封鎖敵患日深我國政府為增強長期抗戰力量計遂設闢滇緬公路為運輸孔道以資接濟惟戰區遼廣輜重運輸急如星火駕車人材須盡量羅致方克奏功本會奉命遴拔精於技術華僑遣送回國肩此重任抗戰八年沐雨櫛風備嘗艱苦卒獲最後勝利完成光榮任務生還者固受獎南歸死者則名留史蹟此種愛國精神至為可風爰為之銘曰

機工技能　駕輕就熟
機工勤劬　風塵僕僕
機工任務　滇緬往復
不畏天險　褒斜綰轂
禍生陡變　喪身寒谷
為國犧牲　誰不敬服
自來殉國　必有紀錄
勒之豐碑　永誌芳躅

雪蘭莪華僑籌賑祖國難民委員會立

中華民國三十六年十一月三十日

马来亚雪兰莪华侨机工回国抗战殉难纪念碑碑文

2007年9月1日落成于森美兰州汝来孝恩园的马来亚抗日英雄纪念碑（陈勇摄影）

矗立在新加坡海滨女皇道之林谋盛烈士纪念塔

每年2月15日沦陷纪念日，新加坡蒙难家属纷往日本占领时期死难人民纪念碑祭奠

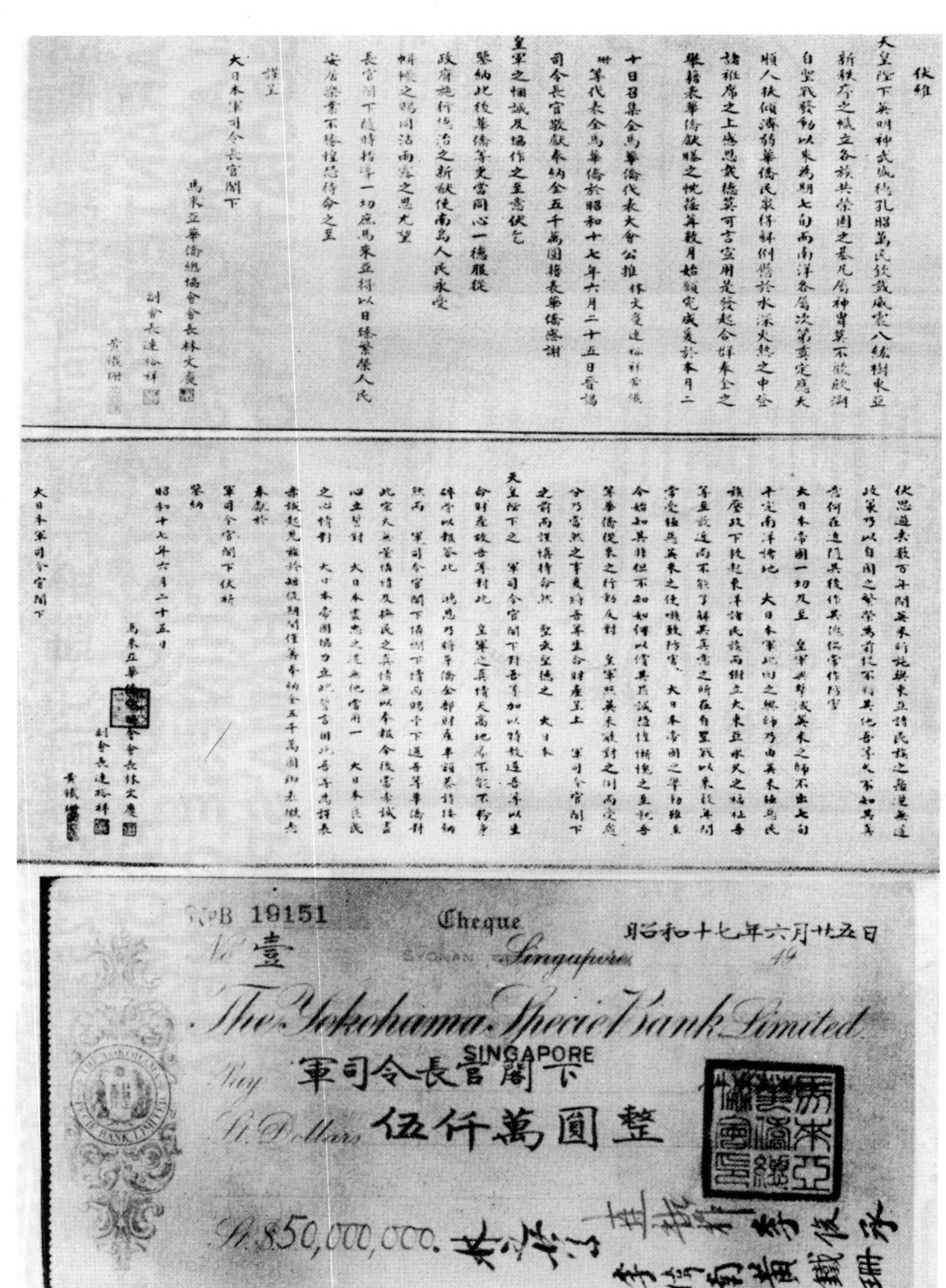

伏維
天皇陛下英明神武威德孔昭萬民欽戴威震八紘樹東亞
新秩序之幟立各族共榮圈之基凡屬神胄莫不欣欣渊
自聖戰發動以來為期七旬而南洋各屬次第奠定感大
順人扶傾濟弱華僑民衆得解倒懸於水深火熱之中登
諸衽席之上感恩戴德莫可言宣用是發起合群奉金之
舉藉表華僑獻曝之忱荏苒數月始覩完成爰於本月二
十日召集全馬華僑代表大會公推林文慶連裕祥黃鐵
珊等代表全馬華僑於昭和十七年六月二十五日晉謁
司令長官敬獻奉納金五千萬圓藉表華僑感謝
皇軍之悃誠及協作之至意伏乞
鑒納此後華僑等更當同心一德服從
政府施行德治之新猷使南島人民永受
帡幪之賜同沾雨露之恩尤望
長官閣下隨時指導一切庶馬來亞將以日臻繁榮人民
安居樂業不勝惶恐待命之至
謹呈
大日本軍司令長官閣下
馬來亞華僑總協會會長林文慶
副會長連裕祥
黃鐵珊

伏思過去數百年間英米所施與東亞諸民族之壓迫無道
政策乃以自國之繁榮為前提不顧其他吾等久不知其吾等
當何在連隨其後作其殖民掌作陷害
大日本帝國一切及至 皇軍與暴戾英米之師不出七旬
平定南洋諸地 大日本軍此回之興師乃由英米手中解放民
族屢救下援起東亞諸民族而樹立大東亞永久之福祉吾
等豈敢違而不能了解其真意之所在自聖戰以來數年間
常受極惡英米之使嗾致陷害 大日本帝國之聖訓雖至
今始知其非但不知如何以償其罪誠惶誠恐之至就吾
等華僑從來之行動反對 皇軍與英米共對之[illegible]而受處
分乃當然之事更將吾等生命財產呈上 軍司令官閣下
之前而謹待命然 聖武聖德之 大日本
天皇陛下之 軍司令官閣下對吾等加以特赦還吾等以生
命財產於吾等對此 皇軍之真情天高地厚不能不粉身
碎骨以報答此 鴻恩乃將華僑全部財產中籌募特捐納
然而 軍司令官閣下情恤下情而明于下還吾等華僑對
此寬大無量情及撫民之真情無以奉報今後當奉誠盡
心立誓對 大日本實為之建無他當用一 大日本民
之心情對 大日本帝國協力並此誓言因此吾等為特表
赤誠起見茲於短促期間僅籌奉納金五千萬圓仰表獻
奉獻於
軍司令官閣下伏祈
鑒納
昭和十七年六月二十五日
馬來亞華僑總協會會長林文慶
副會長連裕祥
黃鐵珊
大日本軍司令官閣下

日军强迫马来亚华侨“捐献”5000万元马（叻）币“奉纳金”的支票及献词原文（中为按日军要求修改后被批准的献词）

日本占领当局在马来亚地区强制发行的军用票全套（一）

日本占领当局在马来亚地区强制发行的军用票全套（二）

1942年1月菲律宾马尼拉陷落后，著名侨领、华侨抗敌会领导成员于以同等10人被日军逮捕，备受酷刑，始终不肯附敌，惨遭杀害。图为烈士纪念堂及所立附有烈士事略的遗像。

烈士家属在菲律宾八位遇害中国外交官骨骸发掘现场

坐落在仙沓古律士市的菲律宾华侨抗日游击支队烈士纪念碑

1979年4月落成的菲律宾华侨抗日烈士纪念碑，用以纪念“抗反”、“华支”、“抗锄”、“迫击”等团体抗日烈士

左起：菲律宾迫击团三九九部队、华侨青年战时特工总队、华侨战时血干团及华侨抗日义勇军烈士纪念碑

苏门答腊先达日本法西斯监狱旧址的围墙和岗亭

1988年落成的苏岛（苏门答腊）“九二零”烈士纪念碑

苏门答腊神山游击队烈士名碑

1946年9月20日，棉兰举行苏岛（苏门答腊）抗日反法西斯殉难志士追悼大会，灵堂上摆放着烈士遗照

在东印度群岛（今印尼）的武吉丁宜山区，日军修筑一处长5000米、深40米的地道，工程尚未竣工日本即已投降，但参与工程的战俘和劳工全遭杀害。图为该地道的大门。

印尼日据期间，在加里曼丹和榴莲港机场屠杀或活埋华、印人士约21037人。图为活埋场地之一。

西加里曼丹惨遭日军杀害的部分华侨烈士骸骨

被日本宪兵杀害的著名文人郁达夫

新加坡“勤劳奉仕”队员在收集废铁

西加里曼丹邦加华侨抗日烈士纪念碑

1939年11月21日，泰国中华总商会主席蚁光炎因从事抗日救国活动遭日伪暗杀。图为泰国华侨公祭蚁光炎先生大会场面。

日军强迫盟国战俘和强征东南亚华侨、劳工修筑的穿越泰缅森林的“死亡铁路”

目　录

总序

《抗日战争时期中国人口伤亡和财产损失》课题调研工作规范和要求

一、抗日战争时期华侨人口伤亡和财产损失调研报告*

20 世纪三四十年代，日本帝国主义野蛮入侵中国，并随后发动太平洋战争，海外华侨与国内人民一样遭受到空前的劫难，蒙受了重大的人口伤亡和财产损失。最近 20 余年以来，我国有不少学者对华侨与抗日战争问题进行了较为系统的研究，取得了丰硕的成果①，但受华侨地区分布广泛、受灾情况复杂等因素的制约，迄今尚未见到关于抗战时期华侨人口伤亡和财产损失情况的较为系统、深入的研究成果面世。

华侨是旅居国外的中国人，是中华民族不可分割的重要组成部分。弄清海外侨胞及归侨战时人口伤亡和财产损失情况，对于全面、准确地了解和统计抗战时期中国人口伤亡和财产损失，无疑具有重要的意义。

（一）调研工作概述

本专题调研任务由中共中央党史研究室于 2006 年初发函商得中国侨联同意后，直接委托笔者负责进行。

接受此项调研任务后，笔者即以高度负责的精神，着手进行前期准备，具体调研工作则始于是年 3 月份。从 2006 年 3 月至 9 月，主要以笔者多年来从事华

---

* 本书编著者黄晓坚，1961 年 8 月生于福建建瓯，北京大学历史学学士（1983 年）、硕士（1991 年），现任韩山师范学院研究员，中国华侨历史学会副秘书长。

① 仅专著即有：曾瑞炎：《华侨与抗日战争》，四川大学出版社 1988 年版；任贵祥：《华侨第二次爱国高潮》，中共党史资料出版社 1989 年版；任贵祥：《华夏向心力——华侨对祖国抗战的支援》，广西师范大学出版社 1993 年版；黄慰慈、许肖生：《华侨对祖国抗战的贡献》，广东人民出版社 1991 年版；黄小坚、赵红英、丛月芬：《海外侨胞与抗日战争》，北京出版社 1995 年版。

侨与抗日战争专题研究的积累和中国华侨华人历史研究所资料室所藏资料为基础，做了一些著作、忆述、档案资料的调研和搜集工作，其间曾赴南京中国第二历史档案馆查阅、复制相关档案。是年10月，专程赴厦门南洋研究院、广州暨南大学华侨华人研究所搜集资料，补充了一些内容。在上述调研工作的基础上，笔者断续撰写调研报告，并于2007年2月完成初稿；资料汇编亦于2007年3月着手进行，历时月余基本完成有关资料的复印、编排工作。此后，笔者又陆续对书稿进行多次修订，特别是2014年12月，多次前往台北“中央研究院”近代史所档案馆和台北“国史馆”，查阅国民政府外交部档案和赔偿委员会微卷，又获得了一批有价值的档案资料，对已有的华侨抗损资料作了重要的补充。

经过笔者的努力，共搜集到有价值的档案资料23份（套）、著作资料44份、忆述资料9份，以及大量的国内外有关研究成果。经过对上述资料、成果的分析和研究，最终形成如下结论：抗战时期海外华侨及归国华侨的人口伤亡为41.4694万人；财产损失为22.1093856亿元美金，另加33.55亿元国币、123.2326万镑、145万盾，以及大量捐献物资（以上财产损失数多为历年累计及不完全统计）。[①]

（二）抗战时期海外华侨及归国华侨的人口伤亡和财产损失情况

1. 战前华侨人口和经济状况

（1）人口数量及地区分布

海外华侨社会的主体是经由鸦片战争后和第一次世界大战后两次大规模移民潮的累积而逐渐形成的，他们主要是出洋务工的男性单身汉，即华工。根据有关统计资料，抗日战争时期（1931—1945年）海外华侨人口为756万人（此数字不包括香港、澳门华人及未加入日籍的台湾华人，当时国民政府亦将他们列为华侨）。详见下表。

① 此处货币单位，“国币”为法币，“镑”为英镑，“盾”为荷兰盾，下同。

抗战时期华侨人口分布略表

侨居地	华侨人口	占华侨总人口（%）	调查时期	侨居地	华侨人口	占华侨总人口（%）	调查时期
亚　洲	7,217,222	95.5%		美　洲	209,039	2.8%	
暹　罗	2,500,000		1939 年	美　国	80,613		1943 年前
英属马来亚	2,358,335		1940 年	加拿大	46,000		1944 年前
荷属东印度	1,344,809		1937 年	澳　洲	63,835	0.8%	
越　南	462,466		1940 年前	澳大利亚	17,000		1941 年
缅　甸	193,594		1937 年	欧　洲	55,364	0.7%	
菲律宾	117,463		1941 年	非　洲	14,893	0.2%	
英属北婆罗洲	68,034		1938 年				
日　本	18,811		1943 年	总　计	7,560,353	100%	

资料来源：根据国民政府侨务委员会编《三十五年度侨务统计辑要》第 30—42 页表格整理。

由上可知，华侨主要分布在亚洲，尤其以东南亚居多，其后依次是美洲、澳洲、欧洲和非洲。太平洋战争期间，日军南侵东南亚，战火连绵，残忍疯狂地报复屠杀支持祖国抗战的华侨，华侨群体遂与日本侵略者形成正面冲突的态势，导致华侨人口的重大伤亡。

（2）从业及资产情况

战前华侨在海外谋生，大多从事务工、务农、经商，还有少量从事专业工作，除极少数华侨资本家较为富有外，较之于当地主流社会，总体经济状况不甚理想，多数人处于贫困状态。不过，与国内相比，华侨居留地区多为资本主义国家或已经纳入资本主义市场的各属殖民地，经济社会发展水平普遍较高，华侨经济状况一般要比国内民众优裕。如在美洲，当时美国、加拿大两国华侨月均所得大约为 120 美元，其他国家华侨 100 美元；在日本，一个普通华侨劳动力月均所得大约为 70 日元。此外，尚有历年积存的工商农业资金及所置产业未计算在内。[①]据国民政府战前调查，仅南洋荷属东印度（今印度尼西亚）、英属马来亚、菲律宾、暹罗（今泰国）、法属越南、缅甸、英属北婆罗洲及日本 8 个国家和地区，华侨即拥有 39.39507 亿美元的财产。[②]

从行业上看，华侨绝大多数都是经营各类商业服务性行业。如在东南亚，华侨从事零售商业的小商小贩很多，也有一些从事中介商业、代理商业，还有

① 华侨革命史编纂委员会编纂：《华侨革命史》，台北正中书局 1981 年印行，第 658 页。

② 中国第二历史档案馆馆藏档案，全宗号一八（2），案卷号 208。

少数经营小型轻工业、中小锡矿场和中小种植园的。在美国，华侨主要从事餐馆业、洗衣业和杂货业，还有少量经营小型轻工业的。华侨经济结构上的这一“重商”的特点，使得他们囤积了一定的物资、积累了一定的资金，但在经历战争、政权更迭的剧烈社会动荡时，易于蒙受巨大的经济损失。日据时期日军大肆搜刮华侨资财，显然还有藉机削弱作为南洋日商竞争对手的华商的经济基础之深层用意。

值得注意的是，在战前，华侨在广东、福建侨乡以及上海等中心城市的投资已经形成一定规模。再者，由于第一代华侨绝大多数为男性单身汉，他们在家乡有父母妻儿需要赡养，即便是那些没有在海外添置产业的普通华工，也都将相当一部分的劳动所得作为侨汇转移给了侨乡亲眷。因此，战时华侨的财产损失，实际上也包括华侨在国内的财产损失。

2. 本专题调查涉及地域及时间起止

（1）中国大陆（1931—1945 年）

因愤于日本侵华，战时有成千上万的爱国华侨回国服务抗战。局部抗战时期，有赴东北、淞沪参战的华侨义勇军；全国抗战时期则更多，有在国民党军队中服役的数百位华侨空军飞行员以及从军校毕业的数以千计的初级军官，有无数服务前线的华侨救护队员，有 3000 多位应募在滇缅公路上运输战略物资的南洋华侨机工（即汽车驾驶员及修理工），还有逾 2000 位分布在延安各单位及华北八路军、华中新四军、华南游击队的华侨进步青年。他们均有不同程度的伤亡。

此外，中国大陆是华侨的故乡，华侨历来与中国大陆有着密切的经济联系和人员往来。特别是在东南沿海的闽、粤两省侨乡及各大中城市，因探视眷属、回国就学及投资兴业等而滞留的华侨不少，其侨汇房屋田产亦较多，受战争影响，其生命财产遭遇伤亡与损失，当为数至巨。尤其是日本发动太平洋战争占领东南亚各侨居地，当地华侨损失极其惨重。许多华侨惨遭屠杀。华侨流离失所，纷纷回国，归国难侨约达 130 万人。其人员伤亡及财产损失，很难确切统计。

（2）日本及朝鲜（1931—1945 年）

在中日战争的背景下，许多旅居日本及其殖民地朝鲜的华侨匆匆返回了祖国，财产蒙受损失。选择继续居留的华侨，则往往受到监视、拘禁、抄家等苛待，生命财产没有保障。

值得注意的是，日本、朝鲜华侨还包括战时被掳去的中国劳工作为无偿征用的劳动力，被迫从事超强度的工作，伤亡较大。

（3）东南亚（1941—1945 年）

太平洋战争爆发后，日军南侵东南亚地区，并进行了为时三年多的野蛮统治。受战争及暴政的波及，华侨生命财产损失极为惨重。

从人口伤亡情况看，影响华侨社会的因素主要有：战争初期日军的轰炸与射杀，如在新加坡、马尼拉和仰光；占领后针对华侨的屠杀，如新加坡大检证、马来亚大肃清、菲律宾屠杀迫害中国外交官和侨领；敌后抗日武装和地下组织成员的伤亡，如新马地区的马来亚人民抗日军（简称“马抗”）、“136 部队”，菲律宾的华侨抗日游击支队（简称“华支”）以及其他华侨抗日武装，北婆罗洲的神山游击队，印尼的华侨抗敌协会（简称“华抗”）和苏岛人民反法西斯同盟（简称“反盟”）；为扑灭抗日武装针对平民的恐怖屠杀，如 1943—1944 年对菲律宾班乃岛平民的暴行；超强度劳役致使非正常死亡，如修筑泰缅“死亡铁路”对民工的迫害；日军投降前夕的报复性杀戮，如在菲律宾马尼拉和吕宋各地进行大规模屠杀，在印尼杀害郁达夫等华侨抗日文化人士；此外，还有对“慰安妇”的虐杀，以及盟军飞机对泰国曼谷等地轰炸引致的伤亡。

从财产损失情况看，影响华侨社会的因素则有：战争初期日军的轰炸与掠夺；占领后对华侨社会的勒索，如新加坡的“奉纳金”、菲律宾的“献金”；滥发及废止军用票造成对华侨物资财产的掠夺；其他苛捐杂税的盘剥；等等。

（4）美国及其他国家和地区（1941—1945 年）

太平洋战争时期，以美国为首的同盟国对日开战。美国大量男性华侨参军参战，他们或参加太平洋地区、东南亚地区的作战，或直接参加援华行动（如参加“飞虎队”作战及“驼峰”航线运输），不少人牺牲在东南亚和中国战场上。

至于财产损失，主要是因战争所造成的间接损失。

需要说明的是，基于当年国民政府的血统主义和双重国籍政策，台湾、香港和澳门地区华人居民一直被视为华侨，而且事实上，战时还有大量海外华侨在该上述地区居留，同样存在着人口伤亡和财产损失问题。据战后中国驻外使领馆调查估计，香港华人居民财产损失达美金 2.772 亿元，为战前华侨原有财产的 50%；人口伤亡达 3.7 万人，为战前原有人数的 4%[①]。不过，考虑到该上述地区作为中国固有领土的特殊性，似不宜将当地华人居民作为华侨对待，何况要将滞留该地区的华侨区别出来，确实也难以做到。因此，本调查没有专门涉及台港澳地区。

---

①《海外华侨战时损失有关资料》，中国第二历史档案馆馆藏档案，全宗号一八（2），案卷号 208。

3. 调查与统计

（1）中国大陆（1931—1945 年）

1）人口伤亡（1993 人）

① 局部抗战时期的华侨义勇军（150 人）

据《抗日救国》杂志报道，东南亚华侨曾组织援马抗日团、抗日铁血团等前赴东北，参加战斗。新加坡抗日铁血团共有 200 多人，结果大都牺牲在东北的疆场上[①]。

淞沪抗战期间，有一支由 252 名华侨组成的“华侨抗日救国义勇军”开赴上海参战，他们分别来自马来亚、菲律宾、荷属东印度、暹罗、缅甸、越南和日本等地。他们组成华侨义勇军第 1 总队，由吴越任总队长，被编入十九路军第 61 师，战斗在闸北、江湾和吴淞一带。其中旅日华侨徐香进在为前线押送作战物资时遇敌机空袭，因坚持不离职守被炸身亡；旅日华侨翁鸿兴在战场上染疾身亡，同属在前线病亡的华侨还有叶公正。除了这支义勇军外，到达上海参战的还有缅甸华侨反日救国总会派出的张家馆义勇队 19 人，等等。原籍广东台山的美国华侨飞行员黄毓全于 1932 年 2 月 6 日驾机参加空战，因飞机失控坠亡，为中国空军为抵御外侮而英勇献身的第一人[②]。

合计伤亡：150 人左右。

② 全国抗战时期国民党正面战场上的华侨（1600 人）

A．国民党军队中的华侨战士（171 人以上）

在国民党军队中，有不少华侨战士。他们有的是被收编的华侨战地服务团成员，有的是从军校中毕业分配去的初级军官，有的是经海外专门机构训练的飞行人才。在残酷的战争中，他们付出了巨大的牺牲。

被誉为“模范童军”的“星洲华侨战地服务团决死队”自返国参加战斗后，曾在京沪战场牺牲队员 9 人；赴西线战场参加游击队后，又有 5 人殉难，结果仅存吴志强、钟英德（女）两人。钟英德因伤重锯去一腿，留西安医治；吴志强身负轻伤，仍表示“一俟伤愈，再赴前线杀敌”[③]。菲律宾华侨青年回国参战也很踊跃，1938 年下半年，广东一役即有 80 名志愿参战，其中 78 人牺牲[④]。

抗战时期投考国民党各类军校受训的华侨青年很多，仅中央军校第四分校第

---

① 参见黄小坚、赵红英、丛月芬：《海外侨胞与抗日战争》，北京出版社 1995 年版，第 84 页。

② 参见黄小坚、赵红英、丛月芬：《海外侨胞与抗日战争》，北京出版社 1995 年版，第 97 页。

③《星童吴志强由港到粤》，《新华日报》1938 年 8 月 8 日。

④ 周南京主编：《华侨华人百科全书・历史卷》，中国华侨出版社 2002 年版，第 141 页。

17 期 26 总队就有 1042 人，他们于 1941 年 9 月至 1943 年间陆续毕业后，服役军中担任初级军官及翻译、谍报等工作。他们有的在桂林会战中阵亡（何殿棠、梁振安），有的参加中国远征军赴缅北作战牺牲（严中坚、张水来），有的被遣送往南洋马来亚、泰国后遇害（李干民、何成彤、林剑鸿），加上在学时因水土不服病故 3 人，死亡人数至少在 10 人以上。[①]云南国立华侨第一中学华侨学生参加远征军担任翻译，牺牲了 25 人。[②]

抗战时期陆续回国投效的华侨飞行员人数也不少，仅美国一地即有 200 人左右（尚不包括随美军赴华作战的华裔军人）。许多华侨飞行员因对敌空战或飞机失事、殉职而牺牲，仅有姓名可查的，就有美国 33 人（不含前述黄毓全），[③]以及马来亚 5 人（林日尊、陈桂林、陈桂文、陈仲达、张鸿藻）、荷属东印度 6 人（梁添成、刘盛芳、陈镇和及许启兴、许启新、许庆娘兄妹），[④]共 44 人以上。

以上计牺牲 171 人以上。

B．南侨机工（1200 人）

南侨机工是南洋华侨汽车驾驶员和修理工之意。1939 年 2 月起，有 3200 余名南侨机工应募回国服务（另据《华侨先锋》1940 年 2 月 16 日所载《建国道上的神行太保——华侨机工》一文的统计，先后回国服务的华侨机工共有 3937 人），他们主要被安排在滇缅公路上运输战略物资。在空袭、疟疾、翻车的重重打击下，他们付出了巨大的生命代价。1942 年 5 月日军从缅甸侵入云南后，滇缅公路中断，机工遭遣散，他们有的死于战火，有的因失业、生活无着而病死、冻死、饿死。一些被盟军驻华总部昆明分部派往泰国、缅甸、越南等地侦查敌情、搞情报工作的机工则不幸被捕牺牲。抗战胜利后，除 1748 人由国民政府协助遣返南洋外[⑤]，近千名机工因故未能成行、留在了国内，余者均牺牲、失踪。

如回国机工总数按 3937 人计，则死亡、失踪的机工约为 1200 人。

C．华侨救护队员及其他战地服务人员（115 人）

抗战时期，有大量华侨救护团体以及战地服务团、记者通讯团、回乡服务团等团体回国助战。他们冒着生命危险深入第一线，许多人为国捐躯。越南华侨童

---

① 胡斯仁：《抗日战争时期华侨青年从军记实——中央军校第四分校的华侨总队》，台湾华侨协会总会编印：《侨协杂志》季刊第六十七期，2000 年 1 月。

② 方雄普、冯子平主编：《华侨华人百科全书·侨乡卷》，中国华侨出版社 2001 年版，第 169—170 页。

③ 国务院侨办、新华社合编：《华侨与抗日战争》画册，2000 年印行，第 160 页。

④ 黄小坚、赵红英、丛月芬：《海外侨胞与抗日战争》，北京出版社 1995 年版，第 320—321 页。

⑤《侨务二十五年》，海外出版社 1957 年版，第 51—52 页。

军战地服务团三批 173 人回国在广东服务，仅仅一个月左右的时间即牺牲 40 人。[①]1938 年，由越南 40 多名华侨与菲律宾 16 名华侨合组的华侨青年战地服务团，在广惠战役中大都阵亡或失散，仅余陈梁栋、许志成 2 人。[②]越南华侨救护队携带大批药品回国，在广东惠州、博罗、增城、龙门、从化一带服务。当日军由大鹏湾进攻时，亦曾失踪团员凡十余人，[③]“回国参战仅数月，其团员之散失或牺牲于敌机轰炸下者，已过半数，所余者 23 人”。[④]广州失陷时，槟城华侨救伤队队员黄金龙在增城之役中丧生，其所率“广州湾华侨救护队”亦有队副及队员多人“为工作过劳长别于世”。[⑤]

以上计死亡、失踪逾 115 人。

合计牺牲、失踪：1564 人。实际数字应达到 1600 人左右，因为像军校毕业后在部队担任初级军官对日作战以及参加中国远征军赴缅作战的华侨的伤亡情况，就限于资料匮乏、没有充分反映进来。

③ 全国抗战时期中国共产党领导的敌后战场上的华侨（309 人）

A. 延安及华北抗日根据地（14 人）

抗战时期在延安学习、工作及参加八路军的华侨青年有 600 人左右，仅在晋绥边区、晋察冀等抗日根据地，已知在与日、伪军作战中牺牲及因公殉职的华侨青年就有陆益、林烈、余自克、梁传燊、庄儒邦、朱田、韩道良、刘振东、谭金洪、刘金宇等人，还有被誉为“民族女英雄”的爪哇归侨李林。印尼华侨青年吴大发从延安分配到冀中敌后抗日根据地做青年抗日先锋队领导工作，1942 年在反“扫荡”战中英勇牺牲。另有朝鲜华侨李小虎、汪庆恩回山东参加八路军后牺牲。[⑥]

以上计 14 人。

B. 华中抗日根据地（254 人）

参加新四军的华侨有 400 人以上，其中为国捐躯的也不少。部分是在对敌作战中牺牲的，如林友映、王崇新等；部分则是因皖南事变而遇难的。皖南事变有 7000 余新四军将士阵亡、被俘和失散（其中被俘 600 余人），按 1/30 的比例估计，

---

① 香港《华侨日报》1937 年 10 月 5 日。

②《华侨战地服务团返国服务牺牲大》，《华侨动员》第 15 期，1938 年 12 月 16 日。

③《华侨志 · 总志》，海外出版社 1956 年版，第 476 页。

④ 新加坡《新国民日报》1939 年 1 月 13 日。

⑤ 中国第二历史档案馆馆藏档案，全宗号二二，案卷号 335。

⑥ 张庆京：《旅朝华侨的爱国主义精神永放光芒》，《吉林省华侨历史学会第二次论文讨论会资料汇编》，转引自杨昭全、孙玉梅：《朝鲜华侨史》，中国华侨出版公司 1991 年版，第 301 页。

阵亡和失踪的华侨有250名左右。在被俘的华侨中，又有李子芳（新四军政治部组织部部长）、陈惠、陈宜、韩秸丰、蒋仁坚等被害牺牲。还有个别华侨如陈国荣、沈尔七等后来随新四军转移到华南抗日根据地坚持斗争，被敌伪、顽军杀害。

以上被日伪和顽军杀害及失踪者计254人（不含被俘遇害者）。

C．华南抗日游击区（42人）

华南东江、琼崖、珠江、潮汕等敌后抗日根据地，是国内著名的侨乡，聚集了数以千计的华侨抗日青年，牺牲的华侨英烈人数最多。已知的即有：在东江地区牺牲的黄自强、钟若潮、陈廷禹、叶凤生、颜金榜、张兴、陈现、陈剑雄、罗一帆（刘荫）、王丽、王密、杨仰生、陈前、黄密、欧仲生、陈耀光、陈志奋、陈显、颜剑虹、卢鸿基、朱金玉等；在琼崖地区牺牲的云大东、何曙东、郑道培、王忠、陈琴、林阿妹、邢毓华、范少怀、范少泊、何郴、符克、朱明、符兰平、陈永炎、范清、黄汉光、陈农、李修校等；在珠江三角洲牺牲的林玩；在潮汕地区牺牲的郑松涛、杜家青等。上述烈士中，有的是被国民党所害，如琼崖华侨回乡服务团团长符克。

以上被日伪和顽军杀害者计42人。

合计牺牲：310人。[①]

④ 归侨平民伤亡（16人）

1942年5月4日，日机轰炸云南保山，国立第一华侨中学侨生伤亡16人。[②]

沿海城市、侨乡中，尚有不少归侨伤亡。太平洋战争爆发后，130多万难侨回国返乡，他们在回国途中及回国后，也有一些伤亡。[③]特别是那些从海外返抵鼓浪屿的华侨，因日军封锁我海口，外国商轮船航期不定，往往等候一两个月还不能返乡，为了避免登入鼓浪屿受日军蹂躏，侨胞常常冒险雇佣帆船趁夜驶至沿海各县区登岸，因而常遭日军抢劫拘杀，或在偷渡时即遭射杀。华侨回乡遭勒索、“种毒药针”的案例，时有发生。

根据以上调查与统计，抗战时期华侨人口在中国大陆伤亡为2071人。考虑到资料掌握不全、遗漏在所难免，上述数字只是不完全统计。若考虑死于敌机轰炸及在沦陷区零星被害的归侨平民，伤亡数当更大。

---

① 参见黄小坚、赵红英、丛月芬：《海外侨胞与抗日战争》，北京出版社1995年版，第367—370页。

② 方雄普、冯子平主编：《华侨华人百科全书·侨乡卷》，中国华侨出版社2001年版，第169—170页。

③ 如南京二档馆全宗廿二（2）102《关于归侨惨遭敌寇杀害的来往文书》（1939年1月至1942年1月），即是侨乡汕头地区有关个案的详情。

2）财产损失（25.55 亿元国币，2.976168 亿美金）

① 华侨在国内投资企业之损失（1.22449 亿元国币）

据研究华侨回国投资的学者调查，自 1862 年华侨开始回国投资企业以还，至 1927 年时，累计投资企业 7299 家、投资金额折合人民币 2.93932407 亿元；至 1937 年时，累计投资企业 19552 家、投资金额折合人民币 5.44587499 亿元；至 1945 年时，累计投资企业 20823 家、投资金额折合人民币 5.72599293 亿元。这些投资除了 1937—1945 年期间主要流向西南及内陆地区外，90%集中在上海、广东和福建。全国抗战期间，上海以及广东、福建两省沿海被日军封锁，广州、汕头、江门、海口、福州、厦门等地于 1937—1940 年间先后沦陷。日军对沦陷区的掠夺、破坏，以及对国民党统治区的轰炸，极大地摧残了中国国民经济包括华侨企业，华侨投资企业的损失无可计量。受灾严重的行业，包括金融业、民信局、商业、旅栈业、工业、农业（橡胶园）、交通业等。[①]其中重要企业的损失情况如下表。

抗战时期国内部分华侨企业损失情况一览表

企业名称	损失原因	损失数额
厦门淘化大同厂	遭日伪拆毁、抢劫、轰炸	占该厂财产的 4/5
上海南洋兄弟烟草公司国内20 多个城市的分厂分销机构		约值战前法币 7,850,402 元
上海永安纺织公司	机器、物料、纱锭被破坏，棉花、棉纱、布匹遭盗窃	约值 2,000 万元人民币
广东台山新宁铁路	遭日机轰炸	资本损失若以 1936 年估计，达港币 3,000 万元以上

资料来源：根据林金枝所著《近代华侨投资国内企业史研究》第 49—50 页材料整理。

根据上述情况推断，全国抗战期间华侨投资于闽粤沪三地企业的资金总数约值 1955 年的 5 亿元人民币。若保守地以损失过半计，则全国抗战时期华侨在国内投资遭受的损失应为 3 亿元人民币左右，相当于 1937 年上半年的 1.22449 亿元国币。

② 华侨在国内购置房屋及财产之损失（1000 万元国币）

战前，华侨在家乡及沿海城市购置有不少房产。战时，这些房产许多处于沦陷区，被日伪侵占并洗劫的情况相当严重。南京二档馆藏有反映此一问题的相关卷宗，如全宗一八一（2）案卷 208《海外华侨战时损失有关材料》就有中国驻苏塔什干、安集延领馆分别报告，该两辖区分别有 700 余人和 1620 余人，抗战前居住东北及河北、山东各地，因不堪日伪压迫逃入苏境，因而丧失全部财产，

① 关于损失的具体状况，厦门大学林金枝教授在其所著《近代华侨投资国内企业史研究》（福建人民出版社 1983 年版）一书中，有详细的叙述。

综计平均每人损失在美金500元左右。全宗三七〇案卷48的《侨务委员会华侨战时财产损失报告表》，也有数十份涉及日本、美国等地华侨在国外及国内房屋财产损失的资料，但因系个案情况，全面损失无从知晓。

③ 侨汇损失（2.976168亿美元[①]）

这方面的损失主要包括两大部分：一是侨乡沦为敌占区后，侨汇被兑换成无价值之伪币“储蓄券”、战后作废造成的损失，寄往“非和平区”的侨汇则遭敌伪退回、扣留甚至焚毁；[②]二是中国沿海侨乡受战事波及和太平洋战争期间邮路不通，华侨大量汇款遗失或无法及时给付，造成巨大损失，以致某些侨乡如广东四邑地区的侨眷断绝生活来源，难以为生甚或饿死不少。这些损失的数额亦无从统计，但参照同一时期历年全国经收的侨汇数量都在几亿元国币至十几亿元国币的幅度，[③]其逐年数量当以亿元国币计。

④ 捐款、购买公债损失（24.22592652亿元国币）

以各种名义和方式捐款支援祖国抵御日本侵略，是抗战时期海外华侨对祖国所做出的最大贡献。从1931年九一八事变后的支援马占山等部东北义勇军抗战，1932年一二八事变后的支援十九路军淞沪抗战，海外华侨都分别自发地给予了数百万元国币以上的捐款。[④]两者合计，当在1500万元国币以上。特别是在1937年全国抗战开始后，华侨普遍成立组织大力募捐，成效至巨。据台湾有关方面统计，全国抗战八年期间华侨捐款总计13.22592652亿元国币。[⑤]这些义捐主要用于中国抗日军队的军费支出，无疑属于华侨财产的间接损失。

全国抗战时期，中国政府在海外发行救国公债等各种债券，华侨踊跃购买，迄至1942年，总数已达11亿元国币之巨，占国民政府发行公债总额的1/3强。[⑥]很多华侨还开展了各式各样的“还债”“焚债”活动，将所购债券献还祖国政府或自行销毁。但所有这些债券，国民政府战后并未真正予以偿还，基本上与捐款无异。

此外，战前华侨在东南沿海侨乡各地捐建的大量学校等公益设施，亦不同程度遭到损毁。如厦门大学、集美学校因轰炸、拆毁造成的损失，加上内迁及复迁的费用，为数甚巨。

---

① 参见《侨汇与捐款》，华侨革命史编纂委员会编纂：《华侨革命史》下，正中书局1981年版，第658—706页。侨汇损失以50%计。

② 如1941年7月22日，厦海关扣留大批自香港邮寄的国币包裹，达700万元以上。

③ 参见黄小坚、赵红英、丛月芬：《海外侨胞与抗日战争》，北京出版社1995年版，第228—232页。

④ 参见黄小坚、赵红英、丛月芬：《海外侨胞与抗日战争》，北京出版社1995年版，第80—82、87—94页。

⑤ 华侨革命史编纂委员会编纂：《华侨革命史》下，正中书局1981年版，第659—660、705—706页。

⑥《华侨抗战的真实写照——中国人民革命军事博物馆抗日战争馆侧记》，《华声报》1985年8月20日。

⑤ 捐献物资损失（无法统计）

战时华侨财产的间接损失，还包括捐献战需物资的损失。捐献的物资范围很广，其大宗物品即有飞机、汽车、寒衣、药品和大米等。但由于许多物资的捐献实际上采用代金并已纳入捐款统计范围，以实物形式捐献的实际数量无法统计及计价，为避免重复计算，在此数量从略。

根据以上调查与统计，抗战时期华侨在中国大陆财产损失为：投资企业的损失大约相当于 1937 年上半年的 1.22449 亿元国币，房屋财产损失大约 1000 万元国币，侨汇损失 2.976168 亿美元，捐款损失为 13.22592652 亿元国币，债券损失 11 亿元国币。

（2）日本及朝鲜（1931—1945 年）

1）日本

① 人口伤亡（6900 人）

自 1931 年九一八事变后，旅日华侨人数即呈现下降的趋势，但直至 1937 年上半年仍有 29311 人。七七事变后，回国人数大增，截止到 1937 年年底，半年间即离境 11723 人，仅余 17588 人。继续留居日本的华侨则受到严厉的排斥和监控，动辄被日本军警以所谓的间谍罪加以逮捕或强行押解出境，人身自由和安全完全得不到保障。

为了肃清华侨社区中的抗日力量，日本警察、宪兵大肆逮捕、关押和毒杀他们认为的嫌疑分子。如 1937 年 9 月 15 日，兵库县警察逮捕了国民党神户支部的杨寿彭等 44 名华侨，经过刑讯，有 19 人被强迫回国，4 名被送入牢狱，其中杨寿彭被暗中毒杀。横滨市的浙江籍钢琴厂老板周让杰被宪兵队刑讯逼供，监禁 3 个月后释放，未几终因伤重致发其他疾病而不治身亡。同年 12 月 12 日，残留在长崎的约 200 名华侨被当地警察局以间谍罪逮捕，但凡成年华侨几乎均遭此难。[①]

至于被日本从华北劫掠到日本从事苦役劳动的近 4 万中国人（包括少数中国战俘和所谓的“通匪”分子），处境更加悲惨。1943 年 4 月到 1945 年 5 月，日本侵略者共从中国掳掠劳工 169 批，人数达 38935 人，根据日本学者田中宏研究，日本实际强征的中国劳工人数为 41758 人，在乘船前死亡 2823 人，实际到达日本 38935 人[②]。1995 年，旅日华侨神户华侨总会会长林同春和中日交流促进会秘书长林伯耀捐资在天津烈士陵园建有“抗日战争时期在日殉难同胞名录墙”，收

---

① 陈昌福：《日本华侨研究》，上海社会科学院出版社 1989 年版，第 88 页。

② 中国人民抗日战争纪念馆公布《强掳中国赴日劳工名录》情况说明，2013 年 9 月 18 日。

录有 6800 名（包括花冈殉难烈士）牺牲华工的名录。[①]

总体估计，日本华侨战时伤亡约为 6900 人（尚不包括乘船前及运输途中死亡的华工）。

② 财产损失（0.108 亿元美金）

受中日交战的影响，旅日华侨的经济活动受到很大的冲击，这在 1937 年七七事变后显得更加严重。首先是，大批商家归国或休业，蒙受巨大经济损失。据日本兵库县外事课 1937 年 12 月 6 日的调查，神户 91 家华侨贸易商中，竟有 23 家归国、50 家休业，只有 18 家（仅占不到 20%）在继续从事对南洋的贸易（当然，这一方面也是因为受到南洋华侨抵制日货运动的影响）。而在 1938 年，神户华侨对南洋贸易额输出减少 1838.16 万日元，输入减少 1098.61 万日元，合计减少了 2936.77 万日元——若按 2%纯利计，损失达 58.7354 万日元。若太平洋战争之前神户华商每年减少的对南洋贸易纯利均照此数，则 4 年达 234.9416 万日元，这还仅仅是神户一地华商损失的对南洋贸易的纯利。考虑到神户华商对南洋的贸易额仅占其全部贸易额的 37.5%（1930 年），大约为神户对南洋贸易额的 1/5，日本对南洋贸易额的 1/10，则日本华商对南洋贸易损失的纯利至少应加倍于此。此外，东京、横滨、大阪地区还存在大量对中国和美洲贸易的华商，再考虑到成千上万普通商家和工人的情况，他们同样面对着全球华侨华人社会抵制日货的浪潮，损失无可计量。

归国的华商，其房屋店铺往往被侵占。而留下的华商，也不得不在“协助东亚新秩序圣业”的幌子下，遭到搜刮。如 1938 年，一些华侨社团发动“献金运动”，搜刮到 9569 日元，这笔钱相当于一个普通华侨劳动力 11.4 年的工资收入。[②]

七七事变后，日本政府为维持庞大的军费开支，实行战时经济统制政策，对华侨经济活动予以严格的限制。1944 年，日本政府又征用华侨到工厂做工，使华侨经济因缺乏劳动力而濒于瘫痪。到了战争后期，日本本土受到盟军飞机轰炸，致华侨财产遭严重损失。如横滨 2000 余名华侨原本被限定居住在中华街，被强令向千叶县三武郡疏散；中华街在美机空袭下化为一堆瓦砾，华侨全部财产荡然无存。[③]

具体损失数目不详。据战后中国驻外使领馆调查统计，“日本华侨受损失者 4936 名，财产损失约日币 68260 余万元”；若按战前华侨原有财产损失率 90%计，

① 方雄普、冯子平主编：《华侨华人百科全书 • 侨乡卷》，第 326 页。

② 陈昌福：《日本华侨研究》，上海社会科学院出版社 1989 年版，第 91—99 页。

③ 陈昌福：《日本华侨研究》，上海社会科学院出版社 1989 年版，第 104 页。

则战时日本华侨财产损失为美金1080万元。[①]

2）朝鲜

① 人口伤亡（1000人）

1910年后朝鲜为日本殖民地，抗战时期（1931年万宝山事件后）有华侨4万人，另有1942年前后从东北、华北被掳去的中国劳工2万人，共6万人。

早在1931年7月，朝鲜华侨就在日本殖民当局的挑拨下，遭遇了大规模的排华惨案，死亡与失踪总数达千人左右。[②]九一八事变后，他们普遍受到歧视和迫害，受到日特、警察等的监视，动辄以思想不良、搞间谍活动的罪名被捕入狱，被害致死或失踪。据统计，1931—1944年间日本殖民当局仅以情报人员罪名逮捕的华侨，就达161人之多。[③]

关于被掳在朝服苦役的中国劳工伤亡情况，未见相关资料，暂缺。

总体估计，朝鲜华侨战时伤亡约为1000人（主要为1931年7月朝鲜排华事件中的伤亡人数）。

② 财产损失（不详）

九一八事变后，在朝鲜的大部分华商都收庄回国了，剩下为数不多的小本商贩和种蔬菜、开饭店、做零工的一些劳动者和华工，受到严重的歧视和迫害，在经济上蒙受损失。七七事变后，情况更加严重。有些华侨收摊回国，资金不准带走，房屋、店铺被殖民者所占据。一些华侨将资金存入英商汇丰银行，被日本当局发现后遭到没收。华工往家乡寄赡家费，先是一次只限20元，后来干脆就不准寄了。财产上的损失，难以计数。[④]

具体损失数目不详。

根据以上调查与统计，华侨在日本及朝鲜均蒙受重大财产损失，但确数难以估计。

（3）东南亚（1941—1945年）

1）英属马来亚（今马来西亚、新加坡）

① 人口伤亡（15万人）

马来亚的华侨人口伤亡，主要包括以下几个方面：

一是日军登陆马来亚北部哥打峇汝之后，一路南下期间的零星屠杀，以及日

---

①《海外华侨战时损失有关资料》，中国第二历史档案馆馆藏档案，全宗号一八（2），案卷号208。

② 杨昭全、孙玉梅：《朝鲜华侨史》，中国华侨出版公司1991年版，第241—249页。

③ 杨昭全、孙玉梅：《朝鲜华侨史》，中国华侨出版公司1991年版，第296—300页。

④ 杨昭全、孙玉梅：《朝鲜华侨史》，中国华侨出版公司1991年版，第296—298页。

军进攻新加坡时，死于日机及炮火打击下的平民和抵御日军的华侨义勇军战士；二是日军占领马来亚各地及新加坡初期，死于大规模“检证”和“肃清”的平民；三是日军统治时期，牺牲于对日武装斗争的抗日分子；四是日军统治时期，死于日本宪兵队和警察署监狱的受害者；五是日军统治时期，被“抓兵补”到泰国修筑“死亡铁路”的民工。

A．日军入侵新马时死于战火中的华侨

除了日军登陆北马南下期间进行的零星屠杀外，新加坡沦陷前因日军炮击而死者每日多达400—600人；另据估计，自1942年2月14日起，日军开始炮击新加坡亚历山大区，华侨即一次死亡4000人左右。[①]而新加坡华侨义勇军也在抵御日军登陆星岛时，付出了重大伤亡。

大致估计，日军入侵时华侨伤亡总数约有8000人。

B．日军占领初期被大规模屠杀的华侨

日军陆续占领新马各地后，为了便利他们的殖民统治，对他们视为敌对的“抗日华人”进行了疯狂的杀戮。在新加坡，大约有 5 万名华侨在屠杀之列。从 2 月19日起，日军即下令所有几十万华人分区集中到几百处场所“检证”。不幸被“检证”出来的，即被卡车拉往郊外，用各种野蛮残暴的手段集中处死。战后调查，日军集中屠杀华侨的地点多达几十处，并有大量遗骸被发掘出来。在新加坡“检证”前后，马来亚内地也发生许多大规模屠杀华侨的事件。

关于被日军“检证”杀害的华人数目，多年来因统计上的困难，一直没有确切的数字。1946年5月，英殖民政府市民咨询局进行初步的登记，只查出2721名遇难者。在1947年3月10日开审的检证案战犯法庭上，控方只能根据登记所得，指控日军屠杀了5000以上的华人。但咨询局及华人团体都认为不止上述数目，由于“全家遭难或被难者原属单身，或大人被难只余童稚，均无从填报，或认为无甚用处，不欲填报”，实际遇害人数要比登记数目大得多。另一方面，日本侵略者则极力压低杀人数目，掩盖罪行。当时负责检证而被指控的警备司令官河村三郎，供证他所负责的市区内只有四五千人被杀，而其他五位被告不是坚持说不知道，就是矢口否认曾经大规模杀害过华人。1983 年，日本新版中学历史教材经日本政府审查后，将“检证”被害人数由2万人改为6000人，这跟某些日本右翼分子极力压低南京大屠杀遇害人数的做法如出一辙。然而，无论侵略者怎样掩盖真相，事实是永远改变不了的。1942 年出版的日本《朝日东亚年报》

---

① 李恩涵：《东南亚华人史》，台北五南图书出版股份有限公司2003年版，第533—534页。

早就提到过，当年在新加坡共有 7 万人被检举；根据历史学家的考证，因“检证”遇难的华人应超过 2.5 万名；而新加坡华人也一直都相信，被“检证”杀害的华人当在四五万名之间。新加坡除了市区曾进行大规模的“检证”外，郊区也有过“检证”，特别是日军登陆星岛遭遇华侨义勇军狙击的所在武吉知马路一带，华侨遭到了报复性的大规模杀戮。

至于马来亚内地成规模屠杀华侨的事件，则有：吉隆坡的“大肃清”（1942 年 2—3 月），槟城（槟榔屿）的两次“大检举”（1942 年 4 月、9 月），马六甲的大屠杀，每次都涉及数千人的集体性巨大生命损失；在柔佛州新山、麻坡、马力四隆、哥打丁宜、丰盛港、居銮、文律等地进行的大屠杀，受害人数更多。此外，还有在森美兰州进行的清乡屠杀，以及其他较小规模的屠杀。尽管伤亡数字在不同资料中互有出入、不尽准确，但却足以反映日军屠杀新马华侨的大概情形。1992 年起，马来西亚华人孙建成先生进行了大量受害调查，搜集到大量第一手的翔实资料。[①]

C．日军统治时期在抗日斗争中牺牲的华侨

日据时期，新马华侨勇敢地开展武装斗争，配合盟军反攻。马来亚人民抗日军是一支以华侨为主体的最重要的武装力量。在新加坡陷落前夕，进入新加坡 101 特别训练学校的 165 名华侨青年经短暂训练后潜入马来半岛开展游击战争。他们在马共领导下先后建立起了 8 个独立队，约 7000 人。在 3 年零 8 个月中，1000 多名华侨战士献出了生命。1943 年，英军与中国政府联合组织 136 部队“龙”组。他们先在印度和锡兰等地接受训练，然后潜入马来亚敌后进行情报、游击活动，其成员大部分为华侨。其中，马来亚区华人区长林谋盛于 1944 年被捕牺牲。

D．日军统治时期死于日本宪兵队和警察署监狱的受害者

在日本占领时期，华侨受到残暴的统治，许多人被拘禁于监狱中遭受酷刑而死，仅新加坡便有 1611 人。

E．日军统治时期死于泰国“死亡铁路”工地的筑路民工

日据时期，尚有不少新马华侨青壮年被以“抓兵补”等名义送往泰缅边境修筑“死亡铁路”，殉难者众，但无确数。有关受害人的第一手资料，可参见前述张连红《日侵时期新马华人受害调查》一书。另外，许多华侨被迫参加“勤劳奉仕”队往苏门答腊、暹罗做苦工，或被运到山区开荒种粮食，死于非命。还有被送去日本和所罗门群岛做苦工者。

---

① 张连红：《日侵时期新马华人受害调查》，江苏人民出版社 2004 年版。

除了上述主要伤亡因素外，大量受伤害的个案，“慰安妇”的受虐死亡，以及数以万计的失踪人口，尚未涉及。

由于对在新加坡大“检证”中所牺牲的华侨数量意见不一致，导致关于日军在新马屠杀华侨的总体数目，亦有不同的看法。新加坡华人方面，一般认为新马全境被屠杀的华侨，总数约为 10 万人。英军韦尔德上校为英陆军战犯调查部总联络官，精通日文日语，他在东京审判日本战犯的法庭上，甚至引述马来亚柔佛苏丹前医官碧德勒医生的说法，认为战时日军与日宪兵在新马全境所屠杀的华侨总数，即使不计华侨义勇军的死亡人数，亦当在 15 万人以上。[①]笔者以为，根据各种资料分析，新加坡大“检证”中华侨的受害数及新马全境华侨的伤亡数，新加坡华人方面的估计数“四五万人”及“十万人”，似较为保守。[②]考虑到马来亚华侨的群体规模（235 万人，1940 年）及发生多起大规模集体屠杀事件的特殊性，参照群体规模及受害程度均相对较小的荷属东印度华侨的伤亡数量（10 万人，具体见后文），则估计新马华侨死于日军之手者为 15 万人，是站得住脚的。

② 财产损失（4.62015 亿元美金）

马来亚的华侨财产损失，主要包括以下几个方面：

一是日军入侵及太平洋战争期间被炸、被掠、被焚的动产、不动产；二是日军强迫华侨缴纳的“奉纳金”；三是日军滥发军用票造成的损失。

华侨毁于战火的动产、不动产，数量极大，但殊难统计。不过，日军通过华侨协会勒索 5000 万元“奉纳金”，以及通过滥发军用票敛财，却证据确凿，无法抵赖。

日军占领新马后不久，胁迫部分侨领于 1942 年 3 月 3 日成立“昭南岛华侨协会”（后改为“马来亚华侨总协会”），由林文庆任会长。从 3 月下旬开始，华侨协会即开始做第一件工作，就是应日本军政当局的要求，“捐献”5000 万元叻（马）币，“献财赎命”。日方此举目的，在于勒索新马华侨财产的半数，以为占领军政的开支费用。但战前英国殖民者在整个马来亚以及北婆罗洲、沙捞越与文莱三邦在内，所发行的叻币总额不过 2.2 亿元；更何况，英国人在投降前又曾在新加坡焚烧了约 1 亿元叻币，市面上流通的叻币实不多。因此，虽经日方威胁高压，华侨协会仍无法按时筹集到足额的巨款。延至 6 月 20 日，总计也只筹到 2800 多万元，其中尚包括折算代金的黄金、橡胶等实物在内；最后，只好自横滨正金

① 李恩涵：《东南亚华人史》，台北五南图书出版股份有限公司 2003 年版，第 523 页。

② 参见蔡史君：《日军检证大屠杀人数之商榷》，《新马华人抗日史料 1937—1945》，[新加坡]文史出版私人有限公司 1984 年版，第 868—871 页。

银行以一年期、年利6%借款2125万元，凑成5000万元足数交差。战后，日本政府曾对此5000万元作出赔偿，其中一半归新加坡，一半归马来西亚。

通过滥发军用票搜刮财富，是日本军政当局掠夺新马资源的另一重要手段，也是致使华侨蒙受重大财产损失的主因之一。军用票每张由1元到1000元不等，作为流通货币强迫居民行使。由于印数太多，物贵钱贱，引起通货膨胀、物价飞腾，人民生活极端贫困。日本投降后，军用票又一夜之间成为废纸，华侨损失无可计量。据称，日军在其占领的三年半期间，共印发了70亿—80亿元的军用票；而当日本投降时，日军还曾交出面值多达5亿元、重约300吨的军用票。①

据战后初步调查，仅新加坡华侨的财产损失，便合计叻币6761.82万元，日军用票27082.2万元。②整个马来亚华侨的财产损失，当数倍于此。另据战后中国驻外使领馆调查估计，按战前财产损失率50%计，当地华侨财产损失为美金4.62015亿元。③

2）英属北婆罗洲（今马来西亚沙巴州）

① 人口伤亡（1.2万人）

1942年1月19日，日军侵占英属北婆罗洲山打根。他们要求国民政府驻山打根领事卓还来与之合作，遭到拒绝，于是便将卓幽禁于集中营，并于1945年7月6日败退之时将其杀害。

日据时期，北婆罗洲华侨惨遭日军蹂躏，被害无数。据战后中国有关驻外使领馆的调查统计，战时该地区“计被敌毒打致死及被枪杀斩首者一百零二人，被联军飞机炸毙者四十三人，被拉夫死于途中者二十八人，被捕死于监狱者五十人，被抛入海中者三人，失踪不明者十五人，共计二百四十一人”④。1943年，华侨郭益南建立起一支以华侨为主体的抗日游击队打击日军，遭到疯狂镇压，100多人被惨杀。连同入狱虐死、报复屠杀、死于深山的侨胞人数，共2000余人⑤。特别是当盟军反攻时，日军在溃逃前用铁丝网将山打根城围困，把数百桶汽油点燃，近万名华侨被活活烧死。

估计人口伤亡：1.2万人。

---

① 南侨筹赈总会编印：《大战与南侨》，新南洋出版社1936年版，第41页。

② 陈嘉庚：《南侨回忆录》，草原出版社1979年版，第379页。

③《海外华侨战时损失有关资料》，中国第二历史档案馆馆藏，全宗号一八（2），案卷号208。

④《海外华侨战时损失有关资料》，中国第二历史档案馆馆藏，全宗号一八（2），案卷号208。

⑤ 华侨志编纂委员会编印：《北婆罗洲、婆罗乃、沙捞越华侨志》，1963年印行，第135—140页。

② 财产损失（0.1632 亿元美金）

据战后中国有关驻外使领馆调查估计，该地华侨财产损失“共计为婆币四百八十万五千九百八十九元，折合美金二百二十八万八千八百五十二元三角”。若按战前华侨原有财产损失率 40%计，则财产损失高达美金 1632 万元。[①]

3）沙捞越（今属马来西亚一个州）

① 人口伤亡（不详）

沙捞越当时是一个面积不大的独立王国，属于英国殖民地。日军占领这里后，也没有把华人放过。他们在古晋等城市逮捕了许多华侨领袖、学校教师和知识分子，凡是曾经参加过筹赈活动或被怀疑为反日分子者，皆被宪兵队下狱拷问。有些被判枪决，也有些在残酷的拷打下丧生。

总体伤亡人数不详。

② 财产损失（不详）

日据时期，华侨商业虽然得以维持，但却受到严厉的管制，特别是在日据后期日军补给线被盟军截断后，实行严厉的粮食配给政策，商品极度缺乏，几乎全部华侨商店都已关门，店主和工人都下乡务农、维持生计了。

具体损失不详。

4）葡属帝汶

1942 年 2 月 20 日，日军登陆北婆罗洲岛的葡属帝汶。二战时期葡萄牙是中立国，但日军并没有放弃对帝汶的统治。日据时期，当地曾经发生起义，一些葡萄牙人被杀。

① 人口伤亡（292 人）

据战后中国有关使领馆调查估计，该地战时“被敌杀害者六十人，被土民兵杀者四十六人，被澳军杀者三人，飞机炸毙者六人，在敌控制下粮食不继或病无医药而冻馁致死者一百四十六人，其他病死者三十人，被葡人杀害者一人，共计二百九十二人”[②]。

② 财产损失（0.001417578 亿元美金）

据战后中国有关使领馆调查估计，该地战时财产损失“共为葡币三百五十万元，折合美金十四万一千七百五十七元八角”[③]。

① 《海外华侨战时损失有关资料》，中国第二历史档案馆馆藏，全宗号一八（2），案卷号 208。

② 《海外华侨战时损失有关资料》，中国第二历史档案馆馆藏，全宗号一八（2），案卷号 208。

③ 《海外华侨战时损失有关资料》，中国第二历史档案馆馆藏，全宗号一八（2），案卷号 208。

5）菲律宾

① 人口伤亡（3 万人）

菲律宾的华侨人口伤亡，主要包括以下几个方面：

一是日军进攻菲律宾时，死于日机及战火下的平民；二是日军占领菲律宾初期，被杀的中国外交官和华侨领袖；三是日军统治时期，牺牲于对日武装斗争的抗日分子；四是日军统治时期，被关进日本宪兵队和警察署监狱的受害者；五是为对付抗日武装及美军反攻前夕，被报复性屠杀的平民。

A．日侵时的战争伤亡

珍珠港事变发生后约 10 小时，日军空袭菲律宾各机场、海港和重要军事基地，接着便于 1941 年 12 月 15 日在棉兰佬岛和吕宋岛等地登陆，侵入菲律宾。马尼拉有不少华侨死于敌机炸弹及扫射。

B．日军占领菲律宾初期被残害的中国外交官和侨领、华侨

日军占领马尼拉后，于 1942 年 1 月 8 日拘捕了中国驻菲律宾总领事馆的杨光泩、朱少屏、莫介恩、姚竹修、肖东明、杨庆寿、卢秉枢、王恭玮等 8 名外交官，以及菲律宾华侨抗敌会主席杨启泰、中华商会主席薛芬士等 42 名侨领，要求他们与日军合作。在阴谋没有得逞后，将他们投入监狱，施以酷刑，并于 4 月中旬判处 8 名中国外交官及陈穆鼎、黄念打、蔡派恭、李连朝、施教据、于以同、颜文初、吴九如和洪清机等 9 名侨领死刑，另有 28 名侨领（后来又增加了 8 名）被判处 20 年徒刑。8 月 19 日，抗敌会抵制组委员苏财安、李福寿以及另两位华侨一起被杀。这期间，菲律宾还有不少外省抗敌会的主席和侨领，如巴坦加斯省纳苏格布镇的蔡及时，新怡西夏省卡巴纳图安市的庄祖武、碧瑶市的陈辉杉、达沃市的陈清泉等，也先后遭日军杀害。此外，数以千计的华侨被抓去关进旧王城内福山爹戈监狱和比里毕监狱，其中大多数未经审讯就被成批押出去枪杀或活埋。

C．日军占领时期牺牲的敌后抗日武装和地下组织成员

日军占领时期，菲律宾成立了众多敌后抗日武装和地下组织，如著名的“华支”等“四抗”组织。他们分属不同的政治派别，但在抗日的目标上是一致的，并且都各自付出了惨重的牺牲。菲律宾华侨抗日烈士纪念碑上，即刻录有 232 名烈士。另据有关资料统计，太平洋战争期间，全菲华侨抗日烈士总数将近 400 名：菲律宾华侨抗日反奸大同盟，40 人；华侨抗日游击支队，77 人；菲律宾华侨抗日锄奸迫击团，35 人；菲律宾华侨抗日除奸团与抗日锄奸义勇军，9 人；菲律宾华侨战时血干团，112 人；菲律宾华侨抗日义勇军，36 人；菲律宾华侨青年

战时特别工作总队，36 人；[①]迫击团三九九部队，43 人[②]。

D．日军占领时期为扑灭抗日武装针对平民的恐怖屠杀

为阻止菲律宾人民对抗日力量的支持，消除抗日武装的群众基础，日军在残酷镇压抗日力量的同时，也对他们认定的支持游击队的平民施以法西斯恐怖屠杀，如 1943—1944 年对班乃岛以及古沓描岛平民的暴行。在班乃岛怡朗省的马罗山、巴西、沙拉，以及古沓描岛的毕拉渊，日军先后制造多起大惨案、大屠杀，共有 500 多名华侨遇害。

E．日军投降前夕的报复性杀戮

1944 年，美军开始在太平洋地区实施战略反攻。日军自感穷途末路，兽性大发，有计划地在马尼拉和吕宋各地进行了大规模的焚烧奸掠和野蛮屠杀。主要有：马尼拉大屠杀，内湖省加南描大屠杀，内湖省仙答洛市“二•二四”大屠杀，以及在描东牙示省的暴行。特别是日军 1945 年 2 月 3 日开始撤出马尼拉后的烧杀，与南京大屠杀、新加坡“大检证”一起被列为日本在亚洲制造的三大屠城事件之一，震惊世界。马尼拉一共殉难 10 万人，按人口比例推算（当时菲律宾华侨主要聚居于城镇特别是马尼拉），华侨当有好几千人遇害。

关于日侵时期菲律宾华侨死难者的总数，迄今没有精确的统计。据马尼拉中华总商会秘书杨世炳估计，全菲 13 万余华侨，约有 1 万人为日军所杀。另说，日本占领菲律宾三年期间，全菲死难人数约 100 万人，其中华侨有 3 万人以上[③]。

根据 1939 年中国驻菲总领事馆的登记，日侵前夕菲律宾华侨共有人口 13 万，其中 5 万人在马尼拉（若加上非法秘密入境者及信仰基督教后改用菲律宾名者，则多达三四十万人）[④]。另，二战期间菲律宾共伤亡 110 万人，其中马尼拉 10 万人。考虑到华侨人口约占全菲人口的 1.2%[⑤]，以及集中于马尼拉等情况，战时菲律宾华侨人口伤亡数大于按人口比例的估算数 1.32 万而达到 3 万人，是有可能的。

② 财产损失（3.20743 亿元美金）

菲律宾华侨战时人口伤亡惨重，财产损失亦很大。除了毁于战火下的抢劫、

---

①《菲律宾华侨与抗日战争》，香港荣誉出版有限公司 1999 年版，第 231—239 页。

②《迫击团三九九部队——抗日史略》，菲律宾马尼拉 1993 年版。

③《菲律宾华侨与抗日战争》，香港荣誉出版有限公司 1999 年版，第 253 页。

④ 黄滋生、何思兵：《菲律宾华侨史》，广东高等教育出版社 1987 年版，第 314—315 页。

⑤ 黄滋生、何思兵：《菲律宾华侨史》，广东高等教育出版社 1987 年版，第 265 页。此为 1950 年的战后比例，战时比例当更高。

破坏外，导致华侨财产损失的主因有：

一是日军的强行没收。日侵菲律宾后，把华侨财产视作“敌产”，将所有华侨大商店、仓库、工厂加以标封，对其中的物资和商品予以掠夺。被拘捕、监禁、杀害的众多侨领，其所有财产也被标封、搬用。日军还着力扶持菲律宾人取代华侨零售商，将其驱往农村从事粮食生产。华侨经济的支柱——商业，受到严重的摧残。

二是伪华侨协会的献金。日本军政当局组织华侨协会，并通过协会向广大华侨摊派捐款。据统计，各地侨胞在一年多的时间里，被迫交给当局的“献金”竟超过 1000 万比索①。

三是日本军政当局无限制地发行军用票，使币值狂跌，物价飞涨，物资奇缺，造成恶性通货膨胀。据估计，日军在菲律宾发行和流通的军用票，总数达到 11 亿比索以上。

据估计，在日军占领菲律宾的三年半中，华侨财产损失近 2.5 亿比索，其中马尼拉华侨损失 1.23414 亿比索；华侨战时财产损失，几近华侨战前在菲投资的总数②。另据战后中国驻外使领馆调查估计，按战前财产损失率 90%计，当地华侨财产损失为美金 3.20743 亿元③。

6）荷属东印度

① 人口伤亡（10 万人）

荷属东印度的华侨人口伤亡，主要包括以下几个方面：

一是日军进攻荷印时，死于其海陆空军战火下的平民；二是日军占领荷印初期，被杀的侨领和华侨；三是日军统治时期，牺牲于日本宪兵队和警察署监狱的抗日志士；四是日军统治时期，被抓去服苦役的劳工；五是日军投降前夕，被秘密屠杀的文化界人士。

A．死于战火的华侨

1941 年 12 月，日军 9 架飞机狂轰滥炸华侨人口集中的加里曼丹（即婆罗洲）坤甸市，继而低空扫射，死伤 2000 多人，其中 95%是华侨。

B．日据初期被害侨领及华侨

日军进占加里曼丹岛后，立即逮捕坤甸、山口洋及新钉等地侨领及其眷属千

---

① Tan，Chinese in the Philippines，1942—1945，pp. 54—55.

② Tan，Chinese in the Philippines，1942—1945，pp. 80，90.

③《海外华侨战时损失有关资料》，中国第二历史档案馆馆藏，全宗号一八（2），案卷号 208。

余人，然后蒙其双眼用卡车运往郊外枪杀、砍死或活埋。在邦加岛，被杀的侨领有陈川流等。日军登陆爪哇岛的泗水时，也杀害了大批华侨。据不完全统计，该岛及马都拉、巴厘等地区 72 城镇华侨被日军拘禁于集中营者达 542 人，其中有 22 人先后遭虐待死亡。

C．日据时期牺牲的抗日分子

日本统治时期，华侨被视为敌对分子遭到残酷的迫害，他们纷纷成立各种地下组织开展抗日斗争，如加里曼丹坤甸的抗日同盟、西婆罗洲反日同盟会（简称"西盟会"）、爪哇的抗日民族解放大同盟（简称"民大"）、苏门答腊的华侨抗敌协会（简称"华抗"）和苏岛人民抗敌会（后改名苏岛人民反法西斯同盟，简称"反盟"），其中许多人被捕牺牲。加里曼丹和望加锡抗日华侨被捕后，被枪杀或活埋者逾千人[①]。1943 年 9 月 20 日，日军在苏岛大肆逮捕数千抗日分子，史称"九二〇"事件。被捕的抗日志士中，有周斌等 11 人被杀害，另有 7 人受刑致死、1 人"失踪"。

D．日据时期服苦役的劳工

日占时期，华侨被迫承担"勤劳奉仕"的无偿或极少报酬的各种"劳务"。他们被抓捕、押送去开采东婆罗洲和苏门答腊的石油，西婆罗洲的金矿，邦加、勿里洞的锡矿以及修建机场等。在巨港油矿，日军除于 1943 年从苏门答腊抓去华工开采外，还从勿里洞岛抓去 500 余华工服劳役。这些华侨在日本法西斯的残酷役使下，有的死于饥饿和疫病，有的被枪杀。1944 年，日军在溃败前图谋最后挣扎，在勿里洞丹绒郊区花 7 个月时间赶筑一个飞机场，抓了 4000 多名华侨和当地人去服劳役，其中被折磨死去的有 300 多人[②]。

E．日军投降前夕被秘密屠杀的文化界人士

日侵南洋期间，新加坡一批抗日文化界人士流亡东印度群岛，其身份后因汉奸告密，为日本人所探悉。其中，郁达夫曾被迫充任日本宪兵部翻译，掌握了大量日本宪兵部的秘密，遂于 1945 年 8 月 29 日被秘密绑架、杀害。日本宪兵部原已挖好土坑，拟将胡愈之、张楚琨等人一网打尽、予以活埋，幸好他们已经疏散，才侥幸逃过劫难。

据估计，日军占领期间，荷属东印度人民连同华侨牺牲达 500 万人之多。[③]按

① 李学民、黄昆章：《印尼华侨史》，广东高等教育出版社 1987 年版，第 416 页。

② 温广益、蔡仁龙等编著：《印度尼西亚华侨史》，海洋出版社 1985 年版，第 355 页。

③ 朱杰勤：《东南亚华侨史》，高等教育出版社 1990 年版，第 265 页。

1940 年华侨人口 143 万、所占比例 2.03%计[①]，华侨牺牲大约为 10 万人（因华侨受到敌视，实际伤亡人数当更多）。

② 财产损失（3.4401 亿余美元）

荷属东印度华侨的财产损失，主要由以下因素所致：

一是战争中遭破坏、劫掠。沦陷初期，很多华侨逃难到乡下躲避，日军乘机带领及唆使汉奸、爪牙和暴徒到华侨商店及住户中抢劫，估计华侨因此损失财产在 1 亿盾以上。

二是被迫交纳巨额费用办理身份登记。日本恢复了荷兰殖民者曾经实行过的外侨限制旅行的制度，强令每个 18 岁以上的华侨都必须办理“身份证”或“良民证”随身携带，并乘机加以搜刮，规定华侨男子每人要交登记费 100 盾，妇女 50 盾，违者“从严惩办”。许多贫侨无法一次缴纳，只好分期摊还。仅此收入，华侨就被刮去 2 亿多盾。

三是被迫交纳各种捐款。日军常以支持“圣战”“慰劳前方将士”等名义，强迫华侨搞“飞机捐”“军舰捐”“伤兵捐”“特别捐”及“储蓄运动”“献金运动”等，仅 1943 年的一次献金运动，就掠去华侨钱款 3 亿盾左右。

四是被日军用各种借口征用物品，以及因日军支持当地人在经济上与华侨竞争、通货膨胀等造成的损失。华侨资本严重缩减，不少华侨中小企业破产。

此外，华侨还因日本巧立名目规定各种高额税金和手续费，而蒙受损失。

据估计，在日本统治的三年半中，当地华侨财产损失高达 3.4401 亿余美元[②]。另据战后中国驻外使领馆调查估计，按战前财产损失率 40%计，当地华侨财产损失为美金 4.66627 亿元。[③]

7）法属印支（越南、柬埔寨、老挝）

① 人口伤亡（1 万人）

日军是经 1940 年 9 月与法国维希政府缔结协定后，于 1941 年 7 月进入越南北部的。当时越南及柬埔寨、老挝均为法属印度支那地区，是法国殖民地，而法国政府早在 1940 年 6 月就已经投降了德国。1941 年 12 月，法国殖民者与日军订立“共同防守印度支那”条约，确定了日本人对印度支那的控制。

法属印度支那华侨的人口伤亡，主要是在日军统治时期牺牲的抗日人士及无辜平民。当时华侨积极参加各地抗日组织打击敌人，如北越的越南独立同盟（简称“越盟”）及其人民解放军、柬埔寨的抗日武装以及老挝于日本投降后举行的

---

① 李学民、黄昆章：《印尼华侨史》，广东高等教育出版社 1987 年版，第 233—234 页。

② 高信、张希哲主编：《印尼华人经济现况与展望》，台湾世华经济出版社 1992 年版，第 61 页。

③《海外华侨战时损失有关资料》，中国第二历史档案馆馆藏，全宗号一八（2），案卷号 208。

抗日武装起义，不少人在起义中献出了生命。华侨青年还组织抗日游击队（钦防华侨抗日游击大队），在北越塘花开辟敌后游击区与日伪作战。参加对日谍报战的华侨也很多，他们之中有很多人被日宪捕杀。如在越北，有70余人被日军捕杀[①]；在南越，有西堤17烈士和会安13烈士等。被日宪捕杀的抗日人士还很多，如在河内市郊被日军残杀或活埋的40多名华侨，以及在堤岸广肇义祠埋葬的72烈士等[②]。

据战后中国驻外使领馆调查估计数字，仅在越南一地，按当地华侨战时人口损失率2%计，就有9000华侨伤亡[③]。加上柬埔寨、老挝，伤亡数应在1万人左右。

② 财产损失（3亿元美金）

未见具体研究成果。但据战后中国驻外使领馆调查统计，越南华侨财产损失共计美金3813.132898万元（越币26691.930286盾）；若按战前华侨原有财产损失率50%计，则多达美金2.2217亿元[④]，加上柬埔寨、老挝大约为美金3亿元。

8）暹罗（泰国）

① 人口伤亡（7.5万人）

太平洋战争时期，泰国是东南亚地区唯一与日本“友好”的主权独立国家，是被日本控制的盟国。在日军的高压下，泰国华侨与东南亚其他地区的华侨一样，遭受了残暴的屠杀和奴役。

A．由大规模排华引致的华侨人口伤亡

1938年3月，暹罗与日本签订《日暹新约》；1941年12月，又签订《日暹攻守同盟》，日军于1942年1月25日开进暹罗。暹罗与日本结盟后，因受日本唆使，其排华政策更加激烈。在大规模的排华活动中，华侨的一切抗日言行都遭到镇压，一时泰国监狱里关满了华侨政治犯，许多人被处决或驱逐。个别积极抗日的华侨领袖如泰国中华总商会主席蚁光炎，还被暗杀[⑤]。

B．修筑“死亡铁路”牺牲的华工

1943年10月至1944年10月，日军为把已有的仰光到丹那沙林的铁路和新

---

① 华侨志编纂委员会编印：《越南华侨志》，1958年版，第202—203页。

② 李白茵：《越南华侨与华人》，广西师范大学出版社1990年版，第164—175页。

③《海外华侨战时损失有关资料》，中国第二历史档案馆馆藏，全宗号一八（2），案卷号208。

④《海外华侨战时损失有关资料》，中国第二历史档案馆馆藏，全宗号一八（2），案卷号208。

⑤ 任贵祥：《奔赴抗日　爱国忘身——泰国侨领蚁光炎抗日救国事迹述评》，黄小坚主编：《海峡两岸“华侨与抗日战争”学术研讨会文集》，中国档案出版社2000年版，第270—276页。

加坡到曼谷的铁路连接起来，强迫盟军战俘和劳工在一年的时间里在暹罗和缅甸境内修筑一段铁路。由于工期短、强度大，加上饥饿、疾病和日军的虐待，在参加修筑铁路的17.6万人中，有4.1万人死亡，其中日本人1000人，战俘1万人，劳工3万人（包括逃亡者），故修筑的铁路被称作“死亡铁路”。值得注意的是，在死亡的3万名劳工中，大约有9900人以上为来自泰国以及缅甸、马来亚的华工。据估计，当年被驱往修筑铁路的华工总共约有3万名。[①]

C. 盟军空袭的受害者

太平洋战争后期，美国飞机对泰国曼谷等地进行了猛烈的轰炸，致使大量平民伤亡。由于华侨多聚居于曼谷等城市，伤亡数量亦不小，惟具体数字无法知晓。

泰国华侨总体人口伤亡数量不详，估计有数万。据战后中国驻外使领馆调查估计数字，按当地华侨战时人口损失率3%计，就有7.5万华侨伤亡。[②]

② 财产损失（3.51835亿元美金）

主要是因日本全面控制泰国经济导致的间接损失。1942—1945年，泰国政府共向日军提供了15亿铢的军费，以支付日本驻军口粮和给养等庞大开支。其结果是，泰国经济包括华侨经济极为紊乱，民穷财尽。据战后中国驻外使领馆调查估计，按战前财产损失率40%计，当地华侨财产损失为美金3.51835亿元。[③]

9）缅甸

① 人口伤亡（2万人）

1941年12月，日军开始侵略缅甸，不及半年即陷全境。缅甸华侨在太平洋战争期间的人口伤亡，主要有如下几个方面：

A. 日军入侵时被飞机扫射轰炸而死

日军进攻缅甸，首先是通过空袭。仰光自1941年12月23日起，便经常遭到日机的轰炸，死于空袭的华侨当不少。瓦城等城市也先后遭到日机空袭。当日军攻入下缅甸时，当地华侨纷纷向上缅甸逃亡，集居于曼德勒的极多；曼德勒后遭日军飞机轰炸，华侨被炸死者达数千人。原住在缅甸北部的华侨，因躲避战祸沿滇缅公路撤退回国，沿途被日机扫射轰炸而死的有五六千人。

---

① 黎道纲：《桂河桥的华工冤魂》，[泰国]洪林、黎道纲主编：《泰国华侨华人研究》，香港社会科学出版社有限公司2006年版，第97—117页。

②《海外华侨战时损失有关资料》，中国第二历史档案馆馆藏，全宗号一八（2），案卷号208。

③《海外华侨战时损失有关资料》，中国第二历史档案馆馆藏，全宗号一八（2），案卷号208。

B．日军入境后遭搜捕、拘禁和杀戮的爱国华侨

1942 年 2 月 24 日，日军攻入仰光以南的溪渊镇，华侨男女老幼被杀 306 人。[①]从 6 月初开始，日军即开始在全缅搜捕华侨反日分子。据统计，截至 1942 年年底，除了有约 9.7 万人从缅甸撤退回国外，尚有 20 万华侨滞留在缅甸各地。其中有不少爱国抗日人士被日本特务机构列入黑名单中，被捕入狱者达 3000 余人，其中惨遭杀戮者有 300 多人。仰光被害华侨杨名题等人的家眷 58 人被日军放逐，在路上死亡大半，抵达中国保山时仅剩下 11 人。

C．被强征服苦役的华工

日军占领缅甸后，强迫缅甸人民做苦工，大量征用民工修筑铁路、公路、机场以及其他军事工程。这些苦力被日军虐待和打杀的数以万计，其中尤以华侨居多。[②]

D．日侵时期参加武装斗争的抗日华侨

日军盘踞缅甸时期，一些华侨参加“缅甸反法西斯人民自由同盟”，进行武装斗争，付出了牺牲。另外，当中国远征军进入缅甸作战时，一些华侨还积极充当向导和翻译，也有一些人牺牲了。

E．被盟军飞机炸死者

缅甸被日军占领期间，盟军飞机常常针对一些军事目标进行轰炸。华侨死于空袭者，仅仅仰光一地就有 500 多人，其他各地遇难者有 1000 多人。

总体估计，太平洋战争期间，缅甸华侨人口伤亡数量当有 2 万人左右。

② 财产损失（1.0422 亿元美金）

毁于战火及掠抢者无数，具体不详。但据战后中国驻外使领馆调查统计，该地区华侨财产损失共计美金 1051.459688 万元（缅币 3469.81697 万）。若按战前原有财产损失率 90%计，则损失财产价值为美金 1.0422 亿元[③]。

（4）美国及其他国家和地区（1941—1945 年）

1）美国

① 人口伤亡（7300 人）

美国的华侨人口伤亡，主要是在军队中服役、参加对日作战的官兵。

珍珠港事件的翌日，美英对日宣战。美国参战后，因战事紧急，大批华人应征入伍。据美国征兵局的统计，当时在美华人男性总数不过 59803 人，但在陆军

---

① 郑祥鹏编：《黄绰卿诗文选》，中国华侨出版公司 1990 年版，第 369—371 页。

② 朱杰勤：《东南亚华侨史》，第 273—275 页。

③《海外华侨战时损失有关资料》，中国第二历史档案馆馆藏，全宗号一八（2），案卷号 208。

中服役的就有13311人，占华侨男性总数的1/5以上；他们之中，阵亡或殉职人员多达215人以上。

还有许多华侨参加了空军。美国空军第14地勤大队，其士兵几乎都是华侨，官佐中华侨也达1/3。[①]在第407和555空军服役的华人，亦有260人之多。[②]尤其是因体型适合，华人被派充轰炸机枪手者不少。一些华人空军飞行员如休斯顿的廖逵三还参加陈纳德组织的“飞虎队”以及“驼峰航线”抵华参战。参战侨胞英勇作战，不少人血洒疆场，牺牲了宝贵的生命，如空军飞行员刘国梁、金东等。

在美国海军中服役的华人也不乏其人，据查考牺牲的至少有10位以上。[③]当时，美国商船上共有1.5万名中国海员在为战争服务。据查，二战期间共有7000余华人海员在为盟国服务中殉职。[④]

估计美国华侨入伍军人阵亡和殉职者共有300人左右，其中部分牺牲于欧洲战场。

② 财产损失（不详）

主要是间接损失，不详。

2）加拿大

① 人口伤亡（不详）

太平洋战争期间，加拿大华侨也同美国华侨一样组织远征军参加盟军作战。据统计，加拿大华侨参军人数约有500，其中不少是志愿服役者。他们除被派往英伦三岛外，还在印度、新西兰和新几内亚前线作战，一些人牺牲了。具体数字不详。

② 财产损失（不详）

主要是间接损失，不详。

3）澳洲

① 人口伤亡（2人）

主要是因日机轰炸造成的伤亡。如1942年2月19日，日机在悉尼打云港码头投弹炸沉M.V.Neptuna轮船，在该轮船上工作的海员韩国丰、王苇琏2人，同时毙命。[⑤]

---

①《华侨革命史》（上），台北正中书局1981年版，第124页。

② 刘伯骥：《美国华侨史续编》，台北黎明文化事业股份有限公司1981年版，第704页。

③ 刘伯骥：《美国华侨史续编》，台北黎明文化事业股份有限公司1981年版，第699—709页。

④ 刘伯骥：《美国华侨史续编》，台北黎明文化事业股份有限公司1981年版，第484页。

⑤《海外华侨战时损失有关资料》，中国第二历史档案馆馆藏，全宗号一八（2），案卷号208。

② 财产损失（123.2326 万镑）

主要是间接损失，不详。据战后中国驻外使领馆调查资料，截至 1947 年 5 月 23 日，华侨战争损失赔偿统计数字为：申请人数 1376 人，其中赔偿结案者 991 件，部分了结或在清算中者 385 件；款额 123.2326 万镑，其中赔偿金已厘定者 54.9342 万镑，赔偿金及利息已清付者 44.2984 万镑，赔偿金在厘定中者 24 万镑。[①]

4）新几内亚

① 人口伤亡（不详）

不详。

② 财产损失（0.03237 亿元美金）

据战后中国有关使领馆调查估计，该地战时华侨财产损失为 100 万澳币，折合美金 323.7 万美金（按每澳币 1 镑合美金 3.237 元）。[②]

5）毛里西斯（毛里求斯）

① 人口伤亡（不详）

不详。

② 财产损失（145 万盾）

据 1947 年 5 月中国驻当地领事馆呈报国民政府外交部，毛里西斯华侨因日本发动侵略战争间接蒙受之损失，总数约毛币 145 万盾。

（三）结论——兼与战后初期国民政府有关机构估算数字比较

1. 结论

根据以上逐个国家、逐个地区（不完全）的调查与统计，抗战时期海外华侨人口伤亡和财产损失情况，如下表所示（不包含部分捐款物资损失）。

① 《海外华侨战时损失有关资料》，中国第二历史档案馆馆藏，全宗号一八（2），案卷号 208。

② 《海外华侨战时损失有关资料》，中国第二历史档案馆馆藏，全宗号一八（2），案卷号 208。

抗战时期海外华侨人口伤亡和财产损失

国家和地区	人口伤亡	财产损失
中国大陆	1993	25.55 亿元国币，2.976168 亿元美金
日本	6900	0.108 亿元美金
朝鲜	1000	不详
马来亚	150000	4.62015 亿元美金
北婆罗洲	12000	0.1632 亿元美金
沙捞越	不详	不详
帝汶	292	0.001417578 亿元美金
菲律宾	30000	3.20743 亿元美金
东印度群岛	100000	3.4401 亿元美金
越南、柬埔寨、老挝	10000	3 亿元美金
泰国	75000	3.51835 亿元美金
缅甸	20000	1.0422 亿元美金
美国（包括海员）	7300	不详
加拿大	不详	不详
澳洲	2	123.2326 万镑
新几内亚	不详	0.03237 亿元美金
毛里西斯	不详	145 万盾
合计（均为不完全统计）	41.4694 万人	22.1093856 亿元美金，另加 25.55 亿元国币、123.2326 万镑、145 万盾

由上表可知，战时海外华侨人口伤亡和财产损失，主要集中在东南亚，这显然与该地区华侨人口众多、抗日形势热烈以及日侵后的血腥报复和掠夺有关。此外，受中日交战的影响，华侨在中国大陆和日本、朝鲜也有较大的伤亡和损失。

2. 影响本文结论的主要因素

应当说明的是，本文援用的诸多数据，来源不一，难免有以偏概全、内涵不清等情况。特别是关于财产损失的个别数据，我们难以甄别其究竟是直接损失抑或间接损失，这就不免给本文的结论造成了一定的影响。鉴于本文采用的各项财产损失数据来源极为复杂、难以甄别，有些重要数据本身就是历年累计数，无法折算为 1937 年的币值（如海外华侨抗日捐款 13 亿余元国币，其本身就是台湾有关方面根据抗战八年期间历年数据累计而成），因此笔者没有尝试将各项财产损失数据进行统一折算。

从支持结论的各项数据中，我们还不难看出，诸多对统计结果有着举足轻重作用的数据，其实都是估计数，特别是涉及东南亚各地华侨人口伤亡和财产损失方面。因此，尽管笔者对于许多有可能弄清的数字，进行了细致认真的考证和核实，但它们对于本文的总体结论，却影响甚微。换言之，东南亚各地华侨人口伤亡和财产损失，是抗战时期海外华侨人口伤亡和财产损失的主体；只有准确地弄清这些数字，统计结果才能更加科学、更加接近和符合历史实际。当然，这也应该成为今后进一步研究的主要方向。

3. 与战后初期国民政府有关机构估算数字相比较

抗战胜利后，国民政府外交、侨务等有关机构，曾奉命就海外华侨战时损失进行调查和估算。侨务委员会根据战前调查之华侨人口数和财产数，按战事环境及交通情形推算的损失百分率，初步估计出战时荷属东印度、英属马来亚、菲律宾、暹罗，法属越南、缅甸，英属北婆罗洲、香港和日本 9 个国家和地区的华侨人口伤亡数和财产损失数，分别合计为 25.3 万人、22.3193 亿元美金，并于 1945 年 11 月 24 日附在“侨秘统字 16292 号公函”内交国民政府行政院赔偿委员会。该估计数与笔者统计数相比，人口伤亡数偏少，财产损失数基本持平。此后，侨委会根据海外各地使领馆报告的人口伤亡、财产损失数，又曾多次列表统计，尽管数字具体化了，但是由于这些数字往往都是由所掌握的个案累计而成，或者在当时还无法全面了解某个国家和地区的真实情况，所以明显地存在着以偏概全的问题，尤其是在人口伤亡数方面。因此，战后初期国民政府有关机构的估算数字，尽管其缺乏确凿的调研数据的支持，却仍然颇具价值。

战后 60 多年来，有关抗战时期海外华侨人口伤亡和财产损失的国别、地区资料以及研究成果，陆续推出，其中尤以新加坡、马来西亚的最多。值得一提的是，《中国社会科学内刊》2007 年第 6 期刊发了暨南大学纪宗安、崔丕教授合署的论文——《中日战争时期东南亚华侨财产损失赔偿问题》，是迄今为止唯一探讨战时东南亚华侨财产损失与赔偿问题的专文。该文在多边历史档案文献比较研究的基础上，探讨了中国关于战时东南亚华侨财产损失赔偿问题的构想以及为何没有机会提出关于战时东南亚华侨财产损失赔偿问题，使之成为没有解决的历史悬案；同时，通过对日本政府关于“新加坡马来西亚血债”补偿及其意义的研究，揭示了通过“民间赔偿”继续提出东南亚华侨财产损失赔偿问题的可行性。该文指出，中日战争结束前后国民政府关于海外华侨战时损失（包括香港和日本在内）的调查，统计的仅仅是 1941 年 12 月至 1945 年 8 月期间的直接损失。但这项调查并未包括下列几大方面的间接损失：其一，九一八事变到七七事变之间，受中日战争形势影响，在暹罗华侨因排华事件受到的巨大财产损失；其二，九一八事变后，台湾地区、朝鲜半岛、日本本土华侨避难归国蒙受的损失；其三，太平洋战争爆发后，南洋各地135万以上华侨避难归国蒙受的损失，以及国民政府庞大的紧急救助开支；其四，战争结束之后，国民政府动员归侨返回南洋各地的庞大的遣侨费用。总的看来，随着资料的积累和研究的深入，日军残酷暴行及华侨悲惨遭遇不断地被披露，有关华侨人口伤亡和财产损失的状况，越来越接近于历史真相。尽管如此，由于战争受害情形以及日本在南洋殖民统治期间经济掠夺方式的复杂性，要对华侨伤亡和财产损失进行全面调查和准确统计，几乎是不可能的。就以财产损失来说，其中既有毁于战火，遭到掠抢、强征以及由军用票造成的直接损失，也有因日本殖民政府实行经济统制政策引起的间接损失，还有为援助祖国抗日进行捐款、购买公债、捐赠物资所造成的损失等。就已有的国别、地区华侨史来看，它们也大多未就这些问题进行全面、细致的调研和统计，缺乏新的第一手的数字。惟其如此，笔者在确定某些国家和地区的财产损失数字时，并没有盲目地采纳那些战后初期中国驻外使领馆调查上报的数字，而是宁可仍然采用国民政府侨委会按当地华侨战前财产数及战时损失率估算而成的数字。

最后，笔者在此要说明的是，因未能赴有关国家和地区查阅相关档案和资料，本课题的调研主要依据有关国别或地区华侨史资料和研究成果，一些口述资料和文献资料，以及南京中国第二历史档案馆馆藏档案，台北“国史馆”馆藏微卷和“中央研究院”近代史所档案馆馆藏档案，资料来源存在一定的缺憾，统计结论未必十分精确。即便如此，笔者仍然注意从整体上把握本课题所涉及的主要内容，突显典型案例，提供进一步深入研究的线索，并力求归结出较为客观公正和令人信服的结论来。至于是否已经达致上述目标，尚请有关方面及专家学者予以审查，是所至盼。

（四）附录：主要参考资料

1. 档案、忆述资料和史料汇编

(1)中国第二历史档案馆馆藏国民政府外交部档案：全宗号十八，目录号(2)，案卷号208。

（2）中国第二历史档案馆馆藏国民政府侨委会档案：全宗号二二，案卷号607。

（3）中国第二历史档案馆馆藏国民政府侨务机构档案：全宗号三七零，案卷号48。

（4）中国第二历史档案馆馆藏其他档案：全宗号一七二，目录号（2），案卷号388。

（5）国民政府侨务委员会编：《三十五年度侨务统计辑要》。

（6）蔡史君编修：《新马华人抗日史料1937—1945》，[新加坡]文史出版私人有限公司1984年版。

（7）张连红主编：《日侵时期新马华人受害调查》，江苏人民出版社2004年版。

（8）陈嘉庚：《南侨回忆录》，[新加坡]怡和轩1946年刊本。

（9）南洋华侨筹赈祖国难民总会大战与南侨编纂委员会编纂：《大战与南侨：马来亚之部》，新南洋出版社1947年版。

（10）郑祥鹏编：《黄绰卿诗文选》，中国华侨出版公司1990年版。

（11）《旅缅安溪会馆四十二周年纪念特刊》。

2. 专题、区域、国别华侨史志

（1）黄小坚、赵红英、丛月芬：《海外侨胞与抗日战争》，北京出版社1995年版。

（2）黄小坚主编：《海峡两岸"华侨与抗日战争"学术研讨会文集》，中国档案出版社2000年版。

（3）台湾华侨革命史编纂委员会编纂：《华侨革命史》（下），台北正中书局1981年版。

（4）台湾华侨协会总会主编：《华侨与抗日战争论文集》（上、下册），海宇文化事业有限公司1999年版。

（5）台山侨务办公室编：《台山县华侨志》，1992年。

（6）林金枝：《近代华侨投资国内企业史研究》，福建人民出版社1983年版。

（7）陈昌福：《日本华侨研究》，上海社会科学出版社1989年版。

（8）沈殿忠等：《中日交流史中的华侨》，辽宁人民出版社1991年版。

（9）台湾华侨志编纂委员会编印：《韩国华侨志》，1958年。

（10）杨昭全、孙玉梅：《朝鲜华侨史》，中国华侨出版公司 1991 年版。

（11）吴伦霓霞、郑赤琰编：《两次大战期间之海外华人》，香港中文大学 1989 年版。

（12）朱杰勤：《东南亚华侨史》，高等教育出版社 1990 年版。

（13）吴凤斌：《东南亚华侨通史》，福建人民出版社 1994 年版。

（14）李恩涵：《东南亚华人史》，台北五南图书出版股份有限公司 2003 年版。

（15）曾瑞炎：《华侨与抗日战争》，四川大学出版社 1988 年版。

（16）林水檺、骆静山合编：《马来西亚华人史》，马来西亚留台校友会联合总会，1984 年。

（17）林远辉、张应龙：《新加坡马来西亚华侨史》，广东高等教育出版社 1991 年版。

（18）林水檺、何国忠、何启良、赖观福合编：《马来西亚华人史新编》（第一册），马来西亚中华大会堂，1998 年。

（19）广西壮族自治区地方志编纂委员会编：《广西通志·侨务志》，广西人民出版社 1994 年版。

（20）台湾华侨志编纂委员会编印：《北婆罗洲、婆罗乃、砂劳越华侨志》，1963 年。

（21）陈约翰（John M. Chin）著、梁元生译：《砂捞越华人史》，台北正中书局 1985 年版。

（22）黄滋生、何思兵：《菲律宾华侨史》，广东高等教育出版社 1987 年版。

（23）《迫击团三九九部队——抗日史略》，[菲律宾]迫击团三九九部队，1993 年。

（24）龚陶怡等编：《菲律宾华侨抗日斗争纪实》，中国国际广播出版社 1997 年版。

（25）《菲律宾华侨与抗日战争》，香港荣誉出版有限公司 1999 年版。

（26）温广益、蔡仁龙、刘爱华、骆明卿编著：《印度尼西亚华侨史》，海洋出版社 1985 年版。

（27）李学民、黄昆章：《印尼华侨史》，广东高等教育出版社 1987 年版。

（28）高信、张希哲主编：《印尼华人经济现况与展望》，台湾世华经济出版社 1992 年版。

（29）伍英光等编：《难忘的“九·二〇”》，中国华侨出版社 1993 年版。

（30）台湾华侨志编纂委员会编印：《越南华侨志》，1958 年。

（31）李白茵：《越南华侨与华人》，广西师范大学出版社 1990 年版。

（32）张俞：《越南柬埔寨老挝华侨华人漫记》，香港社会科学出版社有限公司 2002 年版。

（33）[泰国]洪林、黎道纲主编：《泰国华侨华人研究》，香港社会科学出版社有限公司 2006 年版。

（34）刘伯骥：《美国华侨史续编》，台北黎明文化事业股份有限公司 1981 年版。

（35）黄昆章、吴金平：《加拿大华侨华人史》，广东高等教育出版社 2001 年版。

（36）黄昆章：《澳大利亚华侨华人史》，广东高等教育出版社 1998 年版。

二、档 案 资 料

（一）国民政府外交部统计海外华侨战时损失有关资料*

1.华侨损失案

（一）南洋各地沦陷月日及日军盘踞之时期

一九四一年十二月八日太平洋战争发生，日本军队长驱南下，南洋各地及缅甸陆续被侵，其日期如次。

一九四一年十二月二十八日日军入香港，并猛炸不设防之马尼剌市。

一九四二年一月二日马尼剌陷，十二日马来亚吉隆坡陷，十九日缅甸南部土瓦陷，二十五日全部马来亚半岛陷。

二月二日荷属婆罗洲坤甸陷，十日西里伯斯望加锡陷，十五日新加坡陷，十六日巨港陷，二十日蒂汶岛陷，二十一日爪哇激战开始。

三月六日爪哇巴达维亚陷，七日仰光陷，十一日泗水陷，十三日苏门答腊棉兰陷。

四月八日菲律宾巴丹半岛陷，十一日宿务岛陷，十七日班乃岛陷，二十九日缅甸腊戍陷。

五月三日缅甸瓦城陷，六日菲律宾柯里几多尔岛陷，十一日缅甸密芝那陷。

战事发生后六个月内，全部南洋群岛均入日军掌握，直至日本投降时止，日军盘踞达三年余之久（越南系一九四一年七月即被日军占领，暹罗——时称泰国——于一九四一年十二月十一日与日本缔结军事同盟，一九四二年一月二十

* 中国第二历史档案馆馆藏档案，全宗号一八（2），案卷号208。

五日向英美宣战）。

（二）华侨遭受损失情形

因华侨人数之众、财产之富，日军侵占地区之广、劫掠破坏之大，致所受财产损失，包括房屋器具衣物珠宝金饰营业货物等项，约达六亿余美元（菲律宾受损失者达一万二千余家，暹罗达一千七百余家，槟榔屿达二百家，新加坡达七千三百余家）。人口伤亡各地多寡不等，亦有无伤亡者（见附表）。遭受损失之情形：或直接损失于炮火之下（如缅甸、马来亚、荷印），或由于日军之劫掠（各地一律）、虐杀（如北婆罗洲）及征用强占（各地一律），或由于战争后期盟军飞机之轰炸（如暹罗）。

（三）我国所定华侨损失赔偿原则与一二华侨居留地政府所定办法之不同

我国所定海外华侨战时损失向对日和会提出专案要求赔偿一案，系呈奉行政院三十五年十二月四日节京捌字第二二〇〇二号指令核定者，惟据各驻外领事馆报告，侨民居留地政府，亦有对我侨损失负赔偿责任者，如驻巴达维亚总领事馆报告：荷印政府对于境内所有居民之战时损失赔偿问题，业已成立委员会，研究赔偿性质及办法，将不分国籍，一概受理。驻雪梨总领事馆报告：澳洲代管地华侨所受损失在澳洲之战争损失赔偿计划下，与澳人享受平等待遇，迄本年五月二十三日止，我侨战时损失赔偿统计数字如下：赔偿结案者九九一件，部分了结或在清算中共三八五件，赔偿金已厘定者，五十四万九千三百四十二镑，赔偿金及利息已清付者，四十四万二千九百八十四镑，赔偿金在厘定中者，二十四万镑。驻河内总领事馆报告：日军占领越南期间，侨民所受损失，有极小部分（越币二千五百元）已由法国政府赔偿。

（四）海外华侨战时损失统计表

海外华侨战时损失统计表

侨民居留地	财产损失数字		人口伤亡数字	附
	当地币	美金		
塔什干总领事馆辖区		350,000.00		
安集延领事馆辖区		810,000.00		
新几内亚	1,000,000.00	3,237,000.00		每澳币一镑合美金 3.237 元
暹罗	8,700,000.00	591,836.75		每暹币 14.70 铢合美金一元
巴达维亚	95,000,000.00	35,849,056.60		每荷币 2.65 盾合美金一元
蒂汶	3,500,000.00	141,757.80	死亡 292 人	

续表

侨民居留地	财产损失数字		人口伤亡数　字	附
	当地币	美金		
婆罗洲	4,805,989.06	2,288,852.30		每婆币100元合美金47.625元
望加锡（所属各埠）	516,799,223.25	195,018,574.81		与巴达维亚同
马尼剌（损失表共计273份）		4,042,116.33		
吉隆坡（辖境四州府）	300,000.00	13,023,737.45		每马来币（叻）一元合美金0.47元
槟榔屿（人口伤亡表77份，财产损失表200份）	1,990,907.00	935,726.30	伤亡77人	同上
毛里西斯	1,450,000.00	446,153.85		每毛币3.25合美金一元
巨港		6,000,000.00		
雪梨			伤亡2人	海员韩国丰、王茀琏，在打云港码头被日机炸毙
日本	682,600,000.00	45,506,060.60	伤亡93人	
韩国	5,000,000.00	333,333.33	伤亡3000余人	二十一年万宝山事件平壤惨案所引起之损失

2.海外华侨战时损失

太平洋战争发生，日本军队南下，不数月间，南洋各地相继陷落，直至日本投降时止，盘踞时间达三年余之久。在此时期，我各地侨民损失重大，包括地域计有菲律宾、越南、缅甸、暹罗、新加坡、槟榔屿、吉隆坡、苏门答腊、爪哇、北婆罗洲、西里伯斯、蒂汶、新几内亚、毛里西斯等地。

菲律宾　华侨财产损失共计菲币二亿七千七百十五万五千零七十七元一角七分，折合美金一亿三千八百五十七万七千五百三十八元五角八分（菲币一元合美金五角）。

越南　华侨财产损失共计美金三千八百十三万一千三百二十八元九角八分，越币266,919,302.86元。

缅甸　华侨财产损失共计美金一千零二十五万三千三百七十五元九角七分，又二十六万一千二百二十元九角一分，两共10,514,596.88美元，缅币34,698,169.70罗比。

北婆罗洲　华侨财产损失共计婆币四百八十万五千九百八十九元，折合美金……（每婆币百元合美金四十七元六角二分五厘）。

人口伤亡共计二百四十一人。

马来亚　华侨财产损失共计马来币二千九百四十万五千八百七十四元三角四分，折合美金一千三百九十五万九千四百六十三元七角五分（每马来币二元一角零七厘合美金一元）。

人口伤亡七十七人。

苏门答腊（巨港）　华侨财产损失计美金57,565,554.82元。

爪哇　（1）巴达维亚　华侨损失计美金35,849,056.60，荷币95,000,000.00盾。（2）泗水　华侨财产损失共5,969,076盾（荷币），折合美金2,290,217.36。

西里伯斯　华侨财产损失计为荷币五亿一千六百七十九万九千二百二十三元二角五分，折合美金一亿九千五百零一万八千五百七十四元八角一分（每荷币二.六五盾合美金一元）。

蒂汶　华侨财产损失共为葡币三百五十万元，折合美金十四万一千七百五十七元八角（每葡币二四.六九元合美金一元）。

人口伤亡共计二百九十二人。

暹罗　华侨财产损失计暹币一千七百八十七万六千一百九十四铢，合美金一百二十一万六千零六十七元六角三分（每暹币一四.七铢合美金一元）。

人口伤亡二十六人。

新几内亚　华侨财产损失共计澳币一百万镑，折合美金三百二十三万七千元（每澳币一镑合美金三元二角三分七厘）。

毛里西斯　华侨财产损失计毛币一百四十五万元，折合美金四十四万六千一百五十三元八角五分（每毛币三.二五合美金一元）。

新加坡　人口伤亡四千五百二十二人，财产损失共值美金二千九百万零二千八百六十一元五角五分。

槟榔屿　人口伤亡七十七人，财产损失计马来币一百九十九万零九百零七元，折合美金九十三万五千七百二十六元三角。

吉隆坡　财产损失计马来币二千七百四十一万四千九百六十七元三角四分，折合美金一千三百零二万三千七百三十七元四角五分。

塔什干　辖区内有七百余人，抗战前居住东北，均属小康之家，因不堪日伪压迫逃入苏境，因而丧失全部财产。此等侨民所受财产损失平均每人在美金五百元左右。

安集延　辖区内有一六二〇余人，抗战前原小康，居住东北及河北、山东各地，后或从事游击队，或不堪敌伪压迫被迫逃至苏境，因而丧失所有财物。综计平均每人损失约在美金五百元左右。

韩国　日人对于侨商等积年经营之权益力加排斥。初则侵夺市场，限制华人登陆；继则唆使韩人暴动，殴杀华侨。二十一年四月，造成万宝山事件及平壤惨案，华侨死于械击者八百人，因被殴击而投大同江死者二千余人，轻重伤者五百余人，财产损失日金五百万元。

越南　人口伤亡六人，皆被日军捕去，或被日哨兵击毙，或被日宪兵诬为中国间谍而捕去失踪。

财产损失或系被炸，或被日宪兵拆去，或抢去，数目达……许多表件均已转赔委会。

暹罗　曼谷中原报于日军占据暹罗期间，被日人藤岛强行侵占，直至日本投降后始行收回。在日人占据期间损失甚重，计纸二百吨，值暹币柒百弍拾万铢；油墨三千公斤，值暹币 15 万铢；营业损失 $3\frac{3}{4}$ 年，值暹币 135 万铢，合计 870 万铢。

北婆罗洲人口伤亡表

被敌毒打致死及被枪杀斩首者 102 人

被联军飞机炸死者 43 人

被拉夫死于途中者 28 人

被捕死于监狱者 50 人

被抛入海中者 3 人

死因不明者 15 人

巴达维亚　所收表件均已转赔委会，无从查阅。

山打根（北婆罗洲）　财产损失计有家具衣服金饰房屋布匹粮食牲畜车辆等项，均被日军劫毁，约值六四八六七.九〇美金（计为十八人之损失）。

人口伤亡 241 人（详细分析另计）。

蒂汶　人口伤亡：被敌杀害者六十人，土民兵杀者四十六人，澳军杀者三人，飞机炸死者六人，在敌控制下粮食不继或病无医药因而冻馁死者一百四十六人，其他病死者三十人，被葡人杀害者一人。此外，澳门流解来之华侨约五十名，或被日敌杀死，或饿死、病死，或失踪。

雪梨　海员韩国丰、王茀琏工作在 M.V.Neptuna 轮船，于一九四二年二月十九日在打云港码头被日机投弹炸沉，同时毙命。

槟榔屿　人口伤亡 77 人，财产损失见统计表。

海外华侨战时损失

暹罗

1．王尚光等损失共 10,824,565 铢。来文联 36 字 1013 号　36 年八月二十一日　司收文 2814

2．黄通记等损失（表 318 件）共 15,250,753 铢，人口死亡共十一人（皆炸毙）。联 36 字 0928 号　36 年七月　司收文 2856 号

3．余斯凯等损失（表十四册）共 57,382,772 铢，人口死亡 120 人。联 36 字 0972 号　36 年七月　司收文 2855 号

4．王细成等损失（表三本）　共财产损失 11,865,726 铢，人口死亡 46 人。联 36 字 1075 号　36 年九月　司收文 3068 号

北婆罗洲　山打根启华学校被联军炸毁及日军劫焚校舍校具书籍共值婆币

一四,一七六元（三十六年八月八日山〈36〉字九五七号呈）。

泗水　华侨财产损失共 5,969,076 盾（荷币），折合美金 2,290,217.36 元。

海外华侨战时损失

塔什干　辖区内有华侨七百余人，抗战前居住东北，均属小康之家，因不堪日伪压迫逃入俄境，遂丧失全部财产。计所受损失平均每人约在美金五百元左右，总计损失达美金三十五万元。

安集延　辖区内有华侨一千六百二十余人，抗战前皆系小康之家，居住东北及河北山东各地，后或从事游击队或不堪敌伪压迫逃入俄境，因而丧失所有财物，平均每人损失约为美金五百元，合计损失美金八十一万元。

韩国　日人对于侨商等积年经营之权益，力加排斥。初则侵夺市场，限制华人登陆；继则唆使韩人暴动，殴杀华侨。二十一年四月万宝山事件及平壤惨案发生，华侨死于械击者八百人，因被殴击而投大同江死者二千余人，轻重伤者五百余人，财产损失共计日金五百万元。

暹罗　日军占据暹罗期间，曼谷中原报被日人藤岛强行侵占，直至日本投降后始行收回。在日人占据期间，损失甚重，计纸二百吨，值暹币七百二十万铢；油墨三千公斤，值暹币十五万铢；营业损失计三年九阅月之内，达暹币一百三十五万铢，总计损失暹币八百七十万铢（蓝壮侯等，又九一七六一九四铢，折合美金六二四二三〇.八八元——原稿后补，编者注），折合美金五十九万一千八百三十六元柒角伍分。

蒂汶　人口伤亡：被敌杀害者六十人，被土民兵杀者四十六人，被澳军杀者三人，飞机炸毙者六人，在敌控制下粮食不继或病无医药而冻馁致死者一百四十六人，其他病死者三十人，被葡人杀害者一人，共计二百九十二人。财产损失共为葡币三百五十万元，折合美金十四万一千七百五十七元八角。

北婆罗洲　人口伤亡：计被敌毒打致死及被枪杀斩首者一百零二人，被联军飞机炸毙者四十三人，被掳差死于途中者二十八人，被捕死于监狱者五十人，被抛入海中者三人，失踪不明者十五人，共计二百四十一人。

财产损失共计为婆币四百八十万五千九百八十九元，折合美金二百二十八万八千八百五十二元三角。

望加锡　所属各埠华侨财产损失计为荷币五亿一千六百七十九万九千二百二十三元二角伍分，折合美金一亿九千五百零一万八千五百七十四元八角一分。

马尼剌　华侨财产损失共计美金四百零四万二千一百十六元三角三分。菲币二七七,一五五,〇七七.一七，美金一三八,五七七,五三八.五八。

吉隆坡　辖境四州府华侨财产损失计马来币二千七百四十一万四千九百六十七元三角四分，折合美金一千三百零二万三千七百三十七元四角五分。

槟榔屿　华侨人口伤亡七十七人，财产损失计马来币一百九十九万零九百零七元，折合美金九十三万五千七百二十六元三角。

毛里西斯　华侨财产损失计毛币一百四十五万元，折合美金四十四万六千一百五十三元八角五分。

巨港（苏门答腊）　华侨财产损失共计美金 57,565,554.82 元。

雪梨　海员韩国丰、王茀琏工作在 M.V.Neptuna 轮船，于一九四二年二月十九日在打云港码头被日机投弹炸沉，同时毙命。

日本　华侨人口伤亡九十三人，财产损失计日金六亿八千二百六十万元，折合美金四千五百五十万六千零六十元六角。

注：（一）越南、仰光、巴达维亚等处以所呈报之表件早已转送行政院赔偿委员会，无凭统计。

（二）各领馆多仅以电报报告华侨人口伤亡、财产损失之数字，故亦无法详加叙列。

塔什干总领馆辖区内	U.S.350,000	
安集延领馆辖区内	U.S.810,000	
新几内亚	澳币 1,000,000 镑	
越南		河内总领事馆历次所呈送之华侨人口伤亡财产损失表册均由本部汇转政院赔委会
暹罗（中原报社财产及营业损失）	暹币 8,700,000 铢	
仰光	上海谌裕泰庄于卅一年初仰光沦陷损失生漆552件共值181,366.50罗比	仰光总领事馆历次所呈送之表册均由本部汇转政院赔委会
巴达维亚	荷币 95,000,000 盾	该地总领事馆所呈表册已转政院赔委会
蒂汶	3,500,000（？）	（人口死亡）292 人
雪梨		海员韩国丰，王茀琏在打云港码头被日机炸毙
日本	日币 682,600,000	留日侨民战时损失登记表册共五十六册已转政院赔委会人口伤亡共 93 人
韩国（二十一年万宝山事件平壤惨案）	日币 5,000,000	人口伤亡 3000 余人
槟榔屿	树胶 97,777,627 吨	

续表

婆罗洲	婆币 4,805,989.06 元，折合美金 2,400,000 元	
邹鲁	（三十年十二月）港币 310,000,法币 50,000	伊子邹越于香港沦陷时被日人杀死
郑景兴	缅币 3000 余盾	
徐美禄	（廿六年）法币 3162 元	
吴碧岩	暹币 230,000 铢（国民，民国，曼谷三报社历次损失）	
张簪瑶	（三十一年八月）菲币 19,850 元	
望加锡（所属各埠）	516,799,223.25 盾（15 倍原数之数额）（和币名，美汇 2.6）	
马尼剌（损失表共计 273 份）	4,042,116.33 美金（菲币计算为美金之二倍）	
吉隆坡（辖境四州府，调查表另呈）	300,000 马来币	
槟榔屿（人口伤亡表 77 份，财产损失表 200 份）伤亡人数 77 人	1,990,907 叻（1941 年时每叻一元折合美金四角八分）	
毛里西斯	1,450,000 盾（毛币）	
巨港	6,000,000 美金 又 23,000,000 美金	

雪梨——澳洲代管地华侨所受损失，在澳洲之战争损失赔偿计划下与澳人享受平等待遇。迄三十六年五月二十三日止，我侨战争损失赔偿统计数字如下：

（甲）声达人数
- 赔偿结案者　991 件
- 部分了结或在清算中者　385 件

（乙）款额
- 赔偿金已厘定者　549,342 镑
- 赔偿金及利息已清付者　442,984 镑
- 赔偿金在厘定中者　240,000 镑

新加坡　财产损失（美金）　人口伤亡

29,002,861.55 元　4522 人

1．港侨均已向港府申请索赔迄无正式登记者。

2．巴达维亚总领馆报告，荷印政府对于境内所有居民之战时损失赔偿问题业已成立委员会研究赔偿性质及办法，将不分国籍一概受理。总领馆除令侨民向该馆填报外，曾告以同时向当地政府报告。我国侨民在海外者仅南洋一隅不下千万，而外侨在华者不及什一。

3．槟榔屿　华侨大量树胶一部分为日寇夺去，一部分为英军焚毁，计共九七,七七七,六二七吨。

4．暹罗华侨损失表件二十册计一千五百份，均系各侨民私人财产损失，包括房屋器具衣物珠宝等项，致损失之由为日军进攻，英日军交战以及战事后期之盟机轰炸。

5．缅甸　缅境内战事发生，双方攻伐轰炸，各侨因此致之损失。

30□号旧卷内河内　总领事馆60□、968两呈附件均缺。

30□号旧卷内河内总领事馆1162、1261两呈附件均缺。

右[前]列各件均于三十五年八月二十日汇送政院赔委会。

174.0卷　卅四年十一月廿四日侨务委员会送海外华侨战时损失初步估计表一张。

塔什干总领馆辖区内侨民七百余人，所受财产损失共约美金三十五万元，人口损失不在内。

安集延领馆辖区内侨民一六二〇余人，平均每人损失美金五百元。

澳门侨胞财产无甚损失，至人口损失则以被害人多已离澳无法调查（未叙明原因）。

新几内亚华侨损失约值澳镑？（币）一百万镑（未叙明原因）。

日本华侨受损失者4 936名，财产损失约日币68 260余万元。

以上根据174.0卷。

174.28卷　韩国华侨损失

二十一年　万宝山事件，平壤惨案　人口伤亡三千余人，财产损失日金五百万元。

174.33【卷】　越南华侨损失　“日军占领越南期间我国侨民之损失”表一张。河内总领事馆283 742 82各呈附件共三十份已于三十六年三月廿七日汇送政院赔委会。

174.34【卷】　暹罗华侨损失　暹使馆35字204号代电　附暹中原报社财产及营业损失表。

……光35字1947号代电附送之人口伤亡及财产损失调查表九百份、清册十四本，均于卅六年一月十三日汇转政院赔委会。又于三十六年二月廿四日汇转人口伤亡财产损失调查表一千一百份于赔委会。又于三十六年三月廿七日续检伤亡损失调查表二百七十一份、清册六本转政院赔委会。

174.36【卷】　巴达维亚华侨损失　总领事馆三十五年十月九日部字第86号代电所呈附件二十九册，已于三十六年二月七日转政院赔委会。该地收到所呈报之华侨损失共荷币九千五百余万盾（总馆三十六年三月十日第35号电）。

174.39【卷】	帝汶华侨损失	中央海外部抄转调查表一件
174.41【卷】	雪梨华侨损失	表一件
174.71【卷】	邹鲁损失	表二件
174.72【卷】	郑景兴损失	表一件
174.74【卷】	在滇归侨四十一人损失	表四十一件缺
174.75【卷】	日本归侨徐美禄	表一件

3.华侨损失个别案

谌裕泰庄　民国三十年十一月十二日由昆明运生漆五百五十二件，经滇缅公路抵腊戍后装 GXV11859 号车运至仰光。适逢太平洋战争发生，致该货无法运沪。迨仰光陷敌，该货全部损失于宝珍洋行 Steel Brothers of Company 货栈。

张簪瑶　民国三十一年八月间被日宪兵俘虏，囚禁于怡朗省监狱。翌日，敌宪兵会同日侨密探至住宅搜查，遂被劫夺菲币一万四千五百元，金属首饰计值菲币五千三百五十元，总共菲币一万九千八百五十元，折合美金九千九百二十五元。

邹鲁　太平洋战争爆发，伊子邹越于香港沦陷时被敌人杀死，家属被劫去现金、金饰、衣物、古玩、房屋租金，共损失港币三十二万二千五百元，折合美金六万四千五百元。

郑景兴　在仰光开营德成鞋店，于三十一年春间日军侵缅时，被地方土人抢劫一空，计损失现银七百余盾，店屋家具土产等二千三百余盾，总计缅币三千余盾，折合美金九百余元。

周黄淑珠　仰光沦陷时，住所家具衣物金饰品等被匪劫，计值美金五万元。

林真意 郭寿禄　在缅甸渺咯开设第一号、第二号米厂及合盛米厂，日军入侵全部损失，共计值缅币五十一万二千六百六十二元五角，折合美金十五万五千三百五十二元二角七分。

日本归侨徐美禄　八一三事变后，在神户被日人指为间谍逮捕，全家老小严刑拷打驱逐回国，所营之理发馆及全部产业均被没收，妻子因受刑过重于返国途中殒命，商店家具器皿衣物等计值美金壹仟余元。

4.海外华侨战时损失初步估计

（侨务委员会三十四年十一月廿四日侨秘统字 16292 号公函所附表）

（一）本表系根据战前调查之华侨财产数估计而得

（二）本表所用损失百分率系按战事环境及交通情形推算之

（三）本表财产所用单位为美元

（四）将来如获得更详确之材料再行更正

侨居地	华侨原有人数	华侨原有财产（单位：美元）	华侨因战事所受之损失			
			按原有财产价值损失之百分率	共计损失财产价值单位：美元	原有人数之死亡百分率	共计死亡人数
荷属东印度	1,344,809	1,166,567,000	40	466,627,000	2	27,000
英属马来亚	2,358,335	924,031,000	50	462,015,000	3	71,000
菲律宾	117,463	356,381,000	90	320,543,000	10	12,000
暹罗	2,500,000	879,588,000	40	351,835,000	3	75,000
法属越南	462,466	444,340,000	50	222,170,000	2	9,000
缅甸	193,594	115,800,000	90	104,220,000	10	19,000
英属北婆罗洲	68,034	40,800,000	40	16,320,000	2	1,000
香港	923,584	554,400,000	50	277,200,000	4	37,000
日本	20,000	12,000,000	90	10,800,000	0	2,000
总计	7,988,285	4,493,907,000	50	2,231,930,000	3	253,000

侨民居留地	财产损失数字			人口伤亡数　字
	当地币	当地币与美金比率	美金	
菲律宾	277,155,077.17	每菲币一元合美金五角	138,577,538.58	
越南	266,919,302.86	每越币七元合美金一元	38,131,328.98	8 人
缅甸	34,698,169.70	每 3.3 卢比合美金一元	10,514,596.88	6 人
暹罗	113,200,010.00	每暹币 14.7 铢合美金一元	7,700,680.27	177 人
新加坡	60,906,009.26	每 2.10673 叻合美金一元	29,002,861.55	4,522 人
槟榔屿	1,990,907	同上	935,726.30	77 人
吉隆坡	27,414,967.34	同上	13,023,737.45	
苏门答腊(巨港)	152,548,720.27	每荷币 2.65 盾合美金一元	57,565,554.82	
爪哇(巴达维亚，泗水)	100,969,076.00	同上	38,139,273.96	
西里伯斯	516,799,223.25	每荷币 2.65 盾合美金一元	195,018,574.81	
北婆罗洲	4,805,989.00	每婆币百元合美金 47.625 元	2,288,852.30	241 人
蒂汶	3,500,000	每葡币 24.69 元合美金一元	141,757.80	292 人
新几内亚	1,000,000 镑	每澳币一镑合美金 3.237【元】	3,237,000.00	
毛里西斯	1,450,000	每毛币 3.25 合美金一元	446,153.85	
香港			40,857,848.60	9 人

5.报告华侨无损失之地方

赤　　塔	阿根廷	阿富汗
加尔各答	乌拉圭	葡萄牙
德 黑 兰	惠灵顿	瑞　士
孟　　买	罗安琪	霍斯敦
波　　史	夏湾拿	千里达
智　　利		

（二）个别侨民、工商企业、侨团、领事馆报告及国民政府有关机构致行政院赔偿委员会的公函*

1.侨民曾倩华战时财产损失报告表

侨务委员会　公函

发文　侨秘统第四一三〇五

附

中华民国三十七年二月廿八日

事由：据侨民曾倩华呈送战时财产损失报告表请查收汇办由

拟办：拟予登记汇编并复　（签名）　三、二

批示：（签名）　三、二

据侨民曾倩华呈送战时财产损失报告表请予核转依法要求赔偿等情相应检同原件送请

查收汇办为荷！

此致

行政院赔偿委员会

附损失报告表二份

委员长　刘维炽

* 此部分系个案资料，主要采用台北“国史馆”提供的该馆馆藏民国档案。特表谢忱。

财产损失报告单

填送日期　36 年 12 月 9 日

损失年月日	事件	地点	损失项目	购置年月	单位	数量	价值（国币元）		证件
							购置时价值	损失时价值	
一九四一年十二月	日军攻占后	香港	镶钻全金相合	本单所列各件均系	个	壹	购置时先后不一。下一栏损失时价值系按一九四零年在香港所值之市价损失时与一九四零年之价值相差无几	港币伍仟元	本单所列各件系本人战前在香港大通银行(The Chase Bank)第四九〇号保险箱所藏之物。战时日军进占香港后，将该保险箱打开取去。大通银行于一九四六年正月廿五来函通知
即民卅年十二月	同上	同上	镶金翡翠玉鈪	战前所购	对	壹		港币弍仟伍佰元	
同上	同上	同上	大珍珠		颗	陆		港币叁仟元	
同上	同上	同上	钻石戒指		个	壹		港币弍仟元	
同上	同上	同上	蝙蝠形翡翠玉		个	壹		港币壹仟元	
同上	同上	同上	金镶珍珠别针		个	壹		港币捌佰元	
同上	同上	同上	锁形翡翠玉		个	壹		港币肆佰元	
同上	同上	同上	金项链		条	两		港币叁佰元	
同上	同上	同上	翡翠玉戒指		只	壹		港币叁佰元	
同上	同上	同上	心形全金牌		只	壹		港币壹佰元	
同上	同上	同上	甲、美金元 乙、花旗纸		元 元	叁仟 贰仟元		美金伍仟元	

填报者　姓名　曾倩华　　通信地址　南京东门街 12—4　　（盖章）

（台北“国史馆”馆藏档案，档案号 305，505）

2.祝亢浪报告战时财产损失并附战时财产损失报告表

报告　五月廿六日于重庆美资处总务组第一科

事由：为遵令据报战时财产损失敬祈转报备查由

窃职原籍海南文昌，历代侨居海外，经先人数十年胼手胝足宵旰勤劳，惨淡经营，以血汗所得，日积月累，置有产业于南洋北婆罗洲，抗战期间，对祖国捐输，为数不赀。按北婆罗洲为石油出产之地，自暴敌进袭太平洋之后，敌我争夺最为猛烈，致遭受损失，至深且巨。当盟军反攻之际，在飞机炮火轰炸之下，百里田舍，焦土一片，职祖创之店铺二幢，住屋一所，暨一切财物家具，悉被焚毁一空，总值约计叻币伍万元，折合国币二亿元之谱。光复以来，两载于兹，英国殖民地当局对我华侨所遭之损失，不但无有若何善后措施，且时受土民侵扰驱凌，致使劫后余生年逾古稀之家伯，寡孤无依之嫂侄，流徙异域，欲留不能，欲归不得，进退维谷，呼吁无门，惨不忍闻！堂上垂暮家慈，素赖南洋接济以为活，而今来源断绝，饔餐不继，朝不待夕。职献身党国，戎马生涯，十有六载，挈妻携子，糊口度日，目击此惨痛情景，好比哑子吃黄连，有苦难诉！顷诵联合勤务总司令部雨总庶字第76877号辰文代电，以层奉行政院四月十二日从捌字第133665号训令，略以"抗战期间，公私所受损失，限本年八月以前查报"等因奉此，谨具实情，报请

察核，伏乞

赐予转报备查，俾为来时对日索取赔偿之依据，如蒙

俞允，则三代感戴，永矢不忘，临呈诚恐，不胜翘企待　命之至！谨呈

科　长　孟（拟请转报行政院赔偿委员会，惟规定表式，及需要何种有力证明文件，无从查明，亦拟并案请示　五、廿九）

副组长　谢　　　　　（拟如拟）

组　长　汪　　　　　（签字）

副处长　邱　乐　　　（签字）

处　长　白　　　　　转呈

行政院赔偿委员会　　　　　　　　职祝亢浪　（盖章）　谨具

附表于后暨家信二封

战时财产损失报告表

级职	军委一阶科员			总计
姓名	祝亢浪			
籍贯	海南文昌			
损失财产	旅店一幢	弹子室一幢	住屋一所	
损失情形	被盟军飞机以炸弹轰炸焚毁	被盟军飞机以炸弹轰炸焚毁	被盟军飞机以炸弹轰炸焚毁	
损失总值 叻币	二〇、〇〇〇.〇〇	一五、〇〇〇.〇〇	一五、〇〇〇.〇〇	
损失总值 国币	八〇、〇〇〇、〇〇〇.〇〇	六〇、〇〇〇、〇〇〇.〇〇	六〇、〇〇〇、〇〇〇.〇〇	二〇〇、〇〇〇、〇〇〇.〇〇
日期	民卅四年春盟军反攻之际	民卅四年春盟军反攻之际	民卅四年春盟军反攻之际	
地点	北婆罗洲纳闽坡	北婆罗洲纳闽坡	北婆罗洲马来奕埠	
业主	（兄）祝朝福（光波）	（兄）祝朝福（光波）	（伯父）祝声钊	
备考	以叻币一元合国币四千元计算 旅店一幢暨本部货物家具	弹子室一幢暨全部货物家具	住屋一所暨全部货物家具	永久通信处：海南文昌清澜墟云路村

附记：此系大概估计数目至于各项证件及详细数目字另由南洋家伯处直接呈报 行政院赔偿委员会

南洋通讯处：北婆罗洲勿马奕埠华新号祝声钊

重庆通信处：凯旋路美资运输处祝亢浪

海南通信处：海南省文昌县清澜乡云路村祝亢浪母林氏

（台北“国史馆”馆藏档案，档案号 305，505）

3.侨民谭荣滚因战时遭被损失恳请追究赔偿的函

呈为因战时遭被损失恳请追究赔偿事　窃侨民自先父于十余年前居留海防创设来泰字号营业瓷器缸瓦迨先父弃养之后当时侨民尚在负笈求学故遗下来泰生意转与庶母罗官好承管并亲妹等均由俯畜不幸于民国三十二年十月一日庶母连同亲妹戚等共五人同时被投弹炸死及店内全部货物家俬炸毁一空共值越币弍拾万元合美金弍万捌仟伍佰柒拾壹元四角三分只侨民个人因公外出幸免波及乃将庶母亲妹戚等五具遗体从事殡葬而免暴露所需丧费约越币伍仟元合美金柒佰壹拾四元弍角捌分但侨民自遭此次惨炸受莫大打击后孑然一身无依无倚生活何赖不得不东凑西挪勉复旧业冀望暂时度过生活讵知此间连年频闻警报埠上居民咸抱戒心纷纷走避遂至影响生意甚大且在和平过去一周年又受法越冲突遍处鸡犬不宁商场更形冷落过问无人况对于生活日渐增高支持匪易若果因循以往在侨民而论苟无津贴藉资弥补则□□堪虞为此除经于民国三十四年十二月一日业已呈报　中国国民党驻海防支部及海防中华会馆又海防法当局有案可稽外另具呈文报告　驻海防领事馆查照用特据实谨将遭被轰炸损失数量列成一表递呈
钧察敬乞揆情度理体恤侨艰赐予早日追偿损失赔款俾在风雨飘摇之中而获慈航普渡倘得如愿以偿则不惟侨民感受
鸿恩而庶母亲妹戚等亦含笑于九泉之下矣伏希
垂鉴实为德便谨呈
国民政府行政院赔偿委员会

旅越海防东京街二四六号来泰号侨民谭荣滚叩呈（盖章）

（台北“国史馆”馆藏档案，档案号305，505）

4.外交部致赔偿委员会关于张簪瑶追究赔偿的公函

<table>
<tr><td colspan="2">外交部公函</td></tr>
<tr><td>事由</td><td>侨务委员会前顾问张簪瑶在菲财产损失一案函请汇案办理</td></tr>
<tr><td>拟办</td><td>拟登记汇编并复
（待登记）</td></tr>
<tr><td>批示</td><td></td></tr>
<tr><td colspan="2">准侨务委员会函以据本会前顾问张簪瑶呈略以民国卅一年八月间沦陷时被日宪兵搜查住宅劫夺菲币壹万肆千伍百元金属手饰估菲币值伍千叁百伍拾元总共壹万玖千捌百伍拾元曾直接呈报驻日盟军总部追究赔偿并获复函二道（见附件）现据报载盟军总部准许各国侨民呈报被劫夺损失恳请转达经济部或外交部正式向盟军总部远东委员会提出追究赔偿等情检同原附件函请查照核办见复等由并附原件二份过部除抽存一份备查外相应检同原附件一份（共五件）函请
查照并汇案办理为荷此致
行政院赔偿委员会
附件一份　　（共五件）</td></tr>
</table>

（台北“国史馆”馆藏档案，档案号305，505）

5.外交部致赔偿委员会关于侨民周黄淑珠人口伤亡和财产损失公函及财产损失登记表

行政院赔偿委员会公鉴据驻仰光总领事馆电呈侨民周黄淑珠人口伤亡及财产损失登记表共计八张相应检同原表件电请查照汇办为荷外交部（东）附件如文

中华民国三十六年七月　日

中华民国卅六年七月廿三日发出

外交部公鉴准贵部本年七月廿三日东（36）字第一五三六七号代电转送侨民周黄淑珠人口伤亡及财产损失表八份一案除予登记汇办外相应复请查照为荷行政院赔偿委员会京(36)一午（陷）印

行政院赔偿委员会　　　稿

<table>
<tr><td>送达机关</td><td>外交部</td><td>文别</td><td>代电</td><td>附件</td><td></td><td>承办单位</td><td>第一组</td></tr>
<tr><td>事由</td><td colspan="7">准电附送侨民周黄淑珠人口伤亡及财产损失登记表一案已予登记复请查照由</td></tr>
<tr><td rowspan="2">主任委员（盖章）
副主任委员（签字）</td><td colspan="3">主任秘书　（签字）
秘书　（签字）
组长　（签字）
副组长　（签字）
专门委员
技正
专员
组员　（签字）</td><td rowspan="2">有关单位会签</td><td rowspan="2">中华民国卅六年</td><td rowspan="2">七月廿四日 时到文
七月廿六日 时拟稿
七月廿八日 时核判
七月廿九日 时缮写
中华民国卅六年七月卅日发出</td><td rowspan="2">收文京字第二六五七号
发文京(卅六)一字第01719号
档案　字第　号</td></tr>
<tr><td colspan="3">拟稿</td></tr>
</table>

财产损失登记表

<table>
<tr><td colspan="8">1.登记人姓名及通讯处　周黄淑珠　驻巴达维亚总领事馆周景铭转</td></tr>
<tr><td colspan="8">2.登记日期　三十六年五月三十日　中华民国驻仰光总领事馆（盖章）</td></tr>
<tr><td colspan="8">3.公证人签字盖章　周景铭　（盖章）</td></tr>
<tr><td colspan="8">4.使领馆审查意见　查无不合</td></tr>
<tr><td rowspan="2">财产名称</td><td rowspan="2">财产所在地</td><td rowspan="2">财产损失情形</td><td rowspan="2">财产购置日期</td><td colspan="2">财产价值</td><td rowspan="2">附件</td><td rowspan="2">附注</td></tr>
<tr><td>购买时</td><td>损失时</td></tr>
<tr><td>子女住所三处家具衣物</td><td>仰光腊戍</td><td>逃难时随身带出行李大小五十余件及金饰品等均在缅境腊戍附近遇缅匪拦车抢劫全部损失时在民国三十一年四月二十六日</td><td></td><td></td><td>约合五万美金</td><td></td><td></td></tr>
</table>

人口伤亡登记表

<table>
<tr><td colspan="9">1．登记人姓名及通讯处　周黄淑珠　驻巴达维亚总领事馆周景铭转</td></tr>
<tr><td colspan="9">2．登记人与伤亡者之关系　母子</td></tr>
<tr><td colspan="9">3．登记日期　　三十六年五月三十日　中华民国驻仰光总领事馆（盖章）</td></tr>
<tr><td colspan="9">4．公证人签字盖章　周景铭（盖章）</td></tr>
<tr><td colspan="9">5．使领馆审查意见　查无不合</td></tr>
<tr><td rowspan="2">姓名</td><td rowspan="2">性别</td><td rowspan="2">职业</td><td rowspan="2">年龄</td><td rowspan="2">伤亡情形</td><td rowspan="2">日期地点</td><td colspan="2">费用</td><td rowspan="2">证件</td></tr>
<tr><td>医药</td><td>葬理</td></tr>
<tr><td>周晨钟（携同幼子三岁同时遇难）</td><td>男</td><td>仰光美以美会牧师</td><td>四十岁</td><td>不及逃亡被敌人机枪屠杀</td><td>民国三十一年五月初在缅甸密支那附近被害身死</td><td></td><td></td><td></td></tr>
</table>

（台北“国史馆”馆藏档案，档案号305，505）

6.外交部致赔偿委员会关于暹罗（泰国）华侨马子珊钟铿丘海明等战时损失公函及调查表

中华民国卅六年七月十六日收到

事　　由	检附华侨马子珊等战时损失调查表函请核办见复由		附件	
拟　　办	拟登记汇编并复　　（签字）			
决定办法				
外 交 部	文别	公函	东 36 字第 147 号　中华民国卅六年七月十五日发出	

案据驻暹大使馆卅六年六月廿一日联字第八四七号代电略以补呈华侨马子珊钟铿丘海明等战时损失调查表共三件请鉴核等情查该案有关抗战损失相应检附原表三件函请并案办理见复为荷

此致

行政院赔偿委员会　　（外交部印）

（附件调查表三）

战时损失报告表

姓　　名	钟铿（成兴隆坊廊主人）
年　　岁	五十四岁
籍　　贯	广东宝安县
住　　址	暹京罗斗圈密攀路门牌一百二十四号
职　　业	商人
损失物资名　　称	（1）家私用具（2）柚木枋（3）自建筑正铺货仓壹座
数　　量	（1）家私共约值 1 万铢（2）柚木约十五吨值三万铢，货仓壹座三万铢
价　　格	合共损失柒万铢
损失地点	暹京罗斗圈密攀路门牌一百二十四号
损失经过略　　述	民国卅四年七月十日盟机轰炸总火车站误中后铺炸弹一枚致受以上损失被炸后即日曾报中央警署
殷实商户盖　　章	联兴公司（盖章）
殷实商户盖　　章	暹京越阁门牌五三七号

民国卅六年三月十七日

	民国叁十三年阳历一月拾弍日住址曼谷			
	越三蒲门牌七号			
	色白布疋　38 疋		价 10 800　铢	总共价银 35 600 万铢
	缝衣针 4 600 支家中用品 绫绸裤 35 件		价　7 500　铢 价　3 300　铢	
	什货数拾件衣被帐褥		价 14 000　铢	

民国叁十三年阳历一月拾弍日夜十二时被盟机投掷燃烧弹完全烧尽

马子珊住曼谷猛叻越三蒲 7 号

损失申诉人马子珊　　证人　（盖章）

物资损失	动产	名称	赤皮 水皮 底皮 红皮 乌矾 海波 强水 乌粒	量	6650 尺 7200 尺 1500 基罗 1200 基罗 一桶 一桶 二磅 25 基罗	价	33,250 铢 28800 铢 10500 铢 10800 铢 3600 铢 320 铢 3900 铢 7500 铢	总	壹拾玖万壹仟叁佰玖拾铢正
		名称	椰油 麻油 硫化石 店屋内家俬	数	十一磅 七磅 270 基罗	值	1100 铢 420 铢 16200 铢 30000 铢	值	
			工厂全座				45000 铢		
损失经过			被盟机轰炸烧毁						
备考									
填报人			丘三东　　联华兴（公章）			证明人		丘海明	

（台北“国史馆”馆藏档案，档案号 305，505）

7.外交部致赔偿委员会关于留日侨民财产损失及人口伤亡登记表的公函

行政院赔偿委员会公鉴据本部驻日代表团运到留日侨民财产损失及人口伤亡登记表三包（计五十六册）相应检同该项表册转请詧收汇办为荷外交部东附留日侨民战时损失登记表册三包

外交部印（盖章）

中华民国卅六年六月拾八日发出

（台北“国史馆”馆藏档案，档案号 305，505）

8.外交部致赔偿委员会关于上海谌裕泰庄在仰光损失生漆公函及抄附原件

行政院赔偿委员会公鉴：据仰光总领事馆代电以上海谌裕泰庄于民国三十一年在仰光损失生漆五百五十二件请予登记等情相应抄附原件并检同原附件共五纸电请查照登记汇办为荷外交部（东）

外交部印（盖章）

中华民国卅六年七月十二日发出

财产损失登记表

<table>
<tr><td colspan="8">1．登记人姓名及通讯处　谌裕泰□□　上海九江路284号和成大楼301室</td></tr>
<tr><td colspan="8">2．登记日期</td></tr>
<tr><td colspan="8">3．公证人签字盖章</td></tr>
<tr><td colspan="8">4．使领馆审查意见　Shanghai, May 7th., 1947.</td></tr>
<tr><td rowspan="2">财产名称</td><td rowspan="2">财产所在地</td><td rowspan="2">损失情形及日期</td><td rowspan="2">财产购置日期</td><td colspan="2">财产价值</td><td rowspan="2">证件</td><td rowspan="2">证件</td></tr>
<tr><td>购置时</td><td>损失时</td></tr>
<tr><td>生漆</td><td>仰光实珍洋行货栈</td><td>该批生漆于民国卅年十一月十二日由昆明起运经滇缅公路抵腊戍于十一月底装GXV11859号车兜发运仰光于十二月初运抵仰光适因太平洋战事发生无法由海道转运上海直至民国卅一年初仰光沦陷该货全部在实珍洋行货栈损失</td><td>民国卅年九月份</td><td>每百公斤法币＄5,800元 共计法币＄1,001,834元</td><td>每百公斤罗比＄1,050罗比 共计罗比＄181,366.50罗比</td><td>中和运输公司昆发60088号联运提单计522件＝重17,273公斤</td><td></td></tr>
</table>

（台北“国史馆”馆藏档案，档案号305，505）

9.外交部致赔偿委员会关于暹京中原报社财产损失报告单的公函

行政院赔偿委员会公鉴据驻暹罗大使馆电送暹罗中原报社重行填就之财产损失报告单相应检同原附件转请查照汇办为荷外交部东附件如文

外交部印（盖章）

中华民国卅六年七月十七日发出

*

□□	□□	地点	损失项目	购置年月	单位	数量	价值		证件
							购置时价值	损失时价值	
□□	战争	曼谷	卷筒机纸	民国三十年六月		弍佰吨		柒佰弍拾万铢	
同上	同上	同上	油墨	同上		叁仟公斤		壹拾伍万铢	
同上	同上	同上	营业损失			叁年又九月		壹佰叁拾伍万铢	

直属机关学校团体或事业　新闻事业　受损失者

名称　印信　填报者　李其雄（盖章）　暹京中原报社（公章）

姓名　服务处所与所任职务董事兼总经理与受损失者之关系

通讯处暹罗曼谷野宪路一〇八号

备注

第一项卷筒机纸以日军侵暹期间之纸价折中计算每吨三万六千铢合计得七百二十万铢

第二项油墨以日军侵暹期间之油墨价折中计算每公斤五十铢合计得一十五万铢

第三项营业损失根据最后一年之营业利润每月三万铢三年又九个月合计得一百三十五万铢

三项合计共捌佰柒拾万铢

（台北“国史馆”馆藏档案，档案号305，505）

* 表格上部内容不清，略去。

10.侨务委员会致赔偿委员会关于侨民倪华等呈送抗战财产损失报告表恳请拨款救济的公函

<table>
<tr><td colspan="2">侨务委员会公函</td></tr>
<tr><td rowspan="2">事由</td><td>据侨民倪华等呈送抗战财产损失报告表恳请拨款救济函</td></tr>
<tr><td>请查照办理由</td></tr>
<tr><td>拟办</td><td>所报损失中，廿一年购置卅三年损失各项其损失时价值估计过高，拟请照卅三年之物价指数458倍折合，改正重报并详复</td></tr>
<tr><td>批示</td><td></td></tr>
</table>

据侨民倪华等呈称：

“窃侨民家乡位于广东省潮阳县第五区港英乡属之鹤洋倪村所有祠屋因抗战期间国土沦陷潮阳县政府内移假借民祠屋为办公处所致遭敌人所忌当三十三年冬末及三十四年春初敌人三次流窜一至村中对民家肆意搜劫不独细软衣服笨重器皿被其劫毁无余而祠屋之门户及厝包屋三间亦遭焚毁净尽损失之重为全县冠按当时估计不下式仟余万元当经民家先后据情分别呈报潮阳县政府请从优体恤以惠灾黎在案日久未蒙批示不胜焦急窃民村属穷乡僻壤非交通要道亦非要冲地区而物资缺乏又无充分之供应力实非敌骑必至之地特因我县政府在是设治之故以致遭其蹂躏而民家亦因是蒙受浩大之损失是民家之受寇祸全系因作县政府之办公处所而受难苟属公家房屋被其损坏则复员经年想早已拨发公款鸠工庀材迅速修整器皿亦即补充购置成为完整可用之场矣只因系属民私人屋宇复员后县府迁回原址不复使用遂未蒙注意民虽屡据情呈请县府亦未邀格外体恤拨款救济枉抑凄痛莫此为甚似此情形岂为吾政府体恤因公遭难之本意哉窃民先君跋涉重洋侨居暹地三十余年胼手胝足以谋生然因劳力过度不幸于民国十一年弃世时长兄年仅十五岁民仅九岁而幼弟少铭年仅七阅月而已当时幸得亲朋辈之照顾与家慈勉力维持继承先父遗志庆邀天幸微有所获遂以此毕生血汗所积营此蜗屋以蔽余生且冀子孙辈毋忘祖籍于回梓时得有蔽风遮日之所今遭此寇祸完整屋宇以成断瓦颓垣倘不及时修整益见荒榛野蔓矣忆民家慈早年遭先父逝世时年仅三十有六卧薪尝胆抚养民姐弟成人于国难中民弟少铭毕业于中央陆军军官学校第十七期先后派遣远征军参谋团军事委员会暹罗军事专员公署等处服务民则工作于军事委员会国际问题研究所上海特站服务出生入死在所不顾幸抗战胜利国土重光民姐弟亦得获假回暹省亲得悉家乡因公遭受寇祸而家慈于此年迈之日闻此多年经营之屋宇毁于一旦倍觉怆恸窃念国难期中为国牺牲固份所应尔原不敢有所希冀然频年以来在暹营业大不景气入不敷出一时实无偌大巨款可充修葺盖建之资以是不得不有所干求乞请拨款体恤俾得修整所有门户及盖搭被焚之厝屋藉免冬冷侵骨暑热灼肌之苦素仰钧长仁爱为怀痌瘝在抱为亟据情连同财产损失报告表一份随文呈叩察核乞俯念民家实系因公受祸准予转呈内政部抗战损失调查委员会拨款体恤俾得略加修整藉藏身命则戴德无涯矣临呈不胜迫切祷求之至”

等情，附呈抗战财产损失报告表七份，据此，相应检同原件，随函送请

查照汇办为荷。

此致

行政院赔偿委员会

附战时财产损失报告表七份

侨务委员会印（盖章）

委员长　刘维炽

（台北“国史馆”馆藏档案，档案号305，505）

11.经济部致赔偿委员会关于中国毛纺织厂呈送财产损失报告单及人口伤亡调查表的公函

经　　济　　部公函	
事由	据中国毛纺织厂呈送财产损失报告单及人口伤亡调查表函请核办由
拟办	拟登记汇编并复　　　　　　　（签名）
批示	

据中国毛纺织厂特种股份有限公司遵照贵会本年四月十四日京<36>一字第00563号通知重填财产损失报告单及人口伤亡调查表□□转等情到部除批□外相应检同原附件函请詧照核办为荷此致

行政院赔偿委员会

附 财产损失报告单一份计七页

人口伤亡调查表一份

部长　陈启天

中华民国卅六年七月十一日发出

		地点	损失项目	单位	数量	购置时价值	损失时价值	证件
	□□损失机件（被敌封锁）	海防	比国毛纺织机配件	箱	共8箱	96,065.40 @20.-U.S.$4,803.27		
	房屋修理暂移职员宿舍被敌机炸毁损失	重庆中正路262号	?		3	159.00		
			?		2	64.00		
			?		11	312.70		
			? 公文箱	只	1	7.50		
			白皮公文箱	只	2	29.00		
			藤椅	把	44	331.20		
			桌子	只	1	6.00		
			凳子	只	4	6.00		
			椅子	只	2	6.00		
			三柏桌	只	12	92.60		
			单人床	只	24	228.20		
			茶几	只	2	9.62		
			大写字台	只	2	105.20		

续表

		地点	损失项目	单位	数量	购置时价值	损失时价值	证件
			靠椅	把	2	7.00		
			元桌	张	1	25.60		
			方凳	只	10	15.00		
			长板橙	只	10	16.80		
			元桌面	只	2	34.10		
			方桌	只	5	46.65		
			竹茶几	只	2	11.40		
			信柜	只	4	109.19		
			书柜	只	1	50.00		
			挂钟	只	1	20.40		
			银箱	只	1	144.00		
			木床	只	4	21.60		
					153	＄1,858.76 @20.-U.S.＄92.94		

直属机关学校团体事业　受损失者　中国毛纺织厂特种股份有限公司

名称　印信　填报者

姓名 刘鸿生　服务处所与所任职务　总经理　与受损失者之关系　通讯地址　重庆林森路212号

		地点	损失项目	单位	数量	购置时价值	损失时价值	证件
	损失自备道奇新车			辆	31	1,798,000.00 @20.-U.S. ＄89,900.00		
	□□被敌占领损失英国运来机器	腊戍	……	箱	13			
			……		66			
			钢丝机		5			
			双头交叉针梳机		4			
			□式精梳机		7			
			二道交叉针梳机		4			
			头道交叉针梳机		3			
			□□机附属交叉针梳机		3			
			头二道混合交叉针梳机		4			
			三道交叉针梳机		2			
			去□机		9			
			和毛机		2			

续表

		地点	损失项目	单位	数量			证件
						购置时价值	损失时价值	
			和毛交叉针梳机		4			
			头道粗纱机		6			
			二道粗纱机		7			
			三道粗纱机		7			
			四道粗纱机		9			
			末道粗纱机		9			
					164 箱			

直属机关学校团体事业　受损失者　中国毛纺织厂特种股份有限公司

名称　印信　填报者

姓名 刘鸿生　服务处所与所任职务　总经理　与受损失之关系　通讯地址　重庆林森路212 号

		地点	损失项目	单位	数量			证件
						购置时价值	损失时价值	
	被敌占领损失沪港运来机器	腊戍	□□□□□□□	箱	28	185,840.00		
			德国哔叽纺机	箱	5	19,530.00		
			印度纺纱机	箱	1	18,000.00		
			钢丝拉毛机	箱	1	12,800.00		
			烘呢机	箱	2	11,640.00		
			铁木织机	箱	2	49,490.00		
			锅炉	箱	2	5,500.00		
			平板	箱	1	17,600.00		
			和毛油	箱	1	4,000.00		
			地轴	箱	7	149,360.00		
			织机零件	箱	1	8,150.00		
					51 箱	481,910.00 @20. - U.S. $24,095.50		

直属机关学校团体事业　受损失者　中国毛纺织厂特种股份有限公司

名称　印信　填报者

姓名 刘鸿生　服务处所与所任职务　总经理　通讯地址　重庆林森路 212 号

		地点	损失项目	单位	数量			证件
						购置时价值	损失时价值	
	重庆中正路职员宿舍被敌机炸毁一空职工物件尽遭损失给予津贴购置必需用件	重庆中正路 262 号	……			500.00		
			……			500.00		
			邹拥城			555.90		
			钱萃农			400.00		

续表

		地点	损失项目	单位	数量	购置时价值	损失时价值	证件
			罗　洪			400.00		
			王镜湖			1000.00		
			刘少谋			500.00		
			江尚清			500.00		
			陈仰贤			500.00		
			张仲□			500.00		
			李世迈			400.00		
			蒋式芬			400.00		
			李　华			400.00		
			罗梦□			300.00		
			胡培元			300.00		
			李晓珊			400.00		
			王国栋			400.00		
			陈顺祥			200.00		
			童其才			100.00		
			于柏林			100.00		
			陈汉骐			100.00		
			胡顺城			150.00		
			陈　□			50.00		
			王梅生			200.00		
						8855.90 @.20. - U.S. $ 442.80		

直属机关学校团体事业　受损失者　中国毛纺织厂特种股份有限公司
名称　印信　填报者
姓名　刘鸿生　服务处所与所任职务　总经理　通讯地址　重庆林森路 212 号

		地点	损失项目	单位	数量	购置时价值	损失时价值	证件
	敌机轰炸厂房损失	巴县李家沱	……			3025.00		
			……			3280.00		
			临时工场			500.00		
			老虎灶			44.00		
			警卫宿舍			96.00		
			第一职员住宅			1350.00		
			第二职员住宅			11240.00		
			第一工舍			4830.00		
			第二工舍			480.00		
			房门工帐房			150.00		
			办公室			100.00		
			整理间			1500.00		
			梳纺间			21720.00		
			洗烘间			3900.00		
			修理间			70.00		
			第一货栈			3000.00		
			第二货栈			1500.00		
			第二临时堆栈			500.00		
			第三临时堆栈			390.00		
			竹篱笆			1300.00		
						58975.00 @20.- U.S. $ 2948.75		

直属机关学校团体事业　受损失者　中国毛纺织厂特种股份有限公司
名称　印信　填报者
姓名　刘鸿生　服务处所与所任职务　总经理　通讯地址　重庆林森路 212 号

市县人口伤亡调查表(表式 1)

事　　件：本公司派技工刘丰卿 徐小君 随自车至腊戍抢运机件至昆明时被敌机炸射负伤当送昆明惠滇医院治疗

日　　期：30 年 12 月 18 日

地　　点：昆明

姓　名	性别	职业	年龄	最高学历	伤或亡	费用（国币元）		证件
						医药	葬埋	
刘丰卿	男		34 岁		伤	11,291.60		
徐小君	男		30 岁		伤	@20.-U.S. ＄564.58		

直辖机关学校团体或事业　　填表者　中国毛纺织厂特种股份有限公司

名称　印信　姓名 刘鸿生　服务处所与所任职务 总经理　通讯地址 重庆林森路 212 号

（台北"国史馆"馆藏档案，档案号 305，505）

12.民国三十六年华侨战时财产损失报告表（4份）

华侨战时财产损失报告表

姓名：陈志杰　性别：男　年岁：六十　籍贯：福建省福县　现在职业：小布商　在日本时顺隆号日华商会

原侨居地：日本大阪市港区办天町三丁目十三番地　原侨职业：布商　现在住址：福建省福清县高山镇竹秀保竹香村

损失项目		单位	数量	价值(以民国二十六年国币价值为准)
总计		数百件	器具单位数百件证券九张房屋半座	值国币 46844.7
动产	共计			
	衣饰			
	器具	数百件	日华商会制造带类工场内一匹马力发动机一架扎线机即细线机弍架及放置机器大木凳六张拉动各架机器皮带三十余条大铁杆四枝及工场什物器具等铁辗五十只车页数百个	值国币弍万四千元
	货物			
	现金			
	证券	九张	第 346 提供株券保管证即日本东明土地株式会社株式六十三株计三千一百五元整又据置预金证书第四回第 18 号至 22 号共五张计三百三十四元四角七分又株式会社东明银行株券甲第 12670 号及甲第 2669-株式弍张又该行五株券一纸共三百五十元系第 01446 号	值国币叁千捌百四十四元四角七分
	其他		在日本放货日人借款计共乙万弍千余元	值国币壹万弍千元
	共计			
不动产	房产	半座	当时在日本昭和九年向日人佐佐木崇吉租出厝屋两座在大阪市港区办天□三丁目十三番地□日华制造带类工场系租屋添建即在该屋前座添建住房一间一千元起盖露台一所一千元添制楼上楼下房间弍千元又在该□面重新租地建筑，安放扎线机房一间，分楼上楼下三千元	值国币柒千元
	农田			
	工矿			
	其他			

民国三十六年四月十日　陈志杰　一名德俊　填报（陈志杰印）

新记洋服店华侨战时财产损失报告表

姓名：刘记荣　性别：男　年岁：六三　籍贯：　浙江省镇海县
原侨居地点：横滨市中区元町一丁目卅二番　原侨居职业：洋服商

损失项目		单位	数量	价值（以民国二十六年国币价值为准）
总计				弍拾弍万元
动产	共计			拾八万元
	衣饰	制成衣服		壹万元
	器具	有用器具		弍万元
	货物	呢绒绸缎及附属品		拾万元
	现金	流动金		弍万元
	证券			
	其他	家用□□服		叁万元
不动产	共计			四万元
	房产	店房壹幢		四万元
	农田			
	工矿			
	其他			

民国三十六年　月　日填报

华侨战时财产损失报告表

姓名：林道禧　性别：男　年岁：38　籍贯：福建福清　现在职业：农田
原侨居地点：宫城县盐釜町赤板町　原侨居职业：林屋布店　现在住址：高山市平下里北林乡

损失项目		单位	数量	价值（以民国二十六年国币价值为准）
总计			有玖万上圆	玖万余元
动产	共计			
	衣饰	金手指弍粒，棉被陆领，大衣弍件，洋服叁套，皮鞋弍双，日本衣拾套		叁万余元
	器具	肆仟上圆，自转车壹架，大小钟表叁架，洋戏壹架，唱片卅五板		壹万余元
	货物	叁万零圆　布疋		叁万余元
	现金	弍万陆仟圆		弍万陆仟元
	证券			
	其他			
不动产	共计			
	房产			
	农田			
	工矿			
	其他			

民国三十六年5月17日　林道禧（盖章）填报

华侨战时财产损失报告表

姓名：唐元来　性别：男　年岁：四一　籍贯：浙江鄞县　现在职业：纸烟

现在住址：上海海宁路鸿安里八弄二〇五号

原侨居地点：东京蔴布区龙土町四番地源来□　原侨居职业：料理业

损失项目		单位	数量	价值(以民国二十六年国币价值为准)
总计		327 件		八万元
动产	共计	327 件		80000 元
	衣饰	四大箱	一家用中西服装、日用衣饰及被寝具等件	12000 元
	器具	205 件	料理店内一切生财家具、器皿、电话、风扇、自行车、收音机、留声机等件	45000 元
	货物	93 件	海参干贝 250 斤、东菰 140 斤、燕窝银耳各 20 斤、罐头 98 打、笋罐头 140 打、笋丝 25 大袋、绍酒 10□、啤酒 20 箱、白酒五加皮各十斤、味之素米粉等食用原料 150 斤	18000 元
	现金			
	证券			
	其他	25	账房间保险箱柜大冰箱电炉等项……	5000 元
	共计			
不动产	房产			
	农田			
	工矿			
	其他			

（中国第二历史档案馆馆藏档案，全宗号三七〇，案卷号 48）

13.毛里西斯华商总会呈报毛岛华侨间接损失总数

行政院赔偿委员会公鉴据驻毛里西斯领事馆呈送当地华侨战时间接损失估计单一纸相应检同原件送请查照汇办为荷外交部东附件如文

（外交部印）

中华民国　年　月　日　午　点　分发

损失估计表

（一）华侨大小商店一千零九十四间因受交通影响货物来源断绝损失约十万盾

（二）华侨汇款返国因战事爆发款项中途失落无从追寻之损失约二十万盾

（三）华侨商店因当地政府设防发动强迫保险及征募等损失约十五万盾

（四）在战争期间因受当地政府非常法令所限制华侨商店蒙受之损失约百万盾

综合上列合项毛岛华侨因日本发动侵略战争间接蒙受之损失总数约毛币一百四十五万盾

三十六年五月廿八日

（台北“国史馆”馆藏档案，档案号305，505）

14.驻望加锡领事馆呈送南西里伯斯、北西里伯斯、摩鹿根、新几内亚华侨战时财产损失表

快邮代电东 36 第 1537 号

行政院赔偿委员会公鉴据驻望加锡领事馆呈送当地华侨战时财产损失表二份相应检同原表件电请查照汇办为荷外交部（东）附件如文

（外交部印）

中华民国三十六年七月廿三日发出

华侨战时财产损失表（驻望加锡领事馆送呈）

NO	埠名		财产损失统计										报告财产损失户额	附注
A	南西里伯斯		千万	百万	十万	万	千	百	十	盾	角	仙		
1	望加锡			8	5	5	5	5	4	4	9	6	879	
2	禾宜					9	7	7	8	5	9	9	17	
3	万兰汝巴					2	6	8	9	5	4	6	1	
4	巴罗坡					5	5	7	0	7	5	6	22	
5	巴里巴里				1	4	7	2	5	5	—	—	3	
6	生港					7	7	1	5	0	—	—	1	
7	占巴							4	2	0	—	—	2	
8	根打里					3	0	5	6	9	4	3	2	
9	施来也						1	5	4	9	8	5	3	
10	鲁屋					2	6	5	5	6	2	5	2	
11	兰地保					1	2	9	7	9	3	9	14	
12	安班那					3	9	1	7	0	0	2	26	
13	啦吓					2	8	9	5	9	4	4	11	
		共		9	1	0	0	5	4	3	3	5	983(户)	
B	北西里伯斯		千万	百万	十万	万	千	百	十	盾	角	仙		
1	万鸦佬			7	1	3	0	2	6	3	7	5		根据万鸦佬华侨总会报告单
2	俄弯打洛			1	5	2	1	7	9	2	9	7	82	
3	鸦武兰				8	4	3	7	3	1	7	0	793	
4	庞崖				6	7	6	3	5	5	4	7	61	

续表

NO	埠名		财产损失统计										报告财产损失户额	附注
5	弄牙拉				2	5	2	2	1	7	0	5		
6	达戈兰那					2	7	5	6	6	9	5	15	
7	多利多利				7	2	5	0	8	1	9	0		
8	顿兰佬				3	9	0	2	6	4	3	6		
9	零我安				7	0	1	3	9	8	7	5		
10	把礁				2	5	8	4	4	5	3	1		
11	吻坡				1	5	3	9	8	2	6	0		
12		Jamlatal				6	6	6	2	6	5	0		
13		Rawangkoan				6	1	4	8	1	9	5		
14	伯居马那					5	6	1	5	1	0	5		
15	洞毛鸿				1	7	0	4	5	9	2	1		
16		kahaohamen				6	3	6	0	8	7	0		
17	保疏				2	4	9	0	5	4	1	7		
18	高郎打里					6	5	1	1	6	2	0		
19	丹木吉					1	4	7	3	9	—	—		
20	打地路					4	2	3	9	0	—	—		
21		Ratatatak			1	4	5	3	0	8	5	5		
22		Bentenan				1	0	0	8	8	3	2		
23		Belang				1	4	7	4	2	5	0		
24		Ratahan				3	4	8	4	5	—	—		
25	戈达				1	8	6	9	6	1	3	7		
26		Baengin					3	1	5	7	5	0		
27	麻栋加市						9	7	9	0	—	—		
28	麻兰达							5	7	2	4	1		
29		Titan						1	8	7	5	0		
30		Bacholambija					1	7	1	7	—	—		
31	卢无					9	2	6	3	5	5	2		
32	绍坡				1	1	7	0	2	2	4	7		
33	务罗哥						3	9	5	4	3	5		
34	引诺门多					1	6	5	6	1	—	—		
35	旦那弯谷						2	8	5	0	—	—		
36	民达坞那						4	9	9	7	9	5		
37	宜里安					2	0	9	5	1	—	—		

续表

NO	埠名		财产损失统计										报告财产损失户额	附注
38							7	9	2	5	—	—		
39							1	0	0	0	—	—		
40							7	1	0	0	—	—		
41	明端那						8	1	5	0	—	—		
42	戈郎眼					1	2	9	0	0	—	—		
43	茂垅伊旦					1	1	1	5	7	7	5		
44	亚益马里里				1	1	0	1	0	2	—	—		
45	保叻安						3	0	3	0	—	—		
46	达仑那						3	0	6	0	—	—		
47	厨马仑洞						6	7	1	0	—	—		
48	顿西亚					6	2	6	5	9	—	—		
49	高达汶那					8	0	5	2	2	—	—		
50	吧里唎						1	3	4	1	5	0		
51		Jalabangka				3	0	5	0	0	—	—		
52		Jocobanto				6	6	8	7	9	5	5		
53		Paleleh			1	3	0	2	8	1	2	8		
54		Palal				6	5	3	3	3	5	5		
55	禾拉而拉							7	8	5	—	—		
56	灵帝路						1	1	4	4	—	—		
57	保梳佬浪						1	5	7	5	—	—		根据万鸦佬华侨总会报告单
58		Jalana				2	2	4	0	4	0	6		根据万鸦佬华侨总会报告单
59		Bonebabakal					2	4	6	7	—	—		根据万鸦佬华侨总会报告单
60		Mongondau				1	4	8	9	4	3	0		根据万鸦佬华侨总会报告单
		共	1	4	7	9	5	9	9	3	0	2		
C	摩鹿根		千万	百万	十万	万	千	百	十	盾	角	仙		
1	摩罗代				2	6	2	7	2	0	1	5	57	
2	安汶			7	9	9	2	9	8	0	8	2	257	
3	南礼亚				4	5	1	3	2	3	8	0	54	

续表

NO	埠名		财产损失统计											报告财产损失户额	附注
4	沙已濑						7	5	5	0	0	—	—	3	
5	倪世					1	8	2	4	3	3	9	1	39	
6	鲁务					3	1	5	6	2	3	—	—	54	
7	亚呅					1	6	1	1	3	4	7	7	15	
8	吡呅					2	0	4	0	0	0	5	0	21	
9	拉拉					2	5	5	2	9	8	8	3	25	
10	万兰						6	3	9	5	0	—	—	1	
11		Xamahera						4	3	2	5	—	—	1	
12	干那底					1	4	0	9	5	2	—	—	7	
		共		1	0	1	1	0	2	4	2	7	8	534（户）	
D	新几内亚		万万	千万	百万	十万	万	千	百	十	盾	角	仙		
1	毛申力					1	1	6	4	7	5	2	5	6	
2	皆叻都					2	0	1	2	7	1	—	—	13	
3	士雷						9	5	0	5	0	—	—	2	
4	砂南面望搁						1	2	0	0	0	—	—	1	
5		Amarjeharal					2	1	7	0	6	1	5	2	
		共				4	4	6	5	0	2	4	0	24（户）	
计开 A 组南西里伯斯共					9	1	0	0	5	4	3	3	5		
B 组北西里伯斯共				1	4	7	9	5	9	9	3	0	2		
C 摩鹿根 共				1	0	1	1	0	2	4	2	7	8		
D 新几内亚 共						4	4	6	5	0	2	4	0		
合共				3	4	4	5	3	2	8	1	5	5		
依战前美汇 1.89 伸美金 US$				1	8	2	2	9	2	4	9	5	0		
如将总数估计现价乘 15 倍后			5	1	6	7	9	9	2	2	3	2	5		
依现时美汇 2.64 伸美金 US$			1	9	5	7	5	7	2	8	1	5	3		

（台北“国史馆”馆藏档案，档案号 305，505）

（三）台北"国史馆"馆藏微卷和"中研院"近代史所档案馆馆藏档案中有关华侨抗损史料

1.商办厦门电话股份有限公司抗战损失报告总表

<table>
<tr><th>项　目</th><th>说　明</th><th colspan="2">损失金额</th><th>备注</th></tr>
<tr><td>机件设备损失</td><td>细目见附表（一）</td><td>207,400</td><td>00</td><td rowspan="9">（本表所列损失金额系照战前价值计算。现在物价较昔涨加数千倍，如何核加仍无标准。本公司所有器材多购自美国，当时系以美金价采购，最适宜方法，应将损失金额以战前美金对国币兑换率折算为美金。现在即以美金价向敌提出赔偿，此注。）</td></tr>
<tr><td>线路及用户损失</td><td>细目见附表（二）</td><td>38,048</td><td>80</td></tr>
<tr><td>栈存电话器材损失</td><td>细目见附表（三）</td><td>97,136</td><td>16</td></tr>
<tr><td>工具损失</td><td>细目见附表（四）</td><td>10,293</td><td>60</td></tr>
<tr><td>禾山电话交换所全部损失</td><td>细目见附表（五）</td><td>65,274</td><td>70</td></tr>
<tr><td>营业损失</td><td>本公司战前每年可能盈余：
（1）股息 60,000 元（股本一百万元，六厘计算）
（2）纯益 60,000 元
以沦敌七年计算。</td><td>840,000</td><td>00</td></tr>
<tr><td>机线设备折旧</td><td>本公司机线设备除被敌拆失或占夺者外，残存设备约占为 400,000 元，每年按照部定百分之八折旧，以沦敌七年计算。</td><td>224,000</td><td>00</td></tr>
<tr><td>其他</td><td>员工遣散补助川旅等项及其他各费。</td><td>50,000</td><td>00</td></tr>
<tr><td>合计</td><td></td><td>1,532,179</td><td>46</td></tr>
</table>

注："商办厦门电话股份有限公司"为荷属东印度（今印尼）归侨黄奕住独资创办经营，1929年获准正式注册立案，领照营业。表中合计数额略有出入。

（资料来源：台北"国史馆"馆藏微卷史料。原卷名：《赔偿委员会—（40）—福建厦门电话公司市话领收清册及抗战损失报告》，入藏登录号 131000009699M，第 0095 页）

2.国民政府侨务委员会江门侨务局调查归侨及侨眷战时财产损失表（6份）

国民政府侨务委员会江门侨务局调查归侨及侨眷战时财产损失表

姓名	籍贯	往何国归侨或侨眷	详细地址	损失												损失者签名盖章	填表日期
				动产				不动产				人口					
				项目	地点	价值	时间	项目	地点	价值	时间	伤亡	地点	费用	时间		
李策来	台山	英归侨	密迳泮乡第二保现龙村	（衣服）（金饰）	现龙村本宅	式拾壹万元	卅四年四月廿九日									李策来 证明者签名盖章 李石荣	中华民国卅四年十月十五日

附注（一）表内动产栏如衣服财物谷米牲畜商业等属之

（二）表内不动产栏如楼房屋宇田园等属之

（三）表内人口栏系指侨民之父母妻子女等属之

（四）表内证明者栏系指亲见被损失人情形负责保证确实非虚倘有伪报冒证同受惩处

国民政府侨务委员会江门侨务局调查归侨及侨眷战时财产损失表

姓名	籍贯	往何国归侨或侨眷	详细地址	损失												损失者签名盖章	填表日期
				动产				不动产				人口					
				项目	地点	价值	时间	项目	地点	价值	时间	伤亡	地点	费用	时间		
李荣近	台山	美国侨眷	密迳泮乡第二保胜华里	（金饰）（财物）（布疋）（衣服）	胜华里本宅	壹佰伍拾万元	卅四年四月廿八日									李荣近 证明者签名盖章 李业来	中华民国卅四年十月十二日

附注（一）表内动产栏如衣服财物谷米牲畜商业等属之

（二）表内不动产栏如楼房屋宇田园等属之

（三）表内人口栏系指侨民之父母妻子女等属之

（四）表内证明者栏系指亲见被损失人情形负责保证确实非虚倘有伪报冒证同受惩处

国民政府侨务委员会江门侨务局调查归侨及侨眷战时财产损失表

姓名	籍贯	往何国归侨或侨眷	详细地址	损失												损失者签名盖章	填表日期
				动产				不动产				人口					
				项目	地点	价值	时间	项目	地点	价值	时间	伤亡	地点	费用	时间		
李杰南	台山县	英归侨	第四区密迳泮乡第五保福安村	金器衣物家私	福安村	拾壹万余元	卅?年七月廿八卅?年五月十一					妻黄氏被枪毙	福安村	壹万六仟余元	卅?年五月廿七	李杰南 证明者签名盖章 李?氏指摩	中华民国卅四年十月十二日

附注（一）表内动产栏如衣服财物谷米牲畜商业等属之
（二）表内不动产栏如楼房屋宇田园等属之
（三）表内人口栏系指侨民之父母妻子女等属之
（四）表内证明者栏系指亲见被损失人情形负责保证确实非虚倘有伪报冒证同受惩处

国民政府侨务委员会江门侨务局调查归侨及侨眷战时财产损失表

姓名	籍贯	往何国归侨或侨眷	详细地址	损失												损失者签名盖章	填表日期
				动产				不动产				人口					
				项目	地点	价值	时间	项目	地点	价值	时间	伤亡	地点	费用	时间		
李靄荣、李培荣	广东台山	加拿大侨眷	密迳泮乡第三保凤冈村	金饰财帛衣物等	凤冈村本宅	叁拾捌伍仟陆百元	卅三年十月十一日					母余氏重伤	凤冈村本宅	陆仟元		李培荣 证明者签名盖章 李文卫	中华民国34年10月15日

附注（一）表内动产栏如衣服财物谷米牲畜商业等属之
（二）表内不动产栏如楼房屋宇田园等属之
（三）表内人口栏系指侨民之父母妻子女等属之
（四）表内证明者栏系指亲见被损失人情形负责保证确实非虚倘有伪报冒证同受惩处

国民政府侨务委员会江门侨务局调查归侨及侨眷战时财产损失表

姓名	籍贯	往何国归侨或侨眷	详细地址	损失												损失者签名盖章	填表日期
				动产				不动产				人口					
				项目	地点	价值	时间	项目	地点	价值	时间	伤亡	地点	费用	时间		
李衮南	台山县	菲律宾归侨	第四区密迳泮乡第五保福安村	金器衣物家私	福安村	拾捌万三仟余元	卅三年七月廿八 卅四年五月三日					妻甄氏被击伤头足部	福安村	捌仟余元	卅三年七月廿八	李衮南 证明者签名盖章 李如	中华民国三四年十月十二日

附注（一）表内动产栏如衣服财物谷米牲畜商业等属之
（二）表内不动产栏如楼房屋宇田园等属之
（三）表内人口栏系指侨民之父母妻子女等属之
（四）表内证明者栏系指亲见被损失人情形负责保证确实非虚倘有伪报冒证同受惩处

国民政府侨务委员会江门侨务局调查归侨及侨眷战时财产损失表

姓名	籍贯	往何国归侨或侨眷	详细地址	损失												损失者签名盖章	填表日期
				动产				不动产				人口					
				项目	地点	价值	时间	项目	地点	价值	时间	伤亡	地点	费用	时间		
李东海	台山县	菲律宾侨属	第四区密迳泮乡第五保福安村	衣物	福安村	三万余元	卅三年七月廿八 卅四年五月三日					被击伤头手足部	福安村	壹萬三仟余元	卅三年七月廿八	李东海 证明者签名盖章 李衮南	中华民国三四年十月十二日

附注（一）表内动产栏如衣服财物谷米牲畜商业等属之
（二）表内不动产栏如楼房屋宇田园等属之
（三）表内人口栏系指侨民之父母妻子女等属之
（四）表内证明者栏系指亲见被损失人情形负责保证确实非虚倘有伪报冒证同受惩处

注：此卷收存《国民政府侨务委员会江门侨务局调查归侨及侨眷战时财产损失表》324 份，其中 16 份涉及人口伤亡情形，约占总数的 5%。原表竖排。

（资料来源：台北“国史馆”馆藏微卷史料。原卷名：《赔偿委员会—（70）—广东顺德、合浦、台山县华侨损失》，入藏登录号 131000009759M，第 0514—0837 页）

3.帝汶归侨梁锦週申请准予补办战时损失登记的相关函件（3份）

梁锦週恳请外交部转函经济部准予补办战时损失登记并请求援照菲律宾华侨前例予以赔偿的函

具呈人梁锦週（国民党员，帝汶归侨），五十九岁，广东省新会县人（签名盖章），现寓澳门天神巷十二号。担保入呈店信昌号（地址澳门花王斜巷二号）（“澳门信昌号”盖章）。

窃 锦週 以战时损失，人财两空，申请 经济部准予补办战时损失登记一案，现奉 经济部中华民国四三年九月十日经台字（四三）工字第8067号函通知：（一）本年八月九日申请书悉。（二）查本案前准外交部四十二年九月八日外（快）欧二字第九三三六号函请补办登记。经于十月三日以台（42）一字第八四八五号函复：“查海外华侨战时损失前经我驻外各馆限期办理登记并将登记表册报送前赔偿委员会彙编统计经转送贵部以备提向日本赔偿在案，现在赔偿委员会早经结束对日和约均亦已签订。关于葡属帝汶岛华侨梁锦週“战时损失应启补办登记请贵部酌核办理”在案。”（三）特复知照。等因；自应静候核示；惟 锦週 以一生血汗之资，惨遭损失殆尽，人财两空，悲不欲生，故对于战时损失登记逾期，为补救办法计，乃得一再瀆恳体恤侨艰，准予补办战时损失登记，申请援照菲律宾前例予以赔偿。我蒋总统爱民如子，对于华侨，至为关怀！此次申请，恳求照准，俾恤侨艰！

忖 锦週 由一九一二年至一九四六年止，一共三十四载，均在大西洋葡萄牙帝汶叻喇大埠经商，开设兴记咖啡土产出入口什货生理，并先后在帝汶万花泰大埠，开设兴记栈支店暨光记店，又在叻喇大埠开设照来号，专营政府面包生意。上开四店，均系锦週出资经营，资本总额为壹拾弍万五千三百零五毛八先，由锦週自任司理，并委托殷实戚好为各店店务主持人，安份营商，遵守地方政府法例。谁料于1941年十一月三十日，被日本军阀陷入，地方一时大为变乱，所有埠中大小商店，多被摧毁，锦週所开设之兴记等店生意，悉遭捣乱，货物银两劫掠一空，而兴记店栈店务主持人张鸿及光记店主持人戴光父子，均惨遭杀害。商民何辜，受斯荼毒！幸锦週与照来店主持人关中来，只身逃避迅速，始免于难，然货物银两，损失甚巨，合共壹拾五万五千八百一十二元三毛六仙，人财两空，惨不堪言……锦週在该埠开设之上列四店，已二十余载，乃全埠中之老店号，该埠商会及当地政府，均经注册登记，领有商业牌照，所有上列四店损失实情，均经呈报帝汶叻喇大埠商会存案。故损失数目，有案可稽，前经将冤惨实情，呈请我国驻澳外交专员转呈钧部察核在案。锦週以损失惨重，乃得瀆呈恳请乞赐体恤侨艰，准予补办登记，援照菲律宾华侨前例，予以赔偿，深感德便！

谨呈

中华民国国民政府外交部部长叶

（澳门天神巷十二号）

中华民国四三年九月十七日

4.外交部复侨务委员会关于梁锦週申请准予补办战时损失登记的函

函：

受文者：侨务委员会

一、关于旅澳门华侨梁锦週申请补办战时损失登记一案，贵会本年八月七日侨（46）编字第九〇八九号函暨附件均敬悉。

二、查本案前据驻澳门专员办事处四十二年六月十五日代电，略以据梁锦週呈以前在葡属帝汶岛叻喇埠经商，当日军攻占该地时，货物银两被抢掠一空，商号负责人亦惨遭杀害，请转呈政府咨请葡政府予以补偿，以弥损失而资救济等情，特电请鉴核等情并抄呈该侨来呈等件到部。经转准经济部同年十月三日经台（四二）工字第八四八五号函复，略以关于海外华侨战时损失一案，因赔偿委员会早经结束，对日和约亦已签订，所请补办登记一节，请酌核办理等由，当经本部据情电饬驻澳门专员办事处转知该侨立案。

三、四十三年九月十七日复据该侨呈，略以一生汗血之资，惨遭损失殆尽，人财两空，悲不欲生。仍恳体恤侨艰，准予援照菲律宾华侨前例，补办战时损失登记予以赔偿等情，当经本部于同年十月十五日以外（45）欧二字第九五一一号通知迳复该侨，略开："查关于查报华侨战时损失赔偿之期限，前奉 行政院令准延至三十六年十二月卅一日截止。复查自我于四十一年四月二十八日签订对日和约后，我方已放弃对日本战时损失赔偿要求之权利。该员战时损失确甚惨重，惟该员申请战时损失赔偿及申请补办损失登记，均在盟国金山会议及签订对日和约之后。按照对日和约第十一条暨金山和约第十四条乙款之规定，此项请求显已失其依据。所请准予补办登记予以赔偿一节，本部碍难办理。复查菲律宾华侨呈请补办战时登记，系在三十九年六月间，时盟国金山会议及中日和约均尚未举行及签订。所请准予援照菲律宾华侨补办登记一节，亦乏根据"等由，并经抄同上开通知副本，函送经济部，并饬知驻澳门专员办事处各在案。

四、准函前由，相应将本部办理本案经过复请查照。

五、副本送经济部、驻澳门专员办事处。

外交部

（中华民国四拾陆年八月拾七日发文）

5.外交部关于梁锦週申请准予补办战时损失登记的通知、函和代电

（一）通知

受文者　梁锦週

抄送副本机关　经济部、驻澳门专员办事处

事由（见前（一）项）

一、关于申请补办战时损失登记并予赔偿案，本年九月十九日呈悉。

二、查关于华侨战时损失赔偿之查报，前奉 行政院令延至三十六年十二月三十一日截止。复查自我对日和约于四十一年四月二十八日签订后，我方已放弃对日本战时损失赔偿要求之权利。对日和约第十一条规定："除本约及其补充文件另有规定外，凡在中华民国与日本国间因战争状态存在之结果而引起之任何问题，均应依照金山和约之有关规定予以解决。"金山和约第十四条乙款规定："除本约另有规定外，盟国兹放弃其一切赔偿要求，放弃盟国及其国民对由日本及其国民在战争过程中所采行动而生之其他要求，并放弃对于盟国占领之直接军事费用之要求。"

三、该员战时损失确甚惨重，惟该员申请战时损失赔偿及申请补办损失登记，均在盟国金山会议及对日和约签订之后。按照上述条约规定，此项请求显已失其依据。所请准予补办登记予以赔偿一节，本部无从办理。

四、复查菲律宾华侨呈请补办战时损失登记，系在三十九年六月间，时盟国金山会议及中日和约均尚未举行及签订。所请准予援照菲律宾华侨补办登记一节，亦乏根据。

五、特复知照。

（二）函

受文者　经济部工业司

抄送副本机关　　无

事由（见前（二）项）

一、关于帝汶华侨梁锦週申请补办战时损失登记一案，贵部四十二年十月三日经台（四二）工字第八四八五号函，及本年九月十日经台（四三）工字第八〇六九号致梁锦週通知副本均敬悉。

二、兹后据梁锦週本年九月十七日呈，略以“一生汗血之资，惨遭损失殆尽，人财两空，悲不欲生。续恳体恤侨艰，准予补办战时损失登记，申请援照菲律宾华侨前例”，予以赔偿等情。

三、查关于海外华侨战时损失赔偿之查报，早经院令于三十六年十二月三十一日截止。我对日和约订立后并经放弃对日战时损失赔偿要求之权利。复查菲律宾华侨申请补办战时损失登记，亦复在对日和约签订之前，梁锦週呈请补办战时损失登记并予赔偿一节，自已失其依据。

四、除径通知梁锦週外，特检附致梁君通知副本乙件，函请查照。

（三）代电

驻澳门专员办事处：关于葡属帝汶华侨梁锦週申请补办战时损失登记案，迭经以外（42）欧二字第〇九三三六号及外（42）礼三字〇一〇七四〇号代电知照各在案。兹后据梁君本年九月十七日呈，略以（请依（二）函二项照录至……）予以赔偿等情。查关于……（依前函三项红笔钩内照录至……）自已失其依据。除径通知梁君外，特检发致梁君通知副本乙件，希知照。外交部（欧）附件。

外交部

（资料来源：台北“中央研究院”近代史研究所档案馆藏国民政府外交部档案，全宗 11，《在华外侨及海外华侨战时损失赔偿》，档号 063.1 / 0001，影像号 11—EAP—05288）

6.旅日华侨请求偿还财产损失（2 份）

中华民国驻日本大使馆关于蔡扁、刁永善、叶于松、曲哲民等四人财产损失致日本国外务省函

抄件　　　　　　　　　　　发文（43）侨字第四二〇〇号

节略

中华民国驻日本国大使馆敬向日本国外务省致意，并声述：关于居住日本国之中华民国国民，在中日两国间战争状态存在时，纵未被日本国视为敌国国民，但其在日本国之财产权利及利益，如有被日本国政府处分之事实，或因受战事影响而有所损害，而其条件符合金山和约第十五条之规定者，中华民国政府自可依中华民国与日本国间和平条约第十一条之规定，援用金山和约之有关规定，即第十五条甲项之规定。请求予以解决之。

大使馆兹接获居住于日本国之中华民国国民蔡扁、刁永善、叶于松、曲哲民等四人请求赔偿案件，该四人因其财产在战时或曾被日本国政府处分，或曾受战事影响而有损失，应可比照援用联合国财产补偿法之规定，请求赔偿。相应开列请求赔偿详细事项表，略请外务省查照核办见复。又该侨蔡扁等四人如有应补办手续，或补提证件之处，并请外务省惠准于规定期限届满后，保留该侨等补充办理一切手续之权利为荷！

附事项表一份。

中华民国四十三年一月十八日于东京

中华民国旅日侨民因在战时其财产受有损失请求赔偿详细事项表					
姓名	住址	请求赔偿金额	请求赔偿金额	适用法令	备注
蔡扁	原住东京市下谷区坂本町式丁目三番地，后改称坂本町丁目二番地之四。现住中华民国台湾省苗栗县后龙镇南龙里二八号。	（1）请求人自置坐落东京市下谷区坂本町式丁目三番地双间店面二阶房屋一所，占地廿二余坪，□改建三阶。至一九四二年，因日本政府谓对战争行为必要，强迫将该店面三阶全部拆除，当时仅得补偿金日金五千元。 （2）请求人因原住宅被拆除后，一家十一口移居于坂本町一丁目五番地。当时费去修理费及移转费日金壹万式千元，但仅收到日本政府发给移转费日金式千元。 （3）请求人被迫移居于坂本町一丁目五番地后，因被美机轰炸，全部财产悉数被炸毁，其中包括珍贵名画及古玩品等，价值颇巨。 （4）请求人因受日本政府胁迫，禁止经营商业，直接间接损失约在日金拾万元左右，当时仅收到日本政府所发废业补偿金日金式千元。 （5）请求人因坂本町一丁目五番地房屋被炸后，又迁居千叶县香取郡森山村下饭田一八二番地，当时费去修缮费及移转费日金一万四千元。	美金十三万三千七百七十元；日币十二万三千元。	联合国财产补偿法第三条第一项及第四条第一项第一款与第二款之规定	
刁永善	现住大阪市西区阿波座四番町二十三	请求人所有之白金黄金钻石饰物，于一九四四年十二月九日悉被日本政府强制购买，所付之值较时值相差过巨。	日币六十九万九千七百八十元	同右	
曲哲民	现住大阪市	请求人所有之白金黄金钻石饰物于一九四二年三月十二日、五月十二日及一九四四年十月廿四日、十月卅一日，悉被日本政府强制购买；又其住宅周围之铁栅、铁梯、铁门等亦于一九四三年三月间被强行拆去，所付之款均与时值相差过巨。	日币九十万一千式百元	同法第四条第一项第一款之规定	
叶于松	原住东京市江东区深川高桥二丁目十一番地 现住千叶市稻毛町二の一二三五番	请求人经营布业，于一九四五年三月九日因受空袭，全部财产悉被炸毁。	日币十五万元	同法第四条第一项第一款之规定	

注：原表竖排，文字无句读。

7.旅日侨民张君杰请求交涉赔偿战时在日财产损失及日本银行新京（长春）代理店付款支票兑现案节要

一、案由

本部于四十五年五月二十五日据旅日侨民张君杰呈请向日本政府交涉赔偿战时在日财产损失，经核其前后所提出之资料，既不完整，又无系统，根据此项资料，该张侨原籍山东，现住日本兵库县，战前在日本大阪开设“华商十八番馆”经营贸易，总公司设天津，奉天（沈阳）设有分公司委托日人波多野升代理经营，三十四年（一九五四年）春（三月十三日及五月十一日）其在日本大阪市及兵库县之财产，遭受空袭炸毁，其损失以当时之日币估计，计土地、房屋、家具、衣物等四五〇、〇〇〇日元，商品二、二七三、八〇〇日元，另有朝鲜银行付款之金额五〇、〇〇〇日元支票及日本银行新京（长春）代理店付款之金额一、三二四、三一〇日元支票各一纸。故该张侨请求归还之财产总价值计四、〇九八、一一〇日元，当时日币官价二元兑换美金一元，其总值折合美金约二百万元以上。

张侨于遭受空袭后，乃于三十四年三月迁居大阪郊区“御影”居住，因违反限制居住及旅行之战时法令，曾被处罚劳役，并于同年六月被强制驱逐出境。张侨返国后，其奉天分公司之货物于三十四年八月十日以前被日本关东军强制收购，对此项货款，当时由该军交给日本银行新京（长春）代理店付款票面金额一、三二四、三一〇日元支票一纸，故该张侨请求归还之财产总值计四、〇九八、一一〇日元，当时日币官价二元兑换美金一元，其总值折合美金约二百万元以上。

……该支票付款日期为同年八月三十日，嗣于同年八月十九日苏俄军队进占东北，日本银行之新京（长春）代理店乃被关闭，致使该八月三十日之支票无法兑现，当由该关东军代理之管经理部长车荣上校发给日本政府负责兑现之证明书一纸。其后该侨乃申请赴日清理财产，于三十八年（一九四九年）十二月始由韩赴日，现仍住日本。

二、交涉经过

查关于此类案件，本部曾于四十二年（一九五三年）四月八日以外（42）条二字第三三七九号代电指示驻日大使馆，转饬对居住于日本之中华民国国民在日财富、权利、及利益，如有在战时被日本政府处分之事实，而其条件符合金山和约第十五条之规定者，可依照中日和约第十一条之规定，援用金山合约第十五条（甲）项之规定，向日交涉解决在案。

根据驻日大使馆前后所报之资料载明本案交涉经过如后：日本当局曾于四十二年七月、四十五年八月、四十六年十二月先后非正式表示本案属于中日和约第三条内所指之“要求”，应俟中日政府间另商特别处理办法时处理之，我方主张本案不在该第三条之处理范围内，应依金山和约第十五条（甲）项之规定，予以归还或赔偿。至此，日方又谓本案既非中日和约第三条亦非金山和约第十五条（甲）项之问题，应俟中日两国政府间就中日和约第三条另商特别处理办法时再附带讨论订定办法处理之。我于四十七年七月正式以节略列举五项理由说明中日两国当时为交战国在事实与中日和约中均已证实；故中国籍人民自为当时日本之“敌国人民”。本案应照金山和约第十五条（甲）项之规定，予以处理。日本旋于四十八年三月十日正式略复我方：（一）中华民国人民及其财产战时在日本未受敌国人民或敌产之待遇，故张侨一案不能适用金山和约第十五条（甲）项之规定，（二）关于日本银行新京（长春）代理店付款之支票问题，因该付款代理店于八月十九日已被关闭，故该八月三十日之支票自始无效，仅如债务证书，而此项债权债务，依照中日和约第十一条援用金山和约第十四条（）项之规定中国已予放弃，日本自无接受此项请求之理由。

三、日本对赔偿问题之态度及方针

关于本案经本部饬驻日大使馆交涉以来，历时已三年有余，就迭次日方非正式与正式之表示，不难看出日本之态度，对归还或赔偿案件，不愿个别处理，均拟留待将来中日两国就中日和约第三条另商特别处理办法时，汇总解决之。故其现在所持之方针为：（一）尽量扩大中日和约第三条之“居民”范围，使交涉纠缠不清，藉以拖延时日，将来或将互相援用放弃原则，抹销所有归还与赔偿。（二）对中日和约第三条以外之案件，日方则坚持战时中国人及其财产在日并未受敌国人民或敌产之待遇，抵制我援用金山和约第十五条（甲）项之规定，其最终目的，亦在援用放弃原则（即金山和约第十四条()[①]项之规定），对争议之财产，互不予归还或赔偿。

（资料来源：台北“中央研究院”近代史研究所档案馆藏国民政府外交部档案，全宗 11，《旅日华侨请求偿还财产损失》，档号 611.1／0002，影像号 11—LAW—01270）

① 原档如此。

三、著 作 资 料

（一）综　　合

1.抗 战 损 失

一、机关损失

甲、按机关别

单位：国币元

机　关	直接损失			
	共　计	二十六年七月至二十七年	二十八年	二十九年
总计	712,998	215,254	259,696	45,068
侨务委员会	259,600	214,600	—	45,000
广东侨务处	43,579	—	—	68
福建侨务处	—	—	—	—
江门侨务局	4,323	—	696	—
厦门侨务局	654	654	—	—
汕头侨务局	654	—	—	—
慈溪侨乐村管理处	259,000	—	259,000	—
回国侨民遂溪临时接待所	688	—	—	—
派驻南宁归侨指导员办公处	144,500	—	—	—

机　　关	直接损失			
	三十年	三十一年	三十二年	三十三年
总计	4,281	—	43,511	145,188
侨务委员会	—	—	—	—
广东侨务处	—	—	43,511	—
福建侨务处	—	—	—	—
江门侨务局	3,627	—	—	—
厦门侨务局	—	—	—	—
汕头侨务局	654	—	—	—
慈溪侨乐村管理处	—	—	—	—
回国侨民遂溪临时接待所	—	—	—	688
派驻南宁归侨指导员办公处	—	—	—	144,500

单位：国币元

机　　关	间接损失			
	共计	二十六年七月至二十七年	二十八年	二十九年
总计	575,082	404,310	619	106,198
侨务委员会	235,000	129,000	—	106,000
广东侨务处	198	—	—	198
福建侨务处	9,250	—	—	—
江门侨务局	5,919	—	619	—
厦门侨务局	310	310	—	—
汕头侨务局	225	—	—	—
慈溪侨乐村管理处	275,000	275,000	—	—
回国侨民遂溪临时接待所	—	—	—	—
派驻南宁归侨指导员办公处	49,180	—	—	—

机　　关	间接损失			
	三十年	三十一年	三十二年	三十三年
总计	2,364	7,121	—	54,470
侨务委员会	—	—	—	—
广东侨务处	—	—	—	—
福建侨务处	—	3,960	—	5,290
江门侨务局	2,139	3,161	—	—
厦门侨务局	—	—	—	—
汕头侨务局	225	—	—	—
慈溪侨乐村管理处	—	—	—	—
回国侨民遂溪临时接待所	—	—	—	—
派驻南宁归侨指导员办公处	—	—	—	49,180

乙、按财产别

年　　份	直接损失	
	共　　计	建 筑 物
总　　计	712,998	138,000
二十六年	185,000	—
二十七年	30,254	—
二十八年	259,696	100,000
二十九年	45,068	—
三 十 年	4,281	—
三十一年	—	—
三十二年	43,511	38,000
三十三年	145,188	—

直接损失		
器具	图书	其他
252,517	88,310	234,171
50,000	20,000	115,000
25,550	2,604	2,100
50,536	3,160	106,000
2,068	32,000	11,000
4,180	30	71
—	—	—
5,495	16	—

年　　份	间接损失		
	共　　计	迁 移 费	防空设备费
总　　计	575,082	143,041	55,650
二十六年	352,000	80,000	15,000
二十七年	52,310	35,310	3,000
二十八年	619	389	—
二十九年	106,198	10,198	30,000
三 十 年	2,364	1,464	—
三十一年	7,121	—	3,960
三十二年	—	—	—
三十三年	54,470	15,680	3,890

年份	间接损失		
	疏散费	救济费	其他
总计	172,891	91,500	112,000
二十六年	107,000	70,000	80,000
二十七年	4,000	—	10,000
二十八年	230	—	—
二十九年	25,000	20,000	21,000
三十年	—	900	—
三十一年	3,161	—	—
三十二年	—	—	—
三十三年	33,500	600	1,000

材料来源：根据本会及所属各机关财产损失之报告

说　　明：损失金额以民国二十六年六月币值为准

二、个人损失

本会职员

损失原因	人数	金额（国币元）	
		动产	不动产
总计	52	2,950,583	1,540,880
陷敌	37	2,776,276	1,475,500
被炸	15	174,307	65,380

材料来源：根据本会员工财产直接损失报告单整理汇编

（侨务委员会①编：《三十五年度侨务统计辑要》，第17—25页）

① 侨务委员会，即国民政府侨民事务主管机关，简称“侨委会”。设立于1926年，原隶属国民政府，1932年后改隶属行政院。下同。

2.海外华侨抗战损失初步估计

一、人口

侨居地	人口		
	战前原有人数	战时死亡百分率	共计死亡人数
总计	7,988,285	3	253,000
荷属东印度	1,344,809	2	27,000
英属马来亚	2,358,335	3	71,000
菲律滨	117,463	10	12,000
暹罗	2,500,000	3	75,000
安南	462,466	2	9,000
缅甸	193,594	10	19,000
英属北婆罗洲	68,034	2	1,000
香港	923,584	4	37,000
日本	20,000	10	2,000

二、财产

侨居地	财产　单位：美元		
	战前原有财产	战时损失百分率	共计损失价值
总计	4,493,907,000	50	2,231,936,000
荷属东印度	1,166,567,000	40	466,627,000
英属马来亚	924,031,000	50	462,015,000
菲律滨	356,381,000	90	320,743,000
暹罗	879,588,000	40	351,835,000
安南	444,340,000	50	222,176,000
缅甸	115,800,000	90	104,220,000
英属北婆罗洲	40,800,000	40	16,320,000
香港	554,400,000	50	277,200,000
日本	12,000,000	90	10,800,000

说明：本表系根据各地战前原有人口财产数字参照报章杂志揭载战况灾情之程度估计而成作为临时参考之用，俟详细调查资料汇齐再行详编统计。

（侨务委员会编：《三十五年度侨务统计辑要》，第26—27页）

3.战后海外各地华侨救济金额估计

金额人数单位：千

地域别	战前侨民人数	战时回国侨民人数估计	留居地侨民人数估计	应救济侨民人数统计
总计	8570	1233	7337	1467
英属马来亚	2358	69	2289	458
荷属东印度	1431	45	1386	277
菲律滨	117	20	97	19
北婆罗洲	48	1	47	9
葡属帝汶	4	1	3	1
越南	462	47	415	83
泰国	2500	50	2450	490
缅甸	350	100	250	50
香港	1300	900	400	80

地域别	每人一个月救济费美金二十元共需金额	救济六个月共需金额	救济十二个月共需金额
总计	29340	176040	352080
英属马来亚	9160	54960	109920
荷属东印度	5540	33240	66480
菲律滨	380	2280	4560
北婆罗洲	180	1080	2160
葡属帝汶	20	120	240
越南	1660	9960	19920
泰国	9800	58800	117600
缅甸	1000	6000	12000
香港	1600	9600	19200

材料来源：一、战前侨民人数系根据战前各所在地使领馆之报告

二、战时回国侨民人数系根据 1. 各口岸侨务处局登记之报告 2. 当时闽粤滇桂四省紧急救侨委员会估计数字

说　　明：应救济侨民人数系以居留地侨民百分之二十估计

（侨务委员会编：《三十五年度侨务统计辑要》，第 28—29 页）

4.侨汇与捐款*

美洲各国华侨，移殖之经纬，前节已简述其概略，不赘。侨众初至美洲，虽以佣工开矿为业，然由于克勤克俭，积蓄资金，大多转业经商，或开办工厂农场，抗战期间，皆颇有成就。尤其自美加参加第二次世界大战，壮丁多被征服兵役，缺乏人力，遂使华侨在商、工、农、渔以及银行业有发展抱负之机会。华侨经济，空间蓬勃，商工企业，更为发达。侨胞皆丰衣足食，对于动员物力，支持抗战，卓著成绩，为华侨革命史上开放异彩。

美洲各国之华侨，多为壮健之侨众，且侨眷大部分均在国内家乡，在侨居地既无家室之累，因此，人人皆集中精神从事商工农业等生产工作，故美洲侨众所得之计算，自与一般国民所得者有别。即侨众所得，应较侨居地之国民所得为高。据一般调查估计，美、加两国侨众所得平均每人每月为一百二十美元，其他国家约为一百美元。历年积存之商工农业资金及所置产业，尚不计算在内。可知美洲华侨经济基础之深厚。八年抗战估计美洲侨胞其所得之总额为二十五亿四千六百五十四万四千美元。

美洲华侨动员物力支援抗战，其贡献最大者有二，即侨汇与捐献，兹分别论述之。

（一）侨汇　美洲大部分侨众，须每月汇款回家，赡养家属，数十万侨眷，皆赖此种侨汇以为生活。平时如此，抗战期间，更有迫切之需要。且由于汇款之融通，对于祖国之经济，帮助甚大。据调查估计自清光绪二十八年（一九〇二）至民国二年（一九一三）全球华侨汇回祖国之侨汇，平均每年约有一亿五千万元，民国三年至民国十九年（一九一四～三〇）平均每年约有二亿八千二百五十万元。民国二十年至民国二十五年（一九三一～三六）平均每年约有三亿一千九百八十万元。总合各数，此三十四年间，侨汇约共八十五亿元以上。据说近七十年来我国入超之总数额，约达七十五亿元以上，侨汇之总额，已足抵入超之数而有余。可知侨汇对国内经济关系之密切。民国二十六年（一九三七）以后，抗战军兴，国币汇率低，侨汇总数更为增高。是年估计增为四亿七千三百五十万二千元，民国二十七年（一九三八）增为六亿四千四百零七万四千元，民国二十八（一九三

* 内容有删节。

九）增为十二亿零七百十七万三千元，至民国二十九年（一九四〇）更激增为十三亿二千八百六十一万元，其后虽因部分侨乡沦陷，又遭交通封锁，始告锐减。但战后之民国三十五年（一九四六）又高达六百十一亿六千二百万二千五百四十九元之巨（合美金二千五百万元），其他由侨民或商店汇划者，尚不计算在内。由此可证明侨汇对我国经济关系之重大。调查估计美加华侨每人每月平均多担侨汇约美金为三〇元，其他各国侨众约为二〇元，抗战八年合计侨汇约为五亿九千五百二十三万三千六百美元。

（二）捐献　华侨在抗战期间动员物力，对祖国之贡献，除侨汇外，以各种捐献为最大。此项捐献，据侨务委员会指出财政部送来之捐款资料所编查之统计，民国二十六年为国币一千六百六十九万六千七百四十元，二十七年为四千一百六十七万二千一百八十六元、二十八年为六千五百三十六万八千一百四十七元，二十九年为一亿二千三百八十万四千八百七十四元。三十年为一亿零六百四十八万一千四百九十九元，三十一年为六千九百六十七万七千一百四十七元，三十二年为一亿零二百二十六万六千五百三十六元，三十三年为二亿一千二百三十七万四千二百零五元，三十四年为五亿八千四百二十五万一千三百二十一元，三十五年为二十亿二千六百十二万四千五百二十八元，三十六年为八十七亿四千三百九十万四千三百八十九元。从此统计数字可知抗战期间全球华侨捐献金额之巨大。虽币值不甚稳定，然抗战胜利后捐款骤增，足见华侨对祖国之热爱，而出钱之踊跃。

捐献之种类，计有军需之募捐，筹赈难民，认购公债，救济伤兵之捐献，征募寒衣等类。其筹募方式计有（一）月捐运动，（二）义卖运动，（三）节约运动，（四）购债运动，（五）救济运动，（六）献金运动等。美洲各国华侨抗战期间对祖国之捐献，向不后人，华侨社会各人民团体皆参加此项捐献运动。各国并成立大小捐献团体，多者至九十余个单位，除限额月捐外，每年又举行春节献金、七七献金、双十献金、劳军捐、购机捐、航空建设捐、救济难民捐等。八年来美洲华侨对于捐献之款额，根据现有之资料所知者为美国计五千六百万美元以上，加拿大五百万美元以上，墨西哥二百万美元以上，古巴二百四十万美元以上，占美加二十一万五千英镑以上，其他国家估计一侨胞平均每月约捐美金一元。全美洲合计八年捐献约在美金六千九百十五万六千一百十五元以上。抗战后期，欧亚两洲，大部分地区沦陷入轴心国家之手，或变为战区，故此一时期之华侨捐款，大部分为美洲各国华侨所献，数目虽不多，而价值效用甚大。

抗战期中，侨胞捐助军饷、筹赈难民、救济伤患、慰劳将士，莫不慷慨捐输，争先恐后。根据财政部统计自抗战开始（民国二十六年七月七日）至三十五年止，海外侨胞捐款计达国币三十三亿四千八百七十一万七千一百八十元。兹分列如下：

时　　间	金额（单位：国币元）
民国二十六年	一六、六九六、七四〇元
二十七年	四一、六七二、一八六元
二十八年	六五、三六八、一四七元
二十九年	一二三、八〇四、八七一元
三 十 年	一〇六、四八一、四九九元
三十一年	六九、六七七、一四七元
三十二年	一〇二、二〇六、五三六元
三十三年	二一二、三七四、二〇五元
三十四年	五八四、二五一、三三一元
三十五年	二、〇二六、一二四、五二八元
总　　计	三、三四八、七一七、一八〇元

（华侨革命史编纂委员会编纂：《华侨革命史》〈下〉，台北正中书局1981年版，第658—706页）

5.南洋各属义捐总比较

南洋英荷法美暹各属华侨，对祖国抗战捐输金钱，努力工作既如上述，兹将三年间各属除暹罗外，人数及逐月捐输，平均比较如下。按民国廿八年、廿九年、卅年汇水平均，新嘉坡币十五元伸国币一百元。菲律宾华侨十四万人，每月捐输平均国币七十万元，即每人平均五元。马来亚华侨二百卅五万人，每月捐输平均国币四百廿万元，每人平均一元七角半。缅甸华侨四十五万人，每月捐输平均国币五十四万元，每人平均一元二角。荷印华侨一百六十万人，每月捐输平均国币一百六十万元，每人平均一元。安南华侨四十五万人，每月捐输平均国币廿余万元，每人平均五角。英婆罗洲及暹属小埠，每月平均约汇国币十余万元。合计华侨五百余万人，每月平均捐输国币七百卅四万元。若香港华侨稍肯努力，每人每月按捐输国币一元五角，即可得一百五十万，荷印中东两爪哇及苏门答腊，若肯如西爪哇之努力，每人增捐国币五角，逐月可增八十万元，安南华侨如肯努力，每人每月按增捐国币一元，逐月可增四十万元，此三条逐月可加国币二百七十五万元。合共华侨六百余万人，每月捐输可得一千万元。美洲及欧俄等处，逐月按国币三百五十万元。共海外各华侨逐月义捐可得一千三百五十万元。如将义捐存银行作纸币基金，在国内便可发四倍之纸币五千四百万元。据何应钦部长在参政会报告，民廿八年全年战费，共开国币十八万万元，则华侨义捐可当三分之一。若单就饷款而言，据政治部长陈诚将军所述，民廿九年间军兵每名食饷仅十一元半，近因米价贵，每名津贴米价四元，合计十五元半，抗战后正规军至多三百师，计三百万人，即每月须四千六百五十万元。尚可余七百余万元，以为诸军官之俸金。准此而言，则华侨义捐，安可谓之杯水车薪，而袖手观望乎。然此不过单指义捐而已，海外华侨汇回国内之款，尚有寄家费一条，比义捐数目更多十倍，此条为我国最大之资源，对政费战费更有重大关系，前已详言之。民廿六年七七事变后，下半年海外华侨。汇归国币约三万万元，时汇水新加坡币五十二元，申国币一百元，廿七年汇款约六万万余元，是年汇水平均新嘉坡币四十四元，申国币一百元，廿八年汇款十一万万元，汇水是年平均新嘉坡币廿二元，申国币一百元，廿九年汇款十五万万余元，是年汇水平均新嘉坡币十五元，申国币一百元，卅年汇款十七八万万元，是年汇水平均新嘉坡币十二元，申国币一百元。以上自抗战以来五年间共汇家费义捐国币五十余万万元。

（陈嘉庚：《南侨回忆录》，新加坡怡和轩 1946 年刊本，第 344—345 页）

6.捐献物资

捐献战需物资，是华侨从物力上支援祖国抗战的重要举措。捐献的物资范围很广，其大宗物品，即有飞机、汽车、衣服、药品等等。

献机：

全面抗战开始后，中国的制空权掌握在日军手里，我方屡遭空袭，军民伤亡、财产损失极其惨重。为了加强中国的空中力量，海外侨胞一再发起献机运动，向祖国捐献了大量的飞机。〔注：捐物与捐款实际上难以区分。由于交通修阻、运输不便，许多华侨往往采用捐献代金的形式来代替直接献机。〕

献机运动是在国内有关团体及其海外分支机构的大力倡导下进行的。1938年，中国国民外交协会致函各国侨团，以敌人轰炸后方都市，惨杀同胞，盼发动集金献机运动，以飞机对飞机，争取最后胜利。中国航空建设协会也呼吁侨胞集中力量协助祖国建设空军，并向海外各直属支会颁发《海外捐款奖励条例》，规定："凡独力献捐达国币 10 万元者，得以捐款人之姓名，命名飞机一架"；〔注：中国第二历史档案馆馆藏档案，全宗号二，案卷号 8745。1939 年，中国航空建设协会将此条款修正为："凡独力捐资 3 折达美金 6 万元者，除各种应得奖励外，得购飞机一架，并以捐款人姓名命名之"。但在菲律宾等南洋各地，购机一架仍以 10 万元国币计。〕同时规定，凡支会或区会筹募会金捐款达 40 万元（一小队）、120 万元（一中队）、360 万元（一大队）者，可用该地区或地方华侨的名义为各该队命名。此后，海外各地便迅速掀起了捐款献机的热潮。1941 年，国民党中央海外部又发起"一元献机"运动，同样获得海内外侨胞的热烈响应。

中国航空建设协会直属菲律宾支会成立于 1937 年 5 月，会长先后由陈荣芳、杨启泰担任，在全菲设有区会 20 余处，组织堪称健全、有力。国内发起献机运动后，菲律宾支会为鼓励侨胞踊跃捐款，除将《海外捐款奖励办法》公布外，还允诺凡以某团体或某省区名义捐献者。可用该团体或该省区之名命名飞机，结果全菲各界华侨莫不积极响应。马尼拉铁商会献机 2 架；木商会、三途会、侨校学生、华侨妇女及庄万益个人各献机 1 架。参加献机活动的还有马尼拉屠商会、粤侨、杂品商及 14 个省的华侨，各行各业、男女老幼都动员起来了。自 1937 年 5 月至 1940 年 1 月，菲律宾支会经募机捐，总计"解缴菲币约合国币 423 万余元，成绩卓然，为海外各支会冠。"照此推算至 1941 年底，全菲华侨可捐机款 500

万元左右，约献机50架。由于菲律宾支会“劝募飞机捐款，不遗余力”，应中国航空建设协会的呈请，国民政府特于1940年6月1日向其发布了嘉奖令。〔注：同上。〕

缅甸华侨捐款献机的成绩也很突出。1937年8月29日，当地侨胞组建中国航空建设协会直属仰光支会，领导侨胞开展献机运动。该支会在全缅设有征求会员委员会70余处，广泛进行征求会员和募捐购机工作。1938年“双十节”期间，缅甸华侨开展“纪念国庆募捐献机运动”，筹得货币40万元的捐款，购买战斗机4架，定名为“缅甸华侨号”。国民政府财政部长孔祥熙特为《缅甸华侨献机特刊》题赠“义薄云霄”四字，以资鼓励。翌年6月，缅甸华侨号战斗机在重庆空战中大显神威，立下战功，缅甸华侨闻讯后振奋不已，当年“双十节”期间再次掀起更大规模的“献机祝寿”活动，以为蒋祝寿的名义发起募捐。结果，这次活动共集资购得“缅甸华侨号”3架、“缅甸学生号”2架，“缅甸华特委号”、“缅华各途商号”和“仰光米厂号”各1架。1940年国庆纪念日，缅华社会又开展“预祝抗战胜利筹献”活动，献出飞机5架。至此，缅甸华侨汇解捐款已达190余万元国币，共献机19架。鉴于仰光支会“认真推动征募，成绩优良”，1941年9月6日，国民政府主席林森、行政院长蒋介石、内政部长周钟岳共同签署了嘉奖令，准予向其颁发金质奖章。〔注：同上。〕

捐资献机的热浪也席卷了马来西亚各地华埠。1940年3月，雪兰莪华侨筹赈会乘航空委员会委派马庭槐中校、能荣中尉南下宣慰华侨并报告国内空军状况之机，发起劝募救伤飞机捐款活动。侨领陈永（陈绵生）慨然以叻币4.1万元独资购下温公司的飞机一架，献赠祖国。霹雳华侨召开全体大会，决议捐机1架，很快便捐出叻币12万元，约值国币100万元。〔注：同上。〕

在英属北婆罗洲，沙捞越的诗巫埠素有“新福州”之誉。1941年4月30日，甫任中国驻山打根领事馆领事的卓还来深入该埠，介绍国内扩建空军计划，引起了侨众的强烈反响。诗巫华侨筹赈会当即发起欢迎卓领事献金购机运动，拟募足叻币5万元国民政府行政院，并由行政院长蒋介石指购飞机一架，定名为“诗巫号”。自5月1日至10月23日，该筹赈会实际汇出购机款8次、叻币60575元，约合国币50万元。〔注：同上。〕

另据有关记载，南洋一带的荷印、越南和印度等地，也均为中国空军的建设尽了力。1941年8月14日，在国民党中央海外部的发动下，荷印巴达维亚华侨曾集会庆祝中国空军节，当场捐献100万元用以加强祖国的空军力量。〔注：《巴达维亚侨胞空军节捐款百万元》，《华商报》1941年8月24日。〕越南南圻华侨发起献机救国运动，提倡每人日捐一仙，如此南圻华侨每日可募3000元，每月共进9万元，均全部捐赠国民政府购机。〔注：华侨革命史编纂委员会编纂：《华侨革命史》（下），台北正中书局1981年版，第702页。〕印度华侨在抗战前期也捐献了10余架飞机，以印度万余侨胞计，这是一个不小的数目。〔注：同上。〕

此外，战时国内的中国滑翔机总会还专门设有滑翔机劝募委员会，向海外募捐。南侨总会曾发动所属侨团募款购赠，仅新加坡就集资购买了100架。〔注：《新加坡华侨集资购买滑翔机100架》，《新华日报》1941年7月25日。〕该劝募委员会还拟向美国华侨劝募500架滑翔机器材，具体结果不详。〔注：中国第二历史档案馆馆藏档案，全宗号二，案卷号8745。〕

在海外华侨捐款献机活动中，美洲、澳洲地区侨胞的表现同样令人瞩目。

自辛亥革命时期起，美国华侨一直对发展中国航空业情有独钟。他们往在以入股办厂或购机办学的形式进行献机活动，锲而不舍，经年不衰。抗战期间，属于这类形式的献机活动仍时有所闻。如1938年，旧金山美洲中华航校向全美各埠开展大规模的筹款，购机5架作为训练之用；同年，美国华侨还捐赠女飞行家张瑞芬飞机1架，供其回国兴办女仔飞行学校。抗战胜利前夕，俄勒冈州波特兰华侨为庆贺美国华侨飞行员陈瑞钿回国参战创立下的功绩，特捐款3万元，再合并美国军部的拨款凑足10万元，从波音公司买得AF6型训练机3架，分别命名为“民族”、“民权”、“民生”号赠予中国派遣来美受训的学生作训练之用；1945年2月12日，他们还在波特兰市机场举行授机典礼，有9000余名中外人士参加，气氛极为热烈。〔注：《旅美我侨胞呈献三飞机》，《中央日报》1945年4月13日。〕后来，这些飞机都运到了中国。

美国华侨也直接向国内捐献了不少飞机或购机款。1939年5月，檀香山救护桑梓委员会募足美金6万元汇寄国内，指定认购飞机一架，取名为“檀香山华侨号”。国民政府为此特“传谕嘉勉”，并由航建协会、行政院分别颁给飞机照片及奖状。〔注：中国第二历史档案馆馆藏档案，全宗号二，案卷号8745。〕1944年，加州20个华侨爱国团体募集战时公债100万元，购买陆军运输机8架。这批飞机均取名为“北加州华侨精神号”，被运往中缅战区服务。〔注：《新华日报》1944年5月24日；《华侨先锋》第6卷第6、7期合刊。〕

斐济群岛僻处南太平洋上，当地仅有华侨2000多人。1943年“七·七”纪念日，他们竟然也向祖国献了3架飞机。〔注：《斐济岛侨胞献飞机三架》，《大公报》（重庆版）1943年10月13日。〕后来，又再献机1架，取名为“飞枝岛华侨号”。

美洲华侨积极捐机的情况远非上述所举。

1937 年底，为了加强广东的空防力量，广东省政府特地成立广东人民购机抗敌筹募委员会，向海外粤籍侨胞募集购机款。美洲、澳洲华侨以粤籍居多，因此捐款极其踊跃。据 1939 年 9 月广东省政府向中国航空建设协会呈送的一份公文称，截至 1939 年 6 月 1 日，广东人民购机抗敌筹募委员会筹集资金约合国币 800 余万元。其中，捐款数额折合国币 20 万元以上的团体，即有纽约全体华侨抗日救国筹饷总会、三藩市旅美华侨统一义捐救国总会、芝加哥华侨救国后援会、旅古华侨抗日后援总会、加拿大安省驻都朗度华侨统一抗日救国会、纽英仑中华公所后援会等 6 个。旅越华侨缩食救济兵灾慈善会闻讯，亦于 1938 年 4 月 2 日致函余汉谋，表示“爱将侨胞义款项下拨捐国币万元，藉勷巩固故乡之举”〔注：《新华日报》1938 年 4 月 2 日。〕1938 年 12 月 10 日，该会还曾在成都举行过隆重的飞机命名典礼。〔注：中国第二历史档案馆馆藏档案，全宗号二，案卷号 8745。〕

此外，美洲华侨还普遍承担了航空救国捐，为祖国航空建设事业提供了巨额的资金支持。以美国首都华盛顿而言，当地侨胞虽少，不逾千人，却募得航空捐 47838 元美金，人均约捐 50 美元左右。〔注：《旅美京华侨救国会纪念册》，第 20 页。〕沙加缅度（萨克拉门托）抗日会甚至确定每人所捐的航空救国义款，不得低于 50 美元。据统计，截至 1940 年底，美洲华侨募集的航空捐多达 630 余万美元。〔注：《美洲侨胞热心捐献航空救国捐》，《现代华侨》第 2 卷第 1 期，第 21 页。〕这笔巨款究竟是否都派作购机用途虽然无从知晓，但由此观之，华侨对祖国空军的支持确实是不遗余力的。

总之，战时华侨献机活动确实开展得比较普遍，成绩也非常突出。仅就上述有明确记载的购机、献机数目资料累计，即达 203 架以上；若将广东购机捐按每 10 万元国币购机一架折合成飞机数计入，则达 283 架以上。此外，航空救国捐也是一笔不小的数目，当时约值 8820 万元国币；如用于购机，可得 882 架。不过，国民政府主管空军的航空委员会未将华侨捐献的机款全部用于购机，因此实际投入对日作战的飞机并没有这么多。

献车：

献车是一项比献机更为广泛的捐献活动。抗战时期，国内不论前线或后方都急需大量救护车和运输卡车。海外侨胞急祖国之所急，自觉地承担了捐献车辆的任务。

1939 年春，我国西南后方连接国际社会的重要交通运输线——滇缅公路，重新正式开放。当时，由缅甸腊戍到国界遮放一线因路质和桥梁关系，缅甸政府只限二吨卡车通行，但国内恰恰缺乏这种车辆，该路段运输只好雇佣商车，严重影响了战时的运输。为此，西南运输处特函请南侨总会购车助运。南侨总会接函后，以购车助运，事关抗战大局，遂立即发动新马各地华侨捐购。由于侨胞踊跃认捐，不久便募集到叻币 22 万元（见图表 6-7），购得崭新的二吨型美国汽车 100 辆交给西南运输处，被编入“华侨先锋运输第一大队”。同年秋，南侨总会复购赠汽车 100 辆被编入“华侨先锋运输第二大队”。〔注：陈嘉庚：《南侨回忆录》，新加坡怡和轩 1946 年刊本，第 292 页。〕

图表 6-7

马来亚华侨捐献卡车统计

（1940 年春，单位：叻币元）

地区	捐赠数额	地区	捐赠数额
新加坡	56,799.26	马六甲	8,831.06
霹 雳	43,070.13	彭 亨	6,956.62
柔 佛	29,127.37	吧 生	3,275.02
雪兰莪	28,957.08	吉兰丹	2,256.61
槟 城	16,134.86	丁加奴	1,351.02
森美兰	12,075.06	玻璃市	764.64
吉 打	10,371.09		
总计		220,000.00	

资料来源：巴克：《一年来的马华购赈运动》。《南洋商报》1941 年 1 月 1 日，第 40 页。

缅甸华侨献车尤为热烈。1940 年 2 月，缅甸华侨救灾总会在仰光举行捐献百辆救护车典礼活动。当地 15 所侨校师生积极参加，共募款缅币 145,901 盾，购救护车 10 辆，编为缅华学生第一号至第十号。〔注：《缅甸华侨兴商总会四十周年纪念特刊》（1911—1951），第 33 页。〕翌年全缅各界侨胞又发起规模宏大的献车运动，仅一个多月时间，便捐集缅币约 30 多万盾，购得最新式卡车 150 辆交给西南运输处军运队。其中，除了有各侨团合购的“缅甸华侨号”27 辆外，尚有救灾总会技术委员会捐献的 10 辆，缅华学生会 12 辆，土瓦华侨中小学师生 2 辆，以及高聪敏一人独捐 2 辆。〔注：《缅甸侨胞献车 150 辆》，《华侨先锋》第 3 卷第 3 期，1941 年 8 月 1 日。〕

献车活动在美洲也开展得很普遍。1939 年元旦，美国纽约侨胞举行历时 4 个小时的“百辆救护车运动大会”及大游行，参加者达万余人之众，募得购车款

2万多美元。〔注：《新华日报》1939年3月8日。〕纽约的救国会并作出决定，要求该埠所有侨胞每人至少应交购救护车捐款3美元。纽约华侨衣馆联合会还用“募捐箱”的方式筹募捐车款。“募捐箱”由各家华侨商店依次传递，募得不少款项，购置了3辆救护车，兵灾每辆车的车身上标上“纽约华侨衣馆联合会捐赠”字样。运回国内前，他们特地以救护车为先导，举行盛大的游行活动，警醒侨众不忘国内战争的严酷现实，激励人们作更多的捐献。〔注：邝治中：《纽约唐人街——劳工和政治，1930-1950年》，上海译文出版社1982年版，第121页。〕据记载，到1940年，美洲华侨所捐救护车即达200辆以上。〔注：《海外华侨捐赠情形概要》，中国第二历史档案馆馆藏档案。转引自任贵祥：《华侨第二次爱国高潮》，中共党史资料出版社1989年版，第125页。〕在抗战胜利前夕，旧金山侨胞也曾购债75,000元为祖国献车。华盛顿华侨举行“七·七”演剧活动，募捐1.1万余美元用于购赠血库救伤车。

另外，在加拿大，温哥华侨胞曾发起“坦克车救国大运动”，向国内输送重型武器。越南华侨缩食会则购献轻型铁甲车，支援祖国抗日军队。

究竟整个抗战期间华侨捐献了多少辆，无从详考。仅从抗战爆发至1940年10月，华侨捐献的救护车即有1000余辆，另加坦克车27辆。〔注：张渊若、张礼千著：《南洋华侨与经济之现势》，商务印书馆1946年版，第64页。〕此外，还有运输卡车及各式汽车数百辆。其中，有不少救护车是由回国服务的华侨团体直接开到国内的。这些车辆奔驰在祖国抗日第一线，无论是在抢运伤员还是在输送战略物资等方面，都发挥了重要的作用。

捐献寒衣：

为前方将士及难民、难童征募御寒衣物，是海外华侨情系中华、与国内同胞心心相印的生动体现。早在抗战爆发后不久，新加坡华侨便主动发起募集旧衣工作，接济祖国难胞，南洋各地纷纷效仿。英属北婆罗洲诗巫华侨筹赈会以卢沟难发，旋届寒冬，祖国难胞饥寒交迫，亟需救济，乃发起募集旧衣运动。该会事前遍发启事，吁请辖属各埠侨胞踊跃捐献，启事末端并附订办法数条：（一）献旧衣者须先洗涤干净，褶整齐，方请交来；（二）献交件数既由本会给发收据，并登报表扬；（三）献衣者请于每日上午八时至十一时，下午一时至四时冇交本会。启事发出后，埠内外同侨热烈响应，纷纷献交，旬日间便已迭积2万件。该会随即加派人员整理装包，船运新加坡批转回祖国。翌年10月，诗巫华侨鉴于以往所捐旧衣原本只适合热带地区穿着，难以抵御祖国寒冬气候，加以寄运不便、缓不济急，遂改而寒衣代金的办法，开展寒衣捐运动。他们成立劝募寒衣委员会，全体职员分四组前往各区乡村，联络当地士绅、挨户劝募，总计在3个月内，共募得坡币8,176元，折合寒衣11,678套。〔注：《诗巫华侨三周年来救国史实》，《现代华侨》第二卷第六、七、八期合刊。〕在缅甸，华侨捐衣也颇具热忱，成绩可观。从1937年10月到1939年9月，经由“缅甸华侨红十字会”征集的衣物，即有衣服813捆、32.52万件，新棉衣29捆、1.16万件，新旧麻袋（做战场沙包用）367捆、18.35万件。1937年10月底，当地华侨妇女还组织“缅甸华侨募捐难民棉衣会”以仰光拚技街64号李庚秀夫人住宅为会所，集结一批爱国妇女，分头劝募棉花、线碌、布匹、钱款等，并在武帝庙内开设缝纫工厂一所，自缝捐衣赠祖国被难同胞。〔注：黄珍吾：《华侨与中国革命》（下），台北1963年版，第345、350页。〕在越南海防，华侨仅在1938年内便募捐大批慰问物资寄云南省政府收转，其中有新棉衣3000多件、旧棉衣数千件等。〔注：《新华日报》1938年12月21日。〕

1939年秋，南洋华侨的募衣运动迅速地走向高潮。9月24日，宋美龄以全国妇女慰劳会名义致电南侨总会主席陈嘉庚，谓该会发起捐募冬季大衣30万件、铺棉背心20万件分给前方将士，冬季大衣每件国币15元，棉背心每件国币3元，合计540万元，请通告华侨团体暨侨胞“捐款采购材料等品”。陈嘉庚念“前方将士，为国奋斗，天寒无衣，理宜援助”，在获得国民政府行政院的核准后，即发布南桥总会通告第二四号，按劝募大棉衣30万件、每件估值叻币3元的办法将任务分配到南洋各地，发动英荷美法泰各属筹赈会进行募捐。具体摊配数额如下：

英属马来西亚12万件；
英属婆罗洲2万件；
英属缅甸1万件；
荷属东印度6万件；
美属菲律宾4万件；
法属安南1万件；
泰国（暹罗）2万件；
香港2万件。

南洋各属华侨积极响应，踊跃捐献。如诗巫华侨筹赈会自双十节晚上起，连续两天举行全市侨团、侨校募衣运动大巡行，“是时灯彩辉煌，城开不夜，旌旗舞动，阵列长蛇，益以高跷团之化装旧剧，随街歌唱，舞狮团国术团之沿门表演，鼓乐爆竹之喧闻，男女老幼之拥挤，其热烈壮丽之场面，实为诗巫空前所未有”。〔注：《诗巫华侨三周年来救国史实》，《现代华侨》第二卷第六、七、八期合刊。〕这次募衣活动搞得极其成功，“月余之间，由马来西亚募二百万元，其他各属会募三百余万元，共五百余万元，均汇交行政院转交”。〔注：陈嘉庚:《南侨回忆录》，新加坡怡和轩 1946 年刊本，第 127-129 页。〕此后，劝募寒衣便成为南洋各地筹赈会的一项经常性工作。每年秋风一起，各地华侨辄惦念祖国同胞缺衣之寒，纷纷捐输款项予以接济。国民政府侨委会历年经收的侨捐中，即有相当一部分属寒衣捐，如 1940 年收到泰京公司廊中和兴行寒衣捐款 1 宗，计国币 1650 元；1941 年 1-4 月收到香港印刷业工会、广州湾商会等团体寒衣捐款数宗，计国币 12,892.60 元。〔注：中国第二历史档案馆馆藏档案，全宗号二，案卷号 10004。〕1940 年 9—12 月，仅新马华侨所赠寒衣捐，即达 26.6 万元叻币之巨（见表 6-8）。

寒衣捐在美洲也很盛行

1938 年 12 月及 1939 年 8 月、10 月，美京华侨救国会曾三次支出募款 952,400 美元。1940 年间，该会又接连举行寒衣捐和球赛筹捐活动，得款 2750 美元分寄国内抗日军队。〔注：《美京华侨救国会纪念册》，救济部进支项目。〕在旧金山，华侨认捐棉衣每人至少在两套以上。美国侨胞还捐献了大量的雨衣、蚊帐等。1939 年，当宋美龄发动征募寒衣的消息传到巴拿马时，当地华侨救国剧团热烈响应，演剧筹得美金折合国币 9 万余元，分三批汇寄宋美龄定制棉衣发给前方将士。〔注:《南洋商报》（晚版）1939 年 11 月 14 日。〕为了慰劳抗战将领，加拿大华侨还向国内各战区捐献名贵的羊毛毯 3,000 余条。〔注:《新华日报》1940 年 5 月 13 日。〕

图表 6-8

马来亚华侨捐献寒衣统计

（1940 年 9—12 月　单位：叻币元）

地区	捐献数额	地区	捐献数额
玻璃市	967.47	彭 亨	84,696.20
槟 城	19,644.30	霹 雳	52,400.23
马六甲	10,751.74	雪兰莪	34,268.75
柔 佛	35,463.26	吉兰丹	2,748.80
吉 打	12,627.10	丁加奴	1,644.85
吧 生	3,115.25	森美兰	14,702.82
新加坡	69,115.69		
总计		266,000.00	

资料来源：巴克《一年来的马华购赈运动》。《南洋商报》1941 年 1 月 1 日，第 40 页。

在大洋洲、非洲地区，一些华侨团体也开展了捐献麻袋、衣服的活动。模里斯（毛里求斯）华侨抗敌后援会发动侨胞捐献麻袋和衣服，一次就募集麻袋1.8万条及旧衣50包，4,000余件。〔注：谢作民等：《抗战与华侨》，独立出版社1939年版，第21页。〕新西兰华侨将所捐献的毛织品分装在30个大木箱里（重达10吨）运至香港东华医院，然后转向内地。〔注：任贵祥：《华夏向心力——华侨对祖国抗战的支援》，广西师范大学出版社1993年版，第93页。〕

华侨为祖国捐献的各式衣物用品，为数极多，难以尽述。据国民政府侨委会委员长陈树人所称，从抗战爆发到1940年，仅南洋华侨就已募缴寒衣700余万件、暑衣30万套及蚊帐8万床，分赠各地新兵、伤病将士及难民难童；另外，尚有寒衣捐400万元。〔注：陈树仁：《四年来华侨的救国运动》，《现代华侨》第一卷第8期，1940年12月5日。〕这些物品大量输入国内，不仅部分解决了前线将士及难民难童的生活所需，还使他们深深感受到海外侨胞的一片深情，激发了全民族同仇敌忾、抗击日寇的斗争勇气和必胜信心。

捐献药物：

战时我方军民伤亡较大，医药物品极其紧缺。为减轻同胞伤病痛苦，增强抗敌御侮力量，华侨也把捐献药物作为一项重要的捐献活动。

“七·七”抗战开始后不久，国民政府军事委员会、中国红十字总会及中国妇女慰劳自卫抗战将士总会即分函海外华侨，征集救济伤兵难民药物；各地侨胞亦即着手募集药物，输往国内应急。模里斯华侨抗敌后援会集资1.5万余盾，以华商总会的名义购买X光机一座及大批药物，以最快的速度运交军委会，供应后方医院。〔注：谢作民等：《抗战与华侨》，独立出版社1939年版，第21页。〕缅甸华侨特地组织“缅甸华侨红十字会”，专司其责，自1937年10月起至1939年9月止，共征集药品69箱运回祖国。〔注：黄珍吾：《华侨与中国革命》(下)，台北1963年版，第345页。〕新马、菲律宾、荷印华侨也积极募捐药品。侯西反、郭兆麟代表新加坡南侨总会，捐献前线将士阿司匹林药片350万粒。菲律宾华侨购赠防疫浆苗100万剂并大量防毒面具，〔注：《新华日报》1938年7月26日。〕妇慰会菲律宾分会捐献救伤袋10万个。荷印华侨在短时间内，也募集了金鸡纳霜1900万粒。据统计，抗战爆发当年，海外侨胞仅用4个多月时间即捐药棉240箱、5,600公斤，金鸡纳霜1000公斤；〔注：《大公报》1937年12月4日。〕其中，越南华侨捐药棉40箱，当地妇女捐药品两大箱。

抗日战争进入战略相持阶段后，由于沿海城市相继沦陷，大批医院、医疗器材及防护设备落入敌手，致大批伤患病人得不到及时的救治。当时，华南、西南还流行疟疾（俗称打摆子），部队因蚊虫叮咬而患上此病者不少，严重影响了战斗力。但因治疗该病的特效药金鸡纳霜（奎宁）产自荷印爪哇，荷印政府只许万隆一家工厂生产，国内极其紧缺。在这种情况下，寻求海外华侨捐助，便十分紧迫。1939 年，重庆政府发函南侨总会，要求供给大宗药品如金鸡纳霜、匹灵片（阿司匹灵）、仁丹及救伤绷带等，南桥总会皆应承设法供应。绷带由香港办寄，金鸡纳霜转商荷印 40 余处慈善会解决，匹灵片及仁丹等则拟在新加坡设厂自制（后因故转而投资国内生产，详见前述投资部分）。短短三个月内，上述各处即募足药品，直寄仰光交西南运输处转送重庆政府。〔注：陈嘉庚：《南侨回忆录》，新加坡怡和轩 1946 年刊本，第 87 页。〕

值得称道的是，在这次劝募药品的活动中，荷印华侨表现至为出色。接到陈嘉庚的来函后，他们立即发起“捐购奎宁运动”，先由华侨公会认捐 100 万粒，以为首倡；继之，闽帮社团、客帮团体竞相报效 500 万粒、1000 万粒。结果，共购赠 5000 万粒，费荷币 30 余万元。此后，荷印华侨募集金鸡纳霜的活动日趋广泛、深入。如在巴达维亚，各侨团积极举行各种筹募活动，“如火如荼，甚为热烈”。1940 年春节、元宵节期间，广肇侨团接连举行游艺筹赈和醒狮队表演筹赈；其后，由藉演剧分组出发劝捐，扩大筹募成绩。最后，他们将所有筹募之款缴交巴华慈善会（即“巴达维亚华侨捐助祖国慈善事业委员会”），概作购买金鸡纳霜之用，其数足够 500 万粒之额。〔注：《华侨先锋》第 1 卷第 20 期，第 19–20 页。〕至 1940 年 7 月，巴华慈善会统捐奎宁丸 120 箱、600 万粒；1941 年，该会复赠金鸡纳霜 2895 万粒，可供 130 万人服用。在爪哇，当地华侨也捐献了 5,000 万粒金鸡纳霜和 1,300 万大粒奎宁丸。〔注：《新华日报》1941 年 4 月 9 日。〕

欧美华侨也为祖国捐献了大量的药品。1940 年，瑞士侨胞为国内伤兵寄赠药品 5 大箱、1146 包，医疗器械 183 件。〔注：美国《三民晨报》1940 年 5 月 22 日。〕从抗战爆发到 1940 年初，美国华侨购献药品搭 1,000 单位以上，〔注：依国内有关方面提供的药单，配足全料，称为一个“单位”。每个单位内含 50 余种药品，可供 500 名伤兵 1 个月之用。〕可供 50 万伤兵服用 1 个月。〔注：陈树仁：《四年来的华侨爱国运动》，《现代华侨》第 1 卷第 8 期，第 9 页。〕至是年夏，美洲华侨共捐药品 1,600 单位。〔注：中国第二历史档案馆馆藏档案，全宗号二二，案卷号 83。〕

鉴于国内伤兵难民数量极众，只靠临时性的突击募集药品和捐款购药实难从根本上解决缺医少药的问题，一些侨领、侨胞还迳直在国内外建立伤兵医院和制药厂，以图彻底解决。抗战之初，胡文虎便慨捐 200 万元，供国内建立伤残军人疗养院及阵亡将士遗孤教养院之用。菲律宾华侨吴起顺临终时捐出 10 万元，嘱其家属回国建立吴起顺伤兵医院。〔注：《华侨先锋》第 2 卷第 12 期，1940 年

12 月 16 日。〕1940 年，陈嘉庚等人与中国制药提炼股份有限公司合办重庆制药厂，生产大量药品。1944 年 11 月，美国华侨侯总榜、张毓芳、陈灵等人在纽约创办中美制药厂，专门制造国内紧缺的贵重药品。

在海外华侨开展的各项捐献活动中，最为感人的莫过于印度、美国等地一些侨胞发起输血运动，为祖国伤兵将士献血。

1940 年秋间，中华留印海员支部有感于前方将士伤亡可悯，动员所属海员输血报国。参加第一批输血的海员，有沈杏定、陈磊、周伦豪、虞汉章、贺根甫 5 人，共输血 750 毫升。此后，又有由伊拉克各地返印华工伍杏春、郭均昌、陈广福、杨泰、何润堂、赵福昌、钱晋铨、郑应林 8 人输血约 1,000 余毫升。当地国医及德风夫人亦输血 150 毫升，并吁请华侨妇女界继起响应，以尽妇女报国之责。〔注：华侨志编纂委员会：《印度华侨志》，台北 1962 年版，第 112 页。〕旅印侨胞还建立了中国血库，备作参加缅北作战的中国远征军救伤之用。美国华侨也于 1943 年 6 月在那疏街 154 号论坛报大楼十一楼上正式建立“华人血库”，专为祖国抗战伤病将士输血。是日，参加献血者共有 14 人，其中有华侨医界前辈刘瑞恒，大夫朱章庚，女侨胞伍宝春、颜雅清，中国驻美总领事于俊吉，以及三个中国留学生。〔注：沈云龙主编：《近代中国史料丛刊续编》第 50 辑，第 59–61 页。〕输血数量虽不多，但由此反映出的侨胞不惜以身报国的崇高精神，却是价值无量的。

例外暹罗、菲律宾的华侨还为祖国赈济大米。在汕头沦陷前，暹罗潮州会馆一直致力于举办平粜，运米回乡救赈。

总之，战时华侨捐献物资不但范围广，而且数量多。据国民政府侨委会委员长陈树仁统计，从 1937 年下半年到 1940 年初，华侨经由水路、陆路源源不断地运回国内的各种捐献物品，总数在 3,000 批以上，平均每月 100 批左右。〔注：陈树仁：《四年来的华侨爱国运动》，《现代华侨》第 1 卷第 8 期，第 8 页。〕华侨赠予的大量物品，缓和了战需物资的紧缺状况，赈济了前线后方的伤兵难民，为坚持抗战奠定了重要的物质基础。

（二）中国大陆

1.抗战时期牺牲的美国华侨飞行员

姓　名	毕业学校或归国地	牺牲时间	牺牲地点	牺牲原因
黄毓荃	芝加哥三民飞行学校	1932 年 2 月	上海	迎敌时飞机失控坠地
张勉之	波特兰航校一期	1934 年 2 月	天河机场	殉职
陈　积	旧金山	1935 年		失事
蔡炳球	旧金山	1935 年	广东	失事
黄　波		1937 年	广东	阵亡
黄元波	自洛杉矶回国	1937 年		阵亡
廖兆琼		1937 年		阵亡
苏英祥	波特兰航校一期	1937 年		阵亡
雷国来	波特兰航校一期	1937 年	晋北	阵亡
刘炽徽		1937 年	太原	阵亡
容广成	罗斯福飞行学校	1938 年		阵亡
江东胜	市作顿飞行学校	1941 年 3 月 14 日		阵亡
黄新瑞	屋仑斐摩上校飞行学校	1941 年 3 月 14 日	成都	阵亡
谭　宽	自洛杉矶回国	1941 年	成都	飞机失事
冯国廉		1944 年		飞机失事
谭　寿		1944 年		飞机失事
谭笑严	自波特兰回国	抗战后期	广州	阵亡
梁伟如	自波特兰回国	抗战后期	北平	失事
林觉天	波特兰航校一期		南昌	阵亡
翁荡雁	波特兰航校一期			阵亡
刘龙光	波特兰航校一期		南京	阵亡
邓秀生	波特兰航校一期		南京	殉职
雷家波	屋仑斐摩上校飞行学校		广东	失事
陈锡庭	旧金山中华航校一期			殉职
林联青	旧金山中华航校一期			殉职

续表

姓　名	毕业学校或归国地	牺牲时间	牺牲地点	牺牲原因
黄进长	旧金山中华航校一期			殉职
谭国材	旧金山中华航校一期			阵亡
张益民	普逊航校		蚌埠	阵亡
刘福庆	旧金山中华航校三期飞行生			阵亡
梁松宁	旧金山中华航校三期飞行生			阵亡
王文星	旧金山中华航校三期飞行生			阵亡
岑庆赐	旧金山中华航校三期飞行生			阵亡
刘铁树	旧金山中华航校三期飞行生			阵亡
黄华杰	旧金山中华航校三期机械生			阵亡

（资料来源：刘伯骥著《美国华侨史》（续编）；麦礼谦著《从华侨到华人——20世纪美国华人社会发展史》；广东省航空纪念碑上所刻航空英烈名录）

（中国人民抗日战争纪念馆、中华全国归国华侨联合会文化交流部编：《华侨与抗日战争》，中国华侨出版社2006年版，第160页）

2.抗日战争中五邑华侨飞行员阵亡、殉职、受伤、病逝情况表

一九九五年六月制

姓　名	最高职务	类别	地点时间	原因	籍贯
黄毓全	副中队长	阵亡	上海虹桥 1932.2.5		台山
黄　波		失踪	上海 1937.9	出击淞沪敌军	台山
雷国来		阵亡	太原 1937.9.21	飞太原途中遇敌奋战	台山
黄元波		阵亡	韶关 1937.10.7		台山
苏英祥	分队长	阵亡	忻县 1937.10.15		新会
廖北琼		阵亡	忻县 1937.10.21	空战受伤不治	台山
容广成		阵亡	陕西 1938.8.21		台山
关万崧		阵亡	宜昌 1938.12.9		开平
林觉天		阵亡	南昌 1938.12.9		台山
黄新瑞	大队长	阵亡	成都 1941.3.14		台山
林　耀	中队长	阵亡	长沙 1944.6.26		鹤山
谭笑严		殉职	孝感 1938	出击返航途中撞山	台山
冯星航	广西队长	殉职	潜江 1937.8	雾浓撞山	台山
陈锡庭	转任民航驾驶员	殉职	“驼峰”1943	飞行失事	台山
张　森	副中队长	殉职	成都至兰州 1943	撞山	开平
马国廉	中队长转任民航驾驶员	殉职	“驼峰”1944	飞行失事	台山
张泽溥	转任民航驾驶员	殉职	“驼峰”1944	飞行失事	开平
林联清		殉职	1939	飞行失事	新会
谭　寿	大队长转任试飞员	殉职	贵阳 1944	试飞新机失事	开平
陈瑞钿	大队长	空战受伤	昆明 1939.12.27	掩护苏志愿空军出击遇敌	台山
黄子沾		空战受伤	南京 1937.10.12	以 1 比敌 9 奋战	台山
马俭进	分队长转任民航驾驶员	空运受伤	“驼峰”1940 年初	空运人员途中遇敌迫降	台山
刘　焕	分队长	出击受伤	淞沪 1937.8		台山
卢传铭		空运受伤	1938	途中遇敌袭击	恩平
黄普伦	大队长	病逝	独立	患鼻咽癌	台山
黄桂燕	闲置飞行员	病逝	南昌 1937	施开刀手术不治	台山
梁伟如	航校教官	意外死	昆明湖 1940		开平
李月英	美国驾驶员	殉职	美国 1944.11.14	被练习机冲撞	台山

（梅伟强:《五邑华侨与中华民族的抗日战争》，台湾“华侨协会总会”主编:《华侨与抗日战争论文集》下册，海宇文化事业有限公司 1999 年版，第 693 页）

3.抗日战争时期华侨青年从军记实

——中央军校第四分校的华侨总队*

胡斯仁

参加革命抗战行列

我国当年积弱，受尽列强欺侮，华侨生长海外，寄人篱下，感受尤深，因而爱国情操也特别强烈，都切望祖国强盛壮大，重振汉唐声威，使海外华侨扬眉吐气。溯考黄花岗七十二烈士中，颇多华侨青年，为华侨从军嚆矢；开国以来，就笔者所知，空军前辈黄光锐将军，是美国华侨，前国家安全局局长郑介民上将，是从马来西亚之麻六甲埠回国投考黄埔军校二期的。但在同一时间，同一地点，集结海外华侨青年千余人，接受军官教育，毕业后驰驱沙场，效忠祖国的，当以中央陆军军官学校第四分校十七期第二十六总队华侨学生为空前壮举。

民国二十八年夏，海外各地领事馆、侨务机关、中国国民党总支部等奉令招考当地华侨青年，送返第四分校编训。报考侨生极为踊跃，仅只港澳地区报考者即达千余人，录取人数只正取十五名，以考生成绩优异，连备取十五名亦一并录取，余分别来自菲律宾、星马、印尼、越南、泰国、缅甸等地，其中有四位同学来自非洲毛里求斯岛。民国二十八年十月十六日在广西宜山县六坡村成立华侨学生大队，黄百强（黄埔三期）为大队长，陈炳璜为大队附，陈国良、李克明分任第一、二队长，学生计二百五十四名。编队后，举行劳动服务，同学们胼手胝足，筚路蓝缕，自建营舍；当时物资缺乏，只凭十字镐、圆锹而成，十二月十八日正式开课。二十九年元月，日军西犯，陷南宁。宾阳之役，日军在中国战场第一次在我军后方使用空降部队，宾阳亦告陷落；当时桂北防务空虚，援军路远，第四分校奉令动员组军，主任韩汉英率军向忻城一带挺进，与日军在红水河对峙，时华侨大队入伍未久，正习木头弹射击，亦随军出发。在风雨交加，泥泞满途之急行军中，学习实弹射击，尖兵、步哨等均在行军中恶补备战，嗣奉令分驻宜城、德胜等地，担任警戒、谍报、押运等勤务。笔者随一少尉区队附，以一个班的同

---

* 内容有删节。

学，驰赴怀远戍守，时值农历春节，当地民俗以“水火不出门”，行军途中求一杯水而不得，在饥寒交迫下，遂行任务。

二十九年三月，援军抵达接防，第四分校奉令复员，西迁贵州之三合县；华侨大队迁驻八寨，以该地交通不便，再迁黔南独山县之五里桥，重建营舍。时南洋各地华侨，闻风兴趣，络绎入校，同年五月，奉令扩充为华侨入伍生团，黄百强调充团长，原华侨大队编为第一营，续到诸同学则编为第二、三营；三十年元旦，改番号为第二十六总队，习称为华侨总队，各营按序列改为第一、二、三大队，黄百强师仍充总队长，第一大队长陈国良，第一队队长符大同，第二队队长杨成之，因入伍先后不同，第一大队于三十年九月毕业，第二、第三大队分别在三十一年、三十二年间毕业。

投军受训严肃活泼

在独山训练期间，军训部白崇禧部长曾到校观察，特巡视华侨总队，垂询训练与生活细节甚详，忽询韩汉英主任以侨生会不会写中文？又询有无咖啡供应？韩主任为之莞尔。当时物资缺乏，生活艰苦，因肉类油类不足，每天糙米二十二两，不够生龙活虎般的年轻人果腹，遑论咖啡？至于侨生程度，有曾任侨校校长、教员者，有些同学精通中、英文或当地语文，真是人才济济。

两年的受训生活，在严肃紧张中度过，但亦有轻松的一面。年节晚会，均由同学表演，有越南歌、泰国舞、马来歌、印尼歌、草裙舞、交际舞等节目，多彩多姿，杂肖维妙。从越南来的苏智民同学，个子矮小，面目清秀，他的草裙舞跳得出神入化，当时无化装道具，乃用馒头两个，权充假乳，曲线玲珑，贵州僻处内陆，风气闭塞，当地民众看得目瞪口呆。另一位郑治谦同学，常表演腹上碎石气功，但单杠只能挂腿上，跳木马只有坐上的份，在超越障碍物的水坑中，宁涉水步过，军服尽湿，而不愿跳跃，状殊狼狈，令人忍俊不禁，队中怪杰甚多，郑治谦同学是其中之一。

三十年十二月八日太平洋战争爆发前，同学们多有家庭寄款零用，晚上点名，值星官分派挂号信，便是邮局汇票到了。在其他总队，每一大队一个合作社由商人承包，供应小食，尚觉生意不佳；但华侨总队则每一队便有一个合作社，生意兴隆。三十一年，除泰国侨生外，外汇断绝，每队师生约一百五十人，由同学轮流当采买，一天的菜钱，只够买蔬菜若干，猪肉一斤，榨猪油十二两，分为两餐炒菜之用，每顿三份青菜，数粒猪油渣而已。虽然如此，却是弦歌不辍，士气如虹，但是常常白饭不够吃，大家便埋怨采买。有位林锦泉同学，深得步兵操典纲领“运用之妙，存乎一心”的战略，在米箩绳上动了手脚，伙夫在归途中，箩绳断落，白米倒泻在没有柏油的公路上，再扫回炊饭，开饭前，林锦泉同学报告原委并道歉，大家满口砂粒，难于下咽，便自然有剩饭了。三十二年，笔者于役印度，经雷多军区，夜宿林锦泉帐幕中，时渠当装甲兵连长，与其联床共话，始告知秘密，相与捧腹大笑，狂饮啤酒达旦。

壮烈牺牲史不绝书

珍珠港事变前，军统局研判日军势将南进，积极布建南洋工作。华侨总队第一大队毕业时，派梁若节（在台病故）、董宗山（前驻多明尼加大使）两位到校甄选一百名同学赴渝，成立南洋工作人员训练班训派；尔后第二、三大队同学毕业，亦被挑选百余名赴息烽训练班受训，军统局增加了两百余名南洋华侨而又受过严格军官教育的生力军，对国际情报工作，颇有贡献。截至前五年，尚有两位同学在台某单位担任南洋某两地语文的翻译破密工作，华侨总队的成立，可谓影响深远。其余同学除极少数留校外，均分发各部队任职，第一队何殿棠、梁振安两同学，甫出校门，即参加桂林会战阵亡，何殿棠同学系自非洲毛里求斯岛返国，出师未捷身先死，长使英雄泪满襟！古今同慨，尤其侨乡万里，魂归何处？令人有英雄弹泪之感。同队严中坚同学，口令雄亮，操场动作熟练，将届毕业时，因与同学斗殴被开除，后服役远征军，缅北作战中，双腿中弹，部属拟挟其后撤，因自知不免，叱部属留下机枪及手榴弹数枚喝令后撤，独自留下杀敌，弹尽佯死，日兵蜂至，乃引爆手榴弹与日兵同归于尽。第二队张水来同学，亦在缅北作战中，渡河翻舟而殁，壮志未酬，埋骨异国，虔祝魂兮归来，飨我所供香烛清酒。

军统局在中美合作所成立之前，已有中英情报合作。南洋班一期同学李干民，由英方以潜艇运返马来西亚工作，因有友系中共份子，被日方逮捕，攀供李干民同学，而牵连失事，被酷刑迫供，致体伤生蛆，仍坚不吐实，瘐死狱中。另何成彤、林剑鸿、曾浪英、吴瑜、文汉武等五同学，空降曼谷郊外时，何成彤、林剑鸿两同学当场被射击阵亡，余曾浪英等三同学则潜入曼谷工作。华侨总队师生们在各战场、各战线上为国牺牲，可歌可泣的史迹尚多，笔者孤陋寡闻，所记未及万一，但愿英灵不泯，佑我中华。

老兵不死亦不凋谢

华侨同学们在蓝天碧海，椰风蕉雨中生长，虽非家家腰缠万贯，却也人人生活优游；而当祖国危急存亡之秋，投袂奋起，万里投军，慷慨赴义，其故安在？因为他们身上流的是炎黄华胄的热血，他们同样在五千年文化传统下孕育长大，他们自称为唐人，称祖国为唐山，他们憧憬祖国的汉唐盛世，因此，在先总统蒋公中正感召训育下，前仆后继，舍生取义。

统计十七期二十六总队华侨学生共一千零四十二人，受训期间，因水土不服，病故三人，现在在台同学只一百余人，均已年逾花甲；仍服务公职者，尚余三数人而已，真个是大江东去浪淘尽，千古风流人物。部分同学于抗战胜利后，功成身退，返回原侨居地，仍声气互通，亲爱精诚，每谈及四十年前旧事，则壮怀激烈，万丈豪情，而酒酣耳熟之际，念及壮烈牺牲之师友，墓门何处？又未尝不泣下沾襟也。

走笔至此，百感交集，忆及一词，录作结语，词曰：

曾将十万貔貅旅，北伐南征，
塞上长城，獵獵牙旂复故京。
大江一战风流散，幽愤难平，
壮志未成，宝剑灵堂迄自鸣。

——转载自《中外杂志》

（台湾《侨协杂志》第六十七期）

4.留日学生抗日战争牺牲记实*

抗战八年中，自卢沟桥事变起至日寇战败投降止，我侨胞子弟先后参加作战奋斗牺牲者为数不少。兹凭目击耳闻，与亲历战场所了解者，略志于次：

余子武　华侨子弟。修毕国内大专学校课业，再呈请政府保送自费赴日本陆军士官学校习军事。任第十二集团军第一六〇师参谋长，在上海保卫战期间阵亡。（时十二集团军总司令余汉谋、一六〇师师长叶肇）

雷节甫　华侨子弟。修毕国内大专学校课业，再呈请政府保送自费赴日本陆军士官学校习军事。任第十二集团军一六〇师上校团长，上海抗战阵亡。

李荣熙　华侨子弟。修毕国内大专学校课业，再呈请政府保送自费赴日本陆军士官学校习军事。任中央军某师中校营长，上海对日抗战阵亡。

朱乃瑞　华侨子弟。修毕国内大专学校课业，再呈请政府保送自费赴日本陆军士官学校习军事。抗日期间任桂军师长隶白崇禧将军旄下，参加台儿庄战役，战功彪炳，屡歼顽敌，擢升军长。抗日胜利后率军返军返广西绥靖。退出大陆之后赴香港养痾。后病逝。

李卓元　华侨子弟。陆军士官学校毕业。曾在黄埔军校第一、二期任教官。参加东征、北伐。任工兵营长，征战中架桥、筑路，卓著勋劳。后任第十二集团军总司令部参谋处长、第一八六师师长、广州宪兵司令、虎门要塞司令。抗日立功，病逝台湾。

余华沐　华侨子弟。赴日本陆军士官学校习军事，曾在黄埔军校第一、二期任教官。参加东征、北伐。任军、师、参谋长，运筹帷幄，决胜千里，战功卓著。在抗日战争中，李、余两将军洞察敌情，鹰扬韬略。把握战机，大歼日寇，建功甚伟。后任贵阳警备司令第九战区长官司令部秘书长。战后返美，旅居纽约，寿终。

李克煌　华侨子弟。修毕国内大专学校课业，再呈请政府保送自费赴日本陆军士官学校习军事。任第十二集团军第一八六师团长，抗日立功。战后在香港休养，后病逝。

马维仲　华侨子弟。修毕国内大专学校课业，再呈请政府保送自费赴日本陆

* 内容有删节。

军士官学校习军事。任第十二集团军一六〇师团长。战后在香港静养。

许崇耆　华侨子弟。修毕国内大专学校课业，再呈请政府保送自费赴日本陆军士官学校习军事。粤军前总司令许崇智的令弟，排行第八。在某军任参谋处长，与敌遭遇战阵亡。

伍少武　华侨子弟。修毕国内大专学校课业，再呈请政府保送自费赴日本陆军士官学校习军事。任第十二集团军第一五三师团长多年，积战功升一八六师副师长，抗敌阵亡。

麦霞冲　华侨子弟。修毕国内大专学校课业，再呈请政府保送自费赴日本陆军士官学校习军事。任第十二集团军一五四师团长。抗战结束，在港病逝。

何以鸣　华侨子弟。修毕国内大专学校课业，再呈请政府保送自费赴日本陆军士官学校习军事。抗战初期任中央第二十五军某师团长，中期调江南兵站统监部某分监。末期，任中央军汤恩伯军汽车总团团长。抗战结束赴台湾供职，退役后穷困潦倒，病逝。

何清源　华侨子弟。修毕国内大专学校课业，再呈请政府保送自费赴日本陆军士官学校习军事。任第十二集团军第一五三军团长。抗战结束，赴香港经商，积劳病逝。

伍启祯　华侨子弟。修毕国内大专学校课业，再呈请政府保送自费赴日本陆军士官学校习军事。任第十二集团军总司令部参谋处副处长。嗣调升第一八六师参谋处长，积劳逝世。

杜石山　华侨子弟。修毕国内大专学校课业，再呈请政府保送自费赴日本陆军士官学校习军事。任潮州惠来县国民兵团团长。与日本军队遭遇战，阵亡。

余　气　华侨子弟。修毕国内大专学校课业，再呈请政府保送自费赴日本陆军士官学校习军事。任中央军某师参谋长。调军委会军政部企划处处长。抗战结束，回菲律宾侨居地。

关自恕　华侨子弟。日本留学后转德国留学多年，返国任第十二集团军一八六师上校政治部主任。战后，在美病逝。

关耀宗　华侨子弟。黄埔军校第二期毕业，留学日本。抗日战争期间负责粤省南路情报工作。家人在美，战后在三藩市居住多年，寿终。

阮惠志　华侨子弟。广东燕塘陆军军官学校毕业。抗日战争期间任第十二集团军独立二十旅连长、营长，参加上海战役重伤，回后方就医半年，伤愈退伍。后返侨居地加拿大经商。数年后病逝。

余天华　华侨子弟。日本慈济医科大学毕业。抗战返国参加中央情报训练。

活动于上海前线，颇著成绩。曾奉命任战地联络专员，表现极佳，迭受上司嘉奖。战后返美经商，在三藩市经营酒楼及百货公司各一，以富商闻名。近年病逝。

梅伯群　华侨子弟。日本大学经济科毕业。抗战开始即在第十二集团军一五一师任政治工作队大队长，带领各队员赴前线工作，历经八年，辛劳无悔。战后返纽约从事华侨服务，曾任纽约中华总会馆主席，对于团结侨胞，协助侨社活动工作，贡献颇多，尤以策动侨胞一致拥护中华民国政府，协助国内建设，造福民众等不遗余力。由于积劳成疾，抱病年余后，与世长辞。

周　巧　华侨子女。广东国民大学、日本明治大学毕业。对日抗战开始集体返国，旋参加军委会政治部设立之中央训练团留日训练班受训。结业后，奉派第十二集团军一〇八野战医院服务，备极艰险。直到日军投降，抗战结束，方赴美侨居，从事侨教工作。现与夫婿名画家刘业昭共居旧金山。

梁剑虹　华侨子弟。日本明治大学毕业。抗战期间参加某师政治部训育工作，战后赴美在纽约侨校任教。现在三藩市居住。

谭卓予　华侨子弟。日本明治大学毕业。年轻勇猛，抗日爱国，原任县国民兵团副团长。下乡巡视时，恰遇日寇在乡间劫掠，用日语劝止。结果因语言上发生冲突，被倭寇击杀，非常不幸。

李嗣芬　华侨子弟。日本明治大学法科毕业，抗战开始，返国参加中央训练团留日训练班受训，结业后在部队任军法官。抗战结束随政府至台湾任公务员。

江思聪　华侨子弟。日本明治大学毕业。中央训练团留日训练班第二期训练结业。抗日战争期间参加部队战斗工作，卓著辛劳。嗣后膺选国民大会代表，议坛筹策，贡献良多。退休后，回旧金山安居静养。奉行四健主义：健谈、健步、健饭、健康。

朱伟文　华侨子弟。上海法政学院毕业、日本东京大学商科毕业。中央训练团留日训练班第二期结业。奉派中央五十八军军需处任职，直至日敌投降后申请退役。随来美国，在洛杉矶经商。开设超级市场，生意鼎盛。数年累积，顿成侨富。现仍健在。

阮若舟　华侨子弟。日本明治大学毕业。参加抗日战争。奉派第十二集团军一五九师任团部政治指导员。参加战役多次。日敌战败投降，随即赴香港休养。

李奇伟　日本中央大学毕业。参加留日返国学生训练班受训，结业在中央军某师工作。在前线作战后病逝。

刘泽三　日本早稻田大学毕业。进入同大学政治经济研究所研究。抗日战争爆发，退学返国。在十二集团军一五九师任团政治指导员。参加上海保卫战及南京保卫战，战况激烈。及至南京撤守，该师负责殿后，掩护友军退却，在南京棲霞山被敌寇包围，苦战两日。一五九师伤亡惨重。刘泽三同志重伤殉国。

谭崇夏　华侨子弟。日本九州帝国大学毕业。正在该校社会科学研究所研究期间，中日战争突然开始，遂停学返国。初在中央军事委员会工作。后因事离去。

阮君慈　华侨子弟。日本东京日本大学经济科毕业，早稻田大学政治经济研究所研究。抗日战争开始，奉邀回国在第十二集团军总政治部任第一处处长。一九三七年全面抗日战争展开，调任新式编制一师二旅六团之美军装备第一五九师上校政治部主任。嗣因南京血战，该师伤亡惨重，即奉调湖南茶陵县整补训练。迨粤北情势紧张，奉调同集团军第一八六师政治部主任。民国三十年改任广东新会县县长，是年九月二十日倭寇由银洲湖登陆，图攻掠笱岭乡再犯县政府。阮县长亲率国民兵团和笱岭乡自卫队击退来犯之敌。民国三十二年调台山县县长，其时日寇屡遭败绩，其留在台山县城之敌伪残部徘徊却顾，进退失据，竟欲夺路奔逃。阮县长以机不可失，遂会同广阳指挥部防军，自西、南、东分三路攻城。阮县长亲率国民兵团迅速攻复南门通济桥，即分兵猛攻东南半牯岭，使敌首尾不能兼顾，敌伪部队遂大败落荒而逃。是役毙敌三十余人，我方亦有伤亡。广阳指挥部自西路夹击，生俘伪军八十六人。战事于凌晨结束。当夜有多位归国华侨随军观战，盛赞县长勇猛过人、当机立断，克奏全功。即由县议会暨各界团体首长，联同缙绅父老，联名电报第七战区司令长官余汉谋将军暨广东省主席李汉魂先生。不数日，阮县长分别获颁明令记功、嘉奖。在职两年，一再以操劳过度，呈请辞职。慰留无效，获准退休。半年后，又被命任为云浮县长，再任年余，辞职奉准。一九四九年国民政府搬迁台湾，奉通知赴台归队，历任公务员。一九七八年退休来美，与家人居住洛杉矶及三藩市。

（阮连胜：《留日学生返国参加抗日战争纪实》，台湾“华侨协会总会”主编：《华侨与抗日战争论文集》，上册，海宇文化事业有限公司 1999 年版，第 445—451 页）

5.泰国华侨回国从军参加抗日战争的英勇事迹*

谢耀柱

一、前　　言

……

二、泰国华侨参加抗日战争之经过纪要

（一）抗日战争初期泰国华侨回国从军参战实况①

1937年7月7日，卢沟桥事变爆发，抗日军兴，泰国华侨纷纷回国从军，参加神圣的民族战争。首先多数投考最负盛名之黄埔军校，以期学得军事知识，能够直接面对日敌于疆场，捍卫祖国。当时，黄埔军校第四分校已由广东燕塘迁到广西桂平，当时校务主任为陈诚将军，总队长为白兆琮将军。泰华青年多数考入第四分校，自第14期至第19期，而以第17期人数最多。其中泰国华侨青年回国投考者，率先者有潘子明、林华、陈家益、云龙、韩书元、姜文瑞、钟可心、蔡士祺、李英才、林剑鸿、胡翼等人，其后陆续回国者很多。翌年，因前线各部队缺乏下级干部（排连长），当局命令第四分校步科第一大队学生，提前毕业，分发各部队补充。其余继续受训，直至受训期满毕业。在毕业之前，举行作战大演习，然后调派到驻防湖南者洞庭湖滨汉寿县的陆军第54军（军长为陈烈）、第50师（师长为张琼）参加战斗。计同期毕业同学共12人，大家都感觉是杀敌救国的时机到了。其余军校毕业同学，大多数分发各战区作战部队，担任排、连长带兵官或参谋，驰骋战场，抛头颅，洒热血，与日军作殊死战。另一部分同学，由军事委员会征调接受特种训练，担任各种对敌战斗工作。

（二）泰国华侨军官参加三个重要战役简述

泰华青年在军校毕业后，奉派到各地作战部队，均能杀敌致果，达成任务，兹列举重要战役如次：

---

* 内容有删节。

① 本论文资料来源于《铁血雄风》一书，系泰国黄埔校友会于1991年元月出版，分赠各地侨界参阅。

1．长沙战役：1939 年 9 月初，日军第三师团等部队约 10 万人，进攻湖南重镇长沙市，计划一举夺我城池。第 54 军 50 师（即泰华毕业同学服勤之部队）奉命参加保卫战，自 9 月 19 日起各路展开激烈战斗。我军将正面兵力撤退，部署重兵于两翼，诱敌深入。敌军认为我军怯阵而退，盲目长驱直入，其先头部队于 9 月 29 日已进长沙北面之永安、福临一带。10 月 2 日，我军猛烈围攻，敌军大败逃窜，我军完全克复原有阵地——汉寿，补充新兵，重新训练，造成抗日战史中著名之“长沙大捷”。

2．粤北战役：1939 年 12 月，在广州之日军调动第 18 师团部队，由广州分三路向广东北部进犯，韶关告急。我第 54 军奉命增援粤北，由汉寿出发经桃园、湘乡到湘潭，搭火车南下经衡阳到达韶关车站。当时老百姓均疏散，只余空城，我部队在曲江下车攻击前进。1 月 5 日将英德克复，1 月 11 日克复从化，我军大胜。日军退守广州。

3．桂南会战：1940 年 1 月中旬，桂南方面，日军又谋截断我西南国际交通路线，由广州调动近卫第一旅团，第 18、第 28 师团，连原有兵力约 3 师团以上，进攻甘棠，直指宾阳，企图包围昆仑关正面之我军。其时我军左翼兵力薄弱，2 月 2 日宾阳、思陇相继沦陷。我第 54 军陈烈军长又奉命由粤北赴桂南增援，由从化回师，在曲江上火车，经韶关北上衡阳，转搭湘桂铁路火车到达柳州下车。开始攻击前进，以主力由贵宾公路方向侧面攻击日敌之侧背。敌军见形势不利，恐后方连结线有被我军截断之虞，遂于 2 月 10 日起仓皇窜退，在钦州湾上船外驶，其截断我西南交通线之目的，无从达成。

以上三次会战，都有泰国华侨青年参与，并充分表现奋勇抗敌之精神。值得一提的是，战斗过后，我军部队亦有重大之伤亡，必须调后方补充新兵。乃奉命赴广西之靖西，进驻滇越边境之马关文山地区整训。当我军部队行经靖西县，驻宿一村庄，发现全村老百姓都会讲泰语，泰华军官探询后，原来他们是“壮族”，系大泰族的一支系，与之交谈，虽语音有差异，但意识通畅无阻，泰华同志又惊奇、又欢喜。在这遥远的边区，竟能意外遇到会讲泰语的自己人，也证明中泰关系，是有渊源的。

我抗战部队，经过补充新兵、实行整训后，恢复战力，再调赴前线对抗顽敌。至于部队之干部，亦大事调整，有作战经验的泰华青年军官如潘子明等人，派任连长等带兵官，分派到各地战区领导作战，成为抗日战争中的重要干部。

（三）泰国华侨青年持续返国参加抗战

在抗日战争初期中，日本军阀疯狂进攻，实行所谓“速战速决”策略。我军奋勇抵抗，展开全面抗战，并采“焦土抗战”之策略，与敌周旋，以空间换取时间，消耗其战力。日军不察，冒险深入，劳而无功，终至于陷入泥泽，不能自拔，以至败亡。1944 年军事当局乃发动“智识青年从军”运动，号召海内外青年踊跃从军抗敌，获得各方之响应。泰国华侨青年亦不落后，掀起第二波回国从军热潮，纷纷通过各处管道，间关返国，报名从军约近 500 余人，或直接参加军事委员会举办之战地干部训练组，以期学习各种军事技术及方法，从事抗日工作。智识青年从军运动，确能激发青年参战热潮，踊跃从军，加入战斗行列，对整个抗日战争，至为有利。

（四）日本发动太平洋战事抗日战争形势好转

1941 年 12 月 8 日，日本空军突然偷袭美国海军基地珍珠港，炸沉美国军舰多艘，爆发西太平洋战事。同时，日本海军亦鼓浪南进，侵入东南亚各国。美国立即对日本宣战，并于 1942 年元旦，邀请中、英、苏、法等 26 个国家，在华府举行会议，并签订共同宣言，表示一致对德、意、日等轴心国家联合作战。1 月 4 日，美、英、苏等盟国推举蒋委员长担任联军在中国战区之最高统帅，由美军司令魏德迈将军为参谋长（战区包括中国、越南、暹罗即今泰国）。为配合盟军之行动计划，已设有“暹罗军事专员公署”之组织，并指派卓献书将军为军事专员。该公署设在中缅边境之车里。车里又称为十二版纳，是大泰族小王国的京都，有国王，明清时代封为世袭宣慰司，人口百余万，人民信奉佛教，风俗习惯语言及服装与暹罗北部泰人相同。

1942 年秋，第 50 师及第 14 师继续训练准备派出国到缅甸参加远征军作战；不久，由美空军负责空运到印度之苏克瑞丁空军基地、重获美式装备后，即参加盟军之秋季攻击，打通滇印、滇缅公路，盟军所供应之作战物资，才源源自印度缅甸运到西南大后方，使我军事形势大有转机。暹罗军事专员公署献书专员为配合新形势，集合挺进队下令分发到滇寮和滇缅边境等地活动，主要任务是搜集军事情报资料、调查兵要地理等，准备南进。所有各支队领导干事，均系由泰国华侨青年担任。例如滇寮边境、孟腊孟俸支队，由陈文耀、郑国振、陈复新、蔡文星等率领。滇缅边境孟连、孟马支队由秦维亚、蔡峰、蔡义生、林粤、罗国英与潘子明等率领。

另一方面，日本海军在南进时，相继侵占东南亚各国，包括菲律宾、印尼、星加坡、马来亚、泰国、越南、缅甸等国，采高压手段统治，并利用各国资源支持日军侵略战争。其时美英盟军已开辟南洋海外战场，计划借重东南亚华侨参与对日战争，尤以在我国军校毕业之华侨，因熟悉侨居国地点环境、民情风俗，正可派上用场，协助盟军对日作战，又与我军事委员会合作，设置各种特别训练班，授予海外敌后作战特殊技艺训练，接受美国新式武器及装备，潜回侨居国从事对日军之游击战及敌后地下工作。因此，泰国华侨参加抗日战争的斗士，大显身手，面对敌人，个个冒险犯难，因地制宜，扰乱及破坏日军后方，加速日本侵华战争之崩溃。

（五）日本宣布无条件投降

……

三、抗战胜利返回侨居地

经过了千辛万苦的长期抗日战争，日本彻底战败，宣布无条件投降，我国赢得最后胜利，消息传来，举国腾欢，大家都沉醉在庆祝胜利的欢乐之中。但激情过后，首先遇到的重要事情，就是战后复原工作。八年战乱，河山破碎，人间离乱，百劫余生，国内民众都想赶回故乡，重整家园。泰国华侨更加想念家人，当初由于爱国热诚决定回国从军参加抗战，而今已圆满达成任务，成为捍卫祖国具有光荣战绩的军官了，在赢得胜利后，更想解甲归田，从速返回侨居地家园与家人见面，于是陆续赶程返回泰国。

……

大家重聚，经过详细倾谈，互通消息。每人畅谈个人的遭遇及奋斗的历程，经过交换讯息及沟通意见，加深互相的了解与共识。据估计，当年华侨青年回国从军参战者，达1700余人，抗战胜利后返回泰国者，只有300余人，即战后生还者，约为五分之一强。现在能够回到侨居地，旧友重逢，更加亲切，大家都同意筹组黄埔军校校友会，吸引军校同学及抗战时期中的战友参加，定期举行联席会，密切联系，增进情谊。对于未返侨居地或失联的校友及战友，亦表关怀，约定每个校友尽量向有关方面探询或透过亲友打听消息，以便由校友会联络入会。

……

四、兴建“泰华英烈馆”纪念抗战烈士名垂千古[①]

泰国留华同学会黄埔校友会为纪念泰国华侨爱国烈士以生命与热血献身抗日圣战的英勇事迹，发起兴建“泰华英烈馆”。其目的为奉安泰华先烈英灵，表彰光荣参战的泰华志士与支援祖国抗战的泰华侨胞，并为华侨后世子孙树立忠爱国族的典范，也为见证泰华志士协助“自由泰”从事救国工作，以维护泰国于第二次世界大战后自由独立的功勋。又得校友慨然声称愿将曼谷近郊挽那达路于公里挽缴区北铃横路12—629号建地廉价相让，以解决建馆用地问题。至于建馆工种及英烈馆各项筹备工作，在潘理事长子明暨全体校友锲而不舍的努力下，经历多年，终于堂堂落成。这一座巍然矗立的“泰华英烈馆”，不仅承传“亲爱精诚”的黄埔校风，亦象征泰华英烈永垂不朽的精神。

“泰华英烈馆”系三层楼全天台建筑，地广半莱（即224坪），前有绿瓦红扉牌楼，朱门高大，铜珠舞台，坡板为美观磨，场地广阔，可作举行盛大会议之用；二楼铺敷格木，辟有会客室、办公室、会议厅、图书馆，光线充足，布置堂皇；三楼为灵堂，中间设泰国华侨烈士志士灵位，两旁钟鼓分立，左右墙壁悬挂抗战时期回国从军报国诸位烈士志士遗像，包括林剑鸿烈士、何成彤烈士、郭日仁烈士、马克武烈士等。泰华著名爱国侨领陈守明、蚁光炎、廖公国、丁家骏、张世明等铜像，亦矗立其中。又在泰华英烈馆特刊中，列有泰华热血志士回国从军失却联络英名录，计有王永仁、王大护、王源探等844人（因篇幅关系，人名从略，如有需要，可查该馆特刊名单）。另有复员后返回泰后逝世同学英名录，计有马亨骏、黄展猷、陈英群等共105人（人名从略）。泰华英烈馆气象庄严，令人肃然起敬。对过去成功成仁的泰华英雄烈士，给予神圣的安慰。揭幕仪式，系于1997年8月15日（即日本无条件投降52周年的日子）举行，校友会邀请泰国各侨团首长，黄埔校友偕眷属及各界贵宾参加观礼。大家目睹英烈馆宏伟的建筑，精巧的布置，赞不绝口，一致认为兴建“泰华英烈馆”作为纪念泰华青年为抗日战争而牺牲的烈士，确系泰国侨界的创举。曼谷附近的侨胞，风闻“泰华英烈馆”已经落成揭幕，纷纷前来参观，人气旺盛，热闹空前，大家都很兴奋地参观。诚如一位年长的老侨胞，参观后很兴奋地表示：他一生中曾经去过海外各侨居地访

---

① 资料来源于“泰国华侨英烈馆”落成揭幕特刊，系泰国黄埔校友会于1997年8月出版，分赠各地侨界参阅。

问观光，从未见到曼谷这样伟大的英烈馆。参观后才知道，抗日战争期间有这许多泰华青年热爱祖国，毅然返国从军参加抗日的民族圣战。同时，也知道许多泰华青年军官，轰轰烈烈与敌周旋，牺牲性命，壮烈成仁，真是可敬可佩。不但他们是光荣的烈士与志士，就是全体泰国侨胞都应该引以为荣的。

（黄小坚主编：《海峡两岸“华侨与抗日战争”学术研讨会文集》，中国档案出版社2000年版，第122—126页）

6.出生入死　为国捐躯*

参军参战的归国华侨无论是在后方服务还是在前线杀敌，都表现得十分出色。他们任劳任怨，不惧牺牲，为抗战立下了不朽功勋，向祖国献出了一片赤诚。

……

新加坡华侨机工吴再春，回国前本有相当职业，因激于爱国热诚，毅然弃却优适生活，返回参加抗战工作，在滇缅公路上驰驱转运，劳瘁不辞。在一次载运军需用品至龙陵地方时，卡车忽生故障，车上缺乏修理工具，又值大雨，气候剧寒。此时，若为个人生命计，本可徒步行至它处暂避。但为了保护公物，他一直不忍离开车辆，卒至冻死。国民政府侨委会委员长陈树人闻报，认为“其殉职情形与前线将士守土成仁亦无多让”，“至堪钦仰”，特条文呈报行政院，请予褒扬并优加抚恤。①

实际上，在回国服务的救护、机工人员中，以身殉职的侨胞数以千计，其牺牲情形均甚为壮烈。由菲律宾、越南50余名华侨合组的华侨青年战地服务团，在广惠战役中大都阵亡或失散，仅余陈梁栋、许志成2人。②在广东惠州、博罗、增城、龙门、从化一带服务的越南华侨救护队，当日军由大鹏湾进攻时，亦曾失踪团员凡十余人；③“回国参战仅数月，其团员之散失或牺牲于敌机轰炸下者，已过半数，所余者23人”。④广州失陷时，槟城华侨救伤队队员黄金龙在增城之役中丧生，其所率“广州湾华侨救护队”亦有队副梁怎行、队员胡由亮等多人“为工作过劳长别于世”。⑤南侨机工的损失更为严重，按照国民政府的官方统计，抗战期间南洋各地华侨机工归国服务于滇缅公路和其它各地的共有3913人，最后为国牺牲和因故星散者约过半数。⑥

---

* 内容有删节。

① 中国第二历史档案馆馆藏档案。见任贵祥：《华夏向心力——华侨对祖国抗战的支援》，广西师范大学出版社1993年版，第126页。

②《华侨战地服务团返国服务牺牲大》，《华侨动员》第15期，1938年12月16日。

③ 华侨志编纂委员会编印：《华侨志·总志》，海外出版社1956年版，第476页。

④ 新加坡《新国民日报》1939年1月13日。

⑤ 中国第二历史档案馆馆藏档案，全宗号二二，案卷号335。

⑥ 侨务委员会编：《侨务十五年》，1947年4月。

在投效军旅的青年侨胞中，不少人在前线奋勇当先、屡立战功，把鲜血洒在了祖国的大地和蓝天。

马来亚青年侨胞李震中，于抗战爆发后乘轮归国、投效国民党军队，经短期训练后即上前线杀敌。罗店一役，他在阵地上一再打退日军的多次进攻，毙伤日军 30 多人，受到上司的嘉奖并因功晋升为排长。广德之役，他又率领全排战士抗击日军，身先士卒，再立新功。在这次战役中，李震中中弹受伤。①林大章也是马来亚的华侨青年，回国入伍之初，因过于年幼而未获准许参加战斗，只能做些送弹扶伤的战地服务工作。在 1941 年 5 月 23 日的一次战斗中，我方伤亡较重，日军迫近阵地，情况十分危急。林大章见状，当即取下烈士遗留的武器弹药，"以身自代，奋勇怒射，其后随军跃出阵地，冲锋前进，英勇无敌"②。事后，他也受到上司的嘉奖。法国归侨陈银麟在某团机枪连当上等兵，曾参加过长沙会战，因作战勇猛，获国民政府军委会颁授陆海空军乙种二等奖章一枚。另有十二集团军余汉谋所部的优秀华侨机枪手周业昌，在战场上也屡建功勋。

此外，还有许多参加华侨战斗团体的侨胞为国尽忠，作出了巨大牺牲。被誉为"模范童军"的"星洲华侨战地服务团决死队"自返国参加战斗后，曾在京沪战场牺牲队员 9 人；赴西线战场参加游击队后，又有 5 人殉难，结果仅存吴志强、钟英德（女）两人。钟英德以伤重锯去一腿，不得已留西安医治；吴志强身负轻伤，拟返新加坡向侨胞宣传，但仍表示"一俟伤愈，再赴前线杀敌。"③

不过，华侨在抗日战场上表现最突出、牺牲最惨烈的，还是那些在祖国空军中服役的华侨飞行员。抗战前夕及战时陆续回国投效的华侨飞行员人数很多，仅美国一地即有 200 人左右（尚不包括随美军到中国作战的华裔军人），这个数字在当时只有几百架飞机的中国空军中所占的百分比，无疑是相当高的。④作为中国空军的骨干力量，他们在碧空蓝天上与日寇展开了殊死拼杀，立下了赫赫战功。

1937 年 8 月 14—19 日，号称王牌的日军木更津轰炸机队由台湾起飞，以每次 9 架轮番轰炸杭州、南京、句容。中国空军迎头狙击，派出了以陈瑞钿、黄泮扬、黄新瑞、雷炎均等华侨飞行员为主力阵容的空战队伍。他们以过人的胆略和出色的战技，一举取得击落敌机 6 架、我方无一损失的辉煌成果。为纪念这次空战大捷，国民政府后来将"八·一四"这一天定为中国空军节。

---

①《华侨战线》第 1 卷第 5、6 期合刊，1938 年 5 月 16 日。

②《新华日报》1941 年 7 月 19 日。

③《星童吴志强由港到粤》，《新华日报》1938 年 8 月 8 日。

④ 麦礼谦：《美国华侨简史》，美国《时代报》1981 年 11 月 25 日。

此后，华侨飞行员频频执行空战及空袭任务，建树良多。1939年7月25日，我空军轰炸总队接到航空委员会的作战命令，派出6架轰炸机分两批出击山西运城敌机场（其中第二批因故中途返回）。这天，第10轰炸队队长刘福洪率领马俭进、刘俊驾机从成都凤凰山基地出发，途经陕南汉中加油，午后接着起飞。飞机沿秦岭南侧低空飞行，到达豫西北的商南即转而北上，越过山地、黄河，直扑运城。此时，运城机场上敌机很多，均整齐排列于跑道两侧，未加防备。刘福洪等人“选择跑道左边之重型轰炸机为投弹目标，三机咬尾，高速低空通过投弹，瞬间飞越”[①]，机场顿时陷入熊熊火海。完成任务后，三机迎着太阳返航。飞越黄河不久，刘福洪座机突然冒烟，旋即坠入山中；马俭进和刘俊则驾机安全降落在西安机场，随后返回基地。奇袭运城敌机场，是抗战期间中国空军一次成功的军事行动。在这次空袭中，日军被炸毁和炸伤的飞机达30余架，其机场指挥官也因此被撤职。

抗战期间的多次空战，都有华侨飞行员参加。他们在空中勇斗日本强盗，很多人成为声名鼎沸的战斗英雄。

陈瑞钿是美国波特兰美洲华侨航空学校的第一期学员，于1932年8月回国投效，经广东航校华侨特别班培训后，1933 年下半年被分配到广东空军服役。抗战开始不久，陈瑞钿即担任第28驱逐队少尉副队长，驻防在华南、华北的一些战略要地，先后在1937年8月16日的句容空战、10月7日的韶关空战以及1938年5月31日、6月23日的南昌空战中击落敌机多架。1938年8月3日，陈瑞钿又参加了武汉空战。是役，他在弹药耗尽的情况下，驾机猛撞敌方96式驱逐机，结果两机同时坠毁，而他则跳伞降落在湖北黄岗境内，被乡民救起。1939年初冬，陈因功晋升为第3大队少校副队长，率队驻防广西柳州机场，不久即投入南宁空战。南宁空战发生于1939年12月27日，当时，陈瑞钿与韦一青、陈业新奉命驾机随苏联飞机队执行战斗任务，配合地面部队反攻昆仑关。陈瑞钿等人与日本空军的一个中队相遇，随即展开近半小时的激烈拼杀，击落敌机3架，但我方也付出很大代价，韦一青机毁人亡，陈业新重伤迫降获救。陈瑞钿战至最后，座机中弹爆炸，他虽跳伞成功，但身上大面积烧伤。据估计，陈瑞钿在战时共单独击落敌机5架，与僚机一起击落敌机1架，[②]战绩辉煌。他确实无愧于“中国的战鹰”的称号。

黄泮扬也是美洲华侨航空学校的第一期毕业生，回国在广州航校华侨特别班

---

① 《广州文史资料选辑》第29辑，第263—264页。

② 参见方雄普：《华侨航空史话》，中国华侨出版公司1991年版，第244页。

受训后，被分到广东空军服役。1934 年黄泮扬被提拔为分队长，不久奉命赴德国见习高级驱逐飞行。抗战前夕回国，先入杭州笕桥航校高级班，毕业后任驱逐机教官，随后又改任空军第三大队的中队长，奉命驻守句容，拱卫南京。1937 年 8 月，黄泮扬率队参加南京、句容等地空战，先后驻防和参加空战的地方还有衡阳、南雄、汉口、广州、重庆。他作战勇猛，战绩卓著，指挥有方，1938 年 4 月升任第 5 大队副队长，7 月升为大队长。在1939 年 2 月 22 日、23 日的广州空战中，他率队击落敌机 15 架，成为中国空军中的一员著名"虎将"。

出生于荷印邦加岛的吕天龙，1932 年考入广西航空学校第 1 期。由于品学兼优，他被选送日本深造，1934 年毕业后在广西任驱逐队主任教官及飞行队长等职。"七・七"事变后，广西空军改编为中央空军，他任第 3 大队第 7 中队队长。1938 年，吕天龙参加了 1 月的襄樊之战，2 月的汉口之战，3 月至 4 月的支援台儿庄战役等一系列空战。在台儿庄战役中，吕天龙率队会同第 3 大队、第 8 中队和第 4 大队的部分战机，在徐州以北轰炸枣庄、峄县一带敌军的后续部队；返航飞经徐州上空时，又紧追1架敌方侦察机，迫其在窜逃中坠毁。但是，吕天龙的右掌亦被敌人从地面射来的子弹击穿，他只好用左手驾机回到归德机场。飞机着陆后，吕天龙终于力气用尽，在昏迷中被人送进了医院。这位空中英雄的果敢和毅力，令人敬佩不已。

在抗日战场上立下功勋的华侨飞行员还有很多，如荷印归侨谢全和，美国归侨雷炎均、周一尘、杨仲安等，后 3 人还因功晋升为中国空军的将军。但是，更多的华侨飞行员却因飞机失事或对敌作战而壮烈牺牲，他们不愧为威震长空的炎黄子孙。

抗战英雄黄新瑞，1914 年出生于美国洛杉矶的一个爱国侨商之家。1932 年上海抗战爆发后，黄新瑞先在洛杉矶中华会馆办的航空学校学习，继而进屋仑（奥克兰）斐摩上校飞行学校深造。1934 年春，他学成回国，在广东空军第 2 队服役，1937 年夏晋升为中央空军第 17 中队分队长。"七・七"事变后，黄新瑞多次参加空战，曾在 1937 年 8 月 15 日、8 月 22 日的南京空战、1938 年 2 月 24 日的汉口空战、1938 年 4 月 13 日的广州空战和 1939 年 2 月 24 日的南雄空战中力挫群寇，一共击落敌机 8 架。特别是在广州空战中，黄新瑞（此时他已任 29 中队的中队长）表现尤为突出。当时，敌人出动 26 架飞机对广州地区和粤汉铁路进行袭击。中国空军 28、29 中队派出 12 架飞机迎敌，击落敌机 7 架，其中黄新瑞一人击落 3 架。由于战绩卓著，他被提升为第 5 大队的大队长。1941 年 3

月 14 日，日军派大批零式驱逐机袭击成都。黄新瑞随所在第 5 大队的 20 架飞机和第 3 大队的 11 架飞机，从成都西南的双流机场起飞迎战，经半个小时的鏖战，击落 6 架敌机，但黄新瑞却在这次空战中英勇牺牲。

马来亚麻坡华侨青年林日尊，东北沦陷后回国投考广东航空学校，被编在甲班学习。毕业后，先后任广东空军司令部见习员、广东空军第八队队员、中央航校第五期高级班学员、空军第 6 队队员、第 5 大队华侨中队中尉队长等职。从 1937 年到 1940 年春，林日尊转战四方，参加了上海、南京、广州、杭州、南昌、长沙、衡阳、徐州、开封、洛阳、太原等数十次空战，功绩累累。在石家庄轰炸敌人阵地时，其座机油箱突被敌方高射炮击中，林日尊本人也腿部负伤，遂机智降落，保住了飞机，国民政府航空委员会为此特授予他一等宣慰章一枚。1940 年 5 月 18 日，敌机 27 架突袭成都。林日尊与战友们奉命迎敌，展开激烈的战斗。当晚，又有 27 架敌机来犯，林日尊又再次起飞应战。空战中，林日尊左腿和右腕为敌弹所伤，已难于坚持战斗。但他却放弃了跳伞求生的念头，决定“尽其最后一分钟之血诚，利用其高度，再次追击敌机于成都门外之上空，再重创敌机 3 架，方力竭而下坠……”①最后，林日尊终因流血过多而壮烈牺牲。

陈桂林和陈桂文兄弟也是马来亚归侨飞行员。抗战前夕，其父将他们送回祖国，进广东航校七期甲班和乙班学习航空。抗战开始后，兄弟俩双双随军北上，参加过数十次的空战。1940 年，在成都的一次空战中，陈桂林在敌我力量十分悬殊的情况下，毅然冲击敌机、拼死杀敌，结果机毁人亡。不久，其弟陈桂文又在昆明空战中以身殉国。

梁添成原为旅居荷印的侨胞，抗战期间，他回国投考中央航校，为该校第 6 期甲班的学员。毕业后，梁添成先后担任中央空军第 4 大队第 22 队和 23 队的分队长，参加过河南封丘、山东峄县与枣庄以及汉口、重庆等地空战。1939 年 6 月 11 日，日军出动 27 架飞机袭击重庆。这一天正好轮到梁添成休假，但他主动放弃了假日，与第 4 大队的战友们一道驾机迎战，不幸光荣牺牲，年仅 26 岁。

抗战期间，粉身报国的归侨飞行员约有数十位之多，上述所举，只是其中的佼佼者。如在回国投效的美国华侨飞行员中，1937 年还有黄波、黄元波、刘炽徽、苏英祥、廖兆琼、雷国来先后空战失踪或阵亡；1938 年有容广成空战阵亡；1941 年有江东胜空战阵亡、谭宽飞机失事丧生。其他在中国殉职的美国华侨华

---

①《日尊壮烈为国牺牲经过》，荷印《商报》1940 年 8 月 2 日。

人飞行员还有陈锡庭、林联青、黄进长、谭国材、张益民、刘福庆、梁松宁、王文星、岑庆赐、刘铁树等，他们大部分是旧金山旅美中华航空学校的毕业生。[①]从南洋回国的华侨飞行员也有多人为国殉职，如荷印的刘盛芳、陈镇和及许启兴、许启新、许庆娘兄妹，马来亚的陈仲达、张鸿藻，等等。为了保卫祖国的领空，他们不惜血洒长空，为国捐躯。

……

（黄小坚、赵红英、丛月芬:《海外侨胞与抗日战争》，北京出版社 1995 年版，第 312—321 页）

① 麦礼谦:《从华侨到华人——二十世纪美国华人社会发展史》，三联书店（香港）有限公司 1992 年版，第 325 页。

7.奔驰在滇缅路上*

南侨机工服务的地方很广，除西南地区外，湖南、广东以及越南、缅甸等地都有他们的踪迹。但总的来说，还是在滇缅公路上服务的居多。1942 年缅甸沦陷、滇缅公路中断之前，奔驰于这条道路上的运输车辆约计 3,000 余辆，其中有三分之一以上是由南侨机工驾驶的。

滇缅公路起自云南昆明，止于缅甸腊戍，全长 1,146 公里。其中，自昆明至边镇畹町为 959.4 公里，由畹町出境到缅甸腊戍为 187 公里。在滇缅路上行车，南侨机工人人都必须闯过“四关”：一是险路关。滇缅公路蜿蜒在横断山脉纵谷区，海拔自五百米至三千多米不等，沿途悬崖、峭壁、陡坡、急弯，令人惊心动魄。尤其是漾濞、功果、惠通这三座大桥的前后路段，正处于漾濞江、澜沧江和怒江的“三江地带”，山峰险峻，河谷深邃。汽车行经此段，既要爬越云封雾锁的重峦迭嶂，又要横渡阴森莫测的大溪小涧，上高山，下低谷，在“之”字形的羊肠路上绕行。不少地段均为削坡劈岩而成，上顶青天，下临深渊，稍有不慎，即车毁人亡。如龙陵至芒市间的象滚塘，芒市至遮放间的三台山，更险象环生，常常发生事故。从芒市到龙陵仅仅 30 余公里，但卡车往往要走两天。第十三大队某分队长、新加坡机工符气簪，就是在带队执行运输任务时，在澜沧江与漾濞江之间的永平县境内险段，与班长一道翻入峡谷殉职的。英、美盟军的汽车司机行经这些只能单线行车的危险地段时，多数都要请南侨机工代为驾驶。二是雨季关。由于滇缅公路为战时突击建成，路面为土石铺砌，极不牢固，一到雨季，泥泞坑洼，稍有不慎，就有可能从狭窄的路上滑入峡谷，行车因陷轮打滑而抛锚乃是常事。南侨机工一般均随车带有厚木板，以备随时铺垫。更严重的是，沿途经常塌方，路毁人伤。1941 年雨季期间，曾有华侨运输先锋第一大队二中队一分队的车队从遮放出发，驶往芒市。途中突遇塌方，一棵大树的主干不偏不倚地压在一辆汽车的驾驶室上，驾驶员惨遭不幸，随车的两位炊事员也受了轻伤。机工们有时还因抛锚或塌方而被困在人烟稀少的荒山野岭之中，进退无路，食宿无着，往往一呆就是五六天，饱受饥寒之苦。三是瘴疟关。滇西至缅北一带是有名的“烟

---

* 内容有删节。

瘴之地"，当地素有"要下瘴疟坝，先把老婆嫁"的民谣。这里毒蚊猖獗，恶疟流行，对南侨机工威胁很大。许多机工初到高疟区的芒市、遮放一带，便染上疟疾，因缺乏医药，"平均死亡率，每日约计七八人"。[①]马来亚太平县年仅26岁的机工领队蔡世隆就是在遮放得病后，高烧不止，几天后死于芒市的。据统计，因染疟身亡的南侨机工达上百名。除了疟疾外，当地的毒虫猛兽也给机工的安全带来很大威胁。四是空袭关。南侨机工除了要同大自然搏斗外，还要随时躲避敌机的轰炸和扫射。日军为了封锁滇缅公路，切断这条中国对外交通的"大动脉"和运输抗战物资的"输血管"，时常派飞机进行轰炸。尤其是1940年10月滇缅公路重开后，敌机空袭更加频繁。据统计，自1940年10月18日至1941年2月27日的130余天内，日军曾出动飞机20多次、400余架轰炸滇缅路的重点桥梁功果桥与惠通桥等处。一旦发现敌机，机工们只得设法利用地形进行掩蔽，随时都有中弹身亡的危险。有数百名华侨司机和修理工死于敌机的炸弹和机关枪之下，有些人被炸得血肉横飞，竟连尸体都不知去向。

……

随着战局的迅速恶化，南侨机工面临的考验也更加严峻。1942年5月初，日军自缅甸侵入云南，沿滇缅公路直扑怒江西岸。为阻止日军东犯，国民党当局炸毁惠通桥，滇缅运输中断。未及撤退的南侨机工，有的在战火中罹难，有的则被打散失踪，或就地参加了中国远征军。多数机工撤回了昆明，但不久便遭到无情的"遣散处理"，被迫"自谋出路"。这样，当年3,200余名回国服务的南侨机工，除战死、病亡、失踪约千余人和回国集训后被分配到黔、桂、川等省工作的二三百人之外，竟遭遗弃。他们报国无门，求归无路，顿时陷入颠沛流离的苦海。在云南，由于找不到工作，许多人四处飘零，贫病交加，流落街头行乞，饿死、冻死的不少。尽管处境如此艰难，但仍有许多南侨机工不忘报国之志，继续为抗战尽力。有的机工直接奔赴延安，参加了中国共产党领导的抗日队伍。部分机工辗转到了西北地区，在兰新公路上运送抗日军需。更有数以百计的机工应募前往印度，帮助盟军搞军运后勤，并为中印公路及中印输油管的修建作了大量的工作。此外，还有约三四百名的南侨机工经特殊训练后，被盟军驻华总部昆明分部派往泰国、缅甸、越南等地侦察敌情，搞情报工作。他们有的不幸被敌捕获，光荣牺牲；有的胜利完成任务，立功受奖。1944年滇西大反攻时，不少南侨机工还参加了当地的抗日队伍，在松山、龙陵和腾冲等战役中抢运弹药，立下功勋。

---

① 陆诒：《滇缅路上的华侨司机群》，《新华日报》1941年1月27日。

抗战胜利了，南侨机工回国服务团的幸存者们欣喜若狂，盼望着早日南返与家人团聚。经昆明的华侨互助会及南侨总会等有关方面的努力，国民政府在敷衍、拖延了一年多时间后，终于着手登记复员华侨机工。结果，华侨互助会、云南侨务处、广东侨务处及国民政府侨委会分别登记在案1,154人、251人、125人、218人，共1,748人，由侨委会、交通部发给奖状及服务证明书，并核给奖金每人美金200元，遣返南洋。[①]但仍有近千名南侨机工因故未能成行，留在了国内。

……

（黄小坚、赵红英、丛月芬：《海外侨胞与抗日战争》，北京出版社1995年版，第297—303页）

① 侨务二十五年编辑委员会编：《侨务二十五年》，海外出版社1957年版，第51—52页。

8.在敌后抗日根据地牺牲的归侨儿女*

回国报效敌后抗日根据地，是海外侨胞热爱中国共产党的具体表现，也是华侨爱国主义精神的生动诠释。根据地的条件是极艰难困苦的。在长期的抗日斗争中，许许多多的归侨儿女献出了自己年轻的生命，他们或是在与日伪军作战中牺牲，或是在同国民党顽军交火时阵亡，还有的是因公殉职，事迹均极壮烈。

在华北晋绥边区、晋察冀等抗日根据地，已知在与日伪军战斗中流血牺牲及因公殉职的归侨青年就有李林、陆益、林烈、余自克、梁传槃、庄儒邦、朱田、韩道良、刘振东、谭金洪、刘金宇等十余人。其中，尤以李林的事迹最为感人。

李林，原名李秀若，祖籍福建闽侯，幼年随父侨居荷印爪哇。1930 年后返国求学，先后就读于厦门集美中学、上海爱国女中、北平民国大学，积极参加抗日救亡运动，加入了中国共产党。1936 年 12 月，李林到太原“山西牺牲救国同盟会”举办的军政干部训练班受训，不久被分配到雁北大同开展牺盟会工作。全面抗战爆发后，李林与其他同志组织牺盟游击支队，开展雁北游击战争，屡立战功，先后任该队政委、八路军一二〇师六支队骑兵营教导员、牺盟晋绥边区工作委员会宣传部长和牺盟晋绥边区区委会秘书、专员公署秘书主任等职。1939 年 3 月，她曾出席阎锡山在陕西宜川秋林召开的晋绥军政民高级干部会议——“秋林会议”，以自己对敌作战和所见所闻介绍八路军和牺盟抗日游击队英勇奋战的事实，驳斥顽固派的种种造谣诬蔑，引起与会者及新闻界的震动。李林在武装斗争和群众工作中崭露头角，被贺龙师长及晋绥抗日军民称誉为民族女英雄。1940 年 4 月，日军对晋绥边区进行第 9 次“扫荡”。在战斗中，李林为掩护部队突围，率骑兵连向相反方向冲杀，冲出了敌人的包围圈。但当她发现大队人马尚未脱险时，又掉转马头带头冲入敌阵。敌人不知虚实，顾不上我方大队人马，集中火力向李林方向射来，李林与战马均中弹倒地。在身负重伤的情况下，她仍顽强地一手持驳壳枪、一手持手枪向叫喊活捉她的敌人射击，接连打死打伤五六个敌人，然后用最后一粒子弹打进自己的喉部，壮烈牺牲。李林是时年仅 24 岁，已有身孕 3 个月。后来，中共中央妇委曾发唁电，称她“不仅是我们女共产党员的光辉模范，而且是全国同胞所敬爱的女英雄”；延安的《新中华报》、重庆的《新华日

---

* 标题为编者所加。

报》、晋西北的《新西北报》及《中国妇女》杂志也都登载了李林牺牲的消息、纪念文章和专题社论。①

在华中抗日战场，参加新四军的海外侨胞为国捐躯者更多。其中部分是在对敌作战中牺牲的，如林友映、王崇新等；部分则是因皖南事变而遇难的，如李子芳（新四军组织部长）、陈惠、陈宜、韩秸丰、蒋仁坚等。还有个别归侨如陈国龙、沈尔七等后来随新四军转移到华南抗日根据地坚持斗争，被敌伪、顽军杀害。

林友映，祖籍广东，出身于菲律宾华侨商人家庭。“九·一八”事变后，他抱着读书救国的决心，回国在上海求学。“八·一三”之役既启，他到常熟参加了江南抗日义勇军，同年加入中国共产党。1941 年“皖南事变”后，所在队伍被改编为新四军六师十八旅五十四团，他受任为该团一营政委。不久，所部随十八旅在江北开辟江（都）、高（邮）、宝（应）抗日根据地，一营被派往敌、我、顽斗争十分激烈的临北一带活动。1942 年 4 月 8 日，伪军 100 余人出发到郭氏桥“扫荡”，林友映率队歼敌，并得到当地“刀会”群众的支援。后敌人援兵赶到，他遂指挥部队掩护“刀会”群众撤退，并亲自端起机枪向敌人扫射，不幸腿部中弹，由通讯员背着转移。眼看敌人越追越近，为了不连累战友，他毅然命令通讯员舍其而去，自己则伏在地上，决心与敌人同归于尽。当敌军靠近时，他突然用力甩出最后两枚手榴弹，炸死十余名敌人，而自己也胸部连中数弹，英勇献身。②王崇新是新四军中的另一位归侨抗日烈士，也是参加新四军后第一个壮烈牺牲的暹罗归侨青年。他原籍福建南安，回国前曾在暹罗曼谷“树人中学”简易师范班学习，毕业后任启明学校教员，加入共产党。1938 年 2 月，王崇新和其他暹罗侨胞经汕头赶往福建龙岩，加入新四军二支队宣传队，随部队挺进敌后。到达皖南太平县琶塘村后，他被安排在军政治部敌军工作部，做分化瓦解敌人的工作。为了适应工作需要，他抓紧时间学习日语，很快具备了简单的会话能力。1939 年夏，王崇新在新四军老二团中参加贺村战斗，围歼从宝埝下来扫荡的一股日军。敌人躲进据点，负隅顽抗。为敦促敌人放下武器，王崇新不顾个人安危，跑到阵地最前沿，伏在一座坟头上用日语喊话。日军指挥官又惊又恼，下令集中火力朝着喊话处猛烈射击，王崇新不幸饮弹阵亡，时年尚不足 20 岁。是役，新四军歼敌 120 余人，活捉日军 7 名，是当年生俘日军较多的一次战斗，这同王崇

① 参见屈健：《归侨女英雄——李林》，《峥嵘岁月——华侨青年回国参加抗战纪实》，中国文史出版社 1988 年版，第 170—182 页。

② 参见何林、王纪成：《忆林友映烈士》，《铁军中的华侨兵》，百家出版社 1993 年版，第 185—189 页。

新的工作无疑是分不开的。[①]类似林友映、王崇新这样的华侨烈士，在新四军中实不罕见，他们的事迹也同样感人。

在华南东江、琼崖、珠江、潮汕等敌后抗日根据地，也有相当多的华侨青年英勇献身。他们是：在东江地区牺牲的黄自强、钟若潮、陈廷禹、叶凤生、颜金榜、张兴、陈现、陈剑雄、罗一帆（刘荫）、王丽、王密、杨仰生、陈前、黄密、欧仲生、陈耀光、陈志奋、陈显、颜剑虹、卢鸿基、朱金玉等；在琼崖地区牺牲的云大东、何曙东、郑道培、王忠、陈琴、林阿妹、邢毓华、范少怀、范少泊、何郴、符克、朱明、符兰平、陈永炎、范清、黄汉光、陈农、李修校等；在珠江三角洲牺牲的林玩；在潮汕地区牺牲的郑松涛、杜家青等。这些血洒抗日根据地的华侨烈士，几乎每个人都有一段足资炫耀的抗日史实，都有一幕极其壮烈的就义场景。他们匆匆走完了短暂的人生旅途，实现了舍身报国的崇高理想。

……

（黄小坚、赵红英、丛月芬：《海外侨胞与抗日战争》，北京出版社 1995 年版，第 367—370 页）

① 参见詹尖锋、庄江生：《忆王崇新烈士》，《铁军中的华侨兵》，百家出版社 1993 年版，第 190—191 页。

9.日本侵略者给台山侨乡带来的深重灾难*

一、抗战时期的侨乡社会

从1937年7月7日卢沟桥事变爆发抗日战争起，台山侨乡和全国一样，陷于动荡的年代。兹展示一些剪影：

……

1941年台山经过“三·三”、“九·廿”两次沦陷，元气大伤。接着12月8日，日本帝国主义偷袭珍珠港，香港相继沦陷，侨汇受到封锁，港币在市面也停止使用，侨眷们失去经济的靠山，侨乡经济受到致命的打击。台山原是外购内销为主的地区，本身生产力极为薄弱，生产的粮食也只能自给4至6个月。至此，外购缺乏，市场冷落，暮气沉沉。这种现象，使侨乡人民陷于艰难踽蹶的困境。

首先是粮食的致命威胁，台山原是缺粮县，要靠洋米补给。抗战开始，洋米已日见减少，米价也随着上涨，1939年底，每担米价为21.5元，1940年3至5月，突涨至每担70元。其时，庸劣腐败的台山当局，又让台城的土劣李颂勋、伍武、李平（时人称为三蛇）合资开设的“天成行”囤积居奇和偷运粮食去敌占区换取鸦片烟以牟取暴利，以至粮价暴涨。1942年1月米价每担为120元，4月便涨到每担570元。1943年2月中旬，米价每担突涨至1500元。4月竟然一日三市，早晚时价不同，每担售价高达3300多元。此时，台山侨乡百业萧条，只有故衣旧料市场兴旺。原来，这些东西绝大多数是侨眷为了苟延残喘，从家里搬来卖的。他们卖光田地、金器，便卖故衣杂物。

是年4月中旬，老天爷仍不下雨，全县大半稻田无法插秧。待至4月28日降雨时，已过农时，大量禾田丢荒。是时，官僚、地主、粮商又朋比为奸，市场粮食越来越少，越卖越贵，饿死的人也越来越多。从春到冬，死亡紧紧地追随着饥饿的人们。人们饥不择食，剥树皮、摘树叶、挖树根、采野菜、扫竹米，凡能入口的都拿来充饥。同时，气候的恶劣又引起霍乱和疟疾在全县流行，加速人们的死亡。台城火车站的月台，每晚都有几十人躺在那里睡觉，到早上就有部分人不能起来。仵工上午抬去一批尸体，下午又有一批饥民补上空位。天主教堂美国

* 题目为编者所改，内容有删节。

神甫主办的“难童救济院”不断收容孤儿，不断挑出一担又一担童尸。这时候，社会打人、杀人、吃人之事，层出不穷。饥民从市民手中抢食物随处可见，抢到食物边吃边走，待你赶上，东西已吃完，使你无可奈何！警察也不想拘留他们，因为拉了他，要供给吃的，否则，饿死又要处理后事，增加麻烦。

在农村，盗窃农作物，时有发生。地主当权派强化更夫队，立例格杀。三合源洞村一个小孩偷花生吃，被大泽村更夫看见，一锄打死就地埋掉；广海夹水村谭如想偷番薯吃，被南塘更夫喝令其兄生生用锄头打死就地埋了；冲蒌西海当权派陆觉生的联防队，规定打死盗窃者有奖；附城元山村温沃荣去田间偷番薯吃，被当场枪杀；同村伍锡贵偷了一个南瓜回来，煮熟欲吃，被联防队拉出门口枪杀。弃婴、溺婴之事，层出不穷。端芬永阳村何德良几次把七岁儿子抛下河，儿子都爬上来，最后，用石头把儿子压下水底。人吃人的惨案，也有发生。台城月门路南园别墅住着几个流氓，常用饼饵引诱难童入去屠杀，当作果子狸肉出卖。一次，正要屠杀三个小孩，被其中一个挣脱逃出，惨案暴露，凶徒入狱，被同狱的囚徒义愤打死。斗山猪仔巷的阳江婆，也用饼铒引诱饥童入屋屠杀，煮作“咖喱牛肉”出卖，留下人手人脚自己吃。都斛莘村仁厚里李永乐趁老婆去娘家，把三岁女儿洗干净，一刀斩死，把肉煮熟吃了两餐。第二天，老婆回来，追问女儿何在，他指着锅道：“都在那里，这些留给你。”总之，在抗战时期的侨乡社会，“乌天黑地，血泪斑斑”，是历史上最惨痛的一页。

二、抗战时期的侨眷生活

1938 年 10 月广州失陷后，台山成为华南地区与海外贸易的重要口岸，市场出现了畸形繁荣的状态。侨眷子弟被那灯红酒绿，奢侈靡烂的社会引诱，不少人过着那靡烂腐化生活，日为酒伴，夜与花眠。台城的西荣街（又名老举街），入夜，艳装的女郎在大街上招徕顾客，俗话说：“电灯着，鬼扯脚。”这种混沌生活比比皆是。然而，这种繁荣现象，亦好似昙花一现。自香港沦陷，侨汇不通，侨眷生活也跟着急剧变化。广海林屋地旅加华侨林德礼（林章强），家有 5 口人，当此之时，因无田地耕种，为求活命，先卖金饰衣物，后卖楼房。但不能逃脱厄运，还是家散人亡。林德礼忆妻思子，抑郁成病，在加国也死去。东南里旅加华侨刘学勤，家有一妻一子，妻房饿死，儿子走投无路去当猪仔兵，一去音讯全无。三合河荫福安村旅美华侨黄新广，家眷 10 口，在饥荒期间无法维持，卖了田地、故衣、金器，屋也卖去半间。最后，母亲、大哥相继饿死，妻子带儿携女改嫁清远，大嫂改嫁阳江，弟弟跟日本兵走被打死，侥幸留下来的只有二哥妻儿三人。战后黄新广回来，因思念成病，以致身亡。谢边山下村吕宋归侨黄伯盛和两个儿子都在饥荒时饿死，他的妻子只好亲自掩埋亲人，不得已改嫁阳江去。逃往外县的妇女特别多，都是被人诱骗卖去为妾为妓。当时，阳江城的南强旅店，就曾出这样的街招："本店新到大批台山金山婆，分上中下三等，任君选择，价钱面议。"估计是年台山流亡外县妇女有5万之众。

兹辑录当时旅广西八步镇的台山人谭光硕、李仲平、黄树棠、黄景中等联名给台山同胞的公开信，以告邑人（载于民国33年5月27日《大同日报》）"径启者：我四邑同乡旅居八步经营矿业工商者，不下千数百人。迩因矿业不景，失业者日众，有等无耻之徒，妙想天开，乘家乡粮荒之际，返回邑内诱骗妇女，伪称代带来广西寻找工作，待遇甚高，衣食丰足等语。因此，一般无知妇女，受其所愚，跟随到八步后，即被转卖至各地操皮肉生涯。不特此也，查各地'人贩'来八步买妇女，多系四五人合资而成，即一妇女嫁彼数人，轮流同宿，经过数月后，或再辗转卖落当娼。此种不人道行为，与敌人的暴行无异。彼辈妇女，一到此地，已知受愚，故号哭不愿随同而去者，日有所闻。单就八步一地，现已被诱来之妇女，计有500人以上，其中经同乡救出者多人。又查近日操此拐骗妇女之徒日多，因带一个妇女来桂转卖后可获利万元。彼辈奸徒，一味顾住图利，昧尽天良。此种诱良为娼行为，实属罪不容诛！尤以邑人侨外居多，其家属被人引诱较易。而侨胞远涉重洋所得之血汗钱，均是为国为家，今日竟至妻离子散，此情此境，殊堪痛恨。同人等目睹此状，屡经交涉，无如当地不予取缔，欲救乏术。迫于无奈，修函恳请贵报劝导邑中妇女同胞，自相警惕，勿受愚惑。同时，还请转陈军政当局，明令取缔。凡妇女出境，须有乡镇公所证明，否则一律予以截留，并即将诱带奸徒拘留严办。庶免邑侨以后有妻离女散之痛，而杜绝诱拐妇女之风。不胜翘盼！"这封血泪斑斑的信，虽然引起邑人心酸，但在那个年代，又有谁去援救她们出火坑？又有多少侨乡妇女枉死在望乡台？

捱过了1943年，已是不易，谁料1945年2月米价又持续上涨，4月由每担1800元升到4000元。"四·二一"台城再度沦陷，粮价又突涨，5月每担9000元，6月每担万元，7月每担则为1.3万元。侨乡又再度陷入严重的粮荒，侨眷们又在饥饿线上挣扎。当时有水步蔡雨人写的诗为证：

苦上复加苦，粮价又离奇。千银买斤米，
有谁能维持。故衣既卖尽，只好拆屋基。
桁桷且不顾，安能顾门楣。物物都卖尽，
难充数日饥。虽是中人家，还要吃树皮！

纵横数十里，难见烟火炊。一巷十数户，
关闭八家篱。出行无所见，白骨与横尸。
纵教铁石人，见之也酸悲。

8 年对日抗战，台山经受 5 次沦陷。据不完全统计，敌机炸 127 次、敌机 352 架次投弹 834 枚，炸毁房屋 514 间，死伤人口 976 人。侨乡台山大伤元气，举目疮痍，一片荒凉景象，人口锐减。从《广东省统计资料》看，1938 年全县在家人口（不算□溪）867775 人，到 1946 年（抗战胜利后）全县在家人口只有 730277 人，减少了 137498 人。又从 1946《台山县统计资料特辑》可见，战时台山饿死 145825 人。这些资料说明了台山侨乡在抗日战争时期所遭受的特大灾难。

（台山侨务办公室编：《台山县华侨志》，1992 年，第 165—170 页）

10.沦陷区内侨办企业的遭遇*

抗日战争期间，中华民族遭受空前浩劫。在沦陷区，遭受日帝的凌虐、劫掠和屠杀；在蒋管区，遭受国民党四大家族的残酷统治和掠夺。侨办企业也是如此。

现在先看沦陷区内侨办企业的遭遇。

厦门是1938年5月沦陷的。在沦陷期间，厦门成了一个死城。敌伪宪兵、警察挨户勒索，强派捐款，人民无故被捕，严刑拷打，往往有去无回。许多归侨侨眷抛弃企业，逃离虎口。侨办的金融业大大萎缩，有的银行倒闭了，有的停歇了。民信局由战时的145家减为20家，侨办的商业由于与南洋贸易的停顿而不得不收场，抗战前盛极一时的侨办旅栈业也无人问津了。

沦陷期间侨办工业也受到了严重的打击。例如厦门华侨投资的罐头厂、酱油厂、肥皂厂、冰厂、纺织厂等，沦陷期间均遭破坏。其中损失最大的是陶化大同厂，该厂除部分迁到香港外，厂房遭日寇拆毁，迁址于大生里，屡遭敌伪抢劫，并遭轰炸，损失占该厂财产的4/5，形成瘫痪状态。使原来最盛时期工人数曾达千人的大厂，到胜利后只剩下20多人。

上海沦陷期间，侨办企业损失惊人。根据南洋兄弟烟草公司战时损失的统计材料，单在国内20多个城市的分厂分销机构中，损失约值战前伪法币7,850，402元。① 上海永安纺织公司在抗战期间，机器、物料、纱锭被破坏，加上日本侵略者盗窃了棉花、棉纱、布匹等，根据抗战胜利初期调查统计表的估计损失数字，如以人民币折算，共达2,000万元。②

海南岛沦陷后，华侨投资橡胶园的几十个公司，也失败得很惨。战前，华侨投资的农业主要是橡胶园。海南沦陷后，华侨股东纷纷奔逃，橡胶园荒芜，长满野草。数万亩树胶，一百几十万株胶树，其中绝大部分，刚好在抗战期间已经开刈或可开始收刈，但由于沦陷，也变成一片荒山野林了。

在国民党统治区，反动派也给予侨办企业以无数的灾难，交通业遭受的苦况

---

* 题目为编者所加，内容有删节。

① 中国科学院上海经济研究所、上海社会科学院经济研究所：《南洋兄弟烟草公司史料》，上海人民出版社1958年版，第602—603页。

② 陈真：《中国近代工业史资料》，三联书店1957年版，第428页。

是很能说明问题的。

据统计，华侨投资闽粤两省的交通业，截至解放前夕为止，投资额达 6,000 万元，其中 90%以上是抗战前投资的。由于日帝的入侵与蒋介石的消极抗日，使华侨投资的交通业全被破坏。最突出的要算新宁、潮汕等几条铁路，它们在军阀混战期间曾蒙受损失，但被彻底破坏却是在抗战期间。新宁铁路自七七事变后，铁路所有干支沿线车站、房屋、桥梁、车辆、机器厂、铁船码头等，皆为日机轰炸目标，资本损失若以 1936 年估计，价值总数（除折旧外）达港币 3,000 万元以上。

上述事例说明，日本帝国主义对华经济、军事的侵略，是导致侨办企业失败的根本原因。帝国主义不仅在东南亚是侨胞的最凶恶的敌人，在国内，也是归侨侨眷和侨办企业股东的最凶恶的敌人。

（林金枝：《近代华侨投资国内企业史研究》，福建人民出版社 1983 年版，第 49—50 页）

11.福建华侨投资的低潮与破坏（1937—1945年）*

……

抗战期间，华侨投资的企业遭到了严重的破坏。“七七”事变后，由于国民党反动派消极抗日，使得战局急转直下，福建沿海被敌封锁，金门、厦门、福州先后沦陷。敌人对沦陷区的掠夺以及对蒋管区的滥炸和破坏，给国民经济以巨大破坏。这种情况以厦门最为突出。

厦门沦陷后，留在厦门的侨胞和侨办企业遭到悲惨的命运。例如华侨投资的兆和酱油厂被日寇没收，经理被杀害，资产损失30多万元。淘化大同厂除迁到香港外，在厦的厂房遭日寇拆毁，迁址于大生里，自始至终被敌伪掠劫并遭轰炸，损失竟达4/5。使原来最盛时期的千人大厂，到胜利后只剩下20多人。

在沦陷期间，厦门华侨投资的金融业、商业和服务业大大萎缩、停滞了。银行有的倒闭，有的停歇，侨批局由原来的145家剩下20多家。华侨投资的同南洋各地的进出口贸易业务也不得不收场，连战前盛极一时的旅馆和客栈，也由于华侨出入国的停止而无人问津了。

在国民党统治区，反动派为了保持和巩固反动统治，假“抗战”之名，行镇压人民之实，给侨办企业也带来无数灾难。金门沦陷后，华侨投资闽南各地的20 多条公路，几乎被反动派人为地破坏殆尽。反动政府又把华侨投资的汽车公司所有的货车没收，并强迫公司往内地迁移，使侨办汽车公司绝大部分被迫停办。至1940年，仅存泉安、泉永德、漳龙、漳嵩四家公司。福州的福建造纸厂，起初厂房被敌机轰炸毁坏殆尽。其后被迫迁往南平，但南平官僚买办阶级又借口生产需要，强迫其出售造纸机器，肆行勒索。

（林金枝：《近代华侨投资国内企业史研究》，福建人民出版社1983年版，第86—88页）

* 内容有删节。

12.华侨投资在上海企业的低潮（1937—1945 年）

抗日战争时期，是中国社会政治经济的大变动时期，也是华侨投资上海企业的大变动时期。主要表现在：

第一，投资数量迅速下降。根据我们的调查统计，上海在沦陷期间，华侨投资只不过 4,072,100 元，平均每年只 500,977 元。这个年平均数字，仅及 1919—1927 年发展期年平均数的 1/10，1927—1937 年间投资数的 1/4。即使是在这有限的投资中，主要地还是在 1941 年太平洋战争爆发以前时来投资的，而不是在 1941 年以后投资的。太平洋战争爆发，侨汇断绝，投资完全停顿了，甚至在国内的侨眷也由于反动派统治的压迫，生活无着，饿死的很多。

第二，原有的华侨投资企业遭到日本帝国主义的掠夺、破坏。在抗日战争时期，不但华侨在上海的企业投资形成了低潮，更重要的是华侨企业遭到了严重的摧残、破坏。由于日本帝国主义的侵略、压迫，侨办企业被掠夺（如永安纺织公司、中国酒精厂），被迫停办（如进出口商），原料与市场也遭到了限制。在这种情况下，侨办的永安纺织公司仅在这一时期中，所受的损失达人民币 2,000 万元[①]。

（林金枝:《近代华侨投资国内企业史研究》，福建人民出版社 1983 年版，第 102—103 页）

① 陈真：《中国近代工业史资料》，三联书店 1957 年版，第 428 页。

（三）日本及朝鲜

1.旅日华侨的艰难处境*

战时华侨生活惨况

在日本军政府统治下，留居下来的华侨受尽了法西斯的管制和迫害，华侨社会经济凋敝，社团解体，学校停办，华侨的生活极其困难和悲苦。

自“九一八”以后，日本军政府便进一步对华侨特别是华侨中的青年学生进行严密的监视和限制。1932 年，神户大学一个华侨学生在暑假期间，曾回上海旅游，返日本后便被诬为回国与共产党联络而遭逮捕。当时华侨凡持有照相机的便被认为是间谍，这位学生一部名贵的德国制“拉架”相机不仅被没收，家里还被彻底的搜查过。①“七七”事变爆发后，华侨的境遇就更加悲惨。由日本历史教育者协议会编辑出版的《历史地理教育》杂志，曾在 1987 年 11 月出版了一期《地域中的日中战争》专刊，其中有小川幸代所写的《神户的南京街和华侨采访录》一文，这是一篇真人实事的调查访问记，对抗日战争中当地华侨悲惨的处境有较为详细的记录。文中列举了五种境况：（1）商店倒闭，生活无着，要到田野采摘野菜和捕捉小鱼虾充饥度日；（2）被强制到工厂去当劳工，即使是小学生也要服劳役，后来美机空袭，不少人被炸死；（3）一些疏散到农村的华侨，被视为敌人，饱受欺凌，小孩上学，更常受侮辱，甚至连水也不给喝；（4）吃不饱是常事，主要生活必需品已实行配给，数量极少，但还得拿去变卖以换取粮食；（5）不少华侨无辜被捕，受尽酷刑，往往被拷问至死。文中记录了几户被采访的华侨家庭，家中都有亲人被迫害致死的。最后，作者曾特别询问被访者：战时最痛苦的是什么？据称就是行动没有自由，出门要得到警察署的特别许可，必须按时回来，还要向警署“销假”，如果超时回来报告，便被严厉盘问：“到哪里去了？”还要掴巴掌，真有如囚犯一般！

---

* 内容有删节。

① 日本历史教育者协议会编：《历史地理教育》1987 年 11 月号。

其实，在日本法西斯统治下，华侨所遭受的悲惨境况又何止这些！特别是在抗战初期，华侨路过日军兵营，便往往会遭枪击；在桥上照相，也会被逮捕，甚或无故被诬放毒而遭杀害。根据现已公布的由日本内务省警保局所编厚厚八巨册《外事警察概况》的材料，战时日本政府针对华侨而罗织的罪名便不下三四十种，这些“罪名”有：妨害公务执行，失火，杀人，伤害，暴行，盗窃，欺诈，强占，业务上霸占，赌博，开设赌馆，吸毒，诬告，窝赃，购买赃物，胁迫，不敬，教唆，违反陆海军刑法，违反治安警察法，违反军机保护法，违反赛马法，违反无线电信法，违反卖药法，违反医师法，违反古董商管理法，违反关税法，违反外汇管理规则，违反麻药管理规则，违反美容管理规则，违反船只行商管理规则，违反砂眼预防法，违反北海道厅警察罚则，偷渡入境，违反劳动法，违警罪，思想犯，间谍嫌疑罪，行为不良罪，等等。广大旅日爱国华侨实在无时不在日本军警宪特的监视和审查之中，随时随地都有被逮捕、拘禁、拷问和驱逐的可能。从 1935 年算起，每年被以各种罪名而逮捕或驱逐出境的华侨不下数百人，特别是华侨青年和留学生，更是一批一批地被驱逐。现列表如下：

表（40） 1935—1942 年被检举、驱逐的华侨人数

类别 \ 人数 \ 年份	1935	1936	1937	1938	1939	1940	1941	1942
被检举	478	495	347	338	211	306	224	328
被驱逐	742	483	642	394	81	60	66	76

资料来源：日本内务省警保局编《外事警察概况》，第 1—8 册。

应该指出，上表所列的只是经官方许可公布、有案可查的一部分记录，而那些不明不白失踪、被捕，以及被右翼分子袭击和暗杀的，就更不知有多少了。

被强迫和诱骗赴日的中国劳工

抗日时期，还有一部分中国劳工被诱骗和强迫来到日本服苦役，他们的生活和遭遇就更加悲惨。

随着侵略战争的扩大、持久，日本侵略者深感人力和资源的匮乏，特别是国内的劳动力更其紧张，于是在 1942 年由内阁会议决明确规定征招华人劳工主要是从事矿山、搬运、建筑等重体力劳动，年龄在 40 岁以下，由华北劳工协会出头“募集”。同时，还制订了实施《细则》：规定第一批先“移入”1000 人，送往富山县伏木港、福冈县三井田川两矿坑和日铁二濑矿坑，还特别提到要注意严禁和防止华工与朝鲜劳工接触等等[①]。据统计，仅“从 1943 年到 1945 年，被强制劫往日本充当劳工的中国人约为 4 万人，其中有 7000 人因不堪过重劳动和虐待而死亡”[②]。这数万名被强迫“移入”日本的华工来到日本后，不仅要从事繁重的体力劳动，而且吃不饱，穿不暖，有病得不到医治，死亡率极高。如“岩手县矿业所，有被胁迫去的中国劳工 245 人，其中 123 人因被强制劳动……而相继死亡，其状甚惨，他们的遗骨被任意丢在矿业所的荒郊野外”[③]。这种非人的生活和残暴的虐待，激起了华工们强烈的反抗。最著名的有 1945 年 6 月秋田县的“花冈暴动”，被关押在秋田县花冈町“中山寮”集中营的 986 名中国战俘、劳工，在鹿岛组的奴役下，从事繁重的苦役，饱受折磨。为反抗这非人的虐待，30 日晚，劳工们在大队长耿谆的领导下，毅然举行暴动，打死日本监工，集体逃进山林。后来终被日本军警残酷镇压，先后被惨杀者竟达 418 人。山东籍华工刘连仁为逃脱苦役而躲进北海道的深山中，过了 14 年的野人生活，到 1958 年 2 月 9 日才被发现而救出来，这更是华工受迫害的典型事例。

（罗晃潮:《日本华侨史》，广东高等教育出版社 1994 年版，第 314—320 页）

① 日本内务省警保局编:《外事警察概况》第 8 卷，第 293—296 页。

② 杨考臣主编:《中日关系史纲》，上海外语教育出版社 1987 年版，第 176 页。

③ 张凯:《为华侨、为祖国而奔波》，《华声版》1987 年 3 月 13 日。

2.抗日时期旅日华侨的经济概况

贸易业停顿

如上节所述，抗日战争时期，日本华侨过着惶惶不可终日的生活，他们从事的各行各业所受的打击也就可想而知，可谓百业凋零，经济疲敝。作为华侨经济支柱之一的贸易业受到的冲击最大。在一切物资实行“战时统制”的政策下，华侨的贸易业几濒于中绝。在“七七”事变前夕，神户华侨贸易商有 84 户，事变后仅过了三个月便减少了 32 户；后来，当局又实行“输出统制”，贸易商的经营更加困难，日益减少[①]。从下表（41）中，可见其贸易额不断锐减的情况。

表（41） 1936—1940 年神户华商贸易额

年度	输出		输入	
	店铺数	金额	店铺数	金额
1936	79	44317	5	5000
1937	44	18309	5	3000
1938	44	12674	5	500
1939	45	16993	5	100
1940	47	16300	5	100

资料来源：卢冠群：《日本华侨经济》，台北，海外出版社 1956 年版。

而且，随着日本侵略战争的扩大和长期化，情况更为险恶，华侨贸易业差不多被迫停顿；加上东南亚各国，特别是当地华侨对日货的抵制，不要说从事东南亚贸易已不可能，就是想经营华北、华中的进出口生意，当时也规定要先交 5 万元加入所谓“海产物输出入组合”才能准许经营[②]，而这一数字是个不小的数目，这样也就无异于把华商排斥在贸易业之外。1941 年，日本发动了太平洋战争。针对贸易业，日本商工省发布了《贸易业整备要纲》，要对贸易业者进行所谓“整备统合”；《要纲》还规定“排除外商”，即不准外商从事贸易业。结果，华侨贸易商便只有作为一个整体被“合并”入日商中了[③]。

---

① 鸿山俊雄：《神户大阪的华侨》，神户华侨问题研究所昭和五十四年版，第 60 页。

② 日本内务省警保局编：《外事警察概况》第 6 卷，第 19 页。

③ 鸿山俊雄：《神户大阪的华侨》，神户华侨问题研究所昭和五十四年版，第 61 页。

"三刀"等行业无出路

"三刀"行业者以及行商和手艺技术工匠如印刷工、藤器工等，经营也同样十分困难。这些主要以自己的手工技艺谋生的劳动者和行商小贩，在日本军国主义者看来，只不过是一批所谓"国家意识和知能程度低下的生活至上主义者"[①]，是极易犯法、造谣生事、偷盗拐卖的一群，因此平日对他们就最为鄙视，特别严加管制和预防。战争一开始，管制就更加严厉，不仅经常指斥他们违反各种法令，还诬告他们违法犯罪，逃税偷税，因而封店拉人，每年均有数百人被处罚判刑。上表（40）所列的被检举者，不少都是这些劳动者和行商。再加上受战时物资统制的影响、为日本人所敌视等因素，他们的职业毫无保障，经济上没有出路。

战争期间，华侨的职业状况，从表（42）中可见一斑。如表所示，在太平洋战争前，华侨的贸易业已一落千丈，仅占约 4.0%；在有职业者中占比例最高的为杂业从事者，约为 27.7%，他们中包括了从事"三刀"业者，以及行商和一般劳动者，而无职业者竟占近 53%之多，居四府县华侨人口的一大半。于此，可见当年华侨经济的凋敝，华侨社会的破败了。

表（42） 1940、1941 年兵库等四府县华侨职业统计表

职业	兵库县		神奈川县		大阪府		长崎县	
	人数	%	人数	%	人数	%	人数	%
官公吏从事者	3	0.1	9	0.3	—		6	0.9
教员、医生等知识专业者	37	0.8	14	0.5	15	0.6	5	0.7
贸易业者	95	1.9	13	0.5	270	11.6	17	2.4
公司银行商店从业者	661	13.6	126	4.5	574	24.5	24	3.4
杂业从事者（包括工人）	1090	22.4	897	31.8	535	22.9	211	30.3
学生	686	14.1	95	3.4	70	3.0	6	0.9
无职业者	2305	47.1	1664	59.0	872	37.4	428	61.4
合计	4877	100.0	2818	100.0	2336	100.0	697	100.0
调查年份	1940 年末		1941 年末		1941 年末		1941 年末	

资料来源：内田直作《日本华侨社会研究》，东京都同文馆昭和二十四年版。

（罗晃潮：《日本华侨史》，广东高等教育出版社 1994 年版，第 320—323 页）

① 日本内务省警保局编：《外事警察概况》第 3 卷，第 59 页。

3.横滨中华街的变迁*

“七·七”事变后，日本政府为了适应庞大的军费支出，实行战时经济统制政策，对华侨经济大施暴虐，同时又强行限定2千余名华侨居住在中华街一隅之地，他们的言论、通讯及起居等全部活动无不在日本官宪的严密控制之下。1944年，日本政府又征用华侨到工厂做工，使华侨经济因缺乏劳动力而濒于瘫痪。到了战争后期，日本本土受到盟军飞机轰炸，横滨华侨在日本政府的强令下，向千叶县三武郡疏散，华侨全部财产荡然无存。1945年5月29日，中华街在盟军的空袭下化为一堆瓦砾，以致有“牧场”之称。第二次世界大战前的半个世纪里旅日华侨的遭遇大致也是这一时期里灾难深重的中华民族的一个部分。

（陈昌福:《日本华侨研究》，上海社会科学院出版社 1989 年版，第 104 页）

* 题目为编者所改，内容有删节。

4.被劫掠到日本从事苦役劳动的华工的悲惨处境*

至于被日本帝国主义为解决其国内劳动力缺乏危机而被劫掠到日本从事苦役劳动的中国人，处境更惨。他们中间的许多人在奴隶般的劳动中被折磨致死。根据岩手县华侨总会会长程国贵的调查：“1943 年到 1945 年，仅岩手县矿业所里就有被胁迫去的中国劳动力 245 人，其中 123 人被强制劳动，吃不饱、穿不暖，有病得不到医治而相继死亡，其状更惨。他们的遗骨被任意丢在矿业所的荒郊野外”①。另据山口县华侨总会会长刘景金的调查：1944 年，日本帝国主义将分属于中央第一、九、十三、十四、十五、三十八、四十七、八十五军以及少数地方部队中的中国战俘和所谓一些“通匪”分子共 291 人，于 9 月 19 日由“第二号张丸”从塘沽劫运到日本，9 月 25 日到达门司，途中有 5 人死亡。余下 286 人被送往山口县宇部市冲山矿业所劳动。到 1945 年 8 月 15 日日本投降这不到一年时间里就有 93 人被夺去了生命，平均每 3.5 天就有 1 人死亡。从山口县殉难中国人的名簿来看，这些殉难者无一不是青壮年（31—40 岁 26 人，21—30 岁 50 人，18—20 岁 17 人），②他们在非人的虐待下惨遭不幸，中国人民应当永久记住日本帝国主义一手造成的人间悲剧。

（陈昌福:《日本华侨研究》，上海社会科学院出版社 1989 年版，第 91 页）

* 题目为编者所加。

①《华声报》1987 年 3 月 13 日。

②《山口县中国人殉难烈士殉难和慰灵诸事》。

5.日本新成立华侨社团发动“献金运动”*

日本帝国主义在全面发动侵华战争后，就采取一系列的外交手段，切断华侨与祖国的联系。1938 年 2 月 8 日，日本政府以日本国驻华使馆关闭为借口，照会中国驻日使馆于 6 月 11 日起相应关闭。而在此之前，中国在日本设立的横滨、神户两个总领事馆、长崎领事馆以及门司、大阪、名古屋、函馆等四个办事处都早已从 2 月份起因无法正常行使职责而停馆了。一些华侨社团也因事变影响而被迫解散。与此同时，由日本特务机关炮制的伪组织“中华民国临时政府”在东京、长崎、神户设立了享有外交特权的办事处，由原驻日使馆的一个二等秘书孙湜当上了东京办事处处长（《外事警察概况》）。一些打着“新民会”、“亲和会”、“协荣会”等旗号的华侨团体，也在华侨聚居的日本各大城市纷纷出笼。5 月 18 日，来自东京、横滨及日本其他地方的华侨 400 人，举行所谓“旅日华侨联合全体大会”，支持伪组织“中华民国临时政府”。7 月 30 日，在日本对外贸易中一向占有重要地位的神户华侨，由兵库县外事课牵头，将原先按各省籍组成的华侨社团合并成为“神户华侨新兴会”作为神户华侨唯一的政治经济指导机关。值得一提的是这个新兴会共有 13 名理事，其中 8 名（包括会长、副会长）已是加入了日本国籍的华人。这些华侨社团有的组织什么“华侨增产队”，诱致华侨到军事工厂劳动①，有的在“协助东亚新秩序圣业”这一幌子下大肆搜刮华侨血汗。1938 年由这些华侨社团发动的“献金运动”，虽然只搜刮到了 9569 日元（《外事警察概况》），但考虑到当时一个华侨普通劳动力每月工资一般只有 70 日元②这一事实，这笔相当于一个华侨 11.4 年工资收入的献金，为数可观。

（陈昌福:《日本华侨研究》，上海社会科学院出版社 1989 年版，第 92—93 页）

* 题目为编者所加。

① 鸿山俊雄:《神户大阪的华侨》，华侨问题研究所，1979 年，第 75 页。

② 鸿山俊雄:《神户大阪的华侨》，华侨问题研究所，1979 年，第 75 页。

6.旅日侨胞的血泪*

（中央社讯）自卢沟桥事变发生以来，敌人宪兵警察，压迫我旅日各地侨胞之惨状，为空前所无。去腊自北平伪组织产生后，敌人不法行为，竟及于我驻日各地领馆，以致领事人员被迫离日，而各地领馆亦不得不暂行闭锁，个中实情，因敌方封锁消息，故国人知者甚少。顷间有旅日各地归国华侨数人，均已循粤汉路到达汉口，对于上项情形，不特知之甚详，且亦身临其境，记者于昨日分别往访。兹将各侨胞所谈日本各地情形，向国人报告如左。

日本压迫　我国旅日侨胞，非自今日起。惟自去夏敌方开向我衅后，各地宪兵警察对我华侨之压迫，遂显露其狞恶之爪牙，变本加厉。贫痛侨胞，无故被捕拘获者日必数起，而秘密被日警押解出境者更不知其数。至境况较佳侨商，则由日宪警挨户勒索，强迫捐款，作为日本国防经费，此敌人之“拿中国人的钱杀中国人”之常套手段也。华侨因反抗捐款，被日警私刑拷打、没收财产、骗逐出境者甚众，其中尤以群马县华侨曾柏材之惨死为最甚。曾君为华侨联合会长，平日团结侨胞，热心公益事业，为侨胞所景仰，亦为日警所疑忌。事变发生后，日警勒令曾君以会长资格，向华侨捐款，作为陆军省之“国防献金”。曾君深明大义，拒不受命，并报告领馆。领馆一方向日当局提出严重抗议，一方命曾君暂离该地，藉避凶焰，而免意外。不料日警得悉此情后，竟发露其兽性，于曾君准备归国之前夕，秘密将其逮捕，并用种种方法不使领馆及其他华侨知悉。曾君被拘期中，私刑拷打，惨不忍睹，而曾君仍抱杀身成仁重义，坚不屈服。数日后曾君家族接日警通知，谓曾君因病身故，个中内幕，自不可言而喻。及至曾君家族会同领馆人员前往验尸时，日警托词卫生关系，尸体不便久搁，是以将曾君火葬化亡灰烬矣。

曾君惨死　只系其中一例而已，其他留日青年学子及各地华侨被捕受虐者，不下二三百人。去秋以来，日方对华侨有国民党籍者，虐待最甚。五月间，神户被捕党员十余人。十二月间，竟由日内务省下令逮捕旅日各地华侨党员。东京横滨神户长崎以至朝鲜台湾被捕者达百数十人，一方并严禁华侨与领馆采取联络。我驻日各领馆，前均有日警把守，日方虽美其名为保护，而实则藉以监视领馆人

---

* 内容有删节。

以及阻止华侨与领馆人之往来。自大量华侨被捕后，虽经我驻日使馆及各地领馆分别向外务省及各地官厅严重交涉者数十次，而日方则一面表面敷衍，一面暗中施其野蛮手段。被捕华侨所受之痛苦，为古今所未闻，全部均受敌宪警之拷打，或以自来水灌入鼻孔，或以火柴燃烧手指，或以麻绳倒吊两足，同时并以铁木短棍及皮鞭抽打全身。其中如党部执行委员谭泰德者，因被日警拷打致晕死至五次之多。另有神户华侨巨子杨寿彭君，平日热心侨务，被任为侨务委员会委员，前次国民代表大会当选为全日本华侨出席代表，亦于去秋被捕。杨君身体素弱，受此刺戟，旧病复发，经我神户领馆之交涉，始允暂住医院疗养，但仍不能自由行动，即其家族亦不能谋一面。闻于本年元旦日晨，该医院院长将一碗日本之年糕汤送与杨君为早餐，不料食后，五孔流血，一命呜呼，尸体由日警送至葬场焚毁，死因之可疑已不待言。

1938 年 2 月 21 日《新华日报》

（转引自蔡仁龙、郭梁主编:《华侨抗日救国史料选辑》，中共福建省委党史工作委员会、中国华侨历史学会 1987 年 7 月）

7.日本殖民当局对朝鲜华侨的迫害及朝鲜华侨的反日斗争*

（一）日帝加剧对朝鲜华侨的迫害

1931—1945 年间，日本殖民当局对朝鲜华侨的迫害日益加剧。1937 年 7 月日本发动全面侵华战争后，这种迫害变本加厉。朝鲜归国华侨崔殿芳曾谈及当年华侨遭受日本殖民当局迫害的情况①：

“九·一八事变发生后，日本合并满蒙，进而占领华北的侵略野心日益暴露，对华人、华侨的迫害，有恃无恐。中国驻朝鲜清津领事馆被封闭了；下碣隅华侨在国庆节悬挂的国旗，被日本警察给撕碎了。在朝鲜的大部分华商都收庄回国了。但凶狠的日本帝国主义当局对只剩下为数不多的小本商贩和种蔬菜、开饭店、作零工的一些劳动者和华工，也不放过，给予的歧视和迫害，达到使人难以相信的程度。华侨在社会上，不敢穿中国服装，不敢说中国话，夫妻不敢同行，中国妇女是缠足的，自己一人走，有时被人嘲弄几句，骂几声‘猪脚女’。这群豺狼公开叫嚣中国人是‘大国奴’、‘长尾驴’、‘猪脚女’。妇女难产时，也不愿到日本病院去，钱要得多，还要受歧视，孩子生下了，就立即撵着出院。……元山卧牛里有一华侨菜民在市上卖黄瓜，抢黄瓜的人七手八脚地把他打得鼻青脸肿。警察说：他们不是到中国去打你们，活该！又如元山里有一姓刘的华侨，租赁了一块地，订契十年。他在地中打了井，盖了房子。种了三年，地也喂肥了。这时，地主又要将地转租给苗圃。刘据契力争，不仅青苗被毁掉，人也被打了。咸兴华商盛东，与日本人定契十年在长箭面捕捞海茄子。日本人见有利可图，他们就不准华侨捕捞了。华商被迫将场房、船只卖给他们。他们不要，最后交涉到总督府也毫无结果，损失了 6 万多元。

“七·七事变后，在朝鲜的华侨所受的迫害更严重了……旅朝华侨被认为是敌国侨民，对其进行报复，加以种种政治迫害。华侨的一切行动，都要受日特、警察等的监视。至于财产上的损失，更是难以数计。有些华侨收摊回国了，最后一点剩余资金也不准带走。有的人房子、铺垫扔下了，门上了锁，人走掉了。元山的中国街、汉城的灌水洞和其他的一些地方，都留下了很大的一片房舍，都为

---

* 标题为编者所改。

① 崔殿芳：《旅朝侨胞话今昔》，《辽宁文史资料》第 11 辑，1986 年。

殖民者所占据。也有一些华侨，想方设法地想把资金带走，最后却被诬称为资助八路军的政治犯。当时仁川的英商汇丰银行，接受华商存款，所以一些华商抱着侥幸心理，暂存该行，以待保存或再转中国。后来被日本当局发现了，不仅硬逼华商取款没收，而且人还得坐牢。元山的德泰源商行，让伙友孔庆礼到汇丰去存款，被日特发现，孔被捕入狱，而经理祝桂源也被打。此后，华商遭受一连串的灾难，今天到这个华商店去查账，明天又到那个华商店去捉人，会计、经理说的不一样，就要坐牢。华商要求汇丰银行出证，他们双方也不理睬。真的假的都有，弄得人心惶惶，最后使很多的华商铺破人散。至于在朝鲜的华工的苦难，更不可言状。要往家乡寄点赡家费，先是一次只限二十元，后来二十元也不准许了。到邮局时先问是从哪里来的钱?是什么费?是否是战争的资助费?逼得华工也不敢往家寄钱了……平常通信，也很担心。有些地方话，他们弄不明白，也是问题。华侨回国探亲，那就更难了。探亲的护照，通过请客送礼，用钱贿赂，也得半年或一年后才能出一张。走时，他们要询问、调查。回朝鲜后，也要有半年的时间受监视。无论是访友，还是办事，都有特务跟踪。经常有一些外事便衣，到华商的帐房里屋去睡觉，听谁来了，都说了什么话，弄得人坐立不安，人心惶惶。仁川万聚东旅社有一曹某，在日本集会喊日本天皇万岁时，他喊了个‘快碎’（据日方说），被警察带走了，后来音信皆无。清津有一华侨，在日本组织的宫廷遥拜时，他未注意敬礼，当即被警察打了一顿，也被带走了。汉城有一华侨是广东人，为美国人作过饭。他儿子是大学生，去汉城看望他父亲。有一特务也正去他家。他父亲给予介绍，他用立正姿式给日特行了一个礼。那日特看出他是受过军事训练的，立即盘问了再三，随后也被带走了。还有一些无缘无故在火车上被带走的。到太平洋战争爆发后，日本处于一个狗急跳墙的时刻，除政治犯、思想犯、嫌疑犯外，又给华侨增加了一个经济犯罪名，真是欲加之罪，何患无词。……我是经过两次失业、三次去朝鲜的人，身临其境，直是饱受海外孤儿的凄惨生活。”

南朝鲜著名华侨秦裕光先生的《六十年见闻录》记载了日本殖民当局迫害汉城华侨于鸿章等的情况：“于鸿章先生……1930 年末又回到仁川来，因家庭经济之富裕使他有机会读更多的书。由于他之博学，而日警更格外的刁难他。太平洋战争发生后的 1943 年，日警指他思想不良，加以搞间谍活动之罪名予以拷打。当时京、仁各地稍有名气之华侨，差不多都吃过苦头。如经营复成栈贸易商的史恒乐、仁会东经理孙自修等，都与于先生一起在狱中受过苦难，其中孙氏还逝于狱中。当时有许多知识的华侨，为了逃避日警的刁难而回到中国。于先生在释放后，马上赶回中国，于八・一五解放后才回到韩国来。”

当时日本殖民当局动辄以政治犯、经济犯、间谍罪、情报人员等罪名逮捕朝鲜华侨。尤其是太平洋战争后，日本殖民当局对华侨的镇压更为惨重。据统计，1937 年—1944 年日本殖民当局以情报人员罪逮捕华侨人数为①：1937 年 15 人，1938 年 8 人，1939 年 9 人，1941 年 4 人，1942 年 70 人，1943 年 49 人。1944 年 6 人，共计 161 人。

（二）朝鲜华侨的爱国反日斗争

朝鲜华侨在朝鲜生活，备受日本殖民当局的压迫与欺凌。因此他们切望祖国繁荣富强，关心祖国的命运，支持祖国的革命。

早在 1911 年辛亥革命爆发时，朝鲜华侨就热烈拥护。当时汉城的《华侨商报》发表文章，支持孙中山先生领导的辛亥革命[②]，欢呼推翻满清封建王朝。

1937 年国共合作，展开全面抗日战争，使朝鲜华侨深受鼓舞。尽管他们遭到日本殖民当局日益加剧的政治迫害，但仍以各种形式展开爱国反日斗争。这一斗争在华侨学校尤为活跃。华侨学校教师没有按照日本殖民当局的要求，向华侨学生进行“效忠天皇”的教育，而在学生中传播爱国主义思想。新义州满侨小学是在日本人严密监督下的一所小学，但该校教师安学香勇敢地向学生们讲述旅顺、大连被日本侵略的历史，并在黑板上写下“还我大连旅顺湾”七个大字。还有一位杨老师，给学生们讲岳飞精忠报国的故事，在学生的心灵深处撒下爱国的种子。新义州华侨小学毕子文老师向学生讲授岳飞、文天祥的爱国事迹和诗词，并教学生唱《满江红》、《流亡三部曲》等爱国歌曲，以激发华侨学生爱国主义思想。有的华侨学校内还出现反日标语。日本殖民当局十分惊恐，立刻进行严密搜查与侦破。

日本殖民当局利用各种舆论手段，大肆宣扬大东亚共荣圈和日本圣战必胜、中国必败。但是，祖国抗战的消息不断传到朝鲜，就连华侨小学生也都知道国内有毛泽东、朱德、中国共产党和八路军等。一些华侨秘密捐款、捐物，用帆船运往山东，甚至有组织地驾船往胶东运送火药原料——硫磺。[③]有些华侨青年还毅然回国，到山东老家参加八路军。1941—1944 年间，新义州华侨李小虎、汪庆恩等 10 余个青年回乡参加八路军。他们在战场上英勇杀敌，后来，李小虎、汪庆恩在战场上壮烈牺牲[④]。在争取祖国的解放斗争中，朝鲜华侨也作出了很大贡献。

（杨昭全、孙玉梅：《朝鲜华侨史》，中国华侨出版公司 1991 年版，第 296—301 页）

---

① 近藤钮一：《太平洋战争下的朝鲜政治》，1961 年，第 79—81 页。

② 张庆京：《旅朝华侨的爱国主义精神永放光芒》，《吉林省华侨历史学会第二次论文讨论会资料汇编》，第 10 页。

③ 张庆京：《旅朝华侨的爱国主义精神永放光芒》，《吉林省华侨历史学会第二次论文讨论会资料汇编》。

④ 张庆京：《旅朝华侨的爱国主义精神永放光芒》，《吉林省华侨历史学会第二次论文讨论会资料汇编》。

8.抗战时期日本人对韩国华侨经济的摧残*

一九二七年底，群山已发生殴杀华侨事件，死了华商数人，在仁川亦有过同样事件，这是日本人决心打击韩国华侨经济的信号。

一九二八年以后，日本的轻工业很发达，东洋纺织公司和钟渊纺织公司，相率向韩国市场扩展。这个时候，日本人对于我侨商的绸缎夏布生意，便开始施以压力。

日本人对华侨，第一步的压力，是由重税着手，对我绸缎夏布入口的课税率，由百分之十增加到百分之五十，后更增加至百分之一百，但由于韩人普遍喜好我国的绸缎与夏布，故虽日本人横征暴敛，仍不能阻断其进口。日人在无可奈何之下，终于实施最后手段，禁止中国绸缎夏布进口，这样一来，我华商最主要的营业，便遭受了致命的打击。而剩下来的，就只有输入棉花，供给日本纱厂的需要，输入一些小米，供应韩国人的需要了。

可是，当时日人的阴谋，并不就此停止，至一九三一年终于向我华侨正面攻击，所谓万宝山事件，便是日人利用一部分日本人豢养的韩国人，来彻底摧毁我在韩华侨经济的一个政治阴谋。经过这次惨杀劫掠之后，我华侨经济损失，达百分之八十。接着九一八沈阳事变发生，日人占据我东北，韩国华侨地位，便由此更一落千丈。

日本的侵略，由九一八扩大到七七以后，我在韩华侨，饱受敌视。随着战争的旷日持久，以及日本的日趋陷入泥淖，日人对我侨胞的仇视榨取，也就日趋变本加厉起来。直到日本投降的前夕，我侨胞在韩的经济基础，可谓已被摧毁殆尽，仅余一息之残喘。

据仁川老侨领吕季直氏的追述："这一个时期，大宗的贸易完全停顿了，只有铁工厂，铸锅，或铸耕犁等，南北韩共有十数家，及少数饭馆，还能挣扎维持。另外则还有几家规模不大的制粉厂，仁川三家，平壤三家，釜山一家，汉城三家，其中最大的，工人不过五六十人，小的仅有工人三四十人。"

（华侨志编纂委员会编印：《韩国华侨志》，1958 年）

---

* 题目为编者所加，内容有删节。

(四) 东 南 亚

1.日占南洋期间（1941年12月—1945年8月）对南洋华人的暴行

第二次中日战争（1937—1945）与太平洋战争（1941—1945）期间，日本军队所犯下的战争罪行，包括屠杀与虐待战俘、屠杀非战斗人员、无武装的平民与使用毒气等等，都是屡见不鲜的；特别在中国战场上，日军在这些方面所犯下的罪行，实在是多不胜举；其中最臭名昭彰的，当然是1937年12月13日至次年2月上旬（或中旬）的南京大屠杀；其他如1932年9月16日之屠杀辽宁抚顺平顶山村三千多人事件，以及此后在河北邢台、上海、苏州与广东惠阳等地，都犯下很严重的集体屠杀的罪行[①]。同样地，在太平洋战争期间，日军对于东南亚华侨所犯下的战争罪行也非常多，其荦荦大者，如1942年2月18日至3月上旬之星洲（新加坡）"检证"（日人称之为"肃清"）之役，被屠杀的华侨竟达25,000人至5万人之多。[②]稍后，更以发动另一次大屠杀为威胁，勒索星、马华侨马币5,000万元的巨款（战前马来亚全境包括北婆罗洲、砂朥越、汶莱三邦的货币流

---

① H. G. Timperley, *Japanese Terror in China: A Documentary Record*（London: Victor Gollancz, 1938）, pp. 20—27; Lord Russell of Liverpool, *The Knights of Bushido: A Short History of Japanese War Crimes*（London: Cassell & Co.,1958）, pp. 40, 41, 43—45, 47—51; Hallet Abend, *My Years in China, 1926—1941*（London: John Lane the Bodley Head, 1944）, pp.270,274; 新华通讯社编:《日本侵华图片史料集》，新华出版社1984年版，第91—92页; Lewis S. Smythe, *War Damage in the Nanking Area, 1937 to March 1938*, passim ; Edgar P. Snow, *The Battle for Asia*（New York: Random House, 1941）, pp.57—61; Shu-hsi Hsu,ed., *Documents of the Nanking Safety Zone*（Shanghai Kelly & Walsh, 1939）, pp.10, 17, 18, 19, 20.

② Lord Russell of Liverpool, *ibid*, pp.243—252; 蔡史君编修:《新马华人抗日史料1937—1945》; Yoji Akashi, "Japanese Policy toward the Malayan Chinese, 1941—1945", *Journal of Southeast Asian Studies,* Vol.1, No.2（Sept.1970）, pp.66—69; Layton Horner, "Japanese Military Administration in Malaya and the Philippines"（The University of Arizona, Ph.D.thesis, 1937）,pp.42—43, 60—62; 中岛正人:《谋杀の轨迹—シンガポール华侨虐杀事件》，东京，昭和60年，1985，第27—83页，Passim; 蔡史君:《战时马来亚的华人》，见林水濠、骆静山合编:《马来西亚华人史》，吉隆坡，马来西亚留台校友会出版，1984，第67—80页; The Archieves and Oral History Department（Singapore）, ed., *A Visual Documentation of Japanese Occupation in Singapore*（*1942—1945*）（Singapore: Singapore News and Publications, 1985），pp.1—49.

通总额不过约220,000,000万元左右，而英军在新加坡陷落前又焚烧了马币1亿元左右）。[①]除去日军在登陆北马哥打峇汝（Kota Bahru）之后，一路南下进攻期间的焚杀奸掠的战争行为之外，在新加坡“检证”之役前后，他们也发动了柔佛州新山（Johore Bahru）大屠杀（计4000—5000人被杀，数百人被奸）、吉隆坡的“大肃清”（1942年2月至3月）、槟城（槟浪屿）的两次“大检举”（1942年4月及9月，有2000多人被拘杀）与马六甲的大屠杀（3000多人被杀）等，每次都涉及集体性的巨大生命损失。[②]除此之外，东南亚华侨社会只在战争初期所遭受的类似较小规模的集体性屠杀，竟不下29次之多。[③]英军韦尔德上校（Col. Cyril H.H.D.Wild）为英陆军战犯调查部总联络官，精通日文日语，曾在东京战争法庭上引述马来亚柔佛苏丹前医官碧德勒医生（Dr. Bedler）的话说，日军与日宪兵在马来亚所屠杀的华人总数，即使不计华人义勇军的死亡人数，亦当在15万人以上。[④]

1. 日占新加坡初期对华人的“检证”屠杀暴行

“检证”大屠杀毫无疑义地是日军对新加坡、马来亚华侨支持中国国民政府抗日的一项“膺惩”行动，而与日军战时在其他各地的集体暴行一样，具有意图

① Y.S.Tan, “History of the Formation of the Overseas Chinese Association and the Extortion by Japanese Malayan Administration of $50,000,000 Military Contribution from the Chinese in Malaya”, in *Journal of South Seas Society,* Vol.3, No.1（Sept.1946）, pp.1—12；陈育崧, “The Extortion by Japanese Military Administration of $50,000,000 from the Chinese in Malaya”,《椰阴馆文存》第3册，新加坡，南洋学会，1983，第3—16页；Yoji Akashi，*loc.cit.*, pp.69—76; Layton Horner, *op.cit.*, pp.62—70；蔡史君编修：《新马华人抗日史料1937—1945》，第287—292页；蔡史君：《战时马来亚的华人》见《新马华人抗日史料1937—1945》第76—80页；李恩涵：《1942年日本军占领星洲“检证”之役考实》，《南洋学报》，卷41，1986年1—2期，第1—21页。

② 蔡史君编修：《新马华人抗日史料1937—1945》，第511—514，559—560页；Chin Kee Onn， *Malaya Upside Down* （Singapore：Jitts & co., 1946）, pp.11, 15, 99—101; 中岛正人：《谋杀の轨迹》,第166页。

③ Lord Russell of Liverpool，*op.cit*, pp. 252, 261, 264。日军在马来亚对非武装华人平民的集体屠杀，是不胜枚举的；如1943年6月，日军因华人游击队向其袭击，即在吡叻州暗邦（Anpang）发动了一次对华侨的集体大屠杀，计有为数约3000人的华侨村民，不分男女老少，全被杀光；所有村民的房屋，也被夷为平地，纯为日寇在中国所实施的“三光”政策在南洋的翻版。（Chin Kee Onn，*op.cit.*, pp. 105—106）。所以，槟城华人学者刘果因氏，战前留学日本，攻习文史，战时曾为日军担任译员，即曾感慨地说：华人是一个“不究既往”的意识较之其他民族为强的民族，对于过去不愉快的史事常善于忘记，但星、马华人“对于战时日本在星、马的大屠杀与勒索献金这两件事，谁都应该永远、永远地不能忘记！”见中岛正人：《谋杀の轨迹》，第90页。

④ International Military Tribunal for the Far East, *Transcript of Proceedings*, Vols.l—113（Kept in the Doe Library，University of California，Berkeley），Vol.14, pp.5643, 5649（本书著者为查阅该项包括113册巨帙与3915件“证据”Exhibits之资料，因其于1980年代中期并未重印，曾于大学暑期放假时，连续两年前往母校加州大学阅读之）；蔡史君编修：《新马华人抗日史料1937—1945》，第881页。

恐吓、“杀一儆百”的目的；但其所用的藉口，则为肃清抗日分子以应付当地军事上的需要。日军当局自发动此役之初，即认为是一项“军事扫荡”，早在英军在新加坡投降之前，即已有所布置；但此一“军事扫荡”的目标，纯为非战斗人员、无武装的平民，其为违反第四项“海牙战争公约”（The Fourth Hague Convention 1907）的条文与精神[①]，实为最明显之事。此一“肃清”（“检证”）命令系由占领英属马来亚的日军第二十五军司令官山下奉文（中将）所亲自发出，其行动计划的纲领与细节，则由军参谋主任辻政信、参谋林忠彦、朝枝繁春等所拟定；而在新加坡市区则由昭南岛（当时新加坡之新改名称）警备司令部转令第二野战宪兵队与临时成立的辅助宪兵队来执行；郊区则由该军辖下各野战部队的近卫师团、第五师团第十八师团等直接执行[②]。

追溯战前日本对于东南亚的预定政策，在1941年11月20日帝国大本营与政府的联席会议的决议中，除预定在占领新加坡之后即在当地成立马来亚占领区的军政府，尽量利用当地资源，以战养战，并强迫当地各民族应配合上述各基本目标外，对于星、马华侨的政策，只是要迫使其与日军合作[③]，并断绝其与重庆抗日政府的任何联系与合作。而在此之前于1941年3月陆军参谋本部所草拟的占领政策文件中，并极力强调应了解南洋华侨的经济力量，俾在战事告一段落之后即能迅速采取行动，使其在日本所建立的“新秩序”中扮演其原先所据有的角色。同年10月，该参谋本部所准备的另一高度机密文件中，更力促应诱导华侨投资于当地之主要工业，利用华侨原已建立的工商系统于零售货物的收集与分

---

① 筱崎护：《シンガポール占领秘录》，东京，原书房，昭和51年，1976，第40—42页；大西觉：《秘录昭南华侨肃清事件》，东京，渊上祐史，昭和52年，1977，第74—75，67—68, 70页；Ian Morrison, *Malayan Postscript*（London: Faber ＆ Fabs, 1942）, p.182. 根据1907年“海牙第四战争公约”（Fourth Hague Convention，1907）第7条、第28条、第46条、第47条及该“附款”（Annex）的规定，凡有意“执行一项有目的的计划以消灭大量的平民者”，即应视之为违反“公约”；所以，山下奉文之下令屠杀昭南岛华侨的“检证”之役，实可构成审定他为“战犯”的要件。事实上，山下也因此后在担任日军驻扎菲律宾的最高司令官时，于1945年纵容其部下有计划地“在不分青红皂白和无审判的情形下”，“野蛮地虐待与屠杀”了Patangas省25,000多名无武装与非战斗性的平民，而被美军麦克阿瑟将军（Gen. Douglas MacArthur）判为“战犯”，于1946年2月23日在马尼拉被以绞刑处死。见A. Frank Reel, The Case of General Yamashita, pp. 4, 261.

② 荒井三男：《シンガポール战记》，东京，图书出版社，昭和59年，1984，第224，237—247页；池田祐编：《秘录大东亚战争》第3册，《マレ一ビルマ篇》，东京，富士书苑，昭和29年，1954，第85—86，91页；防卫厅战史室编：《マレ一进攻作战》，东京，朝云新闻社，昭和41年，1966，第629—631页；儿岛襄：《儿岛襄战史著作集》，东京，文艺春秋社，1978，第343—345页；蔡史君编修：《新马华人抗日史料1937—1945》，第284—287页。

③ Lee Ting Hui，“Singapore under the Japanese，1942—1945”，*Journal of South Seas Society*，Vol.17, part 1, 1961, p.34.

配，并指导华侨资本的银行与日本的金融与经济体系配合发展。陆军最高当局并准备对华侨采取和协政策，抉除华侨对日本的恐惧，利用其财力与资源，以实现在日本控制下新建立的政治与经济新的各项目标。

不过，在日本陆军中也有一派人士主张对于过去华侨中的反日分子予以严惩。所以，在上述占领政策的文件中，也提到“应以适当而坚决的行动来对付有妨害日本目标的华侨，以显示日本的力量”，并建议采取“没收华侨财产的惩罚方式，如果华侨在慎重检讨之后仍不改变其原先态度的话”[①]。实际上，这些政策指导的原则，实甚空泛，加之日军各部门一向各自为政，而山下奉文占领马来亚的第廿五军各部队，均为调自原先在中国大陆作战的部队，其军官与士兵对于华侨均充满仇视的心理，而且他们在中国作战时即惯于杀戮华人，其违反人道集体屠杀的手段，在日军常如家常便饭。这也是新加坡“检证”大屠杀之后发生的最重要的背景之一。所以，紧接着新加坡为日军占领之后，在东京的国策研究会的座谈会中，海军中将津田静枝虽然力主对南洋华侨实行“以日本为头，华侨为奴，以利用之”的政策，实际只是为日军惨酷压制华人的政策，作一注脚而已[②]。

山下奉文在就任廿五军司令官之前，原即为日本陆军中皇道派的中坚人物之一，曾任驻奥地利武官，并曾参与1936年二二六政变。早在1937年七七卢沟桥事变发生之初，他即曾以四十旅团长的身份自朝鲜进入中国增援作战中的“天津驻屯军”，其后他更被晋任为第四师团师团长，在华北与华中作战。1940年12月，他并奉派专赴德、意两国考察，深入研究德军的闪电战而深有心得[③]。1941年11月，乃被任命为负责进攻马来亚的第廿五军司令官，统辖有第五师团（原在华北与华南作战，后调北越，又转调上海附近）、近卫师团（原在华南之两广作战，后进驻南越之西贡）与第十八师团（曾参加进攻南京之役，后调驻广东）等，总兵力达123,390人；以铃木宗作（中将）为参谋长，辻政信（大佐）为军参谋主任。对于进攻英属马来亚的准备工作，早在1940年12月中旬日本即先在台湾军司令部内设置“台湾军研究部”，研究向南洋进军的军力编组、装备、战

---

① Yoji Akashi, “Japanese Policy toward the Malayan Chinese, 1941—1945”, p.51.

② *Ibid*., p.63；大西觉：《秘录昭南华侨肃清事件》，第90—92页；藤原彰：《太平洋战争史论》，东京，青木书店，1983，第47页；国策研究会编：《战时政治经济资料》，东京，原书店，1983，第154页。本节所述，参阅李恩涵：《1942年初日本军占领星洲“检证”之役考实》，见《南洋学报》，新加坡，卷41，1986年1—2期，第1—21页。

③ 儿岛襄著、天津政协编译组译：《马来之虎——山下奉文》，天津人民出版社1981年版，第16, 43—45, 85, 187页；A. Frank Reel, *The Case of General Yamashita* （Chicago: The University of Chicago Press, 1949），pp.60—61.

斗、给养与卫生等项目，主要即系由林义秀（大佐）、辻政信（时任中佐）负责研究；事后，并在海南岛作过实地演习，编有一部 70 页的小册子，以供指导①。山下奉文为人虽然气度狭隘，但其个性强毅而勇猛，任事敢作敢为，对于进攻马来亚的各项军略与战术，甚至在占领马来亚之后的各项军政重要政策措施，早即预作筹划安排，其所搜罗募集的人员，包括东京大藏、商工、农林、铁道等经济部门中“课长”级的人员，又有三井、三菱、正金银行等大企业的优秀人员，彼等穿军服，带军刀，在专门部门中与军政人员协力推动占领区新秩序的建立工作②。

依照廿五军军参谋主任辻政信所拟的进军计划，原定拟在 1942 年 3 月 10 日攻占新加坡，但山下则予以修改，预计要于 1942 年 1 月占领之。实际作战则自 1941 年 12 月 8 日日军在北马吉兰丹州哥打峇汝（Kota Bahru）与宋卡地区登陆后，一路即以“电钻战”（Elecric Ditching）的战术，只运用了直接参战兵力 26,600 多人，即能一路势如破竹，在同年 12 月 19 日，占领槟城；12 月 23 日，占领太平；12 月 26 日，占领怡保；1942 年 1 月 11 日，占领吉隆坡；2 月 8 日，强渡柔佛海峡，而于 2 月 15 日迫使总数 138,000 多人的新加坡英军，俯首投降（主要是无淡水供应了）。征服全部英属马来亚所用的时间是 69 天。③这虽较山下奉文在西贡原先答应日皇室竹田宫殿下于 1942 年 1 月攻占新加坡的承诺稍迟，但却较该军作战参谋主任辻政信预计于 3 月 10 日占领新加坡的计划，早了将近一个月。而在整个马来亚战役的 69 天期间，日军的损失也不严重，只有战死者 3,507 人，受伤者 6150 人，合计 9,657 人的较小数目。一般说来，日军在自北而南的进军中，对于马来亚华人虽多零星的杀掠强奸案件，但大规模集体性的屠杀尚少，而在进驻新加坡接受英军投降的过程中，山下奉文对于军纪的维持，也颇为注意：先派第二野战宪兵队约 300 人与第五师团的两个大队进驻市区，任命第五师团第九旅团长河村三郎（少将）担任昭南岛（新加坡）警备司令部司令，负责维持市区的治安。由于宪兵的人数过少，河村并由步兵第十一、四十一两联队中抽调一部约 900 人，为辅助宪兵，合共 1,210 人。其余第五师团各部则分驻于新加坡岛北部与马来亚各州，近卫师团驻岛之东部，第十八师团驻岛之西部。④这两个师团都将在占领新加坡完成之后，迅速被转用于攻略其他地方；前者将用于

---

① 陆战史研究普及会编：《マレ一作战》（第二次世界大战史），东京，原书店，昭和 41 年，1966，第 14, 19—20, 145, 274—275 页。

② 池田祐编：《秘录大东亚战争》第 3 册，マレ一、ビルマ篇，第 103 页；《马来之虎——山下奉文》，第 122, 145 页。

③ 《马来之虎》，第 145 页；洪丝丝：《马来亚战记》，蔡史君编修：《新马华人抗日史料 1937—1945》，第 185—201 页。

④ 大西觉：《秘录昭南华侨肃清事件》，第 68 页；蔡史君编修：《新马华人抗日史料 1937—1945》，第 286 页。

攻占苏门答腊，后者将用之于攻占缅甸。2 月 17 日，廿五军军司令部则自武吉知马（Bukit Timah）高地进驻莱佛士学院（Raffles College，前新加坡大学本部校址）。山下奉文并决定不举行“入城式”，而改于 2 月 20 日在军司令部大操场上举行“慰灵祭”，以致祭日军的战死将士，各部队均派将校士兵参加，并颁发“武功拔群”奖状予第五师团、第十八师团。他也亲自参加了各师团的庆功祭。山下御军甚严，但矫枉过正，对部属毫无人情味，使部下敢怒而不敢言，所以常常把满腹牢骚转而向占领区的华侨发泄；星、马一带日军对占领区民众杀戮肆虐的情况特别多，此可能为一因素。特别近卫师团在此次马来亚战役中，作战勇猛、立功甚多，惟伤亡较少，故在“慰灵祭”中独未得奖状。所以该师团的受命“肃清”华侨抗日分子后，即在其防区的新加坡岛东部不分青红皂白，动辄集体屠杀华侨；[①]似即为此种心理的典型表现。

“检证”（日人称之为“肃清”）昭南岛华侨的命令来自何人？当然是来自占领星、马的最高日军司令官山下奉文。山下很可能想再重复一次四年多之前的南京大屠杀的恶毒手段，以满足其所谓“扫灭敌性华侨”，而报复南洋华侨支援中国国内抗日战争的仇恨。[②]所以，在进占新加坡岛的第二日（2 月 16 日），山下即在市区福康宁山（Fort Canning）的警备司令部开会，决定“扫荡敌性华侨”。正式的命令，则在 2 月 17 日发出。山下并曾以极严肃的态度，向警备司令河村三郎命令称：本军要在其他方面从事新的作战，兵力要转用，为防止潜伏的敌性华侨之妨害作战，今应主动而机先的彻底除去之，以奠定南方基地磐石之安与马来亚治安之巩固。因此，警备司令官应即速实施“市内扫荡作战”，摘出“敌性华侨”而处断之，以免本军作战的后顾之忧。至于此命令的详细执行办法，当由军参谋长予以指示。山下的此一态度，也与东京日军参谋本部对东南亚华侨政策之改趋强硬，也互相符合。原来日本只是想切断华侨与中国政治与经济的种种联系，而诱导其与日本之合作，以建设一新亚洲的新秩序；但在进占新加坡之后，参谋本部的新政策则为“隔断华侨与重庆国民政府的任何联系，并在必要时予以压制之”。1942 年 2 月 23 日出版之作为日本占领喉舌的《昭南新闻》第一号内，日军当局也要求各民族与日军合作，消灭过去与英人合作的“敌性华侨”[③]——

---

① M. Tsuji, *Singapore: The Japanese Versioin* （London：Constable & Co., 1962）, p.274；池田祐编：《秘录大东亚战争》，第 85 页；《马来之虎——山下奉文》，第 185 页。

② Willand H. Elsbree, *Japan's Role in Southeast Asian Nationalist Movement, 1940—1945* （NewYork：Russell & Russell，1953），pp.137—138, 139—140; Yoji Akashi, “Japanese Policy Toward the Malayan Chinese，1941—1945”，p.67.

③ N. L. Low, *When Singapore was Syonan* （Singapore: Eastern University Press, 1973）, p. 13；中岛正人：《谋杀の轨迹—シンガポール虐杀事件》，第 75—76 页。

这显然是要向非武装、非战斗人员的华侨平民报复了。

执行山下奉文命令的方案细节，是由军参谋主任辻政信与参谋林忠彦（少佐）、朝枝繁春（少佐）等所拟定。他们都是激烈地主张“扫荡抗日华侨”、“扑灭战火余烬”的人，其中辻政信尤为一关键性的要角。辻为日本士官学校 36 期毕业，时任大佐，具有毫无疑问的好战、狂妄、残忍、狡诈的性格，过去曾驻扎在中国东北，为关东军中之对苏强硬派，并曾参加 1939 年对苏联军作战的诺门罕（中、蒙边境）战役，因不满东京中央之不允扩大对苏作战而调职。其后参加廿五军进攻马来亚战役的准备工作，所有重要的作战计划多出其手。新加坡英军投降之后，他并曾在满座日本兵的行列中，呼令英军投降司令白思华将军（Lt. General Arthur E. Percival）近前予以侮辱，叫他称颂日军的伟大。所以，辻政信等所拟的“华侨肃清实施要领”（此文件为最高机密之件，战后已被湮灭，无人知其措辞行文的真正内容）中所指示的“肃清”方法，要旨不过是要“找出反日分子，尽速消灭”；而其“找出”的方法，则极不具体，实际只是“无差别之屠杀”，极为残忍。[①]辻政信等所要“扫荡华侨”的对象，按上述“要领”中的指示，本只有九类人：（1）与蒋委员长之国民政府有关者；（2）财产在 5 万元以上者；（3）抗日侨领陈嘉庚之支持者；（4）报馆记者、教师、中学生与游离分子或拥有军火者；（5）共产党分子与海南人（日军认为海南人多共产党人与抗日分子）；（6）到新加坡不足 5 年者；（7）私会党分子；（8）华侨义勇军分子；（9）英政府的雇员等。但实际辻政信本即有着昭南岛上的华侨皆可杀、南洋华侨抗日的一个都不放过的想法，所谓“肃清”上述的九类人员的说法只是一个幌子，实际上被肃清人员的范围，却广泛地多。所以，他在“检证”之役结束后的 3 月 10 日，在对第二野战宪兵队的讲话中，即说：新加坡华侨胡文虎、陈嘉庚等人，与重庆政府相通，捐献庞大金钱，为排斥日货之元凶，应决意彻底地予以肃清，入市区后首应予以弹压。所以，此次只在新加坡即处刑了六、七千华侨，柔佛州处刑了四、五千，全马来亚境内则处刑了一万名抗日华侨（实际日军所屠杀的华侨却远大于此数）。[②]

---

① M. Tsuji, *Singapore:The Japanese Version*, pp.272—276；陈育崧：《〈新加坡沦陷三年半〉读后》，见《椰阴馆文存》第 2 册，第 327 页；中岛正人：《谋杀の轨迹—シンガポール华侨虐杀事件》，第 74—75, 80 页。

② 荒井三男：《シンガポール战记》，第 239 页；Yoji Akashi, “Japanese Policy toward the Malayan Chinese, 1941—1945”, p.68；N. L. Low, *When Singapore was Syonan*, p.16。惟据槟城著名学者刘果因在槟城所见之“华侨肃清计划书”（？）内所载日军拟在槟城肃清的华侨对象为：（1）受英文教育者；（2）学校教师；（3）持收音机者；（4）贸易商人。此后在新加坡审判战犯时，各战犯根据其记忆所透露出来的华侨肃清对象，则为：（1）在马来亚居住未满 5 年者；（2）中文小学以上、英文 6 年以上之学历者；（3）教师、新闻记者、专业人员及社会上有地位者；（4）财产在 5 万元以上者；（5）海南岛出生者；（6）英政府之雇员；（7）抗日义勇军及反日分子。见中岛正人：《谋杀の轨迹一シンガポール华侨虐杀事件》，第 93—94 页。

此外，军参谋长铃木宗作（少将）也对警备司令河村三郎详细指示了实施“肃清”的具体方案，包括：（1）“扫荡”的时日；（2）“敌性华侨”的范围；（3）集合华侨的地点；（4）调查要领；（5）处断方法等。并特别指示对检出之“敌性华侨”，应即予“严重处分”（死刑）。他甚至对河村解释“严重处分”的涵义说：“军司令官的决定，本质上为实施扫荡作战”（换言之，即以军事的方法处决之）。1942 年 2 月 19 日，山下奉文并发表布告称，凡市区华侨男子自 18 岁至 50 岁者，应于 2 月 21 日正午在下列地点集合：（1）阿剌伯街与惹兰勿刹街之广场；（2）利佛外里街（River Valley）南端之广场；加冷与芽笼交界处之橡胶园；（3）青桥头警察局附近；（4）海山街与哈芙罗克街（Havelock）交叉口。各人应自备粮食与饮水；违令而不到者，将遭受“严重处分”。根据参谋长铃木幸作的计划，在当时约70万人的新加坡华侨中（当时新加坡各民族总人口约为80万人），将有 5 万人被列为屠杀的对象。廿五军司令部并专派参谋向负责“检证”的第二野战宪兵队队长大石正行（中佐）下达“肃清实施要领”的命令，并限定于 2 月 21 日至 23 日完成。大石正行也是一个狂妄、黩武的典型仇华主义者，过去曾在中国东北横行，与辻政信臭味相投，而又谊属石川县同乡，交情甚深；大石对于山下奉文在华北派遣军参谋长任内的敏捷作风，也一向佩服。山下对于大石也很表信任。①

山下奉文与辻政信等显然很想造成一种恐怖的气氛，以便利其军事的占领与统治。所以，日军自始即夸大星洲华侨义勇军的抗日行动；一方面说华侨义勇军 2000 人（实际只有 1000 人），在日军进攻武吉知马山时的猛烈抵抗，使日军蒙受了很大的损失；又说新加坡被占领后市区屯积的炮弹常有爆炸，放火事件发生多起，各地常有火光信号；甚至夸大华侨义勇军的总实力，说有两个旅团达 14300 多人之众。又说，马来亚英军投降后，马共曾私获步枪 101 件、猎枪 77 件，各种弹药 2 万发等等。其实这完全是虚伪的藉辞；其实际原因，只是山下与辻政信等要藉大屠杀来震慑华侨将来的任何反抗，“膺惩”无武装与非战斗人员的华侨过去之援助祖国抗日与支持英国的行动而已。因此，在“检证”期间不只军参谋副长马奈木敬信曾去各区现场视察，辻政信、朝枝繁春等参谋也分赴各现场指导。辻政信甚至因宪兵分队长大西觉“肃清”的人数过少，大声叱骂说：“我想检出昭南岛华侨人口的半数，予以处决！”朝枝也对有些宪兵队的宽大处理方式，很

① 蔡史君编修：《新马华人抗日史料 1937—1945》，第 875 页；中岛正人：《谋杀の轨迹—シンガポール华侨虐杀事件》，第 75 页；大西觉：《秘录昭南岛华侨肃清事件》，第 75 页。

表不满。[①]

第二野战宪兵队在进驻新加坡之前，即分组为左翼与右翼两部分：左翼队长横田昌隆（中佐）下辖三分队，即水野铑治（少佐）之分队，合志幸祐（中尉）之分队与大西觉（中尉）之分队。右翼队长城朝龙（少佐）下辖两分队，即上园美治（上尉）之分队与久松晴治（中尉）之分队。他们奉令后，即开会决定：（1）集中华侨于各指定地点，令其各备粮食饮水四天；（2）各区自定“肃清”方法，检出者即交辅助宪兵执行屠杀；（3）利用日军在怡保所掳获的一份华侨抗日捐款名簿，辅之以所获的“抗敌动员簿”、“抗日义勇军编成表”等资料，利用奸民、监犯及情报人员，指认名单中人而拘捕之。最初“检证”时各区尚多包括老年人与妇女，后因马奈木敬信的反对，才将他们先行释放。综计市区的“检证”，系分为五区：上园宪兵分队负责大坡牛车水、老巴刹一带；水野分队负责小坡大马路、三角埔、水仙门一带；合志分队负责皇家山脚、青桥头、大世界、东陵直到布礼申山一带；大西分队负责新世界、惹兰勿刹及石龙岗一带；久松分队负责丹戎百葛码头及中峇鲁一带。市区之外的加东、芽笼区，则由警备大队（第五师团）执行；后港区由近卫师团执行；武吉知马、三巴旺区也由第五师团执行；裕廊区由第十八师团执行。[②]

“检证”开始后，由于传闻错误，受检的华侨是一片混乱，莫知所从。有些布告称，各人应带六日份的食料；军司令部的布告则只称“携带饮料食料”，而未指明日数；传闻中则说不必携带任何食物饮水，前往集合。对于应该去集合的人员，有的称华侨男女 16 岁至 60 岁者应该前往；但有些地区则传闻应往者只限为“男子 18 岁至 50 岁者”。甚至在丹戎百葛区有一日本宪兵军官当众宣布：男子 12 岁至 60 岁，均须前来“检证”。居住中峇鲁的华侨，先受命集中于丹戎百葛的操场；但次日又受命不论男女老少，应分区集中，各人非获得“检”完的印记，不准复出。对于“检证”的目的，当时也谣言纷纷，有人说是听长官演讲；有人说是要领“良民证”；有人说日军将罚华侨作十天劳役，以处罚过去支持英人之罪；更有人说是将召开庆祝胜利大会，每人可领救济金 25 元等等。各集中地区的情形，也都是男男女女，万头攒动，不计其数，很多人都卧无卧处，食无得食。在大坡区的海山街（Upper Cross Street）上，日本宪兵把守住街头街尾的

① 筱崎护：《シンガポール占领秘录》，第 41—42, 177 页；大西觉：《秘录昭南岛华侨肃清事件》，第 80, 85, 86 页；Layton Horner, “Japanese Military Administration in Malaya and the Phillippines”，p.60。

② 吴璜：《星洲各区受检经过》，蔡史君编修：《新马华人抗日史料 1937—1945》，第 433 页；N. L. Low, *When Singapore was Syonan*, p.14; 中岛正人：《谋杀の轨迹》，第 73—74 页。

两端，受检者即如猪仔般被困在街上，过着叫化子般的露天生活。后来经过三个关口的盘查，有的即被准许回家，有的则被卡车载去屠杀。当他们被送上鬼门关要被屠杀的时候，自己尚不知道自己的命运究竟要去哪里呢！[①]

在小坡爪哇街的集合场内，也是人山人海，檐下街中，几无容膝之地。路口筑有防御障碍物，各华侨昼则日曝，夜则露宿，数天下来，又累又苦。在升旗山区，则先遣回妇女和 60 岁以上的老人男子，其他男子则须一一予以检问，其身体强壮的或外貌像知识分子的，即被扣留。再经过一段审问，被认为无罪的，即在手臂上盖一“检”字，予以放行；其余则扣留于一咖啡店内，入夜用卡车载去屠杀。市区“检证”最残酷的一区，据说是芽笼区。该区华侨自 2 月 19 日（阴历正月初五）即男女老幼从芽笼桥直排到直落古老，露宿在该区的操场上两天。许多人因事先不知布告的内容，一点粮食未带，挨饿两天。后来妇女被命先回，男人则蹲在操场上晒太阳，一点水也不准喝，又经过了一日夜，有的才被释遣回，有的则由卡车运出去屠杀。[②]各区的“检证”程序，有的集中继续长达六天，有的则处理迅速，只有六小时即告完毕。抓人的标准，虽然以上述的九类华侨为目标，公开的说法也是只抓义勇军、共产党员、抗日团体人员及向重庆国民政府献金者及以资金援助抗日军者，其实是漫无标准，全由各区之宪兵分队自定标准；如在海山街者多以戴眼镜者为抗日分子；爪哇街者则以有 20 万元家产者（富有者）为抗日分子；直落古楼英校则以南来未满 5 年者为抗日分子；小坡域多利亚英校则以公务人员为抗日分子；快乐世界游乐场之集中站，则开著生、死二门，凡从死门出来的，即性命不保。有的地区以盘问职业为主，有的地区则以观察容貌为主，并有其暗探为之指认。选择之间，全凭各站日宪兵的喜怒；有时右列者释放，左列者则处死。所以，有些集中街区每天抓出一千多人，有的则很少。有的抓人很有良心，检问彻底；有的则甚随便。[③]那些不幸被拘留的人，先被送往另一集中地集合，稍后即用卡车载往市郊漳宜路旦那迷膀勿剎（Tana Merah Beach）、加东海墩、美洛或裕廊律（路），用机枪予以屠杀。有时甚至命令被杀者自掘穴窟，然后开枪活埋之。有些被检者则三、五人被捆在一堆，用大舢船载往圣淘沙岛附近，先予枪杀，然后将死者或受伤者抛之海中。总计经战后查明的

① 许云樵：《昭南噩梦录》，蔡史君编修：《新马华人抗日史料 1937—1945》，第 443 页。

② 吴璜：《星洲各区受检经过》，蔡史君编修：《新马华人抗日史料 1937—1945》，第 433 页；筱崎护：《シンガポール占领秘录》，第 43 页。

③ 许云樵：《昭南噩梦录》，见蔡史君编修：《新马华人抗日史料 1937—1945》，第 444 页。

屠杀地点，计有二十多处。[①]

第一次市区的“检证”（“肃清”）大致遵山下奉文之令于2月23日执行完毕。但因区域辽阔，特别是郊区居民的分布，零星错落，集中困难，所以，接着在2月底的数日之中，开始了第二次的“肃清”。这次“检证”，在市区主要是第一次“检证”的延续，即按所获的各抗日人员名册，按名检举而予以拘捕。日本宪兵拷问犯人的凶残方式甚多，花样百出，“堪称世界第一”[②]。昭南岛郊区则自2月28日开始，由各驻军直接搜捕屠杀。近卫师团甚至在此之前，即以报复华侨义勇军在其登陆新加坡岛北时猛烈抵抗为辞，自英军投降之次日（2月16日），即在武吉知马路“五条半石”（5英里半，即距新加坡市区中心5英里半）附近的华侨所办的龙兴米粉厂内展开屠杀，将躲在该厂防空濠内的所有人员，全予赶出；又将附近一带的妇孺尽数驱往华侨中学后面的森林之中，男的即就该厂内集体屠杀，然后再用刺刀刺死。三民主义青年团主任梁后宙全家30余口，匿居于武吉知马路六条石处，即悉被惨杀，梁本人则因返国而幸免于难。

后港“六条石”的日军，则驱逐所有前去“检证”的华侨至“七条半石”的英文学校，用铁丝网围起来。如受检者被认为可疑，即驱禁之于车房中；否则，释之，留之于铁丝网左的空地，但不允回家。被拘于网内与车房内的人，积有相当数目，始用卡车载往榜鹅路，用机枪扫射屠杀。在淡申律（路）“六条半石”蓄水池旁扎营的日军，则拘捕村民于其营地之前，经过一番盘问，额上画一蛋形者，占2/3，则送往屠杀；其余1/3，为当地村民，则不画号，只另外押在一旁，最后予以释放。在裕廊路的“检证”，则以发“良民证”为诱饵，集中该区居民于云南园制胶厂、辅华学校、裕群学校与蔡厝港登嘉机场等地。被检出的所谓“抗日华侨”，有些被当场枪毙，有些被驱上山头，集体枪毙。蔡厝港路仅有居民约五百人，日本近卫师团则将男子驱禁之于一处市场，予以屠杀；妇女则拘禁之于一所巫文学校，集体奸污后也予以屠杀。甚至对于儿童，也绝不放过，极野蛮之能事。在整个的“检证”之役中，近卫师团在郊区的集体屠杀

---

① 南洋华侨筹赈祖国难民总会编：《大战与南侨》，新加坡，新南洋出版社1947年版，第61，63页；儿岛襄：《儿岛襄战史著作集》，东京，文艺春秋社，1978，第344页。据许云樵教授对日军“检证”之役所作的观察，认为在大坡区检证最无标准；小坡区被检去的，多为店东、探员、银行职员、戏剧演员或大商人（资本家）；义勇军队员与共产党员，则被检去者极为寥少。青桥头、大世界及惹兰勿杀等集中地被检杀的，则多是身强力壮的劳动阶级人士与智识分子，数目均以千计。许云樵：《昭南噩梦记》，见蔡史君编修：《新马华人抗日史料1937—1945》，第875—876页。

② 中岛正人：《谋杀の轨迹》，第69页；Layton Horner, “Japanese Military Administration in Malaya and the Philippines”, p.61.

行为，是最惨酷的。

郊区的“检证”，一直延续到3月3日，才告一段落。①

1942年3月底实际又有第三次的“检证”，惟其规模较小，只有约300人被拘；②大致只是市区第二次“检证”的延续而已。

这次昭南岛的“检证”大屠杀，从1942年2月18日开始，以迄3月3日，共计延续了十三、四天之久；名义虽然为“肃清”抗日分子，实际上却纯为对非武装与非战斗人员的漫无标准的屠杀。而且此一“检证”屠杀虽然号称“检证”，实际完全与“无差别”的屠杀无异；真正抗日的华侨领袖与共产分子，则全未逮到，而所屠杀的几全为无辜的民众。到底这次日军杀害了多少华侨？辻政信本人在1942年3月10日曾自称，在新加坡杀害了6000—7000人，在柔佛屠杀了4000—5000人，合共1万人到12,000人左右。战后在新加坡审判日本战犯河村三郎、大石正行、大西觉等时，河村与大石都承认市区所杀者，为5000人；近卫师团等在郊区所杀的，则有1000人，合计为6000人。大西觉的估计甚至更低，说华侨被杀的包括在作战期间死亡的，可能只为5000人到6000人。惟曾在昭南岛主管华侨事务之前日军特务筱崎护则称，除市区与郊区被杀的华侨6000人之外，因自2月14日起，日军开始炮击亚力山大区，华侨即一次死亡4000人左右；另外星洲沦陷前因日军炮击而死者每日达400人至600人；加之在日军占领期间被拘禁于监狱中遭受非刑而死的，计有1611人，合计华侨死亡总数当达19,000至2万人。日本有正义感的新闻记者中岛正人则将市区与郊区被屠杀的，合计为6000人，监狱中庋死者1,611人，再计以圣淘沙岛附近射杀后抛尸海中者2,000人，及占领前遭炮击而死亡者，合共约15,000人。

惟近年新加坡史学者蔡史君女士根据她数年在日本所获日方直接资料之1942年陆军省报导部的机密文件《马来方面作战主任参谋谈》及《大本营大东亚机密作战日志》等所载，虽然也都说屠杀华侨的数目为5,000人或6,000人；但这些官方数字显然都是根据辻政信或其他地位类似的人士的报告而来，其有意将屠杀的数字缩小，非常明显。蔡女士所见其他当时日人较独立性的现场观察报告，则与此甚为不同。如在“检证”大屠杀之后到达昭南岛的日军宣传员中岛健藏所著《昭和时代》内，即称被屠华侨总数在1万人左右；日本同盟社记者菱刈

---

① 《星洲日报》1947年4月17日，见蔡史君编修：《新马华人抗日史料1937—1945》，第433页；洪锦棠：《敌寇入境后之新加坡》，蔡史君编修：《新马华人抗日史料1937—1945》，第431页；筱崎护：《シンガポール占领秘录》，第179页。

② Lord Russell of Liverpool，*The Knights of Bushido*：*A Short History of Japanese War Crimes*，pp.250—251.

隆在审判战犯的法庭上作证说，1942 年 2 月 18 日或 19 日，日军参谋杉田中佐曾告诉他，将有华侨 5 万人被杀。后来又告诉他：不可能处决全部 5 万名华侨，但其中的半数，已被杀害。另一日军随军记者高濑也称，实际屠杀的数字，约为预定屠杀 5 万人的半数。另一日军参谋林忠彦也证实原预定屠杀 5 万人之说，但在处决半数后，即接到命令，停止进行，是屠杀的总数为 25,000 人左右。但 1946 年 9 月 11 日《星洲日报》、《总汇报》的社论中提到，根据战时《彼南日报》（槟城）载称，新加坡所“检证”的不良分子为 7 万余人。日本著名有正义感的史学者家永三郎教授所著《太平洋战争》一书中，引证 1942 年的《朝日东亚年鉴》的记载，认为当年新加坡共有华侨 7 万人被“检举”（“检举”出来的，多被屠杀了）。英国随军记者博比·积克逊则认为被检证者 5 万人中，除立即杀戮之外，其他则多被押往马来亚、日本、所罗门群岛、暹罗等地作苦工。①

新加坡华人方面的记载，则认为“检证”之役被屠杀的华侨，合之新加坡与马来亚全境各州，总数约为 10 万人。单就新加坡一地而言，侨领洪锦棠认为较可靠的数字，应为 5 万—6 万人。惟华侨银行司理周福隆的估计，则为 25,000 人左右。侨领李金泉根据 1962 年被难遗族调查会的调查统计，则估计为 19,000 人左右。南洋史学家已故许云樵教授曾自行印制表格调查被难人数，惟发出的调查表的回收率只有 1/4，经多方登录补充，始共得有名有姓者 8,600 多名。但许氏认为：单在星洲一地，只“检证”一役，据说“被屠杀者”已有 5 万人，甚至有人说有 10 万；不过谁也拿不出证据②。侨领陈嘉庚所领导的“南洋华侨筹赈祖国难民总会”（简称“南侨总会”）解散前，曾成立“新加坡市内外调查会”，对蒙难者予以调查统计；惟因当年多全家同时殉难者，加之战时与战后的人口流动甚大，所登记的蒙难者姓氏，也只有 5,000 人左右。惟据蔡史君女士的研究估计，实际被杀者至少应有 25,000 人，如果将被屠杀人数，估计为 4 万人至 5 万人，也“并非夸大其辞”。英军韦尔德上校（Col. Cyril H. H. D. Wild）在东京审判日本战犯的法庭上,甚至认为战时日军在星、马全境所屠杀的华侨总数，应达 15 万人以上③。

---

① 蔡史君编修：《新马华人抗日史料 1937—1945》，第 868 页；南洋商报社编：《南洋年鉴》，新加坡，南洋商报社，1951，第 51 页。

② 蔡史君编修：《新马华人抗日史料 1937—1945》，第 919 页，《南洋年鉴》（1951）称：槟城只 1942 年 4 月的第一次“大检举”，华人被害者，即达 7,000 多人；马六甲被杀者 3,000 多人；柔佛全州在万人以上；只该州新山一市，被害华侨即达 3,000 多人（第 53—54 页）。

③ 蔡史君编修：《新马华人抗日史料 1937—1945》，第 869，871 页；另见蔡史君：《日军检证大屠杀人数之商榷》，《南洋、星洲联合早报》1983 年 6 月 7 日至 6 月 9 日。参阅新加坡中华总商会：《日本占领时期死难人民纪念碑征信录》，新加坡，1967。

2. 1942年3月日本向星、马华人勒索马币5,000万元的暴行

“检证”大屠杀的事件刚刚结束，日本占领军当局即以发动再一次大屠杀为威胁，紧接着又在1942年3月下旬发动了向星、马华侨勒索马币5,000万元的事件；其目的在于勒索星、马华侨财产的半数，以为占领军政的开支费用。其计划之设计与执行，都非常狠毒，实际主持者为星、马最高民政统治机关军政部部长渡边渡（大佐），辻政信自然也参与其事：预定先于4月底勒索5,000万元，然后再于同年12月再如法炮制，以勒索第二个5,000万元，合共马币1亿元。[①]惟第二次大勒索因情势不利，未能执行，而改以其他较为和缓的勒索形式代之。军政部在新加坡被占领改制“昭南岛”之后，即告成立，初设总务、财政、产业、交通等四部与审议室，以昭南岛警备司令部参谋副长马奈木敬信为部长，渡边渡为副长。惟是年3月1日，马奈木被调离星，改由渡边渡升任部长，主持全星、马民政事宜达一年之久。[②]

渡边渡也是一个所谓“支那通”，过去曾在中国东北与华北作情报与政治工作，长达十年，与汉奸殷汝耕之建立“冀东自治政府”的傀儡政权有关；又曾参与南京大屠杀与其他在华的屠杀暴行。对于中国人的各项民族优点与缺点，他是充满羡慕、嫌恶与恐惧的复杂心理，而且又充满仇恨与报复的情绪；因此，他极力支持“检证”（“肃清”），主张对华侨实行强有力的压制。在1942年1月东京参谋本部的一次会议上，他极力反对让马来亚华侨与南京汪精卫伪政权发生联系，更反对让汪政权在马来亚建立领事馆，及让华侨保持为一个个别的民族单位；认为应视华侨为被征服的民族，只给予最低限度的安抚措施，而以高压的方式向其征收重税，强收捐款，拒绝其以平等的地位参与当地的行政事务，并切断其与中国的任何联系。

所以，渡边渡之勒索华侨5,000万元的巨款，目的固然在支付占领星、马军政的庞大支出，与缓和通货膨胀的步骤，其正式的名义则公然称之为“华侨赎命钱”[③]。日本政府不只在“检证”之役中，对于非战斗人员的华侨平民，表现出

---

① 陈育崧：《〈新加坡沦陷三年半〉读后》，《椰阴馆文存》第3册，第327页。

② Layton Hornor，“Japanese Military Administration in Malaya and the Philippines”，p.62；蔡史君编修：《新马华人抗日史料1937—1945》，第286页。军政部于1942年8月1日，改称军政监部，以军参谋长铃木宗作为军政监。不久，西大条胖继之；下设总务、管理、警察、产业、财务、交通等六部。参见蔡史君编修：《新马华人抗日史料1937—1945》，第286页。

③ Yoji Akashi, “Japanese Policy toward the Malaya Chinese，1941—1945”，p.70. 本文之节译本，见阳石明至撰、张清江译：《日本对马来亚华人的政策》；Military Tribunal for the Fast East, *Transcript of proceedings*，Vol.14, pp.5679—5680。

非人道与违犯海牙“战争公约”的精神与条文，此勒索事件之穷凶极恶，其原则与措辞之恶劣，都与最恶劣的土匪盗贼的脸嘴，无何差别。1942 年 4 月中旬，在渡边渡主持下所草拟的“华侨工作实施要领”中（当时系极秘件），曾列举对华侨政策的指导原则云：

（1）对于不合作的华侨应以一贯的坚决的手段包括没收财产与驱逐出境对待之。惟对于全心全力与日本当局合作的华侨，则应适当地允许他们“和平舒适地生活下去”；

（2）为减轻日本发展南方地区（即南洋）的重负，华侨商业可予之以“主动经营权”；惟与华侨相比较，马来人与印度人也不应给予歧视性的待遇；

（3）在重庆国民政府被击败之后，马来亚华侨才可在该地区担任“积极的”角色；

（4）华侨社会应“估出”（assessed）马币 5,000 万元，以为马来亚军政支出之用，以作为该区华侨过去支持抗日重庆（南京）国民政府的一项惩罚手段。

协助渡边渡执行此一“勒索”工作的，则为军政部的“高级嘱托”（特派员）高濑通。高濑也是一个典型的日本浪人（流氓），其仇华与蔑视华人的成见极深，但却自以儒学思想的信徒自居；身材短小，肤色黑而矫壮，为典型的日本“小军阀”的样子；过去曾与渡边同在侵略中国的作战中共事多年，历经东北与华北各地，虽不精通华文华语，却常诗咏雅诵，自以为得意，并经常以雄辩式的言辞，向新到南洋就任的日本文官作反华仇华思想的指导。对于华侨，则一贯以严肃、威胁与高压的态度与语调，谩骂侮辱之，无所不用其极。他在日本对英作战之前，即曾奉派两次来马来亚作间谍侦探工作，为渡边渡华侨政策的拟议者与主要执行者。不过，他虽然对华侨自高自大，擅作威福，但他实际在军政部内的地位并不高。[①]

渡边与高濑实行勒索政策的第一步，就是利用新加坡华人著名领袖、曾任厦门大学校长 16 年之久、时已 72 高龄的林文庆博士，出来组织“华侨协会”，作为他们利用勒索的工具。林博士在“检证”之役中，因为家中藏有重庆南洋视察团团长吴铁城的纪念像及蒋委员长嘉勉他献金的旌功状，于 1942 年 2 月 25 日（或 26 日）为日宪兵所逮捕，极有被枪毙的可能；其老妻则被罚在烈日下跪了四个小时，并遭受到其他侮辱；其家中也为宪兵日夜所驻守。幸为日人战前即在新加

---

① Y. S. Tan, “The Extortion by Japanese Military Administration of $50,000,000 from the Chinese in Malaya”,《椰阴馆文存》第 3 册，第 166 页；中岛正人：《谋杀の轨迹》，第 84 页。Layton Hornor, “Japanese Military Administration in Malaya and the Philippines”，p.63；筱崎护：《シンガポール占领秘录》，第 63, 68—69 页。

坡作华侨谍报工作、此时担任军政部养护科长之职的筱崎护所救出。释放林氏之后，日军当局即于1942年2月27日召其前往翠兰亭吾庐俱乐部，迫其出面领导组织“华侨协会”，以对日军“献财赎命”①。当时被拘押于该俱乐部的著名侨领多达40人，包括李俊承（曾任代理南侨总会会长）、陈延谦（代南侨总会会长）、陈六使（新加坡中华总商会副会长）、李伟南、杨瓒文、黄兆珪、邵仁枚、邵逸夫等。此后数日，侨领被拘禁者更多，集中于此的竟达240人。林文庆先找了两位医生、一位律师、两位前欧人公司买办及数位殷实商人，出来组织“华侨协会”，其他在吾庐俱乐部被拘留的侨领，则均担任“华侨联络员”之职。3月3日，在林氏的主持下，“昭南岛华侨总协会”（此后去一“总”字，改称“昭南岛华侨协会”）乃正式成立，以林文庆为正会长，黄兆珪为副会长，吕天保为理事长，各方言帮的代表，如福建帮的陈延谦、李俊承、黄建德（为在神户经商的华侨，为日人派来负担监视任务者）；潮州帮的杨瓒文；广东帮的黄兆珪、罗承德；海南帮的林少章；客家帮的胡载坤；三江帮的杨惺华；侨生帮的陈温祥等20人为理事；陈育崧、曾郭棠为秘书。“昭南岛华侨总协会”直属于军政部，受“高级嘱托”高濑通的指挥，并由内田担任“顾问”，军翻译前在日商南洋仓库任职的台湾人黄堆金为“驻会”。后来因高濑对黄不放心，乃另派远藤为“驻会”。该协会初以吾庐俱乐部为会址，后才迁至High Street中华总商会的会址。

马来亚各州原已有各州个别成立的“维持会”或“奉仕金筹集会”的组织。稍后，奉高濑通的指命，也都改组为各州“华侨总会”。6月6日，并与“昭南岛华侨协会”合组“马来亚华侨总协会”，以林文庆为总会正会长，彼南州（槟城）协会会长连裕祥、雪兰莪州协会会长黄铁珊为副会长②。

华侨协会成立后的第一项工作，即为筹集“捐献”5,000万元，“献财赎命”。高濑通趾高气扬，对于华侨协会诸理事动辄拍案大骂，威胁说，你们的生命财产均在我手中，生杀予夺，要大家准期筹好献金，否则，绝不客气。1942年3月20日，渡边渡对华侨协会诸领袖的演说中，也说：南洋华侨的恶德甚多，中日战争而华侨供大量资金于中国本土，实为遗憾。大日本政府的政策，本预定将昭南岛华侨“肃清”（意即“屠杀”）一半，运至无人岛上予以焚杀；幸赖日本天皇

① Y. S. Tan, “History of the Formation of the Overseas Chinese Association and the Extortion by Japanese Military Administration of $50,000,000 Military Contribution from the Chinese in Malaya”, in *Journal of South Seas Society,* Vol.3, No.1 （Sept.1946）, p.1；筱崎护：《シンガポール占领秘录》，第52页; Y. Akashi, *loc.cit.*, p.69。

② Y. S. Tan, “History of the Formation of the Overseas Chinese Association”，pp.2—3；蔡史君编修：《新马华人抗日史料1937—1945》，第287页。

垂怜，以至急电报，称其为可哀诸相，屠杀数目才为之减少。“大家应感谢天皇救命，勿忘天皇救命之恩，而对大日本帝国表示忠诚。”黄堆金威胁说，日军要将昭南岛华侨全部驱出饿死，因为他们协助中国抗战，使抗日战争得以继续下去①。宪兵队长大石正行因侨领陈延谦讲了几句话，请求释放被拘押的华侨，即被他痛骂了一顿，并叱令全体华侨代表“滚出去”②。潮籍闻人陈锡九以英语发言，也被日军特高科（特务）警告，如再用此“已死去之英语”发言，定当格杀勿论③。这些都是威吓华侨就范的一些步骤。

马币 5,000 万元在当时是一个很大的数目。陈延谦为财政专家，经理银行业务多年，即称战前英人在整个马来亚，包括北婆罗洲、砂朥越与汶莱三邦在内，所发行的叻（马）币总额不过为 220,000,000 元；何况英人在投降前又曾在新加坡焚烧了约一亿元马币④。所以，市面流通货币额，实已不多；何况所有当地的银行，均已关门，何来如许的巨款？但既经受命，谁敢违抗？所以，3 月 22 日，各州华侨协会的会长与代表们，都齐集军政部，在高濑的主持下，分配各州应奉献的金额如下，高濑并命大家应该在一个月后的 4 月 20 日交齐：

昭南岛：1000 万元；森美兰州：200 万元；雪兰莪州：1000 万元；吉打州：80 万元；吡叻州：850 万元；彭亨州：20 万元；彼南岛（槟城）：700 万元；丁加奴州：20 万元；马六甲州：550 万元；吉兰丹州：30 万元；柔佛州：500 万元；玻璃市：20 万元⑤。

在集议时，马六甲代表认为该州实在无法筹措到 550 万元的巨款，因为英人撤离时该州所流通的货币总额，不过只有 150 万元。但他的发言，被认为是反对筹款，即惨被痛打了一顿，驱之于监狱监禁。各州也受命必须每日将他们筹得的捐献数额，报来昭南岛，在《昭南日报》上发表。后来因为马六甲州与吡叻州筹款实在困难，昭南岛允多负担了 250 万元。

---

① Y. S. Tan, “The Extortion by Japanese Military Administration of $50,000,000”,《椰阴馆文存》第 3 册，第 165，166 页；筱崎护：《シンガポール占领秘录》，第 64 页。

② Y. S. Tan, “The Extortion by Japanese Military Administration of $50,000,000 from the Chinese in Malaya”,《椰阴馆文存》第 3 册，第 165 页。

③ *Ibid.*; 陈育崧：《〈新加坡沦陷三年半〉读后》,《椰阴馆文存》第 3 册，第 329 页。

④ Y. S. Tan （陈育崧），“History of the Formation of the Overseas Chinese Association”, p.7. 据说马来亚货币委员会（Malayan Currency Commission）1941 年所发行之货币，实际流通于星、马及北婆三邦者，只有$219,800,000，见蔡史君编修：《新马华人抗日史料 1937—1945》，第 792 页。

⑤ Chin Kin Onn, *Malaya Upside Down*, pp.70—71；蔡史君编修：《新马华人抗日史料 1937—1945》，第 287 页；陈育崧在其所著 “History of the Formation of the Overseas Chinese Association and the Extortion by Japanese Military Administration of $50,000,000 Military Contribution From the Chinese in Malaya”一文中称，吡叻州被分配之献金额为 800 万元，森美兰州为 150 万元，彭亨州 90 万元，吉兰丹州 50 万元，丁加奴州 30 万元，均不正确。

以各州筹款的情形来看，吉打、玻璃市、彭亨、吉兰丹、丁加奴等州，均尚大致无严重的困难。新加坡、柔佛、森美兰等三州虽有困难，但还都可以勉力应付。新加坡是大家推举吕天保为献金主任，调查各家庭的财产。财产在 3,000 元以下的免交献金，在 3,000 元以上者则交纳财产额的 8%，而财产额的计算，系以战前英人主管的土地局（Land Office）、公司注册局（Registrar of Companies）与入息税局（Income Tax Office）的档册所载为据：由各方言帮互校对方人士的财产。此外，新加坡较之其他马来亚各州尚有一较为有利之处，即日军自宣战之日起至它占领新加坡之时，其间经过了两个多月之久；华侨可有较充裕的时间，自银行中提出自己的存款；何况新加坡在战争期间破坏也少，英殖民政府的档案保存完整，而经理财政的人才也多①。但在一个月到期应交献金全额之时，它却只征收到全额的 3/10。因为侨生帮收款的情形最差，其帮代表乃被日军拘押于监狱。林文庆本人应交的 2,200 元，也无款可交，后来才由其学生代交了事。

马六甲州的筹款，则很难达到 550 万元的巨额，因为该州并没有拥有较大工商企业的华侨，其当地之所谓富有华侨家庭的收入，多来自农产品的运销，数额有限；与新加坡的富户人家相比较，他们只能算是中等人家。所以，马六甲只能靠向银行贷款，以交纳献金的配额。吡叻州的负担，如以其华侨人口在整个星、马华侨总人口所占的比率来看，是最沉重的了。加之该州华侨的财产，在日军南攻期间，所受的损失最重，不只锡矿在战争期间的焦土战中，多被破坏；橡胶园也多被砍伐毁弃。又因战争突然爆发，华侨在银行中的存款，多被冻结，许多存户都成为一文不名。该州华侨协会分摊各户的应捐献额，也常被指为并不公平，但仍无法达到预定的目标。驻扎当地的日本宪兵队乃拘押那些到限期仍无法交纳献金的人士，施用各种酷刑，以恐吓之。如吡叻州逃亡的富商陆氏夫人，为日宪兵逮捕后，两手被捆缚于中央警署的椅子上，裙子被撕下，而被处以用火烧阴毛的酷刑。宪兵队又召集该州约 120 位华侨富商于太平华侨协会会馆，当场威胁将其中的 30 人关押入狱，并声言要杀几个人头，以示警告。各华商只好以低价变卖其房屋、钻石、黄金、珠宝以及其企业经营所需用的汽车、卡车、电动机、采矿机及引擎等等，多以战前价格的 1/10，甚至 1/15 的贱价出售。如橡胶园原价每英亩 500 元的，只卖 40 元或 60 元；独立洋房原价 2 万至 3 万元的，只卖 3000 元或 5000 元。该州华侨协会并规定各商店店员与公司职员每人最少应交 3 元，各商店店主交现有货价的 10%，财产则征 10%至 15%的献金额，拥有机动车辆

---

① Chin Kin Onn，*op.cit.*, p. 71；筱崎护：《シンガポール占领秘录》，第 66 页；Layton Hornor, "Japanese Military Administration in Malaya and the Philippines", p. 64; N. L. Low, *When Singapore Was Syonan*, p.52.

的主人也要交纳车价 10%的献金。即使尽到了最大的努力，但到献金交纳的最后限期时，仍无法筹得应缴额的半数，只好向怡保的“横滨正金银行”（今改名“东京银行”），以价值 1200 万元的产业为抵押，借款 400 万元。每月只利息的交纳额即须$19,726.03[①]。

雪兰莪州与彼南岛在筹款方面也很有困难，但两州各有公正人士来估算各华侨家庭的应征数额，为大家所翕服。前者的收交“献金”也是以华侨每户的产业总值交纳若干巴仙（百分率）来计算，但产业总额大的，其所纳的百分比较小。该州华侨协会会长黄铁珊因对献金数额稍稍表示意见，即为日籍顾问内田申斥之为“不知足”。

4 月 20 日献金的期限快要到了，但各州的预定交纳额仍无法交来，作为总会长的林文庆博士非常着急，在与军政部当局会见时，他哭泣着说：

“果我们需要死，那我们就死吧！但我要指出，政府在征集这一献金所采取的方式，在任何国家都是无此先例的”。

说完后，他又坐下来哭了[②]——这真是一句向日军占领当局最不人道的勒索方式最沉痛最深沉的抗议。

在这样的情形下，渡边渡只好答应延期 5 天，到 4 月 25 日交纳。但到期时，献金仍然无法足额。高濑通乃召集各州华侨协会会长于新加坡，一个一个地叫去痛骂。最后，才决定将献金截止日期延期至 6 月 20 日。至期之日，各州代表再聚会于新加坡，但总计也只筹捐到 2800 多万元，其中尚包括折算代金的黄金、橡胶等实物在内。最后只好在黄堆金的谈判下，自横滨正金银行（即今之“东京银行”）借款 2,125 万元，年利 6%，以一年为期，合之已交到的献金，凑成 5,000 万元。各州分别借款的数目，计为：

昭南岛$1,350,000；柔佛州$1,000,000；彼南岛$4,450,000；雪兰莪州$6,000,000；吡叻州$4,250,000；森美兰州$700,000；马六甲州$3,300,000。

1942 年 6 月 25 日，马来亚华侨总协会的 60 多位代表齐集昭南岛军政部所在地的前新加坡商会（Singapore Chamber of Commerce）的福勒尔大厦（Fuller Building），由林文庆博士代表呈献此勒索来的马币 5000 万元巨款于山下奉文。林氏在此典礼上的献辞，事前曾经高濑通的八次修改，第一句即为“我等过去为英国人的傀儡”（原句本为“走狗”二字），极尽谦卑恭顺之能事。读完之后，72 岁高龄的林氏即因脑贫血而晕倒。但趾高气扬的山下奉文，对此却绝不领情，用极为严厉的语句，痛骂了这些华侨协会的领袖一顿，极嬉笑怒骂之能事，而训话

---

① Y. S. Tan, “The Extortion by Japanese Military Administration”, p.11.

② Chin Kin Onn, *op.cit.*, pp.73—79; 蔡史君编修：《新马华人抗日史料 1937—1945》，第 564 页。

长达一小时之久。

此5,000万元的巨款，此后大部分即作为日军马来军政部的基金，其分配用途包括：（1）以500万元作为军政部的附加基金，以供该部最初三个月内之救济难民与其他民政事务之用；（2）以300万元作为研究当地民族的文化与历史之用；（3）以1,000万元作为建筑公路、海港与桥梁之用；（4）以300万元作为设立南方特别学校（即训练间谍之学校）之用；（5）另以1,000万金作为发行建设公债基金之用；（6）600万元作为开办银行基金之用；（7）以1500万元归入日本国库①。

3. 日本广岛、长崎之痛遭原爆大部毁灭实为日本战时暴行之必然后果

从以上的叙述中，我们可以看到，“检证”之役实在是日军在山下奉文的指挥下对非战斗人员与无武装、无抵抗能力华侨的一种“无差别”的屠杀，是在战争行为结束之后的一种对平民的屠杀；它不只违反人道，也违反了国际间历次在海牙所签订的“战争公约”的精神与有关的条文（日本也是该“公约”的签字国），实毫无疑问。而勒索马币5,000万元之事件，则与“检证”密切相关，为向华侨公然勒索的“赎命钱”。此两事件的动机与手段，都是极不人道和极无国际公理可言的赤裸裸的“暴行”②。都是代表当时日本民族道德沦丧、行为卑劣的两项典型例证。日本与此有关的战犯在战后著书立说，虽然也承认这些行为为太平洋战争中日军的污点，为非常可耻之事，但他们常将“检证”之役被屠杀的昭南岛华侨与被美军以原子弹轰炸日本广岛、长崎两市日本市民的死伤各十余万人的情形相比较；③实在是极为不伦不类而非常荒谬无耻的事。因为前者系对无抵抗能力、非战斗人员的平民的“无差别屠杀”；后者则系对仍在战斗之中号称“一亿玉碎”的军民混合体的“膺惩”。前者系发生在战斗行为早已结束之后（英军早已投降），纯为一项对平民毫无原则与毫无理性的“惩罚”或“报复”；后者则为仍在作战期间的“战争行为”。两者的性质是完全不相同的。我们应该指出的，正是因为日本政府与日军当局如山下奉文、松井石根（南京大屠杀的日军最高司

---

① 蔡史君编修：《新马华人抗日史料1937—1945》，第289页；参阅李恩涵：《1942年初日本军占领星洲“检证”之役考实》，第11—12页。

② 参阅A. Frank Reel, *The Case of General Yamashita*, pp.101, 107—108, 261. Rell因为被任为山下奉文的军设辩护人，故极力在马尼拉战犯法庭上为山下辩护，其主要论点为山下身为菲岛日军最高司令官，对其属下所犯的种种暴行，不应负责任。此论点已经美军检察官予以驳斥，也不为美军总司令麦克阿瑟将军所接受；故山下不久即被判处死刑，受绞而死。至于日军的“检证”屠杀之役，由于战后各战犯在法庭上均指证此一命令系来自山下奉文，故Reel的种种论辩，对于此案，并不适用。

③ 大西觉：《秘录昭南华侨肃清事件》，第133页。

令官）之流，在中日战争与太平洋战争中经常下令或纵容其部属大规模屠杀敌方已无战斗能力的官兵与非武装的平民，所以，战时日军所给予敌方的印象，总是“野蛮、狠毒、无情与热狂”的一种典型。而美国总统杜鲁门（Harry S.Truman）的日记中，记述他之所以决心命令投掷原子弹于日本，也是因为日本人是“野蛮、狠毒、无情与热狂的”①。换言之，正是因为战时日军的这些司令官与其所属的官兵，屡次重复着南京大屠杀、昭南大屠杀与其他较小规模的战争罪行，最后日本无武装的平民群众也被“以牙还牙”尝到了战争最残酷的滋味了——日本是全世界第一个、也是唯一的一个身受原子弹破坏蹂躏的国家。追源祸始，山下奉文、松井石根等战犯实在应受到最严厉的历史审判——他们是“战犯”中的“战犯”，是人类中可耻的“渣滓”。关心和注视东亚大局发展的中国人、美国人、苏联（俄罗斯）人、韩国（朝鲜）人等，对于他们在代表日本国家与人民时所犯下的惨无人道的战争罪行，世世代代，不会忘记的。这些被处死了的大战犯和千万个因战后大局变动而侥幸逃过一死的中、小型战犯如渡边渡、高濑通之流，他们的双手沾满了亚洲各族人民的鲜血。他们这些人也都是导致日本军民首尝原子弹悲剧的最直接的一项因素（想一想，日本广岛之惨被“原爆”所熔攻，死者已矣，伤者残痛多年至今，是多么令人悲痛心碎的事）。这是日本人民应该反省的一项事实。日本政府与人民在此战后五十多年之后的今天，实应好好地、规规矩矩地确认此一他们自己“加害者”的事实，才能体会到他们身受原子弹惨祸的真正意义吧！否则，日本民族之第二度再惨遭核战的毁灭危机，实有其极大可能性（不要忘记日本与中国以及日本与韩国（朝鲜）的历史仇恨，因为战后日本政府与社会之歪曲与妄想抹杀历史上本章所述的一些史实至今并未完全解决呢！）。因此日本政府应如战后的德国政府一样，不应放纵日本右派的种种荒谬作为，而应对历史问题做出公正性的确认，如战后德国人之所作所为。日本如无国际正义的观念在心，它在国际社会中是无大分量的。

（李恩涵：《东南亚华人史》，台北五南图书出版股份有限公司 2003 年版，第 522—561 页）

① John W. Dower, *War Without Mercy: Race and power in the Pacific War* （New York: Pantheon, 1986）, pp.142, 301, 303.

2.日本压迫下的马华经济

吴体仁

一、两大产业的破坏

马来亚经济以树胶锡矿为两大骨干，全马胶园面积约三四四二六四九英亩（欧人经营者占百分之七十，我侨占百分之廿九）占全世界产量约一半，列第一位。卅年前，侨胞在马所营锡业，占全马产量百分之八十，第一次欧战后，欧人以现代技术相争竞，我侨遂落伍下退，降为百分之三十强矣。虽所占成份不大，而华侨工商经济企业之荣枯隐然视此二业之隆替为转移。

日敌南侵后，以海洋上面航线之伸展深感船舶不足，故急就锡矿场之铁船，拆卸其发动机，装置小汽船，破坏甚厉。例如，吡叻州境内之华人锡矿约四百七十处，而破坏较轻能于最近期间复工者仅卅处而已，其他规模较大者，全马四十四处锡矿中，十三处预计须待至一九四六年下半年始能复工，廿二家更须待一九四七年后始能恢复原状，五家则非迟至一九四八年不成，余三家已成焦土，复工已成绝望。

至言胶树，则沦陷中之三年半，苟非停割荒芜，即为斩伐作薪，或砍胶树以种杂粮。以柔佛州而论，已斩伐原胶树百分之二至五。大胶园之熟练工友，又多数被日敌征赴暹罗开山筑路，饿毙病殁者甚多，人力物力之损失，为数不赀。

二、现金与物资的损失

现金，则敲精剥髓，竭泽而渔。先之命全马华侨筹五千万之奉纳金，在槟城又继以献金，下令商号呈报原资本额，即依此数勒令献出，竭泽而渔，非予华商全部破产不已也。马六甲则于第四度天长节前，令出入口殷商醵献三百四十余万，为巩固防务基金。

初期通货，新旧并用，迨后则日军用票，与日俱增。据广播，日敌在马来亚滥发钞票，在接近降伏数月，每日增加六百万，不负责，不签字，无水印，无号码。

全马一大部份旧钞珍宝，由毫无准备金之日钞吸收换存之于南方开发金库，于是，而所谓家饶户足满箧盈箱者尽系军钞。有礼佛拜神者，以冥币价贵，故焚日军用角票以代，其所耗之值，转较冥币为廉。

侨胞所经营之蔬菜园，果园，以及其他薪炭，鱼类一切必需日用品之零卖小商人，又在受组合限制，各产品由组合用至贱官价收买，统制买卖，集中配给。交通运输，梗阻为难，法令所限，不特本州与外地货源不克交流，即一州之中，有时亦难有无相通。例如森美兰州，素以出产蔬果著名，其价甚廉，芙市即大贵。凡物一经组合转手，辄假藉势力暗售黑市，坐猎厚利。敌军队所需，一呼即百诺，民间消费者需求，往往列队困待，竟日不达目的。民众怨叹悲愤，小商人难博微利，一片叫苦声惨不忍闻。

三、所谓粮食增产的效果

马来亚半岛之稻作农业，在战前本只许土人为之，其面积约为七五三二四〇亩，（英亩，下同）收获量年约三四一四五五吨。旋试验改良，提倡增产，但距实际需要额，尚少百分之六十六，故年须从暹越缅输入六五八六五三吨以挹注之。

日寇占领后，海上交通受联军潜艇封锁关系，舶来粮食，不能一如预期。敌军政监部，遂主张就地垦植，自给自足。三年之中，增辟新地包括已斩伐及已种植者计四十三万亩，达预定计划拟开七十二万五千亩之六成而已。民国卅三年虽已斩伐而尚未垦种者，计廿六万亩，已种作物之面积计十七万一千亩。其中水稻二二〇九六亩，陆稻四三〇一六亩，杂谷六〇七二亩，甘薯及木薯一〇〇三九六亩。若以地域分论，种水稻之最多者，为雪兰莪八五〇〇亩，彭亨五〇〇〇亩，霹雳三四〇〇亩，柔佛二九〇〇亩。陆稻则柔佛二三〇〇〇亩，霹雳九八〇〇亩，雪兰莪五〇〇〇亩，彭亨二九〇〇亩。玉蜀黍，芋，粟等杂粮及甘薯木薯，柔佛三八〇〇〇亩，雪兰莪三〇〇〇〇亩，马六甲一三〇〇〇亩，霹雳九〇〇〇亩。

四、饥饿线上的挣扎者

惟鸟道兽迹，原野榛莽之区，多被山猪蹂躏，田鼠暗窜，山雀空袭，防不胜防。病虫害上加害，既无示范农场及专门人才之指示，又缺药物与工具以去患预防，故就一般言，收获量大都低劣不堪。以作者所躬耕之海泉农场为例，所领四十八亩之广土，以人谋不臧，风土恶劣，害鸟虫兽之为祸，仅种一半面积而已。

而即此已种植中地之二亩许稻田，自播种至收获，历时半年，仅得百余斤谷。第二次以二亩弱，收六百斤许。第三次三亩许得一千斤而已。欲求自给自足戛戛乎难，不得不喝稀粥，吃甘薯以调剂之。每一住民每月所配给之米，在昭南时代，始为廿斤，继则为递减至八斤，女人小孩尤少。在柔佛，在森美兰等州，雪兰莪州市内住民尚有配米四斤，市外全无，势必至全恃杂粮充饥。黑市米价高，每担涨升腾至八千元许，能有几人可吃。木薯甘薯及叶，米碎，在战前为豢豕犬之食料也，今则养人，食而甘之，求且不易得矣。故肌黄骨瘦，形容枯槁，面目黧黑之空腹人群，触处可见。半人半鬼，营养不足，缺乏维他命而罹脚气病，湿疮疥者特多。街头巷尾之乞儿饿莩，穷形苦相，不忍卒睹。芙蓉巴杀内，常有尸横陈，昭南道拉实街公厕，标明日人专用公坑，而偏有窭人子，自缢于其内，为恶作剧之讽刺。

（南洋华侨筹赈祖国难民总会大战与南侨编纂委员会:《大战与南侨:马来亚之部》，新南洋出版社 1947 年版，第 39—40 页）

3.日本滥发军票与搜括物资一斑

一、军票滥发数目

关于日本在马来亚滥发军票一事，一九四五年十月十日新加坡海峡时报载有同月八日吉隆坡一则通讯如下：

当英政府民政官员接管此联邦首都时，日政府交出大量成堆之军用票，即所谓“蕉票”，票面约值五万万元，重约三百吨。

日军财政官出一地图，指示该军票所在之地点，以告英军方财政顾问官麦法兹典上校（Col.Mac Fazdean）。据云此种款项甚多，不虞缺乏。

有数处仓库中堆积此种军票至于上抵屋顶，又在普度监狱（Pudu Gaol）中之地窖，亦堆积散张之军票，其高至膝，其票面价值不一。

麦法兹典上校以此等无价值之大量废物，乃填塞宝贵之货仓，拟付之一炬云。

日军政府管理马来亚财政之官吏似几于完全不晓经济学之基本原理，甚至今日尚不知彼等滥印此等多量军票，亦不能解决其所有诸问题也。

在一九四一年马来亚英政府之货币委员会（Malayan Currency Commissioners）所发马来亚通货共达二万一千九百八十万元叻币。日本人估计日军政府在占领马来亚期间共印发，七十万万至八十万万元之军票（7,000,000,000—8,000,000,000）。

日军政府管理通货官吏，经英军民政官员质问时，答云彼等对于所印发军票，亦只有粗略之观念。据云彼等极难阻止各军队附设之流动军票印刷部之自印。由军队之流动印刷部所呈上之唯一报告只言明所用去之纸之重量，而日军政府之通货管理官则据此以估计其数目。

此项“蕉币”经英军政府拒绝承认其价值后，已全成废物。

二、搜括物资政令

日本统治马来亚时期如何搜括华侨物资，可由下列几件政令，窥见一斑：

（一）马来监令　第十二号

关于依据重要物资等统制令之生活必需物资之贩卖限制定之如左（下）。

昭和十八年九月一日　　　　马来军政监

关于生活必需物资之贩卖限制

别表所载之生活必需物资，如地方长官指定其贩卖方法时，非依其方法不得贩卖。

附则

本则自公布之日起施行

马来监令第十号“关于生活必需物资之临时措置”兹废止之，但关于本则施行前所作行为之适用罚则，在本则施行后仍有效力。

别表

一，棉织系，棉缝系，人绢缝系（编者按系即线）。

二，棉织物，人绢织物，毛织物及以前项之系类织制之交织物。

三，以前二项所载之物资制成之衣料，物品（包括手巾及毛巾）及寝具用品。

四，自转车及自动车用之外胎及内胎。

五，各种洋纸类。

六，左（下）列之药品类：

1.Acetarsolum 2.Arseno benzolum 3.Emetinum hydrochloricum 4.盐酸吗啡 5.Neo-Arseno benzolum 6.药用酸盐 7.药用硝酸 8.药用硫酸 9.Aethylmorphinum hydro 10.Alciloidum Opii hydro 11.哥罗仿 12. 盐酸柯加因 13. 药用苛性加里 14. 药用苛性苏打 15.阿色顿 16.药用醋酸 17.药用硼酸 18.麻醉用以脱 19.药用寒天 20.过锰酸加里 21.加加阿脂 22.橄榄油 23.苦味丁几 24. 盐蒲罗加因 25.磷酸哥低因 26.Mercuro chrom 27.药用阿摩尼亚水 28.Oxydolum 29.赤血盐 30.黄血盐 31.Pepton 32.甲醇 33.化学用酒精 34.碘 35.泮创膏 36.化学用蓨酸

（二）马来告示第卅八号

关于依据重要物资等统制令暂定的禁止生活必需物资移动之件。

马来亚监令第十二号“关于生活必需物资贩卖限制之件”之别表所载物资，迄地方长官指定之日止，其间不得移动。

马来亚军政监　昭和十八年九月一日

（三）昭南特别市告示第二百六十八号

关于生活必需物资贩卖业者指定办法事。

（一）马来告示第十二号，关于生活必需物资限制贩卖事，另表所登载之生活必需物资，凡欲申请为指定贩卖业者，（以下称指定商）应照下列各事项缮就申请书两份，向昭南特别市长提出。

（1）申请者之姓名住所及国籍。

（2）营业所之所在地及商号。

（3）马来告示第三十九号分类物资所持有之数量及价格。

（二）申请为指定商者，须与下列条件相符合。

（1）已遵照马来告示第十号，生活必需物临时措置令第三条，规定提出正当报告者。

（2）马来告示公布时，已有营业店铺，公然经营生活必需物资贩卖业者。

（3）切望继续营业为忠实之指定商者。

（三）凡不合以上条件者，或无意为指定商者，应照下列呈报昭南特别市长。

（1）姓名住所及国籍。

（2）马来告示第三十九号，分类物资所持有之数量及其所在地前次所报告之物资，可由政府购买。

（四）为便利申请者，预备上列两项报告书起见，前日官宪封条可以撤去，但所有物资应妥为保管，以待政府批准派定指定商，或将物资购买。

（五）凡对马来告示第三十九号，所定规格等有疑点者，请亲到莱佛士不来街（即土库街）三十号，昭南交易物资统制组合向政府嘱托员查询便可。此布。

昭南特别市长　昭和十八年九月十九日

三、布类一项的搜括

华侨物资之被日人搜括者，仅棉织品一项，在新加坡即有可惊数目。据新加坡中华总商会一董事所言，日军于投降前二星期，特派军警没收我侨及印商之棉织品及其他布类。当时华商被没收者有二百二十五家，官价二百七十余万元，若照一九四六年上半年市价计算，当在二千万元左右。下列报上新闻，亦足供参考："日寇南侵后对南洋各种物资，无不极力搜括。各种组合，即为日寇搜括物资之御用机关。新加坡我侨日用杂货商人，自一九四二年八月廿日起日政府发布棉织物统制令后，所存布料，概被查封。嗣更利用伪日用杂货商组合统制棉织品买卖，遂使布价飞腾，竟涨至每码五六百元之巨，于人民生活打击极重。日寇投降前半月，更依所谓公价强迫收买全市棉织品，统计被收棉织品，公价总值为三百五十余万元，黑市时价则值三万万五千余万元。以故该途商人，多有因是破产者。所幸此批棉织品，卖出者仅有小部份，大部份则仍储存于丝丝街物资配给组合内。因此，该途商人咸认是项存积之棉织物，概为我侨棉织商人多年血汗之结晶，自应物归原主，不容丧失。"

（南洋华侨筹赈祖国难民总会大战与南侨编纂委员会：《大战与南侨：马来亚之部》，新南洋出版社 1947 年版，第 41—43 页）

4.调查我侨损失

（转录各报记载）

“星华筹赈会，自星洲沦陷后，会务便尔停顿，至今已达四年矣，主席陈嘉庚归来后，觉该会有许多事务，急待继续办理，爰定于本月十五日（星期一）下午二时假座中华总商会举行委员会议，议程如下。

（一）报告本会在沦陷期间账单及器物各种损失。

（二）报告民国卅一年一月廿九日存在中国及华侨两银行之款项数目。

（三）报告沦陷前曾代英政府雇工垫出三万余元之款项数目。

（四）本筹赈会之名义，是否暂再保存，如须保存，各帮委员缺额是否须加补充或更动。

（五）敌寇入境惨杀华侨，及检证时被其捕去，与及后来累次掳杀，生死存亡不可胜计。是否须另组华侨机关负责调查，抑由本会办理，以便汇集报告，呈请中英两国政府严惩凶犯，及处置敌国。

（六）敌未入境时，侨胞各商店存积物资，多或数十万，少亦千百元（叻币）。追被占领，非遭武力掠夺一空，即为伪币剥夺以去。现今英政府对于伪币价值若不予相当承认，则吾侨几等于全部破产，损失惨重如斯，前途奚堪设想，又如各工厂原有规模悉被破坏，是否应限期征求各侨商造报工商业物资损失，及所存伪币数目，以便呈请中英两国政府筹划补救办法，并责敌国赔偿。

（七）临时动议。（南洋商报十月十三日）

“星华筹赈会为调查敌寇占领马来亚时，吾侨生命财产之损失，特组织调查委员会，该委员会昨假总商会举行第一次委员会议，到会者卅余人，主席陈嘉庚，纪录李铁民。（一）制定调查表格案，议决，分作财产损失及所存军票，（再分商店与个人两种）及人命牺牲，依照所拟格式表通过。（二）调查办法案，议决，分区进行，大坡四区，小坡四区，由全体委员会及襄助员参加工作。大坡推杨缵文为召集人，小坡推李亮琪为召集人，如人数不足，另行增加。至于市区外，仍由筹赈分会负责。（日内召集会议）”（星洲日报十月二十日）

“星华筹赈会调查委员会，已发动大规模调查吾侨在敌寇占领时代，人命财产之总损失。其中如敌寇之宪兵部，特高科以及各种军警机关，逮捕无辜民众，加以种种酷刑迫讯，惨无人理，如所周知，灌水、灼电、炙香、炙香烟头、碾腿、跪玻璃屑等，任意施刑，不胜枚举。该调查委员会为欲制成表式，以便详细调查，兹特征求各界侨胞，凡所身受，或耳闻可靠者，请将其酷刑种类，一一列出，函报‘新加坡华侨筹赈祖国难民大会调查委员会’收，俾便汇集填入调查表格之内，望我侨胞，深切注意，就此数日内，径函报告云。”（星洲日报十月十八日）

南侨总会通告第二号

“自敌寇南侵至于投降，南洋各属华侨生命财物，损失惨重。各处若不妥备手续，分户调查，则不能知确实数目，既无确实数目，何以造报中外政府，严惩敌寇，责偿损失。至于办理调查之机关，如由七七抗战后各地组成之筹赈会慈善会等，亦甚相宜。其中如因战争解散，回复为难，则由当地侨胞之新成机构，或原有公团如商会者，负责主持，当无不可。查英属马来亚原分十二区，各区原设有筹赈会。现新加坡区经组成调查委员会，推进工作，按一个月内可以竣事，其他十一区因交通不便，未悉情形如何，是否应行变通办理，最好就地解决。兹付去新加坡区调查表格四种，凡未举行诸区，可以参考，并希从速举办，最迟尽本年内调查完毕。统报本总会，以便汇集转行呈报英政府及我祖国政府，依照公意，请求办理，为死者谋伸冤，为生者谋救济，或不至全无希望也。此布。”

（陈嘉庚：《南侨回忆录》，新加坡怡和轩1946年刊本，第367—369页）

5.华侨损失调查之结果

敌寇占领马来亚三年半，华侨生命财产损失惨重，当地政府未有挨户切实调查，虽市民咨询局曾招人民往报，余恐不识英文者及市外较远人家，定难往报，家无余人者更无从报。况所报只人命而不及财产，亦有不足。故余在筹赈会结束之前，组织市内及市外调查委员会，印备调查表，沿户分送，限日收回，汇集统计。至新加坡以外十一区，则由南侨总会通告各区筹赈会仿新加坡办法或酌衷办理。迄兹数月只有新加坡及柔佛南界一部分已获结果，兹附列于左（下）。

新加坡市区内被害人数二千四百九十三名。

又市外被害人数一千七百九十五名，然尚有一部分未报，因多在偏僻地方，大约至多不上一千名，共计约二千数百名。市区内外二条合计约五千名。

又受非人道酷刑者三百九十三名。

财产损失个人方面叻币一千一百七十八万一千四百元，又日军用票一亿四千六百九十四万八千元。

又商店方面，叻币共五千五百八十三万六千八百元，又日军用票一亿二千三百八十七万四千元。

合计叻币六千七百六十一万八千二百元，日军用票二亿七千零八十二万二千元。

但关于人命损失，决不止此数。据政府咨询局报告，失踪及死亡者三千余人。合计之亦不过七八千人，与前所传数万人相差甚巨。虽前者系属风闻，然调查未周，或全家遭难或被难者原属单身，或大人被难只余童稚，均无从填报，或认为无甚用处，不欲填报，故遗漏自所不免。至财产损失，亦有以为赔偿无望。而军票已成废纸，不肯费手续填报者亦属不少也。

又据咨询局报告，一九四二年二月十八日至廿二日"大检证"之役，全坡失踪者二千七百廿二名，该局负责人称必不止此数，而望市民复往投报，盖定有不欲报，及乏人可往报，与及不知往报者，当然不少也。

至当时被检去之人，据确实可靠消息，概被敌寇残杀，有林崇鹤君之子失踪，要求台人黄堆金（为敌走狗最有势力者）代为寻觅，据言"无希望，昨天亚历山大地方，枪毙六七百人，巴实班让亦枪毙三四百人云。"亚洲保险公司经理李亮琪君，被敌拿去，其汽车为敌军官取用，其车夫爪哇人仍为服务，言亲见被检去之人，每日上午运四货车，下午亦四货车，每车约五六十人，在丹戎百葛海边枪毙落海，如有浮水而未死泅近岸边者，再用铁枪刺杀，计三天约杀死千余人。伊所驶汽车，即敌寇监刑者所用。然惨杀之次日，伊恐惧过甚，几不能司机，敌人乃命将汽车停歇于廿二号货仓，其他如运往加东及淡申律枪毙者，亦有人见之。至柔佛仅柔南一部分华侨仅数万人，而调查所得，被杀者即有三千二百九十九人。

（陈嘉庚:《南侨回忆录》，新加坡怡和轩 1946 年刊本，第 378—379 页）

6.各地华人损失调查

新加坡华侨损失调查之结果

一、星华筹赈会初步调查

星华筹赈会调查在日寇占领期中，本坡吾侨财产生命损失数目经已得一总数。该会于民国三十五年一月间假中华总商会举行委员会议，陈嘉庚氏主席。据报告称，调查的结果，本坡侨胞被害人数，市区二千四百九十三名，郊外一千七百九十五名，共四千二百八十八名，受敌酷刑者共三百九十三名。

财产损失，个人方面叻币共一千一百七十八万一千四百元，日军票共一亿四千六百九十四万八千元，商号方面，叻币共五千五百八十三万六千八百元，日军票一亿二千三百八十七万四千元，合计叻币损失六千七百六十一万八千二百元，日军票损失二亿七千零八十二万二千元。

但关于人命损失，决不止此数。据闻政府咨询局所得报告，失踪及死亡者三千余人，合计之，亦不过七八千人，与前所传数万者，相差过巨。其间或因调查未周，或以全家遭难无从填报，或认为无甚用，不欲填报，故遗漏自所不免。此事应如何以补救，讨论后议决，展延至二月底始向我国中央政府，及当地政府呈报，以便在此两个月中继续搜集统计材料。此外并讨论建纪念碑纪念死难侨胞案。陈氏略称，此次祖国抗战及世界大战，为有史以来所未有，华侨性命财产损失之惨重，亦为海外侨胞所仅见。本坡为南洋最重要及繁盛区域，遭遇损失亦最大。是否须择地建一堂皇之永久纪念碑，既可追悼死者，亦可警惕后代之侨胞。经到会者多人发表意见，结果一致赞成建立纪念碑，授权主席决定进行步骤。又悉该会已举出李振殿为该会及前抗敌动员会之财政，并选陈嘉庚及李振殿为对银行支款签押人。

至于该会结束日期决暂缓规定。

另据市民咨询局报告，向该局登记失踪者，吾侨为三千四百五十二名。又该局根据记录造成一表，以示一九四二年二月十八日至二十二日（即大检举期间）失踪者数目如次：

地　点	人　数
中峇汝	五十九
海山街	四百卅三
丹戎百葛	一百廿三
芽笼路	一百廿五
爪哇街	二百七十六
惹兰忽杀	二百四十二
直落古楼	七百廿三
后港（六英里）	二百八十三
武吉知马	六十九
万代（十一英里）	七十四
巴丝班让	十一
杨厝港	三十七
其他	二百六十七

共计二千七百廿二名。据该局负责人称，被检举数目，必不止二千余名，故希望如有亲友于日军占领期中失踪者，应立即前往报告。

二、人民咨询局调查结果

咨询局长陈比得氏于民国三十六年二月七日访筹赈会主席陈嘉庚先生，据言日寇入境大检证之后，被杀害者之总数应有五千人（全为华侨）现已来登记之数达六千，除去其重复者，只余约三千人，故尚待继续登记。现已查得颇为确实者，有以下五部份：（1）由直落古楼学校集中处检举拘去者有七二三人，押去东海岸路杀死及埋葬。（2）由漳宜路八英里集中处拘去二五零人，押去“三百依葛”一树胶园杀死及埋葬。（3）由松林园区拘去二四二人，押至但那迷拉勿杀海岸（Tana Mera Besar Beach）杀死。（4）由武吉智马路六英里斯底文路（Steven Road）拘去六九人，押去漳宜斯必海岸（Changi Spit Beach）杀死。（5）由中峇鲁及丹戎百葛拘去一八二人，押至勿拉干马底海边（Blakan Mati）杀死，将尸身抛于海中。以上五处合计一四六六人。闻当日寇初入境时，军官在武吉智马路福特汽车厂会议，山下奉文因急欲进攻苏门答腊，故欲将新嘉坡之反日份子先行肃清，其所最注意之反日份子为筹赈会人员，同盟会员（原文作 Domei Kai）醉花林会员（原文作 Drunk Flower Society）（据陈嘉庚先生言系以前之潮州俱乐部）因急欲肃清反日份子，故有此种大检证，将华人紧急集中，不加审查，随意处死也。

以上所言皆陷于日寇初入境时大检证之役，其后陆续拘捕杀害者不计在内。（按该局以后当继续调查，故以上发表之被害人数只占实际之一部分而已）

三、战犯调查队情报

据战犯调查队称，彼等经获得情报，获知在星加坡有十七八处不同地点，曾于一九四二年被敌军用作屠场，大抵是位于本岛东南部。据日人承认，约有三千人在此等区域被屠杀，刻下尚在进行调查中。在旁鹅区自二月廿八日，约一百五十人被杀。在漳宜一洞穴，于二月十五日有七十名华人义勇军被杀。在直落巴古二月二十日有六十名义勇军被杀。在巴拿梅拿，二月廿二日有五百中国平民被杀。在培纳德太子营若干人被杀，数目不明。在马打伊根，二月十七日若干义勇军被杀。在东海岸十条石，若干人被杀，数目未明。在东海岸三须古石，于二月二十二日约四百五十至五百名之直落古楼区华人被杀，在牙笼士爱若干人被杀。在外加东因巴路若干人被杀。在丹绒百葛码头区于二月十七日二十名侦探被杀。在勿拉干么地，二月亦曾有屠杀，唯日期未悉，该处曾获尸骸一百一十八具。武吉知马五条石，二月十四日，约六十人被杀，内有妇孺。在改革路若干被杀，日期人数未明。在爱烈水塘，二月廿八日二百名平民被杀。在小坡碗店口海墘，或有若干人在该处被屠。在巴西班让，马来兵九十六人被杀。

（《大战与南侨》）

人民咨询局复检证失踪家属函

一、致嘉庚先生函大意言“夹送本局复检证失踪家属函一张，及惹兰勿杀区检证时被检去屠杀之调查报告一张，此种报告以后将陆续制成，当再奉呈。但此种报告现拟守秘密不即宣布，因现尚在调查中，且将来即根据此种报告以控告日宪兵，藉以伸冤也。”函末对嘉庚先生之帮助表示感谢。

二、复检证失踪家属询问函，大意言“寄去惹兰勿杀区之调查一纸，君等所询之家人是否即在此被杀者之一群中，未敢断定，然情形大抵如是也。被杀之华人约有五千名。行凶日寇不日将受裁判，以报此冤。专此即致慰唁，以后如有所得，当再奉闻。”

三、惹兰勿杀区居民集中被拘屠杀之报告

此报告系由脱难者宣誓陈述，其确实性无可置疑；但关于其详细小节之确实性未能全为负责。现调查尚在进行中，冀能达到水落石出，唯目前不能不将调查所得先对君等（遇害者之家属）报告。

此区之集中人民始于一九四二年二月十八日。原意欲登记惹兰勿杀区之人民。其中多数集于松林锯木厂及 Syed Alwi Road。自二月廿一日起，日军开始翦除其所认为应除去之人民。初时先令人民自己承认为某种人，然后拘去集中于维多利亚桥学校空地（Victoria Bridge School）。其余须经过一站，其处有日宪兵及为其助手之人，经其检查方得通过，有被其助手所指，或直接由宪兵命令者，即被拘留，停于其处，直至其他均检毕。被拘留者再由宪兵重查，最后将决定拘留者驱往上述维多利亚桥学校空地。其处集中甚多，几不能容。

二月二十二日下午罗厘车来，将被拘者之手缚连，命其上车。其车种类不一，有大有小，有英政府之车，有日军用车，有人民被没收之车。车行至旦那迷膀勿杀海岸（Tana Merah Besar），继续行至残杀地点。其日被杀害者不知确数，但知约有四百至五百人。

一抵其地，执行手续简单而凶暴。被害者被缚成队，手缚于背，面向海。日军发命令使彼等向海举步，同时机关枪向彼等发射，以屠杀之。每一尸体复被踢及加施刺刀，以验看其是否已死，又以他法侮辱之。

尸体不加埋葬，即暴露于海岸，随潮起落，逐渐腐烂消灭，至今不留此暴行之痕迹。

本局对于当时幸脱惨祸之残生者曾详加询问，并将此报告传达有关系之人。被害者之人名不拟宣布，以免引起不必要之询问。

槟华筹赈会调查华侨损失

槟华筹赈会进行登记我侨在日寇统治下被屠杀者之姓名，包括被日寇斩首击毙，用机关枪扫射，虐待致命等之殉难侨胞，已达七百名，其中有女性八十六名。至于未前往登记者尚甚多。该会希望能获得更多的消息。

槟华筹赈会调查委员会自进行调查华侨生命财产之损失状况以来，各界人士据情填报者固多，惟未报告者亦属不鲜。至民国三十五年三月底，已进行调查者除槟榔屿市区外有甘仔园，四坎店，浮罗池滑，亚逸依淡，日落洞（包括顶洞及下洞），本丹，文丁等分会，如北海（包括日落斗哇，峇东埔，武吉丁雅）大山脚，新安拔，爪夷（包括淡汶），甲抛峇底，高渊及各新村等处分会也已进行调查。而未进行调查者计有浮罗山背，公巴，关帝亚齐，双溪槟榔，双溪槟榔港及峇六拜等处。据该会秘书处统计，计甲、生命损失统计，一、被炸死者男人二百九十八名，女人七十三人，共三百七十一人。二、被戕害者男人二百九十六名，女人十三名，共三百零九名。男女被炸及被害者，计共六百八十名。乙、财产损失，难于统计。

（《大战与南侨》）

抗日志士在槟被判死刑者名录

在槟被判死刑者名录

本报外勤记者兼电影戏剧栏编辑方壮志（本报主笔及主编之亲侄）于前年九月廿九日，被日本宪兵拘捕，囚于四坎店狱中，至去年七月六日，被当时之槟城最高法院（大咯）判决死刑，同日被杀狱中，其罪状为“从事抗日活动及谋杀日本暗探”，同案被判死刑，而同日被杀者，尚有其他八人，其名为林永吉（本报广告部主任林永祥君之弟），杜喜来，莫槟贵，李宜信（小波），谢丁超，蔡新来，符鸿农，林东金，此八人皆与本报有密切关系，故自本报主笔及主编由外地回来后，急欲知此案之经过详情，因不惮麻烦，向各方查询，不意竟获得一年来被判死刑之名单一纸，共一百五十八人，供给此名单者为出狱志士邓鉴明（即邓明），（邓君出身木工，于一九四二年十一月十四日半夜在大山脚被捕，判禁七年，英军回槟后始出狱，）兹将该名单分数次录后，读者对名单中人，如有知其在日本统治下之生活状况及斗争史实者，望尽量供给本报，经本报查明属实后，当予发表，以彰死者之功德，并励生者，未被判罪而死于狱中者，为数更多，惜本报未能查明，（不在此名单之内），至于方壮志被捕前之秘密抗日活动及其被捕杀之经过情形，当于日内先行发表。

（一九四五年十月廿五日　现代日报）

蔴坡华侨损失调查之结果

呈为呈报事：窃自奉命办理敌寇入境后，华侨所受之生命，商号及个人损失，洎受刑登记，当即积极推行，办理以来，尚称顺利。惟吾侨向来习惯，每于限期作事手续，大都忽视，其间应时登记者固多，而未行填报亦复不少。故本会拟早日结束，乃屡致展期，最后限至本月十日截止收受，呈报表格及到会续报者，犹然络绎而来，拒之则不忍，受之则有乖手续及期限。第以　钧会限期早满，自应仰体钧意，断然截止，急完手续。此则未能依期于去年底以前，汇呈　钧会之原委，尚希鉴宥。计调查所得，吾侨生命牺牲者有一百六十四人，商号损失者，三百九十四家，共叻币三百一十万零六千余元，（存货除外，净失数目）伪币四百八十五万九千余元，其他损失达一百零一万二千余元，至个人损失共七百九十六名，伪币三百九十三万三千七百四十四元，其次损失计九十五万五千余元。此外尚有去年土人大屠华侨时，于七月一日成立之蔴坡救济难民委员会救济金（伪币）四十万余元。至个人受刑，惨酷异常，何殊人间地狱。统计凡五十一名。查本坡地方辽阔，战后交通，至感困难，受害损失，当不止此数，惟限于时间，须即结束。敝会力求钧会得与敌人总清算计，印刷表格簿据，雇用工薪，不惜耗去一千余元，只得此区区结晶，成绩低微，抱憾何似，除将各人原填表格汇呈外，并作一概括统计，略陈办理经过。敬希检存赐示，实为德便。仅呈南侨筹赈总会主席陈

蔴坡中华总商会主席刘国士
中华民国三十五年一月廿三日
（《大战与南侨》）

附录（二）

蔴坡华侨被害损失一览

据蔴坡中华公会调查，被寇杀戮侨领如下

前蔴坡殉难侨领名录（按蔴坡侨领共十五人，殉难者十三人）

张开川连家属九人　　李天赐全家十二人
郑文炳连家属三人　　颜迴华一人
郑友专连家属九人　　罗美东连家属九人
林春农连家属五人　　陈和尚一人
罗文渔连家属二人　　林彬卿连家属四人
林太宗连家属三人　　何益谦一人
郭诗善一人

其他平民受害者亦多。计被日人杀戮已来会报告者，共二百八十人，（仅限

于市区内），而房屋之被马来人焚毁者，尤为更属难数，据截至十月十四日止之报告，巴里爪哇区房屋之为马来人所焚毁者计有：

斯里眉南契	一三一间
巴里配却	七三间
松盖蒲罗	四八间
松盖甘多尔	三五间
巴里普龙千	三零间
松盖芽笼	七间
巴里补拉	六三间
松盖普赖	七间
巴里东哥尔	四间
松盖格力赛克	二十一间
巴里开冬塘	四五间
松盖苏塔	四十间
巴里普赖	四四间
松盖罗干	三间
巴里干冬	三间
巴里挺加	六间
巴里戴平	二四间
巴里孔庞	六间
巴里加失	三间
巴里里巴	一间
五百亩地	九八间
巴里三味拉	八间
巴里开契及巴里倍萨	一二一间
亚扶西泰	五间
阿萨姆蒲亚	二九间

又在巴东爪哇为日人焚毁者一间，共计八百五十六间，截至十月九日止，向荷纳少将报告者共有一千六百七十间。上列数目较少者，因口头报告，不算在内也。

蔴坡侨领殉难名录及被杀统计

查蔴坡侨胞在战前对于筹赈事宜，最为热烈成绩冠乎全马，素有模范区之称，是故日寇进驻后，侨界闻人被杀戮最烈最惨者，全马并当推蔴坡为首，此情已陆续详载本报，兹蔴坡中华公会近日调查，被寇杀戮者，分录于下。

前蔴坡侨领殉难名录。

（按蔴坡侨领共十五人，殉难者十三人）

张开川	连家属九人
李天赐	全家十二人
郑文炳	连家属三人
颜迴华	一人
郑友专	连家属九人
罗美东	连家属九人
林春农	连家属五人
陈和尚	一人
罗文渔	连家属二人
林彬卿	连家属四人
林太宗	连家属三人
何益谦	一人
郭诗善	一人

其他平民之受害者亦多，计被日人杀戮已来会报告者，共二百八十人（仅限于市区内，山芭方面因交通关系，未能调查尚不在内）。

（一九四五年十月卅日南洋商报）

日军侵马期中士姑来的损失

杨佐京

笔者旅居于柔佛士姑来（十英里）。该埠虽弹丸之地，而附近毗连之胶园约有几万亩，该地居民大约三千多，除数十间商店外，余则多属胶业工人。如以籍贯人数比较，则中国人为最多，印度人次之，马来人更次之。

一九四二年一月廿八日英当局在军事紧急中，将各处米仓开放，任人搬运，人心大乱，余觉到时局不妙，遂于是日下午两点钟离开本店。

笔者虽在一月廿八日始行疏散，而家人幼子及孙，在一星期前已避往东方实业有限公司胶园里（由六条石再进一英里）。我那天下午两点钟，和第二的小儿一同离开士姑来，化装回教徒以避难。所有避乱人民总希望英军可以打退寇军，不料三十日的早晨，忽然发现一个日军到来，衣裳褴褛，无异山番（沙盖）。他到来一开口便是“马鹿”，继之入屋翻箱倒箧。不一刻又有寇军三五成群的到来。其来的目的，专为抢夺食物。二月一日柔佛长堤已炸，同日军港油池着火，浓烟满天。晚上（午夜）忽闻叫声呼救，乃因寇军欲强奸妇女。嗣后各疏散屋前悬“白铁汽油罐”一只，以备必要时，各将所悬之罐敲之以呼救。但是敌人之兽性，自柔佛失守后，来势更凶，非抢粮食即欲奸淫妇女。

那时寇军虽已占柔佛，而英军之炮火仍极猛烈。二月四日晚上，有一人在疏散屋前要求借避。余往视之，是老相识的郭君。他很惊惧的说：“我在十一碑被日军拉去为挑夫，现在我由六条石司令部附近偷溜出来的。”

笔者到三月十五日才敢回店（士姑来十里）。据本地疏散在士乃十七碑“沙冷”中正学校的刘安德君说：其地华侨被惨杀二百余人，彼自己受敌人砍四刀，重伤仆地，那时虽痛极，亦不敢呻吟，佯作死状。其背上，以及两旁均是被寇军用枪射击或用刺刀杀死者的尸，直待兽军散去才慢慢挣扎出来。他对我说时，受伤的疤痕仍未干。据调查，本地街场疏散在十七碑避难者亦被杀四十八人云。

本埠系在一月卅日开始驻扎寇军，连驻四五天，各商店货物，被抢一空，其余的家私及玻璃柜一概击碎，公立辅华学校的校具桌椅，均被作柴薪之用，故士姑来的大小商店多数空空如也。在其驻扎期中被拉去壮丁数人（现仍失踪）。闻振林山大屠杀华人约三百名，本坡华侨亦有几位在内。听说柔佛水塘路十六半碑，寇军惨杀百余人，中或有本埠华侨在内。

其他失踪者，多在“七七”“九一八”戒严中无故被捉的。

一九四二年十一月十五日的早晨，天破晓前，突来军车五辆，包围士姑来（十里）。一辆停在八条石，该寇兵由甘不路而入，潜伏于四周。一辆停在八条半石，该兵在广州路一带潜伏，一辆停在新金门胶园里把守。其余两辆，一在街头，一在街尾。布置完毕，天才破晓，由宪兵向商店拍门，对小屋亦同时进攻。不论男妇老幼须一概集中草场里（辅华学校球场），商店小屋均不得闭门加锁。大约十点钟左右，已齐集该地，周围布以警备队，在中心架机关枪数挺。

称为警备队长者的开场白：（用翻译）“某某哪里去”？众答不知，又问：“某某在哪里”？他所问的，通通都是以前筹赈会的中坚份子。结果捉去十七人。只有十五人不多日就放回来，余两人则被禁（筹赈中坚份子），经几次的审判，终判决十五年徒刑。“吉人天相”，该两位先生亦在去年安然回来了。

（《大战与南侨》）

新山区华侨损失调查之结果

据一九四六年二月消息，柔佛新山区华侨筹赈会，调查华侨在战争中生命财产损失，计被害人三千〇九十九名，受酷刑人数一百四十一名，商号财产损失，敌寇未入境前货物价值叻币三百卅五万七千七百六十一元五角，现存货物价值叻币三十四万九千四百五十一元，现存伪币五百四十万七千六百四十七元，工厂胶园屋宇以及其他被掠夺损失叻币二百十七万三千七百二十六元，个人财产损失伪币三百七十一万五千五百四十元〇五角，叻币一百二十三万八千二百七十七元六角云。

（《大战与南侨》）

新加坡大屠杀　日本列入教科书——遇害人数从两万篡改为六千

昨日《朝日新闻》报道，明年四月起所用的中学社会科历史教科书至今已大致检定完毕。七间书店出版的社会教科书中，关于中日战争的记述都已恢复三十年前所用的“侵略”字眼。

但是关于南京大屠杀，东南亚各地屠杀、韩国三一独立运动、北方领土、防御问题的记述，日本政府还是着令书店修改，检定立场并没有大变化。

关于新加坡大屠杀，日本教科书中，有不正确的记述，使到身经屠杀，幸免于难的人大为不满。

根据《朝日新闻》记载，“东京书籍出版公司”出版的中学教科书是这样证述：

“日本军在占领后的新加坡，夺走了二万名中国系住民的性命，这些人被视为抵抗日本军的人。”

经过日本政府检定后，被修改为：“日本军在占领后的新加坡，夺走了六千人以上的中国系住民的性命，这些人被视为抵抗日本军的人。”

据执笔者丹羽邦男（神奈川大学教授）说，新加坡大屠杀是第一次写入教科书。日本当局认为二万人的数字没有证据，要求书局出示何所根据，结果修改为六千人以上。

日军攻陷新加坡后，实行“检证”，随意捕去二万至五万住民，加以屠杀，并不是所谓“抵抗日军的人”，而且人数也在二万以上。

日本教科书这种记述一手掩天，欺瞒后世，是非常不道德的行为。

南京大屠杀

关于“南京大屠杀”，原稿是这样写：

“日军占领南京后，杀死及伤害众多中国人，据说有四万以上，或说三十万以上，包括抛弃武器的兵士，妇女，儿童等，这事件称为‘南京大屠杀’，受到各国的非难。这项事实不使一般日本国民知道。”日本政府指示修改为：“日军占领南京后，在数星期之内，在市区内外杀害众多中国人，死者人数单只一般市民，包括妇孺，已有七万—八万人。如连抛弃武器的兵士，据说有二十万人以上。而中国将被杀害的牺牲者与战死士兵合计，认为有三十万人以上。这事件称为‘南京大屠杀’，受到各国非难。这项事实不使一般日本国民知道。”

（一九八三年五月卅一日南洋、星洲联合晚报）

日军检证大屠杀人数之商榷

蔡史君

日军投降虽然已经三十七、八年，但是日本教科书提起新加坡大检证事件，这回还是第一次。

根据日本《朝日新闻》报导，东京书籍出版社出版的中学社会科历史教科书，决定将新加坡检证屠杀事件列入明年度的教学内容，这是值得赞扬的。因为，这说明了日本历史学者终于鼓起勇气，突破战后以来日本教科书的禁忌，首次公开承认日本军人曾经在新加坡进行大检证屠杀的事件。执笔者丹羽邦男教授撰写的原文是这样的：“日军占领新加坡，夺走了两万名被认为是抵抗日军的中国籍居民。”

坦率的说，以新加坡人，特别是身历其境的老一辈的人看来，这样的叙述是不足够的。因为它和史实尚有一段距离。看了丹羽教授这一段文字后，人们马上会提出两个疑问：一、日军在新加坡大检证中，究竟杀死了多少人？二、日军所杀害的是否仅限于“被认为是抵抗日军的中国籍居民”？

可是，即使是对于丹羽教授所提出的上述保守数字——两万人，日本教育部也表示不满，而最终更改为“六千名以上”。

本文即想根据手头资料，针对检证事件的经过以及日军屠杀人数的争执进行分析。

一、检证事件简单经过

日军是在一九四二年二月十五日占领新加坡的。占领后的第三天（二月十八日），日本军部长贴布告，命令所有十八岁至五十岁的华籍男居民到日军所指定的五个地区集中，并派人到大街小巷口头重复该项命令，以及驱使华人到集中地点。从二月廿一日开始，日军便在各集中地盘诘居民，其中有的释放，有的被拘，拘留的标准各区不同，被拘留的居民大部份都被押上货车，送到海滨或用船只送到海面上，以机关枪扫射。二月廿五日，第一阶段的肃清华人工作宣告结束。可是，接着又进行了第二次和第三次的检证，到三月十日才告一段落。这就是惨绝人寰的新加坡大检证，它和菲律宾大屠杀以及南京大屠杀并列为日本军政史上的三大污点。

对于这项检证行动，当时日本军政监部曾经在它所主持的西报——昭南时报上加以宣布，谓检证是为了扫荡反日份子，并已处分（按：日军所谓的严厉处分通常是“处死”的代名词）扰乱的社会主义份子和反日团体的会员。在华文的昭南日报中除了登载日军警备司令的声明，声称已严刑处罚反日罪首以外，尚以“杀一拯百”一题撰写社论，谓原本所有反日华人都在枪杀之列，不过由于天皇的仁悯，日军只惩罚了扰乱“昭南岛”和平之人，其他居民则必须积极合作，服从日军，并警告不得继续煽动“反日思想”。至于所屠杀的人数，两家报章都未曾提及。

二、日军的供证与日方的资料

在收集所得的资料中，有两份当时出版的日方文件提到检证事件。一份是一九四二年四月，陆军省报导部的机密文件《马来方面作战主任参谋谈》。在该文件中，陆军中佐辻政信提及：

“……对于抗日华侨，日军决定彻底的镇压，并采取斩草除根的政策。单单在新加坡就处死了六、七千人，在柔佛处死了四、五千人，在全马共处死了一万名抗日华侨。”

另一份是同年十月，台湾拓殖株式会社的调查资料《南洋华侨及其对策》。该文件提及：

“到今年二月下旬为止，在昭南岛上被检举的敌性华侨超过○○……”

这份文件显然不愿透露检证的数字。

此外，在《大本营大东亚机密作战日志》中也有下列的叙述：

“三月三日：接管新加坡的工作进行顺利，在二月底接管工作结束。接管后立即展开第一阶段的肃清，检举了五千名左右的不良份子。现在又准备第二阶段的肃清工作，而对市民的宣抚工作和军政机构的活动正逐渐纳上正轨。”

日军投降后，大检证案公诸于世，同时在一九四七年三月间开庭审讯检证案战犯。在庭上，检证案的主要负责军官、后来在庭上被判死刑的河村三郎在供证中表示，在他的警备队管辖区内一共杀了五千人。另一名战犯大西觉则在庭上供述，在他管辖区内只杀了一百一十人。可是，大西觉的上司、即战犯大石正幸在供述时却指出大西觉管辖区内共有七百至八百名华人被杀。这种互相矛盾的供词，说明了战犯们都尽量设法少报屠杀之人数，以图减轻本身的罪名。

在日本国内，战后对于检证总是都不愿提及，官方战史上也只略略带过，至于屠杀人数都只承认在五千人以下。到了七十年代，有几位昭南岛时代的日本军人或文员开始在他们的著作中提起这件惨案。第一位是筱崎护。筱崎护战前在新加坡大使馆任职时因为涉嫌充当日本间谍而被英殖民政府逮捕，日军占领新加坡后，他先被委任为二十五军嘱托，后来担任厚生科长。在他的中文版著作《新加坡沦陷三年半》中，他写道：“占领时确实的死亡人数，日方极为守密，无法知晓。惟战后据宪兵队的报告及审讯时公开的文件，其数字为：集体屠杀五千名，近卫师团一千名，连同炮击时的死者计九千名。”

至于占领时被逮捕者，其中死于欧南监狱的计一千四百七十名；被处死刑的一百四十一名。……

“蒙难数字，不能不承认；新加坡中华总商会的记录，较日军发表者为正确”。筱崎护在书中并没有明确指出，中华总商会的记录是多少。

但是，在日文版《新加坡占领秘录》中，筱崎护却删去他赞同中华总商会统计的这一段文字，而加上以下的论述：

“当日本人想起广岛和长崎的原子弹被害者（的数目时），对于这种把被炮击而死的人数也加在（检证？）人数的做法，一定会很不服气的。”

同时，他还认为即使是六千名的数字（警备师团集体屠杀五千名加上近卫师团一千名）也是不正确的。因为所谓近卫师团处死的一千名，可能是由警备师团检证后，交给近卫师团处刑。

由此可见，筱崎护在中文版中表示赞成中华总商会的统计数字，可能只是为了取悦华人读者，而他真正的想法却和日本宪兵部的看法相去不远。

事实上，筱崎护以原子弹的牺牲者为例，从而推断“九千”这一数字的统计法殊不公平的说法，很得到大西觉的赞赏。前文提到大西觉是检证案的被告之一，他在庭上被判终身徒刑，但是回到日本服刑了十年后被释放。他在一九七二年八月接受日本杂志《潮》月刊访问时，极力主张检证人数只有“一千人左右”。后来在一九七七年的著作《秘录昭南华侨肃清事件》中，他进一步演绎他的论点，说明检证人数只在一千左右的原因。他认为，①当时他所统率的补助宪兵中队人数不过五、六十名，并只拥有轻机关枪和步枪，以这样的配备最多只能够处死一百多人。依此类推，综合所有补助宪兵的配备，是不可能处死四万人的；②至于五千人的数字，实际上是各分队多报的。原因是上司对检证态度十分强硬，各分队队长都不得不多报数目。例如他只杀了一百四、五十名华人，却虚报为二百多名，其他分队情况也一样。所以，无论从什么角度看来，宪兵队所屠杀的人数都只在一千名左右，即使再多估计，也不会超过两千人。

此外，一位在检证后抵达新加坡的日军宣传班员中岛健藏，曾在回忆录《昭和时代》中提起在“昭南岛”先后遇到三位妇女，手拿着被检证后失踪的亲人的照片，向他追寻下落。他追述道：当时谣传被屠杀的华人在一万人左右。

值得注意的是，日本同盟社记者菱刈隆文却提出不同的看法。他在检证案战犯审讯法庭上以书面供述，在抵达新加坡二、三日后（一九四二年二月十八、九日）日军参谋杉田中佐告诉他，将有五万名华人被杀。后来又告诉他，“不可能处决全部五万名华人，但其中约有一半已被屠杀”。在一个月后，当询及屠杀事件时，另一位参谋林少佐也证实：日军原本计划杀死五万华人，但在处死半数后接到命令停止进行。

在日本的资料当中，菱刈的供词，即“两万五千人被杀害”，可以说最接近新加坡一般的看法。

至于被检举的人数，最接近本地看法的是日本历史学家家永三郎。他在《太平洋战争》的著作中，引用一九四二年版的《朝日东亚年报》的资料，指出当年新加坡共有七万人被检举。

三、本地方面的调查与估计

新加坡光复后，各界纷纷揭露日军检证华人的罪行，并要求惩罚罪魁。一九四五年九月十一日，《星洲日报·总汇报》的社论提及检证人数时谓：据彼南日报发表，“新加坡检举不良份子七万余人”。

同年九月下旬，英人随军记者博比·积克逊报导检证事件，认为被检人数达到五万名。其中除了立即杀戮以外，有的被押往马来西亚、日本、所罗门群岛及暹罗等地做苦工。

接着，新加坡各公私团体纷纷展开调查工作。例如，英政府曾设立市民咨询局进行登记。许云樵教授也在他创办的《华侨生活》半月刊附送一万份表格，调查被害者名单，可是回收率只有四分之一。后来，他将所得名单和市民咨询局的名单相核对，去其重复者，共得二千七百二十二名。与此同时，战前领导华人筹赈援助中国的南侨总会在解散前成立新加坡市内外调查委员会，沿户分发调查表格，限日收回。据统计显示，已知的蒙难者为五千人左右。

一九四六年六月二日，新加坡集体鸣冤委员会成立，鼓励蒙难家属向失踪人事部、市民咨询局、中国总领事馆以及集体鸣冤会登记，以便作为控诉战犯之证据。据该会当时初步调查结果，新加坡已知的蒙难者计有四千六百八十一人。

对于上述登记的数字，各界人士都认为只不过是蒙难人士的一小部份，它与实际数字相差甚巨。例如，鸣冤委员会在一九四七年便认为："只一九四二年二月廿二日及廿三日前后时日，无辜被杀中华民族优秀的侨胞，其数全马亦达十万之众……"

本地的历史学家许云樵教授也指出：

"……单在星洲一地，单检举证一役，据说已有五万人，甚至有人说多达十万。不过谁也拿不出证据，就是当时执行大屠杀的日本宪兵队长，也说不出确数来，总之很多就是。"

战后登记的蒙难人数，为什么和一般估计的数万人相差那么远呢？当年南侨总会主席陈嘉庚加以解释："或因全家遭难或原属单身，或大人受难只余童稚，均无从填报，或认为无甚用处，不欲填报，故遗漏自所不免。"

除此以外，笔者认为，造成统计困难的原因有下列几点：一、当时日军对屠杀华侨一事严守秘密，屠杀地点也选择在偏僻的东西海岸，所以只有少数人暗中目睹这些惨状，或者被检者当中有三数人死里逃生，回来叙述后，大家才略知真相；二、当时，在白色恐怖的笼罩下，没有人敢公开谈论屠杀的实况或人数；三、许多被检华人都被驱至海边涉水处射杀，也有的被载到海中射杀，尸体随波漂走的不少，自然无可稽查。至于被掩埋入土的尸体，经过了三年以上的岁月，也多已腐烂消失，无从估计。

四、小结

然而，由于上述种种困难而无法准确估计蒙难人数，并不等于日本军人的供词和战后日本官方发表的数字是正确的。

首先，可以肯定的是，近年来在日本公开谈论屠杀事件的大西觉和筱崎护的说法是站不住脚的。因为，即使撇开新加坡方面的统计和估计不说，直接指挥检证的日军参谋辻政信在战争期间发行的秘件中早已承认杀死了六、七千人。这就轻易的否定了大西觉所提出的“一千人”和筱崎护主张的“五千人”的数字了。

其次，上面曾经提及，日本战犯在被提控时，为了减轻本身的罪名，都尽量地少报屠杀数字。不仅如此，当年幸免一死的战犯大西觉，即使过了三十年，仍对当年的裁判法庭诸多抨击，认为被害者家属的证言是“充满夸大之词”，又攻击裁判庭目的是英国为了夸耀它的胜战和报复它此前的败绩，以及旨在恢复它对华侨的威信。由此可见，要由前日本宪兵队的成员自我招供真实的屠杀数字，是不可能的。

相反地，从以下种种迹象，可以证实日军当年检证屠杀华人的数字不可能是日方所主张的区区数千名。

第一，早在进攻新加坡之前，日军就已决定了检证计划，而且准备了一部“华侨抗日名册”，列明百余单位的抗日团体的领袖，委员和主要会员的姓名和住址，作为检证时的凭藉，可见其肃清所谓抗日份子之决心。

第二，负责检证的日军负责人更索性分类核证，也就是笼统的挑出资本家（有钱人必然抗日），英文教育者（必然亲英），知识份子（必然抗日）、纹身者（必为私会党）、海南人（据说海南人多抗日），甚至穿黄色制服者（认为必是义勇军）或者身体强壮者等等，以这种似是而非的标准来检证，可以想见所检出人数之众多。

第三，根据大西觉的忆述，在检证期间，马奈木副参谋长曾亲自巡视检证地点，而直接参与和策划检证行动的辻政信和朝枝繁春二参谋都亲往各地区指挥，务必强硬对付华人。可见日军对肃清华人行动的重视。

第四，根据大西觉所追述，一九四二年二月廿一日，辻政信曾经到他负责的区域调查检证人数，当大西觉报告已检出七十名时，辻政信大声叱咤道：“你还在磨蹭什么？我的意思是要全新加坡一半人（的命）”。（按：当时新加坡人口是八十万）

第五，一九六二年中华总商会发动挖掘日治期被害华人遗骸时，挖掘地点共达二十五处，分布地区除了樟宜和榜鹅海岸以外，还遍及市区的美芝律、丝丝街以及郊区的武吉知马、裕廊、淡边尼、惹兰加由、实里打、乌鲁班丹、亚历山大和西海岸等地区。由于掩埋多年，骨体多已残缺不全。只在惹兰培本山谷，因含沙成份多，骨体较为完整，故可算出有二千一百七十六具。惹兰培本不是集体屠杀的最主要地点，尚且有二千多人被杀，其他主要地区如樟宜和榜鹅沿岸，被屠杀的人数就更不只此数了。

此外，值得注意的是，前此提及朝日东亚年报所载“检举七万名抗日华侨”的记述如果是可靠的话，本地一般所推测的四五万人被屠杀的看法并非夸大其词。因为，从当年死里逃生者的供述中，被检证者大多数难逃劫数。何况同盟社记者菱刈就曾供述日军原本计划屠杀五万名华人。

综上所述，可以看出日本中学历史教科书所述，日军在新加坡夺走“六千人以上”的性命的说法是值得商榷的。至于执笔者丹羽教授原本主张的“两万名”的数字也和本地的看法有一段距离。因为本文论述的是偏重于检证时期的受害者，如果加上日军占领期间被杀害的人数，总共“被夺走的性命”，就更多了。

但是，正如本文一开始所指出的一般，日本教科书能提及新加坡屠杀事件，是一件好事，我们希望丹羽教授在修订教科书时，能加入本地的看法。至于教科书中提及当年被害者是“被认为是抵抗日军的中国籍居民”这一说法是否正确，则将留待另外专文提出商榷。

（一九八三年六月七日—六月九日南洋、星洲联合早报）

（蔡史君编修：《新马华人抗日史料 1937—1945》，新加坡文史出版私人有限公司 1984 年版，第 861—871 页）

7.马来亚华侨殉难名录

许云樵

作为一个历史家，无论什么资料都觉得是珍贵的，只要有历史价值，不论繁简，不计好恶，只知搜集，而惟一的条件是信实，所以这本殉难名录的编纂，站在历史立场上，我得声明，只是表彰忠烈，并非要挑拨民族间的仇恨。因为日本黩武穷兵的军国主义已经倒下去，全世界人类都在向和平共存的趋势抬头，我们不宜再翻旧账。不过，我们那许多侨胞，为时代而牺牲，为某些人的愚昧而牺牲，我们能忍令他们饮恨九泉，不将那一笔血的教训，昭示我们的后人，警惕他们重蹈覆辙吗？如果人们不把这血的教训来警惕自己，那么这些无辜牺牲者的惨状，可能成为愚昧者自己和他的家属，甚至后人的未来写照！

马来亚在沦陷时期，大家因感受痛苦而悲愤填胸，低头忍辱，一旦光复，大家因脱却重压而意气高昂，集体鸣冤。可是，曾几何时，一切都归沉寂。牺牲者所遗下无人过问的龙钟高堂，一任他们望断援绝，凄楚地苟延风烛残年！牺牲者所遗下的伶仃孤寡，一任他们待哺嗷嗷，哭望天涯！“谁无父母，提携捧负，畏其不寿？谁无兄弟，如足如手？谁无夫妇，如宾如友？”而又谁无情感，能不肠断心碎？含冤疾首？

“人之异于禽兽者，几希！”所谓“几希”，该是同情心，尤其是设身处地的同情心！我们扪心自问，我们的天良还在，我们不能违背天良，压制我们设身处地的同情心！所以编者鼓起“顶臼串戏”的傻劲下了“精卫衔石”的决心，将昭南时代数不清的殉难侨胞的姓名，籍贯，年龄，殉难年月，地点及情形，一一登录起来，以平义愤，以慰忠魂。

这里的一些名录，虽已有八千五百多人，可是挂一漏万，在所难免。希望读者多多地予以补充及指正。殉难侨胞究有多少，没有人能确切知道，单在星洲一地，单举检证一役，据说已有五万人，甚至有人说多达十万。不过谁也拿不出证据，就是当时执行大屠杀的日本宪兵队长，也说不出确数来，总之很多就是。现在这一些，可能是五分之一，可能是十分之一，也可能是二十分之一，可是已集合了多少人的力量，花费了二十余年的光阴，才得到区区这一些！

有人说："不完全的名录要它何用？"但历史家并不看轻残缺的史料，要不然，除了现代史外，古代史、史前史，根本就无法建立起来。史乘是史料的累积，一鳞半爪，都有他本身的价值，何况这八千多名殉难侨胞，都是"忠昭日月，义薄云天"，自有其不朽的浩然之气，值得我们纪念！

名录的主要来源，是我在光复初创办"华侨生活"半月刊时所调查的结果。当时曾在华侨生活第三期附发调查表一万份，可惜寄回的只有四分之一。后来新加坡市民咨询局登记殉难侨胞时，我们曾互相抄录作补充，不过增加了数百名。这和我所理想的数目相去太远，所以我就不予发表而继续调查补充。一九四六年，星洲茶阳励志社刊行的"茶阳邑侨蒙难特辑"，登录殉难邑侨六百四十余名。槟城钟灵中学也刊行"殉难师生荣哀录"，列五十余人。一九四七年，星洲被检者家属妇女互助会则刊行"纪念被检牺牲者五周年特刊"载六百八十余名。蔴坡中华公会所刊行"蔴坡华侨义烈史"，其殉难义烈表列四百七十余名。新加坡南洋华侨筹赈祖国难民总会所编纂的《大战与南侨》，以及各私人编印的许多小册子，都详于记叙而略于调查，所补无几。同年，许唯心君编有《华侨殉难义烈史》二册，一为峇株之部，一为新山高踏合编部；前者登记八百九十三人，后者二千余人。一九五四年，新加坡中华总商会因为政府要把殉难人民名单造册陈列于圣安德烈教堂内而举行调查登记，我也把名录和他们互相抄录，删复存异。可惜中华总商会所登录的太过简略，项目大多不全。我又搜集光复初期出版的许多的刊物，爬罗剔抉，予以补充，并向父老博访周咨，多方采录，总共得到七千五百六十名，刊载于拙编《南洋学报》第十一卷第一辑。最近我再根据新加坡华侨被检屠杀害集体鸣冤会所调查的记录，和各地刊物中的记载加以补充，也仅得八千六百余。

这一个名录，虽很简略，但我们已可从里边发现许多研究华侨社会问题的资料。这八千六百多名的殉难侨胞，全是善良而无辜的牺牲者，虽大数是年轻力壮的青年和壮年，但也有出世才三个月的，也有高龄已八十三的，可见这屠杀是多么残忍无人道。从他们的姓名看来，马来亚有好多个大姓，我曾约略统计一下：

陈	九四四	黄	六五四	林	五六八
张	五四七	李	四九三	王	三三四
刘	二九二	吴	二五九	杨	二三五
蔡	二三〇	郑	二〇七	何	一六四

谢	一六〇	梁	一四六	郭	一三五
罗	一三四	洪	一二九	许	一二七

陈姓高居首位，黄、林、张、李次之，而这些姓，大多是有氏族组织的，可见他们的经济势力与社会相当有力。其中有一件奇怪的事，同名同姓的人并不很多，其原因可能为登录的人因雷同而删去。编者也会删去不少记载残缺的同名者。殉难者的籍贯不甚一致，是资料来源的不同所致，例如登记作“茶阳”的是从“茶阳邑侨蒙难特辑”来的，如作“大埔”则从别的义烈史而来，至于他们的籍别，以闽粤为多是必然的，但广府帮和客家帮登记的，远较闽南帮为多，虽则马来亚华侨中以闽南帮最具势力，但登记最多的却是广帮和客帮，这并不能断言闽南人殉难的少，实在广客二帮的人，比较看重登记，闽帮大多以为人已死了，不能复生，登记何用。以致闽、粤二省相较，几十与一之比，那是事实上不可能的。不过这名录内有许多籍贯不详的，相信大部份是闽籍。又从殉难地点和日期的统计来看，各地集体大屠杀的日期，已很明显地告诉我们了。被日军征往暹罗建造“死亡铁路”而殉难的，大多是士乃和士年纳的拉伕，而其中有好些是广西人。

（一九七一年十二月八日）

姓　名	性别	年龄	籍贯	罹难日期	地点	原因
一　草	男		福州	1942,2,28	星州裕廊	检证
刀　伍	男	六二	广西	1942,2,15	峇株	屠杀
丁佛生	男	三九	琼州	1942	柔佛	检证
丁妙松	男	五〇		1942,2,19	星洲	检证
丁来合	男	四二		1942,2,19	星洲	检证
丁泰福	男	二九		1942,2,19	星洲	检证
丁海珊	男	三六	茶阳	1942,3	马六甲	拘杀
丁积卿	男	四七	文昌	1942,3,8	文律	屠杀
丁积礼	男		文昌	1942,4,2	丁加奴	残杀
卜祚敏	男			1942,2,15		检证
卜祚优	男			1942,2,15		检证
卜瑞棠	男	二二	梅县		万里望	拘杀
卜德泉	男	六三	梅县	1942,3,8	文律	拘杀
小　路	男			1944,8,1	星洲	被捕刑死
小　黑	男			1942,11	星洲	被捕刑死
大　度	男			1945,7,3	柔乌水路	战死
大　头	男		福州	1942,2,28	裕廊	检证
大罗天	男	三四	广州	1942,1,10	新山	屠杀
尤　凉				1942,2,15		拘杀
尤　诖				1942,2,16		拘杀
尤　营		二三		1942,2,14		拘杀
尤海瑞				1942,2,16		拘杀
尤顺喜	男			1942,2,15		检证
王　山						检证
王　文	男	三四	琼州	1942,2,1	新山	屠杀
王　斗	男	三六	晋江	1942,3,1	柔佛	拘杀
王　生	男	四四	永春	1942,2,1	新山	屠杀
王　生	男	二四	泉州	1942,3,5	柔佛	屠杀
王　有	女	四一	南安	1942,2,28	星洲	检证
王　安	男	五〇	文昌	1943,6,6		捕往暹罗
王　伋	男	三五	安溪	1942,1	张厝港	屠杀
王　法	男	三〇	晋江	1942,3,1	柔佛	拘杀
王　吾	男	三三	安溪	1942,10,23	张厝港	屠杀
王　利	男	三六	南安	1942,2,27	裕廊	拘杀
王　伯	男		琼州		马六甲	残杀
王　明	男	四五	琼州	1942,2,7	柔佛	捕杀
王　治	男	三七	琼州	1942,2,7	柔佛	捕杀
王　桂	男	五九	安溪	1942,10,23	张厝港	屠杀
王　官	男	五三	琼州	1942,1,15	柔佛马西	屠杀
王　洪	男			1944,8	柔佛	被围战死
王　信	男	五〇	琼州	1943,2,7	柔佛马西	捕杀
王　乘	女	六〇	南安	1942,2,28	星洲	检证
王　思			兴宁		星洲	屠杀
王　梅	男			1942,2,23	星洲	检证
王　桂	男	三〇	瑷州	1943,2,7	柔佛马西	捕杀
王　专						拘杀
王　彬	男	五〇	平南	1942,4,15	柔佛古来	捕杀
王　清	男	四六	琼州	1943,2,7	柔佛马西	捕杀

姓　名	性别	年龄	籍贯	罹难日期	地点	原因
王　章	男	二五	琼州	1943,2,7	柔佛马西	捕杀
王　第	男	二九	琼州	1943,2,7	柔佛马西	捕杀
王　启	男	三六	兴化	1943,2,1	柔佛东山	屠杀
王　顺	男	三四	文昌	1942,4,7	柔佛古来	屠杀
王　喜	男	五六	闽	1942,7,13	柔佛马西	失踪
王　伟	男	五一	徐闻	1942,7,17	柔佛	捕杀
王　发		四三		1942,2,6		炸死
王　路	男	三九	梅县	1943,9,2	怡保	拘杀
王　源	男	四六	梅县	1942,2,28	打巴	拘杀
王　道	男	三七	琼州	1943,2,7	柔佛马西	捕杀
王　瑞	男	四五	古田	1942,12,13	金宝	拘杀
王　铜	男	四〇	晋江	1942,3,1	柔佛	拘杀
王　兴	男	五〇	琼州	1943,2,7	柔佛马西	捕杀
王　烧	男	三〇	晋江	1942,3,1	柔佛	拘杀
王　静	男	三〇	桂	1942,9,11	蔴坡	拘杀
王　黎					星洲	拘杀
王　螺		三六		1942,2,15		拘杀
王　燮	男	三六	琼州	1943,2,7	柔佛马西	捕杀
王　谦	男	三二	乐会	1943,5,22	柔佛	屠杀
王　戆	男	二六	晋江	1942,3,8	文律	屠杀
王一心	男	三九	乐会		星洲	失踪
王大古		二六			星洲	拘杀
王大有		二七		1942,2,		拘杀
王大和		一三		1942,2,14		拘杀
王大肥	女	三	澄海	1942,2,27	峇株	屠杀
王天仁	男	三九	琼州	1944,9,15	柔佛	抽丁
王天助		三六		1942,2,28		拘杀
王天佐	男			1942,2,23	星洲	检证
王天起	男	三九		1942,2,21	星洲	检证
王水生		六六		1942,2,15		拘杀
王水永	男					拘杀
王水成	男				星洲	拘杀
王水和	男	二六		1942,2,21		检证
王水若		八		1942,3,4		拘杀
王水娘	女	三二	安溪	1942,2,15	星洲	屠杀
王水连		三九		1942,3,1		拘杀
王水浅	男					炸死
王水德	男	二四		1942,2,28	星洲	检证
王水德						拘杀
工文山	男	三九		1942,2,27	星洲	检证
王文成	男	三三	东山	1942,10,25	柔佛	屠杀
王木和	男		粤	1942,2,27	蔴坡	围杀
王木河	男	三四	澄海	1942,2,27	峇株	屠杀
王壬星	男	三三		1942,2,27	星洲	检证
王牛壹	男	四〇		1942,3,1		拘杀
王火鼓	男					拘杀
王本梭	男	八	泉州	1942,3,5		屠杀
王永民	男	三一		1942,2,17		拘杀

姓　名	性别	年龄	籍贯	罹难日期	地点	原因
王永吉	男	二五		1942,2,23		检证
王永林	男				星洲	检证
王永猛	男		粤	1942,2,27	蔴坡	围杀
王永杰		四五		1942,2,14		拘杀
王永杰	男			1949,2,23	星洲	检证
王永宁	男			1942,2,23	星洲	检证
王永祯	男			1942,2,	星洲	检证
王永临	男			1942,2,23	星洲	检证
王丙火	男	二一		1942,2,28	星洲	拘杀
王玉炎	男					拘杀
王必坤	男	三二		1942,2,22	星洲	检证
王弗统	男	三六		1942,2,27	星洲	检证
王正鹏	男	二六		1942,2,18		检证
王兆美		三一		1942,12,29		炸死
王兆桐	男			1942,2,23	星洲	检证
王兆汇	男	二九	文昌	1944,7,5		拘杀
王吉召	男	四五	澄迈	1942,3,8	文律	屠杀
王有文	男	四二	琼州	1942,9,18	蔴坡	刑死
王有为	男	二八	乐会	1943,4,15	峇株	屠杀
王有菊	男	四四	同安	1942,2,27	笨珍	屠杀
王老丑	男	三〇		1942,2,22	星洲	检证
王朱氏	女	二八	澄海	1942,2,27	峇株	屠杀
王自量	男	四八		1942,2,18		检证
王先全	男		琼州	1943,		拘杀
王先养	男					拘杀
王克正	男	四一	潮安	1943,9,10	蔴坡	屠杀
王宏良	男	三一		1942,3,1		拘杀
王宏宗	男	五〇		1942,3,1		拘杀
王宏通	男	四二		1942,3,1		拘杀
王作芬	男	三八	乐会	1942,3,8	文律	屠杀
王志斗	男	三七		1942,3,1		拘杀
王志浩	男	三三		1942,3,1		拘杀
王志云	男			1942,2,	星洲	检证
王志远	男	四七		1942,3,1		检证
王志铜	男	四二		1942,3,1		检证
王志烧	男	四〇		1942,3,1		检证
王志盒	男	四九		1942,3,1		检证
王希元	男	四四		1942,2,28	星洲	检证
王秀吉	男	六四	琼州	1943,2,7	柔佛马西	拘杀
王克昌	男	一九		1942,2,23		拘杀
王李氏	女	二七	澄海	1942,2,27	峇株	屠杀
王李氏	女	二〇	澄海	1942,2,27	峇株	屠杀
王良舍	男			1942,2,	星洲	检证
王成春					星洲	检证
王成祥	男			1942,2,	星洲	检证
王君华	男	六	澄海	1942,2,27	峇株	屠杀
王君普	男	四八		1942,2,22	星洲	检证
王君路	男	四	澄海	1942,2,27	峇株	屠杀

王君募	男			1942,2,	星洲	检证	王宗儒	男	三五	琼州	1943,2,7	柔佛马西	拘杀	王国南	男	三〇	琼州	1943,12,8	蔴坡	拘杀
王君礼	男	二	澄海	1942,2,27	岺株	屠杀	王弟仔	男		粤	1942,2,27	蔴坡	围杀	王国华		二五		1942,2,12		拘杀
王金土						炸死	王和河	男	二五	澄海	1942,2,27	岺株	屠杀	王国华	男			1942,2,23	星洲	检证
王金玉		二一		1944,10		拘杀	王佩君	女	六	澄海	1942,2,27	岺株	屠杀	王雪庵	男			1942,2,	星洲	检证
王金有	男			1942,2,27	星洲	检证	王季銮	男	三五	晋江	1942,3,17	岺株	残杀	王国栋	男	二八	琼州	1942,1,10	柔佛士乃	屠杀
王金星	男	五	安溪	1942,10,23	张厝港	屠杀	王来成	男			1942,2,23	星洲	检证	王国贤	男			1942,2,23	星洲	检证
王金针	男	六四	安溪	1942,3,6	蔴坡	拘杀	王忠居	男	三五	安溪	1942,2,6	蔴坡	拘杀	王救安	男	三四		1942,2,23	星洲	检证
王金发	男	三	安溪	1942,10,23	张厝港	屠杀	王明顺	男		闽	1942,2,	星洲	检证	王惜金	女	三八	饶平	1944,4,19	士年纳	屠杀
王亚九	男	五一		1942,2,21	星洲	检证	王苪秀		五五		1942,2,		拘杀	王细妹	男	四八	福清	1942,1,12	柔佛笨珍	屠杀
王亚山		三二		1942,2,28		拘杀	王苪芳	男			1942,2,	星洲	检证	王细妹	女		粤	1942,2,27	蔴坡	围杀
王亚毛		四		1942,2,14		拘杀	王苪屏		二八		1942,2,		拘杀	王章和		一五		1942,2,14		炸死
王亚水	男	五三	惠安	1942,1,17	岺株	屠杀	王苪统		三八		1942,2,15		拘杀	王淑贞	女	三二	南安	1942,2,	岺株	屠杀
王亚平	男	四五	饶平	1942,5,4	居銮	屠杀	王苪兰	男			1942,2,	星洲	检证	王淑英	女	三三	潮州	1942,2,28	蔴坡	拘杀
王亚古		二三		1942,2,	星洲	检证	王春安	男	二四		1942,2,27	星洲	检证	王逢栋	男	二一		1942,2,19	星洲	检证
王亚有	男	五一	琼州	1942,9,11	巴莪	放火烧死	王春甫	男	六六	乐会	1943,4,15	岺株	拘杀	王渊源	男	一八	平远	1942,11,11	怡保	拘杀
王亚金	女	三一	琼州	1942,5,4	居銮	屠杀	王春松		三一		1942,2,27		拘杀	王顶福	男	二三		1943,2,28		拘杀
王亚吉	男			1942,2,	星洲	检证	王南水	男	二三	安溪	1942,4,2	柣日落洞	拘杀	王添寿	男					炸死
王亚吟	男	四〇	饶平	1942,5,4	居銮	屠杀	王南威		三八		1942,2,22		拘杀	王启东	男			1942,2,	裕廊	屠杀
王亚妹	女	八	澄海	1942,2,27	蔴坡	围杀	王南焜		三七		1942,2,22		拘杀	王启福	男	四二		1942,2,15		拘杀
王亚金		一九		1942,2,15		拘杀	王盼娘	女	五八	南安	1942,2,14	岺株	屠杀	王组辉	男	三七		1942,2,22	星洲	检证
王亚咩						拘杀	王俊吉	男			1942,2,	星洲	检证	王华河	男		粤	1942,2,27	蔴坡	围杀
王亚术	男	五二	澄迈	1942,3,8	文律	屠杀	王映和	男			1942,2,	星洲	检证	王朝程	男	四二	饶平	1942,5,4	居銮	屠杀
王亚细	女	六	澄海	1942,2,27	蔴坡	围杀	王洪恩	男	二八		1942,2,22	星洲	检证	王进才	男	四〇	饶平	1942,5,4	居銮	屠杀
王亚栋					柔佛		王保添	男	二三		1942,2,28	星洲	检证	王开成	男	二〇	安溪	1942,2,14	星洲	屠杀
王亚敦	男	三四	普宁	1942,2,29	星洲	检证	王泉祥	男		兴宁		星洲	屠杀	王开辅	男	二二	琼东	1944,3,	振林山	屠杀
王亚发						拘杀	王泉群	男	三九		1942,2,22	星洲	检证	王胎茂	男	二三	乐会	1942,2,		检证
王亚华	男		粤	1942,2,27	蔴坡	围杀	王洽丰	男	三六	徐闻	1942,7,17	柔佛	拘杀	王钦书	男	二六	澄海	1942,2,27	蔴坡	围杀
王亚福	男			1942,2	星洲	检证	王炳福	男			1942,2,	星洲	检证	王发章	男	三七		1942,2,		拘杀
王亚鲁	男		粤	1942,2,27	蔴坡	围杀	王连锦	男	六四		1942,2,28		检证（辗毙）	王登福	男			1942,2,23	星洲	检证
王亚德	男	三九	文昌	1942,10,25	柔佛	屠杀	王秋兰	男	二五	闽	1942,2,27	星洲	检证	王顺兴	男	二一		1942,2,21	星洲	检证
王亚龙						拘杀	王马寅	男					拘杀	王运昌	男					拘杀
王亚摄	男		龙溪	1942,2,23	星洲	检证	王马福	男			1942,2,	星洲	检证	王运南	男					焚毙
王炎华	男	二二	大埔	1943,4,30	金巴士	拘杀	王家利	男	四五	琼州	1944,4,1	柔佛马西	拘杀	王禄轩	男			1942,2,	星洲	检证
王昌文	男	一九		1942,2,	星洲	检证	王栻永	男		琼州	1942,11,5	亚沙汉	屠杀	王禄清	男	二六		1942,2,18	星洲	检证
王昌位	男	三五		1942,2,17		检证	王振春		四八		1942,2,6		拘杀	王禄富	男	三二		1942,2,		拘杀
王昌利	男	三八	澄迈	1942,3,8	文律	屠杀	王振副	男	六二	澄海	1942,2,27	蔴坡	围杀	王禄鑑	男	二五		1942,2,		拘杀
王昌妥	男	一九		1942,2,	星洲	检证	三振象	男			1942,2,23	星洲	检证	王万东	男	六		1942,2,15		拘杀
王昌钦	男	二四		1942,2		拘杀	王振欧	男			1942,2,	星洲	检证	王万珍		二三		1942,		失踪
王昌熙	男	四二		1942,2,19	星洲	检证	王钉南	男	二〇		1942,2,22	星洲	检证	王业甲	男	一八		1943,		拘杀
王昌燕	男	二〇		1942,2,	星洲	检证	王钉环	男	三〇		1942,2,22	星洲	检证	王业安	男	三二		1942,2,23		拘杀
王昌丰	男	一九		1942,2,	星洲	检证	王悦君	女	四	澄海	1942,2,27	蔴坡	围杀	王业芳	男	四三		1942,2,20	星洲	检证
王其民	男	三三		1942,2,19	星洲	检证	王悦妹	女		粤	1942,2,27	蔴坡	围杀	王业修	男	三五	琼山	1944,6,15	吉隆坡	拘杀
王其昌	男	二二		1942,2,23		拘杀	王真种	男	四四		1942,2,23	星洲	检证	王业振	男	一九		1942,2,		拘杀
王其绵	男			1942,2,	星洲	检证	王陈氏	女	二〇	澄海	1942,2,27	岺株	屠杀	王业海	男	二四		1942,2,		拘杀
王东武	男	二〇		1942,2,9		拉夫	王陈氏	女	五〇	澄海	1942,2,27	岺株	屠杀	王业启	男	四二		1942,2,23	星洲	检证
王东影	男			1942,2,23	星洲	检证	王清池	男			1942,2,23	星洲	检证	王业敏	男	五八		1942,2,23	星洲	检证
王定明	男		粤	1942,1,27	蔴坡	围杀	王清波		二五		1942,2,15		拘杀	王业涵	男	一九		1942,2,23		拘杀
王定清	男	三六	琼州	1942,7,17	柔佛	拘杀	王清顺	男			1942,2,23	星洲	检证	王业覃	男	二八		1942,		炸死
王宗析	男	二六		1942,2,23		检证	王国仕	男	二三		1942,2,14		拘杀	王业汤	男	四二		1942,2,23	星洲	检证
王宗番	男	三〇		1945,8,21		拘杀	王国良	男	四八	琼州	1943,4,15	岺株	屠杀	王业汉					星洲	检证

姓名	性别	年龄	籍贯	罹难日期	地点	原因
王业嘉	男	三六		1942,2,		拘杀
王业广	男	一七		1942,2,2		拘杀
王业榜	男	二六		1942,2,23		拘杀
王业铭	男			1942,2,		拘杀
王业澍	男	四七		1942,2,23	星洲	检证
王舜书	男	三五	澄海	1942,2,27	蔴坡	围杀
王诗务	男	四七	古田	1944,10,	实兆远	拘杀
王诗贤	男	三四	琼州	1943,2,7	柔佛马西	拘杀
王苇开	男	二七	文昌	1945,6,15	柔佛古来	屠杀
王兴书			粤	1942,2,27	蔴坡	围杀
王殿娘	女	一八		1942,2,14		炸死
王新益		四七		1942,1,14		炸死
王绣章	男	四二		1942,2,23	星洲	检证
王传进	男	二五		1942,2,23	星洲	检证
王绥凤		三〇		1942,2,13		拘杀
王轻赴	男			1942,2,	星洲	检证
王经琏	男	六三		1942,2,24	星洲	检证
王维实						炸死
王维垅	男	二八		1942,2,19	星洲	检证
王汉日	男	四二	澄迈	1942,3,8	文律	屠杀
王汉茂	男	四三	澄迈	1942,3,8	文律	屠杀
王庆元		二二		1942,2,28		屠杀
王庆书	男	三五	澄迈	1942,3,8	文律	屠杀
王庆华	男	三五	南安	1943,11,3	柔佛古来	拘杀
王庆发	男	五一	琼山	1943,11,3	柔佛古来	屠杀
王嘉盛	男	三五		1942,2,	星洲	检证
王毓钦	男	四七	琼州	1942,1,16	峇株	屠杀
王德甫				1942,1,5		炸死
王德俊	男	六三	澄迈	1943,4	拉美士	屠杀
王德补	男	五八	粤	1942,2,1	柔佛东山	屠杀
王德森		二六		1943,		拘杀
王德义	男			1942,3,16	马六甲	捕杀
王德福	男	四三	福清	1944,5	吉隆坡	失踪
王德龙				1942,2,23	星洲	检证
王兴甲	男	二五		1942,2,	星洲	检证
王兴起	男	二八		1942,2,	星洲	检杀
王兴书	男	三二	澄海	1942,2,27	峇株	屠杀
工橙永	男		琼州	1942,11,5	亚沙汉	屠杀
王锡全	男	四九		1942,2,	星洲	检证
王锡明	男			1942,2,23	星洲	检证
王锡彤	男	三二		1942,2,	星洲	检证
王锡书	男	五〇	澄海	1942,2,27	蔴坡	围杀
王绵祥	男	四五	博白	1944,3,13	士年纳	拘杀
王蕃昌	男	二二		1942,2,23	星洲	检证
王亲随		三五		1942,2,		拘杀
王鸿英	男			1942,2,	星洲	检证
王鸿恩	男	二七		1942,2,19	星洲	检证
王应文	男	六一	文昌	1942,2,24	柔佛哥打	拘杀

姓名	性别	年龄	籍贯	罹难日期	地点	原因
王学才	男			1945,1,12	柔佛老港	斗死
王学炳	男	四七	万宁	1943,7,10	柔佛马西	拘杀
王学钦	男	四六	琼州	1942,2,10	峇株	屠杀
王丰治	男	二七		1942,2,2		检证
王璧书	男	二六	澄海	1942,2,27	蔴坡	围杀
王举庆	男	六三	定安	1943,9,13	宋加弄	屠杀
王琼贵	男	二八	万宁	1944,3,	振林山	屠杀
王琼保	男	四〇	澄迈	1942,3,8	文律	屠杀
王怀先	男	一五	澄海	1942,2,27	蔴坡	围杀
王怀安		一〇	澄海	1942,2,27	峇株	屠杀
王怀德	男		粤	1942,2,27	蔴坡	围杀
王藩昌	男	二三		1942,2,20	星洲	检证
王宝兰	男	六四		1942,3,18	马六甲	刑后残杀
王兰亚					星洲	拘杀
王鹤书	男	三九	澄海	1942,2,27	蔴坡	围杀
王麟书	男	三七	澄海	1942,2,27	蔴坡	围杀
方　红		四七		1942,2,17		拘杀
方　根	男	三二		1942,2,22	星洲	检证
方　探	男	二八	闽	1942,1,27	蔴坡	围杀
方　德	男	三八	南海	1942,2,22	星洲	检证
方　镄		四四		1942,2,17		拘杀
方大峇				1942,2,14		拘杀
方天细		三二		1942,2,14		拘杀
方天赐		二四		1942,2,17		拘杀
方水明		三六		1942,2,17		拘杀
方之栋	男	四八	普宁	1942,2,22	星洲	检证
方半农	男			1942,2,22	星洲	检证
方世德	男	二九	惠平	1942,10,10	居銮	残杀
方有礽	男	五三		1942,2,22	星洲	检证
方守嵩						炸死
方如贤	男	五二		1942,2,22	星洲	检证
方廷水		一四		1942,2,14		拘杀
方毛仔		二八		1942,2,14		拘杀
方伯群	男	二六	惠安	1942,3,6	吉隆坡	拘杀
方君壮	男			1944,7,6,	槟城	死刑
方金生		七		1942,2,14		拘杀
方金宋						检证
方金坤				1942,2,22		拘杀
方金星		三四		1942,2,17		拘杀
方金康	男	四七	福清	1942,1,15	柔佛	失踪
方明居		二八		1942,2,17		拘杀
方明海	男	一七		1942,2,22	星洲	检证
方亚太	男	二五	莆田	1942,3,3	柔佛古打	屠杀
方亚咪	男			1942,2,22	星洲	检证
方亚载	男			1942,2,22	星洲	检证
方亚龟		三八		1942,2,14		拘杀
方是万	男	三二		1942,2,22	星洲	检证
方是儒	男	二一		1942,2,22	星洲	检证

姓名	性别	年龄	籍贯	罹难日期	地点	原因
方炳为	男	二三		1942,2,		拘杀
方郁炽	男		开平			
方前厝		三六		1942,2,14		拘杀
方秋桐	男	二八		1942,2,22	星洲	检证
方红孙	男			1942,2,22	星洲	检证
方书邦	男			1942,2,22	星洲	检证
方清沛		二五		1942,2,17		拘杀
方理春	男	四二		1942,2,22	星洲	检证
方贤科	男	二九		1942,2,22	星洲	检证
方贤清	男	二〇		1942,2,22	星洲	检证
方贤荣	男	一九		1942,2,22	星洲	检证
方怀南	男	四三		1942,2,22	星洲	检证
方宝吉	男	一七		1942,2,22	星洲	检证
文　安	男	五八		1942,3,12	打巴	拘杀
文大兴	男	三八		1942,2,19	星洲	检证
文木好	男	三七	饶平	1942,2,28	新山	拘杀
文木顺	男	四一	饶平	1942,3,3	新山	拘杀
文木兴	男	三五	饶平	1942,2,28	新山	拘杀
文少棠	男	二八	思阳	1942,2,20	星洲	检证
文华深	男			1942,2,19	星洲	检证
文国仪	男			1942,2,19	星洲	检证
毛其贤		三五		1942,3,9		拘杀
毛开松	男	二三		1942,2,15		检证
仁　永	男	二二	琼州	1943,2,7	柔佛马西	拘杀
孔　龙	男			1942,2,	星洲	检证
孔文同	男	三二	平潭	1942,1,18	新山	屠杀
丘　日	男	四五	揭阳	1943,11,5	新山	屠杀
丘　六	男	九	海丰	1944,4,1	柔佛古来	拘杀
丘　仁					新山	屠杀
丘　玉	女	一四	海丰	1944,4,1	柔佛古来	屠杀
丘　江	男	一二	海丰	1944,4,1	柔佛古来	屠杀
丘　有	男	二三	陆丰	1944,3,8	柔佛古来	清乡屠杀
丘　林	男	五四	海丰	1944,7,15	柔佛士乃	屠杀
丘　松	男	四	陆丰	1943,7,1	柔佛古来	入境屠杀
丘　洪	男	二二	大埔	1944,4,15		狱中刑死
丘　英	女	一〇	陆丰	1943,7,1	柔佛古来	入境屠杀
丘　亮	男	四九	陆丰	1943,7,1	柔佛古来	入境屠杀
丘　娥	女	九	陆丰	1943,7,1	柔佛古来	入境屠杀
丘　雀				1943,2,3	新山	屠杀
丘　梳	女	六	陆丰	1944,3,25	柔佛古来	失踪
丘　崇	男	二六	惠阳	1943,2,23	蔴坡	拘杀
丘　港					新山	屠杀
丘　乾	男	六二	陆丰	1943,4,7	柔佛古来	搜山屠杀
丘　发	男	二三	陆丰	1944,3,8	柔佛古来	清乡屠杀
丘　发	男	八	海丰	1944,4,1	柔佛古来	拘杀
丘　番	女	四	陆丰	1944,4,10	柔佛古来	拘杀
丘　凤	女	六	海丰	1944,4,1	柔佛古来	屠杀
丘　德	男	三	海丰	1944,4,1	柔佛古来	屠杀

丘　数					新山	屠杀
丘　雅	男	四	揭阳	1945,4,29	柔佛	屠杀
丘　锡	男	五	海丰	1944,4,1	柔佛古来	屠杀
丘　潮	男	五一	海丰	1943,7,25	柔佛古来	抽壮丁
丘　筹	男	二五	大埔	1944,4,	柔佛古来	屠杀
丘　弯	男	四〇	惠阳	1942,12,	蔴坡	拘杀
丘九女	男	三七	台山	1942,3,7	龙引	屠杀
丘乃回	男	四三	茶阳	1942,2,	柔佛文律	拘杀
丘子城	男	三	陆丰	1944,3,25	柔佛古来	失踪
丘小孩	男	一	揭阳	1945,4,29	新山	屠杀
丘六使	男	四五	茶阳	1943,	比叻	拘杀
丘世均	男	六二	清远	1942,3,12	比叻	拘杀
丘立明	男	五〇	丰顺	1942,3,8	文律	屠杀
丘石金	男	五九	茶阳	1942,3,	柔佛文律	拘杀
丘石松	男	二四	惠阳	1943,	蔴坡	刺杀
丘江月	男	二三	茶阳	1944	芙蓉	拘杀
丘辛妹	女	八	陆丰	1943,7,1	柔佛古来	入境屠杀
丘亚城	女	四二	茶阳	1945,5,	宋加兰	拘杀
丘步云（妻）	女	四五	茶阳	1942,3,	芙蓉	拘杀
丘念清	女	四七	茶阳	1942,3,8	柔佛文律	拘杀
丘拔经	男	三九	茶阳		吉隆坡	狱毙
丘香妹	女	六	陆丰	1943,6,1	柔佛古来	入境屠杀
丘茂林	男	一七	揭阳	1943,11,5	新山	拘杀
丘奕丕	男	四六	茶阳	1943,11,	柔佛	拘杀
丘奕被		四七	茶阳	1942,9,	柔佛	拘杀
丘奕谈	男	二四	茶阳	1942,2,	柔佛古来	检证
丘奕檀	男	二五	茶阳	1942,2,	星洲	检证
丘奕岭	男	四一	大埔	1943,5,	柔佛茨廊	失踪
丘奕岭	男	四六	大埔	1944,4,	柔佛古来	屠杀
丘若虚	男	三二	茶阳	1942,3,	吉隆坡	拘杀
丘祥发	男	五五	陆丰	1942,11,21	柔佛古来	拘杀
丘娘集	男	三八	茶阳		星洲	炸死
丘纯源	男	二三	梅县	1942,11,11	比叻	拘杀
丘从正	男	四二	茶阳	1942,3,	吉隆坡	拘杀
丘从运	男	四三	茶阳	1942,3,	吉隆坡	拘杀
丘深和	男	二八	茶阳		梹城	拘杀
丘超海	男	三八	台山	1942,3,7	龙引	屠杀
丘瑞兰	女	六	揭阳	1945,4,29	柔佛	屠杀
丘伟夫	男	二〇	茶阳	1942,2,	星洲	检证
丘传夑	男		茶阳		帝岛	拘杀
丘锦田	男	三七	茶阳		星洲	狱中
丘谈经	男	四九			冷宜	狱中
古　泗	男	六七	梅县	1943,10,14	双溪妈茂	拘杀
古　国	男			1944,7,25	星洲	监禁刑死
古　丰	男				新山	屠杀
古兆球	男	二九	兴宁	1944,8,14	比叻	拘杀
古吉宁	男	二五	五华	1942,11,10	比叻	检证
古金荣	男	二四	梅县	1943,8,27	怡保	拘杀
古凤珍		八		1942,2,8		炸死
甘有成	男			1942,2,15	星洲	检证

甘有福	男				星洲	检证
甘有乐	男			1942,2,	星洲	检证
甘家琏	男	四七	琼州	1942,2,1	柔佛班兰	警备捕去
甘瑞成		四二		1942,2,		失踪
甘娇莲		三二		1942,2,15		检证
甘耀兰		二二		1942,2,10		拘杀
田亚讲		一九		1942,12,		焚毙
田训元	男		梅县			
田训年		四二		1942,2,18		检证
田鹄禝		四八		1944,8,		焚毙
史可册				1942,2,15		检证
史可周				1942,2,15		检证
史可振				1942,2,15		检证
石士昌			新会		星洲	检证
石永旺		三七		1942,2,18		检证
石荣华		三二		1942,2,24		检证
石树昌		三八		1942,2,20		检证
白　衣	男				星洲	被捕刑死
白文源	男	四七	安溪	1942,2,29	星洲	检证
白成挑	男	三九	安溪	1942,3,3	峇株	活埋
白昌东		二五		1942,2,18		失踪
白昌钵				1942,2,15		检证
白连德	男	四八	安溪	1942,2,6	蔴坡	拘杀
白植爱						焚毙
包永林	男	二八	南汇	1942,2,18	星洲	检证
包福庆		四八		1944,9,18		拘杀
左玉粦	男		梅县			
左廷寿	男			1942,2,24	星洲	检证
加　最	男		福州	1942,2,28	裕廊	检证
司徒全	男			1942,2,	星洲	检证
司徒岳	男	三五	开平	1943,3,11	峇株	屠杀
司徒和	男			1942,2,28		拘杀
司徒南	男	三一		1942,2,22	星洲	检证
司徒流	男	四八		1942,2,15	星洲	检证
司徒伟	男			1942,2,	星洲	检证
司徒灿	男		开平			
司徒尧	男	二六		1942,2,17	星洲	检证
司徒德	男	四二		1942,2,15	星洲	检证
司徒仕松	男			1942,2,	星洲	检证
司徒金尧	男			1942,2,	星洲	检证
司徒金标	男					拘杀
司徒其燕	男	二八		1942,2,22	星洲	检证
司徒衍阜	男			1942,2,22	星洲	检证
司徒振成	男			1942,2,	星洲	检证
司徒觐佑	男			1942,2,22	星洲	检证
司徒镜文	男					拘杀
司徒竞佑	男			1942,2,	星洲	检证
朱　生	男				新山	拘杀
朱　良	男	三五	丰顺	1943,8,	玻璃市	射杀
朱　招	女	五〇	鹤山	1942,2,2	柔佛	拘杀

朱　和	男	四二	丰顺	1943,8,	玻璃市	射杀
朱　妹	女	五〇	海丰	1944,2,4	蔴坡	拘杀
朱　坤	男	三六	粤	1942,1,10	柔佛水塘	捕去
朱　坪	女	一八	晋江	1942,2,10	星洲	屠杀
朱　秋	男	三四	粤	1942,1,10	柔佛水塘	捕去
朱　娘	女	四九	鹤山	1942,1,10	柔佛水塘	刺死
朱　辉	男	四〇	梅县	1942,4,27	金巴士	警备杀害
朱　胜	男	六五	西郁	1942,6,8	士年纳	征往暹罗
朱子煌		四八		1942,2,13		炸死
朱文周	男	六四	丰顺	1942,2,	兴楼	全家七口殉难
朱文坚	男	四一	丰顺	1942,2,	士乃	拘杀
朱文斐				1942,2,15		检证
朱文辉	男	四〇		1943,3,	吉隆坡	检证
朱日守	男	三六	丰顺	1943,3,	芙蓉	拘杀
朱木通		二二		1942,2,28		检证
朱巧音						拘杀
朱仲伟		三九		1942,2,14		炸死
朱光英	男	二六	台山	1943,10,24	华玲	拘杀
朱安权	男	二六	台山	1942,12,20	怡保	失踪
朱成忠		二六		1942,2,14		拘杀
朱明山		三七		1942,2,15		检证
朱亚庚	男	三四	茶阳	1942,3,		入境屠杀
朱金笔		四〇		1942,2,15		炸死
朱秀莲		二四		1942,2,13		炸死
朱家炯	男			1942,2,	星洲	检证
朱宣义	男	三六	揭阳	1942,7,8	梹城	狱中刑死
朱歪乒						拘杀
朱美伦	男		茶阳	1942,3,	星洲	拘杀
朱英汉	男	三八	诏安	1942,2,25	新山	入境屠杀
朱振顺	男	四二	梅县	1943,11,22	柔佛水塘	清乡
朱琢玉						拘杀
朱万山				1942,2,15		检证
朱运文				1942,2,15		检证
朱运之		二〇		1942,2,19		拘杀
朱新鸿	男	三八	丰顺	1943,8,	柔佛古来	用棍打死
朱荣玩				1942,2,15		检证
朱德彦	男	二五		1942,2,22	星洲	检证
朱德恩				1942,2,15		检证
朱积臣	男		琼州	1942,11,5	亚沙汉	捕杀
朱燎光		三五		1942,2,29		检证
朱锦兴		二二		1942,3,10		拘杀
朱锦鸾	女		粤	1942,2,27	蔴坡	围杀
朱树校	男		粤	1942,2,27	蔴坡	围杀
朱应州	男			1942,2,	星洲	检证
朱奶佑				1942,		拘杀
朱定安	男	二四	文昌	1944,6,28	梹城	拘杀
朱定益						拘杀
朱治莆		三二		1943,		拘杀
朱厚民		四三		1943,7,		拘杀
朱国绵						检证

姓　名	性别	年龄	籍贯	罹难日期	地点	原因
朱诏甫		三〇		1942,5,		拘杀
朱诏洲	男	三五	文昌	1942,2,28	星洲	拘杀
朱诏汉		二二		1942,		拘杀
朱福廷	男			1942,2,	星洲	检证
朱福良	男			1942,2,	星洲	检证
朱福昭				1942,		炸死
朱福朝	男			1942,2,	星洲	检证
朱福汉						拘杀
朱应州	男			1942,2,	星洲	检证
朱荣玩	男			1942,2,	星洲	检证
朱谷昕	男	五二	文昌		柔佛	拘杀
朱谷锦	男	三八		1942,2,18		检证
朱谷锦	男	四二		1942,2,29		检证
伍　容	男	三八		1942,2,21	星洲	检证
伍名水	男					拘杀
伍光煌	男			1942,2,	星洲	检证
伍亚银						拘杀
伍明桂	男	三四	万宁	1944,3,	振林山	入境屠杀
伍时明	男	四二	台山	1942,3,8	文律	屠杀
伍时和	男	三六	台山	1942,3,8	文律	屠杀
伍振技	男			1942,2,23		拘杀
伍耕堂	男	二七	开平	1942,2,20	星洲	检证
伍捷程	男	二六		1942,2,22	星洲	检证
伍森荣	男			1942,2,20	星洲	检证
伍耀辉	男			1942,2,22	星洲	检证
伍邻弟	男	四二	四邑	1942,2,18	文律	屠杀
江　心		三四				炸死
江　金		三七		1942,5,31		拘杀
江　渊	女				星洲	狱中刑死
江光生	男	四一	安溪	1942,1,30	峇株	屠杀
江光国	男	三四	安溪	1945,6,11	张厝港	屠杀
江光传	男	五〇	安溪	1945,6,11	张厝港	屠杀
江年秀	男	二九				拘杀
江兆锡	女	二六	大埔	1942,3,8	文律	屠杀
江金顺	男					拘杀(译名)
江金喜	男	三五				检证
江河英				1942,1,1		炸死
江宗煊	男	四二	莆田	1943,3,8	蔴坡	检杀
江洪暖	男	二五	台山	1942,3,7	龙引	屠杀
江晃西	男			1942,3,12	槟城	残杀
江朗祥	男					检证
江隆玉	男			1942,2,15		检证
江隆歆	男	三八		1942,2,15		检证
江隆钹	男	三五		1942,2,15		检证
江发周	男	三八				拉夫
江运甫	男			1942,2,15		检证
江运南	男			1942,2,15		检证
江运洞	男			1942,2,15		检证
江运深	男			1942,2,15		检证
江运璜	男			1942,2,15		检证(拘杀)
江锡妈	男	二九	茶阳	1942,2,	柔佛文律	拘杀
江龙长	男			1942,2,15		检证
池亚欣	男	六〇		1942,3,		拘杀
池某某	男	二〇		1942,3,		拘杀
池运氏		五八		1942,3,		拘杀
池树南	男	五六		1944,		拘杀
全奇长	男					检证
全启秀	男	四七		1942,2,22	星洲	检证
全启炎	男	四〇		1942,2,22	星洲	检证
全运秀	男	二五		1942,2,22	星洲	检证
全运凤	男	二六		1942,2,22	星洲	检证
阮九秋	男			1942,2,28		检证
阮汉波	男			1942,2,18		检证
阮齐享	男	一八		1942,2,23	星洲	检证
任广庆	男			1942,2,15		检证
亦妹仔	男	四四	龙清	1942,2,17	新加坡	检证
李　八	男	二〇	粤	1942,2,1	古来	先锋屠杀
李　八	男	四〇	容县	1942,6,8	士年纳	征往暹罗
李　大	男	四六	容县	1943,4,30	金巴士	屠杀
李　大	男	六五	北海	1943,7,23	柔佛海皮	屠杀
李　才	男	五四	郁林	1944,3,	蔴坡	拘杀
李　才	男	三〇	琼州	1942,2,1	柔佛东山	屠杀
李　才	男	三四		1942,2,19		检证
李　三	男				士乃	屠杀
李　永	男	四五	北流	1941,3,9	哥打	屠杀
李　永	男	二八	北流	1943,7,15	士年纳	征往暹罗
李　永	男	二五	粤	1942,2,1	古来	入境屠杀
李　牙	男	三〇	桂	1942,2,1	古来	先锋屠杀
李　方	男	三五	容县	1943,8,15	士乃	征往暹罗
李　石	男	四二		1942,4,		拘杀
李　文	男	三五				屠杀
李　文	男	四五	北流	1943,8,15	士乃	征往暹罗
李　甘	女	三八	大埔	1942,2,28	士乃	入境屠杀
李　有	男	五五	粤	1943,7,	柔佛班兰	失踪
李　有	男	三六	容县	1942,1,10	哥打	屠杀
李　生	男	四九	惠州	1942,2,24	柔佛哥打	屠杀
李　生	男	三八	北流	1946,2,1	哥打	拘杀
李　生	男	一九	惠州	1944,4,26	士年纳	警备屠杀
李　生	男	三五	揭阳	1944,12,9	士年纳	警备屠杀
李　汙	男	四五	容县	1943,7,8	士年纳	征往暹罗
李　同	男	三二	罗定	1942,2,1	古来	先锋屠杀
李　五	男	二〇	罗定	1942	马口	刑死
李　全	男	四二	容县	1944,3,	蔴坡	拘杀
李　如	男	三五	潮州	1942,2,31	柔佛	残杀
李　江	男	三二	新会	1942,2,	蔴坡	拘杀
李　光	男	五〇	桂	1942,2,1	古来	屠杀
李　光	男	三六	粤	1942,2,1	柔佛东山	屠杀
李　光	男	三六	北流	1942,8,13	士年纳	征往暹罗
李　吉	男	三六	桂	1942,1,11	柔佛水塘	屠杀
李　成	男	一二	河南	1942,3,15	振林山	入境屠杀
李　廷	男	四八	桂	1942,1,10	柔佛水塘	屠杀
李　良	男	三〇	桂	1942,2,1	古来	先锋屠杀
李　志	男	三〇	桂平	1944,5,8	柔佛古来	拘杀
李　志	男	三七	容县	1943,6,15	柔佛古来	征往暹罗
李　沛	男	二二	北流	1942,2,20	柔佛古来	入境屠杀
李　芳	男	二一	北流	1942,2,3	柔佛古来	屠杀
李　炎	男	三八	容县	1942,9,10	士年纳	征往暹罗
李　佳	男	三一	容县	1943,7,8	柔佛古来	征往暹罗
李　恒	男	五四	罗定	1942,2,1	柔佛古来	先锋屠杀
李　知	女	六四	陆丰	1943,7,1	柔佛古来	先锋屠杀
李　享	男	四二	桂	1942,1,11	柔佛水塘	屠杀
李　泗	男	四二	粤	1945,4,1	新山	下狱刑死
李　儿						拘杀
李　坤	女	四三	永春	1942,1,17	蔴坡	炸死
李　长	男				士乃	屠杀
李　松	男			1943,2,3	士乃	屠杀
李　妹	女	一一	揭阳	1945,4,20	士乃	警备杀害
李　妹	女	四	罗定	1942,2,1	古来	屠杀
李　妹	女	一	容县	1943,10,12	古来	屠杀
李　来					士乃	屠杀
李　明	男	五〇	容县	1943,5,10	古来	征往暹罗
李　明	男	三八		1942,3,		拘杀
李　拉	男	三〇	晋江	1942,3,1	柔佛	拘杀
李　佬	男	三五	永春	1942,2,	裕廊	检证
李　坤	男		粤	1942,1,17	蔴坡	围杀
李　招	男	三三	永春	1944,1,27	蔴坡	刑死
李　洪	男	四〇	容县	1942,9,5	士年纳	征往暹罗
李　南	男	五二	惠州	1944,3,	振林山	入境屠杀
李　南	男	五〇	桂	1942,3,17	蔴坡	拘杀
李　炳	男	三六	永春	1942,3,6	蔴坡	检杀
李　茂	男	五六	粤	1942,2,23	柔佛哥打	屠杀
李　拾	男	五三	容县	1942,2,15	柔佛哥打	屠杀
李　面	男	三九	德仙	1943,11,1	新山	宪兵捕去
李　亮	男	三七	安溪	1942,2,29	星洲	检证
李　唐	男	四五		1943,2,16		拘杀
李　柴	男	三四		1942,4,		拘杀
李　财	男	五〇	宝安	1943,4,15	煤炭山	拘杀
李　祥	男			1944,12,21	柔佛和成	斗死
李　票	男	三四	永春	1942,2,9	文律	屠杀
李　华		二四	惠阳	1944,9,8	水塘	屠杀
李　华	男	三〇	海南		冷金	屠杀
李　华	男	四二	北流	1942,2,20	中林港	屠杀
李　家	男	四〇	惠州	1942,12,14	士年纳	警备杀害
李　海	男	二〇	灵山	1942,4,5	古来	入境屠杀

李桂	男	二八	桂	1942,1,10	柔佛水塘	屠杀
李发	男	四九	北流	1944,4,26	振林山	被捕
李培	男	四〇	粤	1942,2,1	士年纳	警备杀害
李培	男	三二	容县	1943,7,23	柔佛	屠杀
李进	男	四八	容县	1942,4,5	柔佛古来	入境屠杀
李云	男	三〇	桂	1942,2,1	柔佛古来	入境屠杀
李尧	男	四〇	永春			
李禄	男				士乃	屠杀
李尊	女	二四	安溪	1942,10,23	张厝港	屠杀
李敬	男	二〇			士乃	屠杀
李德	男	五二	粤	1942,2,23	柔佛哥打	屠杀
李运	男	五八	容县	1943,4,13	古来	警备杀害
李楚	男	三〇	容县	1943,6,15	柔佛古来	征往暹罗
李新	男	四六	新开	1943,11,22	水塘	屠杀
李新	男	四五	平南	1943,7,8	士年纳	屠杀
李新	男	五〇	岑溪	1942,12,23	振林山	警备杀害
李楷	男	四一	容县	1943,8,15	古来	征往暹罗
李杨	男	四二	罗定	1942,2,1	古来	先锋屠杀
李照	男	三六	南安	1942,2,15	星洲	屠杀
李义	男	三二	罗定	1943,6,15	古来	征往暹罗
李诚	男	二一	揭阳	1943,9,23	柔佛水塘	刺死
李漂	男	三四	永春	1942,3,8	文律	屠杀
李汉	男	四〇	容县	1943,6,6	士年纳	征往暹罗
李庆	男	五七	惠阳	1943,1,10	士乃	屠杀
李庆	男	三五	桂	1942,1,11	水塘	屠杀
李辉	男	二〇	粤	1942,2,1	柔佛东山	屠杀
李章	男	四三	桂	1944,10,9	柔佛大山	宪兵杀害
李隆	男	三二		1942,1,1		炸死
李梯				1942,2,22		拘杀
李斌	男		台山	1942,2,22	全家十余口杀拘	
李最		一三		1942,2,15		拘杀
李富		一九		1942,2,15		拘杀
李乔	男			1942,2,19	星洲	检证
李源	男	一六	南安	1942,1,18	蔴坡	失踪
李雷	男				星洲	检证
李填	男	四四		1942,2,19	星洲	检证
李称	男	五四		1942,2,15		拘杀
李福	男	四三	台湾	1942,	星洲	被炸
李福	男	三二	南安	1942,3,6	蔴坡	围杀
李对	女	四〇	永春	1942,1,30	柔佛	屠杀
李俭	男	三五		1942,2,15		拘杀
李谦	男				星洲	拘杀
李蕊	男	四八	永春	1942,3,1	小笨珍	屠杀
李锡	男	四四		1942,2,22	星洲	检证
李桥	男			1942,2,19	星洲	检证
李饶	男	三五		1942,2,28		拘杀
李党	女	三六	晋江	1945,4,13	文律	拘杀
李苏				1942,2,28	星洲	拘杀
李苏	男			1942,2,19	星洲	检证
李一贞	女	二二	南安	1942,3,9	柔佛埔来	拘杀

李乃拱	男	三五	茶阳	1942,2,18	星洲	检证
李大目	男	三九				检证
李大亚	男	三四		1942,2,19	星洲	检证
李大妹	女	二	粤	1942,2,1	柔佛古来	入境屠杀
李士骥	男			1942,2,	星洲	检证
李大园	男			1942,2,		检证
李七牛	男					拘杀
李士恒	男			1942,		炸死
李士华	男	三七	琼东	1944,3,6	柔佛班兰	宪兵捕去
李士衣	男	三三	琼东		蔴坡	拘杀
李于龙	男	五五	南安	1942,3,15	振林山	入境屠杀
李山俊	男				星洲	检证
李子铭	男	四一		1942,2,22	星洲	检证
李天秀	男	三五	琼山	1944,3,12	士年纳	拘杀
李天养	男	三四	鹤山	1943,11,2	古来	拘杀
李天来	男	一九		1942,2,15		检证
李天华	男	四〇		1942,2,28		检证
李天传	男				星洲	拘杀
李天赐	男	四〇	永春	1942,2,28	巴力冉厄	屠杀
李天赐	男	三七	南安	1942,3,17	峇株巴辖	拘杀
李天转	男	二四		1942,2,11		拘杀
李天鉴	男			1942,2,19		检证
李天銮	男					拘杀
李木娇	女	五四	潮安	1942,2,27	柔佛	屠杀
李水永	男				星洲	检证
李水森	男	四三		1942,2,28		检证
李水杨	男	二八	曾成		红毛丹埠	拘杀
李水道	男	二八		1942,2,15		拘杀
李文川	男	二九		1942,2,28		检证
李文郎	男	二一	永春	1942,2,28	永平	残杀
李文彪	男	四〇	丰顺	1944,2,25	新山	下狱刑死
李文通	男	一九	金门	1942,2,27	星洲	拘杀
李文通	男			1942,2,	星洲	检证
李文贵	男	六		1942,2,14		拘杀
李文荣	男	一五		1942,2,14		拘杀
李文龙	男	二六	兴化	1943,10,21	振林山	脚车队屠杀
李引三	男	二七	南安	1942,3,9	振林山	入境屠杀
李引那	男	三三	安振	1942,3,9	振林山	入境屠杀
李引昌	男	三二	南安	1942,3,9	振林山	入境屠杀
李引奄	男	二八	南安	1943,10,21	振林山	被捕
李引培	男	一〇	南安	1942,3,9	振林山	入境屠杀
奉引浅	男	三五	南安	1942,3,9	振林山	入境屠杀
李引执	男	三七	南安	1942,3,6	蔴坡	枪杀(全家)
李引杰	男	三二	南安	1942,3,9	振林山	入境屠杀
李引道	男	二七	南安	1943,10,21	振林山	拘杀
李引岁	男	三六	南安	1942,3,19	振林山	入境屠杀
李引岁	男	三五	南安	1943,1,10	哥打	拘杀
李引认	男	三三	南安	1942,3,9	振林山	入境屠杀
李引潮	男	三五	南安	1942,3,9	振林山	屠杀
李引黎	男	三一	南安	1942,3,6	蔴坡	枪杀

李引墙	男	二一	南安	1942,3,6	蔴坡	枪杀
李引党	男	二三	南安	1942,3,9	振林山	拘杀
李引露	男	二五	南安	1942,3,9	振林山	拘杀
李世奕	男	二七	琼东	1942,3,5	振林山	拘杀
李允中	男	五〇		1942,2,18		检证
李牛杰	男					失踪
李冇振	男			1942,2,19	星洲	检证
李少勤	男					拘杀
李友金	男	三〇	南安	1942,2,28	振林山	入境屠杀
李孔盛	男	三三	南安	1942,3,9	振林山	入境屠杀
李友旋	男	三二	大埔	1944,6,15	新山	囚死
李友德	男	一九		1942,2,21	星洲	检证
李元儒	男	三八			哥打	入境屠杀
李永禄					星洲	检证
李永超	男			1942,2,	星洲	检证
李永富	男	四〇		1942,2,	星洲	检证
李永德	男	二七	澄海	1943,3,16	峇株	刑死
李玉逢	男					拘杀
李玉历	男	四六		1942,3,3		拘杀
李玉鸿	男			1942,2,18	星洲	检证
李石状	男	二〇		1942,2,15		检证
李石俊	男			1942,2,	星洲	检证
李四水	男	一八	南安	1942,3,6	蔴坡	枪杀
李仕水	男	二九		1942,2,28	星洲	检证
李甘泉	男	三五	茶阳	1942,2,	柔佛新山	入狱被杀
李北元	男	五八	容县	1944,2,28	金巴士	拘杀
李北祥	男	四六		1942,2,6	吉隆坡	检证
李召棠	男	四八	番禺	1944,6,28	雪兰莪	拘杀
李正相	男	二一	梅县	1942,2,26	星洲	检证
李正财	男	二三	梅县	1942,2,26	星洲	检证
李正华	男	三八		1942,2,18	星洲	检证
李加盛	男	二四	南安	1943,9,7	星洲	拘杀
李民兴	男	二三		1942,2,22	星洲	检证
李仰荣	男	四五	万宁	1943,7,10	马西	宪兵杀害
李再保	男	一八	南安	1942,3,9	振林山	入境屠杀
李兆正	男			1942,2,		检证
李兆昌	男	二六		1942,2,22	星洲	检证
李兆国	男	四六		1942,2,27	星洲	拘杀
李兆麟	男	三六		1942,2,22	星洲	检证
李有才	男	六五	琼州		峇株	屠杀
李有才	男	五四	古田	1942,9,11	蔴坡	烧死
李有光	男	三八	琼东	1944,3,6	柔佛班兰	被捕
李何氏	女	四〇	罗定	1942,2,1	古来	入境屠杀
李伯元	男	六七	容县	1943,7,8	振林山	征往暹罗
李均生	男			1942,2,31	星洲	检证
李旭年	男			1942,2,19	星洲	检证
李吉元	男	四〇	永春	1943,9,26	峇株	刑死
李吉拉	男	二五		1942,2,26		拘杀
李年芳	男	三四	南安	1942,2,28	峇株	拘杀
李江福	男	三九		1942,2,19	星洲	检证

姓名	性别	年龄	籍贯	罹难日期	地点	原因
李全德	男					拘杀
李光新	男	五五	安定	1943,10,9	蔴坡	拘杀
李光耀	男	三六		1942,2,22	星洲	检证
李秀青	女	五	永春	1942,2,27	蔴坡	拘杀
李秀英	女	三二	北流	1944,4,26	振林山	搜捕
李秀清	女		粤	1942,2,27	蔴坡	围杀
李秀专	女	一七	永春	1942,2,27	蔴坡	拘杀
李秀莲	女	一六	永春	1942,2,27	蔴坡	拘杀
李秀兰	女	二〇	惠阳	1943,12,14	士乃	拘杀
李成日	男	三〇	南安	1942,2,	蔴坡	拘杀
李成运	男	四〇	南安	1942,2,	蔴坡	拘杀
李成焕	男	七	南安	1942,3,7	蔴坡	拘杀
李成业	男	三四	金门	1942,1,16	峇株	刑死
李初造	男	三六	大埔	1942,11,	古来	屠杀
李克兹	男			1942,		拘杀
李克馥	男	二一	茶阳	1942,	巴冬	拘杀
李希石	男	一五	南安	1942,3,7	蔴坡	拘杀
李余生	男	四五	茶阳	1943,8,	柔佛吗咯	入狱被杀
李阿光	男					拘杀
李志成	男	三二		1942,2,15		拘杀
李沙状	男	二三		1942,2,15		检证
李孝田	男	三五	晋江	1942,3,8	文律	屠杀
李孝英	男	五〇	晋江	1942,3,8	文律	屠杀
李攻英		七		1942,3,3		拘杀
李采章	男	二一		1942,2,23	星洲	检证
李妙品	女	七	大埔	1942,3,15	双溪地南	失踪
李妙娴	女	五		1941,12,29		炸死
李见妹	女	五四	梅县	1942,2,28	柔佛古来	屠杀
李怡平	男			1942,2,	星洲	检证
李怡成	男			1942,2,	星洲	检证
李恒嫂	女	四〇	罗定	1942,6,14	士年纳	捕去暹罗
李金水	男	二三		1942,2,23	星洲	检证
李金有	男	二一		1943,11,		拘杀
李金治	男	一一		1942,2,14		拘杀
李金枝	男	二六		1942,2,	星洲	检证
李金妹	女	二	桂	1942,2,1	古来	入境屠杀
李金针						拘杀
李金桃	男	二二	梅县	1942,2,26	星洲	检证
李金华	男			1942,2,19	星洲	检证
李金经	男	二九		1942,2,28		拘杀
李亚九	男				星洲	拘杀
李亚五	男	四	罗定	1942,6,14	士年纳(随母)	捕去暹
李亚六	男	八	罗定	1942,6,14	士年纳(随母)	捕去暹
李亚光	男	七	琼州	1943,4,12	峇株	屠杀
李亚青		二九		1943,11,23		拘杀
李亚炎	男	五四	福州	1942,2,	张厝港	屠杀
李亚乖	男	一六	福州	1942,2,	张厝港	屠杀
李亚岳	男	二九	潮安	1942,3,3	柔佛	屠杀

姓名	性别	年龄	籍贯	罹难日期	地点	原因
李亚仔	男	四	桂	1942,2,1	古来	入境屠杀
李亚坤	男			1942,2,	星洲	检证
李亚亮	男	六	德化	1942,3,5	振林山	入境屠杀
李亚桂	男	五九	琼州	1942,2,1	东山	屠杀
李亚容	男	四三	万宁	1943,2,12	峇株	屠杀
李亚梅	女	一六		1942,2,14		拘杀
李亚发	男	八	南安	1942,2,15	星洲	炸死
李亚娇	女	四	粤	1942,2,1	古来	入境屠杀
李亚桥	男	一九		1942,2,22	星洲	检证
李亚兰	女	一〇	琼州	1943,4,15	峇株	屠杀
李亚礼	男	一四		1942,2,14		拘杀
李亚苏	男	四八		1942,2,21	星洲	检证
李宛连				1942,2,	星洲	检证
李宛清				1942,2,	星洲	检证
李尚勤	男	四二		1943,		拉夫
李尚熙	男	三一		1942,2,		拘杀
李明海	男				星洲	拘杀
李明淼	男	二七		1942,3,2		拘杀
李明辉	男				星洲	拘杀
李芳臣	男	四〇	琼州	1943,4,15	峇株	屠杀
李芳周	男	一七	琼州	1943,4,15	峇株	屠杀
李芳耀	男	四五	琼州	1943,4,15	峇株	屠杀
李承霖	男	三二	番禺	1942,2,25	士乃	入境屠杀
李庚全	男			1942,	槟城	炸死
李庚灿	男			1942,	槟城	炸死
李果章	男	四二	茶阳		哥打	入境屠杀
李果清	男			1942,2,	星洲	检证
李的光	男	二〇	茶阳		哥打	入境拘杀
李居泮	男	六〇	乐会	1943,10,22	怡保	拘杀
李忠弟	男	四四		1942,2,28		拘杀
李来伦	男	四四	大埔	1942,3,	柔佛	拘杀
李来顺	男	二五	诏安	1942,3,9	振林山	入境屠杀
李松茂	男	二三	大埔	1942,	星洲	炸死
李林妹	女		罗定	1942,2,1	古来	入境屠杀
李初造	男	三六	茶阳	1943,10,	星洲	拘杀
李宜信				1944,7,6	槟城	捕杀
李和发	男			1942,2,	星洲	检证
李两雄	男				星洲	拘杀
李效群	男		茶阳	1942,4,	文冬	入境屠杀
李居燕	男	三九	永春	1942,2,27	蔴坡	拘杀
李洋口	男	二〇	闽	1942,3,15	爱大华	拘杀
李春田	男	四八		1942,12,12		炸死
李星义	男	一九	粤	1942,2,1	东山	入境屠杀
李星禄	男	三五	丰顺	1944,2,25	新山	下狱打死
李城伦	男	四三	万宁	1945,2,29	马西	宪兵杀害
李俊明	男			1942,2,	星洲	检证
李红弟				1942,		拘杀
李贞旭	男	八三	潮安	1942,2,15	峇株	屠杀

姓名	性别	年龄	籍贯	罹难日期	地点	原因
李建明	男	三四		1942,2,18	星洲	检证
李秋英		五		1942,3,3		拘杀
李约南	男	三五	金门	1942,3,7	蔴坡	拘杀
李恩秀	男	三五	琼山	1942,7,20	古来	清乡被杀
李恩轩	男			1942,2,	星洲	检证
李英杰	男	三七		1942,2,26		拘杀
李恰源	男	二八		1942,2,		拘杀
李扁鼻	男	一七		1942,2,1 5		拘杀
李炳墀	男	五〇		1942,2,4		炸死
李衍元	男	三八	潮安	1942,3,8	文律	刺刀刺死
李书台	男	三八	大埔	1942,3,6	吉隆坡	拘杀
李展年	男	三〇				拘杀
李柏年	男			1942,2,19	星洲	检证
李陵叔	男	三三	南安	1942,1,18	蔴坡	失踪
李御昌	女		粤	1942,2,27	蔴坡	围杀
李朝固					星洲	检证
李桂庭	男	五七		1944,	蔴坡	失踪
李桂通	男	二四		1942,3,	星洲	拘杀
李家成					星洲	检证
李家俸	男	二三	台山	1945,4,8	宋加弄	屠杀
李家云	男			1942,2,	星洲	检证
李恰源	男	二八	茶阳	1943,2,	金宝	入境焚毙
李祖荣	男				星洲	拘杀
李振藻	男			1942,2,	星洲	检证
李孙秋	男	三五	福清	1942,2,20	新山	屠杀
李海宾	男	二三	南安	1942,3,9	振林山	入境屠杀
李启文	男	八	罗定	1942,2,1	古来	入境屠杀
李启肇	男	一四	罗定	1942,2,1	古来	入境屠杀
李启钟	男	四〇	罗定	1942,2,1	古来	入境屠杀
李启灿	男	六〇	罗定	1942,2,1	古来	入境屠杀
李国乙	男	四五	南安	1942,3,6	蔴坡	失踪
李国平	男	二三		1943,2,21		拘杀
李国平	男	三四	诏安	1943,10,21	振林山	拘杀
李国丑	男	二九	南安	1942,3,15	振林山	入境屠杀
李国成	男	一九		1941,12,12		炸死
李国廷	男	二二		1942,2,7		拘杀
李国德	男	三四	南安	1942,3,9	振林山	入境屠杀
李国糊	男	四〇	南安	1942,3,9	振林山	入境屠杀
李培文	男	六	永春	1942,2,27		残杀
李培先	男	二四	茶阳	1942,2,	星洲	失踪
李培秀	男	一五	永春	1942,2,27	蔴坡	残杀
李培明	男					拘杀
李培贤	男	三	永春	1942,2,27	蔴坡	残杀
李清心	女	一一	南安	1942,3,7	蔴坡	惨杀
李清尼	女	六	南安	1942,3,7	蔴坡	惨杀
李清香	女	三	南安	1942,3,7	蔴坡	惨杀
李清美	女	一〇	南安	1942,3,7	蔴坡	惨杀
李清红	女	一四	南安	1942,3,7	蔴坡	惨杀

李清容	女	五	南安	1942,3,7	蔴坡	惨杀
李清莲	女	一六	南安	1942,3,7	蔴坡	惨杀
李清润	女	一三	南安	1942,3,7	蔴坡	惨杀
李绍存	男	五〇	潮安	1942,2,	峇株	屠杀
李绍雄	男	二八		1942,2,21	星洲	检证
李绍琦	男	三六		1942,2,22	星洲	检证
李通子	男	三三		1942,3,3		拘杀
李陈氏	女	三〇	琼州	1943,4,15	峇株	屠杀
李添水	男	二二		1942,2,15		拘杀
李康民	男			1942,2,	星洲	检证
李祥初	男	二五	茶阳		哥打	入境屠杀
李祥麟	男					拘杀
李健明	男	三八		1943,11,		拘杀
李访英	男	二六	茶阳	1942,1,	星洲	炸死
李基秀	男	三四	琼州	1943,12,2	古来	搜山屠杀
李基梧	男	四五		1942,2,21	星洲	检证
李基翼					星洲	检证
李梁清		四八		1942,2,22	星洲	检证
李雪清		一		1942,3,3		拘杀
李连发	男	二七		1942,2,28	星洲	检证
李绍灿					新山	检证
李偶狮	男			1942,		拘杀
李钦祥	男	一九		1942,2,28		拘杀
李钦喜	男	二六		1942,2,28		拘杀
李华生	男	四二	永春	1944,1,3	新山	入狱
李张氏	女	四〇	罗定	1942,2,1	古来	入境屠杀
李连妹	女	二	罗定	1942,2,1	古来	入境屠杀
李进堂	男	五三	儋县	1943,10,2	居銮	警备杀害
李细妹	女	一	罗定	1942,2,1	古来	入境屠杀
李喜金	男	四五		1942,2,28		拘杀
李喜富	男	四〇		1942,2,28		拘杀
李为清	男	二五	潮安	1942,10,14	峇株	屠杀
李景智	男	二二	龙溪	1942,12,	槟城	伤重放回毙
李朝固	男	四六	金门	1942,2,28	星洲	检证
李朝旺				1942,2,		检证
李开烈	男	五五	大埔	1942,1,16	蔴坡	屠杀
李开然	男	二〇	潮安	1942,2,20	星洲	检证
李词傭	男	三八	诏安	1942,4,6	槟城	搜捕毒刑
李健明	男	三八	茶阳	1943,11	帝问港	清乡
李进财		四一		1942,2,27		拘杀
李进森		三一		1942,2,27		拘杀
李复祐	男	四〇	茶阳	1943,7,	柔佛	入境被杀
李复汉		二七		1942,2,28		检证
李棣茂	男	二〇	茶阳	1945,	怡保	殉职抗日军
李棣茂				1942,		拘杀
李结心		六三				失踪
李钧生		三二		1942,2,19		检证
李弼廷	男	三六	大埔	1942,2,31	星洲	检证
李贵仁	男	三四	粤	1943,10,14	蔴坡	刑死
李贵芬	男	三八	粤	1944,12,12	蔴坡	刑死

李贵俤				1942,		拘杀
李斯炘	男	二二	永春	1942,3,1	小笨珍	屠杀
李斯苞	男	四二	永春	1942,2,27	蔴坡	拘杀
李斯章	男	三八	茶阳	1942,	蔴坡	入境屠杀
李森标		一三		1941,12,29		炸死
李爱情				1942,2,		检证
李爱清		一九		1942,2,28		拘杀
李煜年	男			1942,2,19	星洲	检证
李煜钊	男			1942,2,	星洲	检证
李措宗		四		1942,3,3		拘杀
李齐明	男			1942,2,		拘杀
李道南	男	四〇	茶阳	1942,2,	星洲	拘杀
李万和	男	二一	诏安	1942,2,5	振林山	入境屠杀
李照轩	男	六八	梅县	1942,3,12	打巴	拘杀
李业焕	男	二八		1942,2,24	星洲	检证
李愈强	男	四八	潮安	1943,3,12	柔佛	屠杀
李瑞荣	男	二三		1942,2,22	星洲	检证
李新安	男	五六	永春	1942,2,1	柔佛东山	屠杀
李维光		二二		1942,2,17		检证
李维胜		一五		1942,2,28		拘杀
李维鹏		一七				拘杀
李福有	男	四七	茶阳	1943,8,	笨珍	入狱遇害
李福成	男			1942,2,19	星洲	检证
李福粦	男	一四	粤	1942,2,1	东山	入境屠杀
李嘉威		二二				拘杀
李荣成	男	一一	诏安	1943,2,1	东山	入境屠杀
李嘉盛	男	二四	南安	1942,2,31	星洲	检证
李荣芳						拘杀
李庆保		五五		1942,2,28		拘杀
李庆远	男	四三	福清	1943,11,22	水塘	清乡
李银协						拘杀
李汉卿	男	三三	澄海	1942,2,15		检证
李广谦	男	五五	澄海	1942,2,28	星洲	检证
李德望		二二		1942,2,22	星洲	检证
李德智		二八				炸死
李德荣						检证
李辉宝	男	三八	永春	1942,2,27	峇株	残杀
李兴胜	男	三九	闽侯	1942,1,12	哥打	入境屠杀
李增山	男	一六	金门	1942,2,16	柔佛	屠杀
李剑城				1942,2,	星洲	检证
李俭顺				1942,		拘杀
李炽源	男	二五	茶阳	1942,2,	星洲	失踪
李绵松	男	三四	潮安	1942,1,25	新山	失踪
李精业	男	三六	文昌	1942,2,12	新山	屠杀
李锦芝	男	三〇	澄海	1942,2,25	新山	搜捕
李锦和	男	二四	澄海	1942,2,30	新山	搜捕
李绵波	男	二八	云浮	1942,3,6	新山	拘杀
李锦堂	男				星洲	检证
李锦玲						拘杀
李学浯	男	二一		1942,2,18		检证

李学超	男	二四		1942,2,18		检证
李赓立	男	一八	南安	1942,2,	蔴坡	拘杀
李择坤	男	三四	福安	1942,3,15	振林山	入境屠杀
李树祥				1942,		拘杀
李赖华						拘杀
李灯棋		四		1942,3,3		拘杀
李铁源		二五		1942,2,		拘杀
李赛娟	女	二八	澄海	1942,3,11	新山	搜捕屠杀
李舆汉	男	三七	南安	1942,1,18	蔴坡	失踪
李联春	男	三七	永春	1945,1,8	文律	屠杀
李绣华	女	三	南安	1942,2,15	星洲	屠杀
李绣云	女	六	南安	1942,2,15	星洲	屠杀
李鸿义	男	三六	琼山	1943,6,	古来	清乡屠杀
李鸿鎏		二六		1942,2,22		检证
李双妹	女	二二	茶阳	1942,2,13	士乃	入境屠杀
李镜堂		一九		1942,2,19	星洲	检证
李显文	男	六〇	粤	1942,2,1	古来	入境屠杀
李继宏		三八		1942,2,13		检证
李榄源	男	四五	茶阳	1943,2	金宝	入狱遇害
李兰馨		一三		1941,12,29		炸死
李霭祥				1944,6,23		拘杀
吴 九	男	六一	恩平	1942,1,10	哥打	屠杀
吴 才	男	三六	粤	1942,2,1	柔佛东山	屠杀
吴 玉	男	三三	晋江	1942,2,29	星洲	检证
吴 包	男	三四	闽	1945,4,21	蔴坡	抢杀
吴 出	男	六〇	定安	1943,4,15	峇株	屠杀
吴 安	男	五五	粤	1942,1,27	蔴坡	围杀
吴 甫	男	五二	琼州	1943,3,13	蔴坡	拘杀
吴 成	男	一二	永春	1942,2,	蔴坡	拘杀
吴 金	男	二七	龙川	1941,11,28	怡保	抢杀
吴 来	男	一五	永春	1942,2,	蔴坡	拘杀
吴 耐	男	五四	德化	1945,6,27	文律	屠杀
吴 苓				1942,	柔佛海皮	屠杀
吴 秘	男	三八	永春	1942,10,23	实兰牙	屠杀
吴 执	男	二六	惠安	1942,2,12	新山	入境屠杀
吴 奂	女	一四	南安	1942,2,14	峇株	屠杀
吴 桃	女	三二	德化	1942,3,8	文律	屠杀
吴 淆	女	三八	永春	1942,2,26	蔴坡	拘杀
吴 焯	男	三六	番禺	1942,12,30	比叻	拘杀
吴 焯	男			1942,2,	星洲	检证
吴 寻	女	一六	南安	1942,2,14	峇株	屠杀
吴 云	男	三五	琼东	1944,11,4	古来	警备杀害
吴 照	男	二八	琼州	1943,2,7	马西	搜捕枪杀
吴 妈	女	五九	潮安	1942,3,8	文律	屠杀
吴 源	男	四〇	潮州	1943,3,17	蔴坡	拘杀
吴 娇	女	四二	梅县	1943,10,12	古来	搜山屠杀
吴 箴	男	四六	德化	1945,6,14	文律	屠杀
吴 联	女	四一	茶阳	1942,2,	永平	入境屠杀
吴 兰	男	六二	定安	1943,4,15	峇株	屠杀
吴 权	男	四六	桂	1942,2,1	古来	先锋屠杀

姓名	性别	年龄	籍贯	罹难日期	地点	原因
吴鉴	男	二〇	晋江		马六甲	拘杀
吴麟	男	三〇	梅县		巴罗	拘杀
吴才春	男			1942,2,	星洲	检证
吴才寿	男				星洲	检证
吴下堂	男	三四		1942,2,	星洲	检证
吴大源	男	一六	琼山	1943,11,3	古来	清乡屠杀
吴山景	男	三〇	南安	1941,12,11		炸死
吴文光	男	二二	侨生	1944,10,4	士古来	入狱毒刑
吴欠实	女	一八	南安	1942,2,14	峇株	屠杀
吴天益	男	一八	南安	1942,10,14	怡保	拘杀
吴水仙	男	四二	福清	1942,2,20	新山	入境屠杀
吴水金	男	二五	海丰	1942,1,4	新山	失踪
吴水清	男	二六	潮安	1942,6,	峇株	屠杀
吴世桐	男	三五	晋江	1943,3,9	埔来	屠杀
吴世堂	男	三九	晋江		笨珍	残杀
吴木耳	女	五	南安	1942,2,14	峇株	屠杀
吴木朝	男	四八	澄海	1942,2,21	星洲	检证
吴月兰	女	一一		1942,2,		拘杀
吴少清	男	一三	梅县	1942,4,5	芙蓉	残害
吴以录	男		琼州	1942,11,5	亚沙汉	捕杀
吴永素				1942,2,	星洲	检证
吴可清	男				星洲	检证
吴永华	男	四八	琼州	1943,9,18	蔴坡	刑死
吴永宁	男	二五		1942,2,19	星洲	检证
吴甘才	男	六	永春	1942,2,26	蔴坡	拘杀
吴甘能	男	四	永春	1942,2,26	蔴坡	拘杀
吴世隆	男	四五		1941,12,27		炸死
吴世贵	男			1942,2,	星洲	检证
吴玉金	女	一三	云霄	1942,3,7	蔴坡	拘杀
吴玉莱		二四		1942,2,14		炸死
吴玉莲	女	一六	云霄	1942,3,7	蔴坡	拘杀
吴多仁		五八		1942,2,		拘杀
吴多昌	男	三二	琼山	1943,11,3	古来	清乡屠杀
吴曲毛	男	四九	揭阳	1942,3,8	文律	屠杀
吴江林	男	三四		1942,2,15		检证
吴吉堂	男	三八		1942,2,28		拘杀
吴吉摅	男	七〇	饶平	1942,2,	蔴坡	拘杀
吴先沛	男	五一	永春	1942,2,27	峇株	刑死
吴先业	男				星洲	检证
吴先车	男	四七	永春	1942,1,30	峇株	屠杀
吴兆锟	男	二六	南海	1942,2,22	星洲	检证
吴竹鑫	男			1942,2,	星洲	检证
吴呈项	男			1943,2,	星洲	检证
吴呈道	男	三一	茶阳	1942,1,	星洲	失踪
吴呈颂	男	三一	茶阳	1942,2,	星洲	检证
吴志忠	男	二三	揭阳	1942,2,28	星洲	检证
吴志贤	男	二〇	揭阳	1942,2,28	星洲	检证
吴孝良	男	二三	福清	1942,2,12	新山	失踪

姓名	性别	年龄	籍贯	罹难日期	地点	原因
吴孝德	男	五四	潮安	1942,3,8	文律	屠杀
吴序蓝	男	四一	南安	1942,2,14	峇株	屠杀
吴成基	男					拘杀
吴成嘉	男	一八		1942,2,20	星洲	检证
吴伯祥	男			1942,2,	星洲	检证
吴宏发	男	二六		1942,2,	星洲	检证
吴良爱	男	四四	茶阳	1944,10,	芙蓉	拘杀
吴希贤	男			1942,2,	星洲	检证
吴延仁	男	八	永春	1942,1,30	峇株	屠杀
吴亚文	男	二五	茶阳	1942,2,	宋加兰	入境屠杀
吴亚仁	男			1942,2,	星洲	检证
吴亚巧	女	六〇	丰顺	1942,3,8	文律	屠杀
吴亚平	男	五	潮安	1942,3,8	文律	屠杀
吴亚玉	男	二	永春	1942,2,26	蔴坡	拘杀
吴亚弟	男	七	潮安	1942,3,8	文律	屠杀
吴亚吴	男	四〇		1942,2,26		拘杀
吴亚狗	男	二八	惠安	1943,3,	蔴坡	拘杀
吴亚味	男	一六		1942,2,23	星洲	检证
吴亚金	男	五二	雷州	1942,2,18	蔴坡	拘杀
吴亚喒	男	三〇		1942,2,20	星洲	检证
吴亚春	男	三	永春	1942,2,26	蔴坡	拘杀
吴亚能	男	一〇	潮安	1942,3,8	文律	屠杀
吴亚梅	女	七	遂溪	1943,8,4	蔴坡	围杀
吴亚细	男	九	潮安	1942,3,8	文律	屠杀
吴亚琴	男	二〇		1942,2,19	星洲	检证
吴亚捷	男	六二	潮安	1942,6,	峇株	屠杀
吴亚乂	男	三九	粤	1944,2,22	蔴坡	拘杀
吴亚圆		三八		1942,2,15		拘杀
吴亚码	男			1942,2,	星洲	检证
吴亚俦	男	三〇	茶阳	1942,3,	文律	入境屠杀
吴亚兴	男			1942,2,	星洲	检证
吴亚历	男	二四		1942,2,20	星洲	检证
吴亚环	男	八	永春	1942,2,26	蔴坡	拘杀
吴亚礼	女	一五	南安	1942,2,14	峇株	屠杀
吴亚礼	男			1942,2,	星洲	检证
吴亚罗	男			1942,2,	星洲	检证
吴世健	男		南安		马六甲	残杀
吴来发	女	三六	仙游	1943,3,5	振林山	入境屠杀
吴林桂	男	三五	潮安	1945,1,	星洲	捕杀
吴忠兴	男	三五	文昌	1944,8,8	古来	入境屠杀
吴金本	男	四一	福清	1942,2,20	新山	屠杀
吴金泉	男	二七		1942,2,	星洲	检证
吴金益	男			1942,2,	星洲	检证
吴金排	男	二五		1942,2,19	星洲	检证
吴金发	男	三六		1942,2,16	星洲	检证
吴金华	男	三三		1942,2,28		拘杀
吴玩卿	女	三五	潮安	1942,3,8	文律	屠杀
吴坤昌	男	八		1941,12,27		炸死

姓名	性别	年龄	籍贯	罹难日期	地点	原因
吴坤洲	男	九		1941,12,27		炸死
吴坤青	男	二七	潮安	1942,3,1	振林山	入境屠杀
吴炯华	男		桂	1944,9,10	柔佛水塘	入狱打死
吴冠英	男	三九	高州	1943,10,20	古来	被捕屠杀
吴品职	男	四五	诏安	1942,3,5	振林山	入境屠杀
吴芳谷	男	五八	茶阳	1942,8,	令金	拘杀
吴芳绍	男	四三		1942,2,20	星洲	检证
吴青山	男	四三	客籍	1944,12,23	蔴坡	拘杀
吴拔凡	男			1942,2,	星洲	检证
吴庚申	男	二九		1942,2,22	星洲	检证
吴妹昌	男			1942,2,	星洲	检证
吴其昌	男	一八		1942,2,	星洲	检证
吴明宗	男	二五	南安	1943,9,29	星洲	拘杀
吴松振	男	二六		1942,2,21	星洲	检证
吴昭雀	男	二九		1942,2,18	星洲	检证
吴昭雀	男			1942,2,	星洲	检男
吴昭华	男	一九		1942,2,18	星洲	检证
吴美玉	女	一七	晋江	1942,2,28	笨珍	拘杀
吴美珍	女	九	晋江	1942,2,28	笨珍	拘杀
吴英河	男			1942,2	星洲	检证
吴英俊	男			1942,2,	星洲	检证
吴春林	男	二七		1941,12,27		炸死
吴春雨	男	二六	茶阳	1942,2,	星洲	检证
吴纪才	男	二四	花县	1942,11,11	怡保	拘杀
吴纪华	男	二五	大埔	1944,8,13	新山	狱中
吴建裕	男	三〇		1942,2,	星洲	检证
吴香菰	女	七	南安	1942,2,14	峇株	屠杀
吴星道	男			1942,2,17		检证
吴炳枢	男			1942,2,	星洲	检证
吴红毛	男	五二	诏安	1942,3,8	文律	屠杀
吴俊贤	男				星洲	拘杀
吴振坤	男	三四		1942,2,19	星洲	检证
吴素定	男	一九	诏定	1942,3,5	振林山	入境屠杀
吴素发	男	九	诏安	1942,3,5	振林山	入境屠杀
吴素贤	男	一二	诏安	1942,3,5	振林山	入境屠杀
吴振兴	男	三一		1942,3,5		拘杀
吴高升	男	四六	大埔	1942,2,19	星洲	检证
吴乌士	男	二一	南安	1942,2,16	峇株	屠杀
吴修信	男	四二	乐会	1943,4,	拉美士	屠杀
吴家火	男	二三	南安	1943,10,21	比叻	焚毙
吴家和	男	四四	诏安	1942,3,5	振林山	入境屠杀
吴家俊	男	三九	文昌	1944,6,10	新山	入狱
吴家顺	男	三五	琼州	1943,10,5	新山	搜捕杀害
吴家愈	男	三四	琼山	1944,2,29	吉隆坡	拘杀
吴海城	男	一七	海阳	1942,3,5	振林山	先锋屠杀
吴清月	男			1942,2,	星洲	检证
吴清河	男	三四		1942,2,22	星洲	检证
吴清和	男	三五		1942,2,	星洲	检证

吴清悦	男	二九		1942,2,27	星洲	检证
吴清浦	男	三五	琼州	1943,11,10	古来	搜山屠杀
吴清顺	男			1942,2,	星洲	检证
吴清焕	男	三八	万宁	1942,2,28	星洲	检证
吴清绪	男	四五		1945,		拉夫
吴淑之	男			1942,2,	星洲	检证
吴淑信	男	四七	琼山	1943,1,19	哥打丁宜	清乡屠杀
吴淑鑫	男	一八		1942,2,27	星洲	检证
吴乾三	男	三五		1941,12,27		炸死
吴乾孚	男			1942,2,	星洲	检证
吴乾裕	男	三五	永定	1942,2,17		检证
吴国平	男	一四	云霄	1942,3,7	蔴坡	拘杀
吴国材	男	九	云霄	1942,3,7	蔴坡	拘杀
吴国英	男	一一	云霄	1942,3,7	蔴坡	拘杀
吴符氏	女	五〇		1942,2,		拘杀
吴细妹	女	三	潮安	1942,3,8	文律	屠杀
吴盛荣	男	四五		1942,2,18	星洲	检证
吴崇锦	男	三三	潮安	1942,2,23	星洲	检证
吴逢阳	男	五	潮安	1942,3,8	文律	屠杀
吴杰百	男			1942,2,	星洲	检男
吴朝源	男	三七		1942,2,20	星洲	检证
吴朝鲁	男	三八		1942,2,20	星洲	检证
吴淑吟	女	四四	潮安	1942,3,8	文律	屠杀
吴椒川	男	一三		1942,2,		拘杀
吴湘金	男	四〇		1942,2,	星洲	检证
吴进发	男					拘杀
吴顺贵	男	三〇		1942,2,	星洲	检证
吴傢愈	男	三四		1944,2,29		拘杀
吴维明	男	三	晋江		笨珍	屠杀
吴棣华	男	二七	大埔	1944,10,20	新山	狱中
吴尊贤	男	三七		1942,2,15		拘杀
吴景贤	男	四一	潮州	1942,2,28	星洲	检证
吴妈温	男	五九		1942,12,26		炸死
吴妈禄	男					炸死
吴沟江	男	五五	潮安	1942,2,28	星洲	检证
吴瑞良	男	五〇		1942,2,20	星洲	检证
吴瑞和	男	二〇	思明	1942,1,28	星洲	失踪
吴瑞麟	男		潮州	1942,2,	星洲	检证
吴杰臣	男			1942,2,	星洲	检证
吴善贞	女	八七	大埔	1942,3,8	文律	屠杀
吴运岛	男	四五		1942,1,14		炸死
吴群娣		五二		1941,12,27		炸死
吴荣宗	男	三二				拘杀
吴荣亮	男	一二	南安	1942,2,14	峇株	屠杀
吴荣俊	男			1942,2,	星洲	检证
吴荣章	男	四〇	潮安	1942,2,27	峇株	屠杀
吴荣华	男	二九	大埔	1944,8,13	新山	狱死
吴荣发	男	一一	南安	1942,2,14	峇株	屠杀
吴荣辉	男	一三	南安	1942,2,14	峇株	屠杀
吴荣锥	男	二四		1942,2,28		拘杀

吴福松	男	二一		1942,2,22	星洲	检证
吴福从	男			1942,2,	星洲	检证
吴银新	男	四一		1942,2,19	星洲	检证
吴嘉种	男	六		1942,1,1		炸死
吴德布	男			1942,2,	星洲	检证
吴德志	男	三〇	琼州	1944,3,3	蔴坡	拘杀
吴德表	男	六二	茶阳	1942,2,19	星洲	检证
吴德希	男			1942,2,	星洲	检证
吴德修	男			1942,2,	星洲	检证
吴德春	男	五四		1942,2,19	星洲	检证
吴德春	男	三四	惠安	1943,2,12	吉隆坡	拘杀
吴监夫	男	五五		1942,3,	吉隆坡	拘杀
吴亿恩	男	三七		1942,2,19	星洲	检证
吴锦和	男			1942,2,	星洲	检证
吴锦河	男			1942,2,	星洲	检证
吴锦城	男	三一	潮安	1942,2,28	新山	失踪
吴锦裕	男	二九	南安	1943,4,6	日落洞	拘杀
吴绵辉	男	二九	永春	1942,2,26	蔴坡	拘杀
吴锦选	男	一六	南安	1941,12,11		炸死
吴树基	男	二五		1942,2,20	星洲	检证
吴树潭	男	二三	同安	1942,2,21	星洲	检证
吴树声	男	二二		1942,2,19	星洲	检证
吴纬之	男	四八	潮州	1942,2,28	星洲	检证
吴锡玉	女	五	饶平	1942,2,27	张厝港	屠杀
吴锡照	男	二一		1942,2,	星洲	检证
吴檀水	男	二九	茶阳	1942,2,	新古毛	检证
吴鸿吉	男	二一		1942,2,18	星洲	检证
吴应中	男	二七	潮安	1942,3,10	新山	搜捕
吴应钦	男			1942,2,	星洲	检证
吴应期	男	二三	潮安	1942,6,	峇株	屠杀
吴炽寰	男		南海	1942,2,	星洲	检证
吴双金	男			1942,2,	星洲	检证
吴怀星	男			1942,2,	星洲	检证
吴宝如	男	四二		1942,2,26	星洲	检证
吴觉忠	男	二三	茶阳	1944,8,	星洲	抗日战死
吴骞裕	男			1942,2,	星洲	检证
何　木	男	三五		1942,2,28	星洲	检证
何　二	男	三二	桂	1942,2,1	古来	入境屠杀
何　文	男	三八	北流	1943,12,7	马六甲	入境屠杀
何　仟	男					拘杀
何　平	男	四〇	粤	1942,2,1	柔佛东山	屠杀
何　安	男	四二	粤	1942,2,1	柔佛东山	屠杀
何　坤	男	四二	惠州	1943,10,9	新山	宪兵搜捕
何　廷	男	四九	揭阳	1943,2,7	柔佛马西	搜捕枪杀
何　克	男	三六		1942,2,18	星洲	检证
何　林	男	五〇		1941,12,27		炸死
何　秀	男	四二	冷溪	1943,8,15	士乃	征往暹罗
何　明	男				士乃	屠杀
何　音	男	五一		1942,2,21	星洲	检证
何　相	男	三四	粤	1945,4,7	新山	禁死

何　伦	男	四五	粤	1942,2,1	柔佛东山	屠杀
何　桂	男	三〇	北流	1943,12,7	马六甲	入境屠杀
何　堪	男	六〇		1941,12,27		炸死
何　胜	男			1943,2,3	士乃	屠杀
何　喜	男	三五	北流	1943,12,7	马六甲	入境屠杀
何　福	男	三八	罗定	1943,6,6	士年纳	捕往暹罗
何　福	男				士乃	屠杀
何　墓	男			1942,2,	星洲	检证
何　荣	男	四一	粤	1942,2,1	柔佛东山	检证
何　标	男	二五	粤	1942,2,1	东山	屠杀
何　庆	男	二六	北流	1943,12,7	马六甲	入境屠杀
何子良	男	二一	茶阳	1944,8,	新山	焚毙
何子淑	女	二〇	乐会	1942,3,20	哥打	屠杀
何子尧		二一		1942,2,24		检证
何子云	男	三三	万宁	1942,		失踪
何大吉				1942,2,		检证
何天佑		三八		1942,2,20		拘杀
何天佑	男	三九	大埔	1943,4,13	大埔	焚毙
何天鲁	男	二五	大埔		彭亨	拘杀
何月娟		二〇		1942,2,11		炸死
何火扬	男	三〇	粤	1942,2,1	东山	屠杀
何文成	男	二一	西流	1943,12,7	马六甲	入境屠杀
何文坤	男			1942,2,	星洲	检证
何世珍	男			1942,2,	星洲	检证
何史清	男	五〇	茶阳	1942,2,	蔴坡	拘杀
何永发	男	四八		1942,2,19	星洲	检证
何未文	男			1942,2,	星洲	检证
何有全	男	四三	茶阳	1941,12,	柝城	炸死
何有挑	男	四〇		1942,2,23	星洲	检证
何朱文						拘杀
何自生	男			1942,2,	星洲	检证
何吉宁		三六		1942,2,22		检证
何光耀	男	四〇	台山	1942,2,22	星洲	检证
何君臣	男	二三	乐会	1942,2,21	星洲	检证
何君俊				1942,2,		检证
何君胡	男	二九	乐会	1942,3,20	哥打	屠杀
何君倡	男	四七	乐会	1943,4,15	峇株	屠杀
何君贤	男	四二	乐会	1942,1,2	陈厝港	屠杀
何君爵	男	三六		1942,2,14		炸死
何志光	男			1942,2,	星洲	检证
何志其	男	五一	茶阳	1945,2,	士毛拉	巫人排华
何克源	男	二五	茶阳		星洲	拘杀
何克源	男	三二	茶阳	1942,2,	星洲	检证
何采之	男	三五	茶阳	1944,2,19	星洲	检证
何采文	男	[illegible]		1942,2,	星洲	检证
何作文	男	三七	四邑	1942,10,25	柔佛海皮	宪兵捕去
何佐庭	男	五三	新会	1942,2,21	星洲	检证
何廷初	男	六〇	茶阳		马六甲	焚毙
何亚汝	男	二六		1942,1,15		炸死
何亚刹	男	四八		1942,2,19	星洲	检证

姓名	性别	年龄	籍贯	罹难日期	地点	原因
何亚郁	男			1942,2,	星洲	检证
何亚英	男			1942,2,	星洲	检证
何亚客	男			1942,2,	星洲	检证
何亚茂	男	四三	诏安	1942,3,1	柔佛	拘往暹罗
何亚桂	男	三六	琼州	1944,4,4	新山	捕杀
何亚银	男	四〇		1942,2,21	星洲	检证
何亚辉	男	五七		1942,2,19	星洲	检证
何亚兴	男				星洲	检证
何金火	男	一八	粤	1942,2,1	东山	屠杀
何金皮	男			1942,2,	星洲	检证
何金陵	男	三三			星洲	检证
何金凤	女	一五		1941,12,5		炸死
何宗士	男	三二	大埔	1944,8,	柡城	焚毙
何宗士	男	三一		1942,2,20		拘杀
何管英	男	二八		1942,		拘杀
何管英	男	二四	茶阳	1943,	新山	焚毙
何管清	男	二四	茶阳	1942,7	马六甲	焚毙
何和生	男	二八		1942,2,18		拉夫
何和洲	男	二一		1943,4,2		拘杀
何其务	男	二四	大埔	1942,2,17	星洲	检证
何其务	男	一八		1942,2,	星洲	检证
何庚谋	男	三〇		1942,2,	星洲	检证
何庚谋	男	二四	大埔	1945,3,	东甲	拘杀
何冈友	男	四〇		1942,2,15		炸死
何治民	男	一八		1942,2,13		炸死
何怡吉	男	二一	南海	1942,2,18	星洲	检证
何昌明	男			1943,		拘杀
何近源	男	三六	茶阳	1944,8,	文德甲	禁毙
何松源	男			1942,2,	星洲	检证
何星文	男	四〇	茶阳	1944,12,	柡城	禁毙
何恒交	男	五一	茶阳	1943,	新山	禁毙
何炷江	男	三二		1942,2,19	星洲	检证
何英明	男	二七		1942,2,26		拘杀
何建培	男	二四		1942,2,21	星洲	检证
何烟常	男			1942,2,	星洲	检证
何书琪	男	三五		1942,2,	星洲	检证
何书瑞	男	四〇		1942,2,	星洲	检证
何庭芝	男	六七	茶阳	1942,3,	马六甲	失踪
何流林	男	一六	茶阳	1942,3,	文律	拘杀
何条杰	男			1942,3,18		失踪
何益谦	男	六三	惠安	1942,3,17	蔴坡	拘杀
何神龙	男	四〇		1942,2,19	星洲	检证
何国良	男	二三		1942,2,21	星洲	检证
何国炎	男			1942,2,	星洲	检证
何国庆	男	二八		1942,2,18	星洲	拘杀
何彩文	男	三四	茶阳	1942,2,	星洲	检证
何许人	男	四〇	茶阳	1944,7,17	星洲	禁毙
何细女	女	一二	茶阳	1942,3,	文律	拘杀

姓名	性别	年龄	籍贯	罹难日期	地点	原因
何雪芳	女			1942,2,		检证
何添喜	男	三〇		1942,2,		检证
何启宇	男	二九	文昌	1942,2,1	哥打	刑场屠杀
何启丰	男	二四		1941,12,		战死
何敦珍		三七		1942,2,24	星洲	检证
何敦珍		四二		1942,2,11		拘杀
何敦华	男	三六	文昌	1943,6,	新山	宪兵捕杀
何斯千	男	三二	茶阳	1942,1,	星洲	拘杀
何景林	男		粤	1942,2,27	蔴坡	集体制杀
何富德	男	四八	茶阳	1942,4,	柡城	禁毙
何喜昌	男	二二	茶阳	1943,3,	马六甲	拉夫去暹
何涌源	男	三六	茶阳			炸死
何崧源	男	二〇	茶阳	1942,2,	星洲	检证
何瑞金				1942,2,		检证
何瑞英		一八		1942,2,		检证
何敬业	男	二八		1942,2,	星洲	检证
何敬业	男	二三	茶阳	1942,2,	星洲	拘杀
何业望	男	四三	琼州	1943,10,23	柔佛	拘杀
何业华	男	三四	琼州	1943,10,23	柔佛	拘杀
何雍士	男	三九		1942,2,20		拘杀
何雍士	男	三八	大埔	1944,12,12	柡城	禁毙
何达经	男					拘杀
何达德	男	四六	乐会	1943,2,23	星洲	检证
何烟亭	男			1942,2,		检证
何慎伦	男	三一	茶阳	1942,2,19	星洲	检证
何经全	男	二八	文昌	1942,3,9	柔佛海皮	失踪
何经东	男	二四	文昌	1943,6,	新山	宪兵捕杀
何经云	男			1942,2,		炸死
何义绪	男	一九	大埔	1942,7,9	吉隆坡	禁毙
何新运	男			1942,2,		检证
何新磐	男			1942,2,	星洲	检证
何运赞	男			1942,2,	星洲	检证
何云辉	男	七四	粤	1942,2,1	东山	屠杀
何达生	男	四三	琼州	1943,8,	永平	拘杀
何福水	男	三〇		1942,2,23	星洲	检证
何福鸿	男			1942,2,19	星洲	检证
何广年	男	二八		1942,2,		检证
何汉波	男	三三		1942,2,21		检证
何德辉	男	五〇	茶阳	1945,5,	新山	禁毙
何导茂	男	四二	茶阳	1942,3,	文律	拘杀
何树其	男	五〇	容县	1943,8,8	古来	宪兵屠杀
何贤志	男	二二	琼州	1942,10,23	柔佛海皮	屠杀
何醒敏	男	四四		1942,2,18		检证
何选发	男	二九		1942,2,		检证
何声吉	男			1942,2,		检证
何应封	男	二一	茶阳	1945,3,	芙蓉	禁毙
何迈伦	男		茶阳	1942,2,	星洲	检证
何竞才	男	二九		1942,2,22		检证

姓名	性别	年龄	籍贯	罹难日期	地点	原因
何竞武	男	二三	茶阳	1942,3,6		检证
何苏生	男			1942,2,		检证
何耀光	男			1942,2,		检证
何蘖龙	男	四三		1942,2;		检证
余才	男	五七	容县	1943,7,23	柔佛海皮	屠杀
余仁	男	四四	新会		古来	拘杀
余日	男	三二	新会	1942,1,26	哥打	入境屠杀
余玉	女	三七	陆丰	1942,4,1	古来	拘杀
余回	男	三二	南安	1942,2,11	柔佛海皮	屠杀
余安	男	七	新宁	1942,2,	霹雳	拘杀
余成	男	三	新宁	1942,2,	霹雳	拘杀
余见	女	八〇	永春	1945,6,27	文律	屠杀
余宙	女	四五	粤	1942,2,1	古来	入境屠杀
余坤	男	四五	德化	1942,1,30	张厝港	屠杀
余东	男	四五	鹤山		士乃	拘杀
余东	男	八	海丰		古来	清乡
余祥	男	四	河源	1942,10,16	古来	拘杀
余茶				1942,2,15		拘杀
余笠	女	三四	惠来	1944,5,8	拉美士	屠杀
余球	男	五〇	南安	1942,2,15	星洲	拘杀
余云	女	七	海丰		古来	清乡
余狮	男	四七	永春	1942,1,	蔴坡	屠杀
余荣	男			1942,2,	星洲	检证
余凤	女	七	海丰		古来	清乡
余庆	男	四一	永春		蔴坡	劳死
余德				1942,1,24		炸死
余谐	男	三八	闽	1944,4,1	蔴坡	刑死
余锡	男	五一	永春	1942,1,17	蔴坡	炸死
余蓝	男	九	海丰	1943,7,1	古来	清乡
余久连	男			1942,2,	星洲	检证
余今细	男		永春	1943,1,14	蔴坡	拘杀
余今锦	男	三八	永春	1942,2,26	蔴坡	枪杀
余水生	男	二六	南安	1942,2,15	星洲	拘杀
余文华						检证
余心汉	男	二九	高州	1944,4,18	古来	拘杀
余火炼	男	二一	南安	1942,2,15	星洲	拘杀
余仕岐	男	三二	粤	1943,11,20	蔴坡	刑死
余玉炉	男	四八	古田	1942,5,3	比叻	枪杀
余自洪	男	三六	永春	1942,3,6	蔴坡	拘杀
余李氏	女	三五	茶阳	1942,3,	林茂	拘杀
余志成	男	二二	永春	1942,1,17	蔴坡	炸死
余良渥	男	四〇	福清	1945,6,	峇株	屠杀
余尚全	男	五	茶阳	1942,3,	林茂	拘杀
余尚群	男	八	茶阳	1942,3,	林茂	拘杀
余尚鸿	男	一一	茶阳	1942,3,	林茂	拘杀
余青史	男	四三	茶阳	1942,3,		拘杀
余亚洪		二六		1942,1,24		炸死
余亚春	男	三五	福州	1942,2,16	张厝港	屠杀

余亚祥	男	二八	信宜	1942,1,26	哥打	屠杀
余亚钊	男	一四	新会	1942,1,26	哥打	屠杀
余亚福	男	八	新会	1942,1,26	哥打	屠杀
余来英	女	四	茶阳	1942,3,	林茂	拘杀
余东添	男	一七	永春	1942,3,6	蔴坡	拘杀
余昆源		一六	南安	1942,2,15		拘杀
余全兴		五	永春	1942,3,6		拘杀
余承颜	男	三七	莆田	1942,2,24	新山	检证
余炳城						检证
余秋发		二〇		1942,2,28		拘杀
余珍钰	男	三四	莆田	1942,2,5	新山	残杀
余勇三	男	三五	古田	1942,1,12	哥打	屠杀
余垂谨	男	五七	永春	1943,1,14	蔴坡	拘杀
余思生	男	五八	惠州	1944,5,11	哥打	拘杀
余国芬	男	三〇	莆田	1942,2,5	新山	入境屠杀
余国珍	男	三九	莆田	1942,2,5	振林山	入境屠杀
余桂和	男	四五	永春	1942,1,17	蔴坡	炸死
余庵婆	女	六	永春	1942,3,6	蔴坡	拘杀
余朝中		三〇	茶阳	1945,5,	吉隆坡	拘杀
余朝达	男	四五	普宁		蔴坡	拘杀
余贵英	女	六	茶阳	1942,3	林茂	拘杀
余湛棋	男			1942,2,27	星洲	检证
余敬乾	男	五一	澄海	1942,3,8	文律	屠杀
余群和	男	三二	茶阳	1944,6,	芙蓉	拘杀
余德林	男	二四	惠州	1942,3,12	哥打	屠杀
余德祥	男	二〇	惠州	1942,9,12	哥打	屠杀
余养甫	男	三八	古田	1942,3,15	比叻	拘杀
余养根						拘杀
余养补						拘杀
余增娘	女	五六	永春	1942,3,	文律	屠杀
余潘生	男	二九	茶阳	1945,1,	吉隆坡	拘杀
余泽宋	男	三四	古田	1945,5,19	新山	屠杀
余锦钊	男	四三	潮安	1942,2,15	星洲	检证
余偎我						拘杀
余鸿明	男	三〇	潮州	1942,2,27	星洲	拘杀
余加实秋						拘杀
余 舌	女	二四	云霄	1942,3,7	蔴坡	屠杀
余 荣						检证
余文章		二三		1942,2,22		检证
余木朝		四八		1942,2,21		检证
余天确				1942,2,28		检证
余任浩	男	二三	澄海		新山	检证
余加祥	男	三五	澄海	1942,2,15	新山	失踪
余玉林		三六		1942,12,		炸死
余玉炉						拘杀
余妙有	男	三九	澄会	1942,2,13	新山	入境屠杀
余坤仁				1942,2,18		检证
余炎发	男	四一	澄海	1942,2,21	新山	拘杀
余柏孙		四二				撞死
余英祥				1942,2,15		检证

余英熙		二八		1942,2,22		检证
余益桓						检证
余图芬		三七		1942,2,28		检证
余华丁		四八		1942,9,		拘杀
余瑞麟	男	四三	禾山	1942,2,15	星洲	检证
余铭坤	男	四八	鹤海	1942,2,28	新山	拘杀
沈 水		三三		1942,2,27		拘杀
沈 水				1942,2,22		检证
沈 恒	男	三五	罗定	1944,4,4	士年纳	捕往暹罗
沈 雨						检证
沈 禹	男			1942,2,22	星洲	检证
沈 务	男	二一		1942,2,28		检证
沈 福	男			1942,2,	星洲	检证
沈 龙	男	四〇	诏安	1942,3,8	文律	全家九口
沈 谭	男	四〇	高谭	1944,2,15	蔴坡	拘杀
沈士祯						拘杀
沈文园	男	四三	诏安	1942,3,5	振林山	先锋屠杀
沈文维		三四		1942,3,5		拘杀
沈永定	男			1942,2,	星洲	检证
沈玉成	男			1942,2,	星洲	检证
沈正钦	男	二五		1942,2,21	星洲	检证
沈老虎	男			1942,2,22	星洲	检证
沈仲宾	男	四七	番禺	1942,3,14	比叻	拘杀
沈良牧	男	五一	江苏	1942,2,20	星洲	检证
沈良华	男	四一	诏安	1942,2,6		拘证
沈克宜	男	三八	潮安	1942,1,5	星洲	检证
沈作钉	男	二九	澄海	1942,2,28	星洲	检证
沈亚顺	男	五七		1942,2,14		炸死
沈亚妹	女	四	澄海	1942,2,27	峇株	屠杀
沈亚富		五八		1942,2,12		炸死
沈亚猪				1942,2,22		检证
沈岳庭	男	八	澄海	1942,2,27	蔴坡	集体围杀
沈宗耀	男			1942,2,	星洲	检证
沈奇祥	男	三五		1942,2,22	星洲	检证
沈洋阶	男			1942,2,22	星洲	检证
沈妹仔	女	三	诏安	1942,3,8	文律	屠杀
沈泗珠	女	三五	诏安	1942,2,	峇株	屠杀
沈来发		二一		1942,7,26		拘杀
沈波宽		四八		1942,2,18		检证
沈佳璠	男	三五		1942,2,23	星洲	检证
沈思华	男	六	澄海	1942,2,27	蔴坡	集体围杀
沈家香	女	六	诏安	1942,3,8	文律	屠杀
沈乾成		四五		1942,1,24		炸死
沈隆源	男	二八	潮安	1942,12,23	星洲	检证
沈国花	男	二八		1942,2,	星洲	检证
沈诏勋	男	二二	潮安		星洲	拘杀
沈云生	男			1942,2,	星洲	检证
沈斐玲	女		粤		蔴坡	集体围杀
沈喜庭	男			1942,2,	星洲	检证
沈斯莫		三六		1942,2,15		拘杀

沈番薯	男	四九		1942,2,23	星洲	检证
沈丝耀						拘杀
沈敬川	男			1942,2,	星洲	检证
沈裕丰	男			1942,2,22	星洲	检证
沈荣水	男	五〇		1942,2,22	星洲	检证
沈荣鏖	男			1942,2,	星洲	检证
沈荣藤	男			1942,2,	星洲	检证
沈调基		二六		1942,2,27		拘杀
沈锡霖	男					拘杀
沈锡龄	男	三一	诏安	1942,3,6	峇株	残杀
沈礼福	男	二八	诏安	1942,2,19	星洲	拘杀
沈怀南	男	三六		1942,2,	星洲	检证
沈宝坚	男	二一		1942,2,	星洲	检证
沈宝兰	女	四三	诏安	1942,1,15	马西	屠杀
沈观城	男			1942,2,	星洲	检证
吕 九	男	一	粤	1942,2,1	东山	屠杀
吕 木	男	四〇	罗定	1943,6,15	古来	检往暹罗
吕 考	男	四八	鹤山	1942,1,6	哥打	屠杀
吕 成	男	三五	新会	1942,2,22	怡保	失踪
吕 昌	男	三三	佛山	1943,	督亚次	失踪
吕 南	男	四五	北流	1942,2,22	古来	全家四口
吕 英	女	二八	高州	1944,4,18	古来	屠杀
吕 敦		二七				拘杀
吕 庆	男	四〇	晋江	1942,3,8	文律	屠杀
吕 墙	男	五〇	晋江		文律	屠杀
吕 绩	男	四〇	鹤山	1942,3,8	士乃	焚死屋中
吕 炉	男			1942,2,22	星洲	检证
吕 戆	男	三九	金门	1942,2,22	星洲	检证
吕水泉		四四		1942,2,20		拘杀
吕灶坤	男	二八	鹤山	1942,1,10	水塘	刺死
吕含笑		一八		1941,12,8		炸死
吕尚宣	男	二一	永春	1942,3,8	文律	屠杀
吕尚时	男	四二	永春	1942,3,8	文律	屠杀
吕尚业	男	四一	永春	1942,3,8	文律	屠杀
吕来玉	男	三五	潮阳	1942,1,26	柔佛	屠杀
吕来兴	男	二六	潮阳	1942,2,25	新山	入境屠杀
吕东升	男			1942,2,	星洲	拘杀
吕河水	男	四二	潮阳	1942,2,25	新山	入境屠杀
吕明炉		三二		1942,2,10		拘杀
吕明炉	男	三三	金门	1942,2,22	星洲	检证
吕金兴	男	一六	潮阳	1942,3,4	新山	入境屠杀
吕俊炎	男	四六		1942,2,21	星洲	检证
吕俊南	男	二六		1942,2,21	星洲	检证
吕炳煌	男	二〇		1942,2,21	星洲	检证
吕振顿	男			1942,2,	星洲	检证
吕清吉	男	二七	海澄	1943,10,20	天定	拘杀
吕荣隆	男	二二		1941,12,8		炸死
吕德生	男			1942,2,	星洲	检证
吕德星	男	一五		1942,2,21	星洲	检证
吕镜南	男	三六		1942,2,22	星洲	检证

姓名	性别	年龄	籍贯	罹难日期	地点	原因
杜蜂	女	二〇	晋江	1942,2,	星洲	屠杀
杜墙	男	四〇	南安			失踪
杜大兰	男	三六	乐会	1943,4,15	峇株	屠杀
杜丕编	男	三八	晋江	1944,11,	星洲	刑死叻狱中
杜守泉	男	四五		1942,2,22	星洲	检证
杜在然	男	四三		1942,2,24	星洲	检证
杜成和	男			1942,2,	星洲	检证
杜明记	男	六一	丰顺		蔴坡	拘杀
杜昼堂	男	五〇	南海	1942,2,22	星洲	检证
杜捷涌	男	二五	潮州	1944,12,	峇株	拘杀
杜喜来	男			1944,7,6	槟城	捕杀
杜亿显	男	二一	闽	1942,	槟城	失踪
杜联仓	男			1942,2,24	星洲	检证
佐德仁	男				士乃	屠杀
岑保	男	三〇	桂	1942,3,17	蔴坡	拘杀
岑保	男		岑溪	1943,3,19	蔴坡	拘杀
岑文秀	男	三二	台山	1942,4,6	槟城	狱中死
岑克洲	男	三二		1943,7,12		拘杀
岑昌发	男			1942,2,	星洲	检证
岑昌源	男			1942,2,	星洲	检证
岑昌熙	男			1942,2,	星洲	检证
岑禹磊	男	二九		1942,2,15	星洲	检证
岑振符	男	六八	恩平	1942	星洲	刑死
岑进福	男			1942,2,	星洲	检证
岑运喜		六八		1942,2,15		炸死
汪仁	男	三三	茶阳	1942,	星洲	入境屠杀
汪崇	男	三五	茶阳	1942,	星洲	拘杀
汪蛙						拘杀
汪葱		三四	茶阳	1942,		拘杀
汪祯		三九	茶阳	1942,		拘杀
汪石养	男	二六	茶阳	1942,	星洲	拘杀
汪玉树	男	三一		1942,2,15		检证
汪河水	男	四八	惠安	1942,2		检证
汪碰春	男			1942,2,	星洲	拘杀
汪兴伟		二七		1941,12,26		炸死
巫乃					士乃	拘杀
巫汀	男	三九	永春	1942,10,23	蔴坡	烧杀
巫筅	男	四三	饶平	1943,2,28	柔佛	拘杀
巫巧芳	女	一〇	饶平	1942,2,27	张厝港	屠杀
巫金标	男	一六	饶平	1942,2,27	张厝港	屠杀
巫金龙	男	一二	饶平	1942,2,27	张厝港	屠杀
巫秋署	男	二〇	饶平	1942,	蔴坡	拘杀
巫许团	女		粤	1942,2,22	蔴坡	拘杀
巫淑河	男	三五	饶平	1942,2,27	张厝港	屠杀
巫许氏	女	六二	饶平	1942,2,27	匹力桑同	屠杀
巫淑林	男	三七	饶平	1942,2,27	张厝港	屠杀
巫焕成	男	七	饶平	1942,2,27	张厝港	屠杀
巫焕枝	男	九	饶平	1942,2,27	张厝港	屠杀

姓名	性别	年龄	籍贯	罹难日期	地点	原因
巫焕波	男	一二	饶平	1942,2,27	张厝港	屠杀
巫焕亮		二	饶平	1942,2,27	张厝港	屠杀
巫焕兴		八	饶平	1942,2,27	张厝港	屠杀
宋山	男	三六	鹤山	1942,1,10	柔佛水塘	刺死
宋子敬	男	五二	鹤山	1942,3,9	振林山	入境屠杀
宋成忠	男			1942,2,17		检证
宋坤华	男			1942,2,	星洲	检证
宋春和	男	三〇		1942,2,17		检证
宋茂铿	男	三一	闽侯	1942,2,13	新山	搜捕
宋真宜	男			1942,2,	星洲	检证
宋振前	男	二二		1942,2,18		检证
宋振番	男	二五		1942,2,18		检证
利保荣	男	二三	梅县	1942,3,6	吉隆坡	失踪
利达彰	男					拘杀
邢定安	男	二四	文昌	1945,3,7	槟城	狱中
邢诒生	男		琼州	1941,12,23	丁州拍加	火刑斩首
邢福超	男	六	琼州	1945,5,19	永平	屠杀
邢福焕	男	五	琼州	1945,5,19	永平	屠杀
邢辐严	男	二	琼州	1945,5,19	永平	屠杀
邵添	男			1942,2,	星洲	检证
成文	男	三七	容县	1945,3,7	柔佛马西	特高科捕
成彬	男	二四	容县	1944,9,17	柔佛马西	特高科捕
成合钦	男			1942,2,	星洲	检证
良申	男	三〇		1942,2,	星洲	检证
阮聚	男	三七	桂平	1943,7,10	士年纳	征暹失踪
邱九	男	二	粤	1942,2,1	新山	屠杀
邱召		四六		1942,2,28		检证
邱江	男	三七	惠州		士年纳	警备杀害
邱容	男	五四	粤	1942,2,1	新山	屠杀
邱昌	男	四五	福州	1942,2,1	柔佛马西	屠杀
邱条				1942,2,24		检证
邱朝	男			1942,2,	星洲	检证
邱华	男	二五	陆丰	1945,6,10	柔佛士乃	屠杀
邱大曾				1942,2,24		检证
邱文秀	男	二二	惠阳	1942,10,	吉隆坡	拘杀
邱文英	男	二六	潮安	1942,2,28	星洲	检证
邱友林	男	三七	晋宁		蔴坡	拘杀
邱水龙		一七		1942,2,22		检证
邱石松	男	三四	客籍		蔴坡	拘杀
邱再光	男	三三	大埔	1942,3,9	峇株	残杀
邱安朝	男	三二	厦门	1942,2,	星洲	检证
邱见地	男	一九	永春	1942,3,8	峇株	屠杀
邱君足		三三				检证
邱见贤	男	二七	永春	1942,3,8	峇株	屠杀
邱金星				1942,2,24		检证
邱思元	男		闽	1942,2	星洲	检证
邱金泰	男	二八	揭阳	1942,2,31	星洲	检证
邱金禄		五六		1942,2,23		检证

姓名	性别	年龄	籍贯	罹难日期	地点	原因
邱金福		三三		1942,2,22		失踪
邱亚河				1942,2,27		拘杀
邱亚柯	男	五五	饶平	1944,2,19	士年纳	警备杀害
邱亚云	男	四〇	潮州	1944,7,6	柔佛	屠杀
邱明钦		二五		1942,2,24	星洲	检证
邱岱意	男			1942,2,24	星洲	检证
邱宜杰	男	一八	永春	1944,12,15	蔴坡	拘杀
邱长寿	男					检证
邱信杰		二一		1942,2,21		拘杀
邱信杰	男	二二	闽	1942,2,17	星洲	检证
邱思元		三〇		1942,2,21		检证
邱思元	男	二八	漳州	1942,11,	槟城	死狱中
邱炳枝				1942,2,24		检证
邱兼福				1942,2,24		检证
邱恒德		四五		1942,4,1		拘杀
邱南荣	女	一〇	兴宁	1942,2,28	士乃	入境屠杀
邱振明	男	二二				检证
邱娘习	男	三七		1942,2,21		检证
邱家精	男	二六		1942,2,28		检证
邱清煌	男	三二		1942,2,20		检证
邱清福	男	四六		1942,2,23		检证
邱顺才	男	四五	澄海	1942,2,27	星洲	拘杀
邱为全	男	四二			星洲	检证
邱开炳	男	二九		1942,2,22	星洲	检证
邱登桂	男			1942,2,24	星洲	检证
邱福根	男			1942,2,	星洲	检证
邱瑞财	男			1942,2,27		拘杀
邱德振	男			1942,2,24		检证
邱德宽	男			1942,2,24		检证
邱马汉	男	二七	琼州	1942,12,18	哥打	拘杀
邱联杰	男			1944,8,1		刑死狱中
邱耀明	男	四五	澄海	1942,2,27	星洲	拘杀
林九	男	三七	琼州	1942,2,28	星洲	拘杀
林井	男					拘杀
林木	男	四二		1942,2,17	星洲	检证
林仕	男	二五	雷州	1945,4,9	新山	宪兵杀害
林石	男					拘杀
林石	男	四〇		1942,2,	星洲	检证
林正	男	四九		1942,2,14		拘杀
林白	男	二九	安溪	1942,2,28	裕廊	拘杀
林共	男	六五	漳浦	1942,2,28	裕廊	检证
林吉	男	四七	海南	1944,9,11	新山	捕杀
林成	男	四三	温州	1942,3,5	振林山	入境屠杀
林沙	男	五四	安溪	1942,2,29	星洲	检证
林贝	男	四五	永春	1942,9,12	蔴坡	全家七口
林来	男	三五	潮州	1941,12,20	古来	捕杀
林忠	男					拘杀
林忠	男	二七		1942,2,28	星洲	检证

林　宜	男		粤	1942,1,27	蔴坡	围杀
林　味	男	一二	永春	1942,10,	张厝港	屠杀
林　长	男					拘杀
林　长	男			1942,2,	星洲	检证
林　和	男	六四	客籍		蔴坡	拘杀
林　和	男	五二	惠州	1943,10,21	蔴坡	拘杀
林　油	男	二四		1942,2,28		拘杀
林　其	男				星洲	检证
林　定	女	一	永春	1942,10,23	张厝港	屠杀
林　枝	男	三一	金门	1942,2,16	星洲	检证
林　持	女	四六	南安	1942,2,	峇株	屠杀
林　奏	男	六〇		1941,12,29		炸死
林　香	男	三二	北流	1944,11,16	柔佛	毒刑至死
林　政	女	七	永春	1942,10,23	张厝港	屠杀
林　看	男			1942,2,	星洲	检证
林　埔	男		安溪		星洲	屠杀
林　是	男			1942,2,	星洲	检证
林　桂	男	三六	安溪	1942,2,14	星洲	屠杀
林　哲	男	三〇		1942,2,28		拘杀
林　娘	男	六〇	粤	1932,2,1	柔佛东山	屠杀
林　容	男	五七	闽侯	1945,6,24	哥打路	刑死
林　珠	男	四三	闽	1943,11,2	古来	屠杀
林　训	男	三八	安溪	1942,2,20	星洲	检证
林　祥	男	三四	琼州	1945,4,1	新山	失踪
林　淡	男	六〇	惠州	1944,3,3	士乃	屠杀
林　章	男	五一	永春	1942,1,30	峇株	屠杀
林　为	男	五〇	永春	1942,2,20	文律	屠杀
林　坚	男	四〇	永春	1942,2,19	永平	拘杀
林　莫	男			1942,2,	星洲	检证
林　寅	男			1942,2,	星洲	检证
林　婉		三六		1942,2,28	星洲	检证
林　飞	男					拘杀
林　发	男	二九	永春	1942,2,	峇株	屠杀
林　帽	男	六三		1942,2,28		拘杀
林　胜	男	四七	罗定	1943,4,26	古来	警备杀害
林　登	男	三六	安溪	1942,2,28	星洲	检证
林　云						拘杀
林　尧			安溪	1942,2,	裕廊	检证
林　坞	女	二八	永春	1942,3,	蔴坡	拘杀
林　菊	男	五七	德化	1942,3,8	文律	屠杀
林　干	男	三七	高州	1945,1,2	巴莪	拘杀
林　汉	男	二五	容县	1942,8,5	士年纳	征往暹罗
林　荣						拘杀
林　静	女	四	永春	1942,9,12	蔴坡	拘杀
林　福	男	三七	永春	1942,2,28	峇株	拘杀
林　魁	男	五三	诏安	1945,5,14	新山	被捕失踪
林　娇	女	三八	粤	1942,2,1	柔佛东山	屠杀
林　说	男					拘杀
林　远	男			1942,2,18	星洲	检证
林　广	男					拘杀

林　黎	男			1942,2,18	星洲	检证
林　德	男	三七	陆川	1943,10,23	乌水港	警备杀害
林　欧	男	四九		1942,2,14		拘杀
林　燕						拘杀
林　宪	男	四九	琼州	1942,1,14	古来	捕杀
林大管	男	四四	南安	1942,2,28	新山	失踪
林大俤						拘杀
林子盘	男	四三		1942,2,	星洲	检证
林川龙	男	三三		1942,2,14		拘杀
林天位	男	三二	琼州	1943,11,19	蔴坡	失踪
林天佐	男	二三		1943,6,1		拘杀
林天弟	男	四〇		1942,2,22	星洲	检证
林天青	男	三一		1942,2,26		拘杀
林天来	男					拘杀
林天芬	男	三二	琼山	1943,11,3	古来新港	屠杀
林天送	男			1942,2,	星洲	检证
林天时	男			1942,2,	星洲	检证
林天培	男	二五		1942,2,22	星洲	检证
林天祥	男	五一		1944,8,16		拘杀
林天寿	男					拘杀
林天豪	男	二三	永春	1942,3,7		拘杀
林天赐	男	三七		1942,2,15		拘杀
林大典	男			1942,3,16	马六甲	刺杀
林　机	男	四二	文昌	1943,4,7	古来	清乡被杀
林　锄	男	五五		1942,2,14		拘杀
林　鲍	男	五四		1943,6,7		拘杀
林　笃	男	二六	永春	1942,1,20	蔴坡	拘杀
林　兴	男	二〇		1942,2,15		拘杀
林　树	男			1942,2,	星洲	检证
林　猪	男			1942,2,18	星洲	检证
林　鸿	男	四一	文昌	1943,4,7	古来	清乡被杀
林　蕾	女	五二	诏安	1942,3,5	振林山	入境屠杀
林　瞻	男	一三	永春		文律	屠杀
林　丰	男				士乃	屠杀
林　奋	男	三八	安溪	1942,2,26	星洲	检证
林　筹	男	三四	海阳	1943,2,15	古来	捕杀
林　宝	男	三五	安溪	1942,2,29	星洲	检证
林一浪	男	三六	茶阳	1942,2,	星洲	检证
林九弟	男					拘杀
林久英	男	三五		1942,2,28		拘杀
林之太	男	五五	丰顺		士乃	屠杀
林三佛	男	四五	诏安	1942,1,15	柔佛马西	屠杀
林天赐	男	三六		1942,2,28	星洲	检证
林天纵	男	一五	永春	1942,3,7	蔴坡	残杀
林文山	男	一九		1942,2,12		拘杀
林文友	男	四三		1942,2,18	星洲	检证
林文生	男	三〇	潮安	1942,2,23	星洲	检证
林文长	男	四七		1942,2,23	星洲	检证
林文松	男			1942,2,	星洲	检证
林文昌	男	二一		1942,2,11		拘杀

林文炳	男	三三	莆田	1945,8,25	比叻仕林	残杀
林文新	男	三六		1942,2,18	星洲	检证
林文种	男	四六		1942,2,15	星洲	检证
林水永	男					拘杀
林水田	男	二七	惠安	1942,2,18	星洲	检证
林水返	男	四二	安溪	1942,2,28	星洲	检证
林水级	男	一九		1942,2,28		拘杀
林水寅	男	四二		1942,2,28		拘杀
林水源	男	三八		1942,2,22	星洲	检证
林水源	男	三七		1942,2,18	星洲	检证
林水荫	男					拘杀
林水聪	男	二八		1942,2,28	星洲	检证
林水罐	男	三二	安溪	1942,2,	蔴坡	拘杀
林允城	男	二四		1942,2,	星洲	检证
林允德	男	二八		1942,2,20	星洲	检证
林友友	男					拘杀
林友进	男	三〇		1942,2,21	星洲	检证
林友万	男	四九	永春	1942,2,	蔴坡	拘杀
林友源	男	四八	揭阳	1942,3,3	柔佛	拘杀
林六一	男			1942,2,18	星洲	检证
林王子	男	三五		1942,2,		炸死
林王道	男	二四		1942,2,27	星洲	检证
林太宗	男	四七	永春	1942,3,17	蔴坡	拘杀
林仁国	男		闽	1942,3,15	爱大华	拘杀
林木生	男	二四	诏安	1943,10,21	新山	狱内加害
林木丰	男	一九	潮安	1942,2,23	星洲	检证
林月珠	女	八	德化	1942,1,15	柔佛马西	屠杀
休玉切	男	二八	晋江	1943,	吉隆坡	遣暹(失踪)
林玉玉		二二		1941,12,8		炸死
林玉波	男					拘杀
林玉珍	女	三七		1942,3,8	文律	屠杀
林玉宣	男	一八		1942,2,22	星洲	检证
林玉柳						拘杀
林玉益	男	二四		1942,2,15	星洲	检证
林玉发	男	二三		1942,2,18	星洲	检证
林玉树						拘杀
林玉兰	女					拘杀
林玉镜	男	四二		1942,2,15	星洲	检证
林加升	男	五四	澄海	1942,2,30	新山	搜捕遇害
林加风	男			1942,2,15	星洲	检证
林加顺	男			1942,2,	星洲	检证
林加华	男			1942,2,	星洲	拘杀
林民深	男	一三	潮安	1942,3,8	文律	屠杀
林正松	男					拘杀
林以文	男	四三	龙岩	1942,3,18	柔佛新山	陆军捕去
林永江	男	四〇		1942,2,		拘杀
林永及	男			1942,2,	星洲	检证
林永吉	男	三三		1942,2,14		炸死
林永吉	男	二七	同安	1944,7,6	槟城	捕杀
林半千	男	二〇	永春	1942,9,12	蔴坡	残杀

姓名	性别	年龄	籍贯	罹难日期	地点	原因
林立冬	男	五〇	闽侯	1942,3,15	爱大华	拘杀
林四妹	女	三六	文昌	1942,2,	蔴坡	拘杀
林世明	男			1942,2,22		检证
林世潘	男	五四	琼州	1943,10,23	柔佛海皮	屠杀
林本土	男	二二	安溪	1942,2,29	星洲	检证
林本事	男	二六		1942,2,28		拘杀
林巧音	女					拘杀
林田英	男	三一	安溪	1942,2,28	裕廊	残杀
林田围	男	三一		1942,2,28		拘杀
林石庆	男	二三		1942,2,18	星洲	检证
林光明	男	二七		1942,		拘杀
林光院						拘杀
林光华	男			1942,2,18	星洲	检证
林汝华	男	四五		1942,2,28	星洲	检证
林汝荣	男	四八		1942,2,21		检证
林江水	男	一九		1942,12,24		炸死
林江石	男		梅县	1942,7,18	星洲	被捕刑死
林汗森	男	四〇	信宜	1942,6,14	士年纳	征往暹罗
林好德	男	二六	惠安	1944,7,20	槟城	捕杀
林再生	男	四八	安溪	1942,2,28		拘杀
林朱板				1942,2,	星洲	检证
林仲珊	男	四三	龙岩	1942,2,20	星洲	检证
林如询	男	三二	潮安	1942,2,28	星洲	检证
林西城						拘杀
林兆基	男	三〇		1942,2,16	星洲	检证
林安宝	男			1942,2,	星洲	检证
林廷芳	男	三五	闽	1942,2,28	蔴坡	刑死
林廷波	男	四一		1942,2,18	星洲	检证
林廷扬	男			1942,2,	星洲	检证
林廷灼	男	四五	文昌	1945,1,5	新山狱中	宪兵捕去
林志道	男	二七	琼山	1942,8,	巴莪	清乡被杀
林良海	男	三二				炸死
林良荣	男	二一		1942,2,22	星洲	检证
林阿八	男			1942,2,	星洲	检证
林阿叶						拘杀
林阿德						拘杀
林里水	男	一七		1942,2,20		拘杀
林豆瓜	男					拘杀
林克成						拘杀
林利秋				1942,3,1		拘杀
林利照	男	一九	潮阳	1942,2,25	新山	搜捕遇害
林位英	男	一一	永春	1942,9,12	蔴坡	残杀
林秀廷	男	二六	澄海	1942,3,3	新山	失踪
林秀峰	男	三九		1943,11,10		拘杀
林成记						拘杀
林宏都				1942,2,18	星洲	检证
林佐权	男	三一	茶阳	1942,4,	槟城	拘杀
林金才	男			1942,2,	星洲	检证

姓名	性别	年龄	籍贯	罹难日期	地点	原因
林金水	男			1942,2,	星洲	检证
林金民	男	三	莆田	1942,2,14	星洲	炸死
林金年	男	二八	琼州	1944,4,15	蔴坡	拘杀
林金全	男			1942,2,18	星洲	检证
林金星	男	五	莆田	1942,2,14	星洲	屠杀
林金泉	男	三七		1942,2,18	星洲	检证
林金信	男	一四	永春	1942,10,23	张厝港	屠杀
林金城	男	九	永春	1942,9,12	蔴坡	全家屠杀
林金喜						拘杀
林金经	男	六	永春	1942,9,12	蔴坡	全家屠杀
林金铁	男	五四		1942,2,26		拘杀
林金凤						拘杀
林金璋						拘杀
林金福	男			1942,2,	星洲	检证
林金龙	男			1942,2,18		拘杀
林金欉	男	三二	永春	1942,3,7	蔴坡	残杀
林炎宗	男	五一	永春	1942,10,	张厝港	屠杀
林亚九	男	二七	文昌	1942,2,1	星洲	拘杀
林亚九	男	三四	仙游	1942,2,22	端洛埠	检证
林亚毛	男	二六		1942,2,15		检证
林亚文	女	三四	高州	1942,2,23	哥踏丁宜	屠杀
林亚文	男	四九	福清	1942,3,11	新山	失踪
林亚生	男	四五	闽	1942,2,1	柔佛马西	屠杀
林亚用						拘杀
林亚光	男			1942,2,	星洲	检证
林亚如						拘杀
林亚安	男			1942,2,	星洲	检证
林亚良	男	二三	潮州	1942,2,1	柔佛马西	屠杀
林亚珍	女	六四	潮州		新山	失踪
林亚足	男	二二		1942,2,28	星洲	拘杀
林亚玲	女	一二	安溪	1942,2,14	星洲	屠杀
林亚科				1942,2,	星洲	检证
林亚科	男	四八		1942,2,28	星洲	拘杀
林亚看	男	四五		1942,2,28	星洲	拘杀
林亚扁	女	一〇	永春	1942,10,	张厝港	
林亚书						拘杀
林亚哲	男	五〇	潮安	1942,3,8	文律	屠杀
林亚棋						拘杀
林亚跌	男	二七		1941,12,12		炸死
林亚当	男	四五				炸死
林亚[illegible]	男	三四	莆田	1942,2,28	新山	失踪
林亚魁	男					拘杀
林亚狮	男	二五	安溪	1942,2,14	星洲	被捕失踪
林亚润	男	四二		1942,2,28	星洲	拘杀
林亚蕙	女	三五	潮安	1942,2,28	星洲	检证
林亚儒				1942,2,	星洲	检证
林亚爱	男	一	潮安	1942,3,8	文律	屠杀
林亚牺	男	二五	安溪	1942,1,4	星洲	拘杀

姓名	性别	年龄	籍贯	罹难日期	地点	原因
林佳升	男	三一		1942,2,		拘杀
林佳芳	男	一七		1942,2,28		拘杀
林佳春	男	三二	潮安	1942,2,	星洲	检证
林佳顺	男	二一		1942,2,28		拘杀
林明坤	男	一八	诏安	1943,10,21	新山	狱内杀害
林明理	男	四一		1943,10,11		拘杀
林明瑞	男			1942,2,28	星洲	检证
林明乐	男	三八	文昌	1942,3,5	振林山	屠杀
林明福	男	二五		1942,2,	星洲	检证
林明锡	男	二七	闽	1944,3,27	蔴坡	刑死
林明谦	男					拉抉
林其祥	男	三二		1942,2,21	星洲	检证
林其栋	男			1942,2,		拘杀
林其豪	男			1942,2,	星洲	检证
林长仕	男	六一	诏安	1942,3,	宋加弄	屠杀
林长顺	男	四一	茶阳	1944,9,	新古毛	拘杀
林长圆						拘杀
林和彩		二六		1942,2,19		拘杀
林和兴	男	三一		1941,12,29		炸死
林来成	男	二八		1942,2,22	星洲	检证
林来喜	男	四六	澄海	1942,2,22	星洲	检证
林河水	男			1942,2,	星洲	检证
林河渊						拘杀
林东金	男			1944,7,6	槟城	捕杀
林芳吉	男			1942,2,	星洲	检证
林旺来	女	一一	永春	1942,10,	张厝港	屠杀
林青年	男	二二		1942,2,28	星洲	检证
林坤成	男	二二		1942,3,1	星洲	拘杀
林宗枝	男	四四	永春	1942,1,13	蔴坡	失踪
林东芳				1942,2,18	星洲	检证
林妹妹	女	一三	文昌	1942,2,	蔴坡	拘杀
林东昌	男	四三		1941,12,27		炸死
林松照	男	二七	潮州	1942,9,26	槟城	拘杀
林卓尔				1942,2,14		失踪
林柏廷	男			1942,2,14		拘杀
林保安	男	二四		1942,2,18	星洲	检证
林保泰	男	三三		1942,2,18	星洲	检证
林春沐	男	一七	安溪	1942,2,28	裕廊	拘杀
林春妹	男	七三	潮州	1942,1,15	柔佛马西	屠杀
林春来	男			1942,2,28		拘杀
林春泉	男	五二	潮安		文律	屠杀
林春英						拘杀
林春豹	男	三八		1942,2,28		拘杀
林春农	男	四七	文昌	1942,3,17	蔴坡	残死
林炳安	男			1942,2,	星洲	检证
林炳茂	男	四八	潮安	1942,2,28	星洲	检证
林炳煌	男	四七	龙岩	1942,2,23	星洲	失踪
林炳煌	男	四〇		1942,2,		检证

林炳森	男	四四	潮安	1942,3,3	新山	失踪
林炳粒	男	三四	潮安	1942,2,28	星洲	检证
林炳芬	男			1942,2,	星洲	检证
林俊好	男	四五		1942,2,15		炸死
林查利	男	三三		1942,2,17	星洲	检证
林信昌	男	二一	揭阳		蔴坡	拘杀
林信英	男	一一	永春	1942,9,12	蔴坡	全家屠杀
林科妙	男	六〇	安溪	1942,2,	裕廊	检证
林炸松	男			1942,2,18	星洲	检证
林厚皮	男	三一	莆田	1942,2,28	新山	失踪
林厚堂	男			1942,2,18	星洲	检证
林建顺	男	二三	安溪	1942,2,28	星洲	检证
林贞笨	男	二二		1942,2,14		拘杀
林南洲	男	三	龙岩	1942,3,	宋加弄	屠杀
林红毛	男	二五	安溪	1943,3,12	柔佛海皮	捕杀
林奕伟	男	二七		1942,2,21		检证
林晋兴	男	二二	梅县	1944,3,6	新山	捕杀
林海堂	男	五六	莆田	1942,2,4	新山海皮	入境屠杀
林起凤	男	三七		1942,2,23		检证
林建发	男	二三	永春	1942,1,30	峇株	屠杀
林昭熙	男	二六		1942,2,18	星洲	检证
林浪照	男	三八	大埔	1943,1,8	星洲	失踪
林唔久						拘杀
林振丹	男	五三	南安	1942,2,27	峇株	残杀
林振宗	男	二九	同安	1943,10,21	比叻	拘杀
林振波	男			1942,2,	星洲	检证
林振华	男	二六	北流	1944,4,29	振林山	检证
林振凯	男	三四	闽侯	1942,4,5	枨城	捕禁刑死
林振发	男	四七	诏安	1942,3,5	振林山	屠杀
林振裕	男	四九	潮安	1944,11,20	新山	捕杀
林振按						拘杀
林振荣	男			1942,2,	星洲	检证
林振福	男	二〇		1942,2,21	星洲	检证
林振绪	男	四四	潮安	1942,2,24	新山	失踪
林振宝	男	二二		1942,2,21		检证
林家典	男	三二		1942,2,25		检证
林家章	男	一七	闽	1942,3,15	爱大华	拘杀
林家华						拘杀
林家琪	男			1942,2,18	星洲	检证
林家玙						拘杀
林桂花	女					拘杀
林孙崇	男	五七	南安	1942,2,13	峇株	屠杀
林桂金	女	二二		1942,1,		溺毙
林桂南	男	二六	北流	1942,2,20	古来	入境屠杀
林乌立	男	三〇		1942,2,28		拘杀
林乌连	男	五〇		1942,2,15		炸死
林书位	男	三二	琼山	1942,6,	冷金	清乡被杀
林书告	男	三八	大昌	1944,10,28	新山狱中	宪兵捕去
林书栋						拘杀
林书鑫	男			1942,		拘杀
林素文	男	二五		1942,2,18	星洲	检证
林桃英	女	四六		1942,2,14		炸死
林高升	男	四五		1942,2,28		失踪
林祖基	男	三〇		1942,2,28		拘杀
林时钦	男	三八		1942,2,18	星洲	检证
林珠玑						拘杀
林草松						拘杀
林章水						拘杀
林章文	男	三五		1942,2,15	星洲	检证
林章其						拘杀
林清水	男	一九		1942,2,18	星洲	检证
林清江	男	二五		1942,2,22	星洲	检证
林清江						拘杀
林清年						拘杀
林清河	男	二八	永春	1942,1,30	峇株	屠杀
林清波	男	三一		1942,2,20	星洲	检证
林清连	男	二三		1942,2,22	星洲	检证
林清羡	男	三二	莆田	1943,10,21	新山	屠杀
林清溪	男	三三	思明	1942,3,	蔴坡	拘杀
林连火						拘杀
林连宗	男	三七	诏安	1942,3,5	振林山	入境屠杀
林连英				1942,2,18	星洲	检证
林连基	男	四五		1942,2,23		检证
林添木	男	二四	安溪	1942,3,29	星洲	拘杀
林添成	男	一二	永春	1942,10,23	张厝港	屠杀
林添美	男			1942,2,	星洲	检证
林添发	男	二〇		1942,2,28	星洲	拘杀
林莫氏	女	四〇	文昌	1943,4,7	古来	清乡被杀
林造兰	女	一六	潮安	1942,3,8	文律	屠杀
林细妹	女	三	潮安	1942,3,8	文律	屠杀
林符氏	女	六七	文昌	1942,3,17	蔴坡	拘杀
林通水	男					拘杀
林祥和	男			1942,2,		拘杀
林国良	男	二〇	潮阳	1942,11,	枨城	狱中
林国典	男	二八		1942,2,1 9		拘杀
林盛松	男	二九	茶阳	1944,8,	新古毛	拘杀
林盛传	男	二〇	诏安	1942,1,15	柔佛马西	屠杀
林崇茂	男	三二		1942,2,16	星洲	检证
林基刚	男	三五				战死
林彬卿	男	六三	永春	1942,3,17	峇株巴辖	残死
林启新	男	二六	茶阳	1944,6,	马六甲	征工遇害
林绍业	男			1942,2,	星洲	检证
林俾益	男			1942,2,	星洲	检证
林康凯						拘杀
林从饱						拘杀
林喜文	男	四五	饶平	1942,2,27	张厝港	屠杀
林喜遂	男			1942,2,	星洲	检证
林喜瑞	男			1942,2,	星洲	检证
林彭新	男	五五	琼山	1945,7,21		清乡被杀
林朝有	男			1942,2,	星洲	检证
林朝有	男	三四		1942,2,28		拘杀
林朝君	男	一六		1942,2,14		拘杀
林朝固						拘杀
林朝清						拘杀
林开祥	男	三九	乐会	1943,8,1	柔佛班兰	宪兵捕杀
林开民	男	四五		1942,2,22		拘杀
林钦松	男	四四	澄海	1942,3,3	新山	失踪
林裕典	男					拘杀
林裕连	男	三二	金门	1942,2,21	星洲	拘杀
林顺玉		二九		1942,2,15	星洲	检证
林顺源	男	六九	饶平		士年纳	拘杀
林捷招	男	三二		1942,2,10		拘杀
林捷海	男	三二		1942,2,16	星洲	检证
林湖立	男			1942,2,18	星洲	检证
林华廷	男	二三		1942,2,7		炸死
林景和	男	四四	东莞	1942,3,6	吉隆坡	检证
林琴舫	男	四六	蕉岭	1942,	龙引	残杀
林菊妹	女	三八	梅县	1942,3,8	文律	屠杀
林隆文	男	六三	永春	1942,10,23	实兰牙	屠杀
林然妹	女	三六	惠安	1944,4,28	蔴坡	拘杀
林植春	男	一四		1942,1,28		炸死
林喜娘	女	三八		1942,2,14		拘杀
林发章	男	二四	梅县	1942,11,	怡保	拘杀
林发阳	男			1942,2,	星洲	检证
林发荣	男			1942,2,28	星洲	检杀
林煌荣	男			1942,2,28,	星洲	检证
林欺头	男					拘杀
林进权	男	三五	茶阳	1941,12,	枨城	炸死
林万成	男	二四		1942,2,15	星洲	检证
林万成	男			1942,2,21		检证
林万武	男	六五	诏安	1942,3,5	振林山	屠杀
林瑞水	男	五二		1942,2,15		炸死
林瑞庆	男			1942,2,18	星洲	检证
林犹安	男			1942,2,		失踪
林犹清	男			1942,2,	星洲	检证
林犹源	男					拘杀
林犹椿	男	二六	文昌	1942,2,14	星洲	拘杀
林犹庆	男	三五		1942,2,19		拘杀
林传放	男	二九		1942,2,14		拘杀
林传树	男	四二		1942,2,14		拘杀
林传芳	男	一九	梅县	1942,11,11	比叻打捫	拘杀
林焕杰	男	五二	茶阳		新山	屠杀
林新有	男					拘杀
林新番	男			1942,2,	星洲	检证
林诗成	男	四〇	琼山	1944,3,	古来	清乡被杀
林诗梁	男	五五	琼山	1942,6,	冷金	清乡被杀
林义平	男	二〇	闽	1943,3,	星洲	被捕处绞
林箕株	男	三〇	南安	1942,2,27	峇株	残杀
林燕鸟	男	三五	莆田	1942,2,28	新山	失踪
林兴发	男	一八	大埔	1942,2,27	新山	宪兵捕杀

姓名	性别	年龄	籍贯	罹难日期	地点	原因
林蕊娘	女	五六	安溪	1942,2,14	星洲	屠杀
林铁民	男	二	文昌	1942,2,	蔴坡	残杀
林铁民	男	一〇	文昌	1942,2,	蔴坡	残杀
林铁和	男	一二	文昌	1942,2,	蔴坡	残杀
林铁儿	男	一五	文昌	1942,2,	蔴坡	残杀
林铁雄	男	八	文昌	1942,2,	蔴坡	残杀
林铁钢	男	一四	文昌	1942,2,	蔴坡	残杀
林焕廷	男	一九		1942,2,18	星洲	检证
林源波	男	四三		1942,2,18	星洲	检证
林意来						拘杀
林爱弟				1942,		拘杀
林颂建	男	四五		1942,2,29		拘杀
林颂庆						拘杀
林溪清	男			1942,2,18	星洲	检证
林发章	男	二四		1942,11,		拘杀
林楚森	男	二五	同安	1942,1,13	蔴坡	失踪
林焕章	男	五八	丰顺		士乃	屠杀
林焕杰	男	五二	茶阳	1942,2,27	新山	入境屠杀
林煌道	男	三九		1942,2,15	星洲	检证
林万庆	男			1942,2,	星洲	检证
林道鑫	男	三五	永定	1942,2,	星洲	检证
林汉长	男			1942,2,18	星洲	检证
林汉章	男	三五		1942,2,15	星洲	检证
林汉清	男	二〇		1942,2,15	星洲	检证
林汉福	男	二四		1942,2,15	星洲	检证
林荣美	男	三二	闽	1942,11,27	怡保	拘杀
林荣祖	男	三〇				拘杀
林荣烈	男	六九		1942,2,11		拘杀
林荣桂	男			1942,2,18	星洲	检证
林荣国	男	四一	大埔	1942,3,17	实兆远	拘杀
林荣裕	男			1942,2,18	星洲	检证
林福中	男	三二		1942,2,18	星洲	检证
林福山	男	八	安溪	1942,2,14	星洲	屠杀
林福成	男			1942,2,18	星洲	检证
林福海	男	六	安溪	1942,2,14	星洲	屠杀
林福娘	女	一一		1942,1,18		炸死
林福顺	男	二八		1942,2,22		检证
林福源	男	三一		1942,3,1		拘杀
林福基	男			1942,2,		检证
林福器	男	〇	安溪	1942,2,14	星洲	屠杀
林维典	男	二九	揭阳	1942,2,28	星洲	检证
林维扬	男	三八		1942,2,15		拘杀
林铨章	男	四三	梅县	1942,3,12	打巴	拘杀
林碧新	男	二三		1942,2,18	星洲	检证
林碧灵	女	六	文昌	1942,2,18	蔴坡	被执残杀
林庆荣	男	二七		1942,2,21	星洲	检证
林满庆	男	三四		1942,2,22	星洲	检证
林潮平	男			1942,2,	星洲	检证

姓名	性别	年龄	籍贯	罹难日期	地点	原因
林潮庆	男			1942,2,18	星洲	检证
林德才	男	二五		1942,2,18	星洲	检证
林增妹	女					拘杀
林谊炳						拘杀
林莲根						拘杀
林贤苞						拘杀
林贤裕	男	二九	同安		暹罗海上	全家遇害
林贤耀	男					拘杀
林娇妹	女	六	惠州	1944,3,3	士乃	屠杀
林蔡氏	女	三二	琼山	1943,11,3	古来	屠杀
林娇麦	女	四〇	粤	1942,2,1	柔佛东山	屠杀
林熙进	男	四〇	琼州	1942,2,29	蔴坡	被捕失踪
林树木	男			1942,2,	星洲	检证
林树本	男	三〇		1942,2,23		拘杀
林树芬	男	一八		1942,2,15	星洲	检证
林树京	男			1942,2,	星洲	检证
林树京	男	四五		1942,2,23		拘杀
林树英	男	四〇		1942,2,23		拘杀
林树英	女	四	琼山	1943,11,3	古来新港	屠杀
林树卿	男	三五	文昌	1942,1,2	新山	宪兵捕杀
林树彬	男			1942,2,	星洲	检证
林树彬	男	三七		1942,2,23		拘杀
林树植	男			1942,2,	星洲	检证
林树植	男	二〇		1942,2,23		拘杀
林树椒	男			1942,2,	星洲	检证
林树云	男					拘杀
林树椿	男	五〇		1942,2,23		拘杀
林树椿	男			1942,2,	星洲	检证
林树端	男	六二		1942,2,10		失踪
林树兴	男	一	琼山	1945,11,3	古来新港	屠杀
林树树	男	三一		1942,2,23		拘杀
林树蕃	男	三五		1942,2,15	星洲	检证
林树体	男			1942,2,	星洲	检证
林学真	男	六〇	潮安	1942,3,8	文律	屠杀
林龙文	男	三九		1942,2,14		拘杀
林谦恭	男	二〇	同安	1942,2,23	星洲	检证
林谋盛	男	三五	南安	1944,6,29	华都牙也	殉难狱中
林鸿安	男	四二		1942,2,28	星洲	检证
林鸿年	男					炸死
林鸿芹	男	四〇		1942,2,23		检证
林鸿芹	男	三九		1942,2,4		拘杀
林鸿岸	男					拘杀
林鸿桐	男	三七		1942,2,22	星洲	检证
林鸿理	男	四〇		1942,2,23		拘杀
林鸿琉	男	五四		1942,12,28		炸死
林鸿达	男			1942,2,	星洲	失踪
林鸿椿	男	二〇		1942,2,23		拘杀
林鸿椿	男			1942,2,	星洲	检证

姓名	性别	年龄	籍贯	罹难日期	地点	原因
林鸿标	男	五〇		1942,2,18	星洲	检证
林赛和	男	三八	揭阳	1942,7,23	文律	拘杀
林糞扫	男	二六	安溪	1942,2,28	裕廊	拘杀
林应广	男	四七	闽侯	1942,2,12	新山	入境屠杀
林应藩	男	二三		1942,2,20	星洲	检证
林镜淮	男	五一	澄海	1943,4,28	峇株	刑死
林耀玉	男					拘杀
林耀宗	男					禁毙
林关昌	男		文昌	1943,9,	龙引	屠杀
林觉民	男	二八		1942,2,13		拘杀
林鼋生	男					拘杀
林龟年	男					拘杀
林钻锦	男	三八		1942,2,18	星洲	检证
周才	男	五一	莆田	1942,3,5	振林山	捕杀
周仁	男	六二	鹤山	1944,9,12	士乃	捕杀
周斗	男	三一	鹤山	1944,8,12	古来新港	捕杀
周生	男	三五	鹤山	1942,2,12	柔佛万孚	并子女三人
周志	男	三二	北流	1943,12,10	古来	殉难抗日军
周成	男	三〇	容县	1942,11,18	古来	宪兵捕杀
周吹	男	三一	晋江	1942,2,28	星洲	拘杀
周抱	男	三二	茶阳	1942,7,	蔴坡	拘杀
周昌	男	四八	粤	1944,7,2	柔佛班兰	失踪
周坤	男	三三	鹤山	1942,2,2	柔佛水塘	拘杀
周其	男	三二	四邑	1943,6,15	古来	检往暹罗
周初	男	四五	肇庆	1943,11,5	古来	捕杀
周美		二三		1942,2,15		拘杀
周初	男			1942,2	星洲	检证
周唔	男			1942,2,	星洲	检证
周珠	女	三〇	南安	1942,2,15	巴力爪哇	屠杀
周瓶	男	四五		1942,2,24	星洲	检证
周根	男	二八	桂	1942,1,10	古来水塘	捕杀
周坚	男	五八	德化	1942,3,5	振林山	入境屠杀
周景	男	四八	永春	1945,10,11	振林山	屠杀
周盛	男	二八	容县	1944,4,15	柔佛古来	捕杀
周运	男	四八	鹤山	1942,2,10	哥打丁宜	入境屠杀
周遣	男	二八	永春	1942,3,5	振林山	入境屠杀
周潘	男		琼州	1943,3,13	蔴坡	拘杀
周瞭	女	四二	永春	1942,3,8	文律	屠杀
周士禄	男	四九		1944,9,13		拘杀
周水生	男	二八	鹤山	1942,2,26	哥打丁宜	屠杀
周也恩	男	三二	永春	1942,3,3	新山	宪兵屠杀
周文轩	男	二五	潮阳	1942,2,12	笨珍	搜捕遇害
周文诗	男			1942,2,	星洲	检证
周文瑞	男		番禺	1942,2,	星洲	检证
周元勋	男	三六	琼州	1943,9,18	蔴坡	刑死
周戊己	男	二五		1942,		拘杀
周永参	男			1942,2,	星洲	检证
周永和	男			1942,2,19	星洲	检证

周永盛	男	三八		1942,2,		炸死	周朝阳	男	四〇	安溪	1942,2,	星洲	检证	卓海洋	男	一五	花县	1942,11,11	打扣羔丕山	拘杀
周廷用	男	二六		1942,5,5		失踪	周云天	男			1942,2,	星洲	检证	卓添火	男	一六	安南	1942,2,29	星洲	检证
周廷谦	男	二八	乐会	1942,2,17	星洲	检证	周瑞联	男	四六		1944,11,		拘杀	卓书彬	男	二五		1942,2,28		拘杀
周成林	男					炸死	周瑞麟	男	三七		1942,2,28	星洲	检证	卓孙富	男	三四		1942,2,21	星洲	检证
周阿东	男					拘杀	周源成				1942,2,	星洲	检证	卓株篦	男	二五		1942,2,28	星洲	拘杀
周含笑	男	二一		1942,2,19		拘杀	周源英						拘杀	卓捷勤	男	一八	茶阳	1945,5,	峇株	巫人杀害
周松炳	男	四六	潮阳	1942,		拘杀	周经文	男			1942,2,	星洲	检证	卓铁民	男	三五	茶阳			禁毙
周松飞	男	二七		1942,2,19	星洲	检证	周荫庭						炸死	卓经为	男	四七	琼州	1943,9,11	蔴坡	焚杀
周秀良	女	五八	潮安	1942,2,27	张厝港	屠杀	周裕仪	男	三八	安溪	1942,2,20	星洲	检证	卓凤毛	男	二九		1942,2,28		拘杀
周承泰	男	四四	澄海	1942,3,8	文律	屠杀	周德床	男			1942,2,22	星洲	检证	卓凤毛	男	三二	南安	1942,2,28	星洲	检证
周金水	男	四五		1942,2,10		拘杀	周德佳	男	五五	文昌	1942,2,23	星洲	检证	卓联党	男	三二	茶阳	1942,2,	吉隆坡	检证
周金均	男			1942,2,	星洲	检证	周德广	男			1942,		拘杀	卓恳求	男	三一		1942,2,28	星洲	拘杀
周和尚	男	四三		1942,2,19	星洲	拘杀	周德兴	男	四五	蓉县	1945,5,3	柔佛马西	警署杀害	卓镜明	男	五二	大埔	1942,3,	峇株	屠杀
周亚狗	男	五二	惠安	1942,1,17	峇株	屠杀	周广年	男			1942,2,19	星洲	检证	卓藤洁	男					拘杀
周亚花	女	二六		1942,2,28	星洲	检证	周醒民	男	四四	安溪	1942,2,	星洲	检证	冼　栋	男	四五		1942,2,22	星洲	检证
周抱娘	女	三二	大埔		蔴坡	流弹击毙	周学良	男	三〇		1942,2,19	星洲	检证	冼文讲	男	二四		1942,2,19	星洲	检证
周昌煌	男	一八		1942,2,22	星洲	检证	周锭逢	男	二六	潮阳	1942,	星洲	失踪	冼世昌	男			1942,4,6	丁加奴	惨杀
周洪陆	男	一九	安溪	1942,2,	星洲	检证	周选兴	男	一四		1942,6,6		失踪	冼亚礼	男			1942,2,22	星洲	检证
周洪录	男					拘杀	周鸿年	男	三〇		1942,2,	星洲	检证	冼书耀	男	四八		1942,2,22	星洲	检证
周科仙				1942,2,15	星洲	检证	周怀武	男			1942,2,	星洲	检证	冼得成	男			1942,2,22	星洲	检证
周茂奇	男	二〇		1945		失踪	周怀协	男	二三		1942,6,		拘杀	冼汉仁	男			1942,2,22	星洲	检证
周秋林	男	四四	潮阳	1942,2,19	星洲	检证	周怀杰	男			1942,2,	星洲	检证	易　岳	男	三一	安溪	1942,2,18	星洲	检证
周勇泉	男				星洲	检证	卓　乞	男	一八		1942,2,28	星洲	拘杀	易列虎	男	二四		1941,12,25		炸死
周炳寅	男			1942,2,22	星洲	检证	卓　甘	女	二二	南安	1942,2,14	星洲	屠杀	易列发	男	二一		1941,12,25		炸死
周英石	男	三四	永春	1942,1,30	张厝港	屠杀	卓　加	男	三四		1942,2,28		拘杀	易廷成	男	二二	安溪	1944,7,7	华玲	狱死
周英华		二七		1942,2,28		拘杀	卓　池	男	二五		1942,2,28		拘杀	易亚花	女	一七		1941,12,25		炸死
周流秋	男	三六		1942,2,28	星洲	检证	卓　吉	男	二〇	南安				易亚为		一九		1941,12,25		炸死
周流辉	男	二七		1942,2,28	星洲	检证	卓　守	男			1942,2,28	星洲	检证	易海水	男	一〇	安溪	1942,2,28	星洲	检证
周流标	男	二七		1942,2,28	星洲	检证	卓　定	男	四五	罗定	1943,8,15	古来	征往暹罗	易海联	男	八	安溪	1942,2,28	星洲	检证
周留丙	男			1942,2,19	星洲	检证	卓　岗	女	一八	南安	1942,2,14	星洲	屠杀	武亚顺	男	四一		1942,2,	星洲	检证
周留盘	男			1942,2,22	星洲	检证	卓　法	男	三二	南安	1942,2,15	柔佛海皮	屠杀	武云杰				1942,2,15	星洲	检证
周振源	男	一八	同安	1942,2,23	星洲	检证	卓　刺	女	一五	南安	1942,2,14	星洲	屠杀	炉位光	男	五三	揭阳	1942,2,17	星洲	检证
周振德	男	二四	同安	1942,2,23	星洲	检证	卓　尧	男			1942,2,28	星洲	检证	官　立	男	三〇	大埔	1943,4,15	峇株	屠杀
周添洽	男	二八	开平	1942,2,	柔佛	屠杀	卓　尧	男	三三		1942,2,28		拘杀	官九仪	男	二二	莆田	1942,2,4	柔佛海皮	入境屠杀
周康保	男	二二	鹤山	1942,2,10	哥打丁宜	入境屠杀	卓　象	男	四四		1942,2,28	星洲	检证	官召统	男	一〇	大埔	1942,3,17	蔴坡	流弹击毙
周淑金	女	三八		1943,9,		拘杀	卓　嘉	男			1942,2,	星洲	检证	官有创	男	三五	大埔	1942,2,	蔴坡	流弹击毙
周清溪	男	四六	永春	1942,2,30	柔佛	屠杀	卓　烧	男	三八		1942,2,28		拘杀	官志民	男	三〇	大埔	1942,2,	蔴坡	入境屠杀
周清魁	男	四七	永春	1945,2,16		失踪	卓大炮	男	一八		1942,2,28	星洲	拘杀	官狗铁	男				星洲	检证
周贻灶	男			1942,2,22	星洲	检证	卓大烈	男	三八	茶阳	1945,5,	柝城	拘杀	官昭政	男	三五	大埔	1942,3,	蔴坡	拘杀
周贻波	男			1942,2,22	星洲	检证	卓　将	男	六一	安溪	1942,2,	裕廊	检证	官绍椿	男	三五	大埔	1944,9,	蔴坡	巫人排华杀
周贻炊	男			1942,2,22	星洲	检证	卓水泉	男	二一		1942,2,28	星洲	拘杀	官荣安	男	三八		1942,2,22	星洲	检证
周胎泰	男	二四		1942,2,28	星洲	检证	卓火城	男					拘杀	昆　生	男	四	琼山	1942,10,12	柔佛新芭	宪兵杀害
周胎厥	男			1942,2,19	星洲	检证	卓再芬	男	三四		1942,2,21		拘杀	金幼竹	男	一九	闽侯	1944,9,26	柝城	狱毙
周厥中	男			1942,2,22	星洲	检证	卓困球	男					拘杀	金克西	男	二八	潮安	1942,3,10'	新山	屠杀
周厥息	男			1942,2,22	星洲	检证	卓并论	男	三四	南安	1942,2,19	星洲	检证	金宗榜	男	四〇		1942,2,15	星洲	检证
周厥清	男			1942,2,22	星洲	检证	卓金生	男	二六		1942,2,	星洲	检证	金惠余	男	二三	闽侯	1943,7,31	星洲	狱毙
周瑞光	男			1942,2,22	星洲	检证	卓金春	男	三〇		1942,2,	星洲	检证	长章荣	男			1942,2,15	星洲	检证
周瑞联	女	四六	茶阳	1994,11,	巴罗	入境屠杀	卓金丽	男	四四	南安	1942,2,29	星洲	检证	俗非才	女	二二	潮州		振林山	检证
周遣子	男	七	永春	1942,3,5	振林山	入境屠杀	卓典访	男	二四	茶阳	1945,5,	峇株	巫人屠杀	邵　基	男	四〇	容县	1942,9,13	古来	屠杀
周闻泉	男	二三		1942,2,10		检证	卓益胡	男	二八	闽	1942,3,15	比叻	拘杀	邵　添						

姓　名	性别	年龄	籍贯	罹难日期	地点	原因
世　辉	男			1942	美农	挖目剥皮
亚　九	男	三八	潮州	1943,4,15	峇株	屠杀
亚　九	男	一〇	开丰	1942,1,26	哥打路	入境屠杀
亚　才	男	二一	新会	1942,1,26	新山	屠杀
亚　牛	男	八		1942,1,26	新山	屠杀
亚　友	男	五三	同安	1942,3,5	振林山	入境屠杀
亚　成	男	三三	饶平	1944,2,19	士年纳	宪兵杀害
亚　成	男	三九	琼州	1943,6,15	古来	检往暹罗
亚　弟	男	三二	潮州	1942,3,5	振林山	入境屠杀
亚　东	男	二二	揭阳	1944,12,9	士年纳	宪兵杀害
亚　明	男	九		1942,1,26	新山	屠杀
亚　芳	男		粤	1943,7,26	星洲	囚杀
亚　保	男	三		1942,1,20	新山	屠杀
亚　昭	男	四〇	雷州	1942,3,17	蔴坡	屠杀
亚　祥	男	六四	粤	1942,2,1	柔佛东山	屠杀
亚　许	男		福州	1942,2,28	裕廊	检证
亚　盛	男	五五	澄迈	1943,4,15	峇株	屠杀
亚　宽	女	五〇	粤	1943,3,7	峇株巴辖	屠杀
亚　兴	男	三九	琼山	1943,6,15	古来	检往暹罗
亚　婶	女	四二	潮州	1943,3,17	蔴坡	屠杀
亚　举	男	二四	晋江	1942,3,8	文律	屠杀
亚　双	男	四〇	客	1942,3,17	蔴坡	焚死
亚　宝	男	三〇	桂	1942,3,17	蔴坡	焚死
亚　耀	男	四〇	粤	1942,3,17	蔴坡	焚死
亚仔妈	女	五二	佛山	1942,1,20	新山	屠杀
亚弟子	男	三	潮州	1942,3,5	振林山	入境屠杀
洪　又	女	九	南安	1942,2,	星洲	炸死
洪　火	男	五三	南安	1942,2,28	裕廊	父子三人
洪　本	男	四九		1942,2,15	星洲	检证
洪　本	男	三八	莆田	1943,10,29	柔佛水塘	清乡被杀
洪　成	男	一六			星洲	检证
洪　成	男	四〇		1941,1,25		炸死
洪　佃	男	四二	南安		蔴坡	拘杀
洪　孟	女	五八	仙游	1942,3,5	振林山	入境屠杀
洪　虎	男	五三		1942,2,28		拘杀
洪　革	男	五一	南安	1942,2,29	星洲	屠杀
洪　书	男	二〇		1942,2,28	星洲	拘杀
洪　清	男		粤	1942,1,27	蔴坡	围杀
洪　华	男	二五				辗毙
洪　森	男	三三	安溪	1945,1,	裕廊	捕杀
洪　莫	男	一八		1942,2,26	星洲	检证
洪　敬	男	二八		1942,2,28	星洲	拘杀
洪　梦	男	五七		1942,2,14		拘杀
洪　算	男	三		1942,2,28		拘杀
洪　算	男			1942,2,21	星洲	检证
洪　对	男	四四	南安	1942,3,17	蔴坡	被捕烧死
洪　桥	男	三三	晋江	1942,2,28	星洲	拘杀
洪　口	男	五七	南安	1942,2,13	星洲	炸死

姓　名	性别	年龄	籍贯	罹难日期	地点	原因
洪　签	男	三〇	晋江		星洲	烧死
洪　榄	男	二八		1942,2,28	星洲	检证
洪小孩	男	三	南安	1942,2,15	峇株	屠杀
洪水科	男			1942,2,	星洲	检证
洪水连	男			1942,2,	星洲	检证
洪水越	男	一六	南安	1942,2,28	裕廊	拘杀
洪水云	男	一九	南安	1942,2,28	裕廊	拘杀
洪文平	男					拘杀
洪文成	男			1942,2,	星洲	检证
洪文范	男	四三		1942,2,28	星洲	检证
洪化玉	男	二四	南安	1942,2,14	星洲	拘杀
洪天宋	男	三二	丰顺	1942,2,	边佳兰	遭杀
洪天赐	男	二〇	南安	1942,2,15	峇株	屠杀
洪木头	男	二七		1942,2,15	星洲	检证
洪木兴	男	二七	潮阳	1942,2,29	星洲	检证
洪正水	男	三二		1942,4,11		拘杀
洪正雄	男	二七		1942,2,23	星洲	检证
洪正雄	男	三〇	澄海	1942,3,1	星洲	拘杀
洪正华	男			1942,2,15	星洲	检证
洪正华	男			1942,2,21		检证
洪正发	男	一八		1942,2,23		拘杀
洪正权	男	二九	澄海	1942,2,23	星洲	检证
洪世风	男			1942,2,		检证
洪玉四	男			1942,2,	星洲	检证
洪石度	男	三八	丰顺	1942,2,28	边佳兰	遭杀
洪永隆	男	六二		1941,12,8		炸死
洪有才	男	三〇		1942,2,19		拉夫
洪有志	男					拘杀
洪安吉	男	五五		1942,2,25		失踪
洪安和	男	三一		1942,2,25		失踪
洪江美	男	三六		1942,2,26		拘杀
洪竹篮	男	六四	诏安	1942,3,5	振林山	入境屠杀
洪光三	男	四二	琼州	1945,4,9	新山	宪兵杀害
洪仿辉	男	四二	澄迈	1942,3,8	文律	屠杀
洪佐治	男	一八		1942,2,15	星洲	检证
洪孝义	男	六〇	潮安	1942,3,8	文律	屠杀
洪志侨	男	二六		1942,2,22	星洲	检证
洪我从	男	二七		1942,3,18		拘杀
洪金水	男	四三	南安	1942,2,28	星洲	检证
洪金印	男	二〇		1942,2,28		拘杀
洪金春	男	三七	南安	1942,1,15	马西	屠杀
洪金英	女	四	南安	1942,2,11	星洲	屠杀
洪金娘	女					拘杀
洪金笑		二六		1942,2,15	星洲	检证
洪金顿	男	一六	南安	1942,2,28	星洲	检证
洪金榜	男	三一	南安	1942,2,14	星洲	拘杀
洪金凤	女	一六	南安	1942,2,28	星洲	检证
洪金龙	男	二一		1942,2,28		拘杀

姓　名	性别	年龄	籍贯	罹难日期	地点	原因
洪金龙	男			1942,2,21	星洲	检证
洪金鲤	男	二三	揭阳	1942,2,28	星洲	检证
洪金鲤	男	六五		1942,2,28	星洲	检证
洪金铸	男	一五		1942,2,15	星洲	检证
洪亚水						检证
洪亚妗	女	六	南安	1942,2,15	峇株	屠杀
洪亚址	男			1942,2,	星洲	检证
洪亚岳	男	三四				检证
洪亚狗	男	七	诏安	1942,3,5	振林山	入境屠杀
洪亚寻	男	三九		1941,12,8		炸死
洪亚聚	男	四九	揭阳	1942,8,11	新山	搜屋恫死
洪亚龙	男	二八		1942,2,28	星洲	检证
洪亚宝	男	四〇	南安	1942,2,	星洲	检证
洪定华	男			1942,2,21	星洲	检证
洪定华	男	三九		1942,2,28		拘杀
洪东烘	男			1942,2,22	星洲	检证
洪两为	男	二〇	澄海	1942,4,28	新山	失踪
洪英立	男	二四		1942,2,26		检证
洪前后	男	二八		1942,2,19	星洲	检证
洪俊士	男	二八	潮安	1942,3,10	新山	骗去失踪
洪奕命	男	三二	丰顺	1942,2,28	柔佛水塘	拘杀
洪柔建	男	四四		1942,2,26		拘杀
洪美玩	女	五	南安	1942,2,28	星洲	检证
洪美阳	男					拘杀
洪炳森	男	六五	晋江	1942,2,21	星洲	检证
洪根奇	男	二九	金门	1942,2,20	星洲	检证
洪根彬	男	二三		1942,2,22	星洲	检证
洪祝三	男	三九	潮安	1942,2,28	柔佛	骗去失踪
洪振泰	男	二六		1943,9,17		拘杀
洪祖迁	男	三一		1942,2,27	星洲	检证
洪连福	男	一八	南安	1942,2,11	星洲	屠杀
洪淑加	男	二六		1942,2,26		拘杀
洪清石	男	三六	南安	1942,2,28	星洲	检证
洪启昌	男	二三		1942,2,25		失踪
洪惟成	男	一一	南安	1942,2,28	星洲	检证
洪祥庭	男					拘杀
洪细妗	女	二	南安	1942,2,15	峇株	屠杀
洪绍南	男	三〇	揭阳	1942,3,13	新山	搜屋恫死
洪绍弼	男	二六	同安	1942,2,22	星洲	检证
洪森木	男					拘杀
洪顺南	男	一〇	揭阳	1942,6,23	新山	搜屋恫死
洪云卿	男	二四		1942,2,28		拘杀
洪景远	男	三〇		1942,2,22	星洲	检证
洪瑞珠	女	五	揭阳	1942,7,24	新山	搜屋恫死
洪运尺	男	二四		1942,2,17		拘杀
洪沧海	男	二三		1942,2,22	星洲	检证
洪源远	男	三二		1942,2,28	星洲	检证
洪福之	男			1942,2,	星洲	检证

洪福和	男			1942,2,	星洲	检证
洪福气	男	二四	南安	1942,2,28	星洲	检证
洪福让	男	一六	南安	1942,2,28	星洲	检证
洪广民	男	三〇	澄海	1942,3,1	星洲	被捕失踪
洪德攀	男	五四	丰顺	1942,2,28	边佳兰	刺杀
洪学仙	女	四五	澄海	1942,3,8	文律	屠杀
洪树命	男	一九	揭阳	1942,2,28	星洲	检证
洪树棍	男					拘杀
洪翼藩	男	三三	潮安	1942,3,10	新山	骗去失踪
洪鸿恩	男			1942,2,15	星洲	检证
洪宝来	男	一五		1942,2,15	星洲	检证
胡　才	男	四六	四邑	1943,3,26	柔佛宪兵部	搜捕被害
胡　安	男				士乃	拘杀
胡　泰	男				星洲	检证
胡　胜	男	三七	信宜	1943,8,15	古来	征往暹罗
胡　雅	男	三三		1942,2,28		检证
胡　荣	男			1942,2,	星洲	检证
胡　虾	男	二五		1942,2,28		拘杀
胡　篱	男			1942,2,22		检证
胡子民	男			1942,2,	星洲	检证
胡子昌	男	三三	温州	1944,12,18	古来	捕杀
胡山河	男			1942,2,	星洲	拘杀
胡文布	男	二五		1942,2,22		检证
胡文龙	男	二二		1942,2,22		检证
胡文龙	男	三五		1942,2,19		检证
胡世新	男	五二	乐会	1943,4,15	峇株	屠杀
胡玉木	男			1942,2,	星洲	检证
胡江湖	男	五	永定	1942,3,8	文律	屠杀
胡亚丁	男			1942,2,	星洲	检证
胡亚四	男			1942,2,	星洲	检证
胡亚成	男	五四	广西	1944,	蔴坡	拘杀
胡亚妹	女	七	永定	1942,3,8	文律	屠杀
胡亚华		三四		1942,2,26		溺毙
胡来成	男			1942,2,	星洲	检证
胡来威	男					拘杀
胡来盛	男					拘杀
胡妹珍	女	九	永定	1942,3,8	文律	屠杀
胡金锄	男	三一		1942,2,22		检证
胡阿材	男	一一	永定	1943,3,8	文律	屠杀
胡其耀	男			1942,2,	星洲	检证
胡珍玉	女	一二	永定	1942,3,8	文律	屠杀
胡挺梨	男	二八		1942,1,25		炸死
胡益祥	男	三八		1942,2,28	星洲	检证
胡泰耀	男			1942,2,	星洲	检证
胡国仁	男			1942,2,	星洲	检证
胡国英	男			1942,2,22	星洲	检证
胡国庭	男			1942,2,22	星洲	检证
胡甜娘	男	二一	茶阳	1942,2,	居銮	拘杀
胡爱水	男				星洲	检证
胡绍添	男	三三		1942,2,20	星洲	检证

胡细妹	女	六	永定	1942,3,8	文律	屠杀
胡细苟	男	八	永定	1942,3,8	文律	屠杀
胡为福	男	三六			星洲	检证
胡超杏	男	三二	永定	1942,3,8	文律	屠杀
胡超鹅	男	四一	永定	1942,3,8	文律	屠杀
胡舜水	男					检证
胡新理	男	二六			星洲	检证
胡诗锦	男	三八		1942,2,22	星洲	检证
胡福年	男				星洲	检证
胡福能	男	二三		1942,2,21	星洲	检证
胡福龙	男				星洲	检证
胡琏道	男				星洲	检证
胡锦钻	男				星洲	检证
胡应贞					星洲	检证
胡应静	男	四四		1942,2,21	星洲	检证
胡丽水	男				星洲	检证
纪　丁	男	二八		1942,2,14		拘杀
纪　恭	男	三五		1942,2,14		拘杀
纪　强	男	三五		1942,2,14		拘杀
纪力桂	男	三四	澄海	1942,1,26	柔佛海皮	屠杀
纪玉泉	男	三二	澄海	1944,8,	新山	征往暹罗
纪包智	女	一九	南安	1942,2,20	峇株	屠杀
纪亚伍	男	三三		1942,2,28		拘杀
纪明交	男	五		1942,2,14		拘杀
纪金瑞	男	三五		1942,2,28		拘杀
纪金瑞	男			1942,2,20	星洲	检证
纪时高	男	八		1942,2,28		拘杀
纪逢春	男	二七	上海	1942,2,21	星洲	检证
纪添才	男	二九		1942,2,20	星洲	检证
纪卿华	男	一三		1941,12,28		炸死
纪梁赐	男		粤	1942,1,27	蔴坡	围捕射杀
纪楚维	男			1942,2	星洲	检证
纪凤蛟		四		1942,2,28		拘杀
纪凤娇	女	三		1942,2,14		拘杀
纪锡宜	男	一八		1942,2,21	星洲	检证
纪乐水	男			1942,2,	星洲	检证
姚　光	男	六〇	永春	1942,3,17	蔴坡	烧死
姚　清	男	三五	平南	1943,6,6	士年纳	捕去暹罗
姚　鲜	男	二二	永春	1942,2,18	蔴坡	拘杀
姚　岭	男	五一	永春	1942,2,18	蔴坡	拘杀
姚二皮	男			1942,2,28	星洲	检证
姚水光	男	一九		1942,2,28	星洲	检证
姚天德	男			1942,2,15	星洲	检证
姚仲川	男	五一	琼州	1942,9,17	蔴坡	失踪
姚仰文	男			1942,2	星洲	检证
姚甸瑛	男					检证
姚甸汉	男	二七		1942,2,23		失踪
姚亚添	男	二〇		1942,2,		失踪
姚亚荣	男	二三	莆田	1942,2,18	星洲	检证
姚亚镇	男					检证

姚亚党	男	三〇	莆田	1942,1,25	宋加弄	屠杀
姚柏坤	男	三一		1942,2,28		检证
姚桂兰	女			1941,12,		炸死
姚泽安	男	三八	永春	1942,	峇株	残杀
施　石	男			1942,2,20		检证
施　差	女	五三	德化	1942,3,8	文律	屠杀
施中华	男	四六		1942,2,20		检证
施冬荣	男	四四	德化	1942,3,	文律	刑死
施至伙	男	二〇		1942,2,28		拘杀
施冬荣	男	四四	德化	1942,3,15	峇株	拘杀
施亚全	男			1942,2,20		检证
施亚全	男	四四				检证
施亚送	女	四	德化	1942,3,8	文律	屠杀
施亚淑	女	二	德化	1942,3,8	文律	屠杀
施金锥	男	三一	德化	1942,3,8	文律	屠杀
施烈彬	男	二八		1942,2,17		检证
施振三	男	一四	德化	1942,3,8	文律	屠杀
施振义	男	四	德化	1942,3,8	文律	屠杀
施书炳	男	一八	南安	1942,2,	蔴坡	拘杀
施书烈	男	二一	南安	1942,2,	蔴坡	拘杀
施海德	男	三二	琼州	1943,	蔴坡	失踪
施国钦	男	五	德化	1942,3,8	文律	屠杀
施国顺	男	五	德化	1942,3,8	文律	屠杀
施嬉嬷	女	三	德化		文律	屠杀
段　三	男	五一		1942,2,18		检证
段子顺	男	二八		1942,2,28		检证
段却娘	女	四二		1942,2,14		拘杀
段亚亩		三八		1942,2,18		检证
段细沓	男					拘杀
段敬业	男					拘杀
段荣循	男	四四	同安		星洲	检证
侯　全	男	四八		1942,2,28	星洲	检证
侯　南	男	四七	容县	1944,3,	蔴坡	拘杀
侯　连	女	四〇	南安	1942,2,	峇株	屠杀
侯　曜	男		粤	1942,2,15	星洲	检证
侯　耀	男	四六	桂	1943,11,22	柔佛水塘	清乡被杀
侯招妹	女	四〇	梅县	1942,2,28	士乃	入境屠杀
侯祥焕		四一		1942,2,28		拘杀
侯运秀	男	二七	梅县	1942,2,28	怡保	肃清被检
侯蔗娟	女	五四	南安	1942,1,	蔴坡	围杀
侯熊兴		六		1942,2,28		拘杀
柯任合	男	六五	潮州	1942,3,9	振林山	入境屠杀
柯梓桐	男	三七	同安	1942,7,12	柎城	狱毙
柯操吓	男	五二	福清	1942,2,4	柔佛海皮	入境屠杀
柯鸡吓	男	四五	福清	1942,2,4	柔佛海皮	入境屠杀
若　儒	男		粤	1944,7,	星洲	囚死
查企唐	男	三六	海宁	1942,7,8	柎城	检证
俞生兰						拘杀
茄国材	男			1942,2,	星洲	检证
英　才	男	二四	容县	1943,6,13	士年纳	警备杀害

姓 名	性别	年龄	籍贯	罹难日期	地点	原因
英 光	男	二二	容县	1943,6,13	士年纳	警备杀害
范 水	男				士乃	拘杀
范 南	男	五五	鹤山	1945,5,10	古来	被捕屠杀
范 祥	男				士乃	拘杀
范 锦	男	四二	鹤山	1942,11,13	士乃	被捕屠杀
范 绪	女	四八	粤	1944,4,28	蕨坡	拘杀
范 楼	男	二六	鹤山	1943,9,19	古来	被捕屠杀
范 篡	男	三五	永春	1942,1,15	柔佛马西	屠杀
范乃土	男	五八	鹤山	1944,10,9	大山坡	宪兵捕杀
范才宜	男		茶阳	1942,2,	淡边	拘杀
范月淡	男		茶阳	1942,9,	柔佛帝问	入境屠杀
范石钮	男	四二	茶阳	1943,4,	柔佛	入境屠杀
范巨尧	男	四〇		1943,6,		失踪
范汀源	男	四〇	梅县	1942,2,27	星洲	检证
范明才	男	三〇		1942,2,18	星洲	检证
范明禄	男	三五	琼州	1943,9,	蕨坡	焚死
范金花	女	三一	梅县	1942,3,8	文律	屠杀
范某氏	女		茶阳	1942,9,	柔佛帝问	入境屠杀
范某某	男		茶阳	1942,9,	柔佛帝问	入境屠杀
范保安	男			1942,2,27	星洲	检证
范春源	男	三九		1942,2,27	星洲	检证
范家喻	男	五三	永春	1942,2,30	峇株	屠杀
范胜旺	男	二八	陆丰	1942,12,10	古来	失踪
范逸夫	男	三九		1944,9,13		拘杀
范运性	男	三八		1942,2,18	星洲	检证
范锦煌	男	三九	鹤山	1942,11,13	古来	被捕屠杀
范应如	男	三七	蒙山	1942,12,14	古来	宪兵捕杀
茂 生	男	四五	容县	1943,6,15	古来	征暹失踪
范 珍	女	三五	梅县	1942,2,2	古来	屠杀
春 民	男	四二	琼州	1943,2,7	马西	搜捕枪杀
柳其杰	男			1942,3,12	马六甲	被捕自杀
徐 三	男	五三	琼州	1943,2,7	新山	搜捕失踪
徐 令	男	七三	德化	1945,6,11	张厝港	屠杀
徐 攸	男	四八	大埔	1943,2	新郑园	拘杀
徐 荀	男	三	丰顺	1944,8,23	文律	屠杀
徐 英	男	七一	桂平	1943,8,15	士乃	捕去暹罗
徐 娣	女	二九	陆丰	1944,3,8	古来	屠杀
徐 柳	女	四	德化	1942,3,8	文律	屠杀
徐 海	男					拘杀
徐 章	男	四一	王华	1943,10,12	怡保	禁毙
徐 云	男	二四	莆田	1942,2,4	柔佛海皮	入境屠杀
徐 远	男	四〇	揭阳	1944,4,1	古来	屠杀
徐 标	男	二六		1942,2,27	星洲	检证
徐 据	男	四五	大埔	1943,2,	新郑园	搜捕被害
徐 举	男	四二		1943,2,		拘杀
徐文云	男			1942,2,21		检证
徐文标	男	二七	同安	1942,2,21	星洲	检证
徐天云	男			1942,2,21		检证

姓 名	性别	年龄	籍贯	罹难日期	地点	原因
徐加伶	男			1942,2,	星洲	检证
徐光俊	男			1942,2,21		检证
徐守训	男	二〇	闽	1943,10,5	蕨坡	刑死狱中
徐安稳	男	一八	丰顺	1942,2,	柔佛	刺杀
徐良能	男	二八	海澄	1942,6,18	栎城	囚死狱中
徐李旦	男	三六		1942,2,26		拘杀
徐秀绒	女	六一	德化	1942,3,8	文律	屠杀
徐定招	男	二七		1942,2,8		炸死
徐亚咪	男	二一		1941,12,12		炸死
徐依海	男	二六	闽侯	1942,1,20		拘杀
徐坤镇	男	五二		1942,2,22	星洲	检证
徐春书	男	四二	古邑	1942,2,8	振林山	屠杀
徐春书	男	三八		1942,2,27		检证
徐建花	男	四七	诏安	1942,2,28	新山	失踪
徐建孙	男	三三	诏安	1942,3,1	新山	失踪
徐益明	男	三〇	大埔	1943,12,12	蕨坡	抢杀
徐珠若	男	六一		1941,12,12		炸死
徐家炯	男	二五	文昌	1942,2,	蕨坡	拘杀
徐家仪	男	四六		1942,2,19		检证
徐清云	男			1943,3,		拘杀
徐清煌	男			1942,2,	星洲	失踪
徐清兰	男	二一	梅县	1944,7,1	金保	拘杀
徐深镇	男	二三		1941,12,12		炸死
徐绍奚	男	二二	诏安	1942,2,28	新山	失踪
徐开地	男	二七	仙游	1945,3,15		活埋
徐开治	男					拘杀
徐贵容	男	二一		1943,11,		拘杀
徐焕南	男	一九	泉州	1942,3,8	栎城	囚死狱中
徐万泰	女	三〇	茶阳	1944,8,	蕨坡	被捕残杀
徐万泰	男	二九	桂	1944,	蕨坡	拘杀
徐万泰	男	二八		1942,2,22		拘杀
徐远志	男	二五	大埔	1943,12,12	蕨坡	抢杀
徐福寿	男	二五	金门	1942,2,21	星洲	检证
徐汉仪	男	三三		1942,2,21	星洲	检证
徐履和	男	六三	南安	1944,9,3	蕨坡	刑死
徐纬椿	男	三二	琼山	1944,	古来	屠杀
唐 才	男	四〇	桂	1942,1,10	柔佛水塘	屠杀
唐 牛	男					检证
唐 炎	男	三二	潮安	1942,3,	蕨坡	拘杀
唐 昭	男	二八	岑溪	1943,7,15	士年纳	征暹失踪
唐 昭	男	二五	粤	1942,2,1	古来	先锋屠杀
唐文栋	男	二四			星洲	检证
唐日稷	男	四二		1942,2,15	星洲	检证
唐永琇	男	三二		1942,2,22	星洲	检证
唐名选	男	四六	开平	1941,3,6	蕨坡	失踪
唐秀山	男	三三	文昌	1942,2,20	星洲	检证
唐炎弟	男	二〇	潮安	1942,3,6	蕨坡	失踪
唐昌泰	男	五〇	文昌	1944,3,20	星洲	失踪

姓 名	性别	年龄	籍贯	罹难日期	地点	原因
唐昌泰	男	三五		1942,4,13		拘杀
唐亚起	女	三〇	大埔	1942,3,8	文律	屠杀
唐亚喜	男	三〇		1942,3,	蕨坡	拘杀
唐明达	男	五八	琼州	1942,3,17	蕨坡	拘杀
唐拾妇	男	五〇	揭阳	1944,12,9	黄梨山	警备杀害
唐亭南	男	四九	南海	1942,11,5	暹罗	失踪
唐绍淋	男					检证
唐启新	男	三八	宜兴	1942,2,20	星洲	检证
唐启瑞	男	二八		1941,12,14		炸死
唐景星	男	二五		1942,2,23	星洲	检证
唐达发	男	四八	泉州	1942,4,	蕨坡	拘杀
唐庆祥	男	四三		1942,2,20	星洲	检证
唐庆商	男				星洲	拘杀
唐庆园	男					检证
唐辉池	男			1941,		炸死
唐辉尧	男	三三	琼州	1942,3,17	蕨坡	拘杀
孙 辉	男	三〇	晋江	1942,3,1	柔佛	役后被杀
孙太山	男			1942,2,21	星洲	检证
孙木水	男	二四		1942,2,21	星洲	检证
孙水凤	女	四五		1942,2,21	星洲	检证
孙文福	男			1942,2,19	星洲	检证
孙吏克	男	四〇		1942,		拘杀
孙吏岳	男	四五		1942,		拘杀
孙何上	男			1942,2,19	星洲	检证
孙芝臣	男	六二	潮安	1942,3,4	新山	检证
孙君民	男			1943,2,22		拘杀
孙炎松	男					拘杀
孙佩玉	男	四二	闽侯	1942,2,19	星洲	检证
孙亚玉	女	一二		1942,2,14		炸死
孙英水	男			1942,2,19	星洲	检证
孙泰山	男					拘杀
孙钦周	男	二三				检证
孙传明	男	一四		1942,2,14		炸死
孙瑞坤	男	二四	潮安	1942,3,3	新山	捕去杀害
孙福林	男	三三		1942,2,14		炸死
孙辅卿	男			1942,2,19		检证
孙赐宝	男					拘杀
孙学进	男					拘杀
翁 秀	女	五八	龙岩	1942,3,	宋加弄	屠杀
翁 卦	男			1942,2,28	星洲	检证
翁王只	男			1942,2,28	星洲	检证
翁心琴	男	五二	兴化	1942,2,24	士古来	拘杀
翁仕贤	男			1943,3,	星洲	刑死
翁全燓	男	六一		1942,2,14	星洲	拉夫
翁吉龙	男			1942,2,28	星洲	检证
翁志袴	男	三一		1942,2,28	星洲	检证
翁芝盛	男	三八		1942,2,23	星洲	拘杀
翁炎得	男	二二		1942,2,22	星洲	检证

翁亨评	男			1942,2,28	星洲	检证
翁秋桂	男	四一	莆田	1943,10,18	柔佛海皮	宪兵打死
翁计添	男	三二		1942,2,28	星洲	检证
翁振文	男	二五		1942,2,28	星洲	检证
翁振利	男	一九		1942,2,28	星洲	检证
翁振茂	男	二三		1942,2,28	星洲	检证
翁绍位	男	三九	文昌	1942,2,11	新山	失踪
翁绍甫	男	三二	文昌	1943,4,7	古来	屠杀
翁绍姬	男					拘杀
翁绍涵	男	二二		1942,2,18	星洲	检证
翁绍琚	男	二〇		1942,2,18	星洲	检证
翁绍熙	男			1942,2,28	星洲	检证
翁绍熙	男	三二		1943,2,		拘杀
翁绍显	男	三七	文昌	1943,4,7	古来	屠杀
翁清及	男	四三		1942,2,16		拘杀
翁慈平	男	二〇		1942,		拘杀
翁瑞光	男	四三		1942,4,16		拘杀
翁碰春	男	一六		1942,2,28	星洲	检证
翁乐松	男	四三		1942,2,6		炸死
翁汉阳	男	二六		1942,2,28	星洲	检证
翁翼翰	男	三一	厦门	1942,2,18	星洲	检证
高　莱	女	六四	安溪	1942,2,14	星洲	炸死
高人仔	男	四二	福清	1942,2,17	星洲	检证
高乞食	男	二四		1942,8,14		拘杀
高水和	男			1942,2,22	星洲	检证
高加坡	男			1942,2,22	星洲	检证
高玉娘	女					炸死
高有胜	男					检证
高自然	男	三二		1942,2,14		拘杀
高起生	男			1942,2,22	星洲	检证
高庭芳	男			1942,2,22	星洲	检证
高添祝	男	三五		1942,2,22	星洲	检证
高善生	男					拘杀
高新贵	男	三二		1942,2,22	星洲	检证
高辉扬	男	二八	厦门	1942,10,19	巴生	拘杀
夏　珍	男	二九	容县	1943,12,6	柔佛郊外	屠杀
夏永雪	男	三二	杭州	1943,2,10	哥打丁宜	屠杀
夏老毛	男	三五	杭州		柔佛	拘杀
夏志桃	男	三七	杭州	1943,2,10	哥打丁宜	屠杀
夏亚尧	男	三六		1942,2,15	星洲	检证
夏家篆	男			1942,2,15	星洲	检证
夏藩侫	男	三六	揭阳	1942,2,28	星洲	拘杀
夏藩绥	男			1942,2,15	星洲	检证
夏藩遂	男					拘杀
夏藩随	男	三六		1942,2,28		拘杀
马　初	男	四八	平南	1943,7,10	士年纳	征暹失踪
马乙士	男	一九	普宁	1942,2,29	星洲	检证
马日和	女	四四	南安	1942,2,17	峇株	屠杀
马木兴	男	一九	普宁	1942,2,29	星洲	检证
马亚元	男	四九	浦龙	1941,12,26	柔佛海皮	屠杀

马炳尧	男	二一	台山	1943,4,	吉隆坡	拘杀
马信应	男	三五		1943,10,		拘杀
马记明	男	三四	普宁	1943,2,29	星洲	检证
马愈清	男	五九		1942,2,14		拘杀
马兴共	男	二三	闽	1943,5,10	柔佛水塘	入狱打死
马龙溪	男	五〇		1942,2,28	星洲	检证
马镜波	男				裕廊	捕杀
韦　生	男	四〇	容县	1944,3,	蔴坡	全家七口
韦　柱	男	四〇	平南	1942,9,5	士年纳	征暹失踪
韦　顺	男	二八	平南	1942,9,10	士年纳	征暹失踪
韦　福	男	四一	信宜	1942,1,15	马西	屠杀
章海德	男	二三		1942,2,23		炸死
韦森山	男			1942,2,23	星洲	检证
韦发勋	男	二〇		1942,2,	星洲	检证
韦新山	男	二七				检证
韦辅绅	男	三六	琼州	1943,2,18	张厝港	屠杀
袁　明	男	四〇	容县	1943,6,15	古来	捕去暹罗
袁　忠	男	六一	容县	1943,6,15	古来	捕去暹罗
袁　恒	男	二五	文昌	1944,4,18	古来	清乡屠杀
袁　巢	男	四四		1941,12,23		炸死
袁　爱	男					拘杀
袁士光	男	六	琼山	1943,11,3	古来新港	清乡屠杀
袁士孝	男	一四	琼山	1943,11,3	古来新港	清乡屠杀
袁士新	男	一〇	琼山	1943,11,3	古来新港	清乡屠杀
袁大顺	男			1942,		拘杀
袁有福	男			1942,2,22	星洲	检证
袁吴氏	女	四三	琼山	1943,11,3	古来新港	清乡屠杀
袁明蚶	男				星洲	检证
袁亚梅	女	二	琼山	1943,11,3	古来新港	清乡屠杀
袁亚凤	女	八	琼山	1943,11,3	古来新港	清乡屠杀
袁亚兰	女	一二	琼山	1943,11,3	古来新港	清乡屠杀
袁亚爵	男	三六		1942,2,28	星洲	检证
袁钊仔	男	九		1942,2,11		炸死
袁寿昌	男	二一		1942,2,22	星洲	检证
秦方思	男				士乃	屠杀
秦秋成	男	三〇		1942,2,18	星洲	检证
秦学武	男	二〇	福清	1942,3,15	比叻	活埋
秦学义	男	二七	福清	1942,3,15	比叻	活埋
秦藐仔	男					拘杀
倪亚乳	女	七	潮安	1942,	蔴坡	拘杀
倪朝栋	男	三〇	福清	1942,3,15	比叻	拘杀
倪瑞忧	男	三三	达阳	1943,10,17	华玲	死刑狱中
倪钰仲	男	四〇	闽	1942,3,15	比叻	拘杀
倪铨仲	男					拘杀
容仕标	男	二八		1942,2,24		检证
容华端	男			1942,2,		检证
容华绪	男	三七		1942,2,22	星洲	检证
草文科	男	三四		1942,4,		拘杀
能亚金					星洲	检证
伦亚昌	男				星洲	检证

陆振凯	男			1942,2,19	星洲	检证
陆祥仁	男			1942,		拘杀
陆业初	男			1943,1,19		拘杀
陆业顺	男	五〇		1942,2,28		拘杀
陆祯祥	男	三〇		1942,2,21	星洲	检证
陆德长	男				星洲	检证
陆德兴	男	四九	容县	1943,7,	古来	征暹失踪
陆贤岂	男					拘杀
陆贤凯	男	四五		1942,2,19	星洲	检证
陈　七	男	三六	罗定	1943,9,13	士年纳	屠杀
陈　九	男	五	粤	1945,4,7	新山	禁死
陈　九	男	二	粤	1945,4,7	新山	禁死
陈　三	男	五四	粤	1942,2,1	柔佛东山	屠杀
陈　才	男	五〇	粤	1945,4,7	新山	禁死
陈　才	男	四五	容县	1943,7,23	柔佛海皮	屠杀
陈　才	男	二五	揭阳	1944,12,9	士年纳	屠杀
陈　才	男		桂	1942,1,17	蔴坡	抢杀
陈　士	男	三九	永春	1944,2,4	蔴坡	烧死
陈　女	女	三	粤	1942,2,1	柔佛东山	屠杀
陈　女	女	七	粤	1945,4,7	新山	禁死
陈　女	女	五	粤	1945,4,7	新山	禁死
陈　女	女	三	茶阳	1943,7,	帝问港	屠杀
殷　情	女	三三				拘杀
陆　南	男	四三	东莞	1942,2,24	新山	屠杀
陆　南	男	四二	容县	1942,1,10	哥打路	屠杀
陆　恩	男	三六	北流	1942,1,10	哥打路	屠杀
陆　祥	男				星洲	检证
陆　章	男	四五	番禺		蔴坡	拘杀
陆　进	男	六〇	信宜	1942,3,12	中林港	屠杀
陆　华	男	四四	绍府	1944,3,	蔴坡	残杀
陆　照	男	四三	容县	1944,3,23	士年纳	征暹失踪
陆　荣	男	四〇	容县	1943,6,15	古来	征暹失踪
陆　寿	男	三五	高州	1942,1,6	哥打路	屠杀
陆　运	男	四五	容县	1943,7,	古来	征暹失踪
陆一之	男			1942,2,19	星洲	检证
陆永芒	男				星洲	检证
陆永枝	男			1942,2,21	星洲	检证
陆永剑	男				星洲	检证
陆早市	男	三五		1942,2,26	星洲	拘杀
陆老大	男	四一		1942,2,23	星洲	检证
陆老妖	男			1942,2,19		检证
陆灼文	男					拘杀
陆志坚	男					检证
陆松清	男	一四		1942,2,28		拘杀
陆亚洲	男	四二	潮安	1942,1,15	马西	屠杀
陆亚强	男					拘杀
陆亚祥	男	三三		1942,2,19	星洲	检证
陆春丰	男	三二	潮安	1942,2,29	星洲	检证
陆建喜	男					炸死
陆振海	男			1942,2,19	星洲	检证

姓	名	性别	年龄	籍贯	罹难日期	地点	原因
陈	大	男	七	粤	1945,4,7	新山	禁死
陈	氏	女	六〇	粤	1942,2,1	柔佛东山	屠杀
陈	氏	女	三五	粤	1942,2,1	柔佛东山	屠杀
陈	乞	男	二一		1942,2,28	星洲	检证
陈	木	男	三六	晋江	1942,1,15	宋加兰	炸死
陈	内		二六		1942,2,18		拘杀
陈	文	男	四二	琼州	1943,3,13	蔴坡	拘杀
陈	文	男		桂	1942,1,17	蔴坡	抢杀
陈	平	男	九	揭阳	1944,12,9	士年纳	屠杀
陈	生	男	四三	北流	1945,4,7	新山	禁死
陈	生	男	五〇	新会	1943,6,6	士年纳	征往暹罗
陈	生	男	三八	番禺	1944,2,2	吉隆坡	拘杀
陈	生	男	五〇	闽	1942,3,17	蔴坡	残杀
陈	央	男	四四	安溪	1942,2,	拉美士	屠杀
陈	母	女	八〇	茶阳	1943,7,	帝问港	屠杀
陈	石	男	五五	永春	1944,6,2	新山	狱中
陈	仕	女	四二	永春	1942,3,6	蔴坡	残杀
陈	仕	男	五〇	四邑	1943,6,15	古来	征暹失踪
陈	玉	女	五八	永春	1942,10,23	实兰牙	屠杀
陈	玉	男		桂	1944,9,11	士乃	拘杀
陈	永	男	三五	闽		峇株	屠杀
陈	布		五六		1942,2,21		检证
陈	必	男	二五	德化	1942,3,5	振林山	入境屠杀
陈	合	女	四五	南安	1942,2,15	峇株	屠杀
陈	米	男	二九	潮州	1942,1,10	柔佛水塘	屠杀
陈	羊	男	四六	鹤山	1943,11,10	古来	首次屠杀
陈	有	女	二五	东安	1942,1,21	蔴坡	屠杀
陈	有	男	二五	惠州	1944,11,25	振林山	屠杀
陈	有	男	五二	高州	1944,1,12	蔴坡	拘杀
陈	有	女	二五	东莞	1944,1,21	蔴坡	拘杀
陈	安	男	四八	北流	1942,1,6	柔佛哥打	屠杀
陈	安	男	三六	北流	1944,4,26	振林山	屠杀
陈	吉	男			1942,2,	星洲	检证
陈	妻	女	四〇	茶阳	1943,7,	帝问港	屠杀
陈	东	男	三五	容县	1942,10,10	士年纳	征流暹罗
陈	利	男	四七	平南	1943,10,7	古来	屠杀
陈	序	男	三三	容县	1944,6,20	新山	捕去残杀
陈	信	女	四	安溪	1942,2,	拉美士	屠杀
陈	妹	女	一〇	粤	1942,2,1	柔佛东山	屠杀
陈	妹	女	一二	粤	1942,2,1	柔佛东山	屠杀
陈	妹	女	一〇	鹤山	1943,9,10	古来	屠杀
陈	芳	男	二三	罗定	1943,9,13	士年纳	屠杀
陈	芳	男	四〇	容县	1943,8,24	柔佛哥打	烧死
陈	狗	男	一三	粤	1942,2,1	柔佛东山	屠杀
陈	明	男	四八	琼州	1943,2,7	新山	搜捕残杀
陈	明	男	四六	徐闻	1944,12,5	柔佛马西	捕去残杀
陈	明	女	五九	德化	1945,3,5	振林山	屠杀
陈	来	男	三四	鹤山	1943,3,	古来	征暹失踪

姓	名	性别	年龄	籍贯	罹难日期	地点	原因
陈	来					士乃	屠杀
陈	来	男	三八	新会	1943,6,15	古来	征往暹罗
陈	来	男	二五	北流	1942,3,5	振林山	屠杀
陈	佩	男	三五	紫金	1943,2,8	士乃	清乡屠杀
陈	松	男	三四	梅县	1942,4,1	比叻	刑死
陈	松	男	三八	古邑	1942,3,5	振林山	屠杀
陈	恒	男	五三	四邑	1943,6,15	古来	征往暹罗
陈	坤	男	四四	琼州	1943,3,13	蔴坡	拘杀
陈	坤				1942,2,		检证
陈	金	男	四三	鹤山	1943,7,14	古来	屠杀
陈	金		三八		1942,2,9		拘杀
陈	象	男	四五	安溪	1942,2,	蔴坡	拘杀
陈	南	男	四八	容县	1943,4,13	古来	宪兵杀害
陈	南	男	三八	东镇	1943,4,7	古来	清乡屠杀
陈	茂	男	五三	茶阳	1942,2,14	柔佛水塘	拘杀
陈	茂	男	四五	定安	1943,4,15	峇株	屠杀
陈	亮	男	五六	闽	1942,2,13	峇株	屠杀
陈	泉	男	五一	大埔	1942,1,30	实兰牙	屠杀
陈	信	男	三〇	粤	1942,2,1	古来	先锋屠杀
陈	旺	男	三四	鹤山	1942,8,4	柔佛水塘	屠杀
陈	音	男	五二	永春	1942,2,15	蔴坡	拘杀
陈	保	男	四二	粤	1942,2,1	柔佛东山	屠杀
陈	英	女	三〇	琼山	1942,1,12	士年纳	屠杀
陈	英	女	三八	粤	1942,2,1	柔佛东山	屠杀
陈	英	男	三二	信宜	1942,2,20	中林港	屠杀
陈	娘	男	五四	粤	1942,2,1	柔佛东山	屠杀
陈	海	男	四〇	藤县	1944,2,27	士年纳	征往暹罗
陈	带					士乃	屠杀
陈	躬	男	四四	容县	1943,8,24	柔佛哥打	烧死
陈	针	男	二三	惠州	1944,12,19	士年纳	屠杀
陈	桐	男	二六	茶阳	1942,3,	美蓉	禁毙
陈	桃	男	四一	永春	1943,2,4	蔴坡	烧杀
陈	桂	男	三八	容县	1943,8,24	柔佛哥打	烧死
陈	桂	男	四七	高州	1943,6,15	古来	征往暹罗
陈	桂	男	六五	揭阳	1944,12,19	士年纳	屠杀
陈	拿	男	二九		1942,2,14		炸死
陈	珠	女	二五	安溪	1942,2,28	星洲	检证
陈	卿	男	二七		1942,2,14		拘杀
陈	能						拘杀
陈	祥	男	四〇	冷溪	1942,3,1	古来	屠杀
陈	祥	男	三二	东莞	1942,3,24	比叻沙叻	大肃清
陈	婆						拘杀
陈	从	男	五〇	佛山	1942,3,16	新山	屠杀
陈	雪	男	五二	大埔	1942,4,23	新山	捕去残杀
陈	然	男	四九	德化	1942,1,19	振林山	入境屠杀
陈	胜	男	四八	北流	1942,3,9	柔佛马西	捕去残杀
陈	发	男	五〇	粤	1942,2,1	柔佛东山	屠杀
陈	齐	男	三四	北流	1942,3,9	柔佛马西	捕去残杀

姓	名	性别	年龄	籍贯	罹难日期	地点	原因
陈	献	女	五二	永春	1942,3,17	蔴坡	拘杀
陈	流	男	三八		1942,2,18	星洲	检证
陈	球	男	三四	绍府	1944,3,	蔴坡	拘杀
陈	球	男	四二	顺德	1944,2,6	蔴坡	失踪
陈	隆	男	二七	容县	1943,6,15	古来	征往暹罗
陈	启	男			1942,2,	星洲	检证
陈	顺	男			1942,2,	星洲	检证
陈	华	男	四五	北流	1943,8,15	士乃	征往暹罗
陈	华	男	二八	琼山	1944,4,	古来	活埋
陈	华	男	四〇	罗定	1943,6,15	古来	征往暹罗
陈	期	男	二六		1942,1,11	柔佛水塘	屠杀
陈	然	男	五一	德化	1942,3,5	振林山	屠杀
陈	弼	男	四六	德化	1942,3,5	振林山	屠杀
陈	盛	男	六二		1942,2,28		拘杀
陈	盛	男	三七		1942,2,14		拘杀
陈	照	男	四三	容县	1944,2,14	士年纳	屠杀
陈	腰	男	二七	永春	1942,1,30	实兰牙	屠杀
陈	妈	女		粤	1942,3,	蔴坡	刺杀
陈	绍	男	三四	茶阳	1942,3,	芙蓉	禁毙
陈	慈	男				士乃	屠杀
陈	瑞	男	三八	岑溪	1944,3,	蔴坡	拘杀
陈	溪	男	六四	永春	1942,3,6	蔴坡	拘杀
陈	溪	男			1942,2,	星洲	检证
陈	溪	男	六一	永春	1942,1,30	峇株	屠杀
陈	嫚	男	二七	闽	1942,1,27	蔴坡	抢杀
陈	焕	男	三五	茶阳	1942,2,	古来	入境屠杀
陈	叶						拘杀
陈	叶	男			1941,12,29		炸死
陈	算	男		闽	1942,1,27	蔴坡	抢杀
陈	碰	男	四五	同安	1942,2,	峇株	屠杀
陈	宽						拘杀
陈	义						拘杀
陈	伪	女	六一	安溪	1942,10,23	张厝港	屠杀
陈	荣	男	四八	德化	1942,3,5	振林山	拘杀
陈	萌	男	五五	永春	1942,2,9	丰盛港	入境屠杀
陈	娇	女	三四	粤	1942,2,1	柔佛东山	屠杀
陈	养	男	五〇	粤	1942,1,18	柔佛东山	屠杀
陈	庆	男	二九	北流	1942,3,9	柔佛马西	捕去残杀
陈	银	女	二九	永春	1942,3,	文律	屠杀
陈	铭	男	五二	揭阳	1944,12,19	士年纳	屠杀
陈	满	女	三〇	德化	1942,3,8	文律	屠杀
陈	潘	男	二六	安溪	1942,2,15	星洲	检证
陈	潘	女	六二	永春	1942,3,5	振林山	屠杀
陈	德	男	五〇	梧州	1943,10,29	柔佛水塘	屠杀
陈	标	男	三四	桂	1942,1,10	柔佛水塘	屠杀
陈	辉	男	四五	陆丰	1943,5,10	古来	屠杀
陈	辉	男	五〇	信宜	1942,3,12	新山	屠杀
陈	赖	男	二八	香山	1942,8,14	恰保朱毛	拘杀

陈葵	男	二八		1942,2,19	星洲	检证
陈兴	男			1942,2,23	星洲	检证
陈兴	男	四八	琼州	1942,2,7	柔佛马西	搜捕残杀
陈燕	男		茶阳	1943,7,	帝问港	拘杀
陈蹈	男	四〇	闽	1942,1,27	蔴坡	围捕射杀
陈龙	男	四五	茂名	1942,2,12	柔佛海皮	屠杀
陈滥	男	四一	永春	1945,7,	三合港	屠杀
陈镜	男	四六	信宜	1942,3,12	新山	屠杀
陈岭	男	五〇	永春	1942,2,15	蔴坡	拘杀
陈党	女	六〇	诏安	1942,3,8	文律	屠杀
陈献	女		永春	1942,3,7	蔴坡	屠杀
陈耀	男	二二	茶阳	1942,2,		拉夫往暹
陈显	男			1942,2,	星洲	检证
陈权	男	四二	茶阳	1942,2,	星洲	入境屠杀
陈灵	男	四二		1942,2,27		拘杀
陈十三	男	六〇	粤	1942,2,1	柔佛东山	屠杀
陈乃义	男	四二	饶平	1944,5,19	士年纳	屠杀
陈大吉	男	五〇		1942,2,22	星洲	检证
陈大妹	女	个半月	澄海	1942,3,11	新山	搜捕残杀
陈大卿	男	二六		1942,2,22	星洲	检证
陈大孙	男					拘杀
陈大头	男	四〇	饶平	1942,5,4	居銮	拘杀
陈乞来	男	三四		1942,2,28	星洲	检证
陈之音	男	三六		1942,2,	星洲	检证
陈小孙	男					拘杀
陈山棚	男	三六	金门	1942,3,3	峇株	残杀
陈子英	男					拘杀
陈子清	男	二八		1942,2,19	星洲	检证
陈士田	男	一七	德化	1942,1,19	振林山	入境屠杀
陈士景	男	二三	同安	1942,4,6	槟城	狱毙
陈士滂	男	二七	茶阳	1942,2,	星洲	炸死
陈士蓝女	女		茶阳	1943,7,	帝问港	屠杀
陈士蓝嫂	女		茶阳	1943,7,	帝问港	禁毙
陈少东	男	四二	平南	1943,12,10	古来	征暹失踪
陈少群	女	三二	容县	1942,4,5	古来	入境屠杀
陈元木	男	五五	客家	1943,4,15	峇株	屠杀
陈文成	男	二四		1942,2,28	星洲	检证
陈文成	男	二七		1943,2,21	星洲	拘杀
陈文明	男	二六	琼山	1942,11,	古来新港	首次屠杀
陈文波	男	三一		1942,2,22	星洲	检证
陈文炎	男	二七		1942,2,15	星洲	检证
陈文英	男	三〇		1942,2,10		炸死
陈文记	男	三六	厦门	1942,1,14	星洲	失踪
陈文祥	男	三三	揭阳	1943,12,22	金巴士	搜捕残杀
陈文财	男			1942,2,	星洲	检证
陈文通	男			1942,2,	星洲	检证
陈文钦	男	四二	潮安	1943,3,3	新山	搜捕残杀
陈文钦	男	四七	潮安	1943,3,6	柔佛新山	检证
陈文龙	男	二四	龙溪	1942,2,23	星洲	拘杀
陈文庆	男	二四	闽	1942,6,	星洲	失踪

陈文魁	男	二四		1942,2,22	星洲	检证
陈文仪	男	四六		1942,2,22	星洲	检证
陈文潮	男					拘杀
陈天乞	男			1942,2,	星洲	检证
陈天左	男			1942,2,	星洲	检证
陈天生	男	二〇		1942,2,28		拘杀
陈天注	男	四八		1942,2,		拘杀
陈天柱	男	二二		1942,2,22	星洲	检证
陈天泉	男	四六		1942,2,22	星洲	检证
陈天金	男	四〇		1942,2,19	星洲	检证
陈天送	男					拘杀
陈天恩	男	三一		1942,2,15		拘杀
陈天清	男	二〇		1942,2,28		拘杀
陈天源	男	二九		1942,2,27		拘杀
陈天福	男	二一	金门	1942,2,21	星洲	检证
陈木水	男	三二		1942,2,18	星洲	拘杀
陈木清	男	四三		1942,2,19	星洲	检证
陈木华	男	三四		1942,2,19	星洲	检证
陈木钦	男					拘杀
陈木锦	男	五〇	饶平	1942,5,4	居銮	搜捕残杀
陈牛奶	女	三二	琼州	1942,1,30	峇株	屠杀
陈水里	男			1942,2,	星洲	检证
陈水炳	男	三三		1942,2,23	星洲	检证
陈水根	男	一七		1942,2,23	星洲	检证
陈水道	男	三三		1942,2,23	星洲	检证
陈友水	男	四一	惠阳	1943,10,29	柔佛狱中	禁死
陈勿二	男	三	琼州	1943,5,	蔴坡	拘杀
陈勿旧	女	七	琼州	1943,5,	蔴坡	拘杀
陈引泗	女	六	琼州	1943,	蔴坡	拘杀
陈五妹	男	四四	福清	1942,1,15	新山	搜捕残杀
陈六谦	男	一八	同安	1941,12,11	槟城	炸死
陈四珠	女	二五	南安	1942,2,17	峇株	屠杀
陈丙仁	男	三二	安溪	1941,12,13	古来	屠杀
陈永利	男					屠杀
陈永冬	男			1942,2,23	星洲	检证
陈永坤	男		闽	1942,2,	星洲	检证
陈永金	男	二五		1945,5,13		拘杀
陈永东						检证
陈永泉	男	二四	澄海	1942,2,28	星洲	检证
陈永茂	男	三八	德化	1942,3,5	振林山	屠杀
陈永添						检证
陈永超	男			1942,2,	星洲	检证
陈永杰	男	四二		1942,2,19		检证
陈永新	男	二六	琼州	1944,4,15	蔴坡	拘杀
陈永新	男			1942,2,	星洲	检证
陈永禄	男			1942,2,	星洲	检证
陈永谦	男	二二		1943,6,		拘杀
陈可炳	男	五二	琼山	1943,12,	古来	禁死
陈可珍	女	四〇	澄海	1942,3,8	文律	屠杀
陈可香	男	四六	琼山	1943,12,	古来	禁死

陈本财	男	四二	潮安			拘杀
陈巧淑	女	六	澄海	1942,3,11	新山	搜捕残杀
陈巧惠	女	二一	澄海	1942,3,11	新山	搜捕残杀
陈巧琴	女	四	澄海	1942,3,11	新山	搜捕残杀
陈巧览	女	二七	澄海	1942,3,11	新山	搜捕残杀
陈世英	男	一四	莆田	1942,3,5	振林山	屠杀
陈世演	男	二二	永春	1942,2,11	柔佛海皮	屠杀
陈世起	男			1942,2,		检证
陈世华	男	三五		1942,2,		拘杀
陈世经	男	三五	文昌	1943,9,33	万挠	拘杀
陈世发	男	三八		1942,2,15		检证
陈世德	男		琼州	1941,12,23	丁州拍加	火刑斩首
陈世麟	男	三八	永春	1943,3,11	峇株	屠杀
陈玉川	男	二四	文昌	1944,3,29	古来	屠杀
陈玉材	男	三七	琼山	1942,2,13	龙引	残杀
陈玉益	男	二八		1942,2,28		检证
陈玉连	女	四八		1942,2,28		拘杀
陈玉爱	女	六一				炸死
陈玉凤	女	一六	同安	1942,3,7	蔴坡	拘杀
陈巨熊	男	四六	琼州	1942,2,8	柔佛哥打	屠杀
陈民生	男	二五	信宜	1942,3,12	新山	屠杀
陈甲木	男			1942,2,		检证
陈立池						拘杀
陈生昌	男		粤	1942,1,27	蔴坡	抢杀
陈平秋	男	四五		1942,12,30		炸死
陈加迪	男			1942,2,23		检证
陈令章						拘杀
陈占梅	男		茶阳		柔佛	失踪
陈打铁	男	二一		1942,2,14		检证
陈回项	女	二八	莆田	1942,3,3	柔佛哥打	屠杀
陈亦妹	男	二八	福清	1942,1,18	新山	搜捕残杀
陈光材	男			1942,2,		检证
陈光宗	男			1942,2,		检证
陈光前						拘杀
陈光崇	男	二八	古田		星洲	失踪
陈光连	男			1942,2,		检证
陈光华	男			1942,2,16		检证
陈有士	男			1942,2,22		检证
陈有文	男		桂	1944,9,11	柔佛水塘	入狱打死
陈有良	男					屠杀
陈有街						屠杀
陈有雄	男			1942,2,22		检证
陈有鑫	男			1942,2,22		检证
陈兆民	男	二四	大埔	1942,2,22	星洲	检证
陈兆光	男	四〇	台山	1942,2,25	新山	搜捕残杀
陈兆君	男			1942,2,		检证
陈兆林	男			1942,2,		检证
陈兆雄	男	四七		1942,2,15		检证
陈兆煜	男	三三	潮州	1942,2,19	星洲	检证
陈同安	男			1942,2,15		检证

姓 名	性别	年龄	籍贯	罹难日期	地点	原因
陈同炎	男	三四		1942,2,15		检证
陈老妗	女	六五	饶平	1942,2,27	张厝港	屠杀
陈行正	男					拘杀
陈行侨	男	三二	文昌	1942,3,5	振林山	入境屠杀
陈行琼	男			1942,2,15		检证
陈行锯	男			1942,2,		检证
陈仲文	男			1942,2,	星洲	拘杀
陈仲贤	男	三二		1942,2,16		检证
陈仲祺	男	四〇	信宜	1942,3,12	新山	屠杀
陈如心	男	五〇		1942,2,28		检证
陈如记	男					检证
陈如选	男	二六		1942,2,19		检证
陈式接	男	五五	揭阳	1944,11,15	柔佛水塘	入狱打死
陈在官	男	五〇	万宁	1943,4,15	峇株	屠杀
陈企予	男	三七	崇明	1942,2,22	星洲	检证
陈汝民	男	三二		1942,2,16		拘杀
陈合吉	男			1942,2,	星洲	检证
陈合吉	男	五六	澄海	1942,2,27	新山	搜捕残杀
陈西城	男	三一		1942,2,16		检证
陈全奎	男	五五	潮安	1942,2,27	新山	拘杀
陈好食	男	三八		1942,2,18		检证
陈百福	男	四三	龙岩	1942,2,21	星洲	检证
陈再选	男	三六	文昌	1942,3,4	柔佛海皮	宪兵屠杀
陈再勋	男	二三		1942,2,18		拘杀
陈先哲	男	四〇		1942,2,19		检证
陈成守	男	二三	南安	1945,5,	峇株	捕杀
陈成保	男	四〇		1942,2,26		拘杀
陈成枝	男	二一	南安	1942,6,	新山	囚死
陈成坚	男	三二	饶平	1942,2,15	峇株	屠杀
陈成基	男	二一	永春	1944,6,2	新山	狱中
陈成焕	男			1942,2,		检证
陈成辉	男	五一	潮阳	1942,3,3	柔佛海皮	失踪
陈成琼	男			1942,2,		检证
陈成兰				1942,2,		检证
陈成耀	男	二〇		1942,2,	星洲	检证
陈廷春	男	四一		1942,2,25		检证
陈廷祥	男	一〇		1942,2,25		检证
陈廷汉	男	二五	龙岩	1943,10,	星洲	失踪
陈志新	男			1942,2	星洲	检证
陈秀郎	男			1943,	星洲	刑死
陈弟仔	男	三	同安	1942,3,8	文律	屠杀
陈那乳	男	二八	潮安	1942,2,10	峇株	屠杀
陈志培	男	二二	顺德	1942,3,6	吉隆坡	检证
陈志勤	男	二〇		1942,2,23	星洲	检证
陈志鹏	男			1942,2,23	星洲	检证
陈何廷	男	四七	潮州	1943,3,10	新山	搜捕残杀
陈何李	男			1942,2,		检证
陈何清	男	二		1942,2,14		拘杀

姓 名	性别	年龄	籍贯	罹难日期	地点	原因
陈见发	男					检证
陈佛印	男	二七		1942,2,15		检证
陈良乞	男	四〇		1942,2,15		检证
陈牡丹	女		粤	1942,2,27	蔴坡	围杀
陈芝舌						拘杀
陈芝茯	男	三五	饶平	1942,5,4	居銮	屠杀
陈君池	男	二二		1942,2,24		检证
陈克明	男	四九	茶阳	1943,7,		全家四口
陈克明女	女	三		1943,7,		拘杀
陈克明母	女	八〇		1943,7,		拘杀
陈克明妻	女	四〇		1943,7,		拘杀
陈克俊	男	一九	潮阳	1942,4,6	槟城	刑死狱中
陈作朝	男	一七	潮安	1942,2,29	星洲	检证
陈宏顺	男	二二		1942,2,22		检证
陈阿熙	男	四〇	潮安	1942,2,27	星洲	拘杀
陈阿福						拘杀
陈孝毅	男			1942,2,28		检证
陈步銮	男	三四		1942,2,28		检证
陈妹仔	女	六	同安	1942,3,8	文律	屠杀
陈亚九	男	二	琼州	1943,	蔴坡	拘杀
陈亚九	男	三三		1942,2,19		检证
陈亚水	男	二一		1943,6,		拘杀
陈亚仁	男			1942,2,		检证
陈亚玉	女	二四	茶阳	1942,3,8	文律	拘杀
陈亚池	男			1942,2,23		检证
陈亚年	女	五	潮安	1942,3,8	文律	屠杀
陈亚江	男	三八	澄海	1942,3,1	新山	搜捕残杀
陈亚好	女	二六	番禺	1942,3,10	新山	屠杀
陈亚安	男	五〇	琼州	1942,3,17	蔴坡	捕去烧死
陈亚地	男				星洲	拘杀
陈亚弟	女	五	潮安	1942,3,8	文律	屠杀
陈亚尾	男	三七	潮州	1942,2,15	星洲	检证
陈亚希	男			1942,2,27		拘杀
陈亚利	男	四五	饶平	1942,5,4	居銮	宪兵屠杀
陈亚里	男	二七		1942,2,15	星洲	检证
陈亚妗	女	一七	澄海	1942,3,11	新山	搜捕残杀
陈亚松	男					撞死
陈亚妹	女	一一	潮安	1942,3,8	文律	屠杀
陈亚坤	男		闽	1942,2,	星洲	检证
陈亚庚	男	四〇		1942,1,26		炸死
陈亚昌	男	三三		1942,2,21	星洲	检证
陈亚金	男			1942,2,	星洲	检证
陈亚东	男	二九				检证
陈亚旺						拘杀
陈亚招	男	五四	琼州	1942,1,15	新山	屠杀
陈亚咪	女	一一	潮安	1942,3,8	文律	屠杀
陈亚茂	男	四〇	饶平	1942,5,4	居銮	宪兵屠杀
陈亚负	男	六五	饶平	1942,5,4	居銮	宪兵屠杀

姓 名	性别	年龄	籍贯	罹难日期	地点	原因
陈亚祝	男	一二	粤	1942,2,1	东山	屠杀
陈亚洲	男	四一	惠来	1942,1,15	马西	屠杀
陈亚英		二七		1942,2,14		拘杀
陈亚南	男	三〇	粤	1942,1,27	蔴坡	抢杀
陈亚扁	男	三九		1942,2,14		检证
陈亚桓	男			1942,2,		检证
陈亚容				1942,2,14		拘杀
陈亚爽	男	五〇	闽	1942,3,17	蔴坡	烧死
陈亚盛	男			1942,2,19		检证
陈亚雪	女	五二	茶阳	1942,2,	柔佛	拘杀
陈亚惜	男	六〇	饶平	1942,5,4	居銮	宪兵屠杀
陈亚鱼	男	五〇	潮阳	1942,3,3	新山	搜捕残杀
陈亚细	女	七	潮安	1942,3,8	文律	屠杀
陈亚阳						拘杀
陈亚基	男	三〇		1942,2,		检证
陈亚富	女	一八	德化	1942,7,8	文律	屠杀
陈亚普	男	三一	潮阳	1942,3,11	新山	搜捕残杀
陈亚钦	男	六七	雷州	1943,	蔴坡	失踪
陈亚猪	男	二	潮安	1942,3,8	文律	屠杀
陈亚琪						拘杀
陈亚雷						拘杀
陈亚狮	男			1942,2,15		检证
陈亚熙	男	四〇		1942,2,27		检证
陈亚福	男			1942,2,		检证
陈亚娇	女	三六	安溪	1942,2,14	星洲	屠杀
陈亚德		三九		1942,2,21		检证
陈亚辉	男	四三	福清	1942,1,15	新山	失踪
陈亚庆	男	六五	饶平	1942,5,4	居銮	宪兵屠杀
陈亚灿	男	五〇	饶平	1942,5,4	居銮	宪兵屠杀
陈亚镇	男		闽	1942,2,	星洲	检证
陈亚苏		三四		1942,2,17		拘杀
陈金水	男	四〇		1942,2,20		检证
陈金水	男	二八		1942,2,20		检证
陈金甫	男	六〇	博白	1943,8,15	士乃	征往暹罗
陈金炎						拘杀
陈金城	男	一九	梅县	1944,5,	怡保	拘杀
陈金奎	男	五二	潮阳	1942,2,27	陈厝港	搜捕残杀
陈金贞		一八		1944,		失踪
陈金展	男	一九	潮阳	1942,10,15	槟城	拘杀
陈金娘	女	五六		1942,2,12		炸死
陈金基	男	四〇	粤	1942,2,1	柔佛东山	屠杀
陈金胜	男	三五		1942,2,27		检证
陈金会	男	四二	永春	1942,2,1	柔佛东山	屠杀
陈金源	男	一八		1942,2,22	星洲	检证
陈金源	男	二一	文昌	1943,5,20	大山脚	刑死狱中
陈金福	男	五〇		1942,2,15		检证
陈金鼎	男	一九		1942,2,14		检证
陈金管	男			1942,2,	星洲	检证

陈金荣	男	三四		1942,2,20		检证
陈金蕊	女	三七	同安	1942,3,7	蔴坡	拘杀
陈金钟	男	二三		1942,2,		检证
陈金銮	男	二八	诏安	1942,2,28	新山	搜捕残杀
陈两兴	男				星洲	检证
陈明月	女			1942,		炸死
陈明任	男			1942,2,15		检证
陈明芳	女					炸死
陈明金	男			1942,3,		拘杀
陈明森	男			1942,		拘杀
陈明富	男	四八	文昌	1942,3,5	振林山	入境屠杀
陈明宝	男			1942,3,		拘杀
陈来和	男				星洲	检证
陈来河	男	二八				失踪
陈来花	男	四八	诏安	1942,2,28	新山	失踪
陈来泉	男				星洲	检证
陈来发	男			1942,2,	星洲	检证
陈奇木	男	四八	台山	1942,3,17	峇株	残杀
陈奇巧	男	四〇	饶平	1942,5,4	居銮	屠杀
陈坤生	男			1942,2,		检证
陈坤成	男			1942,2,		检证
陈坤松	男	三八	澄海	1942,2,4	新山	入境屠杀
陈坤海	男	二五	潮阳	1942,2,29	星洲	检证
陈昌桂	男	四六	古田	1942,3,16	爱大华	拘杀
陈昌邓	男	二九		1942,2,16		检证
陈秉禄	男	三一	古田	1942,2,20	比叻	拘杀
陈秉枝	男	三二	澄海	1942,2,27	新山	搜捕残杀
陈秉贤	男	三二	澄海	1942,2,27	新山	搜捕残杀
陈秉衡	男	四五	茶阳	1942,2,	星洲	拘杀
陈狗子	男	八	茶阳	1942,3,	庇朥港尾	拘杀
陈定文	男			1944,4,		拘杀
陈定书	男	三三	澄海	1944,10,4	巴生	拘杀
陈宜公	男	二八	茶阳	1942,	马六甲	拉夫
陈周平	男	二五	茶阳	1944,4,	星洲	失踪
陈其旭	男			1942,2,		检证
陈长佑	男	五四		1942,2,14		拘杀
陈长征	男	三三	南安	1942,2,14	峇株	屠杀
陈东成	男			1942,2,		检证
陈奉嗳	女	五〇	潮安	1942,3,8	文律	屠杀
陈妹妹	女	三		1942,2,		拘杀
陈妹妹	女	二个月	澄海	1942,3,11	新山	搜捕残杀
陈某某	男	二	茶阳	1942,2,	柔佛东山	拘杀
陈忠部	男			1942,2,		检证
陈武烈	男	二二		1942,2,14		拘杀
陈宗祥	男	二五		1942,12,28		炸死
陈秀烈	女	八	澄海	1942,3,11	新山	搜捕残杀
陈秀梅	女	三七		1942,2,14		拘杀
陈秀华	女	五	澄海	1942,3,11	新山	搜捕残杀
陈炎梅	男	三三		1942,2,21		检证
陈岳云	男	二七		1942,1,27		炸死
陈庚益	男	三四	澄海	1942,3,8	文律	屠杀
陈和尚	男	六二	安溪	1942,3,17	蔴坡	拘杀
陈和义	男			1942,2,		检证
陈孟仁	男			1942,2,23		检证
陈孟对	男	三八		1942,2,14		炸死
陈长祯	男	五一		1942,2,22		拘杀
陈采南	男	四一	客籍	1942,2,25	柔黄厝港	入境屠杀
陈松亭	男		闽	1942,2,	星洲	检证
陈松清	男	二六	海洋	1942,2,15	柔佛海皮	屠杀
陈松龙	男					拘杀
陈河桥	男	四九		1942,2,22	星洲	检证
陈洽简	男	四〇	文昌	1942,3,6	吉隆坡	拘杀
陈育欢	男	二一	茶阳	1943,12,	吉隆坡	禁毙
陈阿鸿	男	四〇	兴宁	1942,2,28	士乃	入境屠杀
陈礽崇	男			1942,2	星洲	检证
陈卓桥	男			1942,2	星洲	检证
陈英基	男	三一		1942,2,23		检证
陈英溢	男			1942,2,		检证
陈英荣	男	一九		1942,3,7		拘杀
陈哖娘	女	五八	南安	1942,2,14	星洲	屠杀
陈秋水	男			1942,2,		检证
陈秋加	男	五五	饶平	1942,5,4	居銮	宪兵杀害
陈秋如	男	二四	惠阳	1942,10,	吉隆坡	拘杀
陈秋泉	男	三〇		1942,2,22		检证
陈秋送	男	五二		1941,12,25		炸死
陈秋槎	男			1942,2	星洲	检证
陈美旺	男	二一	茶阳	1943,12,	吉隆坡	禁毙
陈美芳	女	二一	北流	1944,4,26	振林山	屠杀
陈美霜	女	一四	澄海	1942,3,11	新山	搜捕残杀
陈美镇	男	三四		1942,2,28		检证
陈炳顺	男	二五	潮安	1942,2,29	星洲	检证
陈炳禄	男					拘杀
陈炳汉	男	二二	澄海	1942,3,17	峇汝	残杀
陈炳福	男	三六		1942,2,21	星洲	检证
陈炳裕	男	四四	潮安	1942,1,16	峇株	屠杀
陈炳肇	男	三六	番禺	1942,2,22	星洲	检证
陈炳宽	男			1942,2,		检证
陈炳兴	男					拘杀
陈茂和	男	四二	琼州	1943,4,	拉美士	屠杀
陈茂英	男	四一		1942,2,21	星洲	检证
陈茂莫	男			1942,2,		检证
陈茂德	男			1942,2,	星洲	检证
陈春地	男	一九		1942,2,28		拘杀
陈春良	男	三一	莆田	1942,1,18	新山郊外	屠杀
陈春香	男	三八	福清	1942,1,18	新山	搜捕残杀
陈春发	男	三〇	永春	1943,10,21	振林山	屠杀
陈春德	男	五九	潮阳	1942,	蔴坡	残杀
陈春锦	男	四二		1942,2,14		拘杀
陈俊芳	男	四八		1942,2,28		检证
陈俊卿妻	女	四六	东山	1942,3,8	文律	全家五口
陈俊德	男	二五	晋江	1942,1,6	宋加弄	炸死
陈俊霞	女	六	潮安	1942,2,27	峇株	屠杀
陈俊藩	男			1942,2,		检证
陈祉木	男	三六	晋江			
陈飞文	男	三四	海南	1942,1,20	新山	屠杀
陈昭金	男	四二		1942,2,15		检证
陈昭彬	男			1942,2,18		检证
陈昭贤	男			1942,2,		检证
陈红九	男					拘杀
陈红毛	男	二五	永春	1944,6,2	新山	狱中
陈红柑	男	七六	澄海	1942,2,28	星洲	检证
陈冠英	男			1942,2,		检证
陈柑英	女	三四	茶阳	1942,2,	居銮	拘杀
陈柏福	男	四〇		1942,2,15		检证
陈柏楠	男	五八	潮安	1942,2,3	新山	失踪
陈拱城	男	三四		1942,2,		检证
陈珍珠	男	四八	饶平	1942,1,15	蔴坡	抢杀
陈施达	男	四〇	琼州	1943,9,30	居銮	屠杀
陈恰毡	男					拘杀
陈恨娘	女	三八		1942,2,28		拘杀
陈奎基	男	四四	茶阳	1942,2,1	柔佛东山	拘杀
陈重庆	男	二三		1942,2,24		检证
陈南寿	男	四六		1942,2,22		检证
陈贞锡	男	四五		1942,11,26		炸死
陈思贤	男	四〇	潮安	1942,3,	柔佛海皮	拘杀
陈郁光	男	一九	潮安	1942,3,1	振林山	检证
陈振桓	男	二二		1942,2,22		检证
陈振梓	男	三九		1942,2,22		检证
陈振裕	男	五〇		1942,2,28		拘杀
陈振贵	男	一九		1942,2,22		检证
陈振椿	男	二七		1942,2,22		检证
陈益利	男	五九	新会	1942,3,17	峇株	残杀
陈振德	男	一六		1942,2,23		检证
陈家文	男	四二	琼山	1942,2,24	哥打	屠杀
陈家仁	男	五一		1942,2,16		拘杀
陈家修	男	二六	琼州	1942,1,4	新山	失踪
陈家朝	男	三三	定安	1942,3,5	振林山	入境屠杀
陈家焕	男	四五	乐会	1942,3,8	文律	屠杀
陈家道	男		琼州	1942,10,13	亚沙汉	捕杀
陈家万	男	三五		1942,2,23		检证
陈家蕃	男	二五		1942,2,		拘杀
陈家鸾	男	二二	文昌	1942,3,5	振林山	入境屠杀
陈乌面	男					拘杀
陈乌帐	男			1942,2,		检证
陈乌虞	男	五八		1942,2,15		拘杀
陈桃英	女	三四	梅县	1942,4,5	芙蓉	屠杀
陈时雨	男			1942,2	星洲	检证
陈记容	男	四〇	粤	1942,2,1	柔佛东山	屠杀
陈烈丰	男	九	澄海	1942,3,11	新山	搜捕残杀
陈书甲	男	四八		1942,		拘杀

姓　名	性别	年龄	籍贯	罹难日期	地点	原因
陈书伯姆	女	六二		1942,3,		拘杀
陈书姆	女	六二	茶阳	1942,3,	庇朥港尾	入境屠杀
陈流兵	女		茶阳	1943,7,	帝问港	拘杀
陈流兵嫂	女			1943,7,		拘杀
陈娥卿	女	三四	潮安	1942,2,27	峇株	屠杀
陈炯云	男	三〇	惠安	1944,	星洲	失踪
陈桂南	男	四〇	桂	1942,3,17	蔴坡	全家三口
陈桂南子	男	三	桂	1942,3,17	蔴坡	残死
陈桂南妻	女	三〇	桂	1942,3,17	蔴坡	残死
陈桂芳	男	一九	闽	1942,3,15	爱大华	拘杀
陈桂星	男	二二	鹤山	1942,2,	古来	征暹失踪
陈桂华	男	一九	泉州	1942,3,5	振林山	入境屠杀
陈娘江	男	四一	揭阳	1942,2,28	新山	入境屠杀
陈娘印	男	二八	潮阳	1942,3,13	新山	炸伤不治
陈海拾	男	四二	饶平	1942,5,4	居銮	屠杀
陈海买	男	二二		1942,2,28		检证
陈海沧	男	四八		1942,2,21		拘杀
陈时忠	男	五〇	文昌	1942,3,5	振林山	入境屠杀
陈时雾	男	四二		1942,2,27		拘杀
陈孙富	男				星洲	检证
陈高年	男	三〇	乐会	1942,2,25	新山	失踪
陈高洁	男	三五	茶阳	1944,	苏岛	拉夫病死
陈高权	男			1942,2,		检证
陈泰龙	男					拘杀
陈益昌	男	四九	信宜	1944,10,16	新山	拘杀
陈真顺	男	三一	同安	1942,2,12	宋加弄	屠杀
陈盛沓	男	二九		1942,2,21		检证
陈盛泰	男	六〇	龙岩	1942,3,2	星洲	失踪
陈盛福	男	二六		1942,2,21		检证
陈陆生	男	四〇	信宜	1942,1,26	新山	屠杀
陈庭阴	男			1942,2,	星洲	检证
陈修益	男	五〇	文昌	1942,2,24	新山	屠杀
陈修举	男	三五	文昌	1942,2,24	新山	屠杀
陈添吉	男	一八		1942,2,15		检证
陈添隆	男	一八		1942,2,15		炸死
陈添寿	男					拘杀
陈清江	男	二八	南安	1942,2,28	裕廊	拘杀
陈清河	男	二六		1942,2,19		检证
陈清风	男					拘杀
陈清俊	男				星洲	失踪
陈清泉	男	三五	潮安	1942,5,4	居銮	屠杀
陈清然	男	五六	泉州	1942,3,5	振林山	入境屠杀
陈清喜	男	四五	潮安		蔴坡	刑死狱中
陈清意	男	三八	揭阳	1943,8,12	文律	屠杀
陈清万	男					拘杀
陈清莲	女	三六	南安	1942,2,	峇株	屠杀
陈清麟	男			1942,2,23		检证
陈张氏	女	三五	茶阳	1942,3,	庇朥港尾	入境屠杀

姓　名	性别	年龄	籍贯	罹难日期	地点	原因
陈启三	男	三〇	南安	1945,5,	峇株	捕杀
陈得心	男	三一		1942,2,20		检证
陈得志	男	三一	德化		蔴坡	失踪
陈曹正	男					拘杀
陈蚶目	男	二四	惠安	1942,2,	蔴坡	拘杀
陈启宇	男			1942,2,	星洲	检证
陈淡松	男	三八		1942,2,15	星洲	检证
陈章弟	男					拘杀
陈竟明	男				星洲	检证
陈常务	男		晋江	1942,2,16	星洲	检证
陈祥钗	女		粤	1942,2,27	蔴坡	刺杀
陈阶尧	男	三二		1942,2,		拘杀
陈健发	男			1942,2,	星洲	检证
陈基实	男	四〇		1942,2,22	星洲	检证
陈崇汉	男					失踪
陈崇德	男	二二	新会	1945,8,29	怡保	失踪
陈崇茂	男			1942,2,23	星洲	检证
陈惜莲	女	一二		1942,2,14		拘杀
陈嗪嗳	男	四二	潮安	1942,2,23	星洲	检证
陈朝书	男	五二	德化	1942,2,28	星洲	检证
陈朝荣	男	四二	德化	1942,1,19	振林山	入境屠杀
陈景平	男	二一		1942,2,20		检证
陈景云	男	三四		1943,		拘杀
陈景寿	男	二九		1942,2,	星洲	检证
陈景福	男			1942,2,	星洲	检证
陈景耀	男			1942,2,	星洲	检证
陈涌洲	男	三一	永春	1942,3,6	文律	屠杀
陈进年	男	二六	乐会	1942,	新山	失踪
陈进海	男	二五	乐会	1944,11,25	星洲	拘杀
陈培辉	男	六〇	澄海	1942,3,17	峇株	残杀
陈婉祥						拘杀
陈开平	男	二七	古田	1942,3,15	爱大华	拘杀
陈开基	男	三〇		1942,2,20	星洲	检证
陈开枢	男	二五		1942,2,18		检证
陈开鲜	男	五五	饶平	1942,5,4	居銮	屠杀
陈国元	男	三四	宜兴	1942,	马六甲	全家六口
陈国忠	男	一五	国安	1942,3,7	蔴坡	拘杀
陈国典	男	三	潮安	1942,2,27	峇株	屠杀
陈国清	男	五六	潮安	1942,3,7	蔴坡	拘杀
陈国清	男	四六	乐会	1942,1,13	星洲	检证
陈国济						拘杀
陈国程	男	二九	普宁	1942,2,28	星洲	检证
陈国华	男	二六	潮安	1942,2,22	星洲	检证
陈国庆	男	一九	同安	1942,2,19	星洲	检证
陈国维	男	二三	潮安	1942,3,8	文律	屠杀
陈细木	男	二三		1942,2,15		检证
陈细妹	女	三	茶阳	1942,3,	庇朥港尾	拘杀
陈绍广	男	三五	澄海	1942,2,28	星洲	检证

姓　名	性别	年龄	籍贯	罹难日期	地点	原因
陈进彬	男	三〇	乐会	1942,2,15	星洲	检证
陈进兴	男	二二		1942,2,28	星洲	检证
陈顺珠	女			1942,2,		检证
陈顺传	男	一八		1942,2,18		拘杀
陈顺兴	男			1942,2,28	裕廊	拘杀
陈顺兰	男	三六	茶阳	1942,		禁毙
陈顺兰	女	三三		1942,2,5		检证
陈贵旺	男	二一	桂	1942,1,10	柔佛水塘	拘捕失踪
陈贵英	男	四八	文昌	1942,2,3	新山	屠杀
陈贵烈	男	一	茶阳	1942,2,	永平	入境屠杀
陈贵雄	男	七	茶阳		永平	入境屠杀
陈贵彬	男	二二		1942,2,19		检证
陈道生	男			1942,2,18		检证
陈杰明	男	三〇	揭阳	1943,9,23	柔佛水塘	屠杀
陈游民	男	三〇		1942,2,15		检证
陈坚明	男	一九		1942,2,23		检证
陈焕凡	男	三六	容县	1944,9	古来	失踪
陈焕女	女		茶阳	1942,2,	古来	入境屠杀
陈焕子	男		茶阳	1942,2,	古来	入境屠杀
陈焕材	男	一六		1942,2,22		检证
陈焕材	男			1942,2,19		拘杀
陈焕治	男					拘杀
陈焕云	男	五〇	德化	1942,3,8	文律	屠杀
陈焕藩	男	四〇	容县	1942,8,5	士年纳	征往暹罗
陈森昌	男	二五	梅县	1942,9,4	万里望	拘杀
陈桂南	男	二五	南安	1944,6,		新山囚死
陈栋梁	男			1942,2,	星洲	拘杀
陈温流	男	五五		1942,2,21		检证
陈钮娘	女	三五		1942,2,14		拘杀
陈尧阶	男	二九		1942,2,21		检证
陈渭楠	男	三一	澄海	1945,2,22	星洲	检证
陈乔治	男		闽	1942,2,	星洲	检证
陈华义	男			1942,2,20		检证
陈运光	男	三二	乐会	1942,2,25	新山	失踪
陈运秀	男	五一		1942,2,20		检证
陈运起	男	二〇		1942,2,22		检证
陈逸溪	男	四六	潮安	1942,3,	柔佛海皮	拘杀
陈尊贤	男			1942,2,		检证
陈惠民	男				柸城	
陈惠兴	男	二〇		1942,2,11		炸死
陈隆洲	男	三〇	潮州	1942,2,	峇株	屠杀
陈裕民	男	三八	琼州	1943,	蔴坡	拘杀
陈裕古	男		晋江	1942,2,	新加弄	拘杀
陈裕敏	男	二一		1942,2,22		拘杀
陈裕宽	男	二六	茶阳	1942,2,	马六甲	检证
陈裕宽	男	二三		1942,		禁毙
陈裕铎	男	五六	晋江	1942,2,7	宋加弄	屠杀
陈靖伯	男	二〇	蕉岭	1944,9,13	金宝	用剑刺死

陈敬全	男	二三		1942,2,15		检证
陈敬轩	男	三九		1942,		拘杀
陈敬福	男	三七		1942,2,22		检证
陈敬林	男	三一		1942,3,5		拘杀
陈瑞册	男	七二	金门	1942,3,3	峇株	残杀
陈瑞安	男			1942,2,		检证
陈瑞宏	男	五四	揭阳	1942,2,14	柔佛海皮	屠杀
陈瑞珍	女					拘杀
陈瑞章	男	二〇	茶阳	1942,	星洲	检证
陈瑞添	男			1942,2,23		检证
陈瑞璋	男			1942,2,28	星洲	检证
陈瑞谦	男	五二		1942,2,28	星洲	检证
陈瑞鳞	男	四〇		1942,2,		检证
陈瑞丰	男	五〇	饶平	1942,5,4	居銮	屠杀
陈瑞麟	男					拘杀
陈会栋	男	四四		1942,2,23		拘杀
陈会煌	男	四二		1942,2,23		检证
陈节侯	男	五三	德化	1942,3,17	峇株	残杀
陈楚书	男			1942,2,		检证
陈楚敦	男	五六	永春	1942,2,22	星洲	检证
陈义楚	男	二五		1942,2,19		检证
陈义狮	男	二〇		1942,2,19		检证
陈新厝	男	二五		1942,2,		检证
陈新泰	男	五六				拘杀
陈新粦	男	一九	赤溪	1943,5,	古来	屠杀
陈业凯	男	五四	潮安	1942,2,27	振林山	屠杀
陈荣关	男	三〇	泉州	1942,2,7	新山	失踪
陈万于	男	五四		1942,2,28	裕廊	父子三人
陈万壬	男					拘杀
陈万杰	男					拘杀
陈万祥	男					拘杀
陈传光	男	二五		1942,2,14		拘杀
陈传兴	男	一四	永春	1942,3,17	峇株	残杀
陈传声	男					检证
陈经池	男	二〇	顺德	1944,2,10	星洲	拘杀
陈经华	男	五七	文昌	1942,3,8	文律	屠杀
陈闻吉	男					拘杀
陈杨成	男			1942,2,	星洲	检证
陈发成	男			1942,2,	星洲	检证
陈经禄	男	四〇	琼州	1943,4,	拉美士	屠杀
陈慎修	男			1942,2,	星洲	检证
陈颂唐	男	三九	惠阳	1942,8,14	叱叻	失踪
陈嫩悌	女	二三		1942,2,18	星洲	检证
陈干章	男			1942,2,	星洲	检证
陈干辅	男	五二	信宜	1942,3,12	新山	屠杀
陈毓峰	男	三六	澄海	1942,2,	栜城	拘杀
陈源泉	男	二九		1942,2,28	星洲	检证
陈源泉	男	二七	潮安	1942,2,27	峇株	屠杀
陈溢汉	男			1942,2,23	星洲	检证
陈爱莲	女	三六	新会	1942,4,10	比叻打巴	拘杀

陈领纶	男	二四		1942,2,28	星洲	检证
陈实娘	女		南安	1942,2,11	星洲	屠杀
陈福生	男	二四		1942,2,28	星洲	检证
陈福全	男			1942,2,		拘杀
陈福成	男	一九		1942,2,14		拘杀
陈福林	男	三五	潮安	1942,3,8	文律	屠杀
陈福星	男	二八	金门	1942,2,12	新山	入境屠杀
陈福泉	男	二六	晋江	1942,2,22	星洲	检证
陈福南	男			1942,2,	星洲	检证
陈福财	男	六〇		1942,2,		拘杀
陈福条						拘杀
陈福超	男	四二	容县	1942,2,15	新山	失踪
陈福源	男	一七		1942,2,28	星洲	检证
陈福祯	男	一八	仙游	1943,12,	峇株	刑死
陈福庆	男	一九		1942,2,28	星洲	检证
陈福麟	男	二〇		1942,2,28	星洲	检证
陈广才	男	五一		1942,2,22	星洲	检证
陈广圆	男	二四		1942,2,22	星洲	检证
陈维忠	男	三〇		1942,2,22	星洲	检证
陈维华				1942,2,23	星洲	检证
陈维余	男					拘杀
陈溪才	男	三八		1942,2,18	星洲	检证
陈汉华	男			1942,2,23	星洲	检证
陈荣吉	男			1942,12,19	星洲	检证
陈荣泉	男	三八		1942,2,18		拘杀
陈图生	男	二三	茶阳	1942,3,	吉隆坡	拘杀
陈碧成	男			1942,2,	星洲	检证
陈嘉昌	男	五〇	潮安		蔴坡	拘杀
陈绵有	男	二一	潮安	1942,2,1	星洲	入境屠杀
陈养金	男					炸死
陈端春	男	三三		1942,12,20		炸死
陈凤英	女			1942,2,	星洲	检证
陈凤喜	女					拘杀
陈征瑞	男	二七		1942,2,22	星洲	检证
陈尔镇	男	四八	茶阳	1942,3,	庇朥港尾	拘杀
陈嘿石	男					拘杀
陈德心	男			1942,2,	星洲	检证
陈德秀	男	三一	琼州	1943,7,1 9	蔴坡	拘杀
陈德俊	男	二四		1942,2,28	星洲	检证
陈德亮	男	四三	茶阳	1942,	星洲	入境屠杀
陈德发	男	四八		1942,3,1		拘杀
陈德照	男	二二	潮阳	1942,2,28	新山	入境屠杀
陈德兴	男	二六	晋江	1942,2,9	文律	屠杀
陈锦春	男	六二	饶平	1942,5,4	居銮	屠杀
陈锦高	男	三五	饶平	1942,2,1 9	星洲	检证
陈锦发	男	二六	潮安	1942,2,28	星洲	检证
陈德初	男	三二	信宜	1942,3,11	新山	搜捕残杀
陈潮昌	男	二四	潮安	1942,2,25	柔佛	炸死
陈潮坤	男					拘杀
陈潮泉	男	四〇	潮安	1942,2,22	星洲	检证

陈调元	男	三八	茶阳	1942,3,	士毛拉	拘杀
陈潘伸	男	六〇	潮州	1942,3,17	蔴坡	残杀
陈黎相	男			1942,2,15	星洲	检证
陈鲁勿	男	三五		1942,2,15	星洲	检证
陈娇娥	女	二〇		1942,2,16		炸死
陈廉基	男	三五		1942,2,17	星洲	检证
陈庆华	男					拘杀
陈辉祥	男	三〇	琼州	1942,2,	峇汝	屠杀
陈锋善	男			1942,2,	星洲	检证
陈暮德	男	二九		1942,2,15	星洲	检证
陈澄涌	男	三一		1942,2,15	星洲	检证
陈兴东	男					拘杀
陈兴銮	男	三五		1942,2,14		拘杀
陈鸿文	男	二五	万宁	1943,4,7	古来	搜捕残杀
陈荫庭	男	四一	潮安	1942,2,28	裕廊	检证
陈笃初	男	一九		1942,2,18		拘杀
陈笃清	男	六〇	永春	1942,2,27	峇株	残杀
陈笃诚	男			1942,2,15	星洲	检证
陈笃诚	男	二八		1942,2,16		失踪
陈范模	男	五〇	容县	1944,8,8	古来	搜捕残杀
陈儒谦	男	三五	万宁	1945,8,3	柔佛新山	搜捕残杀
陈树山	男	二一		1942,2,	裕廊	检证
陈树典	男	四六	澄海	1942,1,18	柔佛新山	拘杀
陈树广	男	二五		1942,2,21		检证
陈树兴	男	二三	潮安	1942,2,27	峇株	屠杀
陈树庆	男	一八	潮安	1942,2,27	峇株	屠杀
陈燕初	男					炸死
陈燕妻	女		茶阳	1942,7,	帝问港	拘杀
陈泽水	男				星洲	检证
陈泽盛	男			1942,2,	星洲	检证
陈泽乾	男			1942,2,	星洲	检证
陈谦二	男	三五	饶平	1942,5,4	居銮	搜捕残杀
陈谦利	男	四二	饶平	1942,5,4	居銮	搜捕残杀
陈锡河	男			1942,2,		检证
陈锡奎	男	四一	潮安	1942,2,20	哥踏丁宜	拘杀
陈锡清	男	二五	揭阳	1943,	柔佛	饿死山上
陈锡藩	男			]942,2,23	星洲	检证
陈学起	男	四二		1942,2,3		拘杀
陈学轩	男	三四		1942,2,28	星洲	检证
陈学然	男					拘杀
陈学裕	男	一九		1942,2,14		检证
陈学祥	男	四七	琼州	1943,12,24	蔴坡	失踪
陈灿光	男	三〇		1942,3,	吉打	禁毙
陈积川	男	一七		1943,7,18		拘杀
陈贤水	男	二一	晋江	1942,2,27	文律	屠杀
陈贤玉	男	四七	潮安	1942,3,8	文律	屠杀
陈斋池	男					拘杀
陈猪弟	男	三五		1942,12,20		炸死
陈锦雀	男	六二	饶平	1942,5,4	居銮	搜捕残杀
陈锦阁	男	三一	永春	1943,12,9	蔴坡	刑死

姓　名	性别	年龄	籍贯	罹难日期	地点	原因	姓　名	性别	年龄	籍贯	罹难日期	地点	原因	姓　名	性别	年龄	籍贯	罹难日期	地点	原因
陈锦剑	男	二六	永春	1944,5,1	蔴坡	捕去失踪	郭子庆	男			1942,2,	星洲	检证	郭金娘	女	六四	同安	1942,2,12	宋加弄	屠杀
陈蕴藻	男	二〇		1942,2,15		拘杀	郭化福	男					拘杀	郭金源	男			1942,2,28	星洲	检证
陈鸿炳	男	三三		1942,2,22	星洲	检证	郭天佐	男	二九	梅县	1945,3,16		拘杀	郭奇长	男					拘杀
陈鸿添	男	二六	五华	1942,7,14	怡保	拘杀	郭天祥	男			1942,2,28	星洲	检证	郭伯友	男	二六	大埔	1942,1,10	柔佛水塘	入境屠杀
陈鸿禧	男					拘杀	郭文藻	男	五〇				炸死	郭伯通	男	三四		1942,2,26		拘杀
陈鸿华	男	三二	龙川	1944,5,20	怡保	禁毙	郭加玉	女			1942,2,28	星洲	检证	郭伯贤	男	三六		1942,2,26		拘杀
陈联盛	男	一八		1942,2,28	星洲	检证	郭玉存	女	一七	潮安		蔴坡	被杀	郭岳田	男					拘杀
陈龙海	男	二八	南安	1942,6,5	马六甲	拘杀	郭玉英	女	一四		1942,1,18		炸死	郭岳彬	男			1942,2,28	星洲	检证
陈应德	男	三九	琼州	1944,1,21	蔴坡	拘杀	郭占春	男	五一	潮安	1942,2,28	蔴坡	拘杀	郭芳木	男	三一		1942,2,27	星洲	检证
陈丰正	男	三	澄海	1943,3,11	新山	搜捕残杀	郭占魁	男	三二	潮安	1942,2,28	蔴坡	被杀	郭事特	男					拘杀
陈丰钦	男	六	澄海	1942,3,11	新山	搜捕残杀	郭仙祖	男			1942,2,28	星洲	检证	郭怡灯	男					检证
陈谭志	男	一七	茶阳	1942,3,	庇朥港尾	拘杀	郭必连	男	三七	茶阳	1942,2,	槟城	拘杀	郭建真	男					拘杀
陈琼君	男	三一	琼州	1944,4,15	蔴坡	拘杀	郭可端	男			1942,2,1 1		拘杀	郭建华	男			1942,2,28	星洲	检证
陈琼华	女	二二		1942,2,22	星洲	检证	郭安池	男	三〇		1942,2,20		检证	郭衍才	男	三七	开平	1942,2,28	星洲	检证
陈琼琳	女	三九	厦门	1942,3,7	蔴坡	拘杀	郭安治	男				星洲	拘杀	郭则安	男	一九	茶阳	1942,2,	柔佛水三	拘杀
陈赞成	男	二六		1942,2,22	星洲	检证	郭安弟	男	二九		1942,2,22	星洲	检证	郭星洲	男	一三				炸死
陈赞源	男	五二		1942,2,11		拘杀	郭任安	男	三二	琼州	1942,3,17	蔴坡	拘杀	郭修栋	男	六一		1942,2,22		炸死
陈怀莲	男	四〇	潮安	1942,	蔴坡	拘杀	郭先助	男	三四				检证	郭泉钦	男	三五		1942,2,22	星洲	检证
陈献章	男	二〇		1942,2,15	星洲	检证	郭百佑	男	二六	茶阳	1942,2,	柔佛水塘	拘杀	郭英麟	男			1942,2,	星洲	检证
陈耀光	男					拘杀	郭朱狗	男	二九		1942,1,18		炸死	郭娘邑	男	四二	茶阳	1942,2,	星洲	拘杀
陈耀套	男	四四	莆田	1942,3,5	振林山	入境屠杀	郭聿特	男			1942,2,28	星洲	检证	郭娘道	男	四〇	茶阳	1942,2,	星洲	拘杀
陈耀堂	男	四七	澄海	1942,2,23	星洲	检证	郭仲恭	男	二六	大埔	1942,1,10	柔佛水塘	拘杀	郭振华	男	四七	鹤山	1941,3,6	柔佛海皮	检证
陈继琳	男	四四		1942,12,		拘杀	郭兆霖	男	四八		1942,2,22	星洲	检证	郭逢目	男					失踪
陈继尧	男	二四		1942,2,15	星洲	检证	郭成良	男	一六		1942,2,1 1		拘杀	郭书昌	男	三一	文昌	1944,9,24	柔佛	被捕遇害
陈继怀	男	二七		1942,2,18	星洲	检证	郭成美	男	四二	大埔	1942,2,	柔佛水塘	拘杀	郭书南	男	三〇		1942,2,28	星洲	检证
陈铁岗	男	三九	罗定	1944,9,22	士年纳	搜捕残杀	郭成瑶	男	二七		1942,2,1 1		拘杀	郭素才	男	四	永春	1942,10,23	张厝港	屠杀
陈权财	男					拘杀	郭志超	男	八	潮安	1942,2,28	蔴坡	拘杀	郭泰钦	男	一一	潮安	1942,3,8	文律	屠杀
陈权锦	男	三〇		1942,2,	星洲	检证	郭志雄	女	一二	潮安	1942,2,28	蔴坡	拘杀	郭祥宗	男	五〇				炸死
陈体睦	男	三七	永乐	1945,5,	岺株	被捕失踪	郭克成	男	四四	潮安	1942,2,28	星洲	拘杀	郭祥樽	男					拘杀
陈显耀	男			1942,2,	星洲	检证	郭良弟	男					拘杀	郭常樽	男					拘杀
陈观养	男	二五		1942,		拘杀	郭岂妹	女	一三	大埔	1942,3,12	新山	屠杀	郭淳德	男	五九		1942,2,23	星洲	检证
郭　本	男	四〇	永春	1942,1,	蔴坡	被拘杀	郭妙香	女	二〇	潮州		蔴坡	被害	郭善俊	男					拘杀
郭　和	男	六六	饶平	1944,2,19	士年纳	宪兵捕去	郭礽有	男	六二	南安	1945,6,19	文律	屠杀	郭贻定	男	三二	文昌	1943,4,6	新山	被捕失踪
郭　昌	男	五〇	鹤山	1945,5,25	古来	被捕遇害	郭东平	女	九	潮安	1942,3,8	文律	屠杀	郭绍兴	男	五一	茶阳	1942,2,	瓜朥	巫人屠杀
郭　林	男	五七		1942,2,16		拘杀	郭东花	女	一	潮安	1942,3,8	文律	屠杀	郭贻庆	男	三五		1942,2,28	星洲	检证
郭　厚	男	六二	永春	1942,10,23	张厝港	屠杀	郭东娇	女	六	潮安	1942,3,8	文律	屠杀	郭贻兴	男	二八		1942,2,28	星洲	检证
郭　岺	男	二二	同安	1942,2,	岺株	屠杀	郭相德	男	二〇	永春	1942,10,23	张厝港	屠杀	郭贻宝	男			1942,2,28	星洲	检证
郭　益	男	四五	茶阳	1942,2,	星洲	检证	郭亚士	男	五三	茶阳	1942,2,	星洲	拘杀	郭贵钦	女	七	潮安	1942,3,8	文律	屠杀
郭　钦	男		永春	1942,1,		拘杀	郭亚四	男	二六		1942,2,28		拘杀	郭开成	男			1942,2,28	星洲	检证
郭　塔	男	五二	永春	1942,10,23	张厝港	屠杀	郭亚永	男					拘杀	郭开弟	男	三八		1942,2,28	星洲	检证
郭　业	男	三九		1942,2,19		拘杀	郭亚岺	男	四〇		1942,2,15		拘杀	郭顺保	男	三八	潮安	1942,2,27	岺株	屠杀
郭　业	男	五〇	茶阳	1942,2,		拘杀	郭亚岺	男	二六		1942,2,28	星洲	检证	郭顺发	男	三八		1942,2,22	星洲	检证
郭　焕	男		粤	1942,1,27	蔴坡	被围杀	郭亚景	男			1942,2,28	星洲	检证	郭顺钦	男	七	潮安	1942,3,8	文律	屠杀
郭　银	女	七	永春	1942,10,23	张厝港	屠杀	郭亚员	男	二〇	揭阳	1943,4,5	新山	宪兵捕去	郭顺辉	男	二九		1942,2,22	星洲	检证
郭　锐	男			1942,2,	星洲	检证	郭亚苏	男	二〇		1942,2,21	星洲	检证	郭华陀	男	三三		1942,2,26		拘杀
郭　兴	男	三八	诏府	1943,3,	蔴坡	拘杀	郭亚宝	女			1942,2,	星洲	检证	郭万正	男	二四	永春	1943,4,15	岺株	屠杀
郭　导	男	四六	茶阳	1942,2,	星洲	检证	郭金水	男	三四		1942,2,15		拘杀	郭紫英	女	一二	潮安	1942,2,28	蔴坡	抢杀
郭小妹	女	一九	潮州	1944,2,5	蔴坡	拘杀	郭金泉	男			1942,2,28	星洲	检证	郭进华	男	五〇	鹤山	1942,2,28	柔佛	失踪

郭诗善	男	四〇	永春	1942,3,3	蔴坡	拘杀
郭会海	男	一九	永春	1942,10,23	张厝港	屠杀
郭达机	男	四八	茶阳	1942,2,	居銮	拘杀
郭涂癞	男	五五	潮安	1942,3,8	文律	屠杀
郭福生	男	三一	大埔	1942,2,14	星洲	拉夫失踪
郭福卯	男			1942,5,		拘杀
郭福成	男	一九	鹤山	1942,3,	星洲	街上捕去
郭福星	男	五二	揭阳	1944,12,9	士年纳	屠杀
郭荣钦	男	四	潮安	1942,3,8	文律	屠杀
郭翠娥	女	三〇				炸死
郭辉煊	男	二一	惠安	1942,3,22	柝城	搜捕失踪
郭潮城	男	五二	潮安	1942,3,3	新山	被捕失踪
郭调子	男	七	德化	1942,3,5	振林山	屠杀
郭锡土	男	四三	茶阳	1942,2,19	星洲	检证
郭锡土	男	五二		1941,11,		炸死
郭萼彬	男	二二	揭阳	1941,1,14		检证
郭燐祥	男			1942,2,28	星洲	检证
郭锦华	男	一九		1942,2,21	星洲	检证
郭灿祥	男			1942,2,28	星洲	检证
郭耀成	男	四五	潮安	1942,2,28	星洲	检证
郭铁丁好	男	二四	福清	1942,2,26	新山	屠杀
郭显亨	男	二七	南海	1942,4,	柝城	被捕残杀
张九	男	五〇		1942,1,27	柔佛和平	拘杀
张土	男					拘杀
张乞	男			1942,2,	星洲	检证
张五	男	五三	惠州	1943,4,18	古来	屠杀
张五	男	一六		1942,2,14		拘杀
张氏	女	三五		1942,2,12		拘杀
张牛	男	二四	粤	1943,12,21	柔佛水塘	屠杀
张牛	男	六〇	茶阳	1942,		拘杀
张生	男	三八	粤	1943,4,30	金巴士	被捕残杀
张生	男	四九	鹤山	1942,2,20	柔佛水塘	屠杀
张生	男	三二	梅县	1943,9,12	怡保	拘杀
张生	男	四〇	粤客	1942,3,17	蔴坡	拘杀
张生	男	三二	梅县	1942,8,20	文冬	拘杀
张生	男	三〇	东莞	1944,9,22	士年纳	屠杀
张孔	男	四二	罗定	1944,2,6	蔴坡	拘杀
张石	男			1942,2,	星洲	检证
张央	男	一	永春	1942,1,17	蔴坡	残杀
张甘	男		闽	1942,1,27	蔴坡	围杀
张包	男	三二	永春	1942,2,7	蔴坡	抢杀
张田	男	四六	粤	1945,4,3	新山	禁死狱中
张守	女	四九	永春	1943,11,15	蔴坡	拘杀
张好	女	四五		1942,2,11		炸死
张江	男	二二		1942,2,14		拘杀
张有	男	五二	惠州	1943,10,21	振林山	屠杀
张有	男	五五	惠阳	1943,5,20	柔佛	入狱打死
张有	男	三六	信宜	1942,1,26	新山	屠杀
张仲	男	三五	鹤山	1942,6,15	古来	征暹失踪
张成	男	三三	高州	1942,8,20	怡保文冬	拘杀

张志	男	三二	温州	1943,5,6	星洲	被捕残杀
张良	男	二四		1942,2,14		拘杀
张良	男	三〇		1942,2,14		拘杀
张享						拘杀
张岸	男	四三	永春	1941,12,4	蔴坡	抢杀
张妹	女	三三	鹤山	1942,2,12	柔佛万孚	屠杀
张杖						拘杀
张炎	男	五九	同安	1943,10,21	振林山	屠杀
张金	男	七二	廉州	1943,10,12	古来	被捕残杀
张明	男	四二	惠阳	1943,4,6	士乃	宪兵杀害
张竺	男	一一	揭阳	1944,9,22	士年纳	被捕残杀
张京						拘杀
张果	男			1942,2,	星洲	检证
张狗	男					拘杀
张炳	男					拘杀
张秋	男	三五	惠阳	1942,4,27	金巴士	被捕残杀
张页	男	四七	揭阳	1944,2,20	昔加末	被捕残杀
张孩	男	四〇	揭阳	1944,12,9	士年纳	被捕残杀
张挑	男	一八		1942,2,14		拘杀
张城	男	二二	海丰	1943,6,15	新山	狱中灌死
张彩	男	四五	容县	1943,7,	古来	征暹失踪
张海	男	二				拘杀
张振	男	三三	容县	1944,3,	蔴坡	拘杀
张针	男	三九	德化	1942,3,8	文律	屠杀
张根						拘杀
张乌	男	三六	南安	1942,2,	峇株	屠杀
张桃	男	三三		1942,2,11		拘杀
张笑	男			1942,2,	星洲	检证
张娘	女	三二	永春	1942,10,23	张厝港	屠杀
张钊	男	四五				炸死
张寅	男	二六		1942,2,14		拘杀
张桂	男	三五	鹤山	1943,12,22	金巴士	被捕残杀
张习	男					
张进	男	四三	鹤山	1943,2,	古来	征暹失踪
张发	男	五〇	新会	1943,6,15	古来	征暹失踪
张贵	男	四一	鹤山	1942,2,10	新山	被捕残杀
张隆	男	三五	粤	1942,2,1	古来	先锋屠杀
张胜	男	二一	粤	1942,1,10	柔佛水塘	屠杀
张胜	男	四四	揭阳	1945,4,20		拘杀
张盛	男	五五	梅县	1944,7,	怡保	拘杀
张淑	男	五一	仙游	1942,3,5	振林山	入境屠杀
张捷	男	四五	茶阳	1942,2,	星洲	检证
张华	男	四五	鹤山	1943,11,22	柔佛水塘	屠杀
张华	男	四三	北流	1944,2,6	蔴坡	失踪
张濂	女	四八	潮安	1942,2,27	峇株	屠杀
张喜	男	三三	德化	1942,3,8	文律	屠杀
张喜	男	四〇	德化	1942,3,8	文律	屠杀
张景						拘杀
张坚	男			1942,2,27	星洲	检证
张准	男	三六	茶阳	1942,2,		抗日病死

张杰	男	三二	茶阳	1943,3,	马六甲	苦役致死
张干	男			1942,2,27	星洲	检证
张过	女	三六	南安	1942,2,14	峇株	屠杀
张彰						拘杀
张狮	男	二二		1942,2,14		拘杀
张新	男	五七	兴化	1942,3,5	振林山	入境屠杀
张愚	男	四〇	德化	1942,3,8	文律	屠杀
张齐	男					拘杀
张铃	男	三〇	茶阳	1942,2,	峇株	拘杀
张汉	男	二九	四邑	1943,11,29	柔佛水塘	屠杀
张凛	男	四九	揭阳	1942,1,10	柔佛	被刺死
张福	男	二一	鹤山	1942,2,2	柔佛水塘	被捕残杀
张莲	女	六	云浮	1943,1,23	柔佛	拘杀
张辉	男					拘杀
张济	男					拘杀
张兴	男	三六	琼山	1943,11,10	古来	被捕残杀
张娇	女	五〇	桂	1942,2,1	古来	先锋屠杀
张德	男	四〇	陆丰	1942,12,21	古来	搜捕残杀
张谋	男	三七	茶阳	1942,3,	柔佛	拘杀
张猪	男					拘杀
张锯	男	三五	永春	1942,3,13	蔴坡	拘杀
张龙	男			1942,2,	星洲	检证
张谦	男	一九	茶阳	1944,9,	吉隆坡	入狱遇害
张韩	男	五七		1942,2,23	星洲	检证
张双	男			1942,2,	星洲	检证
张权	男	一九	茶阳	1944,9,	马六甲	拘杀
张鉴	男	二四	新会	1942,11,13	万里望	拘杀
张大目	男	六	厦门	1942,3,7	蔴坡	拘杀
张大洪	男	二〇	新会	1942,11,13	万里望	拘杀
张大兴	男			1942,2,	星洲	检证
张大卫	男	四〇	琼山	1943,6,15	古来	征暹失踪
张大炉	男	三三		1942,3,1		拘杀
张子泉	男	四〇	茶阳	1944,11,	芙蓉	禁毙
张子闪	男	三四		1942,2,		检证
张子达	男	四三	茶阳	1942,2,18	星洲	检证
张士元	男			1942,2,	星洲	检证
张士元	男	三〇		1942,2,28		拘杀
张三弟	男	五	饶平	1942,2,27	张厝港	屠杀
张女女	女					炸死
张千红	女	二九		1949,2,13		拘杀
张山伦	男			1942,2,	星洲	检证
张久兴						拘杀
张文久	男	四〇	南安	1942,2,	峇株	屠杀
张文弟	男	四四		1942,2,28		检证
张文采	男	四四	晋江	1944,8,8	蔴坡	刑死
张文补	男	四六	南安	1942,2,17	峇株	屠杀
张文厦	男	五〇		1942,2,17		检证
张文远	男	五〇	南安	1944,3,17	峇株	屠杀
张文凤	男	五〇	南安	1942,3,17	峇株	残杀
张水泉	男	一	厦门	1942,3,7	蔴坡	残杀

姓　名	性别	年龄	籍贯	罹难日期	地点	原因
张水基	男					拘杀
张水清	男	二三	揭阳	1942,9,21	华铃	囚死狱中
张水森	男			1942,2,		检证
张天宗	男	三八		1941,12,29		炸死
张天送	男	三五	德化	1942,2,15	蔴坡	拘杀
张天源	男	二七		1942,2,		检证
张天赐	男	三〇		1942,2,		检证
张玉兼	男	二六		1942,2,28		拘杀
张玉稳	男	三〇	潮州	1943,8,	蔴坡	刑死
张玉兰	男	三五				炸死
张木生	男	一一	厦门	1942,3,7	蔴坡	拘杀
张反娘	女	五				拘杀
张化民	男	五	德化	1942,3,8	文律	屠杀
张方愈	男	四五	茶阳	1942,2,	星洲	检证
张仁寿	男	三五		1942,2,19		检证
张友仪	男	一七	乐会	1942,5,	星洲	拘杀
张火兴	男	二一		1942,2,28		检证
张火炉	男	三三	晋江	1942,3,1	哥踏丁宜	枪杀
张世名	男	五〇	茶阳	1942,2,	瓜朥	巫人暗杀
张世盛	男	三二	茶阳	1942,3,	柔佛文律	拘杀
张占遗	男					拘杀
张占遗	男	二八	茶阳	1942,	马六甲	检证
张永安	男	四一		1942,2,28		检证
张石泉	男	四六	晋江	1942,3,8	文律	屠杀
张仕堆	男	四四	潮安	1942,3,3	新山	失踪
张仕源	男			1942,2,28		检证
张平奇	男	一〇	饶平	1942,2,27	张厝港	屠杀
张平勋	男	一五	饶平	1942,2,27	张厝港	屠杀
张百岳	男	四五	茶阳	1942,3,	吉隆坡	检证
张百双	男	二二		1942,2,18		检证
张任治	男	二九		1942,2,20		拘杀
张任前	男	三四		1942,2,20		拘杀
张伙金	男	二九	惠安	1942,11,	蔴坡	烧死
张吉六	男	一八		1942,2,14		拘杀
张吉麟	男			1942,2,		检证
张伍氏	女			1943,		拘杀
张再廿	男		茶阳	1942,2,16	和丰	失踪
张兆宗	男			1942,2,		检讹
张江林	男	二四		1942,2,14		拘杀
张江兆锡	女	二六	茶阳	1942,3,	文律	入境屠杀
张仲忽	男	三七	同安	1942,2,	星洲	检证
张邦钊	男	二三	潮安	1942,2,28	星洲	拘杀
张汝器	男	三九	潮安	1942,2,19	星洲	检证
张你龙	男	一八	大埔	1942,1,15	柔佛东山	搜捕残杀
张同义	男				槟城	拘杀
张有爱	男	七	厦门	1942,3,7	蔴坡	残杀
张有谦	男	一九	茶阳	1942,7,	怡保	检证
张冰森						拘杀

姓　名	性别	年龄	籍贯	罹难日期	地点	原因
张光钦	男	四一	大埔	1942,2,26	星洲	检证
张克夫	男				巴生	狱中刑死
张克乳	男	二八	南安	1942,2,	星洲	百余人焚毙
张克林	男					拘杀
张克闲	男	二〇	南安	1942,2,	星洲	被围烧死
张克烟	男					拘杀
张克练	男	三五	南安	1942,3,1	柔佛	拘杀
张秀冬	男					拘杀
张秀草	男					拘杀
张秀花	女	九	南安	1942,2,	峇株	屠杀
张秀珍	女	四	南安	1942,2,	峇株	屠杀
张秀环	女	三	南安	1942,2,	峇株	屠杀
张秀菊	女	三五	永春	1942,10,23	张厝港	屠杀
张伯枝	男	三〇	晋江	1942,3,1	哥踏丁宜	拘杀
张伯桑	男	二五	晋江	1942,2,28	星洲	拘杀
张志民	男	四〇	茶阳	1943,	吉隆坡	禁毙
张志强	男	二二	惠安	1942,2,	星洲	检证
张孝诸	男	五一	南安	1942,2,16	峇株	屠杀
张良坤	男	三五	潮安	1942,	蔴坡	拘杀
张利明	女	二六	茶阳	1942,3,	文律	拘杀
张抗生	男	二三	普宁	1943,6,22	江沙	搜捕残杀
张阿华	男	四九		1941,12,19		炸死
张成业	男				星洲	拘杀
张官姐	男	三二	东莞	1942,3,29	比叻沙叻	捕去残杀
张官华	男	二八	惠州		文律	屠杀
张明忠	男	三	南安	1942,1,16	峇株	屠杀
张明森	男	二五		1942,2,23		拘杀
张明荣	男	四七		1942,2,22		拘杀
张明儒	男	三〇		1942,2,22		拘杀
张金山	男	四二	德化	1942,3,8	文律	屠杀
张金水	男	二五		1942,2,14		拘杀
张金水	男	三二				检证
张金玉	男					拘杀
张金疋	男	一七		1942,2,28		检证
张金足	男			1942,2,		检证
张金姑	女	二	南安	1942,2,14	峇株	屠杀
张金花	女					拘杀
张金珍	女	一〇	厦门	1942,3,17	蔴坡	惨杀
张金春	女	一九				检证
张金停	男	一九	永春	1942,3,17	蔴坡	拘杀
张金顺	男			1942,2,		检证
张金榜	男	二五		1942,2,23		检证
张金造	男			1942,2,		检证
张金胜	男					拘杀
张金选	男					拘杀
张金标	男	三五		1941,12,31		炸死
张金逻	男	一九		1942,2,	星洲	检证
张金钟	男	四八		1942,2,14		拘杀

姓　名	性别	年龄	籍贯	罹难日期	地点	原因
张金宝	女	一九	厦门	1942,3,17	蔴坡	残杀
张亚力	男					拘杀
张亚心	男	六〇	饶平	1942,5,4	居銮	屠杀
张亚光	男	五五	饶平	1942,5,4	居銮	屠杀
张亚团	男					炸死
张亚炎	男	一七		1942,2,19	星洲	检证
张亚妹	女	三	南安	1942,2,17	峇株	屠杀
张亚扁	男					拘杀
张亚春	男	五〇	饶平	1942,5,4	居銮	屠杀
张亚春	女	一二	南安	1942,2,17	峇株	屠杀
张亚红	女	七	南安	1942,2,17	峇株	屠杀
张亚香	女	二三	德化	1942,3,8	文律	屠杀
张亚修	男	五五	饶平	1942,5,4	居銮	屠杀
张亚清	男					拘杀
张亚婉	女	四〇	大埔	1942,3,15	新山	受吓疯死
张亚钗	男	一三	南安	1942,2,17	峇株	屠杀
张亚富	女	五	南安	1942,2,17	峇株	屠杀
张亚华	男	五	南安	1942,2,17	峇株	屠杀
张亚扬	男	二五	鹤山	1943,2,	古来	征暹失踪
张亚顺	男	五二	饶平	1942,5,4	居銮	屠杀
张亚达	男	四五	潮安	1943,9,12	蔴坡	残杀
张亚源	男	三二	揭阳	1942,2,28	星洲	检证
张亚义	男	三七	合浦	1943,10,25	柔佛海皮	屠杀
张亚兴	男	三三	揭阳	1942,1,15	柔佛淡杯	屠杀
张亚弹	男	五一	饶平	1942,2,28	峇株	残杀
张亚鲁	男	九	仙游	1942,3,5	振林山	屠杀
张亚惜	女	八	南安	1942,2,	峇株	屠杀
张亚卢	男	六〇	饶平	1942,5,4	居銮	屠杀
张亚嘉	男			1942,2,27		拘杀
张亚嫦	男	一	南安	1942,2,	峇株	残杀
张社育	男	九		1943,1,23		拘杀
张社荀	男	二		1943,1,23		拘杀
张油邦	男	六八	饶平	1942,2,27	张厝港	屠杀
张宗元	男	三一		1942,2,22		失踪
张肯堂	男	四八	南安	1942,2,	峇株	屠杀
张岳申	男	四〇	茶阳	1944,4,	槟城	禁毙
张长江	男	二三		1942,2,14		拘杀
张东瓜	男	八	饶平	1942,2,27	张厝港	屠杀
张育金	男	三三	茶阳		马六甲	拘杀
张叔夜	男	三一	同安	1942,2,	星洲	检证
张其南	男			1942,2,	星洲	检证
张其祥	男	一一	永春	1942,1,13	蔴坡	遭杀
张和轩	男	五六	茶阳		马六甲	禁毙
张法书	男	二三	茶阳	1942,3,	吉隆坡	检证
张治钧	男		茶阳			拘杀
张林盛	男	三二	茶阳	1942,2,18	星洲	炸死
张忠冠	男	三五	德化	1942,3,8	文律	屠杀
张忠发	男			1942,2,	星洲	检证

张佳顺	男	五八	茶阳	1942,2,	芙蓉	拘杀
张怡路	男	四〇		1942,2,14		拘杀
张尚弹	男					拘杀
张芳青	男	二四	潮安	1942,2,24	星洲	检证
张炎贤	男	三九	茶阳	1942,3,	柔佛水塘	拘杀
张武全	男	三三	饶平	1943,9,11	峇株	屠杀
张武暹	男	三七	饶平	1943,3,28	峇株	屠杀
张迎赛	男	四〇	茶阳	1945,8,21	柔佛海皮	降后残杀
张拱光	男	四〇	茶阳	1942,2,	瓜朥	巫人暗杀
张拱挟	男	三九	潮安		星洲	拘杀
张春元	男		闽	1942,1,14	丁加奴	被捕残杀
张修松	男		琼州	1942,3	丁州拍加	毒刑枪毙
张炳炎	男	一七		1942,2,19	星洲	检证
张炳姜	男	五〇	南安	1942,2,16	峇株	屠杀
张炳桐	男	三五	潮安	1942,	星洲	检证
张炳瑞	男	六五		1942,2,11		拘杀
张季则	男	四五	惠阳		士乃	屠杀
张香佛	男			1942,2,	星洲	检证
张香梯	男	二五		1942,2,19	星洲	检证
张香系						失踪
张俊钦	男	四	大埔	1942,3,8	文律	屠杀
张奕加	男	四五	澄海	1942,2,27	星洲	拘杀
张奕梯	男	四五				拘杀
张建功	男	四〇	茶阳	1941,12,	星洲	炸死
张建泉	男	一九			星洲	检证
张建坛	男	四五		1942,2,22	星洲	检证
张勉之	男	三九		1942,2,	星洲	检证
张笋仔	男	四	茶阳	1942,2,	文律	拘杀
张保臣	男	五八	茶阳	1944,5,	新古毛	禁毙
张修科	男	二七		1942,2,19	星洲	检证
张某某	男	二三	茶阳	1943,		征暹失踪
张哈哈	男					炸死
张美仁	男	二二	南安	1942,2,17	峇株	屠杀
张美盾	男	二〇	南安	1942,2,17	峇株	屠杀
张美送	男	一二	南安	1942,2,13	峇株	屠杀
张美省	男	一九	南安	1942,2,17	峇株	屠杀
张美景	男	二三	南安	1942,2,17	峇株	屠杀
张美荣	男	一三	南安	1942,2,17	峇株	屠杀
张美龙	男	一八	粤	1942,2,1	东山	屠杀
张述书	男	三六		1942,2,15	星洲	检证
张茂裕	男			1942,2,	星洲	检证
张英通	男	三〇	永春	1943,2,5	柔佛	拘杀
张冠雄	男			1942,		拘杀
张红记	女	六	饶平	1942,2,27	张厝港	屠杀
张洪发	男	一〇		1942,		炸死
张俊钦	男	四	茶阳	1943,3,	文律	拘杀
张胡运	男	四一		1942,2,18	星洲	检证
张宣贤	男	二八		1942,1,20		炸死
张桃友	男	四二	南安	1942,1,6	峇株	屠杀
张时石	男	三〇		1942,2,21	星洲	检证

张时古	男	二一		1942,2,18	星洲	检证
张时果	男	二一	晋江	1942,2,28	星洲	拘杀
张时坚	男	四三		1942,2,18	星洲	检证
张时坚	男	四七	晋江	1942,2,28	星洲	拘杀
张时齐	男	三六	晋江	1942,2,18	星洲	检证
张时齐	男	三九	晋江	1942,2,28	星洲	拘杀
张彩龙	男	二八	茶阳	1942,2,	新山	拘杀
张泰东	男					拘杀
张益水	男	一一	南安	1942,2,	峇株	屠杀
张益为	男	七	南安	1942,2,	峇株	屠杀
张悌向	男	三一	南安	1942,2,17	峇株	屠杀
张悌建	男	四一	南安	1942,2,14	峇株	屠杀
张悌由	男	四〇	南安	1942,2,17	峇株	屠杀
张悌乌	男	三一	南安	1942,2,17	峇株	屠杀
张悌乌	男	三九	南安	1942,2,14	峇株	屠杀
张勉之	男	桂			星洲	检证
张记利	男	五六	琼州	1942,2,1	东山	屠杀
张振文	男	七	同安	1942,3,5	振林山	入境屠杀
张振民	男	四〇	文昌	1942,3,5	振林山	屠杀
张振佩	男	三二		1942,2,28	星洲	检证
张振南	男	二三		1942,2,21	星洲	检证
张振基	男					拘杀
张振蕃	男	四五		1942,2,21	星洲	检证
张纯生	男	三六	茶阳	1942,2,	吉隆坡	检证
张浩生	男	一八	大埔	1942,11,24	怡保	失踪
张孙立	男	五三	晋江	1942,3,1	柔佛	拘杀
张书炳	男	五一		1942,2,18	星洲	检证
张海庭	男	二七	茶阳	1942,9,	星洲	检证
张祐章	男	二六		1942,2,19	星洲	检证
张流祥	男	茶阳		1942,5,	马六甲	拘杀
张马球	男	三八		1942,2,20	星洲	检证
张家保	男	四二	文昌	1942,2,20	星洲	拘杀
张家锦	男				士乃	屠杀
张家宝		三九		1942,2,22	星洲	检证
张清玉						拘杀
张清枝				1942,2,14		拘杀
张清炎	男	四三				炸死
张清海	男			1942,2,	星洲	检证
张清基	男	三六	思明	1942,2,22	星洲	检证
张清传	男	二三		1942,2,19	星洲	检证
张清选	男	二三		1942,2,27	星洲	检证
张清霜	男	三六	同安	1942,2,22	星洲	检证
张国平	男	三八	茶阳	1944,5,	马六甲	禁毙
张国民	男	二	德化	1942,3,8	文律	屠杀
张国借	男	三一	茶阳	1942,2,	芙蓉	检证
张国祥	男	二五	梅县	1944,4,	怡保	拘杀
张莉朋	女	二六	大埔	1942,3,8	文律	屠杀
张培四	男					拘杀
张培赐	男	七五		1942,2,14		拘杀
张添水	男	三二	永春	1942,3,6	蔴坡	拘杀

张添火	男	三三		1942,2,23		检证
张添贵	男	二八		1942,2,23	星洲	检证
张添发	男	一五	南安	1942,3,17	峇株	屠杀
张凉平	男	二五	潮安	1943,9,12	蔴坡	拘杀
张淞堂	男	二五	饶平	1942,2,27	张厝港	斩首
张发英	男	二八	大埔	1942,2,15	峇株	屠杀
张逢高	男	六二	饶平	1942,2,27	张厝港	屠杀
张接昌	男	三八	茶阳	1945,6,	苏岛	苦役致死
张婆弟				1942,		拘杀
张崇枝						拘杀
张连生	男	二八	天津	1942,2,24	星洲	检证
张连枝						拘杀
张连捷	男	二五	汕头	1942,1,	蔴坡	拘杀
张萧野	男			1942,2,	星洲	检证
张桂兴	男	一三	揭阳	1945,4,20	古来	屠杀
张彬然	男	三七	揭阳	1944,5,7	双溪古月	残杀
张现精	男	三二		1942,2,18	星洲	检证
张细中	男	二七	茶阳	1945,4,	安顺	被捕遇害
张绍德	男	五三	茶阳	1943,	和丰	拘杀
张顺运	男	三二	闽清	1945,4,9	新山	特高科捕
张顺兴	男	一六		1942,2,18	星洲	检证
张从应	男	三一				拘杀
张开川	男	四二	厦门	1942,3,17	蔴坡	遭杀
张开甫	男	三五	茶阳	1945,3,	马六甲	禁毙
张开成	男			1942,2,	星洲	检证
张开库						拘杀
张景允	男	一九	茶阳	1944,5,	宋加兰	巫人排华
张景良	男	三六	茶阳	1944,5,	宋加兰	巫人排华
张景添	男	二三	茶阳	1944,5,	宋加兰	巫人排华
张进之	男	五〇	茶阳	1944,9,	太平	禁毙
张进宏	男	四七		1942,2,28		炸死
张华山	男	三		1941,12,31		炸死
张华厦	男	六月		1941,12,31		炸死
张胡来	男	三〇		1942,2,14		拘杀
张朝锦	男	四七		1942,2,18	星洲	检证
张傅氏	女	五二		1942,2,14		拘杀
张紫木	男	二三	粤	1944,2,22	蔴坡	刑死
张紫青	男				士乃	屠杀
张就生	男	三七	大埔	1942,3,6	吉隆坡	拘杀
张伟如	男	三六	茶阳	1944,9,	吉隆坡	拘杀
张善茶	男			1942,2,19	星洲	检证
张善堂	男	二七	茶阳	1942,	马六甲	拘杀
张惠英	女	三七	永春	1942,3,8	文律	屠杀
张棋楠	男	三〇	安溪	1949,2,23	星洲	检证
张捷能	男	四二	茶阳	1943,8,	峇株	拘杀
张发就	男	二一	揭阳		士乃	拘杀
张仍发	男	四六	惠安	1942,2,	蔴坡	拘杀
张琦扬	男	二三	惠安	1942,2,28	星洲	拘杀
张买栋	男	三〇	开平	1943,11,19	太平	拘杀
张云溪		二二		1942,1,21		炸死

姓　名	性别	年龄	籍贯	罹难日期	地点	原因
张贵路	男			1942,2,	星洲	检证
张顺义	男	五七		1942,8,		拘杀
张惠群	男	四三	茶阳	1942,2,	星洲	检证
张喜庆	男	三二	揭阳	1942,2,28	星洲	检证
张喜庆	男	三五		1942,2,28		拘杀
张曾贤	男	一八	茶阳	1944,4,	新山	宪兵拘杀
张瑞良	男	三四		1942,2,21	星洲	检证
张瑞亭	男	四〇	上海	1942,2,27	星洲	检证
张瑞琨	男	五八		1942,2,15	星洲	检证
张瑞龙	男			1942,2,	星洲	检证
张瑞耀	男			1942,2,	星洲	检证
张新已	男				星洲	检证
张新寅	男				星洲	检证
张妈叻	男					拘杀
张妈宝				1942,2,	星洲	检证
张爱治	女	三	南安	1942,2,17	峇株	屠杀
张焕初	男	一八				拘杀
张爱花	女	二	南安	1942,2,17	峇株	屠杀
张沧海	男			1942,2,	星洲	检证
张勤香	女	二八	大埔	1942,3,8	文律	屠杀
张业华	男	三四		1942,2,23	星洲	检证
张遂源						拘杀
张廖西	男	五三	云霄	1942,1,15	马西	屠杀
张凤梧	男	三〇	茶阳	1942,2,	瓜朥	巫人暗杀
张凤镗	男	一八		1942,2,28		拘杀
张碧清	女	一二	饶平	1942,2,27	张厝港	屠杀
张福山	男			1942,2,	星洲	检证
张福春	男			1942,2,27	星洲	检证
张侨民	男	七	德化	1942,3,8	文律	屠杀
张福秀	女	一七	南安	1942,2,16	峇株	屠杀
张福华	男	二〇	南安	1942,2,16	峇株	屠杀
张福聚	男	一六	南安	1942,2,16	峇株	屠杀
张福锦	女	一九	南安	1942,2,16	峇株	屠杀
张荣阳	男	二〇		1942,2,28	星洲	检证
张荣萍	男			1942,2,22	星洲	检证
张实力	男	三八	潮安	1942,2,24	星洲	检证
张毓乞	男	三三	晋江	1942,2,28	星洲	拘杀
张寿民	男	三五	茶阳	1941,11,	槟城	炸死
张熊禹	男	二七	潮阳	1941,2,28	星洲	检证
张莲花	女	五九	饶平	1942,2,27	张厝港	屠杀
张德永	男	三五	古田	1942,3,16	实吊远	活埋
张德承						拘杀
张德良	男	四四	茶阳	1942,2,	星洲	拘杀
张德来	男	二七		1942,2,		拘杀
张德龄	男	四九	南安	1942,2,28	峇株	全家被杀
张熠初		三九	茶阳	1945,3,	马六甲	禁毙
张锦文				1942,2,	星洲	检证
张锦红	女	六	潮安	1943,9,12	蔴坡	遭杀

姓　名	性别	年龄	籍贯	罹难日期	地点	原因
张锦针	男	一八	潮安	1943,9,12	蔴坡	遭杀
张锦华	男	一八	潮安	1943,9,12	蔴坡	遭杀
张兴好	男	四〇	晋江	1942,3,1	柔佛	征工被杀
张润添	男	三一		1942,2,19	星洲	检证
张树芬	男	二六	惠安	1942,6,	峇株	屠杀
张树声	男	四三		1942,2,		拘杀
张锡藩	男	三〇	茶阳	1943,6,	马六甲	禁毙
张聪基	男	四〇		1942,2,14		拘杀
张学宗	男	五〇	大埔	1942,2,27	峇株	残杀
张灿德	男	一九		1942,3,12		拘杀
张应谦	男	二一	茶阳	1944,	吉隆坡	拘杀
张丰盛	男	二七	茶阳	1942,2,27	新山	拘杀
张丽卿		二四		1942,1,12		炸死
张琼生	男	三二	北流	1942,3,17	峇汝	残杀
张镇藩	男	四三	茶阳	1942,2,	星洲	检证
张宝成	男	二四		1942,2,		炸死
张宝庆	男	五〇	天津	1942,2,24	星洲	检证
张宝兰	女	五	永春	1942,1,13	蔴坡	遭杀
张醴初	男	三六				炸死
张觉辉	男	二九	茶阳	1942,3,8	文律	拘杀
张耀镇	男			1942,2,	星洲	检证
张权访	男	二四	茶阳	1944,4,	马六甲	拘杀
张麒麟	男	三一		1942,2,28	星洲	检证
张苏保	男			1942,2,	星洲	检证
张继坎	男	五二	南安	1942,2,27	峇株	全家五十口
张继策	男	二二	南安	1942,2,4	峇株	屠杀
张继树	男	一四	南安	1942,2,16	峇株	屠杀
张鑫宇	男					拘杀
章亚福	男				星洲	检证
章秀治	女	二四	莆田	1942,2,14	星洲	屠杀
梁　女	女	三五	粤	1942,2,1	东山	屠杀
梁　氏	女	三八	新会	1942,1,26	新山	屠杀
梁　友	男					拘杀
梁　仔	男					拘杀
梁　田	男	五一	容溪	1942,1,11	哥打丁宜	屠杀
梁　合	男	三二	开丰	1942,1,26	新山	屠杀
梁　安	男	五二	容县	1943,7,15	士年纳	征暹失踪
梁　江	男	三五		1941,12,24		炸死
梁　邦	男	二八	定白	1942,2,24	新山	屠杀
梁　车	男	五四	容县	1942,2,20	古来	入境屠杀
梁　东	男	三九	桂	1945,7,16	金巴士	屠杀
梁　佳	男	二八	容溪	1942,1,12	哥打丁宜	屠杀
梁　和	男	四二	信宜	1942,3,12	新山	屠杀
梁　芬				1942,2,23		检证
梁　波	男	五二		1942,2,19	星洲	检证
梁　波	男	二四	四会	1942,2,24	新山	屠杀
梁　金	男	三六	容县	1942,2,20	古来	入境屠杀
梁　金		二七		1942,2,14		拘杀

姓　名	性别	年龄	籍贯	罹难日期	地点	原因
梁　海	男	二七	南安	1942,2,14	星洲	屠杀
梁　信	男	二九	峇溪	1942,1,10	哥打	屠杀
梁　南	男	三〇	容县	1942,2,20	古来	入境屠杀
梁　英	男	二四	北流	1942,2,20	古来	入境屠杀
梁　英	男	二五	桂	1942,2,1	古来	先锋屠杀
梁　约	女	四〇	南安	1942,2,29	星洲	检证
梁　时	男					拘杀
梁　班	男		南安	1942,2,	裕廊	检证
梁　峇	男	三九		1942,2,28	星洲	拘杀
梁　益	男			1942,2,	星洲	检证
梁　财	男					拉夫
梁　深	男			1942,2,	星洲	检证
梁　富	男	五〇	容县	1943,7,8	士年纳	征暹失踪
梁　森	男	四八		1942,2,	星洲	检证
梁　琴	男	二四	南安	1942,2,29	星洲	检证
梁　华	男	四二	北流	1942,2,20	古来	入境屠杀
梁　华	男	四七		1942,2,22	星洲	检证
梁　传	男		桂	1942,2,1	古来	先锋屠杀
梁　慈						拘杀
梁　壁						失踪
梁　谢	男					拘杀
梁九胜	男					拉夫
梁子钧	男			1942,2	星洲	检证
梁中秋	男	六〇	潮安	1942,2,28	新山	失踪
梁水坑	男	三二		1942,2,11		拘梁
梁水龙	男					拘杀
梁天仗	男	四〇		1942,2,28	星洲	检证
梁天长	男					拘杀
梁天从	男	四三	南安	1942,2,28	淡边	检证
梁天溢	男			1942,2,	星洲	检证
梁公侠	男			1942,2,	星洲	检证
梁公伟	男	六二		1942,2,17	星洲	检证
梁月好	女	五五		1942,		拘杀
梁文定	男	二三	中山	1944,3,13	星洲	死于狱中
梁永面	男			1942,2,20	星洲	检证
梁永勉	男			1942,2,	星洲	检证
梁玉兰	男	四二	南安	1942,2,29	星洲	检证
梁民生	男					拘杀
梁世根	男					拘杀
梁安孚	男	五四		1942,2,		拘杀
梁安辉	男			1942,2,	星洲	检证
梁池氏	女	二五	茶阳	1942,1,	庇朥	全家五口
梁均安	男		顺德		星洲	检证
梁信隆	男	四二	罗定	1942,11,4	柔佛海皮	屠杀
梁秀光	男	一八		1942,2,23	星洲	检证
梁廷昌	男	二二	梅县	1943,5,20	星洲	拘杀
梁抗清	男			1942,2,2	星洲	检证
梁志翱	男	三二		1943,		拉夫

姓名	性别	年龄	籍贯	罹难日期	地点	原因
许乌语	男	四八	金门	1945,2,10	峇株	残杀
许建康	男	二四		1942,2,22	星洲	检证
许建民	男	二一	潮安	1942,3,8	文律	屠杀
许则余	男			1942,2,21	星洲	检证
许修添	男	二九		1932,2,		拘杀
许海州	男	四二	高州	1945,2,	蔴坡	被杀
许海松	男	二九		1942,2,22	星洲	检证
许家泮	男	四五		1942,2,22	星洲	检证
许深波	男	三三	诏安	1942,2,14	星洲	检证
许深准	男	四二	饶平	1942,1,13	丰盛港	屠杀
许素贞	女					拘杀
许恭号	男	三二		1942,2,24		炸死
许记贤	男					拘杀
许唯一	男	四一	潮安	1942,	蔴坡	被杀
许细狗	男			1942,2,		检证
许逢扬	男	四八	漳州	1944,7,	什吻拉	残杀
许深波	男	三三		1942,2,19		检证
许崇昌	男	二六		1942,2,28	星洲	检证
许捷胜	男	四〇	饶平	1942,1,13	丰盛港	屠杀
许阳提	男	二五		1942,2,24		炸死
许敦妹	女	四三		1942,2,27		拘杀
许敦集	男				星洲	检证
许复生	男	三四	晋江	1942,2,16	星洲	检证
许惠炎	男	一七		1941,12,14		炸死
许喜添	男	二七		1942,2,21	星州	检证
许贻瑶	男			1942,2,	星训	检证
许华侨	男	三六		1942,2,	星洲	检证
许钦城						拘杀
许进兴	男	三九	安溪	1942,2,28	星洲	检证
许慈命	男	二〇		1942,2,10		拘杀
许敬忠	男	四二	安溪	1942,1,9	巴刀文律	残杀
许钺侯	男	一八		1942,2,		检证
许源胜	男	三八	饶平	1942,1,13	丰盛港	屠杀
许意云				1942,		炸死
许传为	男	五八	饶平	1942,3,	巴力亚年	屠杀
许瑞琳	男	三〇		1942,6,9		拘杀
许福炎	男	二〇	惠安	1942,4,6	槟城	逃江沙病毙
许嘉有	男				星洲	检证
许寿添	男	二四		1942,2,28	星洲	检证
许荣进	男	二六		1942,2,22	星洲	检证
许维壁	男	五三		1942,2,	星洲	检证
许辉容	男			1942,2,	星洲	检证
许辉煌	男	二三		1942,2,18	星洲	检证
许学林	男	五四	罗定	1943,10,29	柔佛水塘	屠杀
许锡炎	男	三二	潮安	1942,2,28	星洲	检证
许锡草	男	六〇	南安	1942,2,28	星洲	检证
许锡勤	男	三六	潮安	1942,2,28	星洲	检证
许潮清	男					拘杀
许鸿隆	男			1942,2,	星洲	检证
许声照	男	二三		1942,2,22	星洲	检证
许声凤	男	五七	文昌	1944,9,12	柔佛	被捕屠杀
许钟灵	男	四五		1942,2,	星洲	检证
许耀环	男			1942,12,16	丁州勿述	残杀
许宝藏	男	四四	潮州	1942,2,28	柔佛	拘杀
符　氏	女	五二	琼州	1945,5,19	永平	拘杀
符　光	男	三六	文昌	1942,4,27	金马士	屠杀
符　明	男				古来	被捕遇害
符　恩	男	三〇	琼州	1942,3,1	星洲	拘杀
符　钰	男	四〇	万宁	1944,3,	振林山	屠杀
符　铭	男		粤	1942,1,27	蔴坡	围杀
符　福	男	四四	梅县	1942,1,15	新山	屠杀
符大林	男			1942,		拘杀
符大桂	男	二九	琼州	1944,10,	蔴坡	暗杀
符公玉	男	二六		1942,2,26		检证
符仁吾	男	四三		1941,12,21		炸死
符之清	男	二〇	文昌	1943,9,29	新山	捕杀
符之新	男	四〇		1942,2,22	星洲	检证
符之宾	男	二五	文昌	1942,2,18	星洲	检证
符文江	男	三四	文昌	1943,7,4	柔佛	屠杀
符世宦	男			1942,		拘杀
符世彬	男	三八	琼	1942,1,	蔴坡	拘杀
符世锦	男	五七	琼	1942,1,	蔴坡	拘杀
符玉妹	女	三〇	琼山	1943,4,7	古来	清乡被杀
符玉佳	男					拘杀
符史基	男	二一	文昌	1942,12,23	丁州拍加	酷刑斩首
符功进	男					拘杀
符功焕	男	五〇	乐会	1945,7,13	柔佛	被捕遇害
符生荣	男	四七	万宁	1943,4,	拉美士	屠杀
符用福	男	六七	文昌	1942,2,24	新山	屠杀
符光远	男	四〇		1942,2,19	星洲	检证
符全蕃	男			1942,2,	星洲	检证
符岳初	男					拘杀
符宏芳	男	二一	文昌	1944,2,5	槟城	拘杀
符招荣	男				古来	被捕遇害
符昌昕	男			1942,		炸死
符昌杰	男			1942,		拘杀
符昌澄	男			1942,		检证
符昌简	男			1942,		炸死
符昌琼	男			1945,		拘杀
符金花	女	四三	文昌	1942,3,8	文律	屠杀
符亚九	男	二	琼山	1944,3,12	士年纳	屠杀
符亚三	女	四〇	文昌	1942,3,8	文律	屠杀
符亚文	男	六〇	饶平	1942,5,4	居銮	屠杀
符亚生	男	四四	琼州	1944,4,25	新山	灌水至死
符亚吾	男	三二		1945,4,		拘杀
符亚明	男	四四	琼	1942,9,11	蔴坡巴莪	烧死
符亚泥	男	三〇	琼山	1944,3,12	士年纳	屠杀
符亚贵	男	三九	琼山	1943,4,7	古来	清乡被杀
符明训	男	三〇		1942,2,18	星洲	检证
符明理	男				古来	被捕遇害
符和谦	男	四〇	文昌	1942,2,23	星洲	检证
符洪谦	男		琼州	1941	丁州拍加	酷刑斩首
符违容	男	五四	琼山	1944,3,12	士年纳	屠杀
符建荣	男	五二	文昌	1942,7,	古来	屠杀
符气松	男	二〇		1942,2,18	星洲	检证
符气星	男		琼州	1942,3,	丁州拍加	刑后枪毙
符气智	男	四五		1942,2,18	星洲	检证
符气载	男	二九	琼山	1942,11,8	古来	被捕遇害
符气瀛	男	三一		1942,2,23	星洲	检证
符气丰	男	四〇		1942,2,		拘杀
符致文	男	三九	文昌	1943,1,	古来	清乡屠杀
符致南	男			1942,2,	星洲	检证
符家瑄	男			1942,		拘杀
符家荣	男	二五	文昌	1942,2,28	星洲	检证
符国信	男	三二	文昌	1944,8,19	新山	宪兵捕去
符国栋	男	二九	文昌	1943,4,19	新山	宪兵捕去
符国栋	男	三〇	琼山	1942,11,	古来	屠杀
符国球	男	四〇	文昌	1943,4,4	新山	拘杀
符开科	男	三二	万宁	1944,7,8	柔佛班兰	宪兵捕去
符开汉	男	四八	文昌	1944,4,4	新山	宪兵捕去
符国汉	男			1943,3,		拘杀
符祥庭	男	二八		1942,2,15	星洲	检证
符开汉	男					拘杀
符傅蕃	男	四九		1942,2,21	星洲	检证
符爱花	女	三二	琼山	1942,7,20	古来	清乡屠杀
符爱芳	女	八		1941,12,18		炸死
符爱莲	女	四〇		1941,12,28		炸死
符杰莲	男	二七		1942,2,28	星洲	检证
符载廉	男	四一	文昌	1942,3,3	新山	捕杀
符福明	男	三二		1942,2,18	星洲	检证
符福楠	男	四〇		1942,2,18	星洲	检证
符福照	男	三一	琼州	1942,2,28	星洲	检证
符凤岐	男			1942,2,	星洲	检证
符鸣泰	男	三二		1942,2,15		拘杀
符庆轩	男			1942,		炸死
符德焕	男		粤	1942,1,27	蔴坡	围捕残杀
符德耀	男					拘杀
符学焕	男	四二	文昌	1944,7,6	新山	宪兵捕去
符儒高	男			1942,		炸死
符鸿财	男	四〇	文昌	1944,3,	振林山	屠杀
符鸣众	男			1944,7,6	槟城	拘杀
符儒坚	男	二四	文昌	1942,2,20	星洲	拘杀
符儒鎏	男	三一	文昌	1945,5,30	泰国	失踪
符儒谟	男	二五		1945,9,		炸死

符树甲	男	五一		1942,2,28	星洲	检证
符树桂	男	二八				拘杀
符树连	男	三六		1942,2,20	星洲	检证
符树淮	男	二五	文昌	1942,2,18	星洲	拘杀
符树雄	男	三五		1942,2,17		拘杀
符树义	男	四九		1942,2,15	星洲	检证
符锦文	男			1932,2,	星洲	检证
符晓桑	男	五三	文昌	1942,2,19	星洲	拘杀
符晓双	男	五〇		1942,2,23	星洲	检证
符鸿才	男	三〇		1942,2,26	星洲	检证
符鸿泰	男	三〇		1942,2,26	星洲	检证
符鸿谦	男	三二		1942,		拘杀
符双英	男		文昌	1942,1,14	丁加奴	打死
符镜波	男			1942,2,24		检证
连天仙	男	三三	茶阳	1942,3,	柔佛班兰	入狱刑死
连自展	男	五四	闽	1943,3,6	蔴坡	刑死
连安稳	男	二四		1944,		拘杀
连建隆	男	二五		1942,2,19	星洲	检证
连振中	男			1942,2,	星洲	检证
连添泉	男	三六		1942,2,28	星洲	检证
连开九	男				星洲	检证
连开秀	男	三三		1942,2,22	星洲	检证
连开利	男	三一		1942,2,22	星洲	检证
连开寿	男				星洲	检证
连开兴	男	三一		1942,2,22	星洲	检证
连曾余	女	二八	茶阳	1945,3,	槟城	入狱刑死
连胜嫂	女	四〇	茶阳	1942,3,1	士乃	拘杀
连裕水	男	一八		1941,12,8		炸死
连钦泉	男	一七	大埔	1942,2,28	士乃	入境屠杀
连谓川	男	四七	茶阳	1944,10,	槟城	入狱刑死
连霭昌	男	三八	茶阳	1944,12,	槟城	入狱刑死
莫　才	男	二四	岑溪	1943,4,12	士年纳	宪兵屠杀
莫　山	男	三八	琼山	1944,4,	古来	活埋
莫　仁	男	五〇	客家	1943,4,15	峇株	屠杀
莫　光	男	二八	岑溪	1942,9,12	德兴港	宪兵屠杀
莫　海	男	三六	容县	1943,4,15	古来	征暹失踪
莫　祥	男	三五	容县	1944,3,	蔴坡	屋中被杀
莫　福	男				星洲	检证
莫九女	女	三〇		1942,3,9		拘杀
莫少精	男			1942,2,22	星洲	检证
莫文彬	男	五一	莆田	1942,3,5	振林山	入境屠杀
莫生财	男	四一		1942,2,	星洲	检证
莫世强	男			1942,2,	星洲	检证
莫汝英	男	二三	万宁	1942,12,	槟城	捕去失踪
莫兆存	男					拘杀
莫忠和	男	五九	高州	1944,4,22	柔佛波厘	全家八口殉
莫亚田	女	一一	高州	1944,4,22	柔佛波厘	清乡屠杀
莫亚妹	女	一二	高州	1944,4,22	柔佛波厘	清乡屠杀
莫亚彩	女	八	高州	1944,4,22	柔佛波厘	清乡屠杀
莫亚华	男	一四	高州	1944,4,22	柔佛波厘	清乡屠杀

莫亚娇	女	一八	高州	1944,4,22	柔佛波厘	清乡屠杀
莫昌瑞	男	三八	万宁	1942,2,23	星洲	检证
莫泰山	男	三二		1942,2,22	星洲	检证
莫泰仁	男	五五		1942,2,22	星洲	检证
莫泰森	男					炸死
莫泰源	男			1942,2,	星洲	检证
莫泰荣	男			1942,2,22	星洲	检证
莫国焕	男	四八		1941,12,8		炸死
莫集宽	男	二六			星洲	检证
莫锦泉	男			1942,2,22	星洲	检证
莫锦辉	男			1942,2,22	星洲	检证
梅　六	男	三八	台山	1942,3,6	蔴坡	拘杀
梅　桂	女	一一	开平	1941,1,26	新山	屠杀
梅狄贤	男	二二		1941,12,29		炸死
梅长广	男		台山		星洲	检证
梅金华	男			1942,2,21	星洲	检证
梅金焕	男			1942,2,28	星洲	检证
梅金兴	男			1942,2,28	星洲	检证
梅建芳	男	二九		1942,2,20	星洲	检证
梅建庭	男	二七		1942,2,20	星洲	检证
梅建兴	男				星洲	拘杀
梅桂文	男	二四	台山	1943,2,	柔佛	拘杀
梅祥江	男	三二	台山	1942,2,28	星洲	检证
梅祥发	男	二一	台山	1942,2,28	星洲	检证
梅祥广	男	三五	台山	1942,2,28	星洲	检证
梅启康	男	四三	台山	1942,3,6	星洲	拘杀
梅健兴	男			1942,2,28	星洲	检证
梅荣佐	男	二八	台山	1942,3,	蔴坡	拘杀
梅鸿兆	男			1942,2,28	星洲	检证
康顺发	男				星洲	检证
康发生	男	五六	惠安	1942,1,17	峇株	屠杀
庄　中	男				士乃	失踪
庄　少	男	五七	梅县	1942,3,10	古来	搜山屠杀
庄　方	男				士乃	失踪
庄　同	男				士乃	失踪
庄　有	男				士乃	失踪
庄　有	男	五七	陆丰		古来	屠杀
庄　成	男	四二	陆丰		士乃	屠杀
庄　求	男	三八	陆丰		古来	屠杀
庄　某	男	五二	晋江	1942,3,8	文律	屠杀
庄　球	男	三九	陆丰	1945,4,29	新山	屠杀
庄　寻	男	五四	陆丰		士乃	屠杀
庄　创	男				士乃	失踪
庄　兴	男	四八	惠州	1944,11,16	新山	屠杀
庄小丽	女	一〇	晋江	1942,3,8	文律	屠杀
庄大丽	女	一二	晋江	1942,3,8	文律	屠杀
庄友钊	男	三六	惠安	1942,2,21	星洲	检证
庄文敦	男			1942,2,21	星洲	检证
庄尼姑	女	八	晋江	1942,3,8	文律	屠杀
庄再成	男			1941,12,		炸死

庄有钊	男	三七	惠安	1942,2,19	星洲	检证
庄官带	男	三五	惠阳		士乃	失踪
庄金泰	男	四九	兴化	1942,1,	蔴坡	拘杀
庄迫景	男	二四		1941,12,13		炸死
庄南隆	男	三九	潮安	1942,3,3	峇株	残杀
庄迪英	男	二八	琼东	1944,12,14	吉隆坡	拘杀
庄迪章	男	三五		1942,2,21	星洲	检证
庄迪新	男	四八		1942,2,21	星洲	检证
庄得炎	男	六三	潮安	1942,3,3	峇株	活埋
庄约贵	男	二七		1942,2,21	星洲	检证
庄梅姑	女	二	晋江	1942,3,8	文律	屠杀
庄景福	男	二八	琼山	1942,11,	古来	屠杀
庄朝松	男	二四	厦门	1943,5,	新山	游击殉难
庄摸梅	男	五	晋江	1942,3,8	文律	屠杀
庄钢松	男	四五	潮安	1945,6,10	永平	拘杀
庄聚成	男	四二	晋江	1942,3,8	文律	屠杀
庄应朝	男	二八	潮安	1942,2,10	峇株	屠杀
庄锡祉	男	二二	普宁	1942,4,2	槟城	刑死狱中
曹仁杰	男			1942,2,	星洲	检证
曹亚九	男				星洲	检证
曹全友	男				星洲	检证
曹亚寿	男				星洲	检证
曹顺贤	男	三二	大埔	1942,2,16	星洲	检证
曹新才	男	二一	台山	1942,2,	星洲	检证
曹照珏	男	二五		1942,2,16	星洲	检证
曹照觉	男	二八	茶阳	1942,2,16	星洲	检证
曹焕照	男	二一		1942,2,21	星洲	检证
曹维时	男	五三	茶阳	1942,3,	柔佛哥打	拘杀
麦秋水	男					拘杀
麦瑞光	男			1942,2	星洲	检证
麦福宁	男			1942,2,	星洲	检证
麦广源	男			1942,2,	星洲	检证
麦广贤	男			1942,2,23	星洲	检证
麦学财	男			1942,2,	星洲	检证
麦学职	男				星洲	检证
崔天明	男	四〇	嘉定	1945,3,	星洲	刑死
崔伯龙	男	四一		1942,2,22	星洲	检证
崔享荣	男					拘杀
粘成保	男			1942,2,	星洲	检证
粘亚曲	女	二四	大埔	1942,3,8	文律	屠杀
崔乔裕	男				星洲	检证
细　莲	男	四五	罗定	1943,6,6	士年纳	捕去暹罗
国　富	男	三二	琼州	1943,2,7	马西	搜捕枪杀
黄　乃	男	四五	陆丰	1945,1,7	笨珍	搜山屠杀
黄　七	男	四三	容县		古来	宪兵杀害
黄　八	男	三一	安溪	1942,2,28	裕廊	检证
黄　八	女	五二	粤	1942,2,1	东山	屠杀
黄　山	男	二四		1942,2,28		拘杀
黄　才	男	五五	容县	1943,8,15	士乃	征暹失踪
黄　牛	男	六	揭阳	1942,11,5	古来	被捕屠杀

姓	名	性别	年龄	籍贯	罹难日期	地点	原因
黄	四	男	四〇	琼州	1942,1,6	柔佛	屠杀
黄	玉	男	四五	惠州	1944,12,9	士年纳	宪兵屠杀
黄	生	男	三二	信宜	1942,3,12	新山	屠杀
黄	生	男	四五	郁林	1943,8,15	士乃	征暹失踪
黄	立	男			1942,2,3	士乃	失踪
黄	正	男			1942,2,28	士乃	大屠杀
黄	光	男	三六	桂	1944,9,9	柔佛水塘	入狱打死
黄	吉	男	二七		1942,2,28	星洲	检证
黄	合	男	四四		1942,1,1		炸死
黄	合	男	四〇	陆丰	1943,10,12	古来	捕杀
黄	芋	男		闽	1942,1,27	蔴坡	围杀
黄	汗	男	三五	粤	1942,2,1	古来	先锋屠杀
黄	汙	男	三四	容县	1943,7,15	士年纳	征暹失踪
黄	有	女	六三	揭阳	1945,7,6	士乃	烧死
黄	地	男	三五	安溪	1942,2,	裕廊	检证
黄	扳	男			1942,2,20	星洲	检证
黄	坂	男	二二	晋江	1942,2,28	星洲	拘杀
黄	安	男			1942,2,28	士乃	大屠杀
黄	女	女	六	陆丰	1943,10,12	古来	捕杀
黄	文	男	四〇	粤	1942,2,1	东山	屠杀
黄	氏	女			1942,2,28	士乃	大屠杀
黄	氏	女	四〇	琼州	1943,	蔴坡	拘杀
黄	水	男	三二		1942,2,14		拘杀
黄	水	男	三八		1942,3,3		检证
黄	木	男			1942,2,20		检证
黄	丹	男	三八	琼山	1943,4,	古来	清乡时活埋
黄	仕	男		南安	1942,1,27	蔴坡	围杀
黄	友	男	四二	开平	1943,3,11	峇株	屠杀
黄	平	男			1942,2,20	星洲	检证
黄	友	男	一六	安溪	1942,2,9	星洲	屠杀
黄	回	男		闽	1942,1,27	蔴坡	围杀
黄	四	男		信宜	1942	马口	捆绑饿死
黄	安	男	四五	北流	1943,11,5	古来	捕杀
黄	安	男	四一	容县	1943,10,7	古来	捕杀
黄	安	男	四二	容县	1943,7,8	古来	征暹失踪
黄	坑	男	三八	安溪	1942,2,28	裕廊	检证
黄	良	男			1942,2,28	士乃	大屠杀
黄	佐	男	五四	北流	1942,1,2	士乃	街上被杀
黄	伯	男	三六	琼州	1942,2,1	东山	屠杀
黄	杏	男	四〇	桂	1942,2,1	古来	先锋屠杀
黄	成	男	四〇	德化	1942,3,5	振林山	入境屠杀
黄	沙	男			1942,2,20	星洲	检证
黄	秀	男			1942,2,20	星洲	检证
黄	尾	男	四四		1942,2,15		拘杀
黄	波	男	三四	容县	1943,3,	蔴坡	拘杀
黄	东	男	四五	琼州	1942,1,6	柔佛	屠杀
黄	味	男	三三		1942,2,27		拘杀
黄	妹	女	一五	海丰	1944,4,3	古来	被捕屠杀

姓	名	性别	年龄	籍贯	罹难日期	地点	原因
黄	妹	女	四〇	琼州	1942,2,1	东山	屠杀
黄	坤	男	二四	鹤山	1945,6,15	古来	被捕屠杀
黄	者	男				士乃	失踪
黄	来	男	五四	大埔	1943,4,15	峇株	屠杀
黄	昌	男			1942,2,28	士乃	大屠杀
黄	招	男	五〇	潮安	1942,1,15	马西	屠杀
黄	育	男	二九	揭阳	1942,2,28	士乃	大屠杀
黄	洪	男	二三	鹤山	1942,3,	古来	被捕
黄	初	男			1942,2,28	士乃	大屠杀
黄	郁	男			1942,2,	星洲	检证
黄	信	男	四八		1942,3,13		拘杀
黄	俊	男	四八	惠州	1943,4,28	蔴坡	拘杀
黄	俊	男	五五	茶阳	1942,2,13	士乃	检证
黄	沓	男				星洲	检证
黄	威	男	四二	罗定	1944,10,5	蔴坡	刑死
黄	相	男	三一	永春	1942,10,23	蔴坡	被杀
黄	贞	男			1942,2,	星洲	检证
黄	泉	男			1942,2,	星洲	检证
黄	科	男			1942,2,20	星洲	检证
黄	英	女	四八	粤	1942,2,1	东山	屠杀
黄	英	男	五〇	海丰	1943,8,13	古来	拘杀
黄	英	男	四五	海丰	1943,6,15	古来	征暹失踪
黄	英	男	四〇	罗定	1944,3,	蔴坡	拘杀
黄	荖	男	三二		1942,2,15		拘杀
黄	南	男	四八	郁林	1943,8,13	士年纳	征暹失踪
黄	厚	男	五〇	廉州	1945,5,13	古来	捕杀
黄	春	男	四七	梅县	1942,1,20	新山	捕杀
黄	海	男	二四	惠州	1943,9,13	士年纳	宪兵杀害
黄	海	男	二一		1943,9,12		拘杀
黄	娘	女	四〇	粤	1942,2,1	东山	屠杀
黄	恩	男	五〇	惠阳		士乃	宪兵杀害
黄	振	男	五〇	北流	1943,4,13	古来	宪兵杀害
黄	振	男				新山	禁毙
黄	埔	男	三二	永春	1942,2,15	柔佛	拘杀
黄	庭	男			1942,2,20	星洲	检证
黄	屐	男	三八	安溪	1942,2,29	星洲	检证
黄	荐	男			1942,2,20	星洲	检证
黄	容	男	二八	惠州	1942,2,28	朱毛	拘杀
黄	容	男	三八	鹤山	1943,9,7	古来	捕杀
黄	恩	男				士乃	屠杀
黄	轩	男	三六		1942,2,20	星洲	检证
黄	凑	男			1942,2,28	士乃	大屠杀
黄	猪	男	四五	潮安	1943,9,15	古来	捕杀
黄	祥	男	四四	岑溪	1944,2,6	蔴坡	失踪
黄	连	男			1942,2,	星洲	检证
黄	国	男	三〇	同安	1942,2,	星洲	检证
黄	深	男	五七	安溪	1942,2,10	星洲	屠杀
黄	基	男	二〇	清远	1943,11,27	星洲	拘杀

姓	名	性别	年龄	籍贯	罹难日期	地点	原因
黄	略	男			1942,2,20	星洲	检证
黄	尧	男			1942,2,	星洲	检证
黄	伟	男			1942,2,20	星洲	检证
黄	雅	男	四	陆丰	1943,10,12	古来	捕杀
黄	隆	男	二〇	开平	1943,8,13	古来	捕杀
黄	琪	男	四〇	文昌	1943,4,7	古来	清乡被杀
黄	胜	男	四六	定安	1943,4,15	峇株	屠杀
黄	胜	男	二六	信宜	1943,6,6	士年纳	征暹失踪
黄	发	男	一六	开平	1943,8,13	古来	捕杀
黄	发	男	五八	信宜	1943,7,23	新山	屠杀
黄	就	男	六〇	信宜	1942,3,12	新山	屠杀
黄	粦	男	四五	粤	1942,2,1	东山	屠杀
黄	进	男	三八	信宜	1943,7,23	新山	屠杀
黄	评	男			1942,2,20	星洲	检证
黄	钦	男	二二		1941,12,29		炸死
黄	新	男	二五	桂	1942,2,1	古来	先锋屠杀
黄	新	男	一八	惠阳	1943,6,5	古来	捕杀
黄	会	男			1942,2,28	裕廊	屠杀
黄	群	男	四四	信宜	1941,1,26	新山	屠杀
黄	叶	男	五二	大埔	1942,2,24	新山	屠杀
黄	叶	男	三九	永春	1943,3,11	力巴育	屠杀
黄	叶	男	三八	揭阳	1943,8,8	古来	被捕屠杀
黄	运	男				士乃	失踪
黄	盟	男				士乃	大屠杀
黄	煜	男			1942,2,20	星洲	检证
黄	煌	男				星洲	检证
黄	贤	男	五二	鹤山	1942,2,11	柔佛万孚	屠杀
黄	福	男					拘杀
黄	福	男	二〇	茶阳	1943,	居銮	禁毙
黄	诚	男			1942,	星洲	打死狱中
黄	汉	男			1942,2,	星洲	检证
黄	魁	男	二三	南安	1942,3,8	文律	屠杀
黄	荣	男				士乃	失踪
黄	银	女	一七	鹤山	1945,5,6	古来	被捕屠杀
黄	剑	男	六〇	揭阳	1943,5,10	古来	捕杀
黄	庆	男	四五	粤	1943,4,30	金巴士	宪兵杀害
黄	兴	男				士乃	失踪
黄	兴	男	五六	粤	1944,	蔴坡	刑死
黄	庙	男			1942,2,28		拘杀
黄	稿	男	四九	安溪	1942,1,31	星洲	屠杀
黄	鲁	男					拘杀
黄	踏	男			1942,2,20	星洲	检证
黄	燕	男	三四	北流	1943,6,15	古来	征暹失踪
黄	壁	男	五〇	安溪	1942,2,1	东山	屠杀
黄	锦	男	三〇	粤	1942,2,1	古来	先锋屠杀
黄	炼	男	三二	安溪	1942,2,29	星洲	拘杀
黄	临	男			1942,2,20	星洲	检证
黄	霸	男				柔佛水塘	失踪

姓名	性别	年龄	籍贯	日期	地点	遇难情况
黄 耀	男			1942,2,20	星洲	检证
黄 钟	男					拘杀
黄 囊	男				士乃	失踪
黄 权	男	四一	信宜	1945,4,5	比叻	禁毙
黄 欢	男			1942,2,	星洲	检证
黄 观	男				星洲	检证
黄 坝	男			1942,2,28	裕廊	屠杀
黄 JL	男				星洲	检证
黄九佩	男	二九		1942,2,14		拘杀
黄乃渊	男	四八	金门	1942,1,15	峇株	炸死
黄才进	男			1941,12		炸死
黄才源	男			1941,		炸死
黄大朽	男	五〇	澄海	1942,2,28	星洲	检证
黄大昌	男	一一	陆丰	1944,3,8	清乡	被杀
黄大恩	男	三二	潮安	1942,2,28	星洲	检证
黄大厝	男	三九		1942,2,14		拘杀
黄子安	男	一九	澄海	1942,2,28	星洲	检证
黄子桐	男			1942,2,	星洲	拘杀
黄子辉	男	四六	揭阳	1944,11,15	柔佛水塘	入狱打死
黄牛妹	女	八	陆丰	1944,3,8	古来	清乡被杀
黄木恭	男	四六	潮州	1942,	蔴坡	拘杀
黄木晃	男	二四		1944,3,		禁毙
黄木访	男	二〇		1944,		禁毙
黄木禄	男	六三	潮安	1942,2,28	新山	失踪
黄木娇	女			1942,2,28	士乃	大屠杀
黄方白	男		海南		星洲	拘杀
黄方向	男	五八		1942,2,	星洲	检证
黄少眉	男			1942,2,	星洲	检证
黄少华	男	一八	南安	1942,3,9	柔佛	捕来围杀
黄少仪	男	三八		1942,2,19	星洲	检证
黄水邑	男					拘杀
黄水杰	男	五一		1942,2,	星洲	检证
黄水龙	男	二四		1942,2,27		拘杀
黄文生	男			1942,2,	星洲	检证
黄文玉	男	三〇		1942,2,14		拘杀
黄文泮	男	四〇	文昌	1945,5,15	星洲	拘杀
黄文轩	男	三九		1942,2,18	星洲	检证
黄文书	男	六二		1943,		拘杀
黄文章	男	二八	新会	1945,3,6	吉隆坡	检证
黄文瑞	男	一八	文昌	1943,10,8	华铃	宪兵捕杀
黄文福	男					拘杀
黄文庆	男	二八	南安	1942,3,16	峇株	屠杀
黄文龙	男				星洲	检证
黄天合	男	三〇		1942,2,16		拘杀
黄天纪	男			1942,2,	星洲	检证
黄天彩	男	五八	茶阳	1944,1,	哥打	刑死
黄天隆	男	三三	揭阳	1943,8,12	文律	屠杀
黄巴水	男					拘杀
黄日光	男	二一		1942,4,		拘杀
黄日长	男	三八	安溪	1942,2,29	星洲	检证

姓名	性别	年龄	籍贯	日期	地点	遇难情况
黄王来	男					拘杀
黄元枝	男	三八	晋江	1942,2,	蔴坡	拘杀
黄五美	男	二一		1942,2,28		拘杀
黄六福	男	三六	茶阳	1942,3,8	新山	禁毙
黄玉兔	男			1942,2,	星洲	检证
黄玉珍	女	三四	南安	1942,2,	星洲	检证
黄玉珍	女	二〇	梅县	1941,2,25	哥打丁宜	屠杀
黄玉珍	女	八	潮安	1942,2,27	柔佛	屠杀
黄玉娘	女	四〇	揭阳	1942,2,17	蔴坡	残杀
黄玉芳	女	六	潮安	1942,2,27	柔佛	屠杀
黄玉华	男			1942,2,	星洲	检证
黄玉琳	男	一六	梅县	1942,2,15	哥打丁宜	屠杀
黄玉荣	女	七	潮安	1942,2,27	柔佛	屠杀
黄玉莲	女			1942,2,3	士乃	屠杀
黄玉燕	女	三〇		1941,12,31		炸死
黄玉树	男	二一	晋江	1942,3,6	吉隆坡	检证
黄玉兰	女	四	潮安	1942,2,27	峇株	屠杀
黄玉麟	男			1942,2,	星洲	检证
黄世昌	男			1941,12,		炸死
黄世明	男			1942,2,	星洲	检证
黄世春	男	二七	琼东	1944,3,3	古来	搜捕残杀
黄世逢	男	一九		1942,2,18	星洲	检证
黄世璧	男	五一	安溪	1942,1,15	东山	屠杀
黄令敬	男	三四	安溪	1942,2,20	星洲	检证
黄田庙	男	五八	安溪	1942,2,	裕廊	检证
黄永中	男			1942,2,	星洲	检证
黄永嘉	男			1942,2,20	星洲	检证
黄加成	男			1942,2,	星洲	检证
黄和檜	男	三二		1945,1,	星洲	捕杀
黄兄贺	男			1943,2,3	士乃	屠杀
黄术恭	男	四〇	潮安	1942,	巴力峇九	屠杀
黄本访	男	二〇	茶阳	1944,	罗密士	入狱刑死
黄本晃	男	二四	茶阳	1944,3,	罗密士	入狱刑死
黄石当	男	八	茶阳	1942,3,	文律	入境屠杀
黄立表	男	五一		1942,2,22	星洲	检证
黄古娘	女			1942,2,	星洲	检证
黄巧娘	女	二三		1942,3,3		拘杀
黄北创	男	二四	新会	1942,2,21	星洲	检证
黄可经	男	四〇		1942,2,23	星洲	检证
黄光清	男	三五	永春	1945,8,20	蔴坡	失踪
黄至才	男	三八	新会	1942,1,26	新山	屠杀
黄百仕	男	四九	台山	1943,3,17	柔佛班兰	捕去失踪
黄百当	男	八		1942,3,		检证
黄守七	男					拘杀
黄守仁	男	四〇		1941,12,18		炸死
黄守生	男	二六		1942,2,28	星洲	检证
黄守任	男	四四		1942,2,18	星洲	检证
黄守博	男	二四		1942,2,19	星洲	检证
黄吉源	男	二四		1942,2,12	瓜捞桥头	拘杀
黄吉粦	男	一〇	茶阳	1942,1,		拘杀

姓名	性别	年龄	籍贯	日期	地点	遇难情况
黄吉兴	男	二〇		1942,2,12		拘杀
黄成技	男			1942,2,	星洲	检证
黄成湖	男					拘杀
黄合和	男	二三	同安	1943,10,18	槟城	宪兵屠杀
黄合娘	女	三五	大埔	1944,10,29	星洲	拘杀
黄合嫂	女	三〇	陆丰	1943,10,12	古来	捕杀
黄合发	男	四九	惠安	1942,2,	蔴坡	拘杀
黄有才	男	五五	古田	1942,9,11	蔴坡	烧死
黄有任	男			1942,2,	星洲	检证
黄有材	男	二二		1942,2,19	星洲	检证
黄有顺	男					拘杀
黄有道	男			1942,2,	星洲	检证
黄有薏	男	三〇		1942,2,22	星洲	检证
黄有权	男	六一	惠阳		士乃	搜捕残杀
黄自西	男					拘杀
黄自来	男	二四	海澄	1942,2,28	星洲	检证
黄自振	男	一八	揭阳	1942,1,10	柔佛水塘	刺死
黄兆河	男					拘杀
黄兆煌	男	四〇	茶阳	1945,5,21	士乃	拘杀
黄仲员	男			1942,2,	星洲	检证
黄先财	男	二二		1942,2,20	星洲	检证
黄名选	男	四六	开平	1942,3,6	蔴坡	失踪
黄竹生妻	女	三五	茶阳	1942,	瓜捞大桥	及子女三人
黄利通	男	四七	潮安	1942,1,15	马西	屠杀
黄志唐	男	二八	四邑	1942,2,23	新山	屠杀
黄艮炳	男	三〇	文昌	1943,4,7	古来	清乡被杀
黄克高	男	二四		1942,2,14		拘杀
黄克普	男			1942,2,	星洲	检证
黄秀坂	男	二五		1942,2,28	星洲	检证
黄秀辱	男	二九		1942,2,28	星洲	检证
黄秀珠	女	二	茶阳	1942,3,	文律	残杀
黄秀鸾	女	三八	南安	1942,	笨珍	屠杀
黄君廷	男	四一	茶阳	1942,1,	居銮	拘杀
黄君阵	男			1942,2,	星洲	检证
黄君荡	男	五六	茶阳	1945,2,	华都呀也	拘杀
黄呈木	男	二五		1942,2,28	星洲	检证
黄呈沙	男	二二		1942,2,28	星洲	检证
黄呈埕	男	二二		1942,2,28	星洲	检证
黄呈踏	男	三〇		1942,2,28	星洲	检证
黄邦福	男	六〇	琼州	1941,12,23	丁州拍加	火焚斩首
黄毡九	男	二六		1942,2,28		拘杀
黄何石	男	一七		1942,2,20	星洲	检证
黄阿四	男	二六		1942,2,28		拘杀
黄杜扬	男	三九		1942,		拘杀
黄芋圆	男				星洲	拘杀
黄芝德	男	七〇	潮安	1942,2,27	峇株	屠杀
黄孝仪	男	四九		1942,2,19	星洲	检证
黄孝诸	男	二二	南安	1942,2,14	峇株	屠杀
黄作兴	男	二八	茶阳	1945,5,	昔加末	禁毙
黄秀珠	女	一一	大埔	1942,3,8	文律	屠杀

姓名	性别	年龄	籍贯	罹难日期	地点	原因
黄秀銮	女	三八	南安		笨珍	屠杀
黄亚乙	男	四一		1941,12,8		炸死
黄亚二	男	五五	饶平	1942,5,4	居銮	宪兵杀害
黄亚三	男	一八	信宜	1942,3,12	新山	屠杀
黄亚山	男					拘杀
黄亚友	男	四三	琼州	1943,9,11	蔴坡	烧死
黄亚甲	男				星洲	检证
黄亚目	男			1942,2,	星洲	检证
黄亚存	男			1942,2,	星洲	检证
黄亚江	男					拘杀
黄亚谷	男	一八		1942,2,14		炸死
黄亚妹	男	三二	福清		柔佛	屠杀
黄亚来	男	九	信宜	1942,3,12	新山	屠杀
黄亚忠	男			1942,2	星洲	检证
黄亚狗	男	一六	大埔	1942,3,12	新山	屠杀
黄亚狗	男	一	茶阳	1942,3,	文律	残杀
黄亚狗	男	五	茶阳	1942,1,	瓜朥桥头	拘杀
黄亚保	男	四五	雷州	1943,	蔴坡	失踪
黄亚英	女	二二	惠来	1942,3,4	新山	残杀
黄亚亮	男	三六	惠来	1944,7,5	蔴坡	枪杀
黄亚峇	男			1942,2,20	星洲	检证
黄亚袴	男					拘杀
黄亚哑	男			1942,2,	星洲	检证
黄亚细	男	五	茶阳	1942,3,	文律	拘杀
黄亚强	男	三一		1942,2,14		拘杀
黄亚莱	男	二四		1942,2,20	星洲	检证
黄亚钦	男	一六		1942,2,14		炸死
黄亚期	男	四六	安溪	1942,2,29	星洲	检证
黄亚猪	男					拘杀
黄亚经	男			1942,2,19	星洲	检证
黄亚顺	男	二四	潮安	1942,2,28	新山	失踪
黄亚叶	男	五〇	茶阳	1942,2,	新山	拘杀
黄亚新	女	五		1942,2,10		炸死
黄亚凤	女					拘杀
黄亚德	男	二四		1942,2,20	星洲	检证
黄亚赐	男					拘杀
黄亚兴	男	四四	龙川	1944,5,20	怡保	禁毙
黄亚炽	男	三二	茶阳	1942,3,	庇朥	及妻子三人
黄亚礼	男	二〇		1942,2,15	星洲	拘杀
黄亚职	男	三五	茶阳	1942,1,	瓜朥	禁毙
黄亚苏	男	一四	信宜	1942,3,12	新山	屠杀
黄亚赣	男	六二	诏安		峇株	屠杀
黄和法	男	四〇		1942,2,28		拘杀
黄和伦	男	六〇	潮安	1942,2,27	峇株	屠杀
黄和连	男	四二	晋江	1942,2,7	宋加弄	屠杀
黄和忧	男	五一		1942,2,28		拘杀
黄长存	男	二八		1942,2,22	星洲	检证
黄长顺	男	二四	龙溪	1942,2,23	星洲	检证

姓名	性别	年龄	籍贯	罹难日期	地点	原因
黄长庆	男	二七	闽侯	1942,2,15	比叻	拘杀
黄明才	男	三五		1943,		拘杀
黄明春	男			1942,2,	星洲	检证
黄明经	男			1942,2,	星洲	检证
黄治之	男	三五	梅县	1944,6,	居銮	捕杀
黄怡抛	男	二五		1942,3,1		检证
黄怡荣	男			1942,2,	星洲	检证
黄金木	男	二六	同安	1943,10,11	柔佛	入境屠杀
黄金安	男	三九	文定	1942,3,5	振林山	入境屠杀
黄金有	男				星洲	拘杀
黄金星	男	一八		1942,2,12		炸死
黄金泉	男	三七		1942,2,14		拘杀
黄金清	男	二四		1942,2,19		拘杀
黄金瑞	男	二四	同安	1942,4,7	柝城	刑死狱中
黄金烟	男	四四		1942,2,20	星洲	检证
黄武力	男	二二		1942,2,20	星洲	检证
黄招才	男			1942,2,	星洲	检证
黄狗仔	男	一五	茶阳	1942,3,6		拘杀
黄坤全	男	五九		1942,2,15	星洲	检证
黄昌周	男	四八		1942,2,28	星洲	检证
黄昌运	男	四六	文昌	1942,11,17	古来	洗劫屠杀
黄宗星	男		文昌	1942,4,6	丁加奴	残杀
黄来保	男	二六		1942,2,	星洲	检证
黄奕亮	男		方溪	1942,2,	星洲	检证
黄承嘉	男	二四	同安	1942,2,22	星洲	检证
黄松柳	男	二三	闽	1942,2,17	星洲	检证
黄花流	男	四四		1942,2,28	星洲	检证
黄卓恩	男	五五	番禺	1942,2,22	星洲	检证
黄东泉	男	三八	安溪	1942,2,20	星洲	检证
黄青定	男	二七	安溪	1945,1,	裕廊	捕杀
黄法淋	男	二一	博白	1942,2,19	星洲	检证
黄空隆	男	二四		1942,2,12		拘杀
黄社基	男	三三	台山	1942,2,	星洲	检证
黄枚盛	男			1942,2,	星洲	检证
黄秉藏	男	二五	茶阳	1943,4,	居銮	禁毙
黄知盛	男	二一	茶阳	1942,8,	星洲	禁毙
黄念渝	男	五	茶阳	1942,2,	居銮	拘杀
黄奇许	男				星洲	检证
黄奇萍	男	二〇		1942,2,28	星洲	检证
黄居鑫	男			1942,2,	星洲	检证
黄则竹	男	三四	南安	1942,2,22	星洲	拘杀
黄则坑	男		安溪	1942,2,	星洲	检证
黄则会	男	三五	安溪	1942,2,	星洲	检证
黄信用	男	五一	定安	1942,2,24	新山	屠杀
黄保丹	男	二四	金门	1942,2,19	星洲	检证
黄保份	男	一六		1942,2,13	士乃	拘杀
黄保林	男					拘杀
黄衍和	男	三九		1942,2,28		拘杀

姓名	性别	年龄	籍贯	罹难日期	地点	原因
黄衍清	男	四一		1942,2,28		拘杀
黄衍敦	男	三八	南安	1942,2,27	峇株	残杀
黄衍蕃	男	六四	茶阳	1942,2,	星洲	炸死
黄炳大	男	二〇		1942,2,28		拘杀
黄炳宏	男			1942,2,	星洲	检证
黄秋金	男	六〇				失踪
黄秋违	男					拘杀
黄春祥	男				美农	灌水残杀
黄为章	男	二一		1942,2,20	星洲	检证
黄峇米	男					拘杀
黄宣庭	男	三九		1942,2,24	星洲	检证
黄宣道	男			1942,2,	星洲	检证
黄红毛	男					拘杀
黄春玉	女	四一	茶阳	1942,3,	蔴坡	拘杀
黄茂位	男	二七		1942,2,28		拘杀
黄南昌	男	二四		1942,		拘杀
黄重威	男	三五		1942,2,28		拘杀
黄纪成	男			1942,2,28	士乃	大屠杀
黄恒钦	男			1942,2,28	裕廊	检证
黄香娇	女	三二	潮安	1942,2,27	峇株	屠杀
黄纪春	男				士乃	失踪
黄建城	男	二七	古田	1941,3,15	比叻	拘杀
黄科径	男	四〇		1942,2,20	星洲	检证
黄屏嫂	女	四五	茶阳	1942,2,13	星洲	拘杀
黄英德	男			1942,2,	士乃	检证
黄昭德	男	二七		1945,	星洲	拘杀
黄侯氏	女	五四	南安	1942,3,9	柔佛埔来	屠杀
黄马丁	男	五二	闽	1942,2,20	星洲	检证
黄马益	男	四三	惠安	1942,2,	蔴坡	拘杀
黄臬思	男					拘杀
黄祖西	男	二二		1942,2,27		检证
黄祖来	男	二四		1942,2,27		检证
黄祖用	男			1942,2,		检证
黄祖保	男	一九		1942,2,22	星洲	检证
黄神卫	男	四七		1942,2,21	星洲	检证
黄素妃	女	八	茶阳	1942,2,	居銮	残杀
黄素妹	女	二	茶阳	1942,2,	居銮	残杀
黄素娥	女	一六	茶阳	1942,2,	居銮	残杀
黄振坤	男	四四		1942,2,20		检证
黄振泰	男	三二		1942,2,22		检证
黄振球	男	二一		1942,2,28	星洲	检证
黄振群	男	四八		1942,2,20	星洲	检证
黄桂成	男	二九		1942,2,19	星洲	检证
黄桂泉	男	二九		1942,2,23	星洲	检证
黄桂章	男	三七	北流	1942,5,28	柔佛	清乡被杀
黄桂瑞	男	二八		1942,2,28	星洲	检证
黄根泉	男	五九	同安	1942,2,28	星洲	检证
黄伦才	男			1942,2,	星洲	检证

姓名	性别	年龄	籍贯	罹难日期	地点	原因
黄学潜	男	六〇	琼州	1941,12,13	丁州拍加	火焚斩首
黄学谨	男	五七	粤	1942,3,3	新山	失踪
黄辉流	男			1942,2,	星洲	检证
黄壁如	男					拘杀
黄锡强	男	一五	汕头	1942,1,	蔴坡	拘杀
黄锡华	男	二二	乐会	1942,10,3	吉隆坡	拘杀
黄锡鳞	男	二七		1942,2,21		检证
黄锦章	男					拘杀
黄锦汉	男	一八	汕头	1942,1,	蔴坡	拘杀
黄锦粦	男	三四	揭阳			士大屠
黄锦标	男	三六		1942,		拘杀
黄锦辉	男	二九	三水	1944,1,4	吉隆坡	拘杀
黄锦炼	男	二七		1942,2,27		拘杀
黄锦涛	男			1942,2,		检证
黄贤山	男	六二	乐会	1942,2,8	柔佛	拘杀
黄禩目	男	三五	南安	1942,3,9	蔴坡	围杀
黄禩吾	男	四五	南安	1942,2,1	哥打	屠杀
黄谋位	男			1942,2,	星洲	检证
黄谦如	男			1942,2,	星洲	检证
黄亲娘	女	五九		1941,12,29		炸死
黄蔡娘	女	三八		1942,2,12		拘杀
黄笃阳	男	四四	同安	1944,	蔴坡	拘杀
黄联义	男			1942,2,20	星洲	检证
黄灿煌	男	三四	金门	1942,2,20	星洲	检证
黄应培	男			1942,2,	星洲	检证
黄应新	男			1942,2,20	星洲	检证
黄应德	男	三六		1942,2,20	星洲	检证
黄爵仁	男	三二	茶阳	1942,2,	马六甲	禁毙
黄霜应	男		茶阳			拘杀
黄赛音	女	五〇	潮安	1942,2,27	峇株	屠杀
黄衡史	男			1944,9,	星洲	禁毙
黄鹤胜	男	三五	容县	1944,5,6	士年纳	征暹失踪
黄龙珠	男					检证
黄声远	男			1942,2,20	星洲	检证
黄霜苏	男			1942,2,	星洲	检证
黄璧如	男	三一		1942,2,22	星洲	检证
黄丽华	女	一五	南安	1942,3,9	蔴坡	围杀
黄罗罗	男	二二		1941,12,24		炸死
黄宝丹	男					拘杀
黄宝林	男			1942,2,	星洲	检证
黄宝国	男	四〇	潮安	1942,2,28	新山	失踪
黄宝顺	男	二六	潮安	1942,2,28	新山	失踪
黄耀辉	男	二三		1942,4,6	栎城	入狱刑死
黄蠡九	男					拘杀
黄让含	男	三一	晋江	1942,3,	蔴坡	拘杀
黄续芳	男	四五	文昌	1943,1,	古来	屠杀
黄观英	女	二九	惠州	1942,1,2	士乃	屠杀
冯 文	男	三六	陆丰	1944,11,11	柔佛	刑死

姓名	性别	年龄	籍贯	罹难日期	地点	原因
冯 忠	男	六〇	粤	1942,9,11	蔴坡	失踪
冯 金	男	五四	罗定	1943,6,16	古来	宪兵屠杀
冯 美	女	三二	新兴	1942,2,2	柔佛海皮	入境屠杀
冯 基	男	三九		1942,2,22		检证
冯 森	男	三九	台山	1942,4,	星洲	禁毙
冯 华	男	三四	容县	1944,1,24	朱毛	禁毙
冯 群	男	二七	万宁	1942,3,5	振林山	入境屠杀
冯 贤	男	三〇	桂平	1942,2,20	古来	入境屠杀
冯 锦	男			1942,2,24		检证
冯 祷	男	三九	莆田	1942,2,24	新山	检证
冯 权	男	二八		1943,		失踪
冯三妹	女	五一	新兴	1942,2,12	柔佛海皮	入境屠杀
冯士星	男			1942,2,		检证
冯少君	男					拘杀
冯文律	男			1942,2,	星洲	检证
冯世爵	男	四八	琼东	1942,3,5	振林山	入境屠杀
冯石斗	男	二一		1942,2,16	星洲	检证
冯兆君	男			1942,2,	星洲	检证
冯安利	男	六〇		1942,3,17	蔴坡	残杀
冯 保	男	三〇	博白	1942,1,12	哥打	残杀
冯吉令	男	二八	博白	1942,1,12	哥打	残杀
冯克川	男	三八		1942,3,13		炸死
冯克林	男	一八		1942,2,27	星洲	检证
冯克林	男	二〇		1943,2,15		拘杀
冯成定	男	六七	潮安	1942,2,28	星洲	检证
冯你存	男	二〇	琼州	1944,4,15	蔴坡	拘杀
冯伯林	男	四二		1942,2,23		拘杀
冯亚安	男	五〇	琼州	1942,3,17	蔴坡巴莪	烧死
冯所芹	男	一九		1942,2,19	星洲	检证
冯松柏	男			1942,2,27	星洲	检证
冯昌基	男			1942,2,	星洲	检证
冯南和	男	三四	罗定	1942,1,12	士年纳	屠杀
冯思光	男				士乃	失踪
冯桂志	男	五九		1942,2,18	星洲	检证
冯振坊	男	二八	琼东	1944,9,3	蔡厝港	屠杀
冯振鸿	男	三四	潮安	1942,2,28	星洲	检证
冯崇芳	男	二六		1942,2,19	星洲	检证
冯崇京	男	二一				拘杀
冯启山	男					炸死
冯淑茂	男	四四		1942,		炸死
冯国华	男	二六		1942,2,10	星洲	检证
冯清运	男			1942,2,27	星洲	检证
冯景辉	男	二五		1942,2,19	星洲	检证
冯景熙	男			1942,2,	星洲	检证
冯朝仁	男	二一		1942,2,11		炸死
冯贵安	男	二六	琼东	1942,2,1	班兰	拘杀
冯业雄	男	三三		1942,2,18	星洲	检证
冯业灏	男	三五		1942,2,18		拘杀

姓名	性别	年龄	籍贯	罹难日期	地点	原因
冯传文	男			1942,2,	星洲	检证
冯裕珊	男	三七		1942,2,18	星洲	检证
冯裕德	男	三六	琼山	1942,9,14	古来	屠杀
冯运章	男	三九		1943,2,15	星洲	拘杀
冯运璋	男	四六		1942,2,27	星洲	检证
冯瑞麟	男			1942,2,	星洲	检证
冯尔卿	男	四二		1942,2,28	星洲	检证
冯尔万	男	三二		1942,		炸死
冯尔桥	男	三二		1942,2,28	星洲	检证
冯寿煌	男			1942,2,24	星洲	检证
冯寿宁	男			1942,2,24	星洲	检证
冯凤丰	男	三〇		1942,2,22	星洲	检证
冯增仁	男	三七	乐会	1943,4,15	峇株	屠杀
冯辉光	男					炸死
冯剑雄	男	五二		1942,2,22	星洲	检证
冯泽生	男	二三	新会	1942,9,27	怡保	拘杀
冯泽民	男			1942,2,	星洲	检证
冯谦洵	男	三〇	潮安	1942,2,28	星洲	检证
冯谦明	男	三二	潮安	1942,2,28	星洲	检证
冯谦贵	男	一八	潮安	1942,2,28	星洲	检证
冯谦超	男	三五	潮安	1942,2,28	星洲	检证
冯谦义	男	五〇	潮安	1942,2,28	星洲	检证
冯锦佳	男	二一		1943,5,		拘杀
冯锦泉	男	二三		1942,2,19	星洲	检证
冯锦发	男	二〇	潮安	1942,2,28	星洲	检证
冯锦熙	男				星洲	检证
冯禩一	男	二一		1942,2,21	星洲	检证
冯龙天	男			1942,2,	星洲	检证
冯镜发	男	二九	潮安	1942,2,28	星洲	检证
曾 文	男	三三	鹤山	1945,8,4	柔佛水塘	拘杀
曾 仁	男				士乃	屠杀
曾 生	男	二九	东莞	1942,1,21	蔴坡	围杀
曾 玉	男	四二	琼州	1943,2,7	马西	捕杀
曾 安	男	五	粤	1942,2,1	士乃	屠杀
曾 有	男	二一	惠阳		士乃	屠杀
曾 岐	男	四四	桂	1942,2,1	古来	屠杀
曾 秀	男	五〇	客籍		蔴坡	围杀
曾 柔	男	五一	德化	1942,3,8	文律	屠杀
曾 春	男	三四	琼州	1943,2,7	马西	围杀
曾 香	男		闽	1942,1,27	蔴坡	围杀
曾 连	男	三八	鹤山	1942,2,4	居銮	屠杀
曾 添	男	三八	惠阳	1942,2,11	士乃	屠杀
曾 异	男	三〇	桂	1942,2,1	古来	屠杀
曾 祥	男	六一	粤	1942,2,1	东山	屠杀
曾 桂	男				士乃	屠杀
曾 就	男	四五	桂	1942,2,1	古来	屠杀
曾 朝	男	四	德化	1942,3,8	文律	屠杀
曾 峣	男	五四	德化	1942,2,	峇株	屠杀

曾 兴	男	二五			士乃	屠杀
曾 兴	男	二五	鹤山	1945,8,5	柔佛水塘	拘杀
曾 娇	女	五一	粤	1942,2,1	古来	屠杀
曾 辉	男	四〇	桂	1942,2,1	古来	屠杀
曾 顺	男	四五		1942,2,14		拘杀
曾 贤	男		粤	1942,1,27	蔴坡	围杀
曾 稳	男	三二	鹤山	1945,8,13	水塘	屠杀
曾十二	男	二五	粤	1942,2,1	古来	屠杀
曾人培	男	三九	南安	1942,2,14	峇株	屠杀
曾大盛	男	四三	澄迈	1942,3,8	文律	屠杀
曾木长	男	五六	潮州	1942,3,3	柔佛	拘杀
曾文化	男	一二	南安	1942,2,14	峇株	屠杀
曾文顶	男	三五		1942,2,19	星洲	检证
曾文泰	男	六	南安	1942,2 ,14	峇株	屠杀
曾文椿	男	二八	晋江	1943,	吉隆坡	拘遣往暹
曾文假	男	一四	南安	1942,2,14	峇株	屠杀
曾文机	男	四〇	晋江	1942,2,16	吉隆坡	检证
曾加坡	男			1942,2,16	星洲	检证
曾加礼	男				星洲	检证
曾玉鳞	男	四	南安	1942,2,14	峇株	屠杀
曾有源	男	五二	永定	1942,2,24	星洲	检证
曾志恒	男					拘杀
曾来泉	男	二七	潮州	1942,3,3	柔佛	拘杀
曾来盛	男	一八	潮州	1942,3,3	柔佛	拘杀
曾亚九	男	四	德化	1942,3,8	文律	屠杀
曾亚久	男			1942,2,16	星洲	检证
曾亚山	男	四八	潮州	1942,2,16	峇株	屠杀
曾亚才	男			1942,2,1	古来	屠杀
曾亚牙	男	八	粤	1942,2,1	古来	屠杀
曾亚水	女	三	粤	1942,2,1	古来	屠杀
曾亚先	男	四三	饶平	1942,2,24	张厝港	屠杀
曾亚旦	男	五八	潮安	1942,3,8	文律	屠杀
曾亚妹	女	二	南安	1942,2,14	峇株	屠杀
曾亚秋	男	二〇	澄海	1942,3,30	新山	屠杀
曾亚桂	女	九	德化	1942,3,8	文律	屠杀
曾亚娣	女	一	粤	1942,2,1	古来	屠杀
曾亚福	男	三八			星洲	检证
曾社娇	女	五八	鹤山	1942,2,6	古来	屠杀
曾秀林	男	四二	鹤山	1942,3,1	新山	屠杀
曾孟彝	男			1942,2,	星洲	检证
曾金墙	男	三一	晋江	1942,3,6	吉隆坡	拘毙
曾恒为	男	二八	潮安	1942,3,4	新山	屠杀
曾俊心	男	四二		1942,2,22	星洲	检证
曾昭廷	男	四六		1942,2,24	星洲	检证
曾纪炭	男	三五	德化	1942,3,8	文律	屠杀
曾南生	男	一六				炸死
曾炳坤	男	四八	潮州	1942,3,3	柔佛	拘杀
曾美英	女	三四		1944,11,20	星洲	拘杀
曾奎美	男					拘杀
曾洪恩	男	三〇	海澄	1942,2,19	星洲	检证

曾俊石	男	三六	潮安	1942,3,8	文律	屠杀
曾俊通	男	三六		1942,1,21		炸死
曾春常	男	三九		1942,2,28	星洲	检证
曾记沙	男	三八	德化	1942,3,8	文律	屠杀
曾记设	男	四二	德化	1942,3,8	文律	屠杀
曾记铁	男	三〇	德化	1942,3,8	文律	屠杀
曾根明	男	三二	海澄	1942,2,21	星洲	检证
曾桂林	男	四一	鹤山	1942,2,3	古来	屠杀
曾致香	男	三五	澄迈	1942,3,8	文律	屠杀
曾娘桃	女				士乃	屠杀
曾家禄	男	二二		1942,3,		拘杀
曾连成	男	二九	安溪	1942,2,20	星洲	检证
曾着君	男					拘杀
曾启仁	男	五五	乐会	1943,4,15	峇株	屠杀
曾国祥	男	一八	惠安	1942,2,19	星洲	检证
曾国康	男	三五	揭阳	1943,7,10	士乃	屠杀
曾国钦	男	三〇	揭阳	1943,6,10	士乃	屠杀
曾国瑞	男	一七	惠安	1942,2,19	星洲	检证
曾添福	男		鹤山	1944,11,14	柔佛班兰	捕杀
曾添福	男	五〇	粤	1942,2,1	柔佛东山	屠杀
曾智何	男	三一	澄迈	1942,3,8	文律	屠杀
曾智高	男	五〇	澄迈	1942,3,8	文律	屠杀
曾华丁	男	三五		1942,2,21	星洲	检证
曾景河	男	四五	潮州	1942,2,27	星洲	拘杀
曾善敬	男		思明	1941,12,16	丁州勿述	毒刑至死
曾裕绵	男	二三		1942,2,28	星洲	检证
曾裕铭	男			1942,2,16	星洲	检证
曾话安	男	二二			星洲	检证
曾舜坚	男	三三		1942,2,22	星洲	检证
曾焕然	男			1942,2,16	星洲	检证
曾焕照	男				星洲	检证
曾新然	男	三七		1942,2,28		拘杀
曾勤为	男	三九	潮州	1942,3,3	柔佛	拘杀
曾庆新	男			1942,2,17		拘杀
曾庆云	男	二一	惠阳	1943,12,4	士乃	屠杀
曾庆猷	男	二七		1942,2,26		拘杀
曾庆鹏	男	二九		1942,2,26		拘杀
曾养堂	男	一七	闽	1942,3,15	比叻	拘杀
曾养荣	男					拘杀
曾继玉	男		琼州	1942,11,4	亚沙汉	捕杀
曾维生	男	二四	蕉岭	1942,12,24	怡保	拘杀
曾荣香	男					检证
曾辅春	男	四一	永定	1942,2,18	星洲	检证
曾广姪	男	二八	德化	1942,3,8	文律	屠杀
曾莲珍	女	二二		1942,	星洲	检证
曾锦明	男	二九	惠阳	1943,11,2	士乃	屠杀
曾锦祥	男			1942,2,16	星洲	检证
曾繁锦	男	一九	乐会	1943,7,13	张厝港	屠杀
曾怀泉	男	四二	潮州	1942,3,3	柔佛	拘杀
曾苏珠		四三		1942,2,22	星洲	检证

曾苏锹	女	三二	粤	1943,12,21	柔佛水塘	刺死
曾观瑞	男				士乃	屠杀
傅 执	男					拘杀
傅 贵	男	六六	安溪	1942,2,25	蔴坡	拘杀
傅 云	男	四六	陆丰	1943,6,15	古来	征暹失踪
傅 裔	女	三五	南安	1942,2,14	峇株	屠杀
傅 镭	男				星洲	检证
傅文采	男	三三		1942,2,20		拘杀
傅文弟	男					拘杀
傅永河	男	三九		1942,2,19	星洲	检证
傅正荣	男	三五				拘杀
傅舟仁	男	四五		1942,2,23	星洲	检证
傅佐芥	男				星洲	检证
傅佐结	男				星洲	检证
傅佐吉	男	五一		1942,2,23	星洲	检证
博佑结	男					拘杀
傅佑权	男	十八		1942,2,23	星洲	检证
傅克德	男	二一	南安	1942,2,	振林山	屠杀
傅岳初	男	四五	潮安	1942,2,27	新山	屠杀
傅虎母	男					拘杀
傅为娘	女	五五		1942,2,14		拘杀
傅振荣	男	三六	龙岩	1942,3,18	柔佛	全家失踪
傅添满	男	二八	龙岩	1942,2,21	星洲	失踪
傅添满	男	二五		1942,2,18	星洲	检证
傅国藩	男	二五		1942,2,18	星洲	检证
傅坚武	男			1942,2,19	星洲	检证
傅敬东	男	五二	晋江	1942,3,8	文律	屠杀
傅楫桥	男	四一		1942,2,23	星洲	检证
傅泼碑	男	二三	南安	1942,3,5	振林山	屠杀
傅广南	男	五一	桂	1944,	蔴坡	拘杀
傅庆运	男	二〇	桂	1944,	蔴坡	拘杀
温 女	女	一三	粤	1942,2,1	东山	屠杀
温 四	男	六五	平南	1944,4,4	士年纳	征暹失踪
温 石	男	五一	粤	1942,2,1	东山	屠杀
温 生	男	三二	桂	1942,2,1	古来	屠杀
温 呈	男	三一	惠来	1944,2,28	蔴坡	刺杀
温 金	女	二四	粤	1942,2,1	东山	屠杀
温 来	男				士乃	屠杀
温 林	男	六〇	海丰	1943,7,1	古来	屠杀
温 省	男	三七	绍府	1944,3,	蔴坡	残杀
温 根	男	五六	梅县	1944,4,	怡保	拘杀
温 城	男	四五	潮安	1944,2,4	蔴坡	刺杀
温 城	男	三〇	惠来	1944,2,28	蔴坡	刺杀
温 袍	男	三五	揭阳		士乃	屠杀
温 祥	男	五二	潮州	1944,4,	蔴坡	被检遭害
温 提	男	四五	潮州	1942,2,14	蔴坡	刺杀
温 华	男	五五	罗定	1943,6,15	古来	征暹失踪
温 富	男	三五	容县	1942,9,10	士年纳	征暹失踪
温 富	男	三二	粤	1942,2,1	古来	屠杀
温 钦	男					拘杀

姓名	性别	年龄	籍贯	罹难日期	地点	原因
温钦	男			1942,2,15	星洲	检证
温禄	男	四二	惠来		居銮	刑死
温福	男	二	粤	1942,2,1	东山	屠杀
温漳	男	三五		1942,2,28		拘杀
温荣	男	三〇	博白	1943,8,13	士年纳	征暹失踪
温苏	男	三八	揭阳	1943,10,12	古来	屠杀
温足妹	女	三	潮州	1944,3,8	蔴坡	残杀
温志新	男	三九	海澄	1942,4,6	枤城	禁毙
温治平	男				士乃	屠杀
温松如	男	四五		1942,2,28		拘杀
温亚琴	男			1942,2,15	星洲	检证
温秀英	女	一一	惠来	1944,5,8	拉美士	屠杀
温明达	男				星洲	检证
温振文	男	一九	梅县	1943,11,9	怡保	拘杀
温贵文	男	二九	梅县	1943,11,9	怡保	拘杀
温雷胜	男	六〇	潮安	1944,2,5	蔴坡	失踪
温远精	男	二三	潮州	1944,2,5	蔴坡巴莪	刺杀
温辉廷	男	二〇	贵县	1942,5,20	古来	捕杀
温环振	男	一八	惠来		拉美士	屠杀
甯玲	女	一	北流	1943,4,7	古来	清乡屠杀
甯荣	男	四〇	高州	1943,6,6	士年纳	捕去暹罗
甯亚才	男	三六	信宜	1942,1,26	新山	屠杀
甯亚福	男	六	信宜	1942,1,26	新山	屠杀
覃英	男	五〇	容县	1943,8,15	士乃	征暹失踪
覃富	男	二八	容县	1942,9,10	士年纳	征暹失踪
覃德	男	六二	平南	1943,7,10	古来	征暹失踪
覃广	男	三〇	粤	1942,2,1	古来	屠杀
覃子礼	男	三〇	乐会	1942,3,5	振林山	屠杀
覃亚杰	男	三二	雷州	1942,3,5	振林山	屠杀
覃国焕	男	二九	琼州	1943,2,18	张厝港	屠杀
屠生财	男			1942,2,	星洲	检证
辜永镇	男	四四	潮安	1942,3,3	新山	失踪
辜均	男	四〇	潮安	1942,2,28	新山	失踪
辜有胜	男	三八		1942,2,26	星洲	检证
辜亚古	男	六四	潮安	1942,2,28	新山	失踪
辜亚松	男	二五	潮安	1942,2,28	新山	失踪
辜秀钦	男	四五	潮安	1942,2,28	新山	失踪
辜炎松	男	二七		1942,2,26	星洲	检证
辜美松	男	三六		1942,9,9		拘杀
辜海芝	男	五〇	潮安	1942,2,28	新山	失踪
辜祖荣	男	三五		1942,2,17	星洲	检证
辜清要	男				星洲	拘杀
辜清梁	男				星洲	拘杀
辜绍业	男	三九	潮安	1942,2,28	新山	失踪
辜许瑞	男			1942,2,26	星洲	检证
辜涯影	男	二五		1942,2,26	星洲	检证
辜喜生	男	一八		1942,2,21	星洲	检证
辜荣祖	男	三四	惠安	1942,2,17	星洲	检证

姓名	性别	年龄	籍贯	罹难日期	地点	原因
辜暧九	男	三四	潮安	1942,2,28	新山	失踪
彭三	男	五二	粤	1942,2,1	柔佛东山	屠杀
彭元	男	四四	陆丰	1943,2,2	士乃	屠杀
彭氏	男			1943,2,3	士乃	失踪
彭生	男	三〇	粤	1942,2,1	古来	屠杀
彭本	男	一二	陆丰	1943,10,5	古来	屠杀
彭兆	男	三九	平南	1943,6,28	古来	失踪
彭奇	男	四五	丰顺	1942,2,	柔佛	枪杀
彭保	男				士乃	失踪
彭为	男	四六	陆丰	1944,6,10	士乃	屠杀
彭栅	女	二九	陆丰	1943,11,7	古来	屠杀
彭栅	男	五六	鹤山	1944,7,5	古来	屠杀
彭星	男				士乃	失踪
彭南	男	四〇	粤	1942,2,1	东山街场	入境屠杀
彭洲	男				士乃	失踪
彭连	男			1943,2,3	士乃	失踪
彭围	女	三八	陆丰	1943,4,24	古来	屠杀
彭渐	男	三八	陆丰	1943,12,11	士年纳	屠杀
彭魁	男	三二	陆丰	1943,10,5	古来	屠杀
彭广	男	五〇	惠阳	1943,5,20	柔佛水塘	入狱打死
彭锡	男			1942,1,12	士乃	失踪
彭霜	男			1943,2,3	士乃	失踪
彭璧	男	二二	揭阳	1944,12,9	士年纳	屠杀
彭士光	男	四六	梅县	1944,8,19	古来	屠杀
彭少山	男	五二	河婆	1942,2,23	哥打	屠杀
彭日红	女	八	陆丰	1943,10,5	古来	屠杀
彭六妹	女	四	陆丰	1943,11,5	古来	屠杀
彭玉意	女	三一	揭阳	1944,9,10	古来	屠杀
彭全利	男	一八		1942,2,28		拘杀
彭兆汉	男	二	陆丰	1943,11,5	古来	屠杀
彭佐良	男	三五	大埔	1942,2,23	星洲	检证
彭坤嫂	女	四〇	罗定	1942,6,14	士年纳	捕去暹罗
彭亚欧	男	三一	路东	1942,3,5	振林山	屠杀
彭河仔	男					拘杀
彭贞河	男	二七	古田	1942,3,15	比叻	拘杀
彭珍乐	男	三七	古田	1944,5,25	比叻	枪杀
彭宗发	男	三〇		1942,2,22	星洲	检证
彭惠妹	女	六	陆丰	1943,11,2	古来	屠杀
彭湛良	男			1942,2,23	星洲	检证
彭云兴	男	六八	茶阳	1942,2,	柔佛帝问	拘杀
彭汉生	男	七	鹤山	1944,7,5	古来	屠杀
彭汉容	男	三	鹤山	1944,7,5	古来	屠杀
彭汉清	男	一五	鹤山	1944,7,5	古来	屠杀
彭汉阳	男	九	鹤山	1944,7,5	古来	屠杀
彭瑞麟	男	三五	陆丰	1942,2,26	士乃	当街屠杀
汤英	男	三四	兴化	1942,2,16	张厝港	屠杀
汤子恩	男			1942,2,	星洲	检证
汤玉珠	女	一	文昌	1943,4,7	古来	清乡屠杀

姓名	性别	年龄	籍贯	罹难日期	地点	原因
汤志英	男			1942,2,23	星洲	检证
汤成基	男	二〇		1942,2,19	星洲	检证
汤伯衡	男	三六		1942,2,19	星洲	检证
汤邦三	男	三	文昌	1943,4,7	古来	清乡屠杀
汤邦民	男	五	文昌	1943,4,7	古来	清乡屠杀
汤邦理	男	七	文昌	1943,4,7	古来	清乡屠杀
汤贞祥	男	二六		1942,2,	星洲	检证
汤振信	男	三四	文昌	1943,4,7	古来	清乡屠杀
汤庆祥	男	四三		1942,2,	星洲	检证
汤龙氏	男	三二	文昌	1943,4,7	古来	清乡屠杀
汤联壎	男	二三	龙岩	1943,4,7	枤城	酷刑死中
汤宝顺	男	二五		1942,2,19	星洲	检证
云大本	男	四八	琼州	1944,9,26	万孚	搜捕失踪
云大存	男			1942,2,21	星洲	检证
云台香	男	一九		1942,2,19	星洲	检证
云亚均	男			1942,2,21	星洲	检证
云亚坤	男	三九		1942,2,21	星洲	检证
云逢春	男	三六		1942,2,21	星洲	检证
普亮	男			1942,2	星洲	检证
贺如南	男	二七	茶阳	1943,4,	笨珍	失踪
贺厚生	男	三四	茶阳	1943,7,	笨珍	拘杀
贺夏利	男			1942,2	星洲	检证
贺富俊	男			,	星洲	检证
贺德祥	男	三九	茶阳	1943,7,	笨珍	拘杀
乡文珍	男			1942,2,	星洲	检证
乡文宣	男			1942,2,	星洲	检证
桂南	男	二五	粤	1942,2,1	古来新港	屠杀
华泰	男				士乃	失踪
华杜荣	男	四四		1942,2,	星洲	检证
华京灏	男	二二		1943,6,19		拘杀
华景英	男	二八	文昌	1944,4,4	新山	捕杀
游传	男					拘杀
游子琪	男	四〇	饶平	1942,5,4	居銮	屠杀
游登玉	男	六二	琼山	1942,3,21	柔佛	入境屠杀
游行贵	男	四五	琼山	1942,3,21	柔佛	入境屠杀
游步孔	男	二二	琼山	1942,3,21	柔佛	入境屠杀
游步芹	男	五三	琼山	1942,3,21	柔佛	入境屠杀
游步福	男	四一	琼山	1942,3,21	柔佛	入境屠杀
游镜传	男	三〇	茶阳	1942,1,	星洲	拘杀
湖协泉	男	二〇	丰顺	1942,1,15	马西	屠杀
乔清清	男	三八	南汇	1942,2,17	星洲	检证
盛根福	男	二九	上海	1942,2,18	星洲	检证
程友	女	四三	信宜	1942,3,12	哥打	屠杀
程文敏	男	二三		1942,2,17	星洲	检证
强熊铭	男	六一	琼山	1942,2,24	哥打	屠杀
尧水才	男	三三			星洲	检证
劳亚九	男	四三	南海	1944,2,10		被遣往暹
邬林	男	四四	粤	1942,2,1	东山街场	屠杀

邬大狗	男	八	茶阳	1942,2,	士乃	入境屠杀
邬大荣	男	二八	惠阳		士乃	屠杀
邬邦先	男			1942,2,	星洲	检证
邬有年	男	三四	茶阳	1942,2,23	士乃	入境屠杀
邬有能	男	三二	茶阳	1942,2,13	士乃	拘杀
邬亚朝	男			1942,2	星洲	检证
邬炳仁	男	二一	粤	1942,2,1	东山街场	屠杀
邬细狗	男	五	茶阳	1942,2	士乃	入境屠杀
邬彩光	男					拘杀
邬启增	男	三四	茶阳	1944,9,	星洲	拘杀
邬启辉	男	四五	茶阳	1942,2,13	士乃	拘杀
邬达民	男	三〇	茶阳	1942,2,	马口	拘杀
邬廖氏	女		茶阳	1942,2,	士乃	拘杀
邬爵兴	男	四五	茶阳	1942,2,	柔佛海皮	检证
邬丽堂	男	五一	茶阳	1942,2,14		失踪
邬　义	男		桂	1944,9,11	柔佛水塘	入狱打死
邬　瑞	男	三五	茶阳	1944,8,	野新	拉夫
邬天仕	男	二九		1945,3,16		拘杀
邬安敏	男	二四		1942,2,15	星洲	检证
邬孟兰	男	二七	茶阳	1942,2,	星洲	检证
邬美程	男	二六		1942,2,22	星洲	检证
邬习衣	男	一二	揭阳	1944,12,9	士年纳	屠杀
邬博民	男	三二	茶阳	1942,	古来	禁毙
邬万东	男				士乃	失踪
邬梦生	男	二六		1942,2,15	星洲	检证
邬梦兰	男	三二	茶阳	1942,2,	星洲	检证
农　柱	男	四八	信宜	1943,11,22	柔佛水塘	屠杀
杨　山	男	四二	茶阳	1942,1	蔴坡	入境屠杀
杨　山	男	四八	惠州	1942,10,25	柔佛海皮	屠杀
杨　文	男	五〇	信宜	1942,3,12	中林港	屠杀
杨　文	男	四九	博白	1945,11,21	金巴士	屠杀
杨　平	男	三三	惠州	1944,12,9	士年纳	屠杀
杨　水	男	二三		1942,2,28	星洲	检证
杨　克	男			1942,9,15	栜城	刑死
杨　志	男	三四	桂平	1944,3,	蔴坡	拘杀
杨　赤	男	一八	茶阳	1942,2,	星洲	检证
杨　相	男	六二	梅县	1942,3,12	哥打	屠杀
杨　班	男	四三	丰顺	1944,11,15	柔佛	刑死
杨　洪	男			1942,2,17	星洲	检证
杨　春	男	二五	容县	1942,9,10	士年纳	征暹失踪
杨　般	男	三六		1943,11,15		拘杀
杨　望	男	三九	粤	1943,12,21	柔佛水塘	刺死
杨　勤	男		茶阳	1942,2,	星洲	炸死
杨　敬	男	三八	容县	1943,7,	古来	清乡屠杀
杨　瑞	男	二五	粤	1942,2,1	古来新港	屠杀
杨　严	男	三二	桂	1942,2,1	古来新港	屠杀
杨　棠	男			1942,2,	星洲	检证
杨　雄	男	六二	文昌	1943,4,15	峇株	屠杀
杨　华	男	四五	梅县	1942,1,5	金巴士	屠杀
杨　华	男	五二	客籍		蔴坡	拘杀

杨　崇	男	四三	容县	1942,4,5	古来	屠杀
杨　发	男			1942,2,17	星洲	检证
杨　隔	男	二九		1942,2,24		拘杀
杨　群	男	三〇	茶阳	1942,1,	星洲	炸死
杨　董	男	三四	惠来	1943,12,16	蔴坡	失踪
杨　福	男	六〇	高谭	1944,2,15	蔴坡	拘杀
杨　福	男	五七	琼山	1944,11,4	古来新港	屠杀
杨　畿	男	五〇	新开	1943,11,22	柔佛水塘	屠杀
杨　铨	男	二二	大埔	1942,3,5	振林山	屠杀
杨　兴	男	四〇	北流	1943,6,6	士年纳	征暹失踪
杨　兴	男	四五	北流	1943,7,10	士年纳	征暹失踪
杨　兴	男	三八	惠来	1943,12,	蔴坡	拘杀
杨　璇	女	三二	武进	1942,	马六甲	全家六口
杨　耀	男	三八	东镇	1943,4,7	古来	清乡屠杀
杨　声	男				士乃	屠杀
杨二妹	女			1942,2,1	东山	屠杀
杨八妹	女	一六	茶阳	1942,3,	文律	拘杀
杨子清	男	五八	茶阳	1943,8,	峇株巴辖	禁毙
杨大兴	男	五二		1942,2,		拘杀
杨天福	男				星洲	拘杀
杨天涼	男					失踪
杨天宝	男				星洲	拘杀
杨少梅	男	三一	澄海	1942,2,28	柔佛	屠杀
杨文彪	男	四八	茶阳	1942,2,19	星洲	检证
杨文经	男	四〇		1942,2,18		检证
杨文荣	男	二五	莆田	1942,1,25	峇株	炸死
杨文辉	女	三〇	潮州	1942,2,	峇株	屠杀
杨木元	男	五九	大埔	1942,4,6	峇株	残杀
杨水明	男	一八		1942,2,22	星洲	检证
杨水金	男	二二		1942,2,28	星洲	检证
杨永明	男			1942,2,	星洲	检证
杨升珏	男			1942,2,17	星洲	检证
杨月娥	女	六	茶阳	1942,3,	文律	屠杀
杨月琴	女	三	大埔	1942,3,8	文律	屠杀
杨月娇	女	一〇	潮安	1942,2,6	蔴坡	残杀
杨壬地	男			1942,2,13		炸死
杨世元	男	三八		1943,		拘杀
杨世木	男	三三		1942,2,25		失踪
杨世松	男	三四				妻亦殉难
杨世清	男	四七	万宁	1943,4,	拉美士	屠杀
杨玉春	女	三〇	安溪	1945,6,11	张厝港	屠杀
杨玉书	男	三九		1942,2,21	星洲	检证
杨四妹	女	二六	梅县	1942,3,12	中林港	屠杀
杨必省	男	三一	粤	1942,1,10	柔佛水塘	捕杀
杨必略	男	三〇	粤	1942,1,10	柔佛水塘	捕杀
杨玉妹	女	四	北流	1943,4,7	古来	拘杀
杨玉英	女	二	北流	1943,4,7	古来	拘杀
杨永明	男			1942,2,17	星洲	检证
杨永祥	男	一七	容县	1944,3,	蔴坡	残杀
杨幼伦	男			1942,2,17	星洲	检证

杨吉水	男	二三		1942,2,19	星洲	检证
杨吓土	男	二七	福清	1942,2,20	新山	屠杀
杨如貂	女	三五	澄海	1942,3,11	新山	搜捕残杀
杨全京	男		琼东	1943,8,20	古来	征暹未返
杨利和	男	三三	潮安	1942,2,6	蔴坡	失踪
杨兆成	男			1942,2,17	星洲	检证
杨兆煌	男	二五	茶阳	1945,8,21	柔佛海皮	降后被害
杨光猛	男					拘杀
杨同伟	男	五四	大埔	1944,7,23	吉隆坡	拘杀
杨旭新	男	五一	茶阳	1942,3,	文律	拘杀
杨自娇	女	一〇	潮安	1944,2,5	蔴坡	遭杀
杨成吉						拘杀
杨成昌	男	三	茶阳	1942,3,	文律	屠杀
杨成港	男			1942,2,17	星洲	检证
杨成纶	男	四六		1942,2,21	星洲	检证
杨成麟	男	四	茶阳	1942,3,	文律	屠杀
杨佐保	男		茶阳	1942,2,	吉隆坡	检证
杨佐创	男	三〇	茶阳	1942,2,	吉隆坡	检证
杨佛榜	男	五一	茶阳	1942,3,	文律	拘杀
杨克纯	男	二一		1942,2,22	星洲	检证
杨克当	男	三四		1942,2,18	星洲	检证
杨宏珍	男	四〇	大埔	1945,6.2	柔佛	残杀
杨宏锦	男	四六	琼山	1943, 8,	古来	清乡屠杀
杨志勇	男		茶阳	1942,2,10	柔佛	抗敌战死
杨邦火	女		茶阳	1942,2,	星洲	检证
杨吴善贞	女	八七	茶阳	1942,3,	文律	屠杀
杨阿蟹	男	二六		1942,2,		拘杀
杨秀琴	女	三	茶阳	1942,3,	文律	入境屠杀
杨秀霖	男	一九		1942,2,22		检证
杨亚女	女	六	茶阳	1945,5,	文律	巫排华屠杀
杨亚弟	男			1942,2,17		检证
杨亚妹	女	二	番禺	1942,3,10	柔佛哥打	屠杀
杨亚金	男	二一		1942,2,9	星洲	检证
杨亚珍	女	二〇		1942,2,22	星洲	检证
杨亚洪	男	一九		1942,2,22	星洲	检证
杨亚笑	女	一〇		1942,3,8	文律	屠杀
杨亚真	男			1942 ,2,17	星洲	检证
杨亚猪	男	二二		1942,　,18	星洲	检证
杨亚发	男	二六		1942,2,22	星洲	检证
杨亚尊	男			1942,2,17	星洲	检证
杨亚卢	男	四七	福清	1942,2,20	新山	屠杀
杨其秋	男	四二	惠阳	1943,5,20	柔佛水塘	入狱打死
杨其祥	男	五八	粤	1942,1,10	柔佛水塘	捕杀
杨金成	男	二六		1942,2,18	星洲	检证
杨金华	男	二三	南安	1941,12,12	栜城	炸死
杨金嘉	男			1942,2,17	星洲	检证
杨昌文	男	二一		1942,2,22	星洲	检证
杨昌成	男	四八		1942,2,17	星洲	检证
杨昌灏	男		琼东	1943,8,15	古来	征暹失踪
杨明兀	男	六七		1942,6,15		拘杀

姓名	性别	年龄	籍贯	罹难日期	地点	原因
杨明基	男	二六		1942,2,21	星洲	检证
杨忠成	男				星洲	拘杀
杨岳南	男	一七	饶平	1942,2,28	巴力士隆	屠杀
杨惠盛	男			1942,2,17	星洲	检证
杨松江	男	二一				拘杀
杨松坤	男			1942,2,17	星洲	检证
杨梅汉	男	三〇		1943		禁毙
杨东阳	男	三〇	茶阳	1945,7,	吉隆坡	禁毙
杨卓华	男	三五	茶阳	1942,2,9	振林山	屠杀
杨官睐	男	四五	茶阳	1944,6,15	振林山	禁毙
杨官翘	男	三九	惠阳	1944,8,8	古来	捕杀
杨佳龚	男	四〇	茶阳	1943,12,	吉隆坡	禁毙
杨虎狮	男			1942,2,17	星洲	检证
杨河图	男	三五	茶阳	1942,2,	柔佛	拘杀
杨坤祥	男				星洲	拘杀
杨茂溪	男	二七	诏安	1942,2,22	星洲	检证
杨茂德	男	三九	漳浦	1943,10,22	巴生	失踪
杨柏林	男			1942,2,17	星洲	检证
杨昭伯	男	二八		1942,2 ,28	星洲	拘杀
杨昭泰	男	三九		1942,2,27	星洲	检证
杨昭义	男	二九		1942,2,21	星洲	检证
杨春波	男	三五	潮安	1942,2,17	柔佛	失踪
杨奎熹	男	三三		1942,2,23	星洲	检证
杨南群	男	三	茶阳	1942,3,	文律	拘杀
杨柳树	男	三一	同安	1942,2,17	星洲	检证
杨素平	男	三二	大埔	1942,3,5	振林山	入境屠杀
杨素云	女	四	茶阳	1942,3,	文律	拘杀
杨素霞	女	六	茶阳	1942,3,	文律	拘杀
杨素兰	女	八	茶阳	1942,3,	文律	拘杀
杨记生	男		茶阳	1942,2,	吉隆坡	检证
杨祚全	男	四一		1942,2,	星洲	检证
杨娘育		五〇		1945,5		拘杀
杨高财	男	五〇	潮安	1944,2,5	蔴坡	遭杀
杨珠强	男	三	潮安	1944,2,5	蔴坡	拘杀
杨梅生	男	三〇	茶阳	1943,	吉隆坡	入狱被害
杨祥龙	男	八	潮安	1944,2,5	蔴坡	拘杀
杨家钱	男	四二		1942,2,22	星洲	检证
杨清弟	男	一九		1943,7,7		失踪
杨清华	男	二五		1945,8,21		拘杀
杨竟水	男	二二		1943,3,1		拘杀
杨国信	男	一八	茶阳	1945,8,	马六甲	拘杀
杨康祥	男	四五		1942,2,19	星洲	检证
杨绍基	男			1942,2,17	星洲	检证
杨淑兰	女	一〇	茶阳	1942,3,	文律	屠杀
杨张琼香	女	二八	茶阳	1942,3,	文律	屠杀
杨善文	男	三九		1942,2,22	星洲	检证
杨善轩	男	四六		1942,2,22	星洲	检证
杨善瑚	男	三八		1942,2,22	星洲	检证

姓名	性别	年龄	籍贯	罹难日期	地点	原因
杨善萼	男	二五		1942,2,24	星洲	检证
杨善德	男	二九		1942,2,24	星洲	检证
杨善鹏	男	一八		1942,2,10		战死
杨超伟	男			1942,2,16	星洲	检证
杨开茂	男	三九		1942,2,28	星洲	检证
杨开茂	男	四六		1942,2,	星洲	检证
杨开招	男	四三		1942,1,	星洲	炸死
杨为仁	男	四七		1942,2,22	星洲	检证
杨温和	男	二九		1942,2,18	星洲	检证
杨就娘	女	三六	茶阳	1942,3,	文律	入境屠杀
杨朝太	男	四一	海澄	1942,2,28	星洲	检证
杨朝阳	男	三〇	茶阳	1944,10	金末士	拉夫
杨华盛	男	一八				拘杀
杨黄种	男	三九	福清	1942,2,20	新山	屠杀
杨策侯	男	五〇	澄海	1942,3,30	新山	屠杀
杨森卫	男	二九		1942,2,21	星洲	检证
杨云飞	男	一一	茶阳	1942,3,	文律	入境屠杀
杨云鹏	男	八	茶阳	1942,3,	文律	拘杀
杨顺天	男	五五	饶平	1943,3,13	柔佛	拘杀
杨顺南妻	女	四二	茶阳	1945,5,	玻璃市	拘杀
杨瑞江	男	四五		1942,2,22	星洲	检证
杨勤男	男			1942,2,		炸死
杨裕水	男	二二	丰顺	1945,1,25	柔佛	入狱刑死
杨葛士	男	四五	大埔	1942,3,5	振林山	入境屠杀
杨万宝	男			1942,2 ,17	星洲	检证
杨庆东	男	二八		1944,11,29		拘杀
杨庆新	男	三〇		1942,2,22	星洲	检证
杨庆辉	男	四四	琼东	1943,8,15	古来	征遣失踪
杨庆余	男	三二		1942,2,21	星洲	检证
杨庆龙	男			1942,2,17	星洲	检证
杨庆鑫	男	二七		1942,2,22	星洲	检证
杨漳永	男	一七		1942,2,20		拘杀
杨漳福	男	一九		1942,4,22		拘杀
杨漳福	男	一八		1942,2,18	星洲	检证
杨漳影	男	一六		1942,2,21	星洲	检证
杨渊源	男	三九		1942,2,28		拘杀
杨肇樨	男	四八		1942,2,18	星洲	检证
杨增添	男			1942,2,17	星洲	检证
杨增祥	男			1942,2,17	星洲	检证
杨增献	男			1942,2,17	星洲	检证
杨德南	男	二〇		1942,12,17		拘杀
杨德顺	男			1942,2,17	星洲	检证
杨德盛	男	四五	潮安	1942,3,8	文律	屠杀
杨德盛妻	女	四二	潮安	1942,3,8	文律	屠杀
杨德源	男	四二		1942,2,19	星洲	检证
杨德凤	男	五〇	大埔	1942,3,8	文律	屠杀
杨潮基	男	二一		1944,4,11		拘杀
杨锡邻	男	五一		1942,2,18	星洲	检证

姓名	性别	年龄	籍贯	罹难日期	地点	原因
杨钟坚	男	一五		1942,2,15		拘杀
杨钟荣	男	二〇		1942,2,15		拘杀
杨萧亚娘	女	四二	茶阳	1945,5,	文律	屠杀
杨耀良	男			1942,2,17	星洲	检证
杨耀锦	男			1942,2,15		拘杀
杨蔼士	男	五六	茶阳	1942,2,9	振林山	屠杀
杨钟添	男	二二		1942,2,15		拘杀
杨鹤澄	男			1942,2,17	星洲	检证
杨观宽	男	四七	大埔	1943,11,10	振林山	屠杀
杨懿桐	男	二四		1942,2,		拘杀
杨懿童	男	二五	澄海	1942,3,30	新山	屠杀
叶　先	男	四〇	诏府	1944,1,	蔴坡	拘杀
叶　金	男	二二			士乃	失踪
叶　炳	男	五一	永春	1942,1,30	峇株	屠杀
叶　洋	男	三五	安溪	1944,3,15	振林山	屠杀
叶　炸	女	四二	同安	1942,6	宋加弄	屠杀
叶　荀	男	二八		1944,4,12		拘杀
叶　祝	男	三六	粤	1942,2,1	东山街场	屠杀
叶　泰	男	五六	廉州	1942,3,9	振林山	屠杀
叶　庭	男	三四	五华	1943,6,15	古来	征遣失踪
叶　栈	男				士乃	屠杀
叶　胜	男	四八	北流	1941,5,17	万孚	搜捕失踪
叶　贵	男	四八	粤	1944,10,4	东山岩	海军踢死
叶　运	男	四六		1943,11,		拘杀
叶　福	男	三七	粤	1942,2,1	东山街场	屠杀
叶　魁	男	五一	霞蒲	1942,9,11	蔴坡巴莪	焚杀
叶　凤	女	六二	南安	1942,2,	峇株	屠杀
叶　娇	女	四二	粤	1942,2,1	新山	屠杀
叶　娇	女	三八	粤	1942,2,1	东山街场	屠杀
叶　锡	男	三六	淡水	1943,4,	野申	酷刑致死
叶　环	男				士乃	及妻子三人
叶　兰	男	四五	陆丰	1942,11,21	古来	禁死
叶丁龙	男			1942,2,20	星洲	检证
叶大文	男	四八	文昌		士乃	失踪
叶火清	男	二一		1942,5,		拘杀
叶火添	男	三二		1942,2,21	星洲	检证
叶文英	男	三八		1942,2,19	星洲	检证
叶文射	男	四七	闽	1944,3,14	蔴坡	刑死
叶水环	女	一八	海澄	1944,6,23	星洲	拘杀
叶幼娘	女	三四	永春	1942,3,8	文律	屠杀
叶玉桂	男	六二	惠州	1944,3,12	蔴坡	拘杀
叶用甫	男	三八	文昌	1942,2,13	龙引	残杀
叶用番	男	三〇		1942,2,18	星洲	检证
叶立天	男			1943,6,18	星洲	囚杀
叶如志	男	二一	惠阳	1942,2,16	吉隆坡	检证
叶同发	男			1942,	太平	斩首
叶竹英	男	三五	平远	1942,3,11	新山	屠杀
叶竹苞	男	三〇		1942,2,20	星洲	检证

叶全福	男	一九	厦门	1942,2,28	裕廊	拘杀
叶杏华	男	二六		1942,2,21	星洲	检证
叶亚泰	男	四二	河南	1942,3,15	振林山	屠杀
叶亚桂	男	三七	雷州	1942,2,24	蔴坡	枪杀
叶亚华	男	三	河南	1942,3,15	振林山	屠杀
叶亚嘻	男	二六	闽	1944,3,14	蔴坡	刺杀
叶东来	男	二二		1942,2,17		拘杀
叶松茂	男	二二		1942,2,19		检证
叶松茂	男	二七		1942,2,20		检证
叶金发	男			1942,2,20	星洲	检证
叶金钟	男	二〇		1944,8,20	太平	囚死
叶忠义	男	二一		1942,2,19		检证
叶明耀	男			1942,2,20		检证
叶看水	男			1942,2,20		检证
叶思木	男			1942,2,20		检证
叶春和	男	二八	梅县	1945,5,17	怡保	拘杀
叶俊明	男	二二		1942,2,18		检证
叶若桂	男	五六	淡水	1943,4,	马六甲	刑死
叶红毛	男			1942,2,	星洲	检证
叶清水	男	一九	同安	1942,2,21	星洲	检证
叶清连	男			1942,2,20		检证
叶清声	男			1942,2,20		检证
叶国光	男	一九	梅县	1942,9,1	怡保	刑死
叶植云	男	四八	四邑	1943,11,22	柔佛水塘	入狱打死
叶云初	男	三〇	龙川	1945,7 ,27	怡保	拘杀
叶开允	男	四三		1942,2,18	星洲	检证
叶温忠	男			1942,2,20	星洲	检证
叶善亮	男			1942,2 ,20	星洲	检证
叶发源	男	三四		1942,2 ,21	星洲	检证
叶裕青	男	二一	梅县	1945,4,14	怡保	拘杀
叶当娘	女	三一		1941,12,29		炸死
叶瑞福	男			1942,2,20	星洲	检证
叶侨生	男	一二	德化	1942,3,5	振林山	屠杀
叶汉高	男	二八	惠阳	1943,5,29	柔佛水塘	入狱打死
叶荣成	男	二〇		1942,3,16		拘杀
叶维农	男			1942,2,20		检证
叶剑生	男	二九		1943,9,		拉夫
叶德金	男	五〇		1942,2,22		检证
叶绵秀	女			1941,12,8		炸死
叶丽英	女			1942,2,16		检证
叶继绪	男	三五	永春	1945,2,21	峇株	屠杀
詹　皆	男	四二		1942,2,17	星洲	检证
詹　强	男	二二				失踪
詹亚八	男	四〇	古邑	1942,2,8	振林山	屠杀
詹文龙	男			1942,2,	星洲	检证
詹行逢	男	三一	文昌		吉隆坡	刑死
詹成保	男	四一			星洲	检证
詹亚八	男	三六		1942,2,17	星洲	检证
詹松泉	男	三〇		1942,2,		拘杀
詹清海	男			1942,2,	星洲	检证

詹崇楣	男			1942,2,	星洲	检证
詹尊荣	男	三二	文昌	1942,1,18	新山	捕杀
詹义秋	男					拘杀
詹义钊	男	三三	闽侯	1942,3, 16	实兆远	拘杀
詹道洲	男	三〇		1942,2,15	星洲	检证
詹福生	男	三一	莆田	1943,4,	新山	捕往暹罗
雷　才	男	五四	惠州	1943,6,15	古来	检往暹罗
雷　生	男	二一	高州	1943,6,13	士年纳	宪兵杀害
雷　遂	女	四四	永春	1942,5,23	蔴坡	拘杀
雷大琼	男	四〇	琼州	1943,	蔴坡	拘杀
雷江灶	男	二九		1942,2,15	星洲	检证
雷伦基	男			1942,2,	星洲	检证
雷瑞良	男	三〇	古田		实兆远	拘杀
雷锦进	男	六六	南安	1942,1,15	峇株	炸死
蒙美文	男	四五	定安	1942,3,5	振林山	入境屠杀
董　卿	男			1942,2,	星洲	检证
董　庄	女	四四	永春	1945,6,11	张厝港	屠杀
董仁物	男					炸死
董怡全	男	四二	金门	1942,3,17	峇株	残杀
董春波	男	五九		1942,2,27		拘杀
董祺照	男		台山		星洲	检证
董荣光	男	二四		1942,2,20	星洲	检证
董云就	男			1942,2,	星洲	检证
董云敦	男			1942,2,	星洲	检证
董黼卿	男	四六	汕头	1942,2,22	星洲	检证
贾明伯	男	五九		1942,2,28		检证
贾亚朴	男	五九		1942,2,28		拘杀
万　伍	男	五一	粤	1942,2,1	东山	屠杀
万天柱	男			1942,2,26		检证
万华生	男	一三	粤	1942,2,1	东山	屠杀
赵　九	男			1942,2,	星洲	检证
赵　云	男	三〇	粤	1942,2,1	古来	屠杀
董怡恐	男	六〇	金门	1942,2,8	丰盛港	屠杀
赵天逵	男	五九		1942,2,22		检证
赵天达	男				星洲	检证
赵少钳	男	三九		1942,2,18	星洲	检证
赵火达	男			1942,2,27	星洲	检证
赵亚乐	男					拘杀
赵常开	男	三三		1942,2,22	星洲	检证
赵开九	男			1942,2,	星洲	检证
赵开源	男	四八		1942,2,27	星洲	检证
赵发起	男	四〇		1942,2,22	星洲	检证
赵德荣	男	二五				炸死
赵锡胡	男			1942,2,	星洲	检证
赵职信	男			1942,2,	星洲	检证
赵丽生	男	五三	惠来	1942,3,17	峇株	残杀
荣　兴	男	一	永定	1942,1,15	柔佛马西	屠杀
银　东	男	三八	容县	1942,4,5	古来	入境屠杀
汉　明	男	三六	琼州	1943,12,2	古来	屠杀
齐　古	男				士乃	屠杀

齐辉圣	男	四八		1942,		拘杀
毓　清	男	三六	琼州	1943,2,7	马西	搜捕枪毙
廖　宋	男	三七		1942,		拘杀
廖　谷	男	四〇	茶阳	1942,2,	星洲	屠杀
廖　昌	男	五二	惠州	1944,6,1	怡保	拘杀
廖　招	男	三四	惠州	1944,6,1	怡保	拘杀
廖　信	男					拘杀
廖　送	男	二二	惠阳	1943,10,11	振林山	屠杀
廖　蚶	男	三六		1942,2,28		拘杀
廖　章	男	二六	新会	1943,2,7	吉隆坡	失踪
廖　说	男	五〇	粤	1942,2,1	东山	入境屠杀
廖　德	男	四八	容县	1942,2,20	古来	屠杀
廖　德	男	四五	粤	1942,2,1	古来	屠杀
廖　锦	男	四六	容县	1945,6,13	树椰	放火屠杀
廖　谭	男	五四		1942,2,	星洲	检证
廖玉潭	男	五四		1942,2,14		拘杀
廖冬玲	女	一八	茶阳	1943,7,	星洲	禁毙狱中
廖成宗	男	三三		1942,2,14		拘杀
廖亚五	男	一八		1942,1,1		炸死
廖亚浓	女	四五	茶阳	1942,2,	峇株	巫人屠杀
廖金招	女	八	梅县	1942,2,28	士乃	入境屠杀
廖金福	男			1943,5,13	哥打丁宜	斩首
廖炳付	男					拘杀
廖炳副	男	二〇		1942,2,28		拘杀
廖春茂	男	一	兴宁	1942,2,28	士乃	入境屠杀
廖修全	男	二四		1942,2,13		拘杀
廖修钗	男	二九		1942,2,13		拘杀
廖海元	男	一八	梅县	1942,2,28	士乃	入境屠杀
廖信娘	女	三〇		1942,2,14		拘杀
廖昭根	男	二七	南海	1942,2,20	星洲	检证
廖桂招	女	二	梅县	1942,2,28	士乃	入境屠杀
廖桂芳	男	一一	兴宁	1942,2,28	士乃	入境屠杀
廖桂柏	男	七	兴宁	1942,2,28	士乃	入境屠杀
廖彩招	女	二〇	梅县	1942,2,28	士乃	入境屠杀
廖深章	男		茶阳	1942,2,	星洲	检证
廖启富	男	三六	大埔	1942,3,3	新山	拘杀
廖连芳	男	一〇	兴宁	1942,2,28	士乃	入境屠杀
廖乾芳	男	一三	兴宁	1942,2,28	士乃	入境屠杀
廖熙超	男	三一	茶阳	1942,2,	柔佛炭山	入境屠杀
廖森田	男	四〇	兴宁	1942,2,28	士乃	入境屠杀
廖焕松	男	一八	兴宁	1942.2.28	士乃	入境屠杀
廖焕奎	男	三二	潮安	1943,8,	星洲	拘杀
廖运泉	男	二四	梅县	1942,2,28	士乃	入境屠杀
廖荣元	男	一六	梅县	1942,2,28	士乃	入境屠杀
廖远楼	男	五〇	梅县	1942,2,28	士乃	入境屠杀
廖慷赵	男	二二	大埔	1942,2,23	新山	屠杀
廖维娘	女					拘杀
廖福娘	女	四一	茶阳	1944,9,	新古毛	拘杀
廖广杨	男	二八	茶阳	1942,2,19	星洲	检证
廖熙成	男			1942,2,19	星洲	检证

姓名	性别	年龄	籍贯	罹难日期	地点	原因
廖熙泰	男			1942,2,19	星洲	检证
廖熙富	男			1942,2,19	星洲	检证
廖熙经	男			1942,2,19	星洲	检证
廖德生	男			1942,2,	星洲	检证
廖树元	男	一二	梅县	1942,2,28	士乃	入境屠杀
廖锥英	女	一五		1942,2,14	星洲	炸死
廖锥娘	女	一五				检证
廖燕荣	男			1942,2,19	星洲	检证
廖燕翼	男			1942,2,19	星洲	检证
廖燕琼	男			1942,2,19	星洲	检证
廖双燕	男	二八	茶阳	1944,6,	星洲	拘杀
廖双夔	男	二九	大埔	1944,10,20		刑死
廖谭贵	男	四二		1942,		失踪
廖镜芳	男	一四	兴宁	1942,2,28	士乃	入境屠杀
廖鉴珍	男	二八	茶阳	1945,5,	星洲	检证
管　招	男	三一	大埔	1942,7,5	柔佛海皮	屠杀
管志庭	男	六	茶阳	1942,3,	庇朥	拘杀
管志庆	男	三	茶阳	1942,3,	庇朥	拘杀
管亚周	男	二七	茶阳	1943,4,	柔佛	拘杀
管亚敏	女	三〇	大埔	1942,3,8	文律	屠杀
管亮工	男	二九	黄岩	1942,6,23	栎城	狱毙
管美连	男	四	茶阳	1942,3,	庇朥	拘杀
管俊源	男	二一	茶阳	1942,2,	吉隆坡	检证
管朝生	男		茶阳	1942,3,	怡保	拘杀
管叶娘	女	三三	茶阳	1942,3	庇朥	拘杀
甄　灿	男	二五		1941,12,27		炸死
甄伟垌	男	一八		1941,12,27		炸死
甄伟璞	男	一〇		1941,12,27		炸死
甄丽华	女	一四		1941,12,27		炸死
福　如	男	二二	罗定	1943,6,13	士年纳	警备杀害
熊　四	男	四〇	博白	1943,8,15	士乃	征逻失踪
熊　德	男	四〇	万宁	1942,5,10	班兰	宪兵捕杀
熊有福	男	二一	梅县	1944,3,16	双溪马茂	拘杀
熊亚金	男			1942,2,	星洲	检证
熊益宗	男	一五	梅县	1942,11,ll	怡保	拘杀
宾　义	男	五三	平南	1943,8,15	士乃	征逻失踪
邓　九	男	二	粤	1942,2,1	东山街场	屠杀
邓　九	男	一〇	琼州	1942,2,1	东山街场	屠杀
邓　女	女	八	琼州	1942,2,1	东山街场	屠杀
邓　才	男	四二	揭阳	1942,4,30	金巴士	屠杀
邓　占	男	六〇	桂	1942,3,17	蔴坡	拘杀
邓　昌	男					拘杀
邓　炎	男	三〇	鹤山	1944,10,12	古来	捕杀
邓　明	男	四〇	罗定	1944,9,	居銮	酷刑致死
邓　芳	男	四〇	容县	1943,6,6	士年纳	征逻失踪
邓　思	男	四〇	琼州	1942,2,1	东山街场	屠杀
邓　研	男			1944,		拘杀
邓　彬	男			1942,2,	星洲	检证
邓　进	男	四六	四邑	1943,6,15	古来	征逻失踪
邓　源	男	四七		1942,2,20	星洲	检证
邓　银	女	五〇	惠阳	1942,2,3	士乃	屠杀
邓　嘉	男	二五		1942,2,		拘杀
邓　汉	男	四五				炸死
邓　灵	男	二五	揭阳	1945,7,16	金巴士	屠杀
邓　观	男	四九	琼州	1942,2,1	东山街场	屠杀
邓大尧	女	二〇	南安	1942,2,17	峇株	屠杀
邓文光	男			1942,2,	星洲	检证
邓文昌	男			1942,2,17	星洲	检证
邓文玠	男			1942,2,17	星洲	检证
邓文珍	男			1942,2,17	星洲	检证
邓少年	男	二四	潮安	1942,1,15	峇株	炸死
邓巧臣	男		茶阳	1943,7,	帝问	屠杀
邓永广	男		茶阳	1942,2,	帝问	屠杀
邓世柏	男	一六	琼州	1942,2,1	东山街场	屠杀
邓先生	男	五〇	粤	1942,2,1	东山街场	屠杀
邓名水	男		茶阳	1943,7,	帝问	屠杀
邓名誉	男	三五	茶阳	1942,2,	新山	屠杀
邓仲喜	男					检证
邓兆荣	男		茶阳	1943,7,	帝问	拘杀
邓灼如	男	五一		1942,2,15	星洲	检证
邓宏星	男					战死
邓亚周	男			1942,2,	星洲	检证
邓亚芬		五一		1942,2,21	星洲	检证
邓亚彬	男	二五		1942,2,22	星洲	检证
邓亚敏	男	一九		1942,1,16		炸死
邓亚富	男	五二		1942,1,16		炸死
邓亚伟	男	二〇		1942,2,22	星洲	检证
邓亚万	男	二〇		1942,1,16		炸死
邓亚广	男				星洲	检证
邓亚卫	男	四八	茶阳	1942,12,	星洲	炸死
邓旺民	男	二九		1942,3,15		失踪
邓孟光	男	四三	茶阳	1942,2,23	柔佛	拘杀
邓怡先	男	三一	茶阳	1942,2,	星洲	炸死
邓其告	男		茶阳	1943,7,	帝问	屠杀
邓雨初	男	四一	茶阳		新山	禁死
邓松思	男			1942,2,	星洲	检证
邓治珍		三三		1942,2,		拘杀
邓金连						拘杀
邓尚梁	男	二三	大埔		星洲	检证
邓奕明	男	三二		1942,2,22	星洲	检证
邓春松	男	一四		1942,3,5		拘杀
邓炳姬	男	一八		1942,1,16		炸死
邓马大	男	二一		1942,2,19	星洲	检证
邓泰福	男			1942,2	星洲	检证
邓麦氏	女	一二		1942,1,16		炸死
邓国南	男			1942,2,		检证
邓绍珍		三三		1942,2,		拘杀
邓冯化	男	二五		1942,1,16		炸死
邓湛波	男	二六		1942,2,22		检证
邓景使	男		茶阳	1943,7,	帝问	拘杀
邓扬南	男	二五	茶阳	1943,7,	帝问	屠杀
邓开卷	男	二六	大埔	1944,5,20	新山	搜捕失踪
邓开泰	男	二五	茶阳	1944,	柔佛炭山	屠杀
邓颂三	男	六三		1942,12,28		炸死
邓群芳	男	三七	松口	1942,12,10	打门暗邦	枪杀
邓妈带	男			1942,2,	星洲	检证
邓瑞嫂	女	六〇	茶阳	1942,1,	星洲	屠杀
邓万广	男	三二		1942,2,21	星洲	检证
邓运鸿	男	四一		1942,2,28	星洲	检证
邓焕幸	男			1942,2,	星洲	检证
邓焕彬	男	五三	琼州	1942,6,7	哥打丁宜	搜捕失踪
邓焕章	男	五〇		1942,2,	星洲	检证
邓云洪	男	三五	大埔	1944,10,8	古来	殴伤吐血死
邓德臣	男		茶阳	1943, 7,	帝问	屠杀
邓庆堂	男	五二	永春	1944,1,30	新山	禁死
邓卫先	男	四七		1941,12,	星洲	炸死
郑　九	男	一七	海丰	1943,7,25	古来	抽壮丁失踪
郑　水	男	八	德化		文律	屠杀
郑　文	男	六〇	粤	1942,2,1	东山	屠杀
郑　分	男	五六	德化	1942,3,5	振林山	屠杀
郑　氏	女	四〇	琼州	1943,5,	蔴坡	拘杀
郑　册	男	八	海丰	1944,2,4	蔴坡	拘杀
郑　足	男	四五	永春	1942,2,27	蔴坡	拘杀
郑　成	男	三六	永春	1945,6,2	新山	刑死
郑　坂	男	二四	安溪	1942,2,12	新山	入境屠杀
郑　秀	男	五五	永春	1942,10,23	张厝港	屠杀
郑　坤	男	五〇	海丰	1944,2,4	蔴坡	拘杀
郑　林	男	四八	鹤山	1943,12,18	居銮	特高科虐杀
郑　妹	女	四	海丰	1944,2,4	蔴坡	拘杀
郑　杰	男	五一	莆田	1942,2,4	新山	入境屠杀
郑　美		三二		1942,3,		拘杀
郑　扁	男	四〇	德化	1942,3,20	文律	屠杀
郑　英	女	四二	鹤山	1942,1,10	柔佛水塘	狱中刑死
郑　孩	男	三五	永春	1942,2,15	张厝港	屠杀
郑　郁	男	四五	德化	1942,2,	柔佛	屠杀
郑　看	女	四九	永春	1942,3,7	蔴坡	拘杀
郑　纪	男	三五	惠来	1944,2,28	蔴坡	拘杀
郑　益	女	三七	永春	1942,9,12	蔴坡	拘杀
郑　记	男	四五	海罗丰	1943,2,4	蔴坡	拘杀
郑　修	女	七六	永春	1942,3,	宋加弄	屠杀
郑　祥	男					拘杀
郑　连	女	九	德化	1942,2,20	文律	屠杀
郑　清	男	四	永春	1942,2,25	蔴坡	拘杀
郑　进	男	一四	海丰	1944,2,4	蔴坡	拘杀

郑窗	女	一一	德化	1942,2,20	文律	屠杀	郑芝香		二八		1942,2,	星洲	检证	郑保谅	男	二六	闽侯	1942,1,13	峇株	屠杀
郑慈	男	三五	潮州	1944,10,9	柔大山坡	屠杀	郑成基	男	三	德化	1942,2,20	文律	屠杀	郑升新	男					拘杀
郑聘	男	三九	德化	1942,3,5	振林山	入境屠杀	郑亚八	男	五二	潮安	1942,3,3	振林山	入境屠杀	郑春生	男			1942,2,		拘杀
郑满	女	三	惠州	1944,4,1	新山	清乡屠杀	郑亚毛	男					拘杀	郑春来	男	六六		1942,2,15		拘杀
郑万	男	二二		1942,2,21	星洲	检证	郑亚松	男	四六		1942,2,28	星洲	检证	郑看妹	女	四二	潮州	1944,2,5	蔴坡	射杀
郑说	女	四〇	永春	1942,2,20	张厝港	屠杀	郑亚东	男		台山		星洲	检证	郑则英		五八		1942,2,14		炸死
郑寿	男	一三		1942,2,28	星洲	检证	郑亚坤	男					炸死	郑佛连	男	一二	大埔	1942,2,13	柔佛海皮	骗往工作
郑盘	男	四一	德化	1942,3,20	文律	屠杀	郑亚河	男			1942,2,	星洲	检证	郑炳合	男	五三	潮阳	1942,2,28	新山	捕杀
郑数	男			1942,2,	星洲	检证	郑亚添	男	七	海罗丰	1941,2,4	蔴坡	拘杀	郑计发	男	四八	惠州	1944,4,28	蔴坡	拘杀
郑兴	男	二	永春		张厝港	屠杀	郑亚猪	男	一四	永春	1942,10,23	张厝港	屠杀	郑香痕		三三				炸死
郑烧	男					拘杀	郑亚梅	女	八	德化	1942,3,5	振林山	入境屠杀	郑茂榕		四五		1942,2,20	星洲	检证
郑谦	男	三二	永春	1942,9,11	蔴坡	焚杀	郑亚善	男	三〇		1942,2,15	星洲	检证	郑振波	男	八	永春	1942,3,	蔴坡	残杀
郑举	男	四八	海丰	1944,2,4		拘杀	郑亚宾	男			1942,2,	星洲	检证	郑振明	男	二四	德化	1942,10,11	振林山	屠杀
郑炉	男					拘杀	郑亚嘴	男	三二		1942,2,15		拘杀	郑振岩	男	一〇	永春	1942,3,	蔴坡	残杀
郑兰	女	一六	惠州	1944,4,1	新山	清乡屠杀	郑亚墙	男	三六		1942,2,15	星洲	检证	郑振权	男	三	永春	1942,3,	蔴坡	残杀
郑心友	男	三七		1942,2,28	星洲	检证	郑亚龙	男					拘杀	郑素金	女	四三	德化	1942,3,8	文律	屠杀
郑心桓	男				士乃	屠杀	郑亚贤	男	五〇	莆田	1943,2,4	蔴坡	烧死	郑晟娘	女	四五		1942,3,3	星洲	拘杀
郑心思	男				士乃	屠杀	郑亚兴	男	五〇	莆田	1943,2,4	蔴坡	烧死	郑财乾	男	七一	揭阳	1942,3,8	文律	屠杀
郑心源	男	三四		1942,2,28	星洲	检证	郑明月	男	四一	永春	1942,3,17	峇株巴辖	拘杀	郑夏谦	男	三二	永春	1942,9,11	星洲	拘杀
郑文炳	男	七二	永春	1942,3,17	峇株巴辖	拘杀	郑明赤	男	五二	永春	1942,1,30	张厝港	屠杀	郑彩连	男	一三	大埔	1942,2,13	柔佛海皮	骗往工作
郑文耀	男					拘杀	郑明发	男	三〇	永春	1942,3,17	蔴坡	拘杀	郑添水	男	三三	永春	1942,1,30	张厝港	屠杀
郑天在	男	三四	永春	1943,11,21	龙引	残杀分尸	郑明节	男	三〇	永春	1942,3,7	蔴坡	拘杀	郑添火	男	二三		1942,2,	星洲	检证
郑元和	男	二六		1942,2,24	星洲	检证	郑金田	男					拘杀	郑添贵	男	一八		1942,2,	星洲	检证
郑壬祭	男	三四		1942,2,22	星洲	检证	郑金国	男	一三	永春	1942,2,27	蔴坡	拘杀	郑乌柑	女	二一	南安	1942,2,11	星洲	屠杀
郑友专	男	五四	永春	1942,3,17	峇株巴辖	拘杀	郑金殿	男	二一			星洲	拘杀	郑财明	男			1942,	双溪大年	倒吊烙死
郑木照	男	二一		1942,2,15		检证	郑金龙	男	一六		1942,2,22	星洲	检证	郑清水	男	四九	潮阳	1942,2,15	永平	枪杀
郑不传	男	一三	海丰	1944,7,15	古来	残杀	郑金龙	男	三〇	永春		蔴坡	枪杀	郑淑仔	男	三〇	福清	1942,2,17	星洲	检证
郑引潮	男	五一		1942,2,22	星洲	检证	郑余彩	男	四六	古田	1945,4,5	新山	屠杀	郑连江	男	二五	南安	1942,2,14	峇株	屠杀
郑水镜	男	二六		1942,2,19	星洲	检证	郑泗耀	男				柝城	失踪	郑敏灵	女	三七	粤	1942,2,	蔴坡	拘杀
郑永成	男	二九		1942,4,		拘杀	郑依玉	男	二五		1942,2,19	星洲	检证	郑华妹	女	四〇	潮安	1944,2,5	蔴坡	拘杀
郑永泰	男	四八		1942,2,19	星洲	检证	郑依呷	男	四五		1942,2,19	星洲	检证	郑华春	男	二五		1942,2,22	星洲	检证
郑生见	男	二一	永春	1943,1,14	蔴坡	拘杀	郑依松	男			1942,2,	星洲	检证	郑华雄	男	三四		1942,2,18	星洲	检证
郑可居	男				星洲	失踪	郑依蛤	男				星洲	检证	郑华鲁	男	四〇		1944,6,22		拘杀
郑玉丙	男	二七	永春	1942,1,10	峇罗	屠杀	郑依发	男	三五		1942,2,19	星洲	检证	郑惠明	男	二〇		1942,2,22	星洲	检证
郑玉英	女	二三		1941,12,28		炸死	郑依嫩		四九		1942,2,18	星洲	检证	郑惠英	女	二二	文昌	1942,2,	蔴坡	拘杀
郑玉英	女	一二	德化	1942,3,5	振林山	屠杀	郑来顺	男	一六	潮阳	1944,10,4	峇株龙引	枪毙	郑惠逢	男			1942,2,	星洲	检证
郑玉梅	女	二八	永春	1942,3,	文律	屠杀	郑延进	男	一五	海罗丰	1943,2,4	蔴坡	拘杀	郑开川	男	二九	永春	1945,4,	宋加弄	屠杀
郑玉暹	男	七	德化	1942,3,5	振林山	屠杀	郑廷涛	男	二三		1942,1,10		炸死	郑顺生	男			1942,2,	星洲	检证
郑右跨	男			1942,2,	星洲	检证	郑炎河	男	二四	莆田	1942,2,28	新山	失踪	郑善光	男	二八		1942,2,15	星洲	检证
郑甘露	男			1942,2,	星洲	检证	郑昌大	男			1942,2,	星洲	检证	郑源芝	男		潮州	1942,3,17	蔴坡	拘杀
郑江九	男	五二	揭阳	1942,3,8	文律	屠杀	郑昌光	男			1942,2,	星洲	检证	郑源芝	男	三〇	揭阳	1942,3,17	蔴坡	烧死
郑有明	男			1942,2,	星洲	检证	郑长庚	男	一七	永春	1942,1,30	张厝港	屠杀	郑万生	男			1942,2,	星洲	检证
郑先进	男	一九	德化	1942,3,5	振林山	屠杀	郑长庚	男	四一	永春	1942,2,18	蔴坡	拘杀	郑万胜	男			1942,2,	星洲	检证
郑衣单	男			1942,2,28		拘杀	郑长义	男	二一	永春	1942,2,18	蔴坡	拘杀	郑诗俊	男	三九		1942,2,15		拘杀
郑良如	男			1942,2,	星洲	检证	郑宗木	男	三		1942,2,14		炸死	郑诗群	男			1942,	新山	检证
郑良进	男	二二		1942,2,22	星洲	检证	郑松坤	男	二八	潮安	1942,2,27	振林山	拘杀	郑意源	男			1942,2,	星洲	检证
郑邦明	男			1942,2,	星洲	检证	郑松炎	男	二九	潮阳	1942,2,28	新山	捕杀	郑新权	男	二四		1942,2,19	星洲	检证
郑秀卿	女	一七	永春	1942,2,27	蔴坡	拘杀	郑松乾	男	二八	潮阳	1942,2,28	新山	捕杀	郑鼎新	男				星洲	检证
郑秀双	男	六四	德化	1942,3,5	振林山	屠杀	郑乳楮	男	四四		1942,2,19	星洲	检证	郑汉庭	男	二五		1942,2,22	星洲	检证
郑兵贤	男	二六	大埔	1942,2,	星洲	拘杀	郑育淡	男	一一	德化	1942,3,5	振林山	入境屠杀	郑汉强	男	三二		1942,2,22		炸死

梁亚九	男			1942,2	星洲	检证
梁亚水	男	二一		1942,2,28	星洲	检证
梁亚扣	男	三五		1942,2,16	星洲	检证
梁亚花	女	三二	粤	1922,2,1	东山	屠杀
梁亚旺	男	四二	雷州	1942,3,5	振林山	屠杀
梁亚美	女		南安	1942,2,14	星洲	屠杀
梁亚保	男	六〇	闽侯	1942,3,15	爱大华	拘杀
梁亚街	男			1942,2,		检证
梁亚业	男	三三	粤	1943,10,14	蔴坡	刑死
梁亚凤	女		南安	1942,2,14	星洲	屠杀
梁亚铨	男		闽	1942,3,15	爱大华	拘杀
梁亚兰	女	一九	德化	1942,3,8	文律	屠杀
梁亚宝	女	二八	南海	1943,7,11	星洲	毒刑至死
梁定昌	男	二六		1942,2,	星洲	检证
梁定盈	男	二四	文昌	1942,	怡保	拘杀
梁其玉	男	三六		1942,3,6		拘杀
梁两全	男	二〇		1941,12,24		炸死
梁居甫	男	三六		1942,2,20	星洲	检证
梁林炳	男					拉夫
梁松柏	男			1942,2,	星洲	检证
梁杭生	男	一五	南安	1942,2,29	星洲	检证
梁明孝	男	二六	永春	1942,1,30	张厝港	屠杀
梁东明	男	五二	新会	1942,3,17	蔴坡	捕去残杀
梁沛然	男			1942,2,	星洲	检证
梁金发	男	六三	南海	1942,2,20	星洲	拘杀
梁金蝶	男	一九	永春	1942,3,	蔴坡	屠杀
梁长华	男	四一		1942,2,25		检证
梁宜臻	男	二三		1942,2,20	星洲	检证
梁某某	男	六		1942,		拘杀
梁某某	男	四		1942,		拘杀
梁某某	男	八		1942		拘杀
梁客才	男	二七		1942,2,15	星洲	检证
梁茂林	男			1942,5,	星洲	检证
梁春来	男					拘杀
梁奕超	男	五一		1942,2,22		检证
梁建鸿	男			1942,2,20		检证
梁容妹	女	四〇	高州	1944,4,22	波厘城口	屠杀
梁家克	男	一八		1942,2,28	星洲	拘杀
梁家怡	男	二三		1942,2,28	星洲	拘杀
梁家炳	男	二八		1942,2,16	庇洲	检证
梁原丰	男	三二		1941,12,24		炸死
梁原丰	男					拘杀
梁振尹	男	二七		1943,		拘杀
梁振祥	男	一七	梅县	1942,11,11	怡保	拘杀
梁桑碧	男	二七		1942,2,15		拘杀
梁彬三	男	四一	茶阳	1942,1,	庇朥	入境屠杀
梁启才	男			1942,2,	星洲	检证
梁清水	男	二〇		1942,2,15		拘杀
梁国仁	男	一六	梅县	1942,2,27	星洲	检证
梁连集	男	三六		1942,2,22	星洲	检证

梁添宝	男			1942,2,22	星洲	检证
梁杰华	男	二七	粤	1944,7,18	居銮	刑死
梁华长	男			1942,2,		检证
梁朝基	男	一九	永春	1945,6,11	张厝港	屠杀
梁植家	男					拘杀
梁贵州	男		南安	1942,2,14	星洲	屠杀
梁瑞华	男	二八	东莞	1942,7,11	沙叻	狱中残杀
梁瑞荣	男	四七		1942,2,21	星洲	检证
梁嘉浩	男			1942,2,	星洲	检证
梁嘉祥	男			1942,2,	星洲	检证
梁寿生	男	一八	梅县	1942,11,11	比叻打扪	拘杀
梁汉贵	男	二一		1942,2,22	星洲	检证
梁德芬	男	四〇	琼州	1943,5,	宋加弄	屠杀
梁德槐						拘杀
梁德稻	男			1942,2,	星洲	检证
梁树波	男					检证
梁树明	男			1942,2,		检证
梁润泉	男	三八		1942,		拉夫
梁练只						拘杀
梁锦狼	男	四	侨生	1945,1,15	马西	屠杀
梁锦祥	男	一〇	侨生	1945,1,15	马西	屠杀
梁联翁	男	三六		1942,2,23	星洲	检证
梁鸿史	男	二六		1942,2,28	星洲	检证
梁鸿槐	男			1942,2,		检证
梁镇时	男			1942,2,20	星洲	检证
梁镜泉	男	五〇		1942,2,22	星洲	检证
梁宝兆	男	五二	南安	1945,6,10	文律	屠杀
许　人	男		茶阳	1944,7	太平	病死狱中
许　友	男	三〇	桂	1942,3,17	蔴坡	被杀
许　立	男	一七				检证
许　只	男	五一	安溪	1942,2,25	蔴坡	屠杀
许　有	男	三三	大埔	1943,3,19	蔴坡	被杀
许　次	男	四八		1942,3,1		拘杀
许　抄	男			1942,2,	星洲	检证
许　良	女	四五	德化	1942,3,8	文律	屠杀
许　弟	男			1942,2,	星洲	检证
许　扯	男	一八	南安	1942,3,8	文律	屠杀
许　治	男	四二		1942,2,28		拘杀
许　刻	男	三〇		1942,2,22	星洲	检证
许　摇	男	五一	德化	1944,2,	蔴坡	被杀
许　干	男	五七	罗定	1944,10,7	古来	宪兵杀害
许　义	男	二六		1942,2,28		拘杀
许　荣	男	三九		1942,2,23	星洲	检证
许　与	男	五一	安溪	1942,2,25	蔴坡	被死
许　润	男	四八		1942,2,19	星洲	检证
许　劝	男			1942,2,	星洲	检证
许　觉	男					拘杀
许九宰	男					拘杀
许三女	女			1942,		炸死
许大规	男	三〇		1942,2,21		拘杀

许士发	男	三七				检证
许水池	男					拘杀
许水明	男			1942,2,	星洲	检证
许天保	男	二六	诏安	1943,10,18	拉美士	屠杀
许文通	男					拘杀
许文锡	男	二九		1942,2,28	星洲	检证
许文标	男	三〇		1942,2,28	星洲	检证
许公成	男	四〇			星洲	检证
许友直	男			1942,2,	星洲	检证
许木泉	男	三五	澄海	1942,3,17	巴力亚育	屠杀
许中河	男					拘杀
许中邻	男				星洲	检证
许中年好	女	六一	莆田	1942,2,28	新山	失踪
许永章	男	三二		1942,2,17	星洲	检证
许永顺	男	四八		1942,2,20	星洲	检证
许玉祥	男	三七		1942,2,22	星洲	检证
许仕达	男	二四		1942,2,18	星洲	检证
许占魁	男	二五		1942,2,14		拘杀
许世久	男					拘杀
许世凤	男	二五		1942,2,25		拘杀
许玉龙	男	二八		1942,2,15		拘杀
许任芝	男	四一	澄海	1942,3,7	巴力兰岛	被捕自杀
许老甲	男	三五		1942,2,21		拘杀
许克林	男	三九				检证
许妙桃	女	三六		1942,3,8	文律	屠杀
许佃妹	女	四六		1941,12,8		炸死
许成坚	男	三二	饶平	1942,2,15	柔佛	屠杀
许亚河	男	一七		1942,		拉夫
许亚松	男	三八		1942,2,17	星洲	检证
许亚狗	男					拘杀
许亚茂	男	一九	潮安	1942,3,3	新山	屠杀
许亚胜	男	一七	饶平	1942,1,13	丰盛港	屠杀
许亚鲁	男			1942,		检证
许金和	男	二五				检证
许金镇	男	五五		1942,2,21	星洲	检证
许明芝	男			1942,2,	星洲	检证
许明珠	男	二五		1942,2,28	星洲	检证
许依七	男	三二		1942,2,28	星洲	检证
许长福	男			1942,2,	星洲	检证
许怡壁	男					拘杀
许思恭	男	五六	饶平	1942,3,17	峇株	残杀
许衍庆	男	三二		1942,2,22	星洲	检证
许衍庆	男			1942,2,	星洲	检证
许秋水	男	三〇	安溪	1942,2,28	星洲	检证
许炳柔	男			1942,2,	星洲	检证
许炳城	男	三五	饶平	1943,3,11	峇株	屠杀
许炳祥	男					拘杀
许炳遊	男	二五		1942,2,21	星洲	检证
许春生	男	二六		1942,8,3		拘杀
许乌乞	男	三〇	安溪	1942,2,14	星洲	屠杀

姓 名	性别	年龄	籍贯	罹难日期	地点	原因
郑福民	男	一九	福清	1943,1,24	星洲	拘杀
郑福昌	男	三八		1943,10,18		拘杀
郑福喜	男	三七	福州	1942,2,17	星洲	检证
郑滚财	男	一九		1942,2,24	星洲	检证
郑荣赛	男	三二		1942,2,	星洲	检证
郑德来	男	一四	德化	1942,3,5	振林山	屠杀
郑德箴	男	一三	德化	1942,3, 5	振林山	屠杀
郑质烧	男	二四		1942,2,28	星洲	检证
郑质攀	男	三〇	晋江		星洲	烧死
郑质攀	男	二七		1942,2,28	星洲	检证
郑质炉	男	二三		1942,2 ,28	星洲	检证
郑辉红	男			1942,2,	星洲	检证
郑宾贤	男	二〇		1942,2,22	星洲	检证
郑战俞	男	五五	潮安	1943,1,30	峇株	残杀
郑树芬	男			1942,2,	星洲	检证
郑树瑞	男			1942,2,21	星洲	检证
郑树寿	男	三六	金门	1942,2,22	星洲	检证
郑学琛	男		永春		马六甲	宪兵谋杀
郑锡良	男	五〇		1942,2,19	星洲	检证
郑锡玩	男			1942,2,	星洲	检证
郑赛英	女	一九	潮安	1942,3,8	文律	屠杀
郑双源	男	八	永春	1942,2,25	蔴坡	拘杀
郑双凤	男	八	永春	1942,2,25	蔴坡	拘杀
郑丰粪	男	三七		1942,2,19	星洲	检证
郑镜现	男					拘杀
郑竞业	男	一六	德化	1942,2,20	文律	屠杀
郑宝隆	男	三三	诏安	1942,2,22	星洲	检证
郑兰安	男			1942,2,18	星洲	检证
郑鉴源	男	三八	罗敬	1943,9,26	新山	枪毙
蔡 牛	男				士乃	屠杀
蔡 氏	女	五三	粤	1942,2,1	东山	屠杀
蔡 井	女	三五	揭阳	1943,11,5	古来	捕杀
蔡 石	男	四二	粤	1943,12,21	柔佛水塘	残杀
蔡 凹	男				士乃	屠杀
蔡 民	男	四七	同安	1944,6,	柔佛	屠杀
蔡 生	男			1942,2,22	星洲	检证
蔡 丕	男	一六	茶阳	1942,3,	柔佛庇朥	拘杀
蔡 有	男	四九	惠阳	1943,5 20	柔佛水塘	狱中打死
蔡 别	男				士乃	屠杀
蔡 空	男	三〇	安溪	1942,2,29	星洲	检证
蔡 明	男	四七	同安	1945,6,10	士乃	屠杀
蔡 炎	男	三二	安溪	1942,2,14	星洲	屠杀
蔡 宗	男	三五	揭阳	1943,5,23	新山	刑死狱中
蔡 长	男	四二	温州	1945,5,19	哥打	失踪
蔡 放	男	六六	揭阳	1942,3,1	士乃	捕杀
蔡 房	男	三	鹤山	1942,4,27	士乃	捕杀
蔡 武	男	五四	揭阳	1944,11,15	柔佛水塘	狱中打死
蔡 武	男	五九	揭阳	1943,8,12	士乃	捕杀

姓 名	性别	年龄	籍贯	罹难日期	地点	原因
蔡 指	男				士乃	屠杀
蔡 珍	男	四三	揭阳	1943,12,7	古来	捕杀
蔡 勃	男	二六	揭阳	1943,11,29	柔佛水塘	屠杀
蔡 保	男	三〇	揭阳	1944,12,9	士年纳	屠杀
蔡 香	男	四五	揭阳	1944,12,9	士年纳	屠杀
蔡 姜					士乃	屠杀
蔡 勇					士乃	屠杀
蔡 英	女	二七	永春	1942,2,26	蔴坡	拘杀
蔡 约		六〇		1942,3,4		拘杀
蔡 振		二三		1942,7,24		拘杀
蔡 能	男	三五	揭阳	1942,2,12	士乃	屠杀
蔡 益	女	六八	泉州	1942,3, 5	振林山	屠杀
蔡 悦	女	七	安溪	1942,2,14	星洲	屠杀
蔡 淡	男				士乃	屠杀
蔡 堆	男				士乃	屠杀
蔡 祥	男	四五	海丰	1944,10,9	大山坡	屠杀
蔡 基	男	四五	高州	1942,2,23	新山	屠杀
蔡 华	男	四一	南安	1944,8,28	峇株	屠杀
蔡 章	男	五七	潮安	1942,3,10	新山	捕杀
蔡 章	男	三四		1942,2,28	星洲	检证
蔡 问	男	三〇			士乃	连家焚毙
蔡 通	男				士乃	屠杀
蔡 圈	女	五九	揭阳	1942,9,14	柔佛水塘	残杀
蔡 钦	男	二五		1942,2,10		拘杀
蔡 扬	男	二八		1942,2,14		拘杀
蔡 发	男	三五	安溪	1942,2,14	星洲	屠杀
蔡 雇	男			1942,2	星洲	检证
蔡 萍	男	六五	雷州	1945,8,5	士隆	残杀
蔡 渺	女	三七	永春	1942,2,27	蔴坡	拘杀
蔡 溪	男				士乃	屠杀
蔡 新	男	四八	茶阳	1942,3,	庇朥	拘杀
蔡 坞	女	二六	南安	1942,2,16	峇株	屠杀
蔡 邹	男				士乃	屠杀
蔡 道	男	三四	揭阳	1943,11,29	柔佛水塘	屠杀
蔡 业	男					拘杀
蔡 勤	女	三六	茶阳	1942,2,	太平	入境屠杀
蔡 汉	男			1942,2,	星洲	检证
蔡 润	男			1942,2,22		检证
蔡 标	男	四〇	揭阳	1944,12,9	士年纳	屠杀
蔡 标	男	四二	揭阳	1942,5,6	士年纳	捕杀
蔡 标	男			1943,7,7		拘杀
蔡 潘	男				星洲	检证
蔡 庆	男	五一	揭阳	1944,12,9	士年纳	屠杀
蔡 学	男			1942,2,	星洲	检证
蔡 锦	男	四一	安溪	1942,2,28	星洲	检证
蔡 晓	男				士乃	屠杀
蔡 钟	男				士乃	屠杀
蔡 镜	男	四〇	丰顺	1944,2,3	柔佛水塘	狱中打死

姓 名	性别	年龄	籍贯	罹难日期	地点	原因
蔡 攀	男	一九		1942,2,28		检证
蔡 兰	女	二四	惠阳	1944,2,7	士乃	捕杀
蔡 让	男			1943,2,3	士乃	屠杀
蔡丁成	男			1942,2,22		检证
蔡川流	男	五〇	南安	1942,10,	张厝港	屠杀
蔡小妹	女	三八	潮安	1942,3,8	文律	屠杀
蔡之士		四四		1942,2,10		检证
蔡子丹	男				士乃	屠杀
蔡大头	男	三八		1942,2,14		拉夫
蔡文二	男	一四	安溪	1942,2,14	星洲	屠杀
蔡文水	男			1942,2		检证
蔡文永	男				星洲	检证
蔡文花	男	九		1942,2,14		拘杀
蔡文猪	男	七		1942,2,14		拘杀
蔡文礼	男	一四		1942,2,14		拘杀
蔡文宪	男	四五	莆田	1942,3,5	振林山	屠杀
蔡水返	男	三七	安溪	1942,2,28		拘杀
蔡水清	男	二二	海澄	1942,2,22	星洲	检证
蔡介宜	男	三三	澄海	1942,2,27	星洲	拘杀
蔡天赐	男	一四	南安	1942,2,20	峇株	屠杀
蔡分美		三三		1942,2,28		拘杀
蔡木涌		二七		1942,2,15		检证
蔡牛乳猪	男	三	安溪	1942,2,14	星洲	炸死
蔡可潘	男	四五	揭阳	1943,10,10	古来	捕杀
蔡永感		二七		1942,2,21	星洲	检证
蔡永义	男	二〇		1942,2,22	星洲	检证
蔡玉娘	女	四一	丰顺	1944,8,23	文律	强迫投河
蔡加妹				1942,2,22	星洲	检证
蔡加宝		二二			星洲	检证
蔡巧吟		六		1942,3,4		拘杀
蔡生财	男				星洲	检证
蔡必林	男	二三	福清	1942,2,20	新山	入境屠杀
蔡世金	男	三〇	罗定	1944,4,4	士年纳	捕往暹罗
蔡用河	男	三六		1942,2,28		检证
蔡仲文	男	五二	揭阳	1943,11,29	柔佛水塘	屠杀
蔡吉宁	男			1942,	星洲	检证
蔡吉岭	男			1942,2,		检证
蔡兆洋	男	三六		1942,2,28		检证
蔡伯涂	男	六四	南安	1942,2,20	峇株	屠杀
蔡志波	男	三〇	罗定	1943,12,8	古来	捕杀
蔡坤珍	女	一九		1942,2,14		拘杀
蔡坤蒲	男	四三		1942,2,10		拘杀
蔡坤德	男	三二	澄海	1942,2,27	星洲	拘杀
蔡金列	男				士乃	屠杀
蔡金花	女	六一	文昌	1942,3,8	文律	屠杀
蔡金钗				1942,2,22	星洲	检证
蔡金发	男	三六		1942,2,14		拘杀
蔡金狮	男	二四	南安	1942,2,20	峇株	屠杀

蔡金桧	男	五六		1942,2,14		拉夫	蔡清来	男	二六		1942,2,		检证	蔡亲量	男					拘杀
蔡金镇	男		粤	1942,1,27	蔴坡	拘杀	蔡清河	男	三七	安溪	1942,2,28		拘杀	蔡亲尽	男					拘杀
蔡亚丕	男	一七	茶阳	1942,3	瓜朥庇拉	屠杀	蔡清捷	男	四九	安溪	1942,2,14	星洲	拘杀	蔡学林	男	三四		1942,2,	星洲	检证
蔡亚莲	女	一三		1942,2,6		炸死	蔡清煌	男			1942,2,22		检证	蔡锦章	男			1942,2,22		检证
蔡亚鹏	男	一五		1942,2,6		炸死	蔡黑牙	男	七四		1942,2,14		拘杀	蔡蕃薯	男	三〇		1942,2,14		拘杀
蔡明南	男	一五	揭阳	1944,12,9	士年纳	屠杀	菸淑芸	女					拘杀	蔡鸿宜	男	四五	澄海	1942,2,27	星洲	拘杀
蔡明珠	女	八		1942,2,14		拘杀	蔡细妹	女	三	茶阳	1942,	庇朥港尾	入境屠杀	蔡鸿美	男	三二		1942,2,28		拘杀
蔡明超	男					拘杀	蔡梅音	女	四六		1941,12,29		炸死	蔡鸿盛	男	二六		1942,2,21		检证
蔡明朝	男			1942,2,22		检证	蔡隆书	男					拘杀	蔡龙容	男				星洲	检证
蔡明发	男	八	揭阳	1944,12,9	士年纳	屠杀	蔡通益	男			1942,2,22		检证	蔡应乾	男	三一		1944,2,17		拘杀
蔡明转	男	一八	揭阳	1944,9,14	柔佛水塘	狱中打死	蔡逢春	男	三三	雷州	1942,1,5	马西	屠杀	蔡丰目	男	四一		1942,2,12		炸死
蔡其珊	男	五八		1942,2,15		拘杀	蔡顺卿	男	四九	福清	1942,2,20	新山	入境屠杀	蔡丰成	男			1942,2,		检证
蔡其桂	男			1942,		炸死	蔡顺美	男	三八				殉职	蔡劝花	女	九	安溪	1942,2,14	星洲	屠杀
蔡京英	男		南安	1942,2,26	峇株	刑死	蔡顺载	男			1942,2,		检证	潘　四	男	四〇	粤	1942,2,1	东山	屠杀
蔡佳蜜	男				星洲	检证	蔡为和	男			1942,2,22		检证	潘　吟	男	三八		1942,2,12		拘杀
蔡阿好	女	四〇	顺德	1942,	马口	毒打残杀	蔡为思	男			1942,2,28		检证	潘　姜	男	二八		1942,2,15		检证
蔡松河	男	四〇	澄海	1942,2,27	星洲	拘杀	蔡为记	男			1942,2,22		检证	潘　进	男	三四	高州	1943,2,	亚依淡	拘杀
蔡奇炎	男	五〇	潮安	1942,	蔴坡	炸死	蔡结登	男			1942,2,		检证	潘　达	男	五五	海州	1943,11,	蔴坡	被杀
蔡芙容	女	二七		1941,2,14		拘杀	蔡贵林	男	五五	澄海	1942,2,28	星洲	检证	潘　瑞	男	三二	粤	1942,2,1	古来	屠杀
蔡孟烽	男			1942,2,		检证	蔡开罗	男					拘杀	潘　瑞	男	四六		1942,1,11	柔佛水塘	屠杀
蔡青莱	男	四二		1942,2,6		炸死	蔡景炎	男	二六	晋江	1942,3,8	文律	屠杀	潘　荣	男	五五	容县	1943,6,6	士年纳	捕往暹罗
蔡宜义	男	四八	琼州	1944,10,12	蔴坡	失踪	蔡传科	男	一八	揭阳	1943,8,12	士乃	捕杀	潘　宝	男	一九		1942,2,28		拘杀
蔡定盘	男			1942,2,22		检证	蔡圆水	男	三一	潮州	1942,2,25	新山	捕杀	潘木川	男	三八	潮安	1942,2,28	新山	失踪
蔡延树	男	五〇	漳浦	1942,2,23	星洲	刑死	蔡新才	男	五八	茶阳	1942,	庇朥港尾	入境屠杀	潘正仍	男	八		1942,2,14		拘杀
蔡来蚵	男	六	安溪	1942,2,14	星洲	炸死	蔡裕光	男	三〇	茶阳	1944,11,	星洲	拘杀	潘正安	男	三七		1942,2,18		拘杀
蔡秋玉	男	二七		1942,2,22		检证	蔡万里	男	二三		1942,2,21		检证	潘正昌	男					拘杀
蔡秋裕	男	二五		1942,2,18		检证	蔡瑞金	男	六二	潮安	1943,10,5	蔴坡	拘杀	潘正兴	男	五〇		1942,2,22		拘杀
蔡秋籐	男	五四		1942,2,11		拘杀	蔡义顺	男			1942,2,		检证	潘幼芬		二一		1943,8,20		拘杀
蔡甚珊	男					拘杀	蔡绣珍	女	八	安溪	1942,2,13	星洲	炸死	潘冬香		二一		1943,7,16		拘杀
蔡炳城	男	四三	惠来	1942,3,1	新山	入境屠杀	蔡绣琴	女	一〇	安溪	1942,2,13	星洲	炸死	潘先成	男	三〇		1942,2,19		检证
蔡炳根	男	二二		1942,2,28	星洲	检证	蔡叶锦	男			1942,2,		检证	潘笑松	男	二七		1942,2,14		拘杀
蔡则莪	男	二五		1942,2,22		检证	蔡凯罗	男			1942,2,22	星洲	检证	潘先盛	男	三一		1942,2,18		检证
蔡英敏	男	五		1942,1,28		炸死	蔡荣平	男	二九	潮安	1942,12,20	星洲	拘杀	潘先裕	男		文昌	1942,	龙引	屠杀
蔡建裕	男	一七		1942,2,28		拘杀	蔡荣贵	男	二四				检证	潘先业	男	一六		1942,2,14		拘杀
蔡能才	男	一九		1942,2,21	星洲	检证	蔡荣锦	男				星洲	检证	潘先庆	男	五三		1942,2,15		检证
蔡海水	男	四五		1942,2,6		炸死	蔡庆良	男	四		1942,2,14		拘杀	潘光厚	男	四四	文昌	1944,10,26	新山	宪兵捕去
蔡高塔	男	三八	揭阳	1943,11,29	柔佛水塘	屠杀	蔡庆华	男	六		1942,2,4		拘杀	潘光鐩	男	三四	文昌	1943,5,	古来	屠杀
蔡高雅	男	二八	揭阳	1943,11,29	柔佛水塘	屠杀	蔡凤毛	男	四九	安溪	1942,2,28	裕廊	拘杀	潘安和	男	六五		1942,2,21		检证
蔡家内	男	一九		1942,2,22		拘杀	蔡凤美	男	三三	安溪	1942,2,28	裕廊	兄弟三人	潘安姜	男	四八	南安	1942,2,6	蔴坡	失踪
蔡家民	男	三八	琼州	1943,2,18	张厝港	屠杀	蔡福春	男	二八	安溪	1942,2,9	星洲	拘杀	潘兆斌	男					检证
蔡振泰	男	四	安溪	1942,2,14	星洲	屠杀	蔡维泉	男	二〇	澄海	1942,2,28	星洲	检证	潘再裕	男	五四		1942,2,15		检证
蔡振声	男	三六	金门	1942,3,3	峇株	残杀	蔡铜盘	男	三九		1942,3,2		拘杀	潘延芳				1942,2,21		检证
蔡泰隆	男	二八		1942,2,20		检证	蔡德民	男	二八	南安	1943,		拒敌自杀	潘宗林	男			1942,2,	星洲	检证
蔡祖浩	男	三三		1943,2,23	星洲	拘杀	蔡德富	男	五二		1942,3,4		拘杀	潘忠林	男	二七		1942,2,19	星洲	检证
蔡乌牙	男	六四	安溪	1942,2,14	星洲	屠杀	蔡德福	男				星洲	检证	潘忠信	男	二八		1942,2,19	星洲	检证
蔡时中	男				士乃	屠杀	蔡德辉	男	三八	茶阳	1942,5,	庇朥途中	失踪	潘长法	男	三三		1942,2,15	星洲	检证
蔡时钊	男	四〇		1942,2,17		拘杀	蔡漠水	男	五四	南安		峇株	乱刀刺死	潘玩号	男			1942,2,	星洲	检证
蔡记深	男	一六		1942,3,4		拘杀	蔡亲仍	男	一三		1942,2,15		拘杀	潘茂廷	男			1942,2,	星洲	检证
蔡国金	男	三五		1942,2, 15		检证	蔡亲东	男	四二	文昌	1944,7,10	新山	入境屠杀	潘庭炎	男			1942,2,	星洲	检证
蔡国琛	男	二五	漳浦	1943,10,20	巴生	拘杀	蔡亲炯	男	一五		1942,2,15		拘杀	潘恭池	男			1942,2,	星洲	检证

黄师竹	男			1942,2,	星洲	检证	黄华钦		二〇		1942,2,28	星洲	检证	黄新松	男	三六	大埔	1942,2,19	星洲	检证
黄家奈	男	三〇	永春	1942,2,	蕨坡	拘杀	黄华赞	男	二二		1942,2,28	星洲	检证	黄业钦	男			1942,2,	星洲	检证
黄家叶	男	二九	永春	1945,5,30	宋加弄	屠杀	黄笔安	男	三二	安溪	1942,2,29	星洲	检证	黄业涛	男					拘杀
黄袁南	男			1942,2,	星洲	检证	黄焯光	男					拘杀	黄义华	男	六九	文昌	1942,2,21	星洲	检证
黄能振	男	四五	茶阳	1944,	罗密士	禁毙	黄禄梁		四一		1942,2,28	星洲	检证	黄义福	男	四二	海丰	1943,6,5	古来	捕杀
黄气娘	女	二六		1942,3,3		拘杀	黄禄隆						拘杀	黄经纬	男	四六	琼州	1942,9,11	蕨坡	烧死
黄逢良	男	五二	泉州	1945,4,5	新山	宪兵杀害	黄禄兴	男	一五	南安	1942,	笨珍	屠杀	黄维芳	男	四八	古田	1943,9,11	蕨坡	烧死
黄娥妈	女	一六	茶阳	1942,2,13	士乃	拘杀	黄菊英	女	一三	茶阳	1944,	罗密士	禁毙	黄维垣	男	二八	南安			围杀
黄真意	男	四一		1942,2,19	星洲	检证	黄菊圃		四六		1942,2,27	星洲	检证	黄维番	男	四八	古田	1942,9,11	蕨坡	烧死
黄旋丝	男		安溪	1942,2	星洲	检证	黄量我	男	三一	大埔	1942,3,8	峇株	全家六口	黄浙兴	男				士乃	失踪
黄速义	男	二三	安溪	1942,2,29	星洲	拘杀	黄景我	男	三二	茶阳	1942,3,	文律	屠杀	黄梦安	男	三六	古田	1942,1,12	新山	屠杀
黄速会	男	三四		1942,2,28	星洲	检证	黄景伟	男	二七		1944,10,		拘杀	黄福田	男		台山		星洲	检证
黄连义	男	二〇	安溪	1942,2,26	星洲	检证	黄循美	男	二三		1942,2,17	星洲	检证	黄福来	男	二二	南安	1942,3,6	吉隆坡	拘杀
黄淮水	男	五	南安	1942,3,9	蕨坡	围杀	黄循彬	男			1942,2,	星洲	枪证	黄福南	男	六七	桂	1944,9,11	柔佛水塘	入狱打死
黄淮垣	男	三〇	南安	1942,3,9	柔佛埔来	屠杀	黄胜水	男				星洲	拘杀	黄福添	男	三三	南安		星洲	检证
黄淮瑜	男	一	南安	1942,3,9	蕨坡	围杀	黄贵水	男			1942,2,	星洲	检证	黄福添	男					拘杀
黄淮璧	男	三	南安	1942,3,9	蕨坡	围杀	黄贵海	男	三四	鹤山	1945,8,4	柔佛水塘	屠杀	黄远忠	男			1942,2,20		检证
黄细永	男	六八		1941,12,30		炸死	黄贵兴	男			1943,2,3	士乃	失踪	黄团英	女	一三	茶阳	1942,1,	瓜朥	拘杀
黄细妹	女		茶阳	1942,2,13	士乃	拘杀	黄结令	男					拘杀	黄彰航	男			1942,2,	星洲	检证
黄细苟	男	六〇	陆丰	1944,3,8	古来	清乡被杀	黄结金	男			1942,2,	星洲	检证	黄闻视	男			1942,2,29	星洲	检证
黄细狗	男	三	茶阳	1942,3		残杀	黄喜松	男	四八	汕头	1942,1,	蕨坡	拘杀	黄赵龙	男	二八	揭阳	1943,8,12	文律	屠杀
黄绍眉	男					拘杀	黄伟南	男	三三	茶阳	1942,2,17	星洲	打杀	黄荣采	男	一七		1942,2,20	星洲	检证
黄绍桃	男	二六		1942,2,28		拘杀	黄惠南	男			1942,2,	星洲	检证	黄荣金	男	一八		1942,2,	星洲	检证
黄绍福	男	三八	茶阳	1942,1,		失踪	黄朝龙	男	二〇	揭阳	1942,3,8	文律	屠杀	黄荣相	男	三〇	永春	1942,9,29	蕨坡	失踪
黄国将	男	五二	潮州	1942,1,11	哥打丁宜	屠杀	黄集道	男			1942,2	星洲	检证	黄荣基	男	二三		1942,2,19	星洲	检证
黄国屏	男	五五	茶阳	1942,2,13	士乃	拘杀	黄敦开	男	四三		1942,2,19	星洲	检证	黄荣森	男	三五		1942,2,19	星洲	检证
黄国华	男			1942,2,20	星洲	检证	黄万全	男	三四	文昌	1942,9,14	古来	洗劫屠杀	黄宽心	男	六〇	揭阳	1942,3,17	蕨坡	烧死
黄国梁	男	五三	琼州	1943,4,15	峇株	屠杀	黄万事	男	四八	揭阳	1942,2,12	士乃	先锋屠杀	黄广生	男	六一	高州	1942,1,20	柔佛	屠杀
黄国华	男	二八	粤	1943,11,20	蕨坡	刑死	黄顺缘	男	二九		1941,12,30		炸死	黄广育	男	四七	琼山	1943,11,3	古来	屠杀
黄添福	男	三三		1942,2,28	星洲	检证	黄云龙	男			1942,2,	星洲	检证	黄广业	男	四〇	琼山	1943,11,3	古来	屠杀
黄添寿	男	六一	潮安	1943,2,4	蕨坡	烧死	黄鼎立	男	二八	茶阳	1942,3,	文律	禁毙	黄广运	男	五〇	琼山	1943,11,3	古来	屠杀
黄清定	男		安溪	1945,5,	星洲	拘杀	黄鼎芳	男	三五		1942,2,21	星洲	检证	黄庆立	男	一六	潮安	1942,2,27	峇株	捕杀
黄清河	男	二八		1942,2,15	星洲	检证	黄嗣来	男	一	潮安	1942,2,27	峇株	屠杀	黄庆安	男	二三	闽清		星洲	禁毙
黄清谭	男	二七	金门	1942,2,19	星洲	检证	黄嗣坤	男	三	潮安	1942,2,27	峇株	屠杀	黄庆祥	男	三四	潮安	1942,2,27	峇株	捕杀
黄通发	男	四	揭阳	1942,3,8	文律	屠杀	黄嗣豹	男	五	潮安	1942,2,27	峇株	屠杀	黄庆耀	男	二八	潮安	1942,1,10	张厝港	屠杀
黄张氏	女	三九	茶阳	1942,3,	庇朥	屠杀	黄嗣仪	男	一五	潮安	1942,2,27	峇株	屠杀	黄肇福	男	三五	茶阳	1942,2,	古来	屠杀
黄张氏	女	三五		1942,1,		拘杀	黄爱成	男				星洲	失踪	黄尔宪	男	三三	罗定	1944,2,6	蕨坡	刑死
黄得金	男	三九		1942,2,		拘杀	黄爱娥	女			1942,		炸死	黄赐庚	男	四一	潮安	1942,3,3	新山	失踪
黄章航	男			1942,2,	星洲	检证	黄瑞心	女	五一	三水	1942,3,8	文律	屠杀	黄德三	男			1942,2,28	士乃	大屠杀
黄乾瑞	男	二四		1944,2,15	星洲	检证	黄瑞志	男	四四		1942,2,28	星洲	检证	黄德安	男					拘杀
黄渊源	男	二四		1942,2,13		炸死	黄瑞港	男	二三	茶阳	1942,3,6	星洲	检证	黄德成	男	二四		1941,12,31		炸死
黄健贤	男	二三	茶阳	1942,2,13	柔佛	拘杀	黄涂清	男					拘杀	黄德京	男			1942,2,	星洲	检证
黄教农	男	二五	闽清	1942,2,	星洲	禁毙	黄溪水	男					拘杀	黄德华	男	二六		1942,2,20	星洲	检证
黄进泉	男			1942,2,	星洲	检证	黄烟如	男			1942,2,	星洲	检证	黄德钧	男	二六		1941,12,31		炸死
黄进富	男	一八		1942,2,28	星洲	检证	黄遂志	男	四三		1942,2,28	星洲	检证	黄德邻	男	四一	莆田	1942,3,6	吉隆坡	拘杀
黄钦源	男			1942,2,	星洲	检证	黄道泰	男	三二	福清	1942,2,20	新山	屠杀	黄默生	男			1942,2	星洲	检证
黄钦汉	男	三七		1942,2,	星洲	检证	黄道森	男	四五	乐会	1944,12,3	振林山	检证	黄弹光	男			1942,2,	星洲	检证
黄钦贤	男	三二		1942,	星洲	检证	黄群灼	男	四五	茶阳	1942,2,	星洲	禁毙	黄谈有	男	九	茶阳	1942,3,	庇朥	炸杀
黄华盛	男	二三	茶阳	1943,6	星洲	禁毙	黄诗明	男	二四	潮安	1942,2,23	星洲	检证	黄兴钦	男	三七	普宁	1942,2,29	星洲	检证
黄华盛						拘杀	黄诗书	男			1942,2,28	裕廊	检证	黄兴荣	男	二五	乐会	1943,4,15	峇株	屠杀

姓名	性别	年龄	籍贯	罹难日期	地点	原因
潘国忠	男	五八		1942,2,11		拘杀
潘绍斌	男	二八		1942,2,19		检证
潘汉中	男	二九		1942,2,19		检证
潘善报	男					拘杀
潘景秋	男	三〇	潮安	1942,3,8	文律	屠杀
潘毓全	男			1942,2,21		检证
潘福璋	男	三六		1942,2,19		检证
潘镇安	男					拘杀
潘耀光	男	二八		1942,2,21	星洲	检证
潘显光	男			1942,2,21		检证
黎　贵	男	六八	客籍		蔴坡	拘杀
黎　南	男	四〇	信宜	1942,3,12	中林港	屠杀
黎　楚	男				士乃	屠杀
黎　新	男	五三	容县	1943,8,13	古来	征暹失踪
黎　镜	男			1942,2,12	士乃	屠杀
黎才支	男	七	琼州	1941,12,13	蔴坡	拘杀
黎才安	男	五	乐会	1941,12,13	峇株	屠杀
黎才红	男	三	乐会	1941,12,13	峇株	屠杀
黎上甫	男	三七		1942,2,15		检证
黎日炳	男		琼州	1942,11,5	亚沙汉	刑后残杀
黎文满	男					检证
黎元銮	男	六四	番禺	1942,3,8	文律	屠杀
黎仕彦	男			1942,2,15		检证
黎永兴	男	二〇	琼州	1942,2,	马六甲	屠杀
黎汝用	男	三八	琼州	1941,12,13	蔴坡	拘杀
黎汝金	男	二八		1942,2,19		检证
黎汝朝	男	四四	乐会	1941,12,13	蔴坡	拘杀
黎汝銮	男	三八		1942,2,19		检证
黎仲年	男	二九		1942,2,22		检证
黎光明	男	三八		1942,2,19		检证
黎光梅	男	二四	乐会	1942,3,20	哥打	屠杀
黎光电	男	五四		1942,		拘杀
黎廷昌	男	二二		1943,5,20		拘杀
黎克甫	男	五二	乐会	1943,4,15	峇株	拘杀
黎材兴	男	一二	乐会	1941,12,13	蔴坡	拘杀
黎其立	男	二八	茶阳	1945,8,20	比叻宜力	拘杀
黎其祥	男	一一	茶阳	1945,8,20	比叻宜力	拘杀
黎金泉	男	二六				失踪
黎金炳	男	三二				失踪
黎金威	男	一九				失踪
黎美兰	女	六	番禺	1942,3,8	文律	屠杀
黎茂华	男	七〇	乐会	1943,4,15	峇株	屠杀
黎振利	男	二三		1942,11,11		拘杀
黎振春	男	四二	揭阳	1945,6,12	东山	宪兵捕去
黎振祥	男	十七		1942,11,11		拘杀
黎郎生	男	六〇		1942,2,11		炸死
黎家乐	男	四六		1941,12,24		炸死
黎堂桂	男	五〇	乐会	1943,4,15	峇株	屠杀

姓名	性别	年龄	籍贯	罹难日期	地点	原因
黎国栋	男	四六	乐会	1943,4,	拉美士	屠杀
黎国嘉	男	五二	乐会	1943,4,	拉美士	屠杀
黎添祥	男	八	茶阳	1945,8,20	宜力	巫人排华杀
黎伟强	男	一七		1942,2,11		炸死
黎贵芳	男	三七	乐会	1943,4,15	峇株	屠杀
黎贵忠	男	三八	乐会	1943,4,	拉美士	屠杀
黎发仔	男	二三	客家	1942,	马口	毒打致死
黎道生	男			1942,2,15		检证
黎运来	男	二六		1944,1,21		拘杀
黎荣亨	男			1942,2,15	星洲	检证
黎荣享	男	四九		1942,2,14		拘杀
黎谋氏	女	三五	广东	1941,12,13	蔴坡	拘杀
黎锦泉	男	二六		1942,2,21		检证
黎锦辉	男	二〇		1942,2,21		检证
黎杨兰英	女	三				拘杀
蒋天官	男	五〇		1942,2,15		拘杀
蒋明国	男	二九		1942,2,21	星洲	检证
蒋亚珍	女	三五	潮安	1942,3,8	文律	屠杀
蒋青发	男			1942,2,22	星洲	检证
蒋候意	男			1942,2,22	星洲	检证
蒋候森	男	六〇	乐会	1943,4,15	峇株	屠杀
蒋庭瑞	男	三九		1942,2,21	星洲	检证
蒋添全	男	二二		1942,2,17	星洲	检证
蒋清发	男	一八		1942,2,18	星洲	检证
蒋云风	男	二六	乐会	1943,4,15	峇株	屠杀
蒋颂南	男	三八		1942,2,17	星洲	检证
蒋颂南	男	四〇	台山	1942,	星洲	失踪
蒋荣河	男	二六	海澄	1942,2,22	星洲	检证
蒋迈三	男	三六	龙岩	1942,3,18	柔佛	失踪
欧　妹	女	六九	高州	1942,1,20	古来	屠杀
欧　英	男	三四	何年	1943,6,15	古来	征暹失踪
欧　英	男	三八	罗定	1944,10,7	士年纳	屠杀
欧　容	男	五五	雷州	1942,1,23	宋加弄	屠杀
欧　瑞	男	四六	岑溪古	1943,6,15	古来	征暹失踪
欧　炽	男	四二	桂	1942,2,1	古来	先锋屠杀
欧文禧	男	三一		1942,2,30		检证
欧岱意	男			1942,2,30	星洲	检证
欧托安	男	四二	东莞	1942,3,	蔴坡	拘杀
欧伯义	男			1942,2,	星洲	检证
欧亚德	男			1942,2,	星洲	检证
欧明龙	男	三七	琼州	1944,4,21	柔佛海皮	屠杀
欧育玲	男		琼州	1942,12,16	丁州勿述	全家三口
欧纯铭	男	五〇	文昌	1942,2,24	中林港	屠杀
欧开寿	男	六七	东莞	1942,3,6	蔴坡	拘杀
欧运深	男	五一		1942,2,30		检证
娇惠林	女	五七	潮州		振林山	失踪
练　德	男	三六	容县	1944,6,23	新山	特高科刑死
盘秀廷	男	三二	南宁	1943,8,15	乃征	征暹失踪

姓名	性别	年龄	籍贯	罹难日期	地点	原因
樊　田	男	二六	鹤山	1943,11,10	古来	屠役
樊阿棠	男	二二	四会	1942,11,11	打扪	拘杀
刘　九	男	二四		1942,2,28		拘杀
刘　九	男	二九	永定	1942,12,29	古来	屠杀
刘　才	男	五八	惠州	1948,6,15	古来	检往暹罗
刘　才	男	二五	揭阳	1944,12,9	士年纳	宪兵屠杀
刘　山	男	五		1942,2,25		拘杀
刘　今	男	四九	永春	1942,9,11	蔴坡	焚杀
刘　方	男				士乃	宪兵屠杀
刘　生	男	五九	东莞	1944,2,4	蔴坡	拘杀
刘　生	男	五二	花县	1943,11,7	古来	屠杀
刘　玉	女				士乃	宪兵屠杀
刘　四	男	五八	茶阳	1942,3,	哥打	屠杀
刘　汀	男		永春	1942,10,15	亚沙汉	集体屠杀
刘　朱	男	一七		1942,2,28		拘杀
刘　全	男			1942,2,		检证
刘　光	男	三五	容县	1942,9,5	士年纳	征暹失踪
刘　忠	男	五四	福安	1943,12,5	古来	屠杀
刘　忠	男			1942,		拘杀
刘　东	男				士乃	宪兵屠杀
刘　炎	男	一五	莆田	1942,3,5	振林山	入境屠杀
刘　初	男	四〇	粤	1942,2,1	古来	屠杀
刘　初	男	四二	北流	1943,7,15	士年纳	征暹失踪
刘　东	男	一八		1943,2,28		拘杀
刘　青	男	三		1942,2,28		残杀
刘　河	男	二五	顺德	1943,4,16	督亚冷	拘杀
刘　信	男	四八	博白	1943,8,13	士年纳	征暹失踪
刘　英	男	三七	容县	1942,2,2	古来	捕杀
刘　英		一六		1942,2,28		拘杀
刘　香				1942,2,	星洲	检证
刘　州	男	三五	茶阳		峇株巴辖	禁毙
刘　振	男	四八	容县	1943,12,10	古来	抗敌殉难
刘　轩	男	三五	客家	1943,4,15	峇株	屠杀
刘　益	男	五一	信宜	1944,8,8	古来	征暹失踪
刘　闪	男				士乃	宪兵屠杀
刘　淦	男	四八	永春	1943,9,11	蔴坡	焚杀
刘　烽	男				士乃	宪兵屠杀
刘　发	男	五四	永春	1942,2,7	东山	屠杀
刘　发	男	四五	北流	1942,2,20	中林港	屠杀
刘　发	男			1942,2,12	士乃	宪兵屠杀
刘　梅		一九		1942,2,28		拘杀
刘　顶		五一		1943,7		拘杀
刘　章	男	三六	四会	1942,3,6	吉隆坡	检证
刘　胜	男	六〇	大埔	1944,2,15	蔴坡	拘杀
刘　场	男	四一	永春	1942,2,3	文律	屠杀
刘　开	男	二三	揭阳	1944,12,9	士年纳	宪兵屠杀
刘　莱	女	一	南安	1942,2,20	柔佛	屠杀
刘　华	男	二〇	北流	1944,8,15	士乃	征暹失踪

刘焕	男	三八	琼州	1943,2,7	马西	搜捕残杀
刘稔	男				士乃	宪兵屠杀
刘达	男	五二	容县	1943,7,8	士年纳	征暹失踪
刘达	男	五二	容县	1943,6,6	士年纳	捕往暹罗
刘新	男	五二		1942,2,28		拘杀
刘溹	男	二〇	永春	1942,1,10	峇罗	屠杀
刘义	男			1942,2,22		检证
刘群	男	四〇	海丰	1942,11,21	古来	捕杀
刘魁	男	三四	永春	1942,5,14	蔴坡	刑死
刘凤		一四		1942,2,28		拘杀
刘邓	男	二三	丰顺	1944,8,30	比叻	失踪
刘戴		四六		1941,12,8		炸死
刘娇	女				士乃	宪兵屠杀
刘辉	男	三八	北流	1944,12,5	士年纳	屠杀
刘锦	男	六〇	大埔	1943,4,15	峇株	屠杀
刘燕	男	六〇	茶阳	1942,2,13	士乃	屠杀
刘声	男	六〇	客籍		蔴坡	拘杀
刘赛	男	四二	茶阳	1942,2,13	士乃	屠杀
刘环				1942,2,13		检证
刘双	女	九	陆丰	1943,7,1	古来	屠杀
刘双	女	二九	永春	1942,11,15	蔴坡	拘杀
刘愿	男	四〇	揭阳	1942,6,14	士年纳	捕往暹罗
刘藤	男	三二	安溪	1942,2,29	星洲	检证
刘耀	男	四二	连县	1945,5,14	郑厝港	宪兵捕去
刘十三	男			1942,2,28		拘杀
刘丁卸	男			1943,8,9		拘杀
刘乃康	男	二六	茶阳	1945,5,	宋加兰	排华被杀
刘三妗	女	五	潮安	1942,2,27	张厝港	屠杀
刘子光	男	三八	容县	1943,12,18	居銮	特高科处死
刘于轩	男	四三	茶阳	1942,3,	文律	一家五口
刘子强	男	三七		1942,2,28	星洲	检证
刘已成	男			1942,2,	星洲	检证
刘上林	男	三五	大埔	1942,3,29	星洲	检证
刘文桂	男					失踪
刘子道	男	二七	厦门	1942,2,19		拘杀
刘天送	男	二二	粤	1942,4,27	金巴士	屠杀
刘天相	男	二七	四邑	1942,10,25	柔佛海皮	宪兵屠杀
刘天冠	男	二六	揭阳	1943,12,2	古来	捕杀
刘天荣	男		莆田	1942,2,28	新山	检证
刘天赐	男			1942,2,19		检证
刘木央	男	三八				拘杀
刘少南	男	四〇	容县	1942,2,2	古来	捕杀
刘少云	男			1942,2,21	星洲	检证
刘友知	男	四二		1942,2,27		检证
刘友柱	男			1942,2,28		拘杀
刘水清	男	三四	大埔	1942,2,21	星洲	检证
刘日华	男	一三	茶阳	1942,1,	峇株	拘杀
刘永初	男	九	闽清	1945,2,6	马西	屠杀
刘玉英	女	五	茶阳	1942,1,	峇株	残死
刘外江	男	三二	潮安	1942,3,8	文律	屠杀

刘玉怀	男		永春	1943,3,	蔴坡	失踪
刘生团	男					拘杀
刘生銮	男	三六	闽侯	1942,3,15		拘杀
刘立山	男	三八		1942,2	栎城	拘杀
刘光文	男	五〇	琼州	1942,3,17	蔴坡	拘杀
刘光信	男	二一	揭阳	1943,11,5	古来	屠杀
刘甲娘	女	四一	南安	1942,2,16	柔佛	屠杀
刘北仔	男					拘杀
刘正南	男	五	大埔	1942,3,8	文律	屠杀
刘正柔	男	二八	永春	1942,2,22	星洲	检证
刘正贤	男	七	大埔	1942,3,8	文律	屠杀
刘西楼	女	四六	莆田	1942,2,1	新山	入境屠杀
刘西凸	男	五三	南安	1942,2,20	峇株	屠杀
刘冬勤	男	五九	福安	1942,2,10	古来	屠杀
刘廷芳	男	四八	永春	1942,3,	宋加弄	屠杀
刘利华	男	二六	莆田	1942,3,18	振林山	屠杀
刘秀英	女	六				残死
刘秀玲	女	五	茶阳	1942,3,	文律	残死
刘秀容	女	一二	茶阳	1942,3,8	文律	残死
刘成宗	男	四二	大埔	1942,3,8	峇株	一家六口
刘秀莲	女	四	茶阳	1942,3,8	文律	残死
刘秀华	女	一五	茶阳	1942,3,8	文律	残死
刘成福	男	二六	台山	1942,2,	星洲	检证
刘成斋	男	五〇	茶阳	1944,10	新山	禁毙
刘吴氏	女	三五	茶阳	1942,3,	峇株	拘杀
刘尔弟	男			1942,		拘杀
刘克明	男	三〇		1942,2,19		检证
刘克连	男			1942,2,19		检证
刘李氏	女	六三	澄海	1942,2,27	张厝港	屠杀
刘李顺	男			1942,2,		检证
刘良顺	男			1942,2,		检证
刘阿莱	男					拉夫
刘芋头	男	九	永春	1943,9,11	蔴坡	焚杀
刘亚大	男	二三		1942,2,22		检证
刘亚尖	男	一二	莆田	1942,3,18	振林山	屠杀
刘亚利	男		粤	1942,1,27	蔴坡	围杀
刘亚岔	男	九	茶阳	1942,1,	峇株	拘杀
刘亚香	女	四	莆田	1942,3,8	振林山	屠杀
刘亚英	男	三五	惠来	1947,3,14	新山	特高科残杀
刘亚茂	男	三一	潮阳	1942,3,6	柔佛	入境屠杀
刘亚桃	女	一七	安溪	1942,2,9	星洲	屠杀
刘亚辉	男	五一	粤	1944,1,22	蔴坡	刑死
刘亚兴	男	四〇	安溪	1942,2,28	星洲	检证
刘亚树	男			1942,2,22	星洲	检证
刘金水	男	二八		1942,2,28		拘杀
刘金吉	男					炸死
刘金借	男	五九		1942,2,28		拘杀
刘金炼	男	一五	潮安	1942,2,27	柔佛	屠杀
刘其山	男	二〇		1942,2,23		检证
刘林氏	女	七二				拘杀

刘林则	男	三一	饶平	1942,2,28	柔佛	屠杀
刘林怡来	女	三二				拘杀
刘育平	男	三七	梅县	1942,7,12	美罗	失踪
刘宗妗	女			1942,2,	星洲	检证
刘依春	男	四四		1942,2,22	星洲	检证
刘招荣	男	二一	大埔		文律	屠杀
刘来和	男	一五	安溪	1942,2,9	星洲	屠杀
刘奇珍	男	四五	茶阳	1942,2,	永平	一家六口
刘奇炫	男	九	潮安	1942,2,27	张厝港	屠杀
刘奇潘	男	一五	潮安	1942,2,27	张厝港	屠杀
刘奇源	男	一六	潮安	1942,2,27	张厝港	屠杀
刘忠梯	男	四八		1942,2,27	星洲	检证
刘松根	男	二二	潮州	1942,2,11	星洲	检证
刘和流	男	二四		1942,2,22	星洲	检证
刘尚偶	男	二五	茶阳	1942,2,13	士乃	拘杀
刘长荣	男	六	茶阳	1942,2,	文律	屠杀
刘昌荣	男	三	茶阳	1942,2,	文律	屠杀
刘法荣	男	八	茶阳	1942,3,	文律	拘杀
刘杰麟	男	二八	大埔	1942,2,21	星洲	检证
刘某某	男	九	茶阳	1942,3,	文律	残杀
刘某某	男	六	茶阳	1942,3,	文律	残杀
刘信伟	男			1942,2,19	星洲	检证
刘信岩	男	四二		1942,2,27	星洲	检证
刘奎和	男	一九	茶阳	1942,2,16	星洲	检证
刘勇尚	男	一九	梅县	1942,11,11	怡保	拘杀
刘茂泰	男	二	茶阳	1942,3,8	文律	屠杀
刘昭荣	男	一九	茶阳	1942,2,	文律	屠杀
刘岩猪	男	三五	同安	1943,9,25	巴生	失踪
刘春分	男	四七	南安	1942,2,20	柔佛	屠杀
刘秋兴	男	三三		1942,1,21		炸死
刘俊文	男	三四	文昌	1943,9,	柔佛	屠杀
刘炳麟	男			1942,2,19		检证
刘振秀	男	一五				拘杀
刘振华	男					拘杀
刘振贶	男	三四	大埔	1942,2,28	哥打	屠杀
刘振眼	男	三六	大埔	1942,3,10	中林港	屠杀
刘晋祥	男	三八	茶阳	1942,2,1	柔佛巴冬	屠杀
刘娘捷嫂	女	六二	茶阳	1942,2,13	士乃	屠杀
刘海水	男	三五				拘杀
刘陈氏	女					炸死
刘乌狗	男	五一		1941,12,24		炸死
刘乌番	男	三二	闽	1942,2,	蔴坡	拘杀
刘桃源	男			1942,2,		检证
刘章僻	男	五五	永春	1942,3,17	峇株	残杀
刘绍昌	男	一	茶阳	1942,3,1	文律	残杀
刘绍裘	男	三	茶阳	1942,3,	文律	残杀
刘绍箕	男	四	茶阳	1942,3,	文律	残杀
刘绍藩	男	一二	茶阳	1942,3,	文律	残杀
刘连成	男	四三				拘杀
刘淡水	男	一三	南安		峇株	屠杀

姓　名	性别	年龄	籍贯	罹难日期	地点	原因
刘淦妻	女	四一	永春	1943,9,11	蔴坡	焚杀
刘祥真	男	二八	澄迈	1942,3,8	文律	屠杀
刘带芳		二一		1942,2,21		检证
刘康红	男	二六	粤	1942,1,10	柔佛水塘	屠杀
刘康养	男	二四	粤	1942,1,10	柔佛水塘	屠杀
刘清顺	男	三三	揭阳	1942,3,17	柔佛	屠杀
刘哑友	男	四二	福清	1942,2,28	柔佛新山	失踪
刘探章	男	二〇	兴宁	1942,2,18	士乃	屠杀
刘添秀	男	六九	潮安	1942,3,8	文律	屠杀
刘添进	男	三六	茶阳		槟城	禁毙
刘国光	男	三四	澄海	1942,3,17	柔佛	屠杀
刘国荣	男	一一	大埔	1942,3,8	文律	屠杀
刘国汉	男	九	茶阳	1942,3,	文律	拘杀
刘御缄	女	二八	潮安	1943,2,27	张厝港	屠杀
刘善伟	男	三七		1942,2,18		检证
刘善岩	男			1942,2,		检证
刘伟平	男	六〇	茶阳	1942,2,	星洲	检证
刘伟真	男	四一	茶阳	1942,3 ,	文律	拘杀
刘伟甄	男	三六	茶阳	1942,3,	文律	屠杀
刘富英	男	九	茶阳	1942,3,	文律	杀死
刘羡堂	男	二四		1942,2,19		检证
刘登鼎	男	六六	大埔	1945,8,	星洲	暴民
刘登勤	男			1942,		拘杀
刘富英	女	一〇	大埔	1942,2,20	文律	屠杀
刘云娣	女	二七	兴宁	1942,2,28	士乃	入境屠杀
刘黄珠娘	女	四〇				拘杀
刘华星	男	五〇	惠来	1942,2,27	张厝港	屠杀
刘顺权	男			1942,2,19		检证
刘傭人	女	三八	茶阳	1942,3,	文律	屠杀
刘詹氏	女	二四	茶阳	1942,3,		拘杀
刘万生	男	二二	茶阳	1942,2,	庇朥	屠杀
刘道企	男					拘杀
刘道董	男	三九		1942,2,27		检证
刘祺安	男			1942,2,		检证
刘焕庭	男	三八	茶阳	1942,2 ,	星洲	检证
刘焕章	男	二一	粤	1942,1,10	蔴坡	屠杀
刘焕然	男	四〇	湘	1942,2,	星洲	检证
刘源城	男	四二		1942,2,		检证
刘楚胜	男	二〇		1942,2,22		检证
刘钜华	男	二七	南海	1942,3,6	吉隆坡	拘杀
刘妈发	男	一六				拘杀
刘殿庆	男	三八		1942,2,18		检证
刘园头	男	七	永春	1943,9,11	蔴坡	焚杀
刘意攀	男	二四	茶阳	1942,	峇株	巫人杀害
刘汉照	男	三一		1942,2,11	星洲	检证
刘汉荣	男	二七		1942,2,28	星洲	检证
刘远某	男	一	茶阳	1942,3,	文律	残死
刘远某	男	七	茶阳	1942,3,	文律	残死

姓　名	性别	年龄	籍贯	罹难日期	地点	原因
刘远某	男	八	茶阳	1942,3,	文律	残死
刘远宽	男	一一	茶阳	1942,3,	文律	残杀
刘庆荣	男	一四	茶阳	1942,3,	文律	屠杀
刘庆辉	男	一六		1942,1,		拘杀
刘郑氏	女	三五	茶阳	1942,3,	文律	拘杀
刘寿比	男	三〇		1942,2,19		检证
刘维和	男	三二		1942,2,22	星洲	检证
刘铨昆	男					拘杀
刘绸春	男	一〇				拘杀
刘满娘	女	五〇		1942,2,14		拘杀
刘嘉遇	男	三六		1942,2,19		检证
刘诚斋	女	四九	大埔		蔴坡	狱中刑死
刘潘河	男	三九	大埔	1942,3,8	文律	屠杀
刘潘奎	男	三〇	大埔	1942,3,	文律	拘杀
刘潘豪	男	四〇		1942,3,		拘杀
刘德王	男	三〇	上抗	1943,9,	怡保	拘杀
刘莲叶	女	三一	揭阳	1942,3,8	文律	屠杀
刘剑新	男			1942,2,19	星洲	检证
刘震昵	男	三一	茶阳	1942,3,	柔佛炭山	屠杀
刘燕仔	男	一六	永春	1942,9,11	蔴坡	屠杀
刘朴祥	男			1942,2,		检证
刘锥祥	男	三九	潮阳	1942,2,26	绵裕亭	逃难被捕
刘绵涛	男					炸死
刘忆初	男	四七	东镇	1944,8,8	古来	屠杀
刘龙松	男	五四	大埔	1942,2,28	柔佛水塘	入境屠杀
刘夔荣	男	二一	大埔	1942,3,8	文律	屠杀
刘丽水	男	三四		1942 ,2 ,21		检证
刘丽英	女	三	茶阳	1942,3,	文律	屠杀
刘罗氏	男	三一	茶阳	1942,3,	文律	拘杀
刘耀坦	男			1942,2,		检证
刘耀枢	男	二三	南海	1942,3,6	吉隆坡	拘杀
刘钟秀	男	四三	仙游	1942,2,22	星洲	检证
刘竞辉	男	一六	茶阳	1942,2,	永平	检证
刘燮荣	男	二〇	茶阳	1942,3,	文律	拘杀
刘龙松	男	五四	大埔	1942,2,28	柔佛水塘	入境屠杀
趣英文	男	四五	永定	1942,12,29	古来	清乡屠杀
兴　枝	女	三〇	晋江	1942,3,8	文律	屠杀
禤鸿岱	男	三三	文昌	1941,1,2	哥打刑场	宪兵刑死
禤鸿浩	男	二六	文昌	1942,1,2	哥打刑场	宪兵刑死
禤鸿业	男	三一	文昌	1942,1,2	哥打刑场	宪兵刑死
骆立滋	男	三一	文昌	1942,12,22	丁州马江	毒刑残杀
卢　寺	男		福州	1942,2,28	裕廊	检证
卢　秋	男	三七	博县	1944,2,28	振林山	宪兵捕杀
卢　运	男					拘杀
卢子炎	男			1942,2,28	星洲	检证
卢文斌	男					拘杀
卢文宽	男	二六		1942,2,28	星洲	检证
卢月娥	女					拘杀

姓　名	性别	年龄	籍贯	罹难日期	地点	原因
卢玉成	男	二四	莆田		巴生	禁毙
卢合文	男	三七		1942,2,26		拘杀
卢合民	男			1942,2,28	星洲	检证
卢再武	男	五七		1942,2,14		拘杀
卢位光	男					拘杀
卢志明	男	二三	闽	1943,8,10	星洲	拘杀
卢壮坡	男					拘杀
卢李战	男			1942,2,28	星洲	检证
卢芳津	男					拘杀
卢芳浓	男					拘杀
卢芳弥	男					拘杀
卢岳玲	男			1942,2,28	星洲	检证
卢岳龙	男	二二		1942,2,26		拘杀
卢炎芝	男	二八	潮安	1942,1,	蔴坡	拘杀
卢修位	男	二八		1942,7,1		拘杀
卢修林	男	三〇		1942,1,1		炸死
卢修弼	男	五八		1941,12,21		炸死
卢修琦	男	三五		1942,2,18		检证
卢沓九	男			1942,2,28		检证
卢茂明	男			1942,2,28	星洲	检证
卢炳南	男			1942,2,28	星洲	检证
卢珍杰	男	三二	开平	1942,3,6	蔴坡	失踪
卢书炎	男	二四		1942,2,28	星洲	检证
卢财德	男					拘杀
卢理将	男	三六		1942,2,28	星洲	检证
卢清泉	男	五八	潮州	1942,3,20	哥打	屠杀
卢清赐	男	四二	揭阳	1943,8,12	文律	拘杀
卢景山	男	三二	金门	1942,2,28	星洲	检证
卢淑媛	女					拘杀
卢雄坡	男					拘杀
卢惠琼						拘杀
卢业炳	男	三一		1942,2,16	星洲	检证
卢遂珠				1942,2,28		拘杀
卢瑞珠	女	一七		1942,2,28		拘杀
卢德成	男	二三	南安	1942,2,	蔴坡	拘杀
卢笃武	男	四七		1942,11,		拘杀
卢夔华	男	五一		1943,3,		拘杀
卢鸿云	男	五二	乐会	1942,2,1	班兰	检证
卢耀南	男	三八	白罗	1943,11,22	柔佛水塘	屠杀
卢宝源	男	三八		1942,2,22		拘杀
卢苏菊						拘杀
赖　卜	男	四八	揭阳	1942,5,10	古来	屠杀
赖　九	男	六	粤	1942,2,1	东山	屠杀
赖　氏	女	五五	惠州	1944,3,3	士乃	屠杀
赖　氏	女	三二	桂	1942,2,1	古来	屠杀
赖　志	男	三九	茶阳	1942,2,	星洲	检证
赖　奇	男	四〇	容县	1943,7,10	古来	征暹失踪
赖　招	女	五一	鹤山	1944,4,18	古来	屠杀

赖　忠	男	三七	茶阳	1942,2,	星洲	检证
赖　桂	男	六八	新安	1942,2,15	蔴坡	拘杀
赖　恭	男	五一	粤	1942,2,1	东山	屠杀
赖　连	女	九	罗定	1945,5,8	峇株	屠杀
赖　发	男	六二	粤	1942,2,1	东山	屠杀
赖　善	男	四八	容县	1942,1,23	冷金	屠杀
赖　爱	男	四五	惠来	1942,2,	士乃	屠杀
赖　溪	男					拘杀
赖　阁	男	五〇	粤	1942,2,1	古来	屠杀
赖　广	男	三八	广宁	1942,2,20	中林港	屠杀
赖　庆	男	二五	容县	1943,5,10	古来	屠杀
赖　兴	男	四五	北流	1943,8,15	士乃	征暹失踪
赖大柴	男	五二	晋江	1945,6,18	文律	拘杀
赖木水	男	二三		1942,2,22		检证
赖文仁	男	三七		1942,2,19	星洲	检证
赖文修	男	三九		1942,2,19	星洲	检证
赖天降	男	三三	茶阳	1942,4,	吉隆坡	入狱刑死
赖天赐		一六		1944,5,19		拘杀
赖友章	男	六	大埔	1942,3,8	文律	屠杀
赖丕昌	男	二七	大埔	1942,2,27	星洲	检证
赖可椒	男	三七	茶阳	1942,2,	哥打	拘杀
赖佑章	男	一一	茶阳	1942,2,	文律	屠杀
赖伯章	男	五	茶阳	1942,3,	文律	屠杀
赖廷芳	男	四六	鹤山	1942,2,23	柔佛哥打	屠杀
赖亚七	女	二七	永定	1942,1,15	马西	屠杀
赖亚乃	女	一八	茶阳	1945,5	宋加兰	巫排华屠杀
赖亚女	女	五	茶阳	1945,5,	文律	巫排华屠杀
赖亚牛	女	一一	茶阳	1945,5,	宋加兰	巫排华屠杀
赖亚妹	女	八	梅县	1942,2,28	新山	屠杀
赖亚忠	男			1942,2,28	星洲	检证
赖明三				1942,2,		检证
赖旺杰	男	二七	茶阳		槟城	入境屠杀
赖初开	男	四二	茶阳			失踪
赖松年				1942,2,		检证
赖宗珠	女				星洲	失踪
赖宗书		二四		1942,2,19		检证
赖欣祥	男		茶阳	1944,7,	加影	拘杀
赖育仪	男	四〇	茶阳	1942,2,22	星洲	检证
赖秋胡	男	三三	茶阳	1942,2,	马六甲	拘杀
赖红楼		二四		1942,2,28		检证
赖海清	男	三七	梅县	1942,2,28	新山	屠杀
赖高永	男	三二	茶阳	1942,2,	峇株巴辖	被驱逐饿死
赖梁吉	男	三四	茶阳	1945,5,	文律	巫排华屠杀
赖家蕃	男	四五	粤	1942,1,27	蔴坡	屠杀
颜添绪	男	二四	永春	1942,2,5	宋加弄	屠杀
赖尔蕃	男	四五	粤	1942,1,27	蔴坡	围杀
赖景良	男	一七		1942,2,22	星洲	检证
赖干祺	男			1942,2,	星洲	检证
赖寿长	男	三	茶阳	1945,5,	宋加兰	巫人屠杀
赖寿南	男	三八	茶阳	1942,2,	蔴坡	屠杀

赖嘉兴	男	一七	鹤山	1942,2,23	柔佛哥打	屠杀
赖实泉	男	二二	茶阳	1945,5,		巫人屠杀
赖谋进	男	四六		1944,5,19		拘杀
赖镇贤	男	一八		1942,2,22		拘杀
赖谭健	男	八		1943,		拘杀
赖宝溪	男	二三	茶阳	1942,2,	星洲	入境屠杀
赖现贤	男	一九		1942,2,28	星洲	检证
赖梁吉珍	女	三四		1945,5,		拘杀
钱　利	男	四三	容县	1943,10,5	古来	搜山屠杀
钱　相	男	四六	三水	1943,10,7	古来	搜山屠杀
钱　根	男	五二	廉州	1943,11,5	古来	搜山屠杀
钱时弟				1942,		拘杀
钱开卿	男			1942,2,15	星洲	检证
钱开源	男					拘杀
钱开源	男			1942,		炸死
树　仔	男		闽	1942,2,13	峇株	屠杀
学　焕	男	三五	琼州	1943,2,7	马西	搜捕枪毙
锦　香	男	四二	潮州	1942,1,11	哥打古宜	连二子殉
欧阳兆叻	男	五三	金门	1942,3,7	龙引	残杀
欧阳妈居	男		金门	1942,3,7	龙引	残杀
欧阳雪天	男	三九		1942,2,21	星洲	检证
欧阳雪谦	男			1942,2,	星洲	检证
欧阳常华	男	二九	顺德	1944,8,16	和平港	失踪
欧阳肇基	男			1942,2,	星洲	检证
欧阳衡芳	男	二三	晋江	1942,4,6	槟城	宪兵杀害
诸葛文光	男	三一		1942,2,15	星洲	检证
龙　二	男	三六	北流	1942,2,12	柔佛海皮	屠杀
龙　光	男	四三	信宜	1942,1,26	哥打	屠杀
龙　安	男		广西	1942,10,1	亚沙汉	集体屠杀
龙　淋	男	三二	信宜	1942,1,26	哥打	屠杀
龙　裕	男	三一	北流	1942,1,6	柔佛海皮	屠杀
龙　儒	男	四五	北流	1942,3,5	新山	屠杀
龙田文	男				星洲	检证
龙田武	男				星洲	检证
龙光嫂	男	二九	信宜	1942,1,26	哥打	屠杀
龙其才	男			1942,2,22	星洲	检证
龙其壁	男			1942,2,22	星洲	检证
龙亚炯	男	一五	河南	1942,3,15	振林山	屠杀
龙亚庆	男	六	信宜	1942,1,26	哥打	屠杀
龙淋妻	女	二八	信宜	1942,1,26	哥打	屠杀
龙程文	男			1942,2,22	星洲	检证
龙程武	男			1942,2,22	星洲	检证
龙朝吉	男			1942,2,22	星洲	检证
龙道西	男			1942,2,22	星洲	检证
龙道恒	男			1942,2,22	星洲	检证
龙道东	男			1942,2,22	星洲	检证
龙道忠	男			1942,2,22	星洲	检证
龙道谦	男			1942,2,22	星洲	检证
龙学文	男			1942,2,22	星洲	检证
龙学法	男			1942,2,22	星洲	检证

龙学茂	男	二三	海丰	1943,7,1	古来	屠杀
龙学益	男			1942,2,22	星洲	检证
龙学栋	男			1942,2,22	星洲	检证
龙学源	男			1942,2,22	星洲	检证
龙学干	男			1942,2,22	星洲	检证
龙学焕	男			1942,2,22	星洲	检证
龙学导	男	四〇		1945,	星洲	拘杀
龙兴吉	男	七	文昌	1942,2,	蔴坡	拘杀
龙兴春	男		文昌	1942,2,22	星洲	检证
龙兴泰	男	二六	琼州	1944,6,20	居銮	拘杀
龙兴富	男		文昌	1942,2,22	星洲	检证
龙兴谦	男		文昌	1942,2,22	星洲	检证
龙兴环	男		文昌	1942,2,22	星洲	检证
龙历全	男		文昌	1942,2,22	星洲	检证
龙历美	男		文昌	1942,2,22	星洲	检证
龙鹏成	男			1941,12,		炸死
龙鹏欣	男			1942,2,22	星洲	检证
龙鹏深	男			1942,2,22		炸死
龙鹏福	男			1942,2,22	星洲	检证
谢　文	男				星洲	检证
谢　仁	女	三一	永春	1942,1,13	蔴坡	拘杀
谢　生	男				士乃	屠杀
谢　好	女	四	永春	1943,11,15	蔴坡	刺杀
谢　光	男	三二	北流	1943,2,16	柔佛水塘	屠杀
谢　存	男	二六		1942,2,28		拘杀
谢　怡	男				星洲	拘杀
谢　茂	男	六二	惠来	1944,2,15	蔴坡	进攻时被杀
谢　书	女	三八	闽	1944,3,14	蔴坡	胶园内残杀
谢　惟	男	三三	晋江	1942,2,28	星洲	拘杀
谢　添	男	六〇	鹤山	1945,1,10	古来	清乡屠杀
谢　就	男	三二	鹤山	1942,1,17	新山	屠杀
谢　累	男	三二		1942,2,22	星洲	检证
谢　答	男			1942,2,21	星洲	检证
谢　喜	男	四〇	粤	1942,2,1	东山	屠杀
谢　渭	男				士乃	屠杀
谢　钦	男				士乃	屠杀
谢　铭	男	三五		1942,2,4		拘杀
谢　焕	男	三四	琼山	1944,8,	古来	清乡屠杀
谢　新	男				士乃	屠杀
谢　祺	男	三七	鹤山	1944,7,10	士乃	清乡屠杀
谢　福	男	三六	鹤山	1945,1,25	古来	屠杀
谢　严	女	八	晋江	1942,3,8	文律	屠杀
谢　寡	男	五〇	安溪	1942,2,19	柔佛	屠杀
谢　孺	女	八二	南安	1942,2	星洲	检证
谢丁超	男			1944,7,6	槟城	拘杀
谢之兰	男	一四	茶阳	1942,1,	哥打	拘杀
谢子涵	男			1942,2,21	星洲	检证
谢木书	男			1942,2,	星洲	琛粤
谢少石	男	五〇	潮安	1942,3,10	新山	认唐骗去
谢天守	男	一七	南安	1941,2,13	槟城	巫警射杀

姓名	性别	年龄	籍贯	罹难日期	地点	原因
谢火有	男	二〇	粤	1942,2,1	东山	屠杀
谢文先	男	五三		1941,12 ,8		炸死
谢文师	男	五〇		1942,2 ,28		拘杀
谢文斯	男		台山		星洲	检证
谢友珍	男	二〇	潮安	1942,2,28	星洲	检证
谢友德	男			1942,2,	星洲	检证
谢木忠	男	二三		1942,2,23	星洲	检证
谢孔昌	男	四九	茶阳	1945,2,	吉隆坡	拘杀
谢中旗	男	二九		1942,2,20	星洲	检证
谢仕位	男	二五	文昌	1942,3,5	振林山	入境屠杀
谢布琛	男	一三	定安	1942,11,2	古来	屠杀
谢布琨	男	五	定安	1942,11,2	古来	屠杀
谢永忠	男			1942,2,21	星洲	检证
谢永悉	男	二七		1942,2,18	星洲	检证
谢四福	男				星洲	检证
谢玉妹	女	三七		1942,2,14		拘杀
谢石华	男	二三	惠州	1944,1 ,5	比叻	拘杀
谢江水	男	二八		1942,2,20	星洲	检证
谢而发	男			1942,2,	星洲	检证
谢西进	男	三一		1942,3,1		拘杀
谢光充	男	五八	粤	1944,11,4	古来新港	屠杀
谢吉龙	男	五〇		1942,2,28	裕廊	检证
谢良生	男			1942,2,21	星洲	检证
谢良金	男	四二	潮安	1942,3,3	新山	宪兵捕去
谢良英	男	三六	潮安	1942,3,10	新山	认唐骗去
谢志信	男	三〇		1942,2,18	星洲	检证
谢汶发	男			1945,1,8	文冬	狱中刑死
谢坤福	男	一三		1941,12,8		炸死
谢亚五	男	六	永春	1942,3	文律	屠杀
谢亚汀	男	六二	茶阳	1942,1,	星洲	屠杀
谢亚河	男			1942,2,28	裕廊	检证
谢亚利	男	三	永春	1942,3,	文律	屠杀
谢亚旺	男	九	永春	1942,3,	文律	屠杀
谢亚旺	男			1942,2,21	星洲	检证
谢亚珠	女	二一		1942,2,14		拘杀
谢亚流	男	七	永春	1942,3,	文律	屠杀
谢亚琴	男				星洲	检证
谢亚清	男	一七		1941,12,8		炸死
谢亚杨	男	一一	永春	1942,3,	文律	屠杀
谢亚党	男			1942,2,	星洲	检证
谢叔文	男	三九	新会	1942,2,22	星洲	拘杀
谢亚发	男	八	永春	1942,3,	文律	屠杀
谢东升	男	五四		1942,2,	星洲	检证
谢两进	男				星洲	检证
谢来春	男	二九	福建	1942,2,28	星洲	检证
谢松如	男	三九		1942,2,19	星洲	检证
谢松柏	男	二四		1942,2,20	星洲	检证
谢金力	男	四九	晋江	1942,3,8	文律	屠杀

姓名	性别	年龄	籍贯	罹难日期	地点	原因
谢金吹	男	四二	晋江	1942,3,8	文律	屠杀
谢金连		二三		1942,2,	星洲	检证
谢金钟	男				星洲	检证
谢明辉	男	四五	定安	1942,11,2	古来	检证
谢明耀	男				星洲	检证
谢宜檀	男	三六	茶阳	1942,1,	哥打	拘杀
谢其麟	男			1942,2,	星洲	检证
谢忠旗	男				星洲	检证
谢保泉	男	三二	粤	1942,2,1	东山	屠杀
谢沓荣	男	五四	厦门	1942,3,5	振林山	入境屠杀
谢炳坤	男	三八		1942,2,21	星洲	检证
谢美香	女	二八	揭阳	1942,7,7	新山	搜屋吓死
谢胃秋	男			1942,2,21	星洲	检证
谢美銮	男					拘杀
谢益水	男			1942,2,21	星洲	检证
谢振武	男	五二		1942,2,22	星洲	检证
谢振球	男	二〇		1942,2,14		炸死
谢振禄	男	三〇	福清		柔佛	屠杀
谢振传	男	五四	饶平	1942,3,8	柔佛班兰	拘杀
谢财成	男	五〇		1942,2,14		拘杀
谢财喜	男	四四		1942,2,14		拘杀
谢财锦	男	四〇		1942,2,14		拘杀
谢国仁	男	二五	海澄	1942,2,21	槟城	狱中刑死
谢国星	男	五〇	丰顺	1944,2,25	新山	入狱打死
谢国钦	男	三〇	丰顺	1944,2,25	新山	入狱打死
谢淑文		三四		1942,2,22		拘杀
谢淑珍	女	九	定安	1942,11,2	古来	屠杀
谢淑瑛	女	一四	定安	1942,11,2	古来	屠杀
谢淑琼	女	三	定安	1942,11,2	古来	清乡屠杀
谢教生	男			1942,2,	星洲	检证
谢深弟		五〇		1941,12,		炸死
谢答氏	女	四四	文昌	1942,11,2	古来	清乡屠杀
谢阳照	男	二八	龙岩	1942,2,18	星洲	检证
谢富有	男	二七	安溪	1942,2,19	星洲	检证
谢富来	男	五	梅县	1943,10,12	古来	清乡屠杀
谢富礼	男	三	梅县	1942,10,12	古来	清乡屠杀
谢掌兆	男	五〇		1942,1,24		炸死
谢华商	男			1942,2,21	星洲	检证
谢猷铭	男			1942,2,	星洲	检证
谢瑞发	男			1942,2,	星洲	检证
谢敬朝	男	闽		1942,2,	星洲	检证
谢业川	男			1942,2,22	星洲	检证
谢业门	男			1942,2,22	星洲	检证
谢业雀	男	三四		1942,2,22	星洲	检证
谢业从	男			1942,		炸死
谢业邻	男			1942,2,22	星洲	检证
谢业礼	男			1942,2,22	星洲	检证
谢汉才	男	二九	琼州	1943,2,18	张厝港	屠杀

姓名	性别	年龄	籍贯	罹难日期	地点	原因
谢汉桥	男	二五	五华	1942,2,28	士乃	入境屠杀
谢维炎	男	二九	潮安	1942,3,12	新山	宪兵捕去
谢联生	男	四六		1942,2,22		检证
谢嘉东	男			1942,2,	星洲	检证
谢庆泉	男	一九		1942,2,18	星洲	检证
谢荣泉	男	一一		1942,2,14		拘杀
谢维汉	男			1942	美农	残杀
谢尔泽	男					拘杀
谢广正	男	四八		1941,12,		炸死
谢德拐	男			1942,2,21	星洲	检证
谢德扬	男				星洲	检证
谢德瑞	男	三二		1942,2,23	星洲	检证
谢莲参	男	二七	鹤山	1945,4,2	陈厝港	屠杀
谢学海	男	二七	海澄	1942,4,6	槟城	狱中刑死
谢锦州	男	三七	茶阳	1942,1,	哥打	拘杀
谢锦鸿	男	三二		1942,2,21	星洲	检证
谢龙沛	男	二三	永安	1943,11,15	蔴坡	宅中残杀
谢龙华	男	五八	粤	1944,11,4	古来新港	屠杀
谢锡炎	男	三二		1942,5,		拘杀
谢兴荣	男			1942,2,21	星洲	检证
谢鸿富	男			1942,2,21	星洲	检证
谢宝珍	男	三九	永春	1942,3,	文律	屠杀
谢耀光	男	二一		1942,2,	星洲	检证
钟三	男	五三	客籍		蔴坡	拘杀
钟氏	女	粤		1942,1,27	蔴坡	围杀
钟氏	女	四五	兴宁	1942,2,28	士乃	入境屠杀
钟水	男				士乃	屠杀
钟六						拘杀
钟生	男	四〇	粤	1942,2,1	东山	屠杀
钟出	男	一四	海丰	1944,9,1	古来	被捕失踪
钟有	男	三二	鹤山		士乃	屋焚遇害
钟池		三六		1942,3,6		拘杀
钟灶	男	二五	鹤山	1944,8,10	古来	屠杀
钟良	男	四六	博文	1943,2,25	金巴士	捕杀
钟明	男				士乃	屠杀
钟明	男	四一	鹤山	1942,8,13	古来	屠杀
钟明	男	三〇	鹤山	1943,2,1	古来	捕杀
钟来	男	三六	惠州	1943,6,15	古来	捕往暹罗
钟秋	男	四二	丰顺	1942,1,2	士乃	捕杀
钟秋					士乃	屠杀
钟炳	男	三七	惠阳		士乃	残杀
钟南	男	四四	北流	1943,8,15	士乃	征暹失踪
钟春	男	一七	粤	1942,2,1	东山	屠杀
钟展	男	三八	嘉应	1942,7,2	班兰	失踪
钟勤	男	二	丰顺	1942,1,2	士乃	屠杀
钟新	男	三四	增城	1945,11,22	柔佛水塘	捕杀
钟荣	男	五九	惠阳	1943,10,4	古来	屠杀
钟福	男	四六	北流	1944,4,	蔴坡	屠杀

钟 德	男	一八	海丰	1943,7,25	古来	抽壮丁失踪	韩 祥	男	四五	揭阳	1944,12,9	士年纳	屠杀	萧 妹	女	四八	陆丰	1943,4,7	古来	屠杀
钟 贤	男		茶阳		马六甲	拘杀	韩 进	男	二〇	揭阳	1944,12,9	士年纳	屠杀	萧 东	男	三八	桂	1942,2,1	古来	屠杀
钟子明	男	五五	茶阳	1942,	峇株	炸死	韩 远	男	二一	揭阳	1944,12,9	士年纳	屠杀	萧 送	男				士乃	屠杀
钟文英	女	一五	潮安	1942,3,8	文律	屠杀	韩三丰	男	四五		1942,2,28	星洲	检证	萧 清	男				士乃	屠杀
钟文涛	男	一七	潮安	1942,3,8	文律	屠杀	韩仁元	男	四〇	琼山	1944,7,	古来	捕杀	萧 贵	男	三〇	罗定		马口	刑死
钟石卜	男		茶阳	1943,7,	帝问港	拘杀	韩月光	男	三二		1942,2,16		拘杀	萧才娘	女	二六	茶阳	1942,8,	文律	拘杀
钟石盛	男			1942,2,17		拘杀	韩先丰	男				星洲	检证	萧文思	男	四〇	茶阳	1942,2,14	柔佛水塘	拘杀
钟可本	男	三一		1942,2, 28		拘杀	韩永光	男	五二		1942,2,28		拘杀	萧文界	男	四一	大埔	1942,7,3	柔佛海皮	屠杀
钟永发	男		茶阳	1942,9	柔佛	拘杀	韩邦仪	男	二七		1942,4,12		拘杀	萧文联		三五		1942,2,15	星洲	检证
钟光宗	男			1942,2,23	星洲	检证	韩步武	男	五二		1942,2,18	星洲	检证	萧必生	男	二三	大埔	1942,2,27	新山	拘杀
钟江龙	男			1942,2,23	星洲	检证	韩秀元	男	二九	琼山	1944,9,24	新山	捕杀	萧永添	男	三五	大埔	1942,2,10	班兰	宪兵捕去
钟江灵	男	二九		1942,2,23	星洲	检证	韩美英				1942,		炸死	萧永耀	男			1942,2,14		炸死
钟志林	男			1942,2	星洲	检证	韩昭元				1942,2,28	星洲	检证	萧守官	男	四〇		1942,2,15	星洲	检证
钟育祥	男	四八	梅县	1942,3,20	宋加弄	残杀	韩垣元	男					毒刑残杀	萧守诚	男	三六		1942,2,15	星洲	检证
钟亚汶	女	五二	茶阳	1942,2	哥打	拘杀	韩桂玉	女	三	揭阳	1944,4,4	士年纳	捕去暹罗	萧全娘	女	三八	茶阳	1942,3,	文律	屠杀
钟亚孟	男	一一	茶阳	1942,2,	哥打	拘杀	韩乾准	男	三〇		1942,2,17	星洲	检证	萧克周	男	二〇	茶阳	1944,12,	庇朥	拘杀
钟亚历	女	四	潮安	1942,3,8	文律	屠杀	韩国光	男	四五		1942,2,18	星洲	检证	萧克襄	男	二〇	茶阳	1944,	庇朥	拘杀
钟某某	女		茶阳	1943,7	帝问	拘杀	韩清奕	男	二五		1942,2,28	星洲	检证	萧良添	男	三二	大埔	1942,2,29	柔佛	失踪
钟奕珍	男	二五	茶阳	1942,12,	新山	屠杀	韩植元	男	一九		1944,9,		拘杀	萧志达	男	二六	梅县	1944,7,30	怡保	拘杀
钟南星	男	四九	茶阳	1943,7,	帝问	屠杀	韩卿翼	男	三四	文昌	1942,2,	古来	屠杀	萧亚九	男	二八		1942,2,22	星洲	拉夫
钟冠雄	男	一三	万宁	1943,11,12	宋加弄	屠杀	韩瑞光	男	三〇	文昌	1942,2,14	古来	入境屠杀	萧亚九	男					检证
钟盈科	男	五九		1942,2,17		拘杀	韩荣光	男			1942,2,28	星洲	检证	萧亚才	女	二七	大埔	1942,3,8	文律	屠杀
钟振文	男	三〇	茶阳	1945,3,	柔佛	拉夫病死	韩福畴	男	一九		1942,2,28	星洲	拘杀	萧亚咨	男	二	茶阳	1942,3,8	文律	拘杀
钟振康	男	二五	茶阳	1942,9,1	吉隆坡	战死	韩余丰	男			1942,2,28	星洲	检证	萧亚珠	男	四	茶阳	1942,3,8	文律	拘杀
钟乌英		三一		1942,2,28		拘杀	韩德畴	男	三〇		1942,2,16		拘杀	萧亚端	男	一八	兴化	1943,1,10	哥打	屠杀
钟乌钧		二七		1942,2,28		拘杀	韩积元	男	二六		1942,2,16	星洲	检证	萧亚罗	男	三八	兴化	1943,1,10	哥打	屠杀
钟原双				1942,2,	星洲	检证	韩联丰	男	三〇	文昌		士乃	屠杀	萧定山	男	三八	茶阳	1944,9,		拘杀
钟书生	男	四九	茶阳	1943,7,	帝问	屠杀	韩联丰	男		琼州	1941,12,23,	丁州拍加	火焚斩首	萧其恭	男	四一	大埔	1942,2,27	新山	拘杀
钟陈阿	男	二八		1942,2,28		拘杀	韩龙光	男	五五		1942,2,28		拘杀	萧怡祥	男	二八		1942,2,28		拘杀
钟陆阿	男	四〇		1942,2,28		拘杀	韩应侨	男	一九		1944,10,		拘杀	萧金养	男	四五		1942,2,23		拘杀
钟连生	男	二九		1942,2,23	星洲	检证	薛 有	男			1942,2,	星洲	检证	萧伦香	男	二三	梅县	1943,5,	芙蓉	刑死
钟培坚	男	一九	潮安	1942,2,23	星洲	检证	薛 棠	男					拘杀	萧曾三	男	四〇	茶阳	1944,3,	庇朥	拘杀
钟国慎	男		茶阳	1943,7,	帝问	屠杀	薛水木	男	三四	平潭	1942,2,30	新山	屠杀	萧桂花	女	一二	茶阳	1942,3,	文律	拘杀
钟国团	男		茶阳	1942,9	帝问	屠杀	薛氏花						炸死	萧娘荀	男	四五	茶阳	1942,8,	吉隆坡	拘杀
钟登元	男	三七		1942,2,28		拘杀	薛同侨				1942,2,	星洲	检证	萧进来	男	三七	德化	1942,2,	峇株	屠杀
钟普阿	男	四六		1942,2,28		拘杀	薛成桥				1942,2,18		检证	萧清华	女	二	梅县	1942,3,8	文律	屠杀
钟智南	男	四四				炸死	薛其粪	男	四七	福清	1942,1,15	新山	失踪	萧清舟	男	三六	金门	1942,2,28	星洲	拘杀
钟善愿	男	三〇		1942,2,28		拘杀	薛东保	男	四二	潮安	1943,2,25		残杀	萧清周	男	三三	金门	1942,2,26	星洲	检证
钟进阿	男	二一		1942,2,28		拘杀	薛东郊	男	二五	潮安	1943,2,25	柔佛水塘	残杀	萧清添	男	二八	厦门	1943,10,21	振林山	屠杀
钟运龙	男	三九	忠州	1944,4,2	新古毛	拘杀	薛芳瑞	男	二二		1942,2,22		检证	萧添才	男	三七		1942,2,	星洲	检证
钟荣深	男			1942,2,23	星洲	检证	薛俤仔	男			1942,2,18	星洲	检证	萧添才	男					拘杀
钟庆发	男	四一		1942,2,22	星洲	检证	薛添福	男	三〇	金门	1942,2,18	星洲	检证	萧推香	男	四二	茶阳	1942,2,	新山	拘杀
钟德阿	男	二五		1942,2,28		拘杀	薛贵寿	男	四六		1942,2,21	星洲	检证	萧进佩	男			1942,2,15	星洲	检证
钟兴阿	男	二八		1942,2,28		拘杀	薛献合	男	二七		1942,2,21	星洲	检证	萧顺争	男	一七		1942,2,26		拘杀
钟锡贤	男	四五	茶阳	1942,3,	马六甲	检证	薛道葵	男	二一		1942,2,21	星洲	检证	萧华昌	男	二八	茶阳	1942,8,	马六甲	拘杀
钟灿林	男	三五	茶阳	1942,2,	高打	拘杀	薛凤伦	男	三九		1942,2,18	星洲	检证	萧砚香	男	二七	大埔	1942,2,27	新山	拘杀
钟麟香	男			1942,2,17		拘杀	薛庆泽	男			1942,2,18	星洲	检证	萧钦浩	男	四一	茶阳	1942,8,	吉隆坡	拘杀
韩 迪	男	二五	揭阳	1944,12,9	士年纳	屠杀	济 公	男	五六	新会	1942,1,26	新山	屠杀	萧琴广	男	八	茶阳	1942,3	文律	拘杀
韩 洪	男	四二	揭阳	1944,12,9	士年纳	屠杀	萧 文	男	五	茶阳	1944,3,	庇朥	拘杀	萧敦燧	男		茶阳	1945,5,	江沙	被活埋
韩 顶	男	二五	揭阳	1944,12,9	士年纳	屠杀	萧 安	男	三	茶阳	1944,3,	庇朥	拘杀	萧扬氏	女	三三	茶阳	1944,3,	庇朥	拘杀

姓　名	性别	年龄	籍贯	罹难日期	地点	原因
萧葵花	女	一三	大埔	1942,3,8	文律	屠杀
萧雷九	男			1942,2,	星洲	检证
萧汉兴	男	五	梅县	1942,3,8	文律	屠杀
萧维祥	男	三二	金门	1943,2,28	星洲	拘杀
萧维祥	男			1942,2,	星洲	检证
萧摧香	男	四二	大埔	1942,2,27	新山	宪兵捕去
萧德合	男				星洲	检证
萧德观	男	四九	德化	1942,3,10	峇株	分尸六段
萧树根	男	三九	厦门	1943,14, 21	振林山	屠杀
萧绪光	男			1942,2,16		拘杀
萧辉广	男	六	茶阳	1942,3,	文律	拘杀
萧锦璋	男			1942,2,15	星洲	检证
萧应昌	男	二四	茶阳	1942,8,	马六甲	拘杀
萧赞兴	男	三八	茶阳	1942,3,	士乃	拘杀
萧赞兴	男	三二	茶阳	1942,2,14	柔佛水塘	拘杀
萧竞争	男	一八		1942,2,26		拘杀
邝　兆	男			1942,2,22	星洲	检证
邝　江	男	三四		1942,2,18	星洲	检证
邝　炎	男			1942,2,16	星洲	检证
邝　信	男	四八		1942,2,21	星洲	检证
邝　春	男	三三		1942,2,21	星洲	检证
邝亚明	男			1942,2,16	星洲	检证
邝全汉	男	三〇		1942,2,22	星洲	检证
邝修溢	男	四〇		1942,2,21	星洲	检证
邝发祺	男			1942,2,16	星洲	检证
邝树掌		二三		1942,2,16	星洲	检证
邝濯民		三〇		1942,2,22	星洲	检证
蓝乃宾	男	三五	茶阳	1944,10,	星洲	拘杀
蓝甲华	男	三二	大埔	1944,7,	星洲	拘杀
蓝甲华	男	三七		1942,6,		拘杀
蓝江锡	男	三六	大埔	1942,8,27	怡保	拘杀
蓝廷干	男	三三	大埔	1944,8,	星洲	防牒处拘杀
蓝金记	男	三九		1942,12,8		炸死
蓝金钳	男	三一	茶阳	1943,	星洲	拘杀
蓝始坤	男	二七				拉夫
蓝其烦	男			1942,2,	星洲	检证
蓝旺杰	男	二七				拘杀
蓝炳谦	男	六〇	澄海	1942,2,28	星洲	检证
蓝迺彬	男	三三				拘杀
蓝炳宽	男	五五	澄海	1942,2,28	星洲	检证
蓝迺宾	男	三五	大埔	1944,10,20	星洲	刑死
蓝迺輊	男	一八	大埔	1942,2,28	星洲	检证
蓝振林	男	三七	大埔	1944,11,11	星洲	拘杀
蓝振霖	男	三七	大埔	1942,2,	星洲	检证
蓝泰镇	男					拘杀
蓝会氏	男		茶阳	1944,8,	星洲	被拘自杀
蓝黄亚合	男	三五		1942,2,	星洲	炸死
蓝博万	男	四五	茶阳	1942,3,	峇株	拘杀

姓　名	性别	年龄	籍贯	罹难日期	地点	原因
蓝干初	男	四二	茶阳	1942,2,	峇株	检证
蓝凯轩	男				星洲	检证
蓝凯干	男	三三	茶阳	1944,10,20	星洲	防牒处拘杀
蓝荣光	男	四七	茶阳	1942,2,	永平	拘杀
蓝寿南	男	三八		1942,2,		拘杀
蓝增添	男	二八	茶阳	1942,4,	槟城	拘杀
蓝蔚汉	男	三五	茶阳	1944,10,	星洲	拘杀
蓝竞干	男	二二	茶阳	1944,8,	星洲	被拘绞死
蓝莺耀	男	二八		1942,2,18		拘杀
颜　文	男	五八	乐会	1943,4,15	峇株	屠杀
颜　好	女	四二	永春	1942,10,	张厝港	屠杀
颜　妹	女	七	德化	1942,3,8	文律	屠杀
颜　能	男	九	德化	1942,3,8	文律	屠杀
颜　建	男	五〇	南安	1942,9,11	蔴坡	围杀
颜　草	男	三〇	福建	1942,1,27	蔴坡	烧死
颜　细	女	五	德化	1942,3,8	文律	屠杀
颜　绸	男	一一	德化	1942,3,8	文律	屠杀
颜　饶	男	一	德化	1942,3,8	文律	屠杀
颜土库	男	二七	同安	1942,1,	蔴坡	拘杀
颜大枋	男	四二	乐会	1942,3,5	振林山	屠杀
颜文来	男					检证
颜介民	男	七	永春	1942,3,8	文律	屠杀
颜石佩	男	二九	永春	1942,1,18	蔴坡	拘杀
颜玉枝	女	四三	南安	1942,2,14	峇株	屠杀
颜永福	男	二二				检证
颜安邦	男	七	永春	1942,3,8	文律	屠杀
颜克庄	男					检证
颜成州	男	二五	永春	1945,4,5	新山	屠杀
颜良枝	男	二六	永春	1942,3,8	文律	屠杀
颜金水	男					拘杀
颜昌均	男		古田	1942,4,18	爱大华	失踪
颜定国	男	一四	永春	1942,3,8	文律	屠杀
颜长茂	男					失踪
颜炳忠	男					检证
颜钦文	男		永春	1942,3,12	龙引	捕杀
颜迴华	男	四四	永春	1942,3,17	蔴坡	拘杀
颜清桂	男				星洲	检证
颜清献	男	四五	德化	1942,3,8	文律	屠杀
颜为政	男	二	永春	1942,3,8	文律	屠杀
颜贻楚		二八	南安		峇株	屠杀
颜华溪	男	二四		1945,9,7		失踪
颜进辉	男	四五	永春	1942,3,8	文律	屠杀
颜道得	男	二八	文昌	1942,10,25	柔佛海皮	屠杀
颜瑞爱	女	一一	永春	1942,3,8	文律	屠杀
颜娇如	女	一三	永春	1942,3,8	文律	屠杀
戴　才	男	二八	惠阳		士乃	残杀
戴　斗	男	三四	南安	1944,6,	张厝港	捕杀
戴　玉	女	一二	海丰	1944,3,10	古来	屠杀

姓　名	性别	年龄	籍贯	罹难日期	地点	原因
戴　佑	男	三〇	陆丰	1942,7,1	古来	屠杀
戴　秀	男	三六	晋江	1942,1,15	宋加弄	屠杀
戴　狗	男	五	海丰	1944,3,10	古来	屠杀
颜　建	男	五〇	南安	1942,9,11	蔴坡巴莪	放火烧死
戴　英	女	一五	陆丰	1943,5,10	古来	屠杀
戴　能	男	二五	晋江	1942,2,7	宋加弄	屠杀
戴　城	男	五二	海丰	1944,9,14	蔴坡	拘杀
戴　清	男	五六	客籍			拘杀
戴　清	男	四五	客籍	1944,8,22	蔴坡	挑菜失踪
戴　添	男	一七	海丰	1944,4,1	古来	失踪
戴　乾	男	二八	海丰	1943,3,3	古来	屠杀
戴　琛	男	二九	南安	1944,6,	张厝港	捕杀
戴　喜	男	四一	高州	1945,2,1	新山	残杀
戴　寿	男	三〇	晋江	1942,2,7	宋加弄	屠杀
戴　庆	男	四五	陆丰	1943,5,10	古来	屠杀
戴水娘	女	八	海丰	1943,3,4	古来	屠杀
戴五妹	女	六	海丰	1943,3,4	古来	屠杀
戴四妹	女	七	海丰	1944,3,10	古来	屠杀
戴永保	男	一五	海丰	1944,3,10	古来	屠杀
戴友瓜	男			1942,2,18	星洲	检证
戴友夸	男	二六		1942,2,23		检证
戴亚未	男	四六	南安	1942,2,18	星洲	检证
戴亚利	女	二三	云霄	1942,3,7	蔴坡	拘杀
戴亚猴	男	三五	福清	1942,2,20	新山	屠杀
戴振臣	男	四七	蕉岭	1942,2,22	士乃	屠杀
戴润娘	女	四三	云霄	1942,3,7	蔴坡	拘杀
魏　三	男	三八	粤	1942,2,1	东山	屠杀
魏　位	男	三六	惠州	1943,2,4	蔴坡巴莪	刺杀
魏　伟	男	三六	惠州	1943,2,4	蔴坡	刺杀
魏　满	男	五二	五华	1942,2,1	东山	屠杀
魏　辟	男	五一		1942,2,21		检证
魏私玉	女	八	文昌	1942,3,8	文律	屠杀
魏秋香	女	一二	文昌	1942,3,8	文律	屠杀
魏秋梅	女	五	文昌	1942,3,8	文律	屠杀
魏秋兰	女	三	文昌	1942,3,8	文律	屠杀
魏振盛	男	三一	琼州	1942,12,20	蔴坡	捕禁毙命
魏连教	男	三二	古邑	1942,3,15	振林山	屠杀
魏运成	男	一四	粤	1942,2,1	东山	屠杀
魏业奇	男			1942,2,21	星洲	检证
魏声侨	男	三一		1942,4,15		拘杀
简　济	男				星洲	检证
简廷煨	男			1942,2,18	星洲	检证
简亚松	男				星洲	检证
简昌振	男	五八	新会	1943,7,	古来	检往暹罗
简树培	男	三七	新会	1942,2,20	星洲	检证
简德生	男			1942,2,18	星洲	检证
简德辉	男	三五	永定	1942,6,4	槟城	检证
简盛德	男	三三		1942,2,18	星洲	检证

丰百福	男			1942,2,	星洲	检证
庞文敬	男				星洲	检证
庞亚真	男	四〇	潮安	1942,3,8	文律	屠杀
庞业丰	男	四一		1942,2,24	星洲	检证
罗　文	男	三六	陆丰	1942,12,21	古来	搜捕失踪
罗　方	男	三二	鹤山	1944,9,12	士乃	捕杀
罗　内	女	五	陆丰	1943,4,24	古来	失踪
罗　壬	男	九	陆丰	1942,4,1	古来	被捕屠杀
罗　右	男	四九	陆丰	1944,4,10	古来	被捕屠杀
罗　汀	男	一八	陆丰	1943,4,24	古来	失踪
罗　民	男	六四	海丰	1942,11,21	古来	屠杀
罗　汗	男	一六	陆丰	1942,4,24		屠杀
罗　好	男	一八	陆丰	1942,4,24		屠杀
罗　佑	男	四三	陆丰	1942,12,21	古来	搜捕屠杀
罗　我	男	二九	陆丰	1942,12,21		屠杀
罗　我	男	二七	陆丰	1943,3,5	古来	被捕屠杀
罗　克	男	一九		1942,2,28		拘杀
罗　周	男	三五	陆丰	1943,3,5	古来	被捕屠杀
罗　炎	男	四	陆丰	1942,4,1	古来	被捕屠杀
罗　芳	男	四二	容县	1942,8,5	士年纳	征暹失踪
罗　信	男	五二	粤	1943,7,2	柔佛班兰	失踪
罗　伦	男	三七	茶阳	1943,	新山	屠杀
罗　笑	女	四四	顺德	1945,4,20	古来新港	屠杀
罗　教	男	四五	粤	1942,1,10	柔佛水塘	屠杀
罗　彪	男	一五	陆丰	1943,4,24	古来	失踪
罗　卿	男	四〇	容县	1942,8,5	士年纳	征暹失踪
罗　湘	男	二四	惠阳	1945,1,18	怡保	枪杀
罗　菜	男	五〇	粤	1942,2,1	东山	屠杀
罗　进	男	三五	粤	1943,7,2	柔佛班兰	失踪
罗　顺	男	五五	陆丰	1942,4,24		屠杀
罗　粦	男	一六	陆丰	1943,4,24	古来	搜捕屠杀
罗　粦	男	一五	海丰	1942,11,21	古来新港	屠杀
罗　照	男	四	陆丰	1943,4,24	古来	失踪
罗　新	男	二	陆丰	1945,6,1	古来	失踪
罗　运	男	四三	信宜	1944,4,4	士年纳	捕去暹罗
罗　华	男	四八	客籍	1944,2,15	蔴坡	拘杀
罗　福	男	二八	惠来	1943,		拘捕杀害
罗　银	男	三六	陆丰	1942,12,21	古来	捕往暹罗
罗　银	男	四四	海丰	1942,11,21	古来	屠杀
罗　图	男			1942,2,	星洲	检证
罗　娇	女	三八	粤	1942,1,27	蔴坡	围杀
罗　济	男	二〇	惠州		古来	失踪
罗　声	男		茶阳		柔佛也咯	拘杀
罗　鳅	男	五九		1942,2,28		拘杀
罗　鹤	男	五七	广州	1945,1,15	马西	屠杀
罗　艳	男	二〇	陆丰	1943,3,5	古来	被捕屠杀
罗九脾	女	一〇	揭阳	1942,3,8	文律	屠杀
罗子棠	男	五一	大埔	1942,2,23	哥打	屠杀
罗小孩	男	一	陆丰	1942,4,7	古来	被捕屠杀
罗才泵	男	四三	丰顺	1942,3,8	文律	屠杀

罗大顺	男	四五	定安	1944,3,	振林山	屠杀
罗大鹏	男	三五	茶阳	1942,2,26	星洲	检证
罗大戆	男	五	揭阳	1942,3,8	文律	屠杀
罗王氏	女	一五	文昌	1943,4,7	古来	屠杀
罗文章	男	三八		1942,2,21	星洲	检证
罗文渔	男	四六	永春	1942,3,17	峇株巴辖	拘杀
罗文汉	男	三七	罗定	1944,3,	蔴坡	家中被杀
罗少伟	男			1942,2,	星洲	检证
罗成名	男	五一	茶阳	1942,4,	吉礁	拘杀
罗石旺	男	四五	大埔	1942,2,23	哥打	屠杀
罗再昌	男	三二	揭阳	1942,3,17	峇株	屠杀
罗秀润	男			1942,2,	星洲	检证
罗忠南	男	三〇	丰顺	1942,3,8	文律	屠杀
罗亚三	男			1942,2,	星洲	检证
罗亚心	女	三四	大埔	1942,3,8	文律	屠杀
罗亚召	男			1942,2,	星洲	检证
罗亚沾	男	三九		1942,21,21	星洲	检证
罗亚炎	男	四八	揭阳	1942,3,8	文律	屠杀
罗亚旺	男	四六	茶阳	1942,2,	柔佛	拘杀
罗亚妹	女	二	揭阳	1942,3,8	文律	屠杀
罗亚妹	女	一〇	大埔	1942,3,17	蔴坡	拘杀
罗亚乌	女	三九	揭阳	1942,7,1	文律	屠杀
罗亚扁	男	五〇	普宁	1942,1,13	星洲	检证
罗亚苏	男	五六		1942,2,22	星洲	检证
罗亚鉴	男	一六	茶阳	1942,2,	峇株	屠杀
罗昌球	男				士乃	屠杀
罗林生	男	二〇		1942,2,21	星洲	检证
罗林强	男			1942,2	星洲	检证
罗林韶					星洲	检证
罗林韵	男			1942,2,	星洲	检证
罗河闲	女	二五	永定	1942,3,8	文律	屠杀
罗金顺	男	七一	陆丰	1944,11,5	古来	被捕屠杀
罗金运	男	三五		1942,2,27		检证
罗拱阶	男	四一	大埔	1942,2,23	哥打	屠杀
罗秋发	男	三六	文昌	1942,3,8	文律	屠杀
罗俊源	男	四一	潮安	1945,8,22	淡杯	屠杀
罗思达	男	二一	揭阳	1942,3,8	文律	屠杀
罗炳坤	男	二八	客籍	1944,2,15	蔴坡	拘杀
罗重庆	男	四一		1942,2,19		检证
罗重庆	男	三四	茶阳	1944,8,	星洲	拘杀
罗美英	女	八	德化	1942,3,8	文律	屠杀
罗美东	男	五八	大埔	1942,3,17	蔴坡	拘杀
罗美华	女	三	德化	1942,3,8	文律	屠杀
罗红毛	男	一九		1942,2,22	星洲	检证
罗炳成	男			1942,2,26		检证
罗春江	男	四一	揭阳	1942,3,8	文律	屠杀
罗保益	男	四二		1943,		拘杀
罗拱阶	男	四一	茶阳	1942,2,	柔佛	屠杀
罗拱爱	男	四	揭阳	1942,3,8	文律	屠杀
罗振弟	男	二三	普宁	1942,2,28	星洲	检证

罗素江	男	三九	揭阳	1942,3,8	文律	屠杀
罗容蕊	女	五九	揭阳	1942,3,8	文律	屠杀
维桂和	男			1942,2,28		拘杀
维逢林	男			1942,		拘杀
维祥香	女	三	揭阳	1942,3,8	文律	屠杀
罗祥珍	女	一	揭阳	1942,3,8	文律	屠杀
罗细脾	女	八	揭阳	1942,3,8	文律	屠杀
罗细戆	男	二	揭阳	1942,3,8	文律	屠杀
罗朝回	男	六二	安溪	1942,2,29	星洲	检证
罗绍业	男	四〇	大埔	1942,2,23	哥打	拘杀
罗捷成	男	四六	大埔	1942,2,1	东山	屠杀
罗黄氏	女	四〇	大埔	1943,3,	蔴坡	屠杀
罗贵华	男	三〇	普宁	1942,2,28	星洲	检证
罗顺天	男	三九		1942,2,28		拘杀
罗开朗	男	二四	茶阳	1942,2,19	星洲	检证
罗传攀	男	三〇	茶阳	1942,2,		检证
罗盛汉	男	一六	陆丰	1943,3,5	古来	捕杀
罗善乐	男	一七	大埔	1942,2,23	哥打	拘杀
罗焕江	男	二七	大埔	1942,3,17	蔴坡	拘杀
罗焕悦	男	一二	大埔	1942,3,17	蔴坡	拘杀
罗焕楼	男	三〇	大埔	1942,3,17	蔴坡	拘杀
罗焕儒	男	二三	大埔	1942,3,17	蔴坡	拘杀
罗虞礼	男	四二	上杭	1945,5,14	郑厝港	屠杀
罗荣昌	男	一六				炸死
罗荣兴	男	二五	揭阳	1943,8,12	文律	拘杀
罗澄华	男			1942,2	星洲	检证
罗端鳅	男	六〇	安溪	1942,2,28	星洲裕廊	残杀
罗尔炳	男	三五	茶阳	1942,2,	永平	屠杀
罗豫国	男	五一		1943,4,7	古来	屠杀
罗兴记	男	六〇	揭阳	1942,3,8	文律	屠杀
罗锦南	男	四八	高州	1943,6,6	士年纳	捕去暹罗
罗锡番	男	二〇	茶阳	1943,3,	文律	屠杀
罗锡雄	男	二五	茶阳	1945,	峇株	失踪
罗鸿美	男	五五	安溪	1942,2,28	裕廊	残杀
罗礼旺	男	三四	永春	1942,3,17	峇株巴辖	屠杀
罗端狮	男	三五	安溪	1942,2,29	星洲	检证
罗双发	男	三二	揭阳	1943,8,12	文律	屠杀
罗铁桥	男	二〇	茶阳		芙蓉	拘杀
谭　方	男	五八	罗定	1943,3,20	古来	屠杀
谭　安	男	三五	桂	1942,2,1	古来	屠杀
谭　有	男			1942,2,30		检证
谭　志	男			1942,2,30		检证
谭　成	男	四九		1942,2,22	星洲	检证
谭　金	男	三二	罗定	1943,3,20	古来	屠杀
谭　威	男	四六	花县	1942,2,21	星洲	检证
谭　悦	男			1942,2,	星洲	检证
谭　益	男			1942,2,30	星洲	检证
谭　桂	男			1942,2,30		检证
谭　桂	男	二七	顺德	1943,1,18	比叻	拘杀
谭　健	男					拘杀

姓名	性别	年龄	籍贯	罹难日期	地点	原因
谭　添	男	三五		1942,2,18	星洲	检证
谭　伟	男	四二	新会	1943,7,15	古来	检往暹罗
谭　富	男			1942,2,	星洲	检证
谭　进	男			1942,2,30		检证
谭　娇	女	五二	粤	1942,2,1	东山	屠杀
谭　广	男					拘杀
谭　蔚	男			1942,2,30		检证
谭永应	男			1942,2,22	星洲	检证
谭全永	男	三三		1942,3,7		拘杀
谭百近	男	三四		1942,2,18	星洲	检证
谭有业	男			1942,2	星洲	检证
谭伯觐	男			1942,2,	星洲	检证
谭参麟	男			1942,2,	星洲	检证
谭国健	男					检证
谭基富	男	四七		1942,3,		拘杀
谭启凤	男	三九		1942,2,28		拘杀
谭胜全	男				星洲	检证
谭朝发	男			1942,2,21	星洲	检证
谭驰悦	男			1941,2,	星洲	检证
谭荣恩	男			1942,2,	星洲	检证
谭观广	男			1942,2,	星洲	检证
稳展元	男	二九	四会	1942,7,14	比叻	拘杀
关　扣	男	六三	阳江	1943,2,23	柔佛海皮	屠杀
关　发	男	五〇	揭阳	1944,12,9	士年纳	警备杀害
关二百伍	男	二〇	莆田	1942,3,3	哥打	拘杀
关春暖	男	二二	开平	1942,3,7	龙引	捕杀
关西汉	男			1942,2,	星洲	检证
苏　九	男	三一	同安	1942,6,	峇株	屠杀
苏　五	男	五五	四邑	1945,6,15	古来	屠杀
苏　氏	女	三四	定安	1942,11,2	古来	屠杀
苏　石	男			1942,10,1	亚沙汉	集体屠杀
苏　全	男	四八	仙游	1942,2,4	柔佛海皮	入境屠杀
苏　志	男	四五	北流	1943,8,15	士乃	征暹失踪
苏　延	女	五二	德化	1942,3,5	振林山	入境屠杀
苏　定	男	六四	同安	1942,1,16	峇株	屠杀
苏　洪	男	四一	莆田	1942,2,4	柔佛海皮	入境屠杀
苏　华	男	四〇	粤	1942,2,1	东山	屠杀
苏　琅	男			1942,2,4	星洲	检证
苏　群	男	四一	南安	1944,4,26	振林山	屠杀
苏　侨	男	五五	德化	1942,3,5	振林山	屠杀
苏　银						拘杀
苏　寿	男	三九	北流	1944,2,27	上年纳	征暹失踪
苏　请	男	四四	德化	1942,3,5	振林山	屠杀
苏　兴	男	五二	琼州	1942,2,17	柔佛马西	搜捕残杀
苏　荣	男	三六	桂	1942,1,10	水塘	屠杀
苏十二	男	五九	桂	1942,7,2	班兰	失踪
苏水泉	男	一一	德化	1942,3,5	振林山	屠杀
苏文直	男	二七		1941,12,23		炸死

姓名	性别	年龄	籍贯	罹难日期	地点	原因
苏天赐	男					拘杀
苏天兰	男	二八	雷州	1942,9,18	蔴坡	刑死
苏世书	男	一二	霞蒲	1942,9,11	蔴坡	焚杀
苏世华	男	一四	霞蒲	1942,9,11	蔴坡	焚杀
苏丙基	男	二二	同安	1942,2,23	星洲	检证
苏永发	男	三七		1942,2,23	星洲	检证
苏池人	男	二七		1942,2,		拘杀
苏仲甫	男	三一		1942,2,24		拘杀
苏全就	男					拘杀
苏兆枝	男				星洲	检证
苏孝意	男				星洲	检证
苏呈缘	男	三八	潮州	1943,7,6	柔佛海皮	屠杀
苏定贤	男	三八	定安	1944,5,	中林港	屠杀
苏秀猷	男	二三		1942,2,19	星洲	检证
苏和德	男					检证
苏亚金	女	三六	大埔	1942,3,8	文律	屠杀
苏炳枝	男	二一		1942,2,22		失踪
苏纪发	男		广东	1942,1,12	丁加奴	残杀
苏查媒	女	七	德化	1942,3,5	振林山	屠杀
苏眉山	男	七	德化	1942,3,5	振林山	屠杀
苏建康	男			1942,2,28		拘杀
苏祖田	男	二七	南安	1944,8,23	蔴坡	拘捕
苏根直	男			1942,2,	星洲	检证
苏启明	男	四八	琼州	1942,9,11		焚杀
苏启烟	男	三七	琼州	1942,9,11		烧死
苏启焕	男	二〇	琼州	1942,1,15	峇株	炸死
苏启锡	男	二〇		1942,2,19	星洲	检证
苏清土	男	四三		1942,2,22	星洲	检证
苏清林	男	二三		1942,2,28	星洲	拘杀
苏惜芳	女	三五	潮安	1942,1,13	星洲	炸死
苏国文	男	一七		1942,8,		拘杀
苏球克	男	二七		1942,2,17		拘杀
苏梓云	男					拘杀
苏章瑞	男	四一		1942,2,26		拘杀
苏顺文	男	四六		1942,1,12		炸死
苏华德	男	三二		1942,2,23	星洲	检证
苏腱人	男	三五		1942,2,		拘杀
苏新友	男	二二	东莞	1942,5,6	星洲	拘杀
苏达康	男		思明	1942,2,28	星洲	检证
苏万宝	男	三五	南安	1945,5,30	张厝港	屠杀
苏汉君	男	二五		1942,2,18	星洲	检证
苏缘梅	女	二四	南安	1942,2,	峇株	拘杀
苏辅庆	男	二一		1942,2,23	星洲	检证
苏遮犹	男	四〇	南安	1942,2,	张厝港	屠杀
苏庆新	男			1942,2,	星洲	检证
苏庆燊	男			1942,2,	星洲	检证
苏德川	男	二六		1942,2,	星洲	检证
苏德丰	男	二六		1942,2,	星洲	检证

姓名	性别	年龄	籍贯	罹难日期	地点	原因
苏锦河	男			1942,2,	星洲	检证
苏锦煌	男	三三		1942,2,23	星洲	检证
苏醒华	男	二四	南安	1945,3,11	玻璃市	枪决
苏兴燊	男	二二		1942,2,18	星洲	检证
苏耀辉	男	五〇		1942,2,18	星洲	检证
苏钻石	男			1942,2,	星洲	检证
严　珍	女	二	茂名	1943,7,5	新山	搜捕杀害
严　启	男	三五	茂名	1942,2,12	柔佛海皮	屠杀
严　瑞	男	四〇	梧州	1943,7,10	古来	征暹失踪
严孔良	男	四一		1942,2,18	星洲	检证
严永发	男	一〇		1942,2,12		拘杀
严永范	男	一二		1942,2,15		拘杀
严永鸾	男	一四		1942,2,15		拘杀
严良摄	男					拘杀
严依燕	男			1942,2,		检证
严秀初	男	五一	茂名	1942,2,12	柔佛海皮	屠杀
严悔仔	男					拘杀
严俊海	男	三一		1942,2,27		拘杀
严桂花						拘杀
严傍佛						拘杀
严陆达	男			1942,2,	星洲	检证
严救海	男	一八		1942,2,14		炸死
严崇报	男	一二	文昌	1942,3,8	文律	屠杀
严崇进	男	五九	澄迈	1942,3,8	文律	屠杀
严登佛	男			1942,2,15		拘杀
严福东	男	二五	文昌	1943,4,19	吉隆坡	拘杀
严鸿海	男	三九		1942,2,15		拘杀
严琼国妻	女	四七		1942,2,15		拘杀
籍　成	男	二二		1942,2,14		拘杀
饶　妹	男	四二	粤	1942,2,1	东山	屠杀
饶少庚	男	六四	茶阳	1942,3,	柔佛炭山	拘杀
饶立泰	男	二八	琼州	1942,2,15	文律	屠杀
饶仕暖	男	三〇	茶阳	1942,1,	蔴坡	乱枪残杀
饶世端	男			1942,2,	星洲	检证
饶百迎	男	四五	大埔	1943,7,7	槟城	狱毙
饶先干	男	二五	茶阳	1942,8,	怡保	检证
饶仰贤	男	三四	大埔	1942,3,6	吉隆坡	拘杀
饶见蒲	男	二〇	茶阳	1942,	吉隆坡	拘杀
饶亚娣	女	四〇	茶阳	1942,	柔佛东山	拘杀
饶茂先	男	一八	茶阳	1942,	哥打	拘杀
饶协生	男	三一	大埔	1942,3,6	吉隆坡	拘杀
饶晋中	男	二四	大埔	1942,	星洲	炸死
饶裕斋	男	四三	大埔	1942,3,6	吉隆坡	拘杀
饶远和	男	五九	大埔	1942,	哥打	屠杀
饶应德	男	一六	大埔	1942,	野新	屠杀
饶双火	男			1942,4,10	槟城	刑死
饶宝先	男	一四	大埔	1942,	哥打	屠杀
党　光	男	二一	北流	1942,3,	古来	被捕杀害

顾　文	男	五二	北流	1944,11,16	柔佛	刑死
顾　月	男	五	北流	1944,11,16	柔佛	刑死
顾　茂	男	二八	北流	1944,11,16	柔佛	刑死
顾　德	男	二〇	北流	1944,11,16	柔佛	刑死
顾树芳	男	四〇		1942,2,2		检证
龚亚斜	男	一八	莆田	1943,1,10	哥打	屠杀
龚亚树	男	一八	莆田	1943,1,10	哥打	屠杀
郁玉明	男	四八		1942,2,20	星洲	检证
权亚光	女	二五	德化	1942,3,8	文律	屠杀

（蔡史君编修：《新马华人抗日史料 1937—1945》，新加坡文史出版私人有限公司 1984 年版，第 968—1029 页）

8.抗战时期北婆罗洲华侨抗日行动与壮烈牺牲*

"济南事变"发生后，北婆罗洲侨领章谦领导组织"鲁案后援会"，从事各项爱国活动。"九一八事变"后，亚庇侨胞成立"救灾会"，编印报纸，鼓吹抗敌。民国二十六年七月七日，日军发动侵略战争，侨胞同仇敌忾，踴跃输将，救灾会恢复活动，各地又遍设"华侨筹赈会"，主持其事。抗战时期，本洲各地侨团先后汇回捐款，达叻币五、六十万元。据北婆罗洲亚庇华侨救灾会纪念刊第三号所载：从民国二十六年至三十年，即亚庇一地汇出之赈款，达叻币十六万八千二百十一元。

华侨之壮烈行动，可歌可泣。兹将抗战期之重要事迹，简述如下：

（一）神山游击部奋勇抗敌

二次世界大战，日军南进，侨胞颠沛流离，生命财产，损失惨重；且其迫害日甚一日，首先逮捕救灾会之爱国份子，进而迫使侨校停办，并破坏侨社组织，开设烟赌，强迫献金。有志之士，遂纷起抗暴。时有华侨青年郭益南起而领导，于亚庇从事地下工作，与江赐培、黄永清、谢育德、陈善基、温芳流、石春华、陈在春、陈汉平、林廷法等，秘密组织抗敌锄奸励志团，暗中于各商店招收同志，并得林廷法捐献巨款。励志团旋改为救华团，秘密印发周刊，激励抗敌情绪。民国三十二年（一九四三年）四月，时亚庇与盟军消息隔绝已久，郭益南冒险乘渔舟前往苏禄海上向美军坚守之打维打维（Tawi Tawi Is.）孤岛联络。美军授郭益南以中尉，且予以手枪等信物。遂组织神山游击队，设总部于孟家达刘来贵山芭中。其时杜孙族乡长皆率族人纷纷加入，声势日强。而林廷法又密藏收音机，能悉四周军情，并获得美军信任。于是亚庇侨心振奋，捐款集械，伺机而动。不久，因侦知日军将抽调华侨壮丁，人人自危，乃决心起事。郭益南任总指挥，江赐培、陈金兴任副总指挥，叶赐安、贺老杞、潘必池、罗魁、徐史、廖仲强、黄洪、张爱光、徐福和、温成中、张钦、郭南松等分任正副队长。时日军因苏罗门战事失利，尽调守军开赴前线作战，当地防务空虚，遂定于十月九日发动。

是日下午，先派敢死队百余人，携带枪及马来（巴兰 PALANG）刀，伪装

* 题目为编者所加。

为工人及小贩，陆续潜入亚庇市区。当晚八时，郭益南亲率一队，攻占离亚庇二十余里之斗亚兰警察局。夺得军械，星夜急速进攻亚庇，与敢死队里应外合，举火为号，攻占日宪兵部，警察局及各机关，击毙敌酋六十余人，烧毁码头仓库。郭益南遂分配兵力，自己与陈金兴守亚庇，赵及泉守斗亚兰，徐振祥守打里卜，徐辛养守古打毛律，颁发通告，安定民心。自夏南南到古打毛律沿途数十哩，华侨纷起响应，组织治安队，维持秩序。

十月十日，全侨升起青天白日国旗，热烈庆祝国庆。郭益南在亚庇大操场，召开盛大之国庆纪念大会，发表悲壮激昂之演说，到会者数千人，莫不奋发动容。

同年十月十三日，日军由古晋急调海、陆、空军反攻，游击队转战于夏南南、孟加达、打里望、来明丁等地。因众寡悬殊，节节后退。最后郭益南率亲信退入山区，继续抗敌。终以弹尽粮绝，至十二月十九日，并为顾全附近数千侨胞之生命财产，立下遗嘱，挺身而出，被拘留于日军部。民国三十三年（一九四四年）一月二十一日，郭益南与陈金兴、刘来贵、李德培等一百七十六位烈士，同时就义。周道千、冯炳源、洪康民、何西满等一百三十一位志士，被因于纳闽监狱，胜利后生还者仅十四人。林廷法亦于事急时驾舟赴打维打维岛求援，返抵斗亚兰港口时遇害。同难者有张景寿、张培仁等。

是役，侨胞财产之损失，无法估计，而牺牲生命者凡千余人；计亚庇五支半石被杀者一百七十六人，三支石狱中惨死者二百余人，纳闽狱中死难者一百一十七人，浮罗加牙遇害者数十人，风车路一带被杀者三百余人，因避居深山死于土人之手或疾病而亡者百余人。当地土人被日军捕杀者四百余人。日军又继续捕杀附近各地侨胞，尤以青年人为最多，前后死难侨胞计二千余人。

是役，全洲震动，各地响应，皆以准备未周，惨遭失败。凭正气，洒热血，为侨胞争自由，为祖国争光荣；是以效命于当地政府，名震中外之神山游击队之壮烈事迹，永垂不朽！

郭益南，广东揭阳人，一九二一年，生于古晋。少年时期，返国求学。一九四一年，前往亚庇行医。殉难时，年仅二十三岁。

胜利后，侨胞公建抗日烈士墓于神山（中国寡妇山）之麓，中外人士，同深景仰。

（二）协助盟军收复古达

民国三十二年（一九四三）三月，亚庇侨胞钟学翔、邓学强等人，奉郭益南命令，前往古达宣传抗敌工作。并带有救华会刊物及游击队组织文件。钟武贤、钟华雄、钟运祥等十人即时加入，推举钟武贤为领导人。

八月九日，郭益南由打维打维岛返亚庇，途经古达，率有苏禄渔船十三艘，船底暗藏军器，上覆白糖，泊于距古达二十哩之知加甲板，以卖糖为名，由郭元发兄弟二人领郭益南登陆，密商游击队计划，侨胞纷纷加入，并委钟武贤为队长，汤觉尘为参谋，分途召集队员百余人，准备起义。

亚庇双十起义失败消息到达古达后，游击队暂停活动。在日军严密侦察下，钟武贤等七人，不幸于翌年三月被杀。

一九四二年二月六日，古达沦陷，中华商会会长曾信远，逃隐山林避难。至一九四五年春季，盟军反攻，轰炸日烈，遂与陈德目兄弟及林受金，共商抗敌计划，推举曾信远为领袖，前往打维打维岛联络，美军苏亚力士上校发给枪械。设总部于洛加巴士，并密招队员。四月间，澳军在结彭安登陆，曾信远往见澳军总指挥乞士特上校。并请求澳军进攻洛加巴士，建立电报站及空军降落站，曾信远任副官，部队归乞士特上校指挥。日敌恐受盟军及游击队夹攻，于七月中旬，从古达全面撤退。

陈德目于一九四五年二月二十五日，途中遇日军二人，杀之，得日旗一面，往打维打维岛见美军苏亚力士上校，携回手提机关枪一支，步枪二支，手榴弹二十五枚。三月十五日，日军六人由山打根乘船经毛杀，适遇盟机空袭，五名日军避入侨商白明珠店内，陈德目、吴甘树等守候，并将在船守候之一日军，亦被马生以利斧砍死。时华侨及杜孙人加入游击队者数十人。

七月十四日，陈德目引导空降澳军黄如采，及我国驻澳洲联络官梅国桢，并率领游击队多人，奋勇作战，收复古达失地。

（三）山打根华侨万人殉难

山打根华侨支援祖国抗战，向有良好表现。民国三十四年（一九四五年）五月，盟军反攻，日军见大势已去，屠杀侨胞。突于五月二十七日，用铁丝网围绕山打根市，并放置汽油数百桶，堵塞各地要道，旋即退出市区；用机枪猛烈扫射，使汽油桶燃烧爆炸，全市顿成火海，侨胞仅少数人自阴沟中逃入海中，始获幸免，估计殉难者近万人，惨不忍睹。

日宪兵队并往山间搜捕逃亡之爱国侨领，丘金钟、关洛明、曾天安、何守华、吴社华、张惠初、关润轩等，惨遭杀害。

胜利后，山打根公建华侨殉难纪念碑，以志忠烈。

（四）卓还来领事壮烈殉职

一九四二年一月十九日，日军攻占山打根，我国领事馆不及撤退，日军逮捕卓还来领事，并以利刃加颈威胁，索取档案及密码，卓领事指炉中灰烬曰："悉在此，可取去。"日军愤而施行强暴，卓还来与随习领事杨登程、主事厉鼎元遂被捕去。皆遭毒打，遍体血痕，厉氏且被打落九个牙齿，情形可怖。继与同捕者山打根侨领曾展如、刘枚臣，亚庇侨领章谦、曾恩福等，同被遣往古晋集中营，与英俘同住，日做苦工。

后来卓还来于修路时，识一侨胞丁道尧，嘱其每日将华文报纸密置指定之土窟中，然后取回并译成英文与英俘同阅。一九四四年五月，被爪哇守兵发觉，报告日宪兵，事遂败露，又被毒打。至九月间，与砂劳越内阁总理克拉克及丁道尧等十人，解往亚庇监狱受苦刑。居三月，死者六人。时盟军飞机轰炸甚烈，卓还来被弹片伤额及臂部，后移囚保佛监狱。又以保佛空袭亦烈，于四月十二日，移往建甯欧。七月一日，日军单独释放卓还来，寄居侨胞何永连家，但仍被监视。侨胞力劝逃避，因其时盟军已登陆，到达保佛。惟卓还来以日军惨无人道，恐伤害全埠侨胞，婉谢之，七月六日晨三时许，日警长阿部木内中佐、芥山光谷中尉，持火炬来唤，卓还来预知情形不妙，临行时安慰侨胞并嘱咐于盟军到时，速报彼之行止。熟知即于此时，卓氏与古晋同来之其他四人，同被害于根地咬飞机场前之树林中，距盟军到达仅一日。

卓还来，闽侯人，燕京大学毕业，领事任内，建树良多，深受侨众爱戴，死时年仅三十四岁。胜利后，纳闽民政厅于十月间特派前西海岸省长伊文发掘遗骸，见已被焚烧，仅得骨骸若干，遗履一只。伊文与卓君同住古晋一囚房，故识为其遗物，寄存县署。后来当地县长及侨众，复掘得头发一束、门齿三颗、碎骨若干、衣衿一片，该衣为侨胞某君所赠，故可辨认，一并寄存县署。

一九四六年七月，山打根领事馆恢复，俞培均领事将卓还来殉职经过，电呈我外交部，外交部电复饬人护送遗骸回国，安葬南京忠烈墓，以昭忠义。

至于屠杀卓还来领事及其他四人之二要犯，于一九四六年九月二十日，在新加坡监狱，被英军执行绞刑。

胜利后，华侨捐款建筑卓还来领事纪念碑于根地咬。蒋总统颁赐亲题"秉忠蹈义"四字，刻石铭志，千秋万世，永垂不朽。

（华侨志编纂委员会编印：《北婆罗洲婆罗乃砂劳越华侨志》，1963 年，第 135—140 页）

9.日本统治下的砂捞越

一九三九年秋，第二次世界大战爆发。希特勒进兵波兰，英法相继向德国宣战。战云蜂起，整个欧洲大陆旋即陷于战事。砂捞越和第一次世界大战时期一样，并没有直接牵连入欧洲战事之中，但在砂捞越之华人及欧人皆透过各种不同的方法向其祖国输诚报公，贡献力量，例如为中华筹赈会及英国战争基金筹款。中华筹赈会的募捐运动，早在一九三七年中日战争爆发后便已开始，捐募得来的赈款，寄回中国作救济及帮助难民之用。当欧战升级，日本与德国及意大利两“轴心国家”签订军事协约时，砂捞越方面也人心惶惶，恐怕砂捞越及其他东南亚地区，也将不久会直接地受到日本武力的威胁。

一九四一年三月，砂捞越拉者查理·维纳·布洛克公开宣布，希望结束其家族之绝对统治权，而代之以一由多方代表组成之政体，并最终成立一个能代表人民之自治政府。一九四一年九月颁行新宪法，预备让渡之工作。新宪法授权拉者改组国家议会（Council Negri），并且正式由官方委任四位华人为议员。[①]在此之前，自一九三七年以来，已有两位华人领袖受邀列席国家议会，一位是王长水，他是“最高议会”（Supreme Council）之终身会员；另一位是黄庆昌，是拉者的一名华人顾问，也是中华总商会的主席。这次拉者颁行的新宪法，华人实质上获益不多，只不过在组织上来说，以前有两位华人领袖受邀参加国家议会，如今则由拉者正式委出四位官方代表而已。不过，一般上华人大都对布洛克政权甚表好感，因为一百年来的稳定局面，带来了繁荣和进步。所以，在一九四一年九月纪念布洛克家族建国百周年的时候，砂捞越各地的华人，竭尽所能，把各种庆祝活动作得有声有色。

然而，战云密布，笳角声闻。一九四一年十二月七日，日本偷袭珍珠港，把美国牵入太平洋战争之中。日本军队进兵神速，从越南的金兰湾分头向南海各处进兵。日本海军先后于十二月七日及八日在马来半岛之古达峇鲁（Kota Bharu）及东岸之新哥拉（Singora）登陆，到十二月十六日，日本军已然攻占砂捞越美里（Miri）及斯里亚（Seria）之油田。在十二月十九日进行飞机大轰炸之后，终于在十二月二十四日圣诞前夕，攻下临近古晋市之本定（Pending），翌日，古晋

① 他们是王合隆（王长水之子）、陈三元、邱炳农及谢宣宋（Tze Shuen Sung）。

市完全由日军占领。第三省的省会诗巫也在十二月二十九日沦陷。从此时至一九四五年八月十五日日本投降为止，砂捞越在日本军事统治下渡过了三年八个月的光阴。

日军继续蚕食婆罗洲及邻近之岛屿，直至一九四二年二月十五日攻下英国驻有重兵之新加坡时，全东南亚地区，几尽落于日本之掌握。砂捞越之沦陷乃意料中事，但许多人所未想到者乃日本进军之速。根据后来披露之砂捞越军事报告（在当时乃军事秘密）[①]，英政府以军力不足，并且认为美里及斯里亚之油田并无大用，故无驻守北婆（沙巴）、汶莱及纳闵之意，但对于古晋，则拟定防守计划，以保护其军用机场及附近东南六十哩荷兰人之新卡望（Singkawang）机场。但是，是年九月之英荷会议却临时改变计划，把古晋市防军撤退，只调派“2/15”之印度小型部队，防卫几处重要之军事基地。英国在一八八八年签约协议防卫砂捞越，它果然遵守协约，但派出的只是这支也是惟一的一支小型部队。在此情形下，日军势如破竹，如入无人之境。英国只好采取紧急措施，预备把其政府官员及其他欧洲人撤走，但撤离计划仍未及实施，日军已攻陷全境，故此大部分英人皆成为日军阶下之囚。

在日军统治下，砂捞越的华人及其他民族，皆任其鱼肉。华人当然恐惧万分，由于中日交战，华人仇视日人，反之亦复如此。许多砂捞越之华人领袖，更惧怕日本军队进行报复。由于他们曾经支持英人防卫砂捞越，同时因为忠于中国而杯葛日货。有些华人透过筹赈会汇款帮助中国，或者组织志愿回国服务团（如驾驶货车等），以帮助国民政府抗日。年轻的一代也惧怕日军会用其治韩及治台之政策来对待砂捞越人民，征召年青壮丁去参战，或者强迫其劳役；而妇女更因听过不少日本士兵在中国奸淫屠杀的恶行，而感到人人自危。

这种情况下，在砂捞越日本人和华人的关系只有一种：一个是统治者，一个是被征服者。然而，不幸中之大幸是日本统治者由于在砂捞越一举而下，没有受到抵抗和仇视，所以对砂捞越人民（包括华人在内），没有进行压迫和屠杀。在占领古晋后数天，日军即在市内设立军政部，其后在其他大城市亦相继设立军政部，召回一些以前的政府官员，包括华人官员，以协助行政工作。一些华族侨领和社区领袖皆被征召充当管事人，负责将日军政令通达下层民众。日人尽量利用各种引诱和宣传，谋求群众的拥护，例如召开群众大会，张贴巨型海报，向各个民族解释日本南进，并无侵略土地和殖民野心，只是为了协助砂捞越及东南亚地

---

① 资料来源见 Basil Collyer, *The War in the Far East, 1941-1945* （London: Heinemann, 1969）。

区之受压迫人民，俾得以推翻西方殖民政府之箝制，使得整个地区能和日本在经济上合作，建立“大东亚共荣圈”。

虽然如此，砂捞越华人还是冷然相待。在城里干活的年轻人，许多都“失踪”了，跑到乡下去。表面上是响应日本统治者的勤种增产的号召，而实际上则想避免日本人“拉伕”，去当“乡土兵”（Kyodo-hei）。日本人统治后不久即设立此种本地民兵，同时又把壮丁调作劳工队去筑坐落七英里的飞机场，增建跑道，以及船厂船坞等。日人训练“乡土兵”帮助驻防，而且利用他们协助警察及“宪兵队”（Kempetai）维持治安和纪律。在战争时期，尤其是在后期盟军从海空二路进行激烈反攻之时，这些劳工队伍的职务非常重要而危险。及笄待嫁之华族妇女，皆分散到乡下亲戚朋友的家中去暂时躲避，无亲无故的年轻妇女，则希望尽快成家，有时因为急于嫁出，往往不知对方底蕴，而致误托非人，最后陷身火坑，沦落妓寨者有之。盖当时妓院甚盛，以娱日本宪兵也。

日本人虽然没有在砂捞越大事屠杀，但也没有把华人轻轻放过。在占领后不久，日人即在古晋及其他城市逮捕了许多华人领袖、学校教师和知识分子，凡是曾经参加过筹赈活动或被怀疑为反日分子者，皆被宪兵队下狱拷问。有些被判枪决，也有些受不住拷打而丧生，较为幸运者则被日本军人法庭判处监禁，日期长短不一。一般社会上中下层的华人，如低级公务员、教师、商行职员、小店户等，都要参加日本军部开办的学习班，学习日文，也要按时参加日本人召开的群众大会及公民课程等等。

那些经营生活必需品而又能为日本军队提供服务的华商，虽然商务得以继续，但却受到严厉的管制，又要首先照顾到日本军队的供需。当盟军反攻，截断日军的海道补给线之后，更实行严厉的粮食配给政策，对于趁机图利的商人和黑市买卖，处罚极严。在日治时期的后半期，由于货品缺乏，几乎全部华人商店都已关门，店主和工人都下乡农作，以维生计。只有少数人不惮危险，继续经营黑市贸易。当粮食匮乏之时，从事食品及生活必需品之走私生意者，到处皆是。在这时期，农人由于藉赖耕种维生，生活颇胜于居住城市中的华人。

在日军统治时期，许多次要的公众服务皆废止了，所有学校除了一些改为教习日文的之外，都被关闭，英文也禁止使用。只容许保留马来语作为大众传达的媒介。日人不鼓励人们使用华文，对传统的华校及其校董会尤其敌视。华人的社团会馆，多半被令关闭，其余也多名存实亡，因为日人对这些组织，一直抱着怀疑的态度。然而，日本作为一个外国统治者，和其他外人征服者一样，它和民众之间缺乏一个有效的联系人。所以，在开始时实施了一阵高压政策之后，日军不得不重新起用大批以前的社会缙绅，以及委任一些愿意合作的新人；来帮助他们控制华人。有少部分以前的华人领袖，高风亮节，始终忠于其同胞或布洛克政府，想尽方法避免日本人的利用，但大部分皆向日人输诚合作，以为除此别无他途。可是，无论其处境如何困难，在一般华人眼中，他们与敌人合作，便是卖国的汉奸。其时中日之战，方兴未艾，对日人有任何友善的表示，皆被视为不齿的行为。这些华人领袖由于与日本人合作，在一般华人心理上产生极大的影响，对于后来的华人领袖的选择，起了重要的作用。日治之前，华人大众对于那些华人领袖毫不置疑，纵然他们有缺点和错误，也甘愿服从领导；但现在这些公认的领袖们受到了考验，许多均不符理想；尤使一般华人不快者，是战后砂捞越的殖民地政府，竟然无知地继续重用这些卖国汉奸，恢复其以前的地位。这样一来，华人只好倚靠自己的资源，不再轻信这一类的领袖；除了那些痛悔己过，尽力为社会公益出力之领袖外，一般华人对其他的华人领袖，皆表示不愿信任。这种心态的转变的结果，是传统式领袖层的衰落，代之而兴的是一批年轻的新领袖。他们受华文教育，有志服务人群，然而对社会及政治的看法却有点左倾。这个新领导层的出现，对后来砂捞越华人的政治思想和参政的表现，都有很大的影响。

（陈约翰〈John M. Chin〉著、梁元生译:《砂捞越华人史》，台北正中书局 1985 年印行，第 81—85 页）

10.日本占领时期的菲律宾华侨

一、日本占领菲律宾

日本帝国主义为排挤美英等国在太平洋上的势力，掠夺东南亚地区的资源，于 1941 年 12 月 7 日偷袭珍珠港，悍然发动太平洋战争。

珍珠港被袭的当天（亚洲时间 8 日），日军猛炸吕宋各主要口岸及美军在马尼拉附近的空军基地。9 日，日潜艇侵入马尼拉湾。10 日，日舰队分两路进攻吕宋南北海岸要地，15 日在南吕宋列加斯比港登陆，21 日在林加因湾登陆。日军从南北两面对马尼拉展开钳形攻势。24 日，驻菲美军和菲律宾自治政府撤至巴塔安及科雷吉多岛。26 日，宣布马尼拉为“不设防城市”。此后几天，由于日军的轰炸，美军的自行破坏，马尼拉所有的军营、工厂、汽油库、船坞、码头、政府机关等都遭到严重毁坏。马尼拉的繁荣市区，大火持续七日之久。在爆炸声中，火焰之下，歹徒横行，肆意洗劫。整个马尼拉城处于惊恐之中。

1942 年 1 月 2 日，日军占领马尼拉。在此之前，比萨扬群岛和南部岛屿已基本上处于日军铁蹄之下。2 月，自治政府撤离科雷吉多岛，辗转流亡美国。远东美军总司令道格拉斯•麦克阿瑟也于 3 月中旬由科雷吉多岛潜赴澳大利亚，并在那里设立他的新总部。4 月 9 日，巴塔安半岛完全沦入敌手，科雷吉多也成孤岛。5 月 6 日，麦克阿瑟的继任者乔纳森 • W • 温莱特将军率 1.2 万美菲军向日军投降。翌日，温莱特又通过广播，下令全部美菲军停止抵抗，就近向日军投降。至此，日军占领全菲。

占菲初期，日本搜罗菲律宾的合作者建立傀儡政府——菲律宾行政委员会（Philippine Executive Commission）。但行政委员会各部的实权，都掌握在日籍顾问手中；而委员会本身，又受占领军司令部特设的“军政监部”（简称“军部”）的指导和监督。

日本占领者对菲律宾实行军事法西斯统治。他们在全菲肆意制造恐怖，每每借口搜查反抗分子而纵情逮捕击杀良民。对无辜被监禁者，动辄施以灌水、炙膝、压脚、拔甲、睡钉床、柔术摔跌、倒吊拷打、犬咬等酷刑。他们以枪毙十名人质的威胁，对付伤害一个日本人的行为。对工厂、银行、学校、教会、印刷厂、戏院，一律实行军事管制。日军对美菲俘虏任意虐待。在巴塔安和科雷吉多岛投降的 8 万多美菲军士兵，在被强迫从巴塔安步行至塔拉克省的奥顿尼尔（Odonnell）集中营的途中，死于疲倦衰竭、疟疾、饥饿和日军刺刀之下者，数以万计。

日本占领者对菲律宾实行掠夺政策。他们滥发纸币——军用票，大量劫取菲律宾的物资，造成通货恶性膨胀，物资奇缺，物价直线上升，人民生活朝不保夕。他们随意标封工厂、商店和栈房，没收所存物资。凡与军需有关的五金器材、机械、粮食等，无不搜刮净尽，除供占领军用之外，还运回日本。

在日本占领的三年多时间中，菲律宾人民遭受深重的苦难。而作为侨民的华侨，既因他们是日本敌国的子民，又因他们在太平洋战争之前，对祖国抗战所表现的强烈爱国主义精神和反日行动而倍受迫害。

二、日本占领当局对中国外交官和侨领的屠杀迫害

太平洋战争的爆发以及日军在吕宋岛南北登陆作战之后，菲岛华侨就预感到华侨社会难逃日寇的蹂躏。华侨社会开始采取应变措施。

中国驻菲总领事馆和侨领，在这严峻的时刻，面临着双重的应变任务。在太平洋战争发生之前，侨领都是侨界抗日救国运动中的著名人物，在中华总商会、抗敌后援会中担任重要职务，领导着侨社的抗日宣传、救国捐献、抵制日货等爱国活动。菲岛一旦被日寇占领，他们将首当其冲地遭受日寇的报复和迫害。因此，他们必须一方面为自身的安全采取应变措施。另一方面，又要为整个侨社的应变作出安排。为此，中国驻菲总领事杨光泩，几乎天天同菲律宾华侨抗敌会、中华商会的重要领导人接触，以便对日益恶化的形势作出估计。在获悉日军已在林加因湾登陆，并朝马尼拉疾进的消息之后，他们一度考虑疏散该城的华侨，但鉴于城中华侨居民人数众多，集体疏散困难，他们只好作出希望华侨特别是抗日活动分子设法自救的决定。小部分华侨匆匆离开马尼拉。抗敌会、中华商会的大多数干部和总领事馆的全体官员，仍然留下来，以便照顾大部分留在马尼拉的侨胞。领事馆官员打算利用国际公法有关交战国不杀敌国外交人员和侨民的条款来保持侨社的安全。

但是中国驻菲外交官们忘记了日本军国主义者半个世纪以来一再践踏国际公法的记录，也对日本占领者残害敌国侨民和外交官的疯狂性估计不足。

其实，在太平洋战争爆发之前，在菲的日本领事和领事馆人员，一些伪装成“商人”、“旅客”和“游览观光者”、“水手”的日本间谍就已收集有关华侨的情报，伪装成摄影师的日特，早已拍下华侨集会的照片，作为他们日后进行迫害的

根据。日军一占领菲律宾，对华侨的逮捕、监禁和处决就开始了。这种清洗行动，首先针对四种人：抗敌会的领导成员，该会下属抵制日货委员会的领导人，国民党的著名党员以及共产党的积极分子。1941 年 12 月 20 日，日军在达沃登陆后，上述人员立即遭受逮捕。25 日，日军在苏禄兜捕和处决许多反日的华侨。在他们占领马尼拉之后，爱国华侨一批一批地被逮捕。许多人被就地处决。类似的情况，在菲律宾各个华侨聚居中心，都先后发生。

日本占领者曾设想把全体华侨安置到集中营。但占领当局根本无力解决集中后华侨的食宿问题。而一些从日本的实际利益考虑问题的日侨，深知菲律宾经济的运转离不开华侨，硬要把华侨关进集中营，不仅将导致菲律宾经济严重衰退，而且也将使占领当局背上沉重的负担。因此他们力阻当局推行集中措施，“谓菲岛精华，即寄托于华侨，若将华侨集中，地方不能繁荣，有碍于‘皇军’政策的推行。”①况且强制华侨集中，也不利于争取可能的合作者，所以此举只好作罢。

但是日寇对中国总领事馆官员和爱国侨领是决不放过的。

日军进入马尼拉城时，除杨庆寿随习领事匿避外地之外，总领事杨光泩以下七名外交官都留在城内，因为他们未接政府撤走的命令。他们也认为，外交官员最多成为敌人的俘虏，不会危及生命；只要在日军入城前后的混乱时期免遭不测，安全就不成问题。所以，他们只是在城内暂避，例如杨光泩就暂避于其西班牙籍女秘书家中。领事官员的家属，仍留居在市内的圣梅萨。

1942 年 1 月 2 日，日军入城。杨光泩接到日驻菲副领事木原约他到瑞士领事馆会晤的电话。在瑞士领事馆，一日本军官告诉他，日本不承认重庆政府，所以他不再具有外交官身份。该军官还要求杨光泩通知侨领集中到一个地方，免遭不测。直到这时，杨光泩还相信，他们最多集中监管，决无生命危险。这样，杨光泩就把已匿藏在外的杨庆寿找了回来。1 月 4 日，中国总领事馆八名外交官员——杨光泩，领事莫恩介、朱少屏，随习领事萧东明、姚竹修、杨庆寿，一秘卢秉枢，学习员王恭玮被拘于马尼拉市内的菲律宾大学。

8 日，42 名爱国侨领也被关押于同一地点。

日本占领当局拘押这批侨领的经过，见于杨启泰的《沦陷三年应变经过》：

[1 月] 7 日下午许友超告我，谓有姓朱的台湾人带宪兵要抓他。是日傍晚，又有友人带台湾医生张海藤见我。他说，宪兵已出令抓人，第一二批名单已发出，将来凡属抗敌会、[国民党]党部及支分部、商会，及各途商会的重要分子，均要

① 张家福：《菲岛沦陷期间的华侨》，《小吕宋华侨中西学校五十周年纪念特刊》，第 394 页。

被抓。最好能自己集中在一处，免得宪兵到处抓人骚扰……8 日上午，我们一行 42 人就在[中华基督教]青年会集中，海藤以电话通知敌宪兵，敌宪兵中尉大仓就带了宪兵十余名，将我们全体押往菲大校舍拘留所。我们到校舍时，见杨总领事莫领事等都已在那里①。

这 42 人包括抗敌会主席杨启泰，中华商会主席薛芬士，抗敌会委员薛敏老、史国铨、许友超、余清箴、李世杰、洪开年、黄士琰、杨肇根、王立璇、陈温良、陈水盛、林书晏、蔡祖增、吴道盛、林锦谷、陈三多、詹孟杉、林水褫、李焕彩、苏必辉、黄毓欣、吴宾秋、吴家盘、郑汉荣、伍相时、黄海山，抗敌会抵制组（即抵制日货委员会）的陈穆鼎、黄念打、蔡派恭、李连朝、施教锯，文化界的于以同，教育界的颜文初，国民党人吴九如，被认为是共产党人的洪清机等。此外，后来还陆续逮捕的有抵制组的苏财安、李福寿，财务组的桂华山等。他们人被拘捕，财产也被标封、搬用。

领馆官员和侨领被关押的初期，日本占领当局还想劝诱他们，供其利用，故还给他们一些自由和优待，如允许伙食由青年会集体代办，准许亲属戚友探视和送食物。从 3 月初旬起，占领当局即胁迫他们接受以下几个条件：一、通电劝重庆政府对日“媾和”，并宣布拥护南京汪伪政府；二、在三个月内，为占领当局募集相当于 1937—1941 年给重庆政府捐款（1200 万比索）的两倍的款项；三、组织伪华侨协会，与占领当局合作。如被拘侨领、外交官接受这些条件，可立即释放，被封财货可以解封，已动用者可以照价偿付。但这些中国人“公议绝对不能接受”。杨光泩答覆时说，华侨多数从事商业，于政治素少主张，对和平问题，无须再发通电。捐款方面，因战事发生，交通、商业均告停顿，无法进行。至华侨协会，已闻外间有人开始组织，等等，对敌人要求，婉加拒绝②。

接着，日本占领当局要杨光泩说出大量法币存放地点。原来珍珠港事变发生之前，国民党政府将在美国印制的大批法币运菲，准备转运国内。但因战事发展，交通不便，这批纸币暂放置马尼拉海关。及后局势恶化，总领事馆已奉命将这批纸币销毁。占领当局不知法币已被销毁，为了将它弄到手，用以破坏我国金融，削弱我国抗战能力，便从杨光泩身上打主意。同时，他们又向杨启泰施压加力，要他交出华侨中所谓“激进”、“危险分子”名单。但都没有得逞③。

日寇利诱胁迫无效，便于 3 月 19 日，将领事馆官员投入圣地亚哥堡监狱，

① 转引自刘芝田：《中菲关系史》，第 645 页。

② 桂华山：《菲律宾狱中回忆录》，第 43 页。

③ Tan，Chinese in the Philippines，1942—1945，pp. 37，38，41.

将 28 名侨领移往比里必大监狱[①]，严刑折磨，反复审讯[②]。但这些中国人都坚贞不屈，未改爱国初衷。敌人无计可施，便趁攻占巴塔安的余威，于 4 月中旬作出判决：对八名中国外交官以进行反日活动、予重庆政府军事援助、抵制日货和破坏治安四条罪名，判处死刑。对于爱国侨领，则认定他们为首以金钱支持抗日，无异于士兵在前线与日本人打仗，除 5 人因证据不足被释放外，28 人被判 20 年徒刑，9 人被判死刑。军政监部给他们罗织的罪名是，支持妨碍日本推行"大东亚共荣计划"的重庆政府，不服从汪精卫的南京政府，拒绝与日本合作。同时宣布，所有被判刑的爱国侨领的财产，均作敌产予以没收和标封。

4 月 15 日陈穆鼎、黄念打、蔡派恭、李连朝、施教锯、于以同、颜文初、吴九如和洪清机 9 名爱国侨领，在华侨义山被秘密处决。17 日，八名中国外交官被蒙住两目，并且连绑着，由日本宪兵押至华侨义山东南洼地，面对早已挖就的土坑，进行枪杀，然后掩埋。遇难领事官员临危不惧，英勇不屈。杨总领事还斥责日寇不顾国际公法，必将自促灭亡。表现了大无畏的气概。

17 名烈士牺牲了。敌人虽得逞于一时，但在道义上却给日本民族留下耻辱的记录。军政监部迟迟不敢公布判决和处决中国外交官和爱国侨领一事。直到同年 5 月 24 日，才刊出告示，公布执行判决情况。但仍不敢直讲中国外交官员被处决的事[③]。

被判 20 年监禁的侨领除了上述 28 人外，后来又增加八人，其中包括桂华山、许志北、蔡奇佑等。他们虽然身陷囹圄，但是都坚信敌人的占领是绝对不会延至 20 年之久的。后来，日军的军事形势逆转，占领当局被迫采取怀柔政策。为了争取侨领和华侨的合作，日本占领当局便于 1943 年 3 月至 10 月间先后三次以"赦免"或"大赦"的形式，将被禁的 36 名侨领释放[④]。这些侨领出狱后，绝大多数人对"合作"采取消极、敷衍的态度。如薛芬士，被释放后立即带着家属，匿藏

① 桂华山：《菲律宾狱中回忆录》，第 43—44 页。Tan，Chinese in the Philippines，1942—1945 一书则说，两批中国人都由菲律宾大学移至圣地亚哥堡监狱关禁。见该书 pp. 38，42。

② 有关审讯的情况，桂华山有较详记述，见《菲律宾狱中回忆录》，第 27—29 页。

③ 这个告示说："日本军发动太平洋战事之前，支那人抗日指导者，及反日华侨，主势力黄念打等以下约五十名，早已在逮捕取调中，兹据日本军军事法庭审判结果，其罪状已明白，理合将其全部处死，后以其内犯情最严重者约廿名，先执行处决，其余认为情有可原，予以改悛，由最高司令官特令免死，改为一等徒刑，长期监禁。"转引自刘芝田：《中菲关系史》，第 649—650 页。

④ Tan，Chinese in the Philippines，1942—1945，pp. 60—61。根据桂华山：《菲律宾狱中回忆录》，1943 年 2 月 12 日，薛芬士、陈三多等 6 名 60 岁以上被囚者被赦出狱。4 月 19 日，薛敏老、杨启泰、许友超等 18 人获赦出狱。10 月 24 日，桂华山、史国铨、黄海山等 7 人大赦出狱。以上共 31 人。另有吴宾秋、黄士琰瘐死狱中，陈温良、伍相时保外就医。见该书第 660、661、663 页。

于北吕宋附近的富加岛，避开占领者要他充任伪华侨协会会长的纠缠，拒绝同敌人合作[①]。与释放侨领的同时，其被封财产、物资，也在1943年陆续启封。

上述遭受残杀迫害的爱国侨领，还仅限于马尼拉一地，而且是同一批受害者。至于其他爱国侨领被害的也属不少。例如，抗敌会抵制组的另两名委员苏财安、李福寿，因家属被扣作人质，出而自首，结果在8月19日，与在新怡诗夏因积极资助游击队而被捕的陈琼和另一粤侨一起被杀害。许多地方抗敌会的主席和委员，如巴坦加斯省纳苏格布镇的蔡及时，新怡诗夏省卡巴纳图安市的庄祖武，碧瑶市的陈辉杉，达沃市陈清泉等，都先后遇害。

三、日寇铁蹄下的华侨社会

日本占领时期，华侨社会遭受巨大的破坏，生命财产受到惨重的损失。

从日军在菲律宾登陆时起，华侨就连遭逮捕、杀害，上节所述，已见其端。华侨财产遭受洗劫，则在日军将至未至之际，已经开始。其严重性从马尼拉侨店受洗劫的情况可见一斑。

陈笑予在《菲岛沦陷三年之华菲动态》中有如下记载：

在1941年之最后一日，麦亚杜（即麦克阿瑟）将军乃下令，一面撤退，一面破坏有军事价值设备……当时岷市各处传出不少可怖消息，南北两面日军已包围岷市，除美菲军之自行破坏军事建设外，加之日军不断轰炸，若干所在，均发生大火。……且因菲政府之开放码头货栈，任人前往搬取货物，结果而至无可搬取时，若干暴民，遂乘机向附近各商店抢劫，并进而抢劫洲仔岸（罗萨里奥）等街布店与珠细里（化装品）店，甚至扩大其抢风，推进至各菜市各菜仔店，且多以华侨开设者作对象，故华店在此时期告损失者不少[②]。

张家福先生有类似记述：

1942年元月初一二，因菲政府投降[③]，自动将所有军警武装缴械，而日军尚未入城，菲歹徒乘机抢劫，市郊如巴阁（帕科）、仙范（圣胡安）、仙佛兰西斯戈、巴西（帕萨伊）等处侨店，相继被抢，岷市华人集居之地，多已有暴徒窥伺，少

---

① 蔡建华1985年7月6日致作者信。

② 转引自刘芝田：《中菲关系史》，第618—619页。

③ “1942年元月初一二”，即1942年1月1日。“菲政府”，实指当时的菲留守政府。1941年12月24日，菲政府正、副总统奎松、奥斯敏纳率政府要员撤往科雷吉多岛，准备转往美国组织流亡政府，留下马尼拉市长何塞·B·巴尔加斯、司法部长何塞·P·劳雷尔、众议院议长J·尤洛等留守政府，以便与日占领军接触。后来，这些人都成了傀儡政府的头目。

数且已被掠夺，华侨财产毫无保障[①]。

日军进入菲律宾之后，把华侨财产视作“敌产”，将全菲所有华侨大商店、仓库、工厂加以标封，对其中的物资和商品，予取予夺，搜运殆尽。华侨经济的支柱——商业，由此受到严重的摧残。

日本占领当局为了笼络某些菲律宾人，也企图在菲商业中铲除华侨零售商，尽力将华侨驱到农村从事粮食生产。占领者认为，在“东亚共荣圈”中，华侨的职责是充当粮食生产者，应从零售业中撤出，让位给菲律宾人。华侨继续充当零售商人，以中间利润维持生计，是不能容忍的[②]。日本占领当局为达到这一目的，极力煽动菲律宾人的种族主义情绪，“通过转变群众对华人的感情，使华人成为替罪羊”。于是，“零售业从华人转移到菲律宾人手里”。日本人把这种转变归因于占领当局对菲律宾人的同情，“但一个似乎更为可能的原因是……许多菲律宾人利用日本人对华人的敌视，给华人加上投机倒把、囤积居奇和黑市活动的罪名，借机要挟，骚扰华人，勒索钱财。这些通常有耐心、宽容的华人出于求生的希望，便关闭店铺，以摆脱种种色色的敲榨勒索”，从而把零售业让给菲律宾人[③]。

华侨工商业者，因原有货物被掠一空，又无新货源，于是降为小商摊贩。一些人在被迫捐出“大东亚战争献金”2000 比索之后，获得伪华侨协会“生活必需品组合”配给的小量火柴、香烟、猪油、煤油、肥皂等日用品，按官价销售。一些人暂且充当流动香烟小贩，将香烟拆包按支零售。一些人从事旧物买卖。一些稍具胆量者，则每天奔走于城乡间，从乡间采购蔬菜、木薯、番薯、绿豆、米、黍等农产品，到城市出售，以赚取微薄收入，养家糊口。

留在大都会、中小城镇的华侨，不仅谋生艰难，而且饱受通货膨胀、物价腾升、物资匮乏之苦。占领者无限制发行军用票，使币值猛跌。通货膨胀率，不是以年月计，而是以早晚计。一杯咖啡，早上售 80 比索，晚上便升至 100 比索。家庭主妇往往要提一篮军用票上街才能换回一篮（或更少）菜蔬薯豆等食品。因此人们一得到军用票便立即用以抢购食品、用品，尽快使之脱手[④]。这更造成币值狂跌，物价飞涨，物资奇缺。到了后来，城镇居民只能靠黑市买卖求生存。有积蓄者，尚可勉强度日，大多数人，则越来越陷于贫困饥饿的绝境。

---

① 张家福：《菲岛沦陷期间的华侨》。

② Tan，Chinese in the Philippines，1942—1945，p.50.

③ T. A. Agoncillo，The Fateful Years，Japan’s Adventure in the Philippines，1941—1945，Vol.2，Quezon City，R. P. Garcia Publishing Co.，1965，pp.552—553.

④ 陈烈甫：《菲律宾的历史与中菲关系的过去与现在》，第 231 页。

日寇对东南亚地区华侨的方针，是在加强政治控制的基础上，对华侨人力、财力、物力进行最大限度的掠夺。居住在大中城市和菲律宾各中心地区的华侨，身受日宪兵当局、伪华侨协会、邻里协会（保甲）的三重管制，谋生、行动毫无自由。而且，以“献金”名义出现的强迫捐款，以“志愿服役”形式进行的强迫劳役，以各种借口进行的物资征调，轮番而来，使侨胞穷于应付。城镇华侨无法忍受，被迫大量遁居农村山镇。

华侨人口的转移，在日军占领各城镇前夕和占领之初，就已开始。那时，华侨离开城镇，主要是为了逃难，逃避日寇的法西斯暴行，免遭生命财产的损失；也有的是决心到农村、山区进行抗日游击斗争的。现在，华侨用各种方式，冒种种危险，继续离开城市，则主要是为了寻找生活出路。对于久居城镇者来说，农村生活是极难适应的，但他们在那里没有饿死之虞，生活容易对付得多。所以，日占期间，城镇的华侨居民减少了。例如，马尼拉华侨战前有 4.7 万人，1944 年已减至 2.6 万人[①]，减少了 44%强。他们在农村、山区，或靠战前积蓄，节俭度日，或开荒种地，上山砍柴，赖以糊口。由于共同的敌人是日本占领者，当地居民同这些落难华侨之间，关系一般是和谐的。当地农民山民，大多数对华侨怀有同情心。他们热心帮助华侨，使后者适应当地环境。遇到日本人清乡搜山，还设法把华侨藏匿在家中，予以保护[②]。特别是吕宋北部的山民，认为自己的祖先是华人（林风手下的群众），对华侨的情谊异常亲切。华侨也以自己的财物，慷慨帮助当地人民。

但山区、农村并非孤岛，也难免遭受日寇的蹂躏。一些遁居农村和山镇的华侨，常因日寇进攻游击区而辗转迁徙，颠沛流离。一些华侨甚至被指为游击队，惨遭杀害。在班乃岛，仅 1943 年 9 月一个月内，就发生了三起大屠杀事件：沙拉镇的桑波农波罗村，因否认知道游击队的所在，便有 60（一说30）名华侨被杀害。帕西镇也有 84 名华侨遇害。吉马拉斯岛的布恩纳维斯塔地区遭到日军“扫荡”，有 90 多名华侨被活活打死——有的砍头，有的用舂米的大槌棰死。1944 年 1 月，在宿务的图波格村，30 名华侨只因有帮助游击队的嫌疑而被刺死。1944 年 6 月，日军巡逻队在明达瑙岛追击游击队时，在拉瑙·巴拉扬用刺刀捅死约 30 名华侨。在薛芬士藏匿的富加岛，也有 50 名华侨难民被惨杀。

日本占领者野蛮地破坏华侨在半个世纪中发展起来的文化教育事业。他们首

① Tan，Chinese in the Philippines，1942—1945，p.75.

② 菲律宾农民山民与避难华侨的这种关系，吴重生在《出死入生》一书中多有具体记述。

先封闭全部华文报纸和华侨学校，以此作为他们控制华侨社会，推行愚民政策，消灭华侨爱国思想、民族意识，把华侨变成日本顺民的重要措施之一。

但封闭华文报纸，并未能断绝华侨了解战局发展的消息来源。一般华侨最初是设法收听重庆、旧金山以及其他的短波广播。后来，占领者严厉控制收听广播，下令登记收音机，剪掉短波段，并规定凡收听上述短波广播者处以死刑。在这种情况下，华侨各地下抗日组织，或建立秘密电台，或按各自的政治倾向，秘密收听延安、莫斯科、重庆以及盟国的广播，记录新闻，编辑消息，出版油印小报，分发侨社，传播有关国际反法西斯战争的形势、国内抗日战争的进展、菲律宾人民和华侨抗日锄奸的情况等消息。这些小报，数量不少，较主要的有：属左翼抗日组织的《华侨导报》，创刊于 1942 年 4 月 19 日，每周出版一次；属右翼抗日组织的《大汉魂》、《导火线》、《照妖镜》、《前锋》等。《华侨导报》除报道国际、国内和华侨侨居地反法西斯斗争消息之外，还及时揭穿敌奸的造谣和欺骗宣传，鼓动侨胞起来进行有组织的抗日斗争，受到侨胞的欢迎。篇幅由八开一版，发展到四版，有时六版，份额由最初的约 350 份增至后来的 1500—2000 份，发行范围从马尼拉，中、南吕宋，扩大到列加斯比、宿务和怡朗。

一年之后，占领当局便认识到，为达到奴化华侨的目的，不是光封闭华文报就能办到的，需要有一份华文报纸，以便“启发和引导”华侨“走正路”[①]。1943 年 3 月，他们利用马尼拉华文报社原有的设施，办起《华文马尼拉新闻》。这家由军政监部直接控制的报纸，由于在华侨报界找不到附敌分子合作，只好指派台湾人主持。该报是为日本的侵略政策服务的，它只发表日本新闻社播发的新闻和有关统制华侨的法令，因而在侨社中臭名昭著，尽管军政监部强迫华侨订阅和捐款“赞助”，但发行数只有 4500 份。大多数华侨宁可传阅地下小报，而不愿意看这份敌报。《华侨导报》也注意同它进行针锋相对的斗争，加强正确的报导，以戳穿它的造谣欺骗，并号召侨胞以“三不”——不卖敌报，不订敌报，不在敌报登广告，进行抵制。就这样，《华文马尼拉新闻》出版不到两年便寿终正寝。

沦陷期间，华侨已经四散逃难，侨校本来就难以维持。1942 年 2 月 18 日，占领当局宣布，凡是由中国人或任何敌对国侨民管理或拥有的学校，在接到许可通知之前，一律不得重开[②]。全部侨校因而被标封、停办。下半年，日占领当局计划重新开放两所华侨学校，让华侨学习日本语文，以便推行奴化教育。为此，

① Tan，Chinese in the Philippines，1942—1945，p.71.

② Tan，Chinese in the Philippines，1942—1945，p.72.

军政监部数次传华侨教育界人士——洪敦友和刘芝田谈话，强迫侨校开课。但他们两人都以“缺少校具、教具，教员、学生四散为理由”，婉转拒绝合作[①]，使当局复办侨校的计划胎死腹中。后来，军政监部又指使华侨协会出面办起“扬子职校”（Yang—te Vocational School），但招生时，却无一人报名，虽几次延长报名时间，仍无人问津。

学校停办以后，华侨教育界人士的生活是极其困难的。侨校教师的待遇本来很低，平时无甚积蓄。战争爆发之后，抗敌会也只给各校教师两月工资，充作遣散费。但华侨教育界人士，不论留在城镇，还是逃到外地，都能保持民族气节。这些战前的教书先生，有的参加抗日斗争，有的办小型补习班或任家庭教师，继续从事本行工作，有的以砍柴、种菜、贩卖香烟、开小食档糊口，度过黑暗痛苦的三年，始终顶住敌人开办伪校的引诱，拒绝与敌伪合作。

自 1944 年 10 月美军在莱特岛登陆并进入吕宋岛作战以后，日军节节败退。日军在败退之际，在马尼拉和吕宋各地进行了惨绝人寰的大规模屠杀和破坏。

大屠杀是预谋性的，是日军撤退计划的一个组成部分。在美军到来之前，日寇就或公开或私下向盼望美军到来的人（这在菲律宾人和华侨中都是非常普遍的）发出威胁：“是的，美国人将要到来。他们将运来大量的食物。但你们不能活着吃东西了。”在 1945 年 1 月，当北路美军已逐渐向马尼拉推进时，又有传闻：日军深恐华侨游击队在美军入城时协助美军作战，拟把所有华侨青年男子集中[②]。

1945 年 2 月 3 日，美军在华、菲游击队引领下，突入马尼拉市巴石河以北市区。残余的日军渡河退至河以南市区。南撤之前，他们已在北部市区实行焦土政策。撤退之后，则一面负隅顽抗，一面进行灭绝人性的大屠杀。从 2 月 4 日至 10 日，在王城、埃尔米塔、马拉特、新加朗、班达干、帕萨伊、帕科以及塔夫脱大街的住宅，全部毁于火，居民不是死于火，即死于日军刺刀之下。王城数千各籍居民，除一、二华侨幸免外，几乎死光。

尤其是 2 月 5 日那天，日军沿门挨户，搜索居民，勒令男女分开排列街上，男的一排立被机关枪屠杀，女的亦被拥掠，当时血肉横飞，惨不忍睹。有一部分则被手榴弹掷击，四肢散离，遍布街上，其凄惨情况，诚非笔墨所能形容。又该

① 刘芝田：《中菲关系史》，第 653 页。
② 刘芝田：《中菲关系史》，第 669 页。

区[①]华侨居民，包括男子妇孺，则被迫集中于一间天主教堂及三间戏院内，然后用汽油把各院门淋湿，投掷手榴弹使其焚烧，凄叫惨号之声，一时震天动地，那些逃出者，则遭日军用机关枪扫射，一一予以击毙[②]。

从马尼拉争夺战后期（2月底）起，驻内湖省日军陆续撤至山区，妄图作困兽斗。在撤退过程中，又在该省的卡兰巴、圣巴勃罗、圣克鲁斯、帕桑汉、洛斯巴尼奥斯等城镇和沿途各地进行大屠杀。其中，屠杀华侨最多的是圣巴勃罗“二二四惨案”。2 月 24 日早晨，圣巴勃罗市日驻军司令通知所有 15—50 岁的菲、华男性居民，立即到当地天主教堂集合。在此之前，该市伪华侨协会会长陈宗狮、林德源等曾接游击队警告，要他们让华侨离开该市，但他们不听忠告，反而于是日遵从日军的命令，强迫上述年龄的华侨集中。居民集中后，日驻军司令出来讲话，叫嚷：“现在仍有小部分人梦想英美军队回到菲律宾。我怀疑你们之中是否还有人会再次看到英美军队。”接着，伪称要他们帮助日军构筑战壕。日军先将 600 多名华侨押到康塞普西翁村的椰林中，让他们挖掘好阔六英尺、长十英尺、深六英尺的地沟之后，就把他们关进屋里，再五人一组地带出，一一刺死，推进沟中。其中少数人受伤未死，逃进医院，又于次日被杀。这次被杀的华菲居民共 6000 人，其中华侨 600 多人。

在巴坦加斯省，也发生了屠杀事件。3 月 11 日，塔那湾镇有 100 多人被杀，其中华侨 40 多人。

在日军占领菲律宾的三年半中，华侨牺牲者估计达 1 万人，财产损失估计近 2.5 亿比索，其中马尼拉华侨损失 123414000 比索。这就是说，财产损失几近华侨战前在菲投资的总数[③]。

四、伪华侨协会的成立及其事敌害侨活动

日本侵略东南亚地区，目的是为了掠夺该地区的物产资源，以支持其全面的侵略战争。他们的华侨政策，也是为这一目的服务的。

1942 年 2 月 14 日，日本大本营和政府联席会议制订出《华侨对策纲要》，其中规定：

---

① 原文作者未说明“该区”所指。

② 刘芝田：《中菲关系史》，第 670—671 页。

③ Tan，Chinese in the Philippines，1942—1945，pp.80，90.

华侨对策主要在华侨所在地施行，其要点在于使他们在我国掌握之下，对帝国国防必需物资的生产和取得方面作出贡献。为此，按情况需要施加适当政治压力，使他们与我方相配合，同时利用其原有的经济机构及习惯，指导他们积极配合帝国的政策，随着情势的变化，并应逐渐控制华侨的社会势力①。

简而言之，日寇对华侨的政策，就是控制与利用；利用是目的，控制是达到这一目的的手段。

在日军登陆并占领菲律宾之初，占领当局挟其对中国人的刻骨仇恨，乘其军事胜利的余威，对华侨肆意掠夺、逮捕、杀害，迫使他们放弃反日爱国立场，转而采取亲日立场，与其侵略政策合作。他们拘禁中国领事官员、侨领，一则以之作为人质，迫使华侨合作，一则迫使被拘禁者出面建立华侨傀儡组织，并运用他们的威望和号召力，驱使华侨为实现“大东亚共荣圈”计划出钱出力。但日寇这一手已以失败而告终。广大华侨既未因外交官和侨领之被监禁而放弃爱国立场，被监禁者也未为求生而丧失民族气节。

随着1942年5月6日科雷吉多岛的陷落，日军占领菲律宾全境，军事行动基本结束。占领当局开始在菲律宾作长久计，企图使菲律宾在为他们实现“大东亚共荣圈”的梦想中作出贡献。日本对菲律宾的统治，由最初以武力高压手段为主，转变为以政治拉拢和控制为主。对华侨的统治，也在继续残杀反日爱国分子的同时，着力培植和拉拢亲日分子，两手兼用，以加强对华侨社会的控制和利用。

日军占领菲律宾之初，为加强对岛民的控制，即已在城乡普遍建立“邻里协会”。每一邻里协会由10—15户居民组成，负责维持治安，分配生活用品，并为“圣战”征调人力、物力和财力，为占领者提供各种服务。邻里协会内实行连保制，彼此监视，全体对个人行为负责，借此限制和消除反日活动。到1944年6月，全菲共有邻里协会126716个，内含1515697户。仅马尼拉一地，就有14038个协会，185911户。城乡华侨居民也都被编到邻里协会中去。但邻里协会仅仅是由若干户组成的小小治安组织。它们对控制华侨的抗日行动，具有某种作用，但要它们为日寇的华侨政策服务，却是远远不够的。因此，日寇在封闭、解散华侨原有一切团体组织之后，便由军政监部策划另组亲日团体。

军政监部在利诱被监禁的中国外交官和侨领出面组织伪华侨协会的企图落空之后，便退而求其次，在华侨中物色和培植亲日分子，筹建傀儡组织。其主要

---

① 复旦大学历史系日本史组编译：《日本帝国主义对外侵略史料选编1931—1945》，上海人民出版社1975年版，第391页。

人选，一个是以亲日闻名的吴笱来，一个是在辛亥革命时期有过一段革命经历的郑汉淇，还有一个是日本的凶恶走狗陈天放。

吴笱来是马尼拉华侨商人。在太平洋战争爆发之前，他从事对日出入口贸易，并经销日货，交易颇大，与当地日商有密切交情。“九一八”事变以后，全侨进行抵制日货，吴笱来虽改营“远胜汇兑公司”，但并未改弦易辙，仍暗中继续与日本商人交易，因而赢得日本人的垂青[①]。

郑汉淇参加伪华协的背景未详。

对组织伪华侨协会，广大侨胞态度冷淡。它完全是在军政监部导演下，由一小撮人筹备起来的。先由吴笱来开列出 77 名发起人名单（不管他们同意与否），由军政监部加以发表。6 月 1 日，华侨协会（Chinese Association）宣告成立，由吴笱来任会长，郑汉淇为副会长，陈天放任秘书长。会务由一个九人执委会，一个六人理事会管理。其重要职员，均由军政监部审定的亲日分子担任。

菲律宾华裔陈守国教授在评论华侨协会的目标时说：“华侨协会，是日本当局为置全体华侨于其监视之下、并使当地华侨与日军事当局在建立一个新菲律宾方面通力合作的工具。从某种意义上说，日本采纳了西方在东南亚实行的以华制华的殖民方法。”[②]

军政监部把对华侨分而治之的方法，也用到华侨协会的组织方面来。按协会计划，原拟在各省设立分会，形成系统。但日本军事当局不愿意全侨有一个统一组织，纵使这个组织是受当局监督、赞助，并由亲日分子控制的。根据军政监部的训示，已成立的华侨协会只能管辖大马尼拉市和中吕宋各省。其他各地，另设华侨协会。各地协会既对驻当地日军机关负责，也统归军政监部领导。各个华侨协会之间，不能有直接联系。先后成立华侨协会的地方有宿务、怡朗、莱特、萨马、三宝颜、哥打巴托、苏禄、达沃，在吕宋，则另有阿巴里、比干、拉瓦格、图盖加拉奥、碧瑶、圣巴勃罗、卢塞纳、列加斯比等。

伪华侨协会成立之后，干了许多坏事。

第一，协助日寇对重庆国民党政府进行诱降活动。华侨协会成立不久，就秉承占领当局的意旨，于 1942 年 7 月 7 日致电重庆政府，敦促国民党领袖“审时度势”，停止抗战，“同日本站到一起”。

第二，引诱华侨作日本的顺民。战时，菲律宾物资紧缺，来往限制严格。日

① Tan，Chinese in the Philippines，1942—1945，p.53；刘芝田：《中菲关系史》，第 655 页；陈烈甫：《菲律宾的历史与中菲关系》，第 236 页。

② Tan，Chinese in the Philippines，1942—1945，p.53.

军事当局利用这种情况，加以利诱，使华侨加入协会。例如，加入协会并领取会员证后，日军事当局才承认其为良民，其生命财产才得到保障；通过协会的帮助，华侨才能领到“通行证”“良民证”等一类件证，有了证件才能到各地经商、谋生。而要成为会员，首先就得放弃爱国立场，向侵略者屈膝。因为，每个会员除了要缴交10比索的“大东亚圣战献金”，从而在良心上认可日本的侵略战争之外，还要举行宣誓。誓词写道：“余今觉悟，余乃系东亚民族一分子，愿以至诚，服从大日本军指导，尽忠努力，以完成东亚新秩序，决不再有援蒋抗日行为……”[①]协会还秉承占领者的意旨，强迫华侨对当局各种重大决定表示拥护。对日伪举行的各种庆典、仪式，当局要员的往来，则强迫华侨组织庞大的队伍参与欢庆或送往迎来，充当啦啦队。

第三，为日寇举办华侨献金运动。这是协会的一项主要工作。协会成立之后，日军政府便通过协会，向华侨摊派捐款。各地侨胞在一年多里被迫交给占领当局的“献金”超过1000万比索[②]。在这种强制性的“献金”活动中，一些人是由于利欲熏心，见利忘义。因为“献金”2000比索者，可以成为军政监部组织的“日用品供应组合”的会员，有权按期向协会领取火柴、香烟、肥皂、猪油等日用配给品，用以转售。在物资紧缺的当时，这是个重要的财源。但对大多数华侨来说，这是“花钱向占领者购买保护”[③]。

第四，在华侨中实行所谓“劳动奉仕”，即硬性摊派人力，为占领军充苦役。占领者常以“志愿服役”为名，滥征菲律宾人和华侨劳动力，无偿地用于“增产粮食运动”和各种军事工程。每次征调华侨人力，都是当局下令后，即由华侨协会负责向各保甲摊派，并按当局要求，组织劳动和进行现场监督。1944年4月，协会奉命抽调人力到新马尼拉（战后改为奎松市）修筑飞机场。这项工程共需1.5万工，限一个月内完成。于是，16—60岁的男性华侨，都被迫从事一天苦役。每天轮派500人，由协会派人监工，还要求超额完成每天的劳动定额。同年5月，协会为日军征募一批铁工。6月又为伪马尼拉市政府征调华侨参加“增产粮食运动”，每天轮流派250人到田间劳动，长达一个月之久。由于马尼拉伪华侨协会在强迫劳役中积极充当日寇的爪牙，因而获得日本军方赞赏。后者因此奖给伪华协一纸“奖谢状”，并奖给吴笱来一笔奖金。但吴笱来立即把

---

① 刘芝田：《中菲关系史》，第656页。

② Tan，Chinese in the Philippines，1942—1945，pp.54—55.

③ Tan，Chinese in the Philippines，1942—1945，p.55.

钱交还日本人，作为“华侨”对菲律宾防务的赠款[1]。其他地方的华侨协会，也都曾受命组织强迫劳役。例如，当美军在南太洋战事中节节胜利，战火将又烧到菲律宾之际，莱特的3000名华侨就曾被编成“志愿服役团”（Voluntary Service Corps），达沃也有“劳动服役团”（Labor Service Corps）的组织，强制华侨为日军生产粮食和构筑工事。日伪的强迫劳役，使广大侨胞叫苦连天，怨声载道。马尼拉华侨抗日组织，因势利导，发表《（为）反奴役告侨胞书》，发动侨胞开展反奴役斗争。

第五，为虎作伥，协助日宪兵当局侦查华侨抗日分子，镇压华侨抗日力量。特别是美军在莱特登陆（1944年9月20日）之后，华侨协会敌视抗日力量的活动更加猖獗。那时，该会由曾廷泉任第二任会长。他以伪华协属下的青年会为据点，纠集侨社流氓、败类，组织“普智”特务队，专门破坏华侨的抗日运动。

第六，操纵保甲组织，鱼肉侨胞。伪华侨协会指挥华侨邻里协会活动，操纵保甲长。一方面通过严厉清查户口，控制侨社，限制侨胞的正当活动；另方面则卖力为日寇征调华侨服劳役，摊派捐款，强迫华侨出钱出人，为日寇捧场；同时还乘势敲榨，鱼肉同胞。1944年，米价高涨，粮食配给额全部停发。这时，曾廷泉却以筹设“华侨商业公司”，复兴华侨经济为名，强抢华侨粮食和物资资敌。协会一些职员，也甘当走狗，对侨胞作威作福，敲榨勒索，残害同胞，无所不为。

伪华侨协会的所作所为，招致爱国侨胞的憎恨，因而处境孤立。其头面人物，包括第一任会长、副会长、秘书长以及若干理事、干事，也在1943年6月至1944年9月间纷纷被抗日志士刺杀。

由于附敌分子一一被杀，日宪兵当局对华侨实行报复政策。他们每夜搜查华侨住宅，逮捕、杀害“嫌疑犯”，并网罗败类，刺探华侨地下抵抗组织的情况。日宪兵当局还扬言要杀死1万华侨，为吴笱来之死进行报复。日本军事当局还任命专门主管华侨事务的宪兵军官，负责改组华侨协会，冀图给这个傀儡组织加添活力。

伪华侨协会在1944年11月改组后，由曾廷泉担任会长。应当指出，曾廷泉任伪职时，美军已在莱特站稳脚跟，以奥斯敏纳为总统的菲律宾自治政府已在该岛首府塔克洛班行使职权。美军已着手登陆吕宋岛的作战准备。马尼拉的抗日游击活动空前活跃。在这样的情况下，曾廷泉还甘当日寇帮凶，

---

① 刘芝田：《中菲关系史》，第659—660页。

掠夺和镇压侨胞，破坏华侨抗日运动，当然激起众怒。华侨抗日游击支队马尼拉大队，于 1944 年 12 月对曾廷泉进行一次伏击。但因手榴弹投不进门窗紧闭的汽车，这次伏击未达目的。但这次伏击事件毕竟产生了积极的影响。这就是，广大侨胞人心大快，抗日情绪更加高涨，抗日战士斗志更加高昂。曾廷泉则如惊弓之鸟，一直称病不出，其他附敌分子欺压华侨的活动，也不得不有所收敛。这时的伪华协人员，感到大势已去，大都采取得过且过的态度，甚至暗中烧毁文件，为自己准备后路。伪华协已成了一具僵尸，不能再有什么作为了。

（黄滋生、何思兵:《菲律宾华侨史》，广东高等教育出版社 1987 年版，第 447—469 页）

11. 日寇大屠杀的滔天罪行*

1942 年春，日本侵略军占领菲律宾之后，就对华侨进行了残酷镇压，逮捕和杀害了许多知名的华侨领袖和爱国侨胞，甚至不顾国际公法，杀害了中国驻菲律宾总领事及全体馆员。华侨多年苦心经营的工商金融企业和文化教育事业，也受尽敌人的掠夺和破坏。

在日寇血腥统治期间，华侨各抗日地下组织和抗日游击队，有数百名爱国志士壮烈牺牲。

日寇败退之际，在马尼拉、南吕宋、和南岛各社镇制造许多惨案，对数以千计的无辜华侨进行惨绝人寰的大屠杀。其凶残暴戾的情形，用笔墨难以形容其万一。许多惨案没有记录材料，许多事实已被湮没。现仅将偶然留下来的一些报道和记载转述于后。

撤出马尼拉时的烧杀

1944 年间太平洋战事进入新的转折期间，日寇失去了制空权，美军开始反攻。日寇感到其末日将临，更加显出其穷凶极恶的本性，到处杀人放火奸淫掠夺，其手段的毒辣、残暴令人不忍卒听。据《华侨商报》刊载：从查获到的日军最高指挥部的文件中发现，日军早于 1944 年 4 月就有命令有计划要在败退时在马尼拉进行大屠杀，把马尼拉烧成一片废墟。1945 年 2 月初开始，日军败退马尼拉时，兽性大发，不仅到处放火，还把逃出火海的平民百姓乱枪射杀。

日寇先烧毁马尼拉市大教堂、修道院和图书馆，然后把王城外的地牢避难所、康诺惹学院包围起来，四面架起机关枪放火焚烧，里面有三千个难民被活活烧死，有个别人想冲出来逃生，也被日军用机关枪射杀。拉萨学院内住有七十余人，有一半是妇女儿童，被一队日寇冲进校内，用机枪射杀，用指挥刀砍杀，再放火焚烧。另在一个宽只 15 米，长 18 米的地牢里发现一堆 300 余具尸体，这些是被用钢条加固的铁门关闭起来，而活活饿死的。甚至连当时尚未参战的国家西班牙的侨民产业百分之九十也被烧掠，其领事馆也遭到日寇机关枪扫射，俱乐部被放火

---

* 内容有删节。

烧毁，图书馆、社会文化馆里有50多人被杀死和烧死。

日寇对医院也不放过。一间叫仙胡安医院（SAN JUAN DE DIOS）被兽军洗劫之后，当时在医院的所有人，包括医生、护士、病人、甚至产房的婴儿，全部遭残杀，无一幸免。一个专家医生和一个医学教授以及十多名妇女儿童被赶进一个房间，用汽油浇门窗活活烧死在里面；在范伦那与莫良尼斯交界的草地上，有40 余具被残杀的尸体，双手都是被反缚的。在火车站附近李昭北木材公司的场地里有150余具尸体是被日寇杀死的。在塔虎脱大街（TAFT）的甘布斯住宅室内，45 名妇女是先被强奸再被剐刮而死的。数名儿童是被刺刀刺杀的，据侥幸逃出的人叙述，女人被奸后，再被用指挥刀砍掉双乳，生殖器被刺刀刺穿。儿童被砍死后再用刀分尸数段。根据美菲军医院军医叙述，临时医院曾收医不少乳部被剐刮的妇女和一些四肢被砍断的儿童。

在巴石河以南的其他各区，如巴阁、班打干、依美沓等区的居民则被日军赶出屋外，在广场或空地集中后用机枪扫射，横尸遍地，惨不忍睹。

又据从衣美沓区死里逃生的一个居民忆述：

日寇放火烧毁了他们的家，衣美沓区的居民都无家可归，大伙在一所空房子里躲了两天，一队日本兵把他们赶到海陆军俱乐部，几百人关在一起，每天每人只给一杯白粥，大家饿得要命，毫无力气。过了一天，他们几百人被赶到黎刹纪念碑下暴晒。没有水喝，口干唇裂，很多人昏晕倒下。苦挨两天，第三天看到远处有几辆美国军车从仙路易斯街驶过，我们不禁欢呼“美国军到了”。有人大声提议“我们站在这里是死路一条，不如拼命冲出去，也许有生还的希望。”于是一声呐喊，大家应声狂奔，但只走几步，鬼子的机关枪扫射过来，一下子就有几十个人倒下，我受了点轻伤，总算侥幸逃出了鬼门关。①

又据林青（玉华）回忆：“那时我们一家住在马尼拉市北面的马拉汶社。1945年1月底，为避战祸，父亲带我们到社外鱼池边一幢砖房子住，当时共有39个中菲群众到这幢砖房避难。父亲感到砖房不安全，又到河对岸的田边搭了一个帐篷，把三哥，三嫂和一个侄儿带去帐篷住。2月4日，一股向马拉汶败退的日本侵略军一路走一路烧杀抢掠。最后包围了我们住的砖房，硬说里面的人是抗日游击队，一面抢劫财物，一面把大人都捆绑起来，然后用军刀和刺刀砍杀屋内的人，男女老少无一幸免。我的头部、脸部、背上和双手一共被砍13刀，幸而都不是要害部位，但我的左腕却残废了。等到日本鬼子走后，我爬起来，看到满屋都是

---

① 波林：《我怎样从日寇疯狂的烧杀中逃出来》，原载于《华侨导报》。

尸体，看到母亲和四嫂及她的小儿子都被杀死，四哥背上被砍了八寸长、一寸深的伤，满身是血，我也一身血淋淋，吓得说不出话来。四哥看到我，叫我赶快替他解开绳子。我们互相搀扶着，趟过小河到对岸父亲他们住的帐篷。三哥和三嫂赶忙帮我包扎伤口，听到母亲和四嫂等三人已被杀害，一家人都大哭。2 月 6 日，我和四哥被送到马尼拉市仙拉沙洛（SAN LAZARO）医院治疗。出院后我就和邻居陈淑珍去青年抗日反奸大同盟的歌咏队，参加抗日宣传工作。

“这一惨痛的血案，使我永远不能忘记日寇的残忍和恶毒的罪行。”

现任《商报》主编于长庚先生在他撰写的《劫后余生》中写道：“光复后马尼拉市殉难的老百姓确数无从估量，一般推算在十万到十五万人之谱。”

五十年后的 1995 年 3 月 3 日在旧王城内举行悼念仪式并竖立纪念碑，以纪念在马尼拉的殉难者。悼念仪式由枢机红衣大主教辛主持。辛主教说：“让这纪念碑代表 1945 年 2 月 3 日到 3 月 3 日解放战争中，在马尼拉殉难的十万男女儿童与婴儿中的每一个人。我们没有忘记他们，也永远不会忘记。”

内湖省加南描大屠杀

马尼拉战事将近结束之际，驻守南吕宋内湖省的日军由各市镇撤往山区，撤退时在各地进行大屠杀。所有商店、住宅和公共建筑大部分被放火烧毁。惨遭日寇蹂躏的内湖省市镇，有加南描、仙答洛、仙沓古律示和北山寒等。据非正式统计，上述市镇被日军屠杀的人数，约在万人左右。日寇在内湖省的疯狂烧杀中，加南描是首当其冲的。加南描是著名菲律宾爱国诗人、作家扶西·黎萨的故乡，位于菲最大淡水湖“内湖”南岸，距首都马尼拉东南仅 54 公里，交通方便，扼通南吕宋描东牙示、地耶拔等省的门户，地位颇为重要，日寇在此驻有重兵。1 月底，当美军进攻马尼拉市时，日军撤出加南描，人们都以为日军已撤走，开始恢复各项活动。2 月 5 日加南描的墟日比往常热闹，周围各村社来赶集的人很多。中午时分，多辆日本军车载着日军缓慢地驶过加南描大街，开始时赶集的人们有些紧张，后来看见日军车过后没有什么动静，都以为没事了，继续做生意。其实日军早已在镇外各路口布下哨兵。有些商贩卖完货，买了所需物品要回家，到了路口都被日军驱迫回到集市。到下午 4 点左右，荷枪实弹的日军就命令所有男人到镇中心广场集合，除赶集的男人外，日军还沿街挨家挨户搜查，命令屋内的成年男人都到广场集合。人们以为是要他们去修工事，但又没有让带工具，纷纷猜测。不久日军命令他们上军车，把他们带到镇外一个偏僻地方，下车后，排成5人一排，由日军押送走向不远的两间茅草屋，先走的头几批村民一进屋就被日军刺死。等第一批人被杀死后，日军汽车又回到中心广场接载第二批人去屠杀。一直到天黑，所有被集中的男人都被杀光了，接着，就浇上汽油把草屋和死尸一起放火烧掉。其中有个姓吕的华侨被刺伤未死，听到日本军车开走去载下批人时，屋内的日本兵走开了，他就趁机爬出来，躲到屋后竹林里，然后向树林里跑去，被住在山边的一家村民救起。他是唯一死里逃生者，事后讲述日军在加南描大屠杀的经过。根据后来登记报领抚恤救济的居民，有四、五千人，估计被惨杀的赶集的人和加南描的村民有五、六千人。华侨没有专门分别登记。①

日寇欠下血债有多少

日本历史学研究会所编写的《太平洋战争史》一书中提到日军在菲律宾战役失败时说："日军在这次撤退时对市民进行的大屠杀，和以前的南京大屠杀一样，都是日军所犯下的滔天罪行。他们或者一次用机关枪把几千人打死，或者为了节省子弹用汽油烧死，用种种方法集体杀害了数万居民。这是陷于绝望状态的帝国军队最后一点点人性也丧失殆尽，完全变成了疯狂的野兽的野蛮行为。"②

新加坡出版的《南洋年鉴1951年版》记录如下：

日军于马尼拉惨败之余，兽性狂发，在战火洗礼之市区中，壮丁如逃避不及，即遭屠杀，妇女不幸被强奸者，为数亦不少，且被强奸后，复受割乳斩指之残酷虐害，状殊惨怖。例如在马尼拉城南百阁区，壮丁被强集中在一所大厦内，为数近五百人，全体均受刺杀，其中有华侨两名，因未被刺中要害，幸免于难。菲律宾医院内住病人甚多，当日军且战且退之顷，亦逞其兽性，进入医院内，枪杀病人，甚至将出世未及七天之婴孩，用刺刀刺杀。塔虎脱路、新加朗路、伊蜜打街一带之居民因住宅被焚冒战火逃出者，皆为日军机关枪集体射杀，致使平民死伤枕藉，横尸道左者不可胜计。③

在敌寇屠杀下，华侨死难者究竟有多少？据马尼拉中华总商会秘书杨世炳估计，全菲十三万多华侨，约有一万人为日军杀害，全菲华侨财产损失约为二亿二

---

① 陈汉泽先生忆述：《加南描大屠杀》。

②《太平洋战争史》中译本第四卷，第99页。

③ 郁树锟编：《南洋年鉴》，1951年，第238页。

千多万比索。

另有个资料说日寇占领菲律宾三年期间，全菲死难人数约一百万人，其中华侨约有三万人以上。上述具体数字，不一定准确，但却反映了菲律宾爱国华侨受害的惨重，反映了日本军国主义的野蛮、凶残、无耻。日军最后一任侵菲司令官山下奉文以“马来亚之虎”横行一时的敌酋，终于在1946年2月23日晨在距马尼拉三十五英里处被绞死。沾满菲律宾人民和旅菲华侨鲜血的战犯，死有余辜。

我们要让子孙后代，永远铭记这段悲惨的历史，警惕日本军国主义的复活。

（《菲律宾华侨与抗日战争》，香港荣誉出版有限公司1999年版，第240—254页）

12.若干抗日团体烈士英名录*

菲律宾华侨抗日反奸大同盟烈士姓名录（抗反烈士审查委员会审定）

姓　名	籍贯	年龄	职务	何时牺牲	何地牺牲
万善宗	福建晋江	24	总部外交部长	1945 年 2 月 4 日	马尼拉敌人杀害
邱永和	福建思明	32	宿务抗反主席	1945 年 10 月初	宿务被奸徒所害
张清水	福建晋江	28	店联秘书长	1945 年 1 月	马尼拉被捕牺牲
黄　函	福建晋江	33	店抗外交部长	1945 年 1 月	马尼拉被敌人炸死
谢圣逢	福建南安	31	抗反总联络站站长	1944 年 11 月	马尼拉被捕牺牲
林金良	福建惠安	37	怡朗抗反执委	1943 年 9 月	怡朗被敌奸杀害
洪友融	福建南安	35	中吕宋抗反执委	1943 年 12 月	在邦省被敌人杀害
许祖愿	福建	18	青年之友干部	1942 年 1 月	武六干省被奸伪杀害
施清荣	福建晋江	22	歌咏会常委	1942 年 2 月	蕊描依丝夏山村被奸伪杀害
纪玉麟	福建		餐馆工会领导	1942 年 3 月	执行任务中病逝
黄程资	福建	22	国防剧社执行委员	1942 年 3 月	执行任务中病逝
洪香碧	福建	17	青年漫画社	1942 年 3 月	执行任务中病逝
黄瑞华	福建南安	37	古达描岛干部	1944 年 6 月 7 日	古达描岛被敌人杀害
黄和翔	福建漳州	25	店抗模范盟员	1944 年 11 月 8 日	马尼拉被捕牺牲
郭顺发	福建漳州	28	店抗模范盟员	1944 年 11 月 8 日	马尼拉被捕牺牲
曾庆泉	福建惠安		店抗别动队队长	1944 年 11 月 12 日	马尼拉被捕牺牲
纪云峰	福建晋江		店抗别动队副队长	1944 年 11 月 12 日	马尼拉被捕牺牲
吴阳华	福建晋江	24	店抗干部	1944 年 11 月	马尼拉被捕牺牲
黄炳兴	福建厦门	25	店抗干部	1944 年 11 月	马尼拉执行任务中逝世
黄梨洲	广东台山	27	粤抗宣传部长	1944 年 11 月 8 日	马尼拉被捕牺牲
王芳卫	福建晋江	25	抗反商业处干部	1944 年 11 月	马尼拉被捕牺牲
陈　目	福建晋江	24	抗反商业处干部	1944 年 11 月	马尼拉被捕牺牲
杨奋维	广东台山	20	粤抗干部	1944 年 11 月	马尼拉被捕牺牲
林　兴	广东台山	25	粤抗自卫队队长	1944 年 11 月	马尼拉被捕牺牲
田洪亚	广东台山		粤抗盟员	1944 年 11 月	马尼拉被捕牺牲
田俊德	广东台山		粤抗盟员	1944 年 11 月	马尼拉被捕牺牲
黄球照	广东台山	37	粤抗盟员	1944 年 11 月	马尼拉被捕牺牲

* 表格为后加。

续表

姓　名	籍贯	年龄	职务	何时牺牲	何地牺牲
关　炳	广东台山		粤抗盟员	1944年11月	马尼拉被捕牺牲
余宗尧	广东台山	23	粤抗干部	1944年11月	马尼拉被捕牺牲
陈竹林	福建		华侨导报工作人员	1944年11月	马尼拉被捕牺牲
姚国梁	福建晋江	23	文抗常委	1945年2月	马尼拉巷战中牺牲
蔡长协	福建南安	21	文抗盟员	1945年2月	马尼拉巷战中牺牲
邝　文	广东台山	34	粤抗盟员	1945年2月	马尼拉巷战中牺牲
黄槐炯	广东台山	28	粤抗宣传干事	1945年2月	马尼拉巷战中牺牲
黄寄萍	广东台山	24	粤抗自卫队队长	1945年2月	马尼拉巷战中牺牲
叶庆珍	福建	20	宿务抗反干部	1945年4月	宿务被敌奸杀害
施学塔	福建		抗反盟员	1944年3月	蕊描依丝夏被日军杀害
施连登	福建		青抗盟员	1944年1月	在马尼拉传送导报时被捕后牺牲
许泰叻	福建		青抗盟员	1945年2月	在马尼拉王城内被害
蔡春满			宿务抗反盟员		被奸徒杀害

华侨抗日游击支队烈士姓名录（华支烈士审查委员会审定）

姓　名	籍贯	年龄	职务	何时牺牲	何地牺牲
陈村生	福建晋江	28	参谋长	1945年4月25日	爹旺山区战斗中阵亡
尤鸿源	福建泉州	24	驻中吕代表	1944年12月18日	蕊省甲标社被敌军杀害
高华岳	福建南安	24	副队长	1943年12月16日	地耶拔省被奸伪杀害
林辉灿	福建	22	岷大队队长	1944年5月25日	马尼拉被捕牺牲
蔡奕慈	福建	26	指导员	1945年1月25日	内湖省省会战斗中阵亡
陈廷芳	福建	23	马尼拉中队副队长	1944年3月18日	马尼拉被捕牺牲
林时力	福建	24	马尼拉中队副队长	1944年2月26日	马尼拉被捕牺牲
刘革苏	广东台山	25	交通总站负责人	1944年11月8日	马尼拉被捕牺牲
黄伯贺	广东台山	25	排长	1945年3月11日	甲美地省战斗中阵亡
林国祥	福建	26	战斗员	1942年3月2日	武六干省被敌兵杀害
黄　森	广东台山	24	战斗员	1942年4月8日	阿拉悦树林被敌兵杀害
余汉和	广东台山	36	干部	1942年9月	内湖省被敌兵杀害
余新声	广东台山	37	班长	1943年1月	仙未讫社被敌兵杀害
余　森	广东台山	37	战斗员	1943年1月	仙未讫社被敌兵杀害
许荣全	福建泉州	27	战斗员	1943年1月	仙未讫社被敌兵杀害
高树泉	福建南安	26	战斗员	1943年2月	邦省战斗中阵亡
洪良友	福建	31	战斗员	1943年2月8日	邦省被敌兵杀害
曾赞来	福建	22	战斗员	1943年3月11日	蕊省米加村被敌兵杀害

续表

姓　名	籍贯	年龄	职务	何时牺牲	何地牺牲
许志狮	福建	27	战斗员	1943年4月2日	三巴礼示战斗中阵亡
蔡孝儒	福建	23	战斗员	1943年4月2日	三巴礼示战斗中阵亡
王传技	福建	25	战斗员	1943年4月24日	干打描社曼地利村病逝
施清咏	福建	26	班长	1943年4月24日	仙未讫山上战斗中阵亡
叶坑生	福建	28	战斗员	1943年4月24日	仙未讫山上战斗中阵亡
叶坑塘	福建	30	战斗员	1943年4月24日	仙未讫山上战斗中阵亡
洪华民	福建	30	战斗员	1943年5月20日	黎刹省山上战斗中阵亡
郑马成	福建	20	战斗员	1943年5月	南征路上黎刹省牺牲
余　革	广东台山	24	战斗员	1943年7月8日	内湖省山上战斗中阵亡
吴恕曾	福建晋江	24	战斗员	1944年1月3日	地耶拔省战斗中阵亡
曾金奋	福建	27	战斗员	1944年1月28日	马尼拉被捕牺牲
李志成	福建金门	23	副班长	1944年5月16日	地耶拔省战斗中阵亡
邝仁添	广东台山	20	战斗员	1944年6月	马尼拉被捕牺牲
李　炮	福建	25	通讯员	1944年8月	地耶拔省被敌兵杀害
庄瑞表	福建	21	战斗员	1944年9月4日	阿拉悦社被敌兵杀害
沈常深	福建	28	战斗员	1944年9月7日	阿拉悦社被敌兵杀害
施家急	福建	20	财政员	1944年10月10日	马尼拉被捕牺牲
陈成炎	福建	24	侦察员	1944年10月24日	内湖省被敌兵杀害
蔡永长	福建	26	战斗员	1944年12月	马尼拉被敌兵杀害
曾仁溪	福建	34	战斗员	1944年12月	马尼拉被捕牺牲
谢柱荣	广东台山	24	侦察员	1944年12月	马尼拉被捕牺牲
蔡锦水	福建	22	战斗员	1944年11月	马尼拉被捕牺牲
邝　言	广东台山	29	班长	1944年11月17日	蕊省加邦社战斗中阵亡
谢进为	广东台山	25	副班长	1944年11月17日	蕊省加邦社战斗中阵亡
张士吉	广东台山	27	副班长	1944年11月17日	蕊省加邦社战斗中阵亡
谭权	广东台山	24	战斗员	1944年11月17日	蕊省加邦社战斗中阵亡
雷启生	广东台山	21	战斗员	1944年11月17日	蕊省加邦社战斗中阵亡
朱晨光	广东台山	37	战斗员	1944年11月17日	蕊省加邦社战斗中阵亡
刘元沛	广东台山	27	战斗员	1944年11月17日	蕊省加邦社战斗中阵亡
谭生财	广东台山	26	战斗员	1944年11月17日	蕊省加邦社战斗中阵亡
黎常卫	广东台山	17	战斗员	1944年11月17日	蕊省加邦社战斗中阵亡
朱卫民	广东台山	23	战斗员	1944年11月17日	蕊省加邦社战斗中阵亡
叶耀华	广东台山	34	战斗员	1944年11月17日	蕊省加邦社战斗中阵亡
余荣坤	广东台山		战斗员	1944年11月17日	蕊省加邦社战斗中阵亡
黄集福	广东	23	班长	1944年11月17日	蕊省加邦社战斗中阵亡

续表

姓　名	籍贯	年龄	职务	何时牺牲	何地牺牲
施能茂	福建	23	战斗员	1944年11月17日	蕊省加邦社战斗中阵亡
曾焕骰	福建	25	战斗员	1944年11月17日	蕊省加邦社战斗中阵亡
林国彦	福建	26	战斗员	1944年11月17日	蕊省加邦社战斗中阵亡
黄兴祈	福建	25	战斗员	1944年11月17日	蕊省加邦社战斗中阵亡
熊华照	福建	23	战斗员	1944年11月17日	蕊省加邦社战斗中阵亡
邝庭锐	广东台山	24	战斗员	1944年11月25日	马尼拉被捕牺牲
邝植材	广东台山	22	战斗员	1944年11月25日	马尼拉被捕牺牲
邝　农	广东台山	41	战斗员	1944年12月	马尼拉被捕牺牲
陈利光	广东台山	23	战斗员	1944年12月	马尼拉被捕牺牲
谢菲斌	广东台山	27	战斗员	1944年12月	马尼拉被捕牺牲
庄建胜	福建	26	马尼拉中队小队长	1944年12月	马尼拉被捕牺牲
谢逸遇	广东台山	27	战斗员	1944年12月	马尼拉被捕牺牲
黄金发	福建	31	干部	1945年1月	邦省战斗中阵亡
蔡天送	福建	26	班长	1945年1月25日	内湖省省会战斗中阵亡
许春萍	福建	18	战斗员	1945年1月	内湖省被奸伪杀害
林清渊	福建	32	战斗员	1945年2月5日	马尼拉被敌奸杀害
林　渊	福建	24	副班长	1945年2月23日	罗斯万牛战斗中阵亡
柯孙礼	福建	21	战斗员	1945年2月23日	罗斯万牛战斗中阵亡
李振华	广东台山	25	班长	1945年3月16日	甲美地省战斗中阵亡
杨汉生	福建	20	战斗员	1945年5月5日	甲美地省战斗中阵亡
施性崇	福建	27	战斗员	1945年4月22日	战斗负伤逝世
蔡衍展	福建	21	战斗员	1945年5月5日	地耶拔省战斗中阵亡
洪清标	福建	17	战斗员	1945年5月	描东牙示省战斗中阵亡
蔡　狎	福建	24	战斗员	1945年5月	内湖省里留社阵亡

菲律宾华侨抗日锄奸迫击团烈士姓名录（迫击团烈士审查委员会审定）

姓　名	籍贯	职务	何时牺牲	何地牺牲
陈培德	福建南安	第一任团长	1944年11月17日	蕊省加邦社战斗中阵亡
蔡振声	福建南安	第二任团长	1945年2月6日	马尼拉市郊被敌兵杀害
吴翰清	福建晋江	团常委	1945年2月6日	马尼拉市郊被敌兵杀害
蔡水波	福建晋江	团常委	1944年10月	马尼拉被捕牺牲
姚贻沙	福建晋江	团常委	1944年12月	马尼拉被捕牺牲
陈禹宙	福建	团员	1944年9月1日	马尼拉巴西区被捕牺牲
陈禹札	福建	宣教干事	1944年9月1日	马尼拉巴西区被捕牺牲
陈禹水	福建	宣教干事	1944年9月1日	马尼拉巴西区被捕牺牲

续表

姓　名	籍贯	职务	何时牺牲	何地牺牲
陈禹长	福建	宣教干事	1944 年 9 月 1 日	马尼拉巴西区被捕牺牲
陈禹条	福建	团员	1944 年 9 月 1 日	马尼拉巴西区被捕牺牲
沈聪明	福建	团员	1944 年 9 月 1 日	马尼拉巴西区被捕牺牲
郑书鹄	福建	团常委	1944 年 10 月	马尼拉车站被捕牺牲
李清福	福建	小组长	1944 年 10 月	马尼拉被捕牺牲
沈秋萍	福建	团执委	1944 年 11 月	马尼拉被捕牺牲
蔡耀希	福建	团员	1944 年 11 月	马尼拉被捕牺牲
王人伦	福建	团常委	1944 年 11 月	马尼拉被捕牺牲
蔡金龙	福建	团员	1944 年 11 月 17 日	蕊省加邦社战斗中阵亡
施教从	福建	团员	1944 年 11 月 17 日	蕊省加邦社战斗中阵亡
陈希泽	福建	团员	1944 年 12 月	美机轰炸时中弹牺牲
蔡焕彩	福建	团员	1944 年 12 月	马尼拉被捕牺牲
许亚世	福建	团员	1944 年 12 月	马尼拉被捕牺牲
施能南	福建	中队长	1945 年 1 月	敌军撤退时所杀害
蔡孝灿	福建	团员	1945 年 1 月	敌军撤退时所杀害
王金东	福建	团员	1945 年 2 月	敌军撤退时所杀害
林有声	福建	团员	1945 年 2 月	敌军撤退时所杀害
施天和	福建	组织部干事	1945 年 2 月 5 日	马尼拉街上被伪军所害
猫　林	福建	别动队员	1945 年 2 月 5 日	武六干省被伪军所害
洪祖钧	福建	团员	1945 年 2 月 6 日	马尼拉市郊被敌兵杀害
郭福编	福建	团员	1945 年 2 月 6 日	马尼拉被流弹击中牺牲
郭荣华	福建	团员	1945 年 4 月 11 日	南吕宋战斗中阵亡
庄克谅	福建	中队长	1945 年 5 月	蕊描伊丝夏省战斗中阵亡
陈伯彦	福建	战斗员	1945 年 5 月	蕊描伊丝夏省战斗中阵亡
卢武珍	福建	战斗员	1945 年 5 月	蕊描伊丝夏省战斗中阵亡
施能銚	福建	战斗员	1945 年 5 月	蕊描伊丝夏省战斗中阵亡
陈一定	福建	战斗员	1945 年 5 月	蕊描伊丝夏省战斗中阵亡

菲律宾华侨抗日除奸团与抗日锄奸义勇军烈士姓名录

姓名	籍贯	年龄	职务	何时牺牲	何地牺牲
庄国墩	福建		抗日除奸团副团长	1944 年 11 月	马尼拉被捕牺牲
叶国炘	福建南安	30	地下侨商公报主编	1944 年 11 月	马尼拉被捕牺牲
孙丕炳	福建晋江	40	抗锄队长，华侨杂品商会理事长	1944 年底	马尼拉被捕牺牲

续表

姓名	籍贯	年龄	职务	何时牺牲	何地牺牲
虞澄华	福建龙溪	27	抗日团体高级翻译洪光学校教师	1944年11月	马尼拉被捕牺牲
李荣华	福建晋江	27	抗锄副队长洪门进步党党员	1944年间	马尼拉被捕牺牲
许志谈	福建晋江	28	抗锄队员	1944年底	马尼拉被捕牺牲
施家团	福建晋江	21	抗锄队员	1945年初	马尼拉被捕牺牲
郑克云	福建惠安	25	抗锄队员	1945年初	南吕宋被敌兵杀害
周天成	福建晋江	21	抗锄队员	1945年4月	南吕宋战斗中阵亡

（抗反、华支、迫击、抗锄等抗日团体烈士姓名录均录自《华支五十周年纪念特刊》）

注：（1）菲律宾华侨抗日烈士纪念碑上刻录烈士共232名，其中有78名是修建纪念碑时建委会调查补充的，只有姓名，缺籍贯、年龄、职务及牺牲时间和地点，以后如有知情者提供具体材料当补上。

（2）菲律宾华侨战时血干团112名殉难烈士传略详载于《血干团——地下抗日工作史录》，菲律宾华侨抗日义勇军牺牲烈士36名英名详载于《大汉魂》，菲律宾华侨青年战时特别工作总队的36名烈士英名详载于《中国魂》，迫击团三九九部队的烈士详载于《迫击团三九九部队——抗日史略》，这里不再重复。

（《菲律宾华侨与抗日战争》，香港荣誉出版有限公司1999年版，第231—239页）

13.菲华抗日烈士补录*

菲律宾华侨血干团到美军光复马尼拉市时期，已共有成员二千余人，先后有一百十二人，为了国族及正义而壮烈牺牲，流芳万世。

血干团殉难烈士芳名录：杨威、蔡崇礼、张奇荣、郭国魂、鄞忠听、郑德水、许崇文、许兴隆、张尚帽、吴起河、吴修笔、施显祖、陈烈德、王序端、刘维夯、许振隆、吴义津、吴修拈、陈佳种、施教床、蔡怀河、王文扁、曾秋水、庄阁水、欧阳华、欧阳溜、王招安、曾文湖、曾文玉、施至塗、施椰珍、傅维和、吴章麟、吴身模、蔡仲兴、蔡余生、陈世雄、周德盼、洪约翰、洪祖利、林仰培、许书和、尤铁民、王玉峰、王秀山、王尚侧、王建达、王建泉、吴天保、吴安堂、吴再成、吴修渡、吴尊权、吴庵文、林树棉、林长治、洪源利、洪源麦、洪祖影、洪源祖、洪球琰、施相、施鹏程、施纯泰、施至忠、许文玉、郭国标、郭谋军、郭荣华、曾焕纪、曾国桢、陈战、陈曙、陈交、陈子耕、陈德篆、陈水岩、陈金锡、陈崇德、陈瀛洲、陈鼎回、黄天祝、黄天良、黄仙纲、黄淑瓶、黄碧辉、柯芳草、蔡决、蔡祝、蔡绥、蔡暖、蔡水源、蔡迪来、蔡裕地、蔡奕塔、蔡奕谈、蔡维桶、杨式床、杨亚东、杨新民、杨赞愿、傅德馨、卢光宗、章再兴、蔡尤谋、蔡奇谋、陈汉全、张友才、曾文忠、黄仁义。①

八烈士事件

特工总队成立初期，总部各组及各队的秘密机关，大部分分布于马尼拉北郊马拉汶社的丁奚洛斯与那模沓斯诸村落，而后逐渐发展到市内各区。初期活动既在该地区，自然需要和当地菲人交往。后来当地菲人亦秘密组成一支抗日游击队，他们人数不多，组织散漫，挟抗日之名，实质上游而不击，且不时骚扰民众。他们组成之后，便派人与特工方面联络，要求双方保持联系和交换情报，并要求供应他们一些物资。虽然明知他们的性质，但碍于客主关系，不能不与这些地头蛇，虚与委蛇，一方面则提高警惕。

一九四四年初，为了工作上的必要，总部各单位逐渐移到马尼拉各区。转移

---

* 题目为编者所加，内容有删节。

① 血干团团史编纂委员会（主任：董增基），血干团——地下工作史录，菲律宾血干团总团部，一九九七。

工作次第于五月底完成，只余下组织组一个机关尚待迁移，但不幸的只有数日内，出人意料地发生了大问题，痛失八位菁英干部。

事因于六月三日，这支所谓游击队，竟受日寇的利诱，突然变节投降。留守在该尚待迁移机关的人员施中坚，急返马尼拉市区向总部报告。为了取出最后一批文件，施君奉令于翌日清晨骑著脚踏车冒险赶回渔村去，结果陷入贼穴，自此一去不返。是日到了中午，施君未依约定时间归来，组织组的同志都焦急起来，忙将情形报告总部。施君的多年同事好友高文煜得知他一去不返，基于袍泽情深，且身负总部联络之责，对该地人事亦甚为熟悉，遂决定前往渔村一探究竟。高君于五日上午一早，亲自驾驶马车出发，亦一去杳无讯息。

六月六日一早，总部财务组长洪德全，以救拯施、高二位同志心切，自信以其与当地菲人的关系，营救成功的机会较大，乃不计自身的安危，前往探视，相机行事。他到了目的地，与贼酋接触，并接受对方提出释放施、高二人的条件。他把谈判进展以电话通知总部之后，谁知贼酋在日寇操纵下，反复无常，交涉使者变成敌人阶下囚，终以身殉难。

此项突变，总部诸干部都悲痛不已，立即商议对策。特务队队长王德芳，认为可以冒险前往再与对方谈判，或许有一线希望。在六月七日清早，他和郑威廉队附二人，骑上脚踏车，驰往马拉汶，亦从此一去不归。

自六月四日起至七日的四天中，特工五位干部相继在渔村陷贼之后，生死未卜，总部同志千方百计设法营救。斯时，又从敌方透露出可以重新谈判的消息。总队发起人的总部军械组组长施性维，以其菲妻为当地人，故平时与菲人甚有交往；而另一总队发起人的总部事务组组长丁增辉，也以他自总队成立之后，在当地结识的菲友颇多，他们咸认为权充重新谈判代表应可胜任。他们二人经上峰许可后，邀约总部财务组组长林有作，相偕于六月八日、九日，两度前往该渔村，和两个有关的菲人接洽，请他们向扣留五位同志的菲伪游击队解释误会，并将总队的正式英文公函交他们带去。

六月十日清晨，他们三人依双方之约定，前往继续商谈。三人到了渔村时，先在一茅屋中休息，由施性维去知会那两个谈判的菲人。丁、林二人一直等到将近中午，突见施君在前面路上奔跑，后面一辆日寇军车，载着满车菲贼，追来抓住施君上车。另十多个荷枪的菲贼又包围丁、林歇脚的茅屋，使他们不得不拔枪自卫，直到弹药耗尽，众寡难敌，终被押往海滩的鱼市场前，被活活打死。特工总队在短短一周之间，由于该批变节投降、卖友求荣之菲贼，设下陷阱，损失了八位重要干部，真令人悲痛万分。

配合盟军清扫马尼拉战场

一九四五年二月三日傍晚，在凌牙鄢湾登陆的美军，已进入马尼拉市北区，接受市民的夹道欢迎。特工总队在市区三个大队的人员，于是晚各自展开救火、护侨和协助盟军先头部队，清扫北区残敌的工作。总部并指示三个大队，从速在华人区分别设立大队部指挥站。

早于马尼拉光复前夕，南下的美军第六军前进司令部联络官安礼逊少校，即与特工总部取得联系。四日一早，美军两辆坦克掩护下的一支小型部队，在特工总队武装特务队配合下，攻入圣大集中营，解救六百多名尚存的盟国侨民。在幸存者之中，有一位驰名于我国和国际的人物，他就是澳洲籍的中国政府顾问端纳先生。他在被拘禁期间，特工总部曾透过秘密管道，供应他食物和药品，后来并应其要求，提供他英文新闻简报。

在日军于二月三日南撤，晚上六时许美军开入马尼拉北区之际，凶狠残暴的敌人，在巴石河北岸，大部分为华侨商店及住宅区的地区，纵火焚烧，偌大的一片地区，顷刻间变成火海。特工的人员，在灾区指示及协助侨胞撤出，退到他们所控制的中路区。总部并商借二处大栈房，成立了难侨收容所，临时安顿了五百名难侨，并供应他们三餐膳食。

二月八日，总部由达必丹的临时总部迁往圣公会中学校舍。是日清晨，总部各组、松花江中队和特务队的成员，男的身穿白衣卡其裤，女的穿白衣卡其裙，左臂上缠挂着青天白日满地红的国徽缠臂章，由国旗为前导，以整齐的队伍，由临时总部出发，浩浩荡荡地朝约三公里外的侨区行进。途经菲人聚居地区。他们挤集在道旁欢迎这支“中国军队”，热烈的掌声和“马武海”的欢迎声不绝，场面令人感动。

翌日，他们又在总部设立救伤诊治所，为伤患侨胞作义务救助，并施赠医药。诊治所的主持人是林崇淼医学博士，其他服务人员有方生以及松花江中队的林理、陈环治等。

至美军光复马尼拉时，特工总队的成员已共有五百多人。

三十六位成仁的年轻英雄

特工总队先后有三十六位同志，为国慷慨捐躯，他们的伟大精神，将永存天地之间，可为千秋作楷模。他们的芳名如下，以殉难时间为序：林振昌、施修钗、施中坚、高文煜、洪德全、王德芳、郑威廉、丁增辉、林有作、施性维、林禹岁、施教捷、陈垂咸、蔡笃裁、许经表、萧锦田、蔡天鉴、李扶西、蔡荣华、林清江、施能全、庄英俊、俞聚成、曾满麟、甄近勇、蔡聪明、蔡维晓、柯管鲍、王义源、李治夏、龚诗竹、蔡继宗、蔡继友、许横烈、陈瑞星、王珍谨。

在日寇沦陷菲律宾的三年期间，直接或间接协助特工总队工作而牺牲的华侨烈士亦复不少，他们虽未正式参加组织，然其敌忾同仇、杀身成仁之精神，堪与特工总队诸烈士相辉映，他们的芳名如后：邱文华、施学狮、刘与气、洪源岁、萧朝纲、劳朝钧、王朝宗。①

……

蔡及时烈士传略

蔡及时烈士，字有芳，福建晋江塘东乡人。十三岁来菲，就业乡人蔡本油店中，十五岁即任描东岸省那速务社支店锦德号经理。他忠勤干练，经二十余年的奋斗，使荒村市肆成为繁华商场。他天生乐善，凡该地区公益事业，无不慷慨兴办，BATANGAS，CAVITE，MINDORO 三省菲人，无不知先生名，感先生德者。

七七事变，描东岸省侨胞组织抗敌会，他以众望所归，蝉联五任主席，领导有方，使该省华侨爱国运动的成绩冠全菲。一九四一年十一月间，先生当选国民党驻菲总支部执行委员，未几又被举为南吕宋支部筹备委员，同年十二月太平洋战事爆发，翌年元月日军占据描东岸省，他入山暂避，计划结合同志组织武装队伍以及联络菲人等事宜，讵料壮志未果，因身份败露而先被敌宪拘捕入狱。描东岸抗敌会委员三十九人，亦先后被日宪所捕。他被日寇鞫问时，对组织抗敌会之责任独力承担。虽经敌宪威迫利诱，始终不为所动，且激昂慷慨，针锋相对。同囚诸人中，有人劝他利用日宪欲借重其名望，以组织华侨协会的机会，虚与委蛇，先全其身，再徐谋远图。他勃然色变，凛凛责以大义，誓愿步济阳列祖列宗丹心劲节，一死以全中华国魂，以报领袖而谢国家，众人均受感动而痛泣。

---

① 中国魂编辑委员会（主任：郑鹤飞），“中国魂”菲律宾华侨青年战时特别工作总队地下工作史，菲律宾，菲华青年战时特工总队同志会，1990。

六月十三日，蔡及时烈士在华侨义山壮烈成仁。就义之时，敌强之跪，他挺立不屈，神色自若，头中五弹，直立不仆。抗敌会其他三十九人，因他之完全负责而获无条件释放。民国三十四年七月三十日，蔡烈士蒙国民政府明令褒扬。[①]

战后，蔡烈士灵位入祀于马尼拉华侨义山烈士堂。描东岸省侨社为了纪念他，在描东岸社特创办“及时纪念学校”，其后又在 LIPA 社筑建一座纪念碑。千秋万世，青史留芳。

杨辉杉烈士

碧瑶当年的外侨百分之六十是中国人，四十是日本人，大部分经营菜园，供应马尼拉之需。杨辉杉烈士是位成功的菜农，是碧瑶华农合作社的主席，为当地侨社领袖之一。一九三七年中国正式对日宣战之后，当地华侨组织抗敌会，他被推为会长。他规定所有售给碧瑶华农合作社转由岷市华侨菜商会发卖的蔬菜，每篓征收菜捐菲币一元。其中五角归抗敌会为救国常月捐，其余五角照二二一比例，分充岷市菜商会、碧瑶华农合作社及碧瑶华侨菜农的补助费。由于当时岷市的蔬菜推销权，几乎全部操纵在菜商会手中，所以碧瑶的日本菜农，也得将他们出产的蔬菜，卖给华农合作社。杨主席执法如山，不肯例外，日本人的菜一样照征菜捐，所以日人都怀恨在心。

同是菜农，同业之间避免不了有所竞争，据说若干原为日人承耕的菜园，于满约后，被杨君直接向园主租来，因此更加深日侨对他的仇恨。再者，太平洋战争爆发，美军进行集中日侨时，他曾本着协助盟军之心，带领美军搜捕匿藏在菜园内的日本人，更使他们恨他入骨。故此，日军占领该市时，他指挥六百名侨胞逃避山区，自己则留下，带着妻子及五、六个寸高尺低的小孩，自行投到集中营。终于惨遭日人毒打至死，慷慨成仁。

战后，杨烈士灵位入祀于马尼拉华侨义山烈士堂，千古流芳。

（陈瑞时：《旅菲华侨抗日史》，台湾“华侨协会总会”主编：《华侨与抗日战争论文集》上册，海宇文化事业有限公司 1999 年版，第 328—334、341—342、348—352、367—373 页）

---

① 菲律宾济阳柯蔡宗亲总会纪念特刊，第 71 页。

14.迫击团三九九部队烈士名录*

地下

沈祥通	闽、晋江	一九四四年九月在寓所被敌宪搜捕不屈而牺牲。
沈祥琛	闽、晋江	一九四四年九月在寓所被敌宪搜捕不屈而牺牲。
沈聪明	闽、晋江	一九四四年九月在巴西市总站被敌宪搜捕在牢狱牺牲。
李连璧	闽、晋江	一九四四年九月在寓所被敌宪搜捕不屈而牺牲。
李振盛	闽、晋江	一九四四年九月在巴西市总站被敌宪搜捕在牢狱牺牲。
陈其沛	闽、晋江	一九四四年九月在巴西市总站被敌宪搜捕在牢狱牺牲。
陈禹水	闽、思明	一九四四年九月在巴西市总站被敌宪搜捕在牢狱牺牲。
陈禹札	闽、思明	一九四四年九月在巴西市总站被敌宪搜捕在牢狱牺牲。
陈禹长	闽、思明	一九四四年九月在巴西市总站被敌宪搜捕在牢狱牺牲。
陈禹宙	闽、思明	一九四四年九月在巴西市总站被敌宪搜捕在牢狱牺牲。
陈禹潮	闽、思明	一九四四年九月在巴西市总站被敌宪搜捕在牢狱牺牲。
许己土	闽、晋江	一九四四年九月在岷市被敌宪围捕后在牢狱牺牲。
蔡水波	闽、晋江	一九四四年九月在岷市被敌宪围捕后在牢狱牺牲。
杜兴桥	闽、晋江	一九四四年十月在岷市被敌宪围捕后在牢狱牺牲。
洪毓德	闽、南安	一九四四年十月在岷市被敌宪围捕后在牢狱牺牲。
郑书鹄	闽、晋江	一九四四年十月在岷尼拉车站被围捕独力抵抗而壮烈牺牲。
傅清波	闽、晋江	一九四四年十月在市郊执行任务时被敌宪杀害。
廖文北	闽、安溪	一九四四年十月在市郊执行任务时被敌宪杀害。
蔡振罗	闽、晋江	一九四四年十月在市郊执行任务时被敌宪杀害。
王人伦	闽、晋江	一九四四年十一月在岷市被敌宪围捕后在牢狱牺牲。
林灶君	闽、晋江	一九四四年十一月在岷市郊执行任务时被敌宪杀害。
林时彦	闽、安溪	一九四四年十一月在岷市郊执行任务时被敌宪杀害。
姚贻沙	闽、晋江	一九四四年十一月三巴洛天主教院被敌宪围捕在牢狱牺牲。
蔡焕彩	闽、晋江	一九四四年十二月在岷市被敌宪搜捕而牺牲。
施能南	闽、晋江	一九四五年一月敌军撤退时被杀害。
施陆芫	闽、晋江	一九四五年一月敌军撤退时被杀害。
张世芳	闽、晋江	一九四五年一月敌军撤退时被杀害。
曾永清	闽、晋江	一九四五年一月在武六干马洛洛示社执行任务被敌宪杀害。
曾东海	闽、晋江	一九四五年一月在武六干马洛洛示社执行任务被敌宪杀害。
蔡孝灿	闽、晋江	一九四五年一月在武六干马洛洛示社执行任务被敌宪杀害。
吴翰清	闽、晋江	一九四五年二月岷市光复之初在市郊执行任务时被敌军杀害。
洪祖钧	闽、晋江	一九四五年二月岷市光复之初在市郊执行任务时被敌军杀害。
黄镇江	闽、晋江	一九四五年二月岷市光复之初在市郊执行任务时被敌军杀害。
蔡振声	闽、南安	一九四五年二月岷市光复之初在市郊执行任务时被敌军杀害。

* 题目为编者所改。表格为后加。

山林

陈培德	闽、南安	一九四四年十二月十二日在北吕加万那端市郊外围攻击敌人新建立的哨站，在战斗中壮烈牺牲。
蔡佩芳	闽、晋江	一九四五年一月在北吕蕊省吕包、文那示进攻敌营之突击战，在战阵中壮烈牺牲。
司徒槐翰	粤、开平	一九四五年一月在北吕蕊省吕包、文那示进攻敌营之突击战，在战阵中壮烈牺牲。

前线

郭荣华	闽、晋江	一九四五年四月十二日在北吕描礼地隘口之役，在战阵中壮烈牺牲。
施能鳅	闽、晋江	一九四五年五月在北吕进攻山沓斐重镇之役，在战阵中壮烈牺牲。
陈一定	上海市	一九四五年五月在北吕进攻山沓斐重镇之役，在战阵中壮烈牺牲。
陈伯彦	闽、永春	一九四五年五月在北吕进攻山沓斐重镇之役，在战阵中壮烈牺牲。
庄克谅	闽、晋江	一九四五年五月在北吕进攻山沓斐重镇之役，在战阵中壮烈牺牲。
卢武珍	闽、晋江	一九四五年五月在北吕进攻山沓斐重镇之役，在战阵中壮烈牺牲。

碑铭

当我国全面对日抗战，已历四载有余，太平洋战争继之爆发，一九四一年冬，日寇铁蹄迅疾蹂躏整个东南亚。面临这空前无比浩劫，多少我旅菲爱国青年为了救亡图存，抛头颅，洒热血，到处与敌作惊天地泣鬼神之生死斗。

“迫击团”——就在这苦难的时代中挺身站起来，从地下工作到武装游击；一面发行《扫荡报》与《迫击半月刊》，以激励民心，一面侦察谍情，作敌后破坏，复配合盟军而建立三九九作战部队，在中、北吕宋一带，日夜不渝与敌寇周旋。

岷市光复，本组织整编为盟军第二十五师一六一团，率先扫荡北吕残敌，攻破著名之梅丹阵地，相继收复浮间、勒勒、描礼地巴示、仙沓斐等战略据点，功绩彪炳，屡次荣获盟军总部颁奖（银、铜）勋章。

于今日寇屈膝，国土重光，而本团舍身殉国者，先后有四十三位烈士；这成仁取义的血迹，虽留下了悲痛的回忆，但却为吾侨创造了伟大的历史。今后，巍然屹立在华侨义山上的抗日纪念碑，正是我中华民族正气万古长存之象征，而其锋芒四射之殊荣，将长此共河山不朽，与日月争光。

迫击团三九九部队立

一九五三年梅花节

（《迫击团三九九部队——抗日史略》，迫击团三九九部队菲律宾岷尼拉发行出版，第204—209页）

15.日占印尼期间华人所受迫害及财产损失*

第二次大战期间，日军占领印尼约达三年半，在此一期间，日军认为华人为具有敌性人民，除煽动印尼人排华外，并常藉故予毒打，拘留及格杀。如日军在加里曼丹的坤甸等地，集体屠杀爱国华人在一千人以上[①]，另爪哇华人被日军拘禁于集中营者达五百四十二人，而受虐待死亡的，先后有二十二人[②]，据事后我驻巴达维亚总领事馆统计，在抗战期间，荷印华人财产损失，高达三亿四千四百零一万余美元[③]。

（江宗仁:《印尼华人经济现况与展望》，台北世华经济出版社 1992 年版，第 61 页）

---

* 题目为编者所加。

① 徐竟先:《印尼十年》，[印度尼西亚]椰加达星期日报社发行，1953 年 3 月出版，第 61 页。

② 徐竟先:《印尼十年》，[印度尼西亚]椰加达星期日报社发行，1953 年 3 月出版，第 61 页。

③ “海外华侨战时损失统计表”，《中日外交史料丛编》，中华民国外交问题研究会印行，1965 年 7 月 7 日，第 306 页。

16.苏岛华侨抗日烈士简历*

周斌等 11 位同志为抗日救国而被敌人杀害。他们的壮烈牺牲写下苏岛华侨抗日反法西斯历史的光荣的一页，他们同在世界反法西斯战争中牺牲的烈士们一样永垂不朽。此外，还有七位同志被迫害致死，一人被捕后“失踪”。他们也是为抗日救国斗争而殉难，他们的死同样是光荣的。苏岛爱国侨胞和幸存的战友们深深地怀念他们。这 19 位殉难志士的简历如下。

周斌（1913—1945），浙江省乐清县人。曾肄业于南京三育大学。后南来苏岛执教。不久，又回国进陕北抗日军政大学学习。学成后，1938 年再次南来印尼，在苏岛的棉兰和火水山等华校任职。1942 年与赵洪品等同志一道组织苏岛人民抗敌会（后改组为反盟）。1943 年，“九・二〇”事件发生后，曾逃到农村隐蔽。翌年 8 月终于被捕。他富辩才，有胆识，在受审时曾驳得日本审判官哑口无言，敌人也不得不认为他是一条“铁汉”。1945 年 3 月 7 日于棉兰第一刑务所被杀害。

陈吉海　（1917—1944），广东惠州人。在棉兰上完小学，回国肄业于上海暨南大学附中。后来返回棉兰，先后在敦本学校和养中学校任教，并成立蜜蜂童子军团，自任团长。他性格开朗，做事果断，对日寇侵华极为痛恨。日寇侵占苏岛后，他冒着生命危险最先筹组华侨抗日秘密组织，是华抗的主要发起人。“九・二〇”事件发生时，他不在棉兰，而是在马来亚的槟城，因叛徒出卖被捕，从槟城解来棉兰。在审讯中，为了避免同志们的牺牲，他承认了自己的身份，表示一切责任由他承担。1944 年 3 月 23 日于武吉丁宜被杀害。

甄树熙　（1915—1944），广东省台山县人。毕业于棉兰苏东中学。曾任苏东中学附属第二小学教员。后在其父的机器工厂工作。为人诚恳坚定，严肃认真，善于启导、鼓励和团结同志，爱好音乐与体育活动。1942 年参加抗日秘密活动，是反盟的领导人之一。“九・二〇”事件发生，被捕入狱。1944 年 3 月 23 日于武吉丁宜被杀害。

霍警亚　（1920—1944），广东省南海县人。在国内出生，幼年随父母南来苏岛的火水山，在该地中华学校上学。后迁居棉兰，转到苏东中学（第十三届）

---

* 原书有烈士头像，本书未收入。

肄业。两年后因经济困难而辍学。此后在棉兰的祥兴金铺当店员。他天资聪慧，为人忠厚正直，做事认真负责，有魄力，对抗日工作始终热情、积极。1942 年与陈吉海等同志一起组织华抗。华抗改组后任组织部负责人，是华抗领导干部之一。在“九·二〇”事件中被捕。在审讯中，受到严刑拷打，但态度坚决，拒不供出组织秘密。1944 年 3 月 23 日于武吉丁宜被杀害。

伍华鋈　（1921—1944），广东省台山县人。先后在棉兰敦本学校、苏东中学和嘉沙英文学校肄业。天资聪敏，学习勤奋，工作刻苦负责。他父亲来自国内，是一个老中医，热心爱国。在进步老师和父亲的影响下，他有强烈的爱国心，曾参加蜜蜂童子军团，任队长。1942 年 5 月参加华抗成立大会，负责情报部工作。“九·二〇”事件发生，被捕入狱，受审讯六次，惨遭毒打。但他向狱中同志表示“宁愿牺牲自己”，“决不供出任何同志”。1944 年 3 月 23 日于武吉丁宜被杀害。

李金湧　（1916—1944），广东省台山县人。曾肄业于棉兰苏东中学附属第一小学，后回国在广州进入军事学校炮兵科肄业。广州沦陷后南返苏岛，在其父开设的机器工厂工作。他性情刚烈，敢作敢为，痛恨日寇侵华，主张武装抗日。日军侵占棉兰后，他与陈吉海等同志发起成立华抗。成立初期，负责武装部工作。“九·二〇”事件发生，被捕入狱，在审讯中态度坚决。1944 年 3 月 23 日于武吉丁宜被杀害。

陈吉满　（1919—1944），广东惠州人。他是陈吉海的堂弟，其父在棉兰开酒铺，家境宽裕。受过中文教育，后在棉兰美以美英文学校肄业。为人忠厚直率，谈吐风趣。支持其堂兄组织抗日秘密团体，是华抗的干部。“九·二〇”事件发生，被捕入狱，敌人的刑法并没有使他屈服。1944 年 3 月 23 日于武吉丁宜被杀害。

冯禹萱　（1915—1944），广东省鹤山人。肄业于棉兰华商学校，后毕业于苏东中学，并曾在美以美英文学校学习。曾在苏东中学附属第二小学执教六年多。随后去香港，在南华大学攻读商科。南返苏岛后，在思思埠的华校主持校务。曾任苏东中学校友会执行委员，是当时棉兰华侨青年运动的一名干部。他待人和蔼，工作勤奋，深受师友尊敬。苏岛沦陷后，在棉兰任家庭教师。与此同时，他积极参加抗日秘密活动，是反盟棉兰支部的骨干。“九·二〇”事件发生，被捕入狱，经受住敌人严刑逼供的考验，没有屈服。1944 年 3 月 23 日于武吉丁宜被杀害。

李振华　（1919—1944），广东省四会县人。曾在棉兰华校肄业，后回国进入广州仲元中学肄业。毕业后，正好祖国抗战开始，他决心从戎，投考机械化部队，但因年龄条件不合，没有被录取。后因经济接济断绝，于 1937 年底返回苏岛，随父习业于民礼的瑞星金铺。他个性刚强，素有大志，常以爱国思想勉励同志。1942 年 9 月，华抗在民礼成立支部，他毅然参加并随即任支部总务职。“九·二〇”事件发生，于 1943 年 10 月 5 日被捕入狱。1944 年 3 月 23 日于武吉丁宜被杀害。

方木生　（19××—1944），家庭在民礼，务农为生。1942 年 10 月参加华抗民礼支部，负责交通联络工作。“九·二〇”事件发生，被捕入狱。受审讯时备受苦刑，始终没有供认其他同志。1944 年 3 月 23 日于武吉丁宜被杀害。

谢世鸿　（1919—1944），广东大埔县人。生于亚沙汉埠，1923 年回国。曾肄业于大埔第一中学。后重返苏岛，随父经商于先达。他勤奋好学，热心国事。祖国抗战爆发后，屡欲回国从戎，因祖母年老多病未成。日军南进前夕，他毅然参加了荷印殖民当局组建的“城市防卫队”，准备抵抗日军的侵略。日军登陆苏岛，“防卫队”撤到苏西，不久即溃散。他潜回先达，与当地爱国青年建立华抗先达支部，成为支部的主要负责人。他在“九·二〇”事件中被捕，遭到严刑拷打。他坚强不屈，在他从狱中托人捎出来的纸条中写道：“我绝不会供出其他人，一切由我个人负责，宁死不屈”。1944 年 3 月 23 日被杀害于武吉丁宜。

杨万元　（1915—1944），广东省大埔县人。生于苏岛的廖岛，幼年回国上学。婚后重返廖岛。翌年独自到新加坡谋生。随后将妻儿接去。太平洋战争爆发时与其弟一起参加当地义勇军。柔佛战役失利，兄弟分散，他辗转到棉兰。新加坡沦陷后，他的妻儿均惨遭杀害。

杨万元于 1942 年 10 月在棉兰参加华抗。“九·二〇”事件发生，他被捕入狱。审讯时他痛斥劝降的叛徒王桐杰说：“无耻的叛徒!要杀就杀，我老杨生为中国人，死为中国鬼，决不投降敌人!”敌人对他施加各种酷刑，但他始终不招供。在再度受审时，为了保守组织秘密，他乘敌人不备，夺过敌人的刀自杀身亡。

林剑影　（1915—1943），是一位英勇的抗日志士。“九·二〇”事件不仅没有吓退他，反而使他更加坚决斗争，后来不幸终于被捕。在狱中，敌人对他施加毒刑，但他始终没有招供。最后敌人见他的身体已不支才把他释放。出狱后第二天因伤重逝世。

雷炳光　（19××—1943），居住在西里勿老湾，华抗干部。“九·二〇”事件发生，被捕入狱。在审讯中，受严刑拷打。他曾对战友说：“为了祖国的自由，我们的牺牲是无所谓的。”最后终于光荣牺牲。

李金旺　（19××—1943），居住于民礼。他是华抗成员，性格刚强，爱好体育。在狱中，数次被提审，虽受酷刑，坚决不招供。日寇无法，只好自编口供，逼他签字。判刑后被囚于先达政治犯监狱。因受刑伤重，在狱中又受饥饿、疾病的折磨，身体十分虚弱，在奄奄一息时被送进医院，入院不久便与世长辞。

吴汉兴　（1918—1944），广东省顺德县人。生于棉兰，曾在美以美英文学校上学。日寇占领棉兰后，他参加了华抗。“九·二〇”事件发生，1943 年 10 月被捕入狱。判刑后被囚于先达政治犯监狱。因在狱中长期受饥饿、疾病的折磨，于 1944 年 1 月 13 日逝世。

谢怀荫　（19××—1944），广东省台山县人。居住在西里勿老湾，是一个首饰、钟表修理工。他为人纯朴，感情真挚，痛恨旧社会和日本法西斯。他曾向人表示：“我虽身体瘦弱，不能担负沉重的工作，但我总要跟恶势力斗争到底。”他是华抗成员。“九·二〇”事件发生，他被捕入狱。判刑后被囚于先达政治犯监狱。因受刑一度神经失常，送进医院一个多月后又解回监狱。因长期受折磨，1944 年 12 月 13 日在狱中病逝。

黄奕伟　（1925—1945），福建省南安县人。1944 年 8 月参加反盟属下的青年联谊会。他因资助逃亡的抗日秘密组织成员而被逮捕。经审讯后，于 1945 年 2 月 26 日获释。出狱后，因受刑伤重而在医院逝世。

陈季华　（1908—19××），浙江省平阳县人。荷兰殖民统治时期，曾参加集资创办大地书店，同时还参加过当地华侨抗日救亡运动，募款支援祖国抗战。日军占领苏岛后，他从事商业活动。1943 年 9 月曾被日军逮捕。翌年 8 月再次被捕，从此便“失踪”，下落不明。

（伍英光等编：《难忘的“九·二〇”》，中国华侨出版社 1993 年版，第 19—38 页）

17.抗日战争时期越南华侨之贡献与牺牲*

民国肇建以来，国家多难，战乱频仍，越南华侨对于讨袁、护法、北伐以至完成统一诸阶段，均一本其革命时期之爱国热诚，竭诚捐输。

民国二十六年“七七”事变爆发，全民族抗日战事展开，越南华侨倾全力支援祖国政府抗战到底。在南圻曾成立华侨救国总会，其任务包括如次十七项：

1．领导侨胞拥护祖国；

2．运用侨胞集体力量援助和保护祖国；

3．劝募救国公债；

4．劝募救国捐款；

5．劝募赈灾捐款；

6．推行长期月捐运动；

7．动员侨胞一切财力、物力、人力、智力，援助祖国；

8．根绝日货运动；

9．击破奸人理论阴谋毒计；

10．惩罚奸人；

11．扩大宣传救国运动；

12．促成华侨大联合；

13．训练救亡工作干部；

14．调解侨胞纠纷；

15．介绍建国专门人力回国服务；

16．推行慰劳运动；

17．推行节约运动。

该会在各地共有三十五个分会，七十七个团体会员，七十五个个人会员。在该会名义号召之下，专为抗日救亡工作而努力之侨胞，约有十余万人。全越各大侨团均集中意志，齐一步骤，以求祖国抗战之胜利。而在日本封锁沿海国际交通线后，一切外援资助之运输，曾一度集中于越南、由滇越铁路、越桂公路运输入内地，越南华侨之参加交通运输工作者甚众。

---

* 题目为编者所改。

越南华侨除自动购买公债及举行义卖献金，以充实祖国抗战经费外，复发起组织缩食救国会，实行长期捐输。其办法是由每家商店每天早晚额定之买茶款项，扣除百分之十为捐献金，其数虽小，但日积月累，集腋成裘，各地一致实行，数年不辍，数目可观。又有南圻华侨李康，提倡每日一仙运动，以助政府购买军火。当时越南华侨约五十余万，每人每日一仙，每日约有三千元，每月可得九万元。故自抗战初起至民国二十八年，越南华侨各种捐募之款项，即已超过一百三十万元之巨。另据中央海外部统计室编制之统计资料（三十四年四月印行）所列海外各地侨团及个人捐款总额，自二十八年七月至二十九年十一月二十一日止，中南半岛华侨捐献款项计为二千零五十一万七千九百二十四元。中南半岛包括若干国家，其中越南华侨之捐献，当占颇大数目。

在抗战期间，越南华侨青年曾组织回国服务团及华侨救护队，参加抗日工作。回国服务团每队队员三十余人，一队在长江以上服务，一队在广东工作。至华侨救护队，全队六十六人，其中十人系女性，以林鹭英为团长，曾随一五一师莫希德部队服务于广东之惠州、博罗、增城、龙门、从化一带，日军由大鹏湾登陆侵粤时，该队失踪队员凡十余人。第二批救护队员七十四人，服务于粤北；第三批救护队员三十三人，服务于潮州，对祖国抗战工作，均有直接之贡献。

此外，越南华侨为争取国际人士对祖国抗战之同情与援助，曾举行中越、中法文化界联欢大会，加强国民外交工作，促进中、法、越民族间之情感，以共同裁制人类和平之大敌。

在日本占领越南期间，华侨志士僭伏敌后致力地下救亡工作，先后被日军捕杀者，在越北有七十余人（有若干人不知姓名者），在南越有十七人，死事壮烈，充分表现越南华侨之威武不屈之革命精神。抗战胜利后，在河内、堤岸两地，建有纪念碑墓，以彰忠烈。兹志其姓名于次：

于 飞	王青松	古 信	谭 针
古金灼	甘炳培	江雅藻	△朱 全
△吕 棠	△李文山	李广七	李广八
李先开	李仲珣	金富存	吴碧霞
吴瑞河	吴质彬	吴润章	吴润保
吴锡坤	吴冠塘	何耀年	陈树泰
陈以扩	△陈 树	△陈宇敬	△陈丽嫦
陈静波	△陈佑民	陈福寿	陈庆隆

吴祺丰	陆怀玉	徐　宏	梁如添
梁栋照	△许泽西	许文茂	许兴璇
△许　诚	黄自谦	黄陈梅	黄克斌
何红娟	郭巨恩	郭洙发	郭声悟
△符瑞环	张丽生	张光兴	植锡勤
植锡谦	杨建昌	叶传英	△叶　丹
区汉声	黎　忠	郑必敬	郑民信
刘　坚	刘　大	刘　义	△廖逢萱
廖富泉	邓成鋈	△蔡　霖	△霍健来
△谢清生	谢华令	谢　养	谭盛筠
谭　允	△罗云山	罗允正	苏晋基
王应来	吴植生	岑景超	林万章
许捷笙	黄松柏	叶能骜	甄国瑜
欧秩三	郑燕昌	关启明	

（注：有△符号者为南越死难十七烈士）

迨抗日战争胜利后，越南华侨以祖国八年抗战，国力疲敝，复自动发起建国献金运动，举凡戏院，酒楼，以至各行业商店及书画家等，纷纷举行义演义卖，将收入款项汇缴驻西贡总领事馆转解政府，数达二百余万元之多。此种爱国行为，诚为难能可贵。

（华侨志编纂委员会编印：《越南华侨志》，1958 年，第 200—204 页）

18.桂河桥的华工冤魂

黎道纲

每次到桂河桥去旅游，或听人提起桂河桥的故事，我禁不住总是要想起吾侨华工的悲惨遭遇。我于是产生一个愿望，要弄清事实真相，把这个悲惨故事记录下来，告诉世人，告诉我们的同胞，告诉子孙后代，让他们知道，这座桥梁的修建，并不像旅游资料所宣传的那样，只是吞噬了数千盟军的性命，它还吞噬了数万劳工，其中牺牲性命的华工亦以万计。

一、问题的提起

泰国的旅游业是一个重要的第三产业。根据泰国旅游观光局的统计，1998年，国外游客776万人次，总收入为2421亿余铢；1999年为858万人次，总收入为2530亿铢。每年都为泰国挣得一笔可观的外汇。

在众多旅游景点中，北碧府的桂河桥和盟军公墓是游客经常游览的景点。市面上的旅游书籍对这两个景点的介绍如下：[①]

【死亡铁路】 也称桂河桥，是一座跨越桂河的铁桥，是当年日军运送军队、军火的主要道路，具有非常重要的军事作用。

“死亡铁路”全长415公里，在泰国境内304公里，在缅甸境内111公里。铁路在1943年10月开始建造，1944年10月完成；建造铁路的时间仅约1年。建造铁路期间，日军强迫盟军战虏和东南亚沦陷地区的土人造桥。这些被迫服劳役的人都受到了饥饿、伤寒（?）和传染病的折磨，死亡的人士相当多。在第二次世界大战末期，盟军的战机常来投弹轰炸，使桂河桥遭到了严重的破坏。

【盟军公墓】 二次大战结束后，盟军为了安葬建造泰缅铁路而死亡的盟军战俘的尸体，先后设立了两个公墓：一个称“北碧公墓”，就在北碧府火车站后边，距市区以北约1公里，安葬有6982个盟军尸骨。另一个称“考本公墓”，在距市区约2公里的小桂河对岸，也安葬有1750个盟军尸骸。

---

① 谭国安编：《泰国中部与东部导游》，汉泰信息服务有限公司2001年版，第297页。

桂河桥的故事，经过西方电影的渲染，为世人所知。人们熟知盟军战俘的悲惨经历，每年有若干欧洲人到这里来上坟，本地的英文媒体反复刊登这类消息，桂河桥的故事似乎只是西方战俘的悲惨故事。

旅游书说，“建造铁路期间，日军强迫盟军战虏和东南亚沦陷地区的土人造桥”，似乎华工与此桥建造无关，更没有人提到，兴建这座桥过程中华工的死亡人数。

二、死亡铁路的概况

2001 年，曼谷高亭书局出版了《大东亚战争和北碧府》[①]一书，简略地叙述死亡铁路的建筑。

1941 年 12 月 7 日，日本人袭击珍珠港，接着进攻东南亚各国。自北榄、巴蜀、春蓬、素叻、洛坤、宋卡、北大年一带登陆。12 月 9 日，泰国政府与日本商议停火。12 月 21 日，泰日签订友好协议。1942 年 9 月 16 日，日本人要求兴建泰缅铁路，以运载军队进攻印度。1942 年至 1945 年间，日本人把盟军战俘遣送前来桂河桥服劳役，其中有英籍 3 万人，荷兰籍 1.8 万人，澳洲籍 1.3 万人，美籍 700 人。

由于战事日紧，日本人想尽快修竣泰缅铁路以满足战事的需要，盟军战俘不能满足要求，因此需要大量劳工。他们于是招来了各国劳工，其中有马来亚人、印度人、爪哇人、缅甸人和泰人。日本人与泰政府商议，要雇用泰人劳工 1.3 万人，做修建铁路的前期准备工作。泰政府于是在邻近各府招聘，如北碧、叻丕（叻武里）、佛统、佛丕（碧武里）等。

后来，才想到泰国的华人劳工，于是和中华总商会商议，要求协助进行此事。商会从各府招聘华工，约 3.6 万人，分别来自大城、春武里、北柳、巴真、夜功（Samutsongkram）各府。日本人诱以厚利，其中诱惑力最强的就是鸦片，在这里工作的劳工，八成都抽鸦片。日本人和商会一道觅寻足够数量的廉价鸦片，供应给他们。

这些劳工的工作条件异常艰苦，大量劳工相继逃亡。

根据官方记载，修筑死亡铁路的总人数约 17.6 万人，大致可分如下：

日本人　　　18000 人

---

① 沃拉午・素汪立：《大东亚战争和北碧府》，高亭书局，2001 年。

英　人　　　30000人

荷兰人　　　18000人

澳洲人　　　13000人

劳　工　　　100000人

总　共　　　176000人

死亡人数如下：

日本人　　　1000人

战　俘　　　10000人

劳　工　　　30000人

死亡人员埋葬地点有如下数处：

北碧坟场　在北碧市，占地17莱。共埋葬战俘6982人，其中英籍3563人、荷兰籍1896人、澳洲籍1362人、马来籍110人、印度籍 12人、新西兰籍2人、加拿大籍1人，尚有不明国籍者36人。

冲盖坟场　在小桂河边，占地11莱。这里原是战俘营，有医院、教堂、戏院和宿舍。埋葬战俘1740人，其中英籍1834（?）人、印度籍 6人、马来籍42人、荷兰籍313人。

在北碧盟军坟场隔壁，有一座越南宗佛寺北碧敕赐庆寿寺，寺内集体埋葬了华人、马来人、印度尼西亚人、印度劳工。1951年2月经掘起加以火化，建万人冢，实际埋葬人数是4500人。

1990年11月，在北碧市，离开大马路200米处，发现大坟场，是劳工坟场，埋葬的主要是马来籍、印度籍劳工。

三、日占时期的中华总商会

上面提到，日本人修建桂河桥，要用泰国华人劳工，他们于是和中华总商会商议，要求协助进行此事。因此，有必要介绍一下当日中华总商会的情况。

公元1939年11月21日，中华总商会主席蚁光炎遇刺身亡。张兰臣继任，是为中华总商会第17届主席。1942年12月8日，日军南进，长驱直入泰国。张氏出走。日军占领中华总商会，设备多遭破坏，日军据之为司令部。继后，日方努力恢复华人社团组织，尤其是中华总商会，以控制华人。由于张兰臣不肯出面，日方有意要陈守明出马。陈守明拒绝，借口说他不是常务会董。日方特务台湾人王镜秋于是提名朱兆山，朱兆山应允。[①]1941 年 12 月 25 日，朱兆山和云竹亭、赖渠岱、陈振敬、陈绎如、陈镛锵晋见当日政府总理銮披汶，表示愿意与政府合作，推行泰日“亚洲共荣”政策。1941 年 12 月 28 日下午 2 时，“中总”召开会员临时大会，在日人监视下，张兰臣出席了会议。会上，官方宣读了銮披汶的信，张兰臣和六属会馆代表发了言，表示和泰、日两方合作。1942 年 1 月 2 日，中华总商会和六属会馆致电南京汪精卫政府。2 月 8 日，日军庆祝新加坡大胜，总商会布告悬三国旗，即南京政府旗、日本旗和泰国旗。

接着，日军派人把余子亮和蚁美厚找出来，以接收《中原报》。又迫使陈景川和赖渠岱招引报馆职工复工，并要中总主席张兰臣担任《中原报》董事长（至 1942 年 5 月底），另有日人掌权报社。泰国国家图书馆收藏日占时期的《中原报》，是自 1942 年 1 月 19 日起。

1942 年 3 月 10 日，在日军中村司令官示意下，陈守明获选为新届总商会主席。接着，张兰臣出任潮州会馆第 4 届主席。

陈守明死后，其丧事纪念册（泰文）中提到他出任总商会主席一事，云：

“……日军当局明白与泰国华人商人合作的重要性，他们认为，陈守明可以联络华侨商人。那时，正好是新届总商会主席选举，日军于是动员陈守明再次出任。陈守明以种种借口加以拒绝，争论多日。最后，日方代表说，如果陈守明不肯出任，日方将自行处理，其后果将对华侨不利。这么一来，为了华人的利益，陈守明于是不得不再次出任总商会主席。……”[②]

1955 年 9 月在曼谷出版的《侨贤志》是这样写的：

“迨民国三十年十二月八日，敌入暹罗，先生以事起仓卒，不及逃脱，乃避居于离曼谷不远之网銮港内，但终为敌所侦悉，于暴力胁迫之下，出任总商会主席。当时人心惶惶，不可终日，咸请先生以全体侨胞之安全为重，暂任艰巨，以为缓冲；先生迫不得已，恻然心动，以为不出，则侨界群龙无首，侨胞之生命财产，将发生严重损失，遂决定担任，忍辱负重，益以牺牲个人利益，为公众服务。但忠心耿耿，不忘祖国，时驾小汽艇，若漫游状，欲乘间渡出敌区。无如敌伪监视严密，寸步不离，愿卒不酬。先生既无法逃脱，而身陷敌手，乃益以护侨工作

---

① 1942 年 1 月 20 日《中原报》消息。

纪云程写道：“斯时，为虎作伥的日军‘鹰犬’第一号头目‘台湾浪人’王镜秋，忽然在中村司令官面前提名朱兆山出任中总主席，立遭中村否决，其实，闻侨朱兆山与王镜秋原无关系，这一消息传出后，却把个朱兆山吓得魂飞天外，逃之大吉。”此说与报端报导不符。

② 1952 年 5 月 6 日陈守明丧事纪念册。

自任，不稍松懈，虽间有因顾全侨胞之故，与敌周旋磨擦，亦已在所不顾，以故我旅暹侨胞所受之痛苦与损失，远不如其他侨居地之甚，此皆赖先生奋斗牺牲之力也。民国卅二年四五月间，日敌借口建筑棉淡路，欲征华工数万人，我侨胞向怵于敌人手段之毒辣、蛮横，群皆规避，敌即挨户搜掠，沿街拉夫，群情骇然，不知所措。先生无奈，又挺身而出，与暹当局洽商，改用招雇方式，订定优待办法，使工饷右定，膳宿有着，疾病有医，死亡有恤，一切筹划，备极周到，于是而诸侨胞得免遭日敌之荼毒焉。……”[①]

四、日军假手中华总商会招工

1995年9月，正值第二次世界大战结束50周年之际，泰国学术界出版了日本学者 Yoshikawa 的巨著《大东亚战争期间的泰缅铁路》的泰文译本[②]。这本书对死亡铁路兴建缘由、经过，有着详细论述。其资料来源，主要是泰国国家档案馆收藏的泰国最高统帅部有关泰缅铁路建筑的绝密文件。日本方面，只存零星资料，据说大部分已销毁。

修桥初期，日军曾雇用泰人劳工，即所谓“土人”，作前期准备工作。据泰国最高统帅部档案，初期遣送到叻丕府万磅县修建后勤部的泰人劳工如下：

1942年9月30日来自叻丕府　　353人

1942年9月30日来自佛丕府　　837人

1942年9月30日来自佛统府　　990人

1942年10月11日来自素攀府　2987人

以上数字不包括每人出工后回家的附近居民。据1942年10月7日的记载，上述劳工有231人在北碧府他玛嘎县劳动，每日工资80士丁，每20人有工头1人，日资1铢25士丁。12月18日，发生日军殴打僧人事件，泰人劳工自此甚少。

1943年3月2日，日本驻泰使馆武官致函泰方，要求泰方供应劳工1.3万人，其中包括石匠550人，木工1000人，铁工100人，挖土劳工11350人。另外，医生20人。

3月13日，泰日双方开会，泰方表示，石匠难求，医生最多只有半数。工资每日高于2铢，每周发放一次，合约6个月。

3月16日，泰方主管官员建议，“如果泰劳工人数不足，或可雇用外侨（华

① 老鼎:《侨贤志》，京光印务有限公司1955年版。

② Yoshikawa Toshiharu《大东亚战争期间的泰缅铁路》，Amarin Printing and Publishing Co.，1995.

侨）亦无碍”。銮披汶批示说：要华人或外侨去更好，泰人不宜去做。

3 月 25 日，泰最高统帅部发文至内务部和国防部，要点如下：“由于官方曾征调北碧、叻丕、佛丕等府的民众人数颇众参加军用铁路建筑，对当地民众造成极大不便。经研究认为，外侨，尤其是华人，与吾泰人同甘共苦，安居亲密，为时已久。在如此紧迫时刻，要求华人给予合作，合情合理。因此，望自即刻起，征用华人去修建军用铁路，按需供应足够人数。”①

3 月 31 日，泰日双方再次开会。日方要求劳工在 4 月 10 日以前集齐，4 月底以前送到目的地。工人日薪 2 铢，路费 1 铢。日方又说，4 月中旬要技工 2000 人。泰方提出征用华工。日方不同意征调，因为太费时间，要尽快集得大量劳工，要自愿，华人泰人都可。泰方说做不到。日方问，通过泰国中华总商会招工如何。还问，泰方可否用政府权力强迫之。泰方答，我们没有权力这样做，因为他们是商会，商会也没有权力强迫劳工。日方于是说，没有要泰政府强迫的意思，而是要求泰政府去商量要求合作。尽管是商会，他们对华人有绝对权力，华人属他们管，这样也许方便和容易办好。泰方答：你们误会了。泰政府认为这个组织是商会罢了。你们要的是劳工，给你们找来就是，别去提商会了。泰方说：“和商会谈，是办不到的。如果日方想直接去谈，泰方没有意见。”

泰方之所以拒绝，一来是对日方不满，更重要的是，銮披汶征调劳工的布告已经公布了。这次会议上，日方要泰方去和商会谈，因为日方前此已经和商会联系过，商会拒绝说，中华总商会受泰法律管，泰政府要有命令才行。

4 月 3 日，内务部开会讨论征用华工事，会议上，京畿总巡拍披匿上校（披匿·因他拉图，陈玉成，1891—1970）发言：“警总监的意见，若不征调就更好。”会议于是决定，由京吞府尹和京畿总巡一起与总商会联系，招挖土工 9850 人，剩下的 1500 人由佛统、素攀、叻丕招当地劳工各 500 人。

陈玉成等与陈守明联系，后者回答说：“应允尽力而为。”陈守明还要求泰方与日方谈，提高劳工工值。

根据最高统帅部的档案，陈守明报告泰方，日方给中华总商会的条件如下：

1．要劳工 1 万人，挖土苦力 8000 人，木工石匠 2000 人。

2．苦力每日 2 铢 70 士丁，工匠 3 铢 50 士丁。苦力每日要挖土方 3 立方米，超额每立方米奖 20 士丁。工匠工作表现好有奖。苦力和工匠超额者，加 10 至

① 村岛英治：《二战期间泰日盟友与泰国华人》，见“Japanese Scholarships on Thailand and Southeast Asia”，edited by Charnvit Kasetsiri and Hayao Fukui，The Foundation for the Promotion of Social Sciences and Humanities Textbooks Project，1998.

20 保升工钱。工作地点危险者另有奖励。

3．每人每日扣伙食费 50 士丁，每日净工薪 2 铢 20 士丁。

4．自备工具，每日补工具费 5 至 10 士丁。

5．自带碗筷、被帐。

6．工人生病，日方负责医疗。

7．在职死亡，发给特别抚恤金。

8．尽量方便汇钱养家，报名的劳工可以预支一定款项养家。

9．日方将出售饮料、酒和茶水。

10．规定每日遣送劳工 1000 名。

中华总商会不接受日方的条件，理由是曼谷的工钱高出此数。

1943 年 4 月 5 日，泰日联席会议上，提到泰国中华总商会的条件如下：

1．挖土工日薪 3 铢，3 天发一次；

2．每 25 名工人设 1 小工头；每四组（100 人），有 1 大工头；每 20 组（500 人），设 1 总工头。这些工头的工资应依次提高；

3．每百名工人，有 4 名厨工，每日 5 餐；

4．每次搬迁费和医疗费，各 1 铢；

5．死者抚恤金 200 铢；

6．枕席自备；要供应蚊帐；

7．准许卖酒、鸦片。设立移动售卖点；

8．预付给中华总商会每人 10 铢，以付给其家属；

9．计划招工计划如下：曼谷 7000 人，佛统 500 人，素攀 500 人，叻丕 500 人，共 8500 人。若不敷，在其它府治招之。

这里提到鸦片烟，说华人相信吸了不会打摆子，视为药。

由于总商会提的条件和日方相去甚远，当晚 7 时，日本使馆约会中华总商会负责人主席陈守明、云竹亭、卢飏川、郑寄云、张兰臣当面讨论此事。同日，泰方警总监、京畿府尹、吞府府尹也会见陈守明，要求在京吞二府招聘挖土劳工 9,850 人。陈守明答应尽力帮助。泰方说，剩下 1,500 人，由佛统、叻丕、素攀负责招收。

1943 年 4 月 6 日，銮披汶接获汇报后说："好，先谈正常招工，然后才征用。"（见最高统帅部档案 1.1/121）

总商会派出张兰臣为代表与日方商谈，经过多番讨价还价，商定条件如下：

（见最高统帅部档案 2,4.4.2/12，各批劳工“泰国中华总商会代为遣送华工给日本，以及申请准许华工进入禁区”）

1．工人工资每日　　　　　　3.20 铢

管 25 人工头工资每日　　　　4 铢

管 100 人大工头工资每日　　　5 铢

管 500 人总工头工资每日　　　8 铢

2．雇主要无偿安排仓库 2 处，收藏劳工食物和用具，分别设于万磅和北碧。以及无偿安排货车和船，运载每日货品。

3．雇主要给工头寻求许可证，以贩卖香烟、火柴、酒类、鸦片和其它生活必需品，销售给广大工人。

4．雇主要供应足够的各种挖土工具给工人，而不克扣自工人工资。

5．（为方便土方工作）雇主应同意华工与泰工适当地混合工作。

6．雇主要给工人供应饮用水。

7．雇主要有医生，免费医治生病工人或给各单位工人必要的打针预防。

8．雇主要把工人工作人数的证明发给工头，以便去领工钱发放给工人。

9．雇主要给工头谋取煤油买卖许可证，以出售煤油给工人。

10．下雨天不能出工，每人发 1 铢生活补助费。

五、修筑桂河桥华工人数

1943 年 4 月 21 日，日军军官到访中华总商会，要求遣送劳工人数如下：

1943 年 4 月 24 日　　　　　600 名

1943 年 4 月 26 日　　　　　600 名

1943 年 4 月 28 日　　　　　600 名

1943 年 4 月 30 日　　　　　600 名

1943 年 5 月 1—12 日每日　　500 名

计 6000 人

总共 8400 名

5 月 2 日和 5 月 10 日，泰国中华总商会给泰日联络委员会有关遣送劳工人数的报告。同时日军亦有类似报告，这些劳工是来自曼谷和其周边府治的华侨。细节如表。

1943 年遣送去修建泰缅铁路的泰国华工人数和日军接收的人数

日　　期	中华总商会遣送人数	日军接收人数	
4 月 17 日	467	467	
4 月 19 日	381	381	
4 月 21 日	460	660	来自曼谷 460，来自万磅 200
4 月 24 日	423	889	来自曼谷 423，来自越优莱 466
4 月 25 日		约 500	来自叻丕
4 月 26 日	366	1166	来自曼谷 366，来自佛统 400，来自北碧 400
4 月 28 日	359	1059	来自曼谷 759，来自北碧 300
		210	来自北碧
4 月 30 日	785	785	
4 月 28 日		405	来自北碧
4 月 28 日		210	来自北碧
5 月 2 日	550	550	来自曼谷越贴诗琳寺
5 月 4 日	611	611	
5 月 6 日	787		
5 月 8 日	806		
总人数	7421 人	7068 人	

（见 Yoshikawa 书，第 198 页，表 24，见最高统帅部档案 2．4．1．2/12）

此表数字并不完整。一个月以后，1943 年 6 月 12 日，泰国内部部长报告泰日联络委员会说，自 4 月 17 日至 5 月 26 日，共遣送劳工 11577 名，高出日军所求 227 名。（见最高统帅部档案，2．4．1．2/12）。据此，日军所索求人数是 11350 人。

之所以能够顺利招工，其原因是工头工资颇高，总商会又把名额分配到各属会馆和社团。此事虽说是自愿招工，但其中亦有种种不法手段。如 5 月 5 日，也拉的报告说，这次招收华工，“有强迫行为，要富人子弟，以取赎金。”

这次招工，按照銮披汶的意愿，招的是华人，其中泰人极少。

1943 年 5 月 28 日，日军又索求增加 2 万名劳工。泰方表示，正值下田季节，泰劳工难求，问是否可用马来劳工。日方说，所需劳工总共 4.5 万名，缅人 1 万名，马来人 1.5 万名，其余 2 万名来自泰国。泰方没有回答。1943 年 6 月，日军把人数增加至 2.3 万名。并把矛头指向中华总商会。6 月 14 日，泰内务部开会后，由京畿府尹与中华总商会联系。中华总商会于是通过中部和南部 24 府府尹和各分支机构联系，于 6 月 30 日，计划在京吞招 1.3 万名，内地招收 1 万名。

此后，泰日联络委员会又招收泰人 1 万名，华工 1.3 万名，共 2.3 万名。还要中华总商会在京吞地区招收8300名，外府4700名。曾遣送11577名华人劳工的中华总商会表示，在京吞地区难以招到此等人数，结果只招收到5320名。

京吞地区招收的华工人数

1943年8月2日	652名
4日	405
6日	454
8日	226
10日	318
12日	360
14日	318
16日	308
18日	349
20日	346
22日	215
24日	300
26日	352
28日	445
30日	272
总　计	5320名

（Yoshikawa书，第203页，表28，汇集自最高统帅部档案2．4．1．2/9）

中华总商会于1943年9月1日送了这份表格给有关方面，上有陈守明签名，同时，还提到劳工工作环境恶劣，工作条件不良，宿舍不好，睡在泥地，工作地点常常迁移；医疗设备不足，劳工病了要回曼谷医治，十分困难。

1943年7月15日至8月31日在泰国增收华工人数

府　　治	计划人数	实收人数
京　　吞	5320	5320名
巴吞他尼	380	380
夜　　功	330	229
佛　　统	798	798
叻　　丕	985	985
佛　　丕	260	259

素　　攀	666	671
北　　标	330	329
大　　城	520	520
红　　统	220	210
信 武 里	100	100
北　　柳	730	673
巴　　真	344	264
春 武 里	900	897
北 榄 坡	507	466
彭 世 洛	240	236
披　　集	269	208
也　　拉	550	550
总　　计	13449	13097

（Yoshikawa 书，第 202 页，表 27，见最高统帅部档案 2. 4. 1. 2/12）

据最高统帅部档案：1943 年

4 月 17 日至 5 月 26 日，招收华工	11577 人
7 月 15 日至 8 月 31 日，又招华工	13097 人
12 月至 1944 年 2 月，又招华工	5200 人
据此，通过中华总商会招收华工总人数是	29874 人

根据最高统帅部档案，1943 年 9 月 27 日在北碧的外国人数如下：

日 本 人	24764 人
白人战俘	41750
马来劳工	40900
华人劳工	22910
孟人缅人	4000
共	134160 人

（Yoshikawa 书，第 425 页，表 36，集自最高统帅部档案 2. 5. 2/4．“日军在叻丕的活动”）

病死人数（Yoshikawa 书，第 428 页，表 40）

据日人 Ichida	据国际法庭检察官	
日本人	1000	
战　俘	7000—8000	13000

劳　工	10000	33000

（据原日军军官 Ichida 著《1942 年底至 1943 年 10 月泰缅铁路的建设》）

六、劳工死亡情况惨烈

据盟军军官回忆录，[①]修建桂河桥的盟军战俘总人数是 61806 人，死亡人数 12399 人，按国籍细分如下：

	战　俘	死　亡
英　籍	30141 人	6904 人
澳洲籍	12994 人	1206 人
美国籍	686 人	3 人
荷兰籍	17985 人	41 人

据战俘调查委员会有关报告，修建桂河桥战俘约 5 万人，死亡 1 万人；各国劳工约 10 万人，死亡 3 万人（包括逃亡人数）。

由于工作条件恶劣，死亡率高，劳工受聘后逃亡情况异常惨烈。试以最高统帅部有关泰劳工的记载为例：

1943 年 7 月 15 日至 8 月 31 日受招聘泰劳工的实况

招聘日期	招聘地点	受聘数字（逃亡）	抵达万磅（逃亡）	抵达终点汪艾
7 月 15—31 日	曼谷周围	4063（47）	3590（985）	2580
8 月 1—10 日	曼谷周围	3573（231）	3342（2094）	1247
8 月 11—20 日	曼谷周围	3109（432）	2677（1492）	1181
8 月 22 日	曼谷	215（45）	170（25）	145
8 月 24 日	曼谷	300（77）	223（60）	163
8 月 26 日	曼谷	352（22）	330（220）	110
8 月 28 日	曼谷	445（141）	304（254）	50
8 月 30 日	曼谷和佛统	739（259）	480（378）	99
8 月 31 日	北柳	172（22）	150（133）	17
招聘总数	12968 人	到达终点 5595 人		

（见泰国最高统帅部档案 2. 4. 1. 2/12）

① Heasleit,E. A.“Burma—Siam Railway”, Southeast Asia Translation and Investigation Center,Publication NO. 246, 8 Oct. 1946.

招聘总人数是12968人，到达终点5595人，只占43.14%，还不到一半，逃亡人数达57%，则泰劳工逃亡情况之惨烈，可见一斑。

从以上的列表看，可以发现，泰劳工逃亡比例这么高，而华工逃亡数字很低。这是为什么呢？有人告诉我说，当日华工的招聘近乎拉夫。二子之家，要出一人，可出钱雇人去，而受雇者往往吸鸦片。这么一来，逃亡后既无处藏身，在工地还有鸦片可吸。华工逃亡者相对少了，是走投无路的缘故。

第二次招工，同样是集中在华人。1943年7月12日，在一次会议上泰方有一段与此有关的谈话：

“有关此事，作为中间人的华人也处境为难，并不甚满意……这次招工，发生种种现象，如华人逼华人，日人逼华人，日人促华人。前者如在招工时，商会是主事人，如果花费太重，往往就推给某著名人士负担经手，……所谓日人逼华人，即如果华人不合作，日方就插手，说是重庆份子，使华人甚是恐惧。所谓日人促华人，即日人控制下的华文报《中原报》，往往以华人的喉舌和利益代表自居，而宣传要华人爱日本，与此同时，怂恿华人恨另一方，即泰方，以使更忠心为日本效劳。”

七、墨写的谎言掩盖不了血写的事实

近日，我得到一本1962年出版的书，[①]书中这样写道：

民国31年（1942年）12月8日，日军南进，不耗一枪一弹，长驱直入，深达泰国腹地，斯时曼谷风声鹤唳，人心岌岌惶惶。……南进一年后，局面相当安定，……

这一时期，日军在东南亚战略已着着失利，其覆败仅为时间问题而已。日军为作困兽之斗，希冀打通泰缅战略性之军事孔道，乃以数万劳工抢筑自北碧贯通缅边之铁路，当年被奴役之劳工在皮鞭之下，流尽血汗，既挨不住饥寒，又无法抗御山岚瘴气，全数死亡殆尽，沿路尸横遍野，白骨如山，臭气熏天，真个惨绝人寰，此也即为南侵期间内举世著名的“死亡铁路”。当时，有逾万盟军俘虏，死于此地。被驱往抢筑“死亡铁路”的泰国华侨，人数不若盟军之多，据估计仅3/10。何以故？史家笔下从未记载，后世人士，自也无法查考。其实，当年之张兰臣有其功焉。

张氏自战后迄今，绝未向人提及有关“死亡铁路”之事。……

---

① 纪云程：《泰国中华总商会张故主席兰臣先生外记——满天风雨巨星沉》，泰威信印刷公司1962年版。

原来，当年（驻泰日军）中村司令官遵照作战计划，以数万劳工抢筑“死亡铁路”，原拟在泰国强征，事闻于张氏，乃设法前往司令部会晤中村，甘冒虎威而与中村当面谈判。中村最初仍坚持他的意见，说是无法改变东南亚作战的全盘计划，必须在1年内完成此一工程。后来几经张氏苦劝，方始改变初衷，劳工数额改由星、马、缅等地分配，泰国方面亦以雇工方式征召，而以盟军俘虏为主，旅泰华侨少受荼毒，实为不幸中之大幸。

笔者去年曾向中村进一步询及此事，……中村不愿详细告我当时情形，只言道：“我可向你保证，张先生当年的确是救了数万华侨的生命!”

日本战败后，生怕有关资料会危及他们，因此，无论日本本土、泰国或缅甸，有关文件都被焚毁。泰国华侨社会，为形势所迫，类似文件数据也都销毁。有关人士也“绝未向人提及有关‘死亡铁路’之事”。有关修建桂河桥的华工历史，于是深奥莫测。某些文人乘机大做文章，信口雌黄，即渲染筑铁路劳工“全数死亡殆尽，沿路尸横遍野，白骨如山，臭气熏天，真个惨绝人寰，……当时，有逾万盟军俘虏，死于此地。”又乘机为主人吹嘘，“被驱往抢筑‘死亡铁路’的泰国华侨，人数不若盟军之多，据估计仅3/10。何以故?……当年之张兰臣有其功焉。”

事实是，被驱往修筑铁路的华工总共约3万名，按照全部劳工10万名死亡3.3万名的比例计算，华工死亡人数为9900人，死亡人数高于盟军战俘死亡人数的总和[①]。

至于说“建造铁路期间，日军强迫盟军战虏和东南亚沦陷地区的土人造桥”，丝毫不提及万名华工之牺牲，也是不妥当的。

日本学者村岛英治写道：“建造泰缅铁路尽管给大多数华人带来困难和负面影响，但事实上，也有少数华人从铁路建造中获得利益，如张兰臣，他是运石给日本人的大承包商，同时还承包日方炸山碎石工程。”[②]

吾人细读当日中华总商会与皇军谈判的条件，认真思索，可悟出其中蕴藏有巨大利益和无穷秘密。因此，我们不难明白，战后侨团会馆档案荡然无存，当事人闭口不言其事，实事出有因。好事文人实在不应该信口开河。

只是，墨写的谎言掩盖不了血写的事实。这是真理。我们今日有责任要为万名华工冤魂申诉，要把历史真相揭露于世人面前。

---

① 1958年中村明人著《佛教徒司令官——二战时期日本驻泰国司令官回忆录》（有泰文译本），为他自己和日军战时恶行洗刷罪名，如说盟军俘虏和劳工大量死亡是由于霍乱病的流行。

② 村岛英治：《二战期间泰日盟友与泰国华人》，见“Japanese Scholarships on Thailand and Southeast Asia”，P. 155. 其资料来源引自泰国最高统帅部档案2. 9/8；2. 4. 1/7。

八、“收容被俘同胞之回忆”

以上文字写就于2004年初。同年3月13日，首次刊登于曼谷星暹日报《泰国侨史》版，接着又收入泰中学会同年出版的《泰中学刊》。

2005年8月，值抗日战争胜利60周年之际，又读到梁任信先生的一篇回忆录，文章叙述了与本文讨论的有关历史，特摘录于后，以为补充。

抗日战争胜利后，泰国侨社局面混乱。梁任信先生此时出任广肇会馆代理事长，又代表广肇会馆参与当日新组织起来主持侨社事务的“六属会馆临时联合办事处”。他亲历当日侨社若干重大事务。后来他撰写:《收容被俘同胞之回忆》刊登在广肇会馆刊物上[①]，现将有关内容节录如下：

“日寇投降甫及两周，于8月28日，据同乡来会馆报告，谓在孟叻及火车头各处，有鸠形鹄面之工人五六十人，及妇女10余人，避雨檐下，彷徨无所归，问其所从来，则泣诉谓被敌人掳充苦役，由山巴载来，现弃置不顾。会馆方面，对于此颠连困苦之同胞，同情心切，坐视难安，故决予收容。……查被俘之难胞，不特鹑衣百结，而且遍身疮疥，在暹缅铁路工作，（人称死亡铁路）所受之山瘴疟疠，腹隆脚肿，肌黄体瘦，惨绝人寰，虽铁石心肠，见之亦为下泪。

“查正式登记收容人数，虽只2081人，……故自10月以后，凡再有马来亚华侨来馆投报，经宿转送者，为数甚众，均未统计在内。……其中有工人为最多，军人次之，妇女小童又次之。……略述于后。

“荣誉军人。……

“工人。被俘工人，十之八九，系来自马来亚，以机工及土木工最多，属于广属客属者，人数几于相埒，琼属次之，其被迫运来工作之方法，或突然以麻绳横截街道两端，见人即捕，或以职业登记，强行征工，或出欺骗手段，以高工资为饵，及载运来暹，此时已入魔掌，无力反抗，被驱与英军俘虏，共同筑路。深入蛮荒，水土不服，疟瘟留行，瘴疠侵袭，死亡枕借，难以数计。据一被征马六甲者云，同来之一队，共700余人，生还者不及40。又一位被征自吉隆坡者云，同来之一队，共300余人，生还者不及20人。如属精良技工，则留用于北碧等处工厂，生活较佳，死亡自少，然被日寇掳掠强征来暹筑路者，实数多少，无从统计，但据英军返马后宣称，在日寇蹯踞4年，华侨失踪者，数逾8万，归来不过万余，杳无踪迹者，有6万之多。除在马来被残杀者外，相信牺牲于此死亡铁路者，必占最大数目。外人但谓暹缅铁路，是日寇驱英俘以生命填成，而从未提

---

① 梁任信：《收容被俘同胞之回忆》，载《暹京广肇会馆七十周年纪念特刊》（1947年）。

及华侨，实属不公。……在暹国内，被敌人假手暹政府，征集筑路工人，供其奴役者，亦数万人，死亡人数，亦属不少，胜利后，多是自行散去。其征自暹南暹北者，旅费无着，投本馆收容，皆派员护送遄返原地。

“妇女。民国廿七年十月，广州沦陷，四乡失守，妇女多被日寇摧残，任意掳掠，每船数百名，运送南洋各地前线，恣意蹂躏，稍为反抗，轻则惨施毒刑，重则枪击毙杀，及胜利时，生存无几，悲惨境遇，实不忍言。”

1950年出版的《暹罗华侨报德善堂建堂四十周年纪念特刊》，也有此类记载：

“日寇投降之后，其在我国及马来各地被掳来暹建筑死亡铁路男女同胞，概被遗弃，天涯沦落，举目无亲，茫茫大地，何处栖止?餐风露宿，狼狈情形，目不忍睹。始由我侨各属会馆与当地政府组织混合救济委员会设法收容，在该会未有具体决定办法之前，收容在潮州、客属、广肇各会馆及五马路戏院，数逾千人的难胞，每天伙食概由善堂供给，为期40天。”①“自1945年9月2日起至10月14日止，供膳42天，被俘侨工29706人。”②

这是当日参与其事的当事人的记载。文章字字血泪，有力地从另一侧面补充了前文所述。

吾人不能忘记过去。“忘记过去就是背叛”。

（[泰国]洪林、黎道纲主编：《泰国华侨华人研究》，香港社会科学出版社有限公司2006年版，第97—177页）

① 郑悟石：《建堂后至改组历届董监事工作概略》，载《暹罗华侨报德善堂建堂四十周年纪念特刊》堂史部分，第8页。

② 李草：《报德堂四十年散记》，载《暹罗华侨报德善堂建堂四十周年纪念特刊》庆建文存部分，第31页。

19.战时仰光及华侨概况

李云川

一九四一年冬，日寇开始侵略缅甸，十二月二十三日，日机三十余架侵入仰光市空轰炸，弹落约路（York Road），福特汽车公司办事处及修配车场被炸毁；日机肆虐时，被高射炮迎击打落一架，余机乃相率逃逸。二十五日，日机再炸亚弄区，中国运输公司及大成装车厂被毁。自是日机侵扰侦察、轰炸破坏，几无宁日。仰市居民为安全计，颇多在郊区另觅住所，以避空袭。

四十二年初，形势日紧，我国西南运输处加紧抢运经缅转运物资，当地政府各机关亦纷作撤退准备；中、印侨民或相率避难回国，或疏散移居缅属内地，市内十室九空，狡黠之徒，乘机活跃，占住楼屋，打开商店及仓库，搬取货物公开摆卖，市面一片混乱，荒凉景象，令人伤心怵目！

当时，本会馆被占住，会内设置之精致柜凳器物亦被搬取一空，门窗多被拆毁。后由白圻章同乡出面商请台胞协助，婉劝住户迁出，并付与迁徙费，始得收回，其间颇费一番苦心。

日军侵略缅甸，系由泰国进攻毛淡棉，一路沿铁路线经直塘而抵锡东大桥，然后分兵至勃固、东吁；一路由毛淡棉山脉经东枝侧面入腊戍，再分兵两路，一窥叫脉，一趋南坎、八募、密支那。当时盟军防线，曼德礼以下缅南一带由英军防守，缅北则由中国远征军协防，战争地区以勃固、东吁及叫脉为最惨烈。

日军于四二年三月十二日进占仰光，军管时期，民心惶惑不安。月余、疏散者始陆续归来。一日清晨，日军突截断市区交通，大举搜捕侨胞四百余人，经讯问即日释放者二百左右人，受审先后开释者百左右人，余七八十人被囚禁四十多天，被惨杀者五人，不知下落者一人，被放逐者二十余人。（连同家眷计四十余人）林金瓯同乡被囚患病，由其公子代押释出，出狱后不幸病逝，其公子及李子銮同乡和眷属亦同时被放逐。最后一批获释者四十多人，被指定负责组织华侨联合会，负责华区治安，经公推白圻章同乡为会长后，日军责令办理下列事务：

① 组织警卫队，日夜巡逻华区，严防盗窃。——队员百余名，分为三队。

② 设调停组，负责调解华侨纠纷。

③ 清除街道垃圾。——雇用工役数十人。

④ 设立诊疗所、戒烟所。

⑤ 设立学校，翻印小学课本，供各地华校应用。

⑥ 设立报社，出版《正谊报》。

⑦ 挖凿水井，供华侨应用。——新凿水井三十多口，清理旧井数口。（当时自来水管全破坏）

⑧ 组织缅属各地支分会。——先后组立支分会四十多处。

该会为维护侨胞生命财产，不得不奉命唯谨，虚与委蛇，且曾承命招募工作团，协助开辟丹彪西耶公路。

缅甸被占领期间，盟军飞机常来侦察，继则轰炸水陆交通要地，船舰被炸者不少，夜间常炸军火库。有一次，盟机迴翔空际，似欲轰炸日舰，该舰施放烟幕，目标迷濛，弹落百尺路、二十条街、十九条街等江滨街口，毁屋多座，瓦砾纷飞，华印侨民死伤数十人，该会迅即召集警卫队、工役办理善后，从断垣瓦砾堆中起出死尸，有亲属认领者自行安葬，余则代为收埋。检出之金银首饰，未得亲人领回者，代为登记保管。

盟机最后一次结集百余架入市空，以地毯式炸法，自九文台新文乃至高解路约五英里范围内，密麻投下大批炸弹，该区房屋倒坍殆尽，牛马鸡犬死伤狼藉，居民死伤为数当不少。日军司令部设在该处大学内，闻其司令官亦于是役死亡。

在日敌侵缅悠悠三年中，侨胞因被嫌疑而失踪者，时有所闻，临深履薄，日夕惶恐戒惧之心情，可以想见！

盟军反攻，闻中国远征军先克复腾冲、龙陵，旋驰师入缅北，攻复腊戍、知模、叫脉等地，所经战役，均有剧烈战斗。我远征军未下缅南，侨胞均惜不获亲见国军雄姿。

四五年五月三日、盟机克复孟加拉洞机场，战舰亦随后开到仰光港。是晚，机场送来公函交华侨联合会，嘱速转军舰，值大风雨之夜，重资雇小舟送信，据送信者云：该信幸及时送到，否则，该舰已准备开炮试探轰击。亦云幸矣。

（《旅缅安溪会馆四十二周年纪念特刊·中缅邦交》）

20.日人侵入缅甸与华侨的苦难

缅甸的华侨，在经济上或者是商业上，虽没有暹罗和马来亚的华侨那样的占着显著的地位，但是大多数都是很富足的，衣食无忧，环境又很安定。像这样安居乐业的黄金时代，差不多维持了半世纪以上的时间。可是自从西元一九四二年春季，日本大举侵缅甸后，华侨就开始遇受苦难。

当战争正在暹罗和缅甸交界的地方激烈蔓延的时候，下缅甸的侨胞，纷纷的向上缅甸逃亡，因为交通工具缺乏，逃难的人群，都拥挤在沿路火车站，和各个轮船码头，彷徨焦急，真有上天无路，入地无门的样子。偶然遇到路过的国军（中国远征军），便扶老携幼的跟着跑，不肯舍弃。那时候军情紧急得很，部队的任务，何等重大，那里能够顾及他们。国军开到瓦城的时候，敌人的飞机，疯狂的轰炸，避难前来的侨胞，一头便死去一千多人，瓦城的唐人街，完全被炮火毁坏，华侨财产的损失，真正难以数计。

说到原来住在缅甸北部，和一部分由下缅甸逃来的华侨，因为缅北许多大的城市一个一个的沦陷了，他们就沿着滇缅公路撤退回国，在投奔祖国的途中，几千辆车子在高黎黄山上回旋的行驶，还有些没有车坐，成群步行的人，盈千累万。日军因为遭受过我国远征军的袭击，这时他们狂施报复，空军用机枪扫射奔向云南的车辆和徒步的难民，死难的人，无法估计。单在怒江两岸惪通桥附近，惨死的华侨，就有五千人以上。还有些徒步逃亡的人，来不及走过惠通桥，而翻山越岭，露宿风餐，中途倒毙的，或者山中失踪的，更没有方法计数。至于那些万幸而保着生命逃到云南保山的华侨，刚刚以为脱离了险境，正在惊魂甫定，又遭敌机连日的大轰炸。被炸死的侨胞，也在两千人以上。这一笔血债，一直悲痛的压在被难者侨胞心头。

日军占领缅甸三年，实在是华侨有史以来的浩劫。留在缅甸没有撤退的侨胞，（据侨务委员会统计，截至三十一年年底止，从缅甸撤退的归侨，共约九万七千人，那么留在缅甸的应当还有二十万人以上）。所遭遇的虐待，尤为惨痛。有些过去热心抵制日货，以及从事救灾运动的爱国人士，事先都被列入黑名单内，日军入境后，就大肆搜捕，被拘禁的有三千多人，惨遭杀戮的有三百多人。此外死于空袭的，单仰光一个地方，就有五百多人，其他各地遇难的大约一千多人。敌人还认为这样做，还是不够毒辣，又去挑拨中缅的感情，教缅人仇杀华侨，被害的也不少。逼得侨胞无地自容。

在三年的战乱过程中，华侨备受蹂躏，所有百年来用血汗建立的事业，都在无情的炮火之下，化为灰烬。沦陷期间，因为都市都成瓦砾场，无法生活，他们只好避居到乡村里，含辛茹苦，好容易才挨过苦难的三年。

民国三十二年冬天，我国驻印军（原名中国远征军三十一年夏间由缅甸转入印度整训），反攻缅甸，先攻克新平津，再沿户拱、孟拱两河谷展开扫荡，收复密支那，又往南攻下八莫，就好像秋风扫落叶，日军望风而逃。缅北侨胞沦陷两年多，饱受日军摧残和迫害，一旦听说国军反攻，没有不欢欣鼓舞的，大家都来协助国军，担任战地勤务工作。那时候军中的缅文翻译员，和敌后谍报员，完全是缅甸华侨青年充当，他们立下很大功劳，使胜利更快了一步。

缅甸华侨虽多数因为战争弄得家破人亡，但是劫后余生，看见祖国的军队，获得了光荣的战果，都情不自禁的破涕为笑；在这些笑声里，实蕴藏了无限辛酸，也流露了无穷的祖国的热爱，更发挥了中华民族勇敢，忍耐与坚强不屈的精神。

（《缅甸华侨史话》，第 19—20 页）

（转引自蔡仁龙、郭梁主编:《华侨抗日救国史料选辑》，中共福建省委党史工作委员会、中国华侨历史学会，1987 年）

（五）美　国

华侨子弟从戎可纪

……

华人服役美军之战功

华侨参与美军服役者，远自南北战争时期（一八六一——一八六五），当时在北军方面有曾桂鹏者，顺德人，投身于那格利将军（Gen.Henry Nagles）麾下，参与大小战役；每战必当前锋，奋不顾身，颇着勋劳。战后转赴南美经商致富。又有 Hong Neok Woo 者，江苏阳湖人，一八六三年，参与宾州志愿兵在第五十步兵团第一连当兵卒，赴前线御敌。战后返回上海，致力传道工作，以终其身。[①]

……

第二次世界大战爆发，一九四一年七月起，华人纷纷被征入伍。十月七日，日军突袭珍珠港，旋席卷太平洋各岛屿，华人在关岛、威克岛、中途岛操建筑工程者，有三十四人被俘。一九四二年，战事激烈，征兵最急，逃兵役者，坐监五年或罚款一万元，或监罚兼施，法令甚严。[②]二月，三藩市第七十六征兵局，华人注册者二千六百余名。六月三十日，第五次征兵注册，华人由十八岁至二十岁者，有八百五十三名。又欲征华人之外籍壮丁一千名。三藩市华埠中华学校区区毕业学生，被征者竟有一百五十余名之多。三藩市一埠如此，其他各埠被征之急且多者可知。故华人被征服役之众，比第一次世界大战所征者，不知增加几多倍以上。华人服兵役之人数，美国国防部尚未有正式统计，但征兵总局所得华人在陆军服役者之数，为一万三千三百一十一名，海空军方面，未有统计数字在内。一九三六年户口调查，在美华人男性不过五万九千八百零三名，被征在陆军服役

---

① 三邑总会馆简史，先贤传略，曾桂鹏。

② 洛杉矶黄金学（译音），37 岁，不肯入伍，1944 年 5 月 17 日被法院判坐监两年。1942 年，三藩市通缉华人逃避兵役者 35 名。1943 年，三藩市通缉犯征兵律之壮丁 852 名，其中有华人 28 名。

之人数，竟占全部男性五分之一以上，比率不可谓不高矣。兹将华人被征入陆军服役者（由一九四一年七月起至一九四五年六月止）及其阵亡之人数，列表如下：

州　　名	被征服役人数	阵亡或殉职人数	备　　考
亚拉巴马	二一		
亚利桑拿	一八七	七	根据亚利桑拿州第二次世界大战阵亡失踪荣誉册
阿肯色	四五		
加利福尼亚	五、〇四八	九二	根据加州第二次世界大战阵亡失踪荣誉册
科罗拉度	三八		
康乃狄格	五二		
德拉威	一五		
哥伦比亚区	一二二	二	李华俊　李振洪
佛罗里达	一七		
乔治亚	二五		
爱达荷	四八		
伊里诺	三九〇	一三	根据伊里诺州第二次世界大战阵亡失踪荣誉册
印第安纳	四四		
依阿华	一七		
堪萨斯	一七		
肯德基	一五		
路易西安拿	五一	二	根据路易西安拿州第二次世界大战阵亡失踪荣誉册
缅州	一八		
马里兰	三九		
麻萨诸塞	四三六	一五	根据麻州第二次世界大战阵亡失踪荣誉册
密西根	一八一	四	根据密西根州第二次世界大战阵亡失踪荣誉册
明尼苏达	五六	一	根据明尼苏达州第二次世界大战阵亡失踪荣誉册
密士矢必	九一	二	根据密士矢必州第二次世界大战阵亡失踪荣誉册
密苏里	三四		
蒙大拿	三六		
内布拉斯加	一〇		
新泽西	二〇二	五	根据新泽西州第二次世界大战阵亡失踪荣誉册
新墨西哥	一四		
纽约	二、六八〇	四〇	根据纽约州第二次世界大战阵亡失踪荣誉册
北卡罗来纳	一三		

续表

州　　名	被征服役人数	阵亡或殉职人数	备　　考
北达科塔	九		
俄亥俄	一六七	六	根据俄亥俄州第二次世界大战阵亡失踪荣誉册
俄克拉荷马	二六		
俄勒冈	二一四	五	根据俄勒冈州第二次世界大战阵亡失踪荣誉册
宾夕法尼亚	一六九	四	根据宾夕法尼亚州第二次世界大战阵亡失踪荣誉册
罗德岛	五四		
南卡罗来纳	四		
南达科塔	五		
田尼西	一一		
犹他	五一	一	根据犹他州第二次世界大战阵亡失踪荣誉册
德克萨斯	一三七	二	根据德克萨斯州第二次世界大战阵亡失踪荣誉册
佛蒙特	二		
维吉尼亚	五一		
华盛顿	二七一	七	根据华盛顿州第二次世界大战阵亡失踪荣誉册
西维吉尼亚	一一		
威斯康辛	五一	六	根据威斯康辛州第二次世界大战阵亡失踪荣誉册
怀俄明	一九		
亚拉斯加	二		为美国属土，未列入版图
夏威夷	八二〇		同右[上]
美国各地	五		
统计	一三、三一一	二一五	按阵亡或殉职人员，只择华侨聚居最多之州而调查所得，未能算概括全数

注：（1）承美国国防部军事史中心惠寄资料。

（2）根据各州第二次世界大战阵亡失踪荣誉册（World War II Honor List of Dead and Missing）所列华裔陆军士兵阵亡者姓名如下：

（亚利桑拿州）

Yee Tommie D.　Tan Lee　Don Sing T.　Sing James

Lee James　Tang Don C.　Yee Sing Y.

（加利福尼亚州）

Chan Charles J.　Chan Lock G.　Chew Harry　Chew Henry

Chew William　Chew Wing F.　Chin Alfred W.　Chin Richard W.

Chong Collin S.　Chong Richard　Choy Harry　Fong Gong B.

Fong Lew B.　Gim Wong F.　Gin Ging　Hong Quan Nmi

Jin Yee N.　Lew George G.　Lew Hung B.　Lok Clinton J.

Louie Pershing　Louie Tew M.　Lowe Faya　Lum Jerry M.

Quon Lloyd	Quong Edward D.	Toy Taft	Toy Ward
Wann Keith D.	Wong Alwyn G.	Wong Frank	Wong Sam
Wong Toong Y.	Wong Wy L.	Yee Tung L.	Yee Yen K.
Young Choy	Chan Henry	Chan Henry H.	Ching Henry A.A.
Chong Joseph M.	Fong James Q.	Foo Dougles C.	Lowe Clyde D.
Wong Ben F.	Wong Paul T.	Wong Henry K.F.	Lee George A.
Lee Roy N.	Soo Eddie	Soo Manuel K.	Fong Wu H.
Gee Leslie Y.	Lee Hon Y.	Mow Jack R.	Chan John J.
Kwong William F.	Kee Louie W.	Kwong Tom	Lau Harold P.
Yee Buck S.	Yuen Gim W.	Chuck Wing S.	Yee Sam M.
Yuen Hop	Lowe Keith R.	Yee John W.	Fong Albert P.
Chow Wesley Y.	Chong Donald G.	Wong Ervin	Wong Wing D.
Chinn Fred L.	Chinn Robert C.	Chow Clinton	Chung Bik Y.
Chung Yet G.	Chung Melvin F.	Doo Wong Y.	Fong Ed. S.
Fook Kwon	Hoey Hong S.	Lee Kim	Loo Jack D.
Lowe Wayne	Leong Hoo J.	Wong Edward	Wong Lok W.
Wong Sing	Woo Kwack K.	Quon William J.	Lee On Hong
Chang William I.			
（伊里诺州）			
Jung Lew Y.	Lim Hoy Y.	Wong Gem Lee	Loy Garrett W.
Louie Sing W.	Dee William J.	Gip Wong D.	Lee Sheo T.
Wang Elmer F.	Ping Paul R.	Chun Wing T.	Lin Raymond C.
Ng James I.			
（路易西安拿州）			
Yaun Warren F.	Fung Elay J.		
（麻萨诸塞州）			
Louie B.C.	Ten Wong O.	Lui D.	May Frank J.
Gunn Paul A.	Lun Lee T.	Yung James J.	Lum James
May James	Hom Wing O.	Yung Walter F.	Lee B.W.
Shean Howard F.	Hong Wong Y.	Hong W.C.	
（密西根州）			
Lue Sing N.	Yeo James E.	Yaw John	Low John J.
（明尼苏达州）			
Lau Kenneth H.			
（密士矢必州）			
Fong Henry	Chow Jimes Y.		
（新泽西州）			
Jung Howard	Chan Nicholas	Ngew Ching	Pein Carl E.
Eng James			
（纽约州）			
Chow Paul	Ho Lawrence G.	Lee Goon G.	Moi Kong H.
Ng Lincoln	Tong Hom Y.	Yue Ah-Pai	Lee Yeun W.

Pao Ho Y.	Wong William	Choy Edward	Eng Shew H.
Kui Kee N.	Lee Moo S.	Mook F.	Pion Alan
Wong T.Y.	Chong Ng K.	Chin You	Wong Jung F.
Fung Henry W.	Chu Che Y.	Goon Jung G.	Lam J.G.
Lee Loy	Ng Jing C.	Poy Chin Y.	Lee Chow H.
Moy Kwok D.	Ho Hom J.	Ngor Lew N.	Chu Kwan
Hee Lee-Yet	Lee Doo K.	Lum Chung C.	Ng John
Tom Chin T.	Wong Mow	Lee Ye W.	Woo George S.

（俄亥俄州）

Ten Eyck	Ying Ling	Yaw Myron L.	Gow David L.
Tam C.H.	Yug S.R.		

（俄勒冈州）

Lien Charles A.	Yee Donald	Wong Curtis	Lau William F.
Fou Seid W.			

（宾夕法尼亚州）

Lee J.A.	Nau John C.	Lee L.	Lo R.A.
Lee S.H.			

（德克萨斯州）

Leung Paul S.	San Sing D.

（华盛顿州）

Low Clarence E.	Yee Dung N.	Yuen Luke L.	Chew Lee
Chen Chris	Chin Bok H.	Tang Wesley	

（威斯康辛州）

Leu Selmer	Leu Werner	Hom Donald J.	Quam Raymond
Lau Elroy A.	Wang Kenneth M.		

（犹他州）

Wong Gordon W.

查克里夫兰有黄景贤，当教官殉职。凤凰城有邓朝尊（John Don）,在太平洋战场阵亡。圣安东尼埠华人入伍者八十三名，有伍良舜、伍瑞良、伍伯治、黄健强，因空难殉职。霍斯敦有姓汤（Hong）及姓朱两青年，作战阵亡。此等姓名，荣誉册皆未列入。

美中地区芝加哥华埠美国退伍军人会第一〇〇三分会，一九七五年七月十八日在 Mount Aubuen 纪念公园，安葬华裔军人一百名，其中六十一名系阵亡者：

Sun Leong	Wing How	Hing Hom	Gwon J. Lee
Joe O. Teung	John N. Sue	Henry Koon Ng	Gerald Moy
Moy Kong Low	Woo Yuen Pon	Garwood G. Yee	Fook Way Yung
Harry Lum	Hom Sung	Moy Toeng	George Hing
Sheu Tong Lee	Moy Y.Lum	Hugh Wai Lee	Quock Y. Chan
Young Sing	Yuen Sang	Yick D. Mark	James L. Loo
Lew Sun Poy	Moy Len Sun	Sofu Moy	Joe Wing
Kwok Fon Moy	She S. Wong	Yet Chew Moy	Chong Hai Moy
Hong Bong	Lee Kane Quom	Ng Wing Shew	Kei Chew

Bing Sing Goon	Chin D. Yen	Louie Wah	Tso H. Hong
Dale Chong	You Young	Lok Poy Jung	Henry R. Wing
Wah Shoon Goon	York F. Eng	Chong Moy	Goon Gow
Gonli Tom	Lui Din	Kwai Fong Hoo	Shick Num Moy
Gim Mok	Ham S. Chung	Garvin Moy	Harry Sing Lee
Hong K. Mar	Wah Chin	Jee Yuin Kai	Guey Mark
Wink Fong			

一般估计，美中地区华人子弟于第二次世界大战时被征入伍者约有一千二百余人，此六十一名阵亡，系属于美国退伍军人会第一〇〇三分会所辖者，或包括韩战越战阵亡士兵在内。其中以梅姓子弟十二名为最多，故此六十一名中仍以芝加哥占最大多数。此与伊里诺州之荣誉册所载姓名人数颇有出入，特载于此，以便对照。第二次世界大战时，底特律华人青年阵亡者十余名，其中冲绳岛之役，阵亡者占八名为最多，在密西根州荣誉册亦无从查考。

华人被征入伍之数字，比日本人（二〇、〇八〇）、印第安人（一九、五六七）为少，但比菲律滨人（一一、五〇六）为多。

一九四〇年九月十六日施行之征兵例，对于居美外籍人民，只须注册而无受军训及服兵役之义务。但该例经国会加以修改，一九四一年十二月二十日由罗斯福总统划押施行，对于居美一切外人，包括留学生在内,除敌国公民外，均有受军训及服兵役之义务。中国政府亦通知侨民服兵役。当时中国留学生，一时陷入窘境。后经魏道明大使与美国国务院商定，取得缓役办法。一九四三年三月二十四日公布，留学生仍然在学，取得非永久居留证（None Residence Certificate）者，准予缓役，但有许多被强迫征去。故此万余入伍之华人，包括美国公民、中国公民及留学生在内。陆军由杂役、厨子、医生，以至战斗各兵种，均有华人充当。海军方面，华人服役者虽不多，但充士兵杂役者有之。有霍斯敦陈毓尧（George Chan）为海军军官，当为在海军服役建功而擢升者。空军方面，华人有当飞行员、枪手及地勤工作，尤其体形关系，华人多派充轰炸机之枪手，故在欧洲战场被俘者不少。霍斯敦之廖逵三（George Leo），曾参加飞虎队，对日本作战。

除正规军华人被征入伍之外，一九四二年，复有民防义勇军之组织。三藩市华埠编为加州第十七团第二营 F 队，中尉队长陈参盛李启奎，华人志愿参加者六十余人，编为两连。洛杉矶华人队，亦告成立，参加者一百五十人。华人女子加入战时妇女队（WAAC）者亦有之。

被征入伍之华裔青年，如能通中国语言者，随其志愿，则遣往中国战场，以在美国第十四航空队服务者为最多，计第四〇七空军服务二百六十人，五五五空军服务二百六十人，一一五七通讯队一百三十人，二一二一汽车运输队一百三十人，二一二二汽车交通队一百三十人。另有兵站、医药队等，合计逾千人。

华裔青年既应征入伍，开赴前线作战，牺牲至巨，尤以一九四四年伤亡最多。华系退伍军人会及远征退伍军人会在三藩市圣玛利公园建有华裔阵亡军人纪念碑，一九五四年五月三十日揭幕，竖立铜牌，镌有阵亡军人姓名，共九十一名，其中包括第一次世界大战阵亡之陈麟贵一名，故实数为九十名。其英文姓名如下：

We salute these Americans of Chinese ancestry who gave their lives for America in world wars I and II

Tom Kwong　Lee Sai　Bill Tom　Donald Ginn Chong

Lincoln Mark　Tung Lin Yee　Harry Wong　Daniel Lim　Clifford S. Low

Hong Y. Lee　John Wing Yee　Get G. Chung　Harry Choy　Collin S. Chong

Alfred W. Chin　Leslie Y. Gee　Ed Sam Pong　An Fong　Goom G. Lee

Chin T. Tom　Yuen Hop　Walter Tom Lum　Tow Jer　Ging Gin

Benjamin Ralph Kimlau　Samuel Choy Sin　Clinton J. Lok　Choy Young

Douglas C. Foo　Edward Dewey Quong　Alwyn G. Wong　Tang Chu Don

James Sing　Yee Sing You　Edward Yin Ong　Cheng Kee　Dong Tung Sing

Manuel K. Soo　Harry Chew　William Chew　Richard W. Chin　Eddie Soo

Richard Chong　Marshall K. Dong　Albert P. Fong　Gong B. Fong

Lew B. Kong　Wong F. Gin　Lee Wong Gem　Howard Lee

Harold W. Young　Hong Chew Lee　Percy Louie　Yee Lem

Faye Lowe　Mo S. Jee　Alvin Richard Wong　James Q. Fong　Lloyd Quon

Frank Wong　Sing Fa Ping　Castro Yu Hing Owyang　Robert W. Chin

Charles J. Chan　William J. Quan　Tomas Yoke Jow Lai　Sam Wong

Taft Toy　Lee Tan　Hom Wing On　Curtis C. Wong　Sho Ling

William L. Y. Goo　Hong S. Hoey　Yee Nee Jin　Gene F. Lay

Jerry M. Lum　Rudolph Lym　Jeong Wing Jeen　Harry Wong

Wesley Y. Chow　Fan Yee Wong　Jack Dai Sum Yim　Lem Quock Hing

Lew Hung Biew　Harry F. Lee　John J. Chan　George Lew　Bob Chan

Yeung Yaun

此名表除三藩市占二十七名外，其余包括屋仑、瓦利奥、伊施拉度、沙加缅度、斐士那、洛杉矶、凤凰城、波特仑，以至纽约之华裔阵亡军人，皆有若干姓名在内。三藩市华裔阵亡人数原有三十六名，故遗落尚多。阵亡地点由北太平洋、南太平洋、菲律滨、冲绳岛，以至欧陆，尤以一九四五年在欧洲战场伤亡为最多。其中有方硕培（Albert P. Fong）者，瓦利奥埠土生，曾在乔治亚州宾宁（Fort Benning）军官训练学校受训，毕业后派在美国陆军当少尉职，后升至中尉，一九四三年五月二十五日在北太平洋阿图（Attu）岛作战阵亡。

纽约有华裔军人忠烈坊，在华埠勿街口广场，一九六二年四月二十九日建，于右任题，有英文石碑“In Memory of the Americans of Chinese ancestry who lost their lives in defense of freedom and democracy"（为华裔军人护卫自由民主而牺牲者纪念），但无英烈姓名，镌于碑上。

西雅图华裔退伍军人会，一九五〇年十月二十二日，举行第二次世界大战华裔阵亡将士纪念碑开幕及追悼大会，纪念碑直立于中华运动场内，刻有中英文英烈之姓名十人，为陈炳沛、陈浣葵、陆炳均、赵利亨、陈绪光、雷有富、伍启尧、骆文光、刘毓麟、阮本元。每年阵亡将士纪念日，下午四时，侨胞前往献祭。

战后，各埠华侨聚居较多者，纷纷组立退伍军人会，其中以三藩市、纽约、及洛杉矶成立最早。三藩市第三八四分会，一九四六年成立，初时会员有千余名，现仅四百余名。纽约第一二九一分会，一九四五年成立，该会最近并以陈纳德、蒋经国、邓权昌、赵聚钰、邝友良为名誉会员。成立时会员有一千人，现只有五六百人。洛杉矶分会，一九四六年成立。其余各埠西雅图为第一八六分会（会员约有二百五十人）、科罗拉度州丹佛第一八五分会、芝加哥第一〇〇三分会、波士顿第三二八分会（会员有四百余人）、凤凰城第五〇分会、美京第七〇分会（一九七三年成立），费城与吐笱等埠，亦均有退伍军人会组织。此外，三藩市又有远征退伍军人会华埠支会，一九四五年十二月五日成立，屋仑亦有之。残废退伍军人会金门分会，则于一九六一年一月六日成立。

纽约华人退伍军人会，亦称为刘国梁中尉纪念会者，以纪念刘国梁为国牺牲之英烈故。刘国梁（Benjamin Ralph Kimlau）者，刘鸿恩之子，一九一八年四月十日，生于麻州康哥德（Concord），十四岁，随父母迁居纽约。一九三七年中学毕业后，首次访问中国故乡，适值日本对华侵略，发生抗日之战。翌年返美，入宾夕法尼亚军事学院，一九四二年毕业，以少尉阶级在野战炮队服务。未几，又请求调往空军服役。经过完全飞行训练之后，派往驻澳洲范顿（Fenton）第五航空队第三八〇轰炸机队任驾驶员，经常轰炸俾斯麦湾（Bismarck Bay）地区，围困五万日军，截断其与新畿内亚及邻近各岛之供给线，而支持麦克阿瑟部队前进，打回菲律滨。一九四四年二月二十七日，奉命调往新畿内亚之摩里斯拜港（Port Moresby），不分昼夜轰炸新畿内亚荷兰海岸之荷兰地亚（Hollandia）。当其抵达摩里斯拜港时，因恶劣天气掩蔽荷兰地亚，乃调往新畿内亚北部海岛拿耶普（Nadzab）之小型飞机场，配合第一骑兵师在罗斯拿古鲁斯（Los Nagros）岛登陆。三月五日，奉命轰炸黑人岛日军之后方供应线，该轰炸机被日军击落，刘国梁及其全部人员，以致殉职。此英烈事迹，除以其名冠纽约退伍军人会外，又在华埠勿街、窝扶街、东百老汇、与包梨街交界，一九五九年六月七日，辟为刘国梁广场，以为纪念。

除刘国梁外，有戴海丹在法国北部空战阵亡，华裔在空军服役者，当尚有其人。海军方面，华裔军人相信寥寥可数，故阵亡者极少，而且大多为海员。根据美国海军部一九六四年编之各州大战死伤概述（State Summary of War Casualties），细查其中纽约、麻州、佛蒙特、新泽西、新罕布夏、罗德岛、宾夕法尼亚、维吉尼亚、西维吉尼亚、北卡罗来纳、南卡罗来纳、俄克拉荷马、田纳西、密西根、俄亥俄、威斯康辛、伊里诺、南达科塔、内布拉斯加、德州、新墨西哥、犹他、内华达、蒙大拿、怀俄明、华盛顿、俄勒冈等州二十七册，可能认知华裔海军阵亡者，只纽约州有 Chin Yat Kay（妻子在广东）Huey Ralph Leonard，Lau James Yen Fan，Yaw Robert Luman，新泽西州有 Leung Richard,麻州有 Chin Buck Watt，Wong Edward Chong，华盛顿州有 Hoey Nelson，南卡罗来纳州有 Yon Howard,及宾州有 Mock George 等十人而已。当陆战队者，有枯木镇黄森光（Som Quong Wong），在密西根学院毕业，一九四四年为陆战队上尉，任职第三水陆两栖部队情报部，以功授给铜星奖章。克里夫兰有教官黄景贤，因失事殉职。圣安东尼华裔军人伍良舜、伍瑞良、伍伯活、黄健强，则因空难而丧生。

（刘伯骥:《美国华侨史》〈续编〉，台北黎明文化事业股份有限公司 1981 年版，第 665—709 页）

四、忆 述 资 料

（一）英属马来亚

1.虎口余生谈

郑光宇

我在“检证”时候，是在夜兰勿刹那一段地方，以后不幸被“检”出来，驱到新世界附近一间英文学校旁边的集中营里，那一块大不满半英亩的空地，禁住了一千多个中国人。惯不惯由你，每人都要用东洋架式，蹲在地上。自早上蹲到午后，足足经过六七个钟头，慢说水浆不得进口，连尿屁也难于放得。监视我们的日军，荷着长枪，插上刺刀，把一个小小的空地，围得水泄不通。不时向我们投射凶狠的目光，还带着满含阴谋的狞笑。大家都不知道究竟是怎么一回事，彼此交换着狐疑的目光，然而大家都直觉地意识到将有一椿不幸的事实扮演出来。

大家正在忧闷着，忽然来了一个雄赳赳狐假虎威的中国人，也许他是台湾人，跑进群众当中，登上椅子，大声喊道：“你们可以回家了”。大家听了，都觉得十分安慰，以为他们的天皇发了慈悲，要放我们回去。那个人接着又喊道：“你们要分做两队”。本来两只脚已经蹲得麻痹了，这时候起来伸伸腿，还觉得舒服些。那个人带了一队的人，慢慢地走向英校操场里去了。

我是站在第二队里，距离英校操场，约有一百多码，那里路是蜿蜒的，所以瞧不到他们究竟是被送到何处去。他们的妻子到现在也许还以为他们是在所罗门群岛做工。然而，经验告诉我，他们的妻子现在如果要寄信给他们的话，那一定要请阎王转交了。监视我们的日军，又叫我们蹲在地上，一些都不许动，又过了一小时，我们也被赶进英校操场里去。那时候第一队的人已是不知去向了，那个说中国话的人，也不再来了。

现在让我们来瞧瞧，他们究竟是在操场里开运动会呢？还是来演习兵操呢？怎么周围架起机关枪呢？看看情形有些不对，把平时报上登载的祖国沦陷区情景忆想一下，我们都觉得毛发悚然，难道他们也在这里，演起从前在东北和南京各地所演过的武士道好把戏吗？过了一会儿，那些恶狠狠的日军，又叫我们蹲下，这样再挨了两小时光景，远远地来了一队军用啰哩车，大约有二十架，都是空车。我想这些车子，说不定是送了第一队的人，到了目的地，再来载我们的吧。不错，我的预料实现了，十多个日军，拿了几束麻绳，将我们一个个双手绑在背后，喝令我们登上啰哩车去，绑一个，上车一个。这时，我们都面面相觑，心中想一定是凶多吉少。我们都是手无寸铁，怎样能够和他们抵抗呢？是给他们不费气力的，都绑完载上车了。

车子移动了，时间已近黄昏了，我终日蹲在炎日之下，这时候凉风扑面，虽觉凉爽，然而想起眼前的情形，和快要来临的命运，又觉得愤怒与惨痛交迸。

每架车都有两个日军押着，坐在我的旁边的一位青年说道："难道他们要抓我们上前线去替他们做工吗？"对面坐的一个答道："如果他们要叫我们去做工，何必用绳子来捆缚呢？"经他这样一说，大家都觉惨然。我们一路上胡思乱想，只望着祖宗威灵，保佑我们平安无事。车子走向漳宜山上了，新嘉坡最大的漳宜监狱，现出来了。我想："他们要送我们到监狱里去吗？"正在这样想着，监狱过去了，车子一直驶向海滨的一条路去。"哎哧——这个地方，有什么工好做呢？他们是请我们来这里吃他们东京的铁丸吧？"我心中又来了一阵幻想。

海滨到了，车也停了，我们下车来，列成一队。日军再将我们十个八个的缚成一串一串，赶向海滩上走去。四五百人，缚成五六十串，东一串，西一串，有的站着，有的躺着，有的涉入水中，有的还在沙滩上观望着。那时候我是站在沙滩上，向后一瞧，岸上有一座小炮台，是英军未退时所建的。他们在这座小炮台上，架起两架机关枪，枪口正向着我们四五百个人，我知道我的生命已临到最后的一刹那了。

机关枪开始扫射了，拍，拍，拍——的声音，凄厉地在空中震荡着，这寂寞的海滨，霎时间变成了骚乱的屠场。忽然我那一串里有人中枪倒了，由于他的牵动，全串的人，都倒下去了，正当我的身体向后倾跌下去，离地面约莫还有四十五度光景，突然不先不后，一弹从背后穿过我的鼻子，我的身体朝着天空躺在沙滩上，满面流血，那时候，我自思道，我平生未尝做过凶恶的事，如果是注定死于非命，只望天地庇佑，差使一弹，贯我脑部，使我失去知觉，免受痛苦。

一会儿，扑扑的声停止了。一队刽子手从岸上跑来，他们拿着长枪，用刺刀向这些已经被扫射倒地的人们乱刺。我从前曾看过宰猪，屠者要落刀的时候，猪必尽力挣扎，发出哀鸣。那时候的情形，恰是一样。凄惨的呼号声，哀痛的啼哭声，愤怒的咒骂声，更夹杂着一声两声日军的狞笑声，形成了人间的地狱，令人想不到的惨酷的局面。

我闭着双眼，连呼吸都不敢，装做已死的模样，那时节只要稍微动一下，或是被日军发现了破绽，我的生命早在刺刀之下了账。

突然一个日军跑到我的身旁来，我惊吓得不知怎样形容才好，那时我是陷于半麻木的状态中，我等候刺刀戮上我的脑头，我清晰地听到自己急促的心房跳动的声音。大概是他见我满脸是血，以为我已经呜呼哀哉的缘故吧，他踏上我的胸部，用刺刀戮刺躺在我旁边的人，我不顾被践踏的痛苦，竭力忍受这沉重而坚硬的践踏。等到那沉重的脚离开我的胸膛，我偷偷地微微舒了一口气。我至今还留得这一条命，真要感谢那一颗恰到好处的子弹。再一会儿，他们蛮干完了，跑回岸上，汽车的声呜呜地开去了。

我睁开眼睛一看，天已经黑了，一钩新月，斜挂天空，万籁寂寞，只有许多人尚在呻吟着。我双手被捆绑着，动弹不得，很凑巧的，我是缚在一串中的最后一人，这样使我可以移动一点。再凑巧的，是近我身旁的沙滩上，露出一块石头。我想如果我能够将缚我的绳子向石头上磨擦，绳子或者可以擦断，那我便有了一条生路了。

但是经过了一番挣扎，我的身子只能够动一些，距离那块石头，还有很远，我想用脚来推进我的身体，却被身旁的尸体拖累，依然没有效果，我只得暗暗叫苦。幸而我这一串里还有一个人没有死，还在呻吟着，他觉得我正在挣扎，低声问我干什么。我对他说明了我的意见，他也尽力来帮助我，他移动他自己的身体凑近我，使我减轻了拖累，达到我的目的地。我把腰部贴着那块石头，把两只手腕，向石头上磨擦了，皮肤擦破了，我觉得疼痛，但我忍耐着，还是拚命乱擦。一会儿，绳子断了，我挣开绳子，身体自由了。我很感激那个帮我的同胞，我爬到他的身旁，替他解除了束缚。他的腿部中了一弹，肩部中了一刺刀，我想带他走，但是他的脚不能走动，肩部又是痛着，他说他没有活的希望，谢绝我的好意，我只得含着眼泪离开了他，由他罢了。

现在有一问题，横在心坎上，那就是我要怎样才能回到家里去呢？陆路恐怕走不得，海路倒可以尝试一下，我如果朝着市区的方向走去，必须经过那座小炮台，那里隐约有脚步声传出来，一定有兵把守，很难有过关的希望。如果要躲避那座炮台，便要向背着市区的方向走去，那就越走越远，那里能够回家呢？最后我决定必须即刻离开这危险的地方，同时也要避免经过那座小炮台。先作一番无目的的瞎闯。我打定了主意，便由尸体丛中爬向海水深处，一路上只见许多尸体，东歪西倒，好像肆上鲜鱼一般。但是许多人被杀，却不见得有一点血迹，所流的血，是被海水冲去了。这其间有许多人还是活着，我看不过意了，再替四五同患难而不相识的朋友解了背绑。那时隐约中还有人呼唤我，我不敢再逗留，爬到海水深处，慢慢地游去。可怜那四五百个无辜的侨胞，惨遭屠杀，到现在，还不知道尸体丢在何处。"可怜无定河边骨，犹是春闺梦里人。"也许他们的家属，至今还在梦想他们有生还的一日吧！

后略　　（三山季刊创刊号）

（许云樵主编：《新马华人抗日史料 1937—1945》，新加坡文史出版私人有限公司 1984 年版，第 436—438 页）

2.蒙难华人受害调查*

（1）1989 年 7 月 20 日（星期二）《新明日报》，叶寿权：《蝗军杀我九亲人》

新闻正文：虽然事隔 40 多年，港尾村全村 600 多人被杀，只有 30 人逃出生天之情景，宛如昨日，历历在目。

“蝗军疯狂屠杀，造成尸遗遍野，鬼哭神号。他们禽兽不如，是魔鬼的化身！”

坚持讨回公道

孙建成是一名的士（出租车）司机，每天穿行首都梳邦国际机场路线。他对本报说，在 1942 年 3 月 16 日，这个他永世不忘的日子里，蝗军夺走他 9 名亲人的性命，只剩下他和老祖母蔡淑美逃出生天。当时他才 7 岁，祖母则 65 岁了。

在其它罹难者家属的配合下，孙建成将继续寻求日本政府对受害者家人作出应有的赔偿。虽然金钱不是万能的东西，日本政府若这样做，将表示他们承认犯下错误，并负起责任……

在港尾村被蝗军屠杀的孙建成亲人计有：父亲孙紫针（32 岁）、妹妹雪霞（3 岁）、二伯母郑蜜（35 岁）、堂姐孙维（12 岁）、堂哥孙建国（8 岁）、姑丈王在（38 岁）、姑母孙腰（29 岁）、表兄王意（8 岁）、表妹王梅（6 岁）。

日军入村屠杀

1942 年，孙建成只有 7 岁，在一颗小小的心灵上，即烙下了悲惨而不可磨灭的创伤。

孙氏追忆往事时，连每一个小节都记得十分清楚，宛如这幕悲剧在昨天发生一样。

“1942 年 3 月 16 日早上大约 7 点多，我跑去镇上路口看热闹，当时日本脚车队以 2 人排成 2 行的行军队伍，缓缓而过，后面紧跟一辆黑色的汽车，里面坐

---

* 内容有删节。原书含 222 份蒙难者（附照片）投诉资料及受害投诉人资料列表，本书未收入。

着一名军官……”

孙建成说:“港尾村村长杨金鸿之前已接到消息说日军将来这里和居民对话，并派发安居证。”传话者是严田中尉和侨本少尉。这两名军官还下令村民要夹道欢迎日军抵达，以示敬意。

杨金鸿于是以村长身份吩咐村民热情欢迎日军，就好像全体村民那样，有谁敢违拗日军的意思呢?

由于村长早已吩咐在先;一些日本兵跑到村民屋前指手划脚讲出一番人们听不懂的日本话时，村民就知道要出去小镇，等候日军到来。

只有十多间店面的港尾村小镇大街，斯时间变得热闹起来，当时已聚集了大约几百名村民，他们都被令坐在草场上。

躲在五角基看热闹的孙建成，当时望见地面上堆砌着一堆堆的枪杆，上面插着阴森森的刺刀，小小心灵仿佛觉得这里快要发生大事似的。

大约 80 名日本军人在大快朵颐，狼吞虎咽似的饱尝美食后，就有所行动了……

想到这里，孙建成说：“我们全部受骗了，蝗军有这么好心派发安居证？”

当时，大约是早上 10 点多吧，日军拿起枪杆，把村民团团围住。这时，大家都知道大祸临头了，老妇、幼童，甚至是大人都哭了起来，无助的哭声传遍整个山野……

婆孙躲进床底

孙建成说，蝗军这次不想浪费子弹，首先把人群分散，然后以枪杆上的刺刀逐个杀!

“我不知道其它人被押去哪里，我的 11 个亲人，父亲、妹妹、姑母、姑丈等等都被分开押走。”孙建成说:“祖母和我则押在一块，朝着芭上的 2 间屋走去。”

孙建成和祖母进入其中一间屋子，里面已有八九个人蹲在地上。当时有一名日本军人，在他们婆孙俩面前，用碗背磨刀，示意杀人……

这个军人出去了一阵子，又回到屋内拿枕头，不知有何用处。由于出去两趟，孙建成婆孙俩才有机会躲进床底，逃过厄运。

婆孙俩躲进床底不久，就开始听到村民嘶喊及尖叫声，他们纷纷被刺杀了。

回忆往事，想来命大。孙建成追忆说，看守他们的这个军人，也许是故意放他婆孙俩一条生路，竟然连床底都不去搜查。虽然如此，几百条村民的性命，却在同一时间丧失。

佯言对付共党

孙建成斥责蝗军在港尾村刺杀 600 多名无辜的村民后，自称只是对付共产党。

他说，蝗军当天区区数十人在面对这么多共党时竟然没有人受伤，没有人被杀？这简直是鬼话，自欺欺人，有谁会相信？

40 多年来，就好像港尾村蒙难者家属那样，孙建成希望日本对蝗军大屠杀事件有所交代，并交代清楚。

他也希望日本不要堂而皇之地指责别人滥杀无辜，因为日本曾犯下更严重的大屠杀罪行。

（2）1994 年 11 月 26 日《南洋商报》，卢有明：《被蝗军刺九刀死里逃生，杨振华受邀述血腥暴行》

日本蝗军在第二次世界大战期间侵占马来半岛时，干下一连串滥杀无辜良民的罪行，有关人神共愤的大屠杀血腥暴行，造成一时天昏地暗，日月无光，尸体到处暴晒，冤魂遍野，真的是鬼哭神号，悲惨万分。

当年日本蝗军在瓜拉庇朥港尾村（巴力丁宜）展开大屠杀行动，共有 670 余人惨死在日军的刀尖下，连村长杨金鸿也不能幸免，一家 26 人被杀光，只有儿子杨振华一人被蝗军刺中九刀后大命不死，劫后余生。

杨振华，现年 60 岁，目前居住在森美兰州芙蓉小甘密忠诚园住宅区，在瓜拉庇朥联合巴士有限公司任职。

杨氏受到日本“亚洲、非洲及拉丁美洲团结委员会”的邀请，于 12 月 5 日飞往日本，在该国六个城市举行的“亚洲公开讨论会”中，为蝗军大屠杀暴行史实作出证言。以下是杨氏讲述的当年亲身经历的悲痛事迹。

在第二次世界大战期间，当日本帝国主义侵占马来半岛时，杨振华与家人是在瓜拉庇朥港尾村（巴力丁宜）居住。

当时的港尾村约有 100 多间房屋，男女老幼人口共有 600 余名。大多数村民以务农为生，种植香蕉、黄梨、木薯，同时也养猪、养鸡、养鸭等。还有部分村民是在附近的大园丘当割胶工人。

一家 26 人被杀

杨氏父亲杨金鸿，当时是港尾村村长，他们一家大小 26 人，包括祖父，祖母，父亲，两位母亲，两位叔父，三位叔母，还有姑姑，多位堂兄弟姐妹，以及他本身的兄弟姐妹共 9 人，全部都牺牲在蝗军的刺刀下。

1942 年 3 月 15 日下午 3 点多，一队日本蝗军骑脚车进入港尾的“香蕉芭”，先将该处的七八户人家杀死，并放火烧掉他们的房屋。

当天下午 5 点多，该批杀人放火的日本蝗军从香蕉芭出来，到港尾村街场，驻扎在当地的华文学校里。他父亲身为村长，便带了一位姓陈的年轻人去会见日本蝗军军官，以示尊敬。该年轻人会讲日本语，他的母亲是日本人（战争发生后，这批日本妇女即被英政府扣留）。

后来，他的父亲叫人杀猪、杀鸡、煮饭，请日本蝗军吃晚餐。接着蝗军军官命令村长通知村民们，于次日上午 9 点钟，必须到街场店铺前面的空地集合，等待领取“良民证”或“安居证”。

16 日早上，另一队日本蝗军也蹬着脚踏车进入港尾村，与较早前驻扎在华文学校的蝗军会合。当天村民都遵照蝗军的命令，陆续到达会合地点，而日本蝗军也早已在空地四周列队，他们的步枪都装上了刺刀，街口还架着机关枪。

过后，日本蝗军将集合在空地上的全村男女老幼村民，分成数十人一组，押到店屋前面或后面的果园、荒地、烂芭（低洼地）等处，然后再分为七八个人，或十多二十人的逐次加以刺杀。

杨振华当时已经安排在即将被虐杀的人群中，他看见村民一批一批被蝗军押走，同时也听到他们，尤其是妇女们的哭声、呼喊声，以及惨叫声……

过了不久，终于轮到杨振华一家人了，他与父亲、祖父、叔父和其它几个村民被押到屠场去。日本蝗军强迫他们跪下，上身向前俯，两手着地，蝗军于是从背后用枪口刀向他们猛刺。

昏死后醒来

杨氏当时被刺了九刀，尖刀由背部刺下，一直穿透到胸前。由于他当时把右手掌按在胸前，所以无名指被刺断了两节，他被刺后便昏死在尸体堆中。

次日天亮了，杨振华醒了过来，看见父亲卧躺在地上，便伸手去推他，叫他起身逃走。但是父亲没有反应，他已经死了，背上有两个染血的刀孔。当杨氏进一步向周围观看时，看到祖父也死了，叔父也死了……他们也与其它村民一样惨死在日本蝗军的刺刀之下。这是一场野蛮、毫无人性的大屠杀！杨振华终于痛哭起来……

在那遍地尸体的村庄一角，另一位刀下余生的小孩，听到杨氏的哭叫声，也从尸体堆里爬了出来，他们于是向街场走去。杨氏当时想要回家，走了不远，忽然听到劈劈啪啪的声音，他们感到非常害怕，心想蝗军一定还没有离开港尾村，马上又转头回到尸体堆旁躺下来。后来他们果然看见蝗军在港尾村街场放火焚烧房屋。

遇救命恩人

杨振华那时在尸体旁躺下的地方，不远处有一条小溪。当他感到口渴了，肚子饿了，便到小溪边喝水。他在其父亲尸体边又躺了一夜，现场的血腥味吸引了一种黄褐色的大蚂蚁爬到他身上的伤口吮吸……情况惨不忍睹。

到了第二天，当太阳偏西的时候，杨振华便与那位姓叶的小孩，再次向街场走去。他们看见该村的店铺和住家全部被日本蝗军烧光了，只剩下一片废墟。

他们在那儿遇见一位好心的广西人，当对方知道了他们的不幸遭遇后，便带他们回到附近的“石岩门”，住在公司屋（工人宿舍）里。该广西人用草药为他们两人以及其它被蝗军刺伤、死里逃生的村民们治疗伤口。那位救命恩人收留了他们两个多月，终于把他们的伤口治好了。

（3）1990 年 2 月 24 日，锦华：《一家六人惨死日军刀下——叶荀目睹父亲被杀　心灵伤痛毕生难忘》

讲起日本蝗军于 1942 年 3 月 16 日在庇朥港尾村暴戾不人道残杀无辜，前日现身的另一名余生者叶荀，在接受报界访谈时，大有旧仇新恨之慨。

他在日本反战组织领袖之一的林博史之跟前默默无语，他只希望反战分子能将当年的史实公诸日本社会，为无辜牺牲者申诉。

叶荀，现年已经 57 岁，当年他只不过是个 9 岁的孩童，可能在大屠杀中对他下毒手的刽子手不忍下重手，因此他的背后一共中了六刀，所以命不该绝，给他生还，但是他的至亲共有六人却惨死在蝗军的枪尖下，此种悲天动地的一幕幕使他小小心灵创伤。憎恨，毕生不会忘掉。

当年他与父亲叶庚，生母郑娘，父亲的大婆黄四，姐姐正娣，弟弟显房与其它的村民居住在港尾村（巴力丁宜），以养猪种植为生，父亲且兼看管庇朥大伯公山——中华义山，在义山的宿舍，他的父亲还有一位第三太太陈祝英。

叶荷也证实，3 月 16 日那天早上，一大队日本荷枪脚车队开到港尾村，父亲一早用脚车载香蕉到庇朥市场去售卖归来。

母亲听说已有大批日本兵开到村内，大家都感到害怕，母亲建议离家躲避，但父亲反对，他说："刚才回来时已见到日本兵，手已打了印，不必恐惧。"

父亲且说："我们绝对不能逃跑，否则日本兵生气会杀掉全村人。"

就因为父亲的一番话，我们举家都未逃避。

不久，一队日本蝗军来到家里点算人数，说是要发安居证（良民证），吩咐一家人不可离开，说完后离去。

过了不久，另一个蝗军来到，吱吱咕咕再点算人数，并示意全部跟他去。在此种情况下，谁也不敢违抗命令，只好跟着他走。

叶荷说：到了市镇，那边早已集中了许多村民。大家都不知道将会发生什么事，只有听蝗军指示排好队。

"我看到日本兵都将枪'三角交叉'置于路上，他们嘻嘻哈哈在饮食。"

日军吃饱后，不久，一名类似军官者，在武装日兵护送下，抵达旷场，与在场的日兵交谈一阵驱车离去。

紧接着，在场的蝗军队长开始下令，将集合的不知多少百人，分成一队队，每一队十多二十人，各由两名持枪刀的蝗军带领向不同方向而去，所被带去的人都一去不回头，另带一批离去，除了听见惨叫、嚎啕声之外，就不见有一个村民回来。这时大家才知那是怎么一回事，这时欲逃不得，求救也无门，只有听天由命。

大约是中午时候，除了父亲紧牵着我的手之外，母亲姐弟都被分散到其它队伍去。

村民被押至河边屠杀

我和父亲及其它村民约 20 人被押到一条小河边，蝗军用枪指指点点，令我们仆在地上。父亲牵着我不肯仆在同一队内，但最终也屈服仆在另一边，这引起蝗军生气，枪尖恶毒地一刀刺在父亲之背部，并且脚踏住父亲身体，将枪刀拔起，父亲惨叫，蝗军狞笑，我则在旁大呼大哭，结果背部也被刺了多刀，我也昏死过去……以后其它的同伴当然也都被杀。

直到傍晚我苏醒过来，庆幸自己并没有死。只见父亲仆地动也不动，我哭着去拉父亲，但一动也不动，我痛哭。

这时我也看到同来村民的尸体，也看见一名满身受伤未死的小孩，他就是余生的杨振华（村长的儿子）。

我们两人负伤本能地离开现场，不知痛，也不知怕，只怕见到日本鬼。

一路上，只见浓烟密布，尸体满山野。远远发现有日本兵，吓得我们又仆在地上。很久以后，见日本兵离去，再起身向村里行。

在路上遇到一位受伤、肚皮露出恐怖肠肉的负伤妇女，她叫杨玉妹。她说要回家，但已是有家归不得。结果，我们只好落难，挨着痛苦走到一片胶园，伏在胶房似昏似迷住了两昼夜，只以脏水充饥。

叶荀说：第三天，我们为求生存，再次踱出胶林，走向被摧毁的村庄，幸运地遇见一位好心的高州人，他带我们到他的家，那地方应该是石叻门的木厂，日本兵没有杀到这地方。

在那边我们见到很多位身中刀伤、死里逃生的村民，都是由高州佬采草药为他们治刀伤。

叶荀指出：我在高州佬的家里居住及接受医治十多日，深深感激高州佬的侠义精神。

叶荀另一个居住在中华义山宿舍的母亲陈祝英，已获知港尾村全村罹难的消息，但没有人敢涉足港尾村，心知其夫及一家人可能全部被杀，感到非常悲伤。

十多天后竟然有人传来消息，知道叶荀受伤未死，并由高州佬收留医治，即刻遣人到石叻门将叶荀接到义山宿舍，延医为他医治。

叶荀说：待我的刀伤复原后，陈祝英派出义山工作人员，由我带他们到父亲遇难的河边。由于事隔十多日，遍野尸体腐烂，臭气熏天。但我认得父亲的腐尸，但无法收拾，工友砍一枝木棍在尸体边立木为据。

再过一段不知多少日子，其母才促义山工友将他父亲的骨骸收拾，移到中华义山埋葬。

因此他肯定父亲的骨骸并未与其它的罹难者埋葬于一穴，不过另两位母亲及姐弟的尸骨完全无从认领。

叶荀感慨万千地表示，时间虽然能冲淡一切，但蝗军惨无人道的港尾大屠杀，以及一家人无辜地惨死在魔掌的历史，是毕生难忘的。

数十年来，为了生活，他离开伤心地到外地去谋生，至今才有机会回到庇朥见到日本反战的林博史，并能够将本身的不幸遭遇吐露，以作为蝗军血腥无人道无辜杀戮百姓的史实印证。

（4）《星洲日报》增版 6，郑顺智：《蝗军血洗港尾村又一明证——全家七口死剩一人　蔡德胜中刀不该绝》

1942 年 3 月 16 日，蝗军在庇朥港尾村（巴士丁宜）展开一场惨无人道的大屠杀，600 多名手无寸铁的华裔乡民全部被斩头，想不到尚有不少命不该绝者逃出生天。

惨剧至今已将近半世纪，随着不久前蒙难遗属展开挖骨建纪念碑，加上日本反战分子前来搜查史实而掀开这宗惨案始末。

昨日，当日本和平反战组织一要员林博史教授到来访问一些当年死里逃生者时，因此又有两名当年负伤“死里逃生”者现身追述遇难之过程。

发安居证为借口

蔡德胜，现年 60 岁，当年他只不过是 10 多岁而已，一家七人只有他一人死里逃生，其它六人，包括：父亲蔡湘郎，母亲，姐姐蔡菊英、谭妍，弟弟德修、德明，都惨死在蝗军枪尖下，尸骨无从寻觅，遗恨终生。

蔡德胜在记者访问时称：他的父亲蔡湘郎，当时与家人共住在港尾村，务农为生，父亲为其亲戚管理树胶园，生活美满安乐。

1942 年 3 月 16 日，他知道数十名荷枪实弹的日军脚车部队到达港尾村，以发安居证为借口，召集所有的村民到街上旷地集合。所有村民谁也不敢反抗，也不知道这是死亡的前奏。

当全村的人，男女老少都集齐后，在日军号令下，这些待宰的村民被分成一组组，每组十多名，各在两名或三名日本武装蝗军押送下，被带到不同的方向而去。

他说：“当时我根本没有跟父母姐弟一起，我也不知道他们被押到什么地方，发生了什么事。”但只领悟到，一组组的人一去不回头，只能听到惨叫救命声从远近传来。

“我自己被混在另一组里，被押到河边的一个斜坡。手持枪刀的蝗军露出狰狞的脸孔，示令大家排成一排，蹲跪在地上。”

“惨唉！我被排在最后的第二人，眼见惨无人道的蝗军，一刀刀刺在每个人的身上，一个个惨叫而倒毙。”

一刀穿腰而过

在此种情况下，心里想死定了。果然日军一刀刺到他的右腰间，仆地倒下。但冥冥中似乎注定不该死就不该死，那一刀虽然穿过腰间，但并不中要害，昏迷中隐约听到日军吱吱咕咕，并在小河中洗东西。大约半小时之后，他完全苏醒，不见蝗军，只见同被押来的人的尸体散布在周围，惨不忍睹，不知道什么是怕，也不觉得痛，只是心里很悲痛。

他说：求生是人的本能，尤其是在最恐怖最痛恨的时刻萌生之念更强。忍着痛苦，负着重伤，爬行至森林边缘，就在那里迷糊地度过漫长恐怖的一夜。

第二天，只望见村里烟雾密布，那是蝗军杀了人放火烧掉房屋，四周寂静，到处尸体，令人不寒而栗。

离开森林，向村里走，不知何去何从，也看不到父母姐弟亲人。下意识地明了，他们全部是难以逃过劫数。

负伤走到一间未烧完的房屋，屋外有一口井，巧遇另一名同村负伤逃生的“发油仔”。他很悲愤，觉得生不如死，叫我一同跳井自杀，以免出去又被日本蝗军杀掉。

他说，他不愿这样死，也劝“发油仔”不要跳井，一同出去求生。

负伤蹒跚逃走

他们一同负伤，忍痛，挨着饥饿向着“石叻门”走去，那时日本蝗军可能全部已离去。

就在石叻门附近，他们幸运地遇到一名高州人。他是一位好心的人，带他们到他的家，石叻门的森林，以后蔡德胜知道这是一间当时的锯木厂，那边早已有很多受刀伤的同村人，惨叫呼痛，此情此景，悲忿填膺，无语问苍天。

这位侠心的高州人很热心，每天到森林里去找药草，为伤者洗伤口，敷草药，然后协助伤者离开到庇朥各地去。

蔡德胜说：我在高州人那边给他疗伤约十天，伤势大为好转，才独自离开，孤身到庇朥，投靠当时胶商裕和号张耀泗，因为以前我父亲看管的胶园，胶片都是卖给他。

他表示非常感激当年救他为他医治的高州佬。

在庇朥裕和住了两天，带着悲愤的心情到芙蓉亲戚家，那是他父亲管理胶园的园主，获得留下长住。

他痛恨蝗军的无人道血腥惨杀行为，使他家破人亡，只有他逃出生天。

（5）1993 年 2 月 21 日《中国报》，陈逸平：《阿伯控诉——逼我带路找共党蝗军踏烂手脚趾》

日本军占领马来亚时期，王伍尾是一位年约 20 岁，身强力壮的年轻人。当时他在森美兰州瓜拉庇朥港尾村（目前的巴力丁宜），以农耕为生，当时过着的是一段相当清苦的生活。

想不到生活在平淡的日子里，一件令人不敢相信的不幸事件却在他的身上发生了。日本蝗军不知从哪里得到错误的情报，诬赖他是共产党的成员，将他扣留后以各种残忍的手段逼供。由于王伍尾与共产组织根本无关，因此对蝗军提出的问题也一无所知，所以完全没有答案。谁知蝗军因此而恼羞成怒，以军靴踩踏他的一双手掌的十双手指和右脚的五只脚趾，以达到逼供的目标，结果造成王伍尾的有关手指与脚趾后来因为得不到良好的医治而腐烂了……

酷刑逼供

王伍尾今年已经是一位 72 岁高龄老年人了，祖籍是广东海丰。不过他在很早前已经皈依了回教，另取名为“雅谷敏沙末”，目前是居住在瓜拉庇朥县德拉积甘榜亚逸依淡万巴，靠着一双仅有少许拇指，而没有手指的光秃秃的掌盘，为该乡村地区内的居民修理脚车过活。

王氏指出，日治时期，他是居住在瓜拉庇朥港尾村内部的石叻门山顶区。1942年，日本蝗军在港尾村展开惨无人道的集体大屠杀。悲剧前三天上午八时左右，他在踏着脚车朝着瓜拉庇朥市区而行时，在途中被三名日本蝗军截停下来，原来对方硬指他是共产党成员，并迫他马上带领日军进入森林攻打共产党的营寨。虽然王伍尾当时曾表明他并不是共产党分子，不知道共产党的下落，可是对方怎样也不相信，一定要他带路进入森林对付共产党，结果当时一行人进到森林地带走了一圈而没有任何收获。

第二天，王伍尾回到瓜拉庇朥，那些为蝗军服务的爪牙仍不放过他，将他带到瓜拉庇朥警局扣留起来。当时扣留所内早已有数十名人士在那儿，各人都被蝗军或爪牙以种种残酷的刑法来逼供，惨叫之声此起彼落，教人听了都感到心寒。

王伍尾被送进扣留所后，有关爪牙迫他必须供出共产党的下落，否则将会蒙受更多苦头。由于王伍尾对共产党的活动一无所知，只好哑不出声，对方在盘问中得不到任何答案，因而怒气冲天，除了拳击脚踢之外，同时进一步以军靴跟底，将他的一双手的十只手指，以及右脚的五只脚趾踩踏得稀烂，鲜血不停地流。当时的他，受到这种没有人性的蝗军的折磨，的确痛楚万分，恨不得马上死去，以避免继续遭受血肉之躯的痛苦。

草药治伤

后来他得到负责瓜拉庇朥区军事的日本军官岩田亲自下令释放，总算是不幸中的大幸。当时王伍尾一双手十根手指和右脚五只脚趾的伤势非常严重，于是便到医院求医，但是医生对他的手指和脚趾几乎变成肉酱的情况，表示无能为力，只给了他一些药品暂时敷住伤口而已。

当时王伍尾的母亲和两位妹妹都居住在马口。事后他虽然重回巴力丁宜的住处，但是在那里他举目无亲，有谁来照顾他这位受了重伤的人？结果天无绝人之路，当地一位外号叫“曹操”的农民对王伍尾的不幸遭遇深表同情，于是收留了他，并想办法采草药替他治伤。

自我训练

当时求生意志坚强的王伍尾并没有向恶劣的环境低头。虽然一双手和右脚已经残废了，可是他并没有倒下去，反而更勇敢地站立起来，为了日后的生活，他决定靠自己的努力，奋斗到底，自力更生。

王伍尾于是进行自我训练，以一双侥存少许拇指的秃手来做日常工作，同时在一位好心的小园主的关照之下，初时允许他以缓慢的速度来练习割胶。后来割胶工作比较熟练了，生活才安定下来。

王伍尾因为日本蝗军当年以残暴的手段对付，而造成他今日残废一生，过去的一段惨痛的经历是他毕生难忘的。他除了痛恨日本蝗军胡乱诬赖好人，不问青红皂白而采取残忍的手段迫害之外，同时也希望日本政府能对当年蝗军的暴行负起责任，必须给予受害者应有的合理赔偿。

（6）1996 年 7 月 12 日《南洋乡情》：《54 年前身中 18 刀大难不死——邓亚梅下月初赴日本　索蒙难赔偿美金 20 万》

〔吉隆坡 11 日讯〕54 年前，身中 18 刀大难不死的邓亚梅，下个月以日治时代蒙难者的身份，出席日本的第六届太平洋战后国际赔偿研讨会，同时向日本政府索偿20万元美金。

她昨早在十五碑的新闻发布会上透露，她永远不会忘记1942年3月16日这个惨痛的日子。当年她年仅14岁，当天她的父亲邓宝（当年60余岁）、母亲熊玉香（当年62岁）及哥哥邓甘兴（当年24岁）与森州庇朥港尾村数百名村民，一起死在蝗军大屠杀的利刀下。她心有余悸地说，当日年幼无知的她在母亲的保护下，在乱刀下身中18刀，不过命大，待蝗军离去后的第二天，侥幸生还的村民，在尸臭味熏天的尸堆中，发现她气若游丝，马上把她带到山上敷药治疗，经过漫长的两个月的疗养始复原过来，使她大难不死的捡回生命。

她昨早在马来西亚（半岛）日本占领时期蒙难同胞家属协会筹委会主席孙建成的陪同下举行记者会。

孙君透露，他与邓女士是代表大马单位，受邀出席这项在东京的千叶县举行的研讨会，历时两天，即8月9日至10日。主办当局是日本民间律师团，出席者享有免费膳宿。

他指出，除了他俩，另8名庇朥的会员也自费的参与这项盛会。

他打算向大会提呈四项提案，以便在大会的协助下向日本政府追讨每名蒙难者家属20万元美金的赔偿。

这些提案包括：（1）215名会员投诉家属在日治时代无辜被蝗军屠杀。（2）46名被派到泰缅建筑死亡铁路的生还者要求赔偿。（3）7名会员追讨俸纳金，日治时期，全马人民缴付给蝗军的俸纳金高达5000万零吉，包括新加坡人的1000万零吉。（4）227名会员向日本政府要求更换日治时代的896万日元，当年日本政府在大马发行多种面额的“香蕉钞”。

他最后指出，目前筹委会在全国有582名会员。

（7）1988年5月28日《新生活报》，严常：《扛锄头翻尸救女孩　走后门跳井活命》

8岁的女孩上半身，被父亲的尸体压住；她的左腿及其它部位，给日本兵用枪尾刺刀刺了九刀；后来被伯父发现，把她背起，鲜血滴在走过的路上……

讲话细声细气，看来有点怯弱的陈谭娇，今年54岁，在马口（Bahau）住家，第一次接受新闻记者的访问。

在日本兵疯狂屠杀港尾村675人的暴行中，侥幸生还者之一的孙建成，小时候也见过陈谭娇。

46 年前，陈谭娇只有 8 岁。

文文静静，瘦瘦小小的陈谭娇，时常给大伯陈和牵着小手出港尾村街上，到咖啡店里喝茶。

在外人看来，大伯非常疼爱陈谭娇。孙建成孩提时，还以为时常牵着陈谭娇，到店里喝茶的那个 50 多岁老人，就是她的父亲。

陈谭娇能够活到今天，救命恩人就是大伯陈和。

陈和从井里爬出来，在死尸堆中找到身中九刀、成了血人似的陈谭娇，背去村尾的“石栏门”找中医，用青草药治疗伤口。

有如再生父母的大伯，已于三年前在中国逝世，享年 90 多岁。

8 岁的小女孩，日本兵如存心非置她于死地不可，一刀就可以送她归西天。

8 岁的陈谭娇身中九刀居然不死，至今仍然是一个谜。

从这个谜一样的残酷际遇中，似乎可以探讨出人性中善良或罪恶的一面。

左腿露外面

陈谭娇是陈王和尤娣的大女儿，她上面还有一个 10 岁的哥哥，下面还有一个 5 岁的妹妹。

陈王和尤娣都是胶工，46 年前，一家五口就住在港尾村的一个菜园屋里。

离家不远处另外有一间菜园屋，里面住着当年已经 60 多岁，靠做杂工为生的外公和外婆两个人。

体力劳动者，为了耐肚有力气工作，早餐不是喝茶而是吃饭，所以叫早饭。

陈谭娇还记得是在吃中饭，12 点多的时候，忽然有两个日本兵来叫门。

这一天是 1942 年 3 月 16 日。

当 40 多岁的陈王抱着陈谭娇，30 多岁的尤娣抱着妹妹出到门外来，又看到另外一个日本兵站在屋外。

哥哥紧跟在父母亲的后面，一家五口，就这样被三个日本兵押到一个烂港（意指有烂泥的芭蕉地）。只见已有百多人挤作一堆蹲在那儿。

陈王和尤娣给赶了过去，也照样蹲下。

不久，为数不明的日本兵，即围着用枪尾刺刀刺杀这些村民。每个人都怕到不会起身逃走，只会搂着亲人作一团，呼天抢地号啕大哭大叫。

事实却是：呼天不应，叫地不灵。

为什么他们不会果敢地置死地而后生，向四面八方突围分散逃命呢？

陈谭娇回答说：“以前的人都是傻的。”

忠厚憨直的“傻”，当生死已系于一线之间，却只会听天由命，坐以待毙。

愚蠢反应至此，可悲复可怜。

也不知是在什么时候，陈王被刺毙，陈谭娇的上半身，就这样给倒下的父亲尸体压住了。

只有她的左腿露在外面，九刀之中，陈谭娇只清楚记得左小腿给刺了一刀。

她没有哭，也没有喊叫，她只是害怕地紧紧地闭着眼睛不敢看。

或许她是给吓坏了，后来身上给补上八刀也不知道；可能她当场过后已昏死了过去，接着发生了什么事情，她也一无所知。

当天晚上，大伯陈和扛着一把锄头来翻尸体找弟弟。

忽然，他听到熟悉的小女孩啼哭声。这时候，陈谭娇苏醒过来了，小小女孩感到身上痛楚难当，便自然而然地哭了起来。

陈和抱起她时，还提醒她说：“不要出声。”

因为陈和担心附近还有日本兵。

陈和当晚就把侄女陈谭娇背着往“石栏门”跑，一路上血流不止，去到哪里，哪里就滴满鲜红的血。

枯井没有水

陈谭娇在“石栏门”住了很久，她的伤势终由懂得中医的板厂工友，用青草药把它治好。

陈和的现身，背后藏着一个乱世中有惊无险的小插曲。

他当天并没有跟随其它村民，一起被日本兵押去烂港送死。

当他发现日本兵来叫门时，却机警往后门逃跑，神不知、鬼不觉地跳进不深、又没有水的枯井里躲起来。

天色入黑了，他才好不容易慢慢爬出井口，然后去找一把锄头……

陈谭娇说大伯“最命大”。

陈和、陈王是亲兄弟。三兄弟之中，只有陈和大难不死，另外一个弟弟也在日本兵枪尾刺刀下遇害了。

陈谭娇说：“大伯当时还救过另外两个人。”

她曾亲眼看到一个肥胖的女人，小肠从日本兵划破的伤口流出来，她又硬生生地把它塞了回去。

陈和另外救的一个是不曾中刀伤的50多岁妇女，他把她们两个一起带回“石栏门”疗伤与避难。

陈谭娇中九刀，刀伤遍及身体各部位。左小腿下一刀，伤势最严重，刺穿而过；肚子一刀，左边一刀，以及背上六刀，共九刀。

笔者问到这里时，满腹疑问：为什么日本兵不干脆把你一刀刺死呢？

陈谭娇摊开双手说道：“不知道。”

善良的一面

坐在一旁静静旁听的黄秀珍（陈谭娇的侄女），这时忽然插嘴说：“可能日本兵不忍心。”

这是很好的推断，因为秀珍想到人性中善良的一面，虽然不一定完全正确。

也就是说：当这个日本兵在一刀把陈王刺毙后，随即又把陈谭娇露出尸体外的左小腿刺上一刀，接着他把陈王的尸体踢翻。这时候，他目睹了一张清秀的小女孩的脸，紧闭着双眼，紧闭着嘴唇在瑟瑟发抖等死。

但陈谭娇当时虽然还没有断气，军令如山，况且旁边还有很多日本兵，他当然不敢公然网开一面，放开她救她一命。

他是军人，当然要动手：一直把她刺到死为止。

可能，陈谭娇的恐惧面孔表情，或者瘦小的身躯，却激发起他内心隐藏着的良知；可能，在日本或台湾家乡，他也有一个像陈谭娇一样大，或者长得一模一样的亲妹妹。

他于心不忍了，他急中生智把陈谭娇翻转过来，然后在她背上，力道把捏得很准确地连续刺了几刀，但只伤及皮肉，并没有穿肠破肚。

开始的几刀，可能陈谭娇吃痛，乱翻转身体，而令日本兵误伤到肚子和左肋各一刀。

这个日本兵，可能为了救陈谭娇这个可爱的小女孩一命，就这样故意把她刺到昏死过去一动不动为止。

这怎能说是救人呢？流血过多也会虚脱而死的呀！

中九刀不死

战争中，受伤的人能否活下去，可就要看各人的际遇与造化了。日本兵的善行，只能算是良知上的尽人事，但求个人一时的心安而已。

被他杀的人是否能活下去，那是超出他能力以外的事了。

在杀昏了头的屠场上，还是弥足珍贵的，因为他还保持着良知上的片刻些许清醒。

以上的推断，只是把日本兵往善良的一方面设想。假如往坏的一方面推本溯源，又是另一番丑恶面目。

这一个日本兵是个心理变态的刽子手，他不愿一刀把陈谭娇刺死，因为这太便宜她了。

他玩弄着从军训中苦练来的刺杀技术，只把陈谭娇刺伤，他要她大量脱水慢慢而死。

在杀人过程中还要折磨人，这个日本兵的心理上，有着变态的需求。

日本兵疯狂屠杀港尾村村民675人，陈谭娇在这场劫数中身中九刀，是铁一般的事实；身中九刀而不死，令人想起战争的可怕与恐怖。

死，是悲剧；不死，也会留下不可磨灭的身心创伤。

旧屋给日本兵烧毁了，大伯过后又在港尾村，另外搭一间新屋住，负起养育侄女的责任。

陈谭娇每想起死去的父母亲和兄弟，就会伤心地哭泣起来，陈和因此时常慈祥地安慰她。大伯待陈谭娇，就像父亲疼女儿一样。

陈和抚养陈谭娇到13岁大，由于港尾村一家人没有女儿，又是好人家，陈和便把侄女过继给这家人做养女，那已是和平后的事……

（8）1988年8月20日《星洲日报》，郑顺智：《庇朥港尾冯梅妹和李英谈日治时期苦难日子》

当年日军在庇朥巴力丁宜（港尾村）干下令人发指暴行，罄竹难书，且再听听下列两位当年余生者谈谈经历：

冯梅妹的遭遇

那是46年前的事了，记得那一年是1942年3月15日。

冯梅妹并非是港尾村原居民，原本是住在金马士，当年日军成功侵占马来亚，金马士是铁道交通之总枢纽，每日见到许许多多日军在流动。

冯梅妹的父亲冯维启，认为金马士非安全区，日军流动性大，分分钟都会发生不幸事件，一家商议后，决定离开金马士，因为他有兄弟在庇朥，他觉得庇朥港尾村是“绝头路”（没有其它的路），应该是最安全的地区了。

于是一家人也包括母亲萧凤，两位弟弟，一姐一妹联袂收拾行旅，沿着火车路步行，由金马士到马口，由马口到庇朥港尾村，就住在港尾村新芭（香蕉芭）的一间木屋。

冯梅妹现年 59 岁，居住在吉隆坡，当年只不过 13 岁。

她说：当年兵荒马乱，只知逃难别无其它事可做，来到港尾是寄居朋友的家。

一晃已三个多月，以为这是安全区了，岂料最安全的地方也就是最危险的地方。

原来，当天（1942 年 3 月 15 日）突然来了一队日军。

日军传出讯息说要来登记户口，所有的人必须留在家中，否则作坏人论。

“当时弟弟们在外面玩，也叫回来，以等待登记。”

“姐姐宝英，因为住不惯山芭地方，多日前化妆成老人，跟着牛车到庇朥去了。”

“不久，约有十名日军到来，押着我们离家，我们完全没有反抗余地，任由日军带到森林边去。”

她悲戚地说：“到了山边，日本兵吩咐我们一线长一排坐下，不得转头，而日本兵却站在我们背后各持尖刀枪往每个人背后刺戮，惨叫声，救命声此起彼落，血肉飞溅，一个个应声而倒，几乎没有一人幸免……”

冯女士讲到此，勾起悲痛心情，忍着满眶热泪说：“我的父母，我，我的姐妹都遭同样之命运……也许命不该绝，妈妈与我虽背后中刀，也应声仆倒，但伤势不重，很清醒，本着求生本能，妈妈在我身边，叫我装死勿动……所幸日军并未发现，幸免加刀。

日军离去后，我们仍然不敢起身，至到夜阑人静，母女负伤摸索回到老家。

虽然房屋没有被烧毁，母亲取了一些铁打丸伤药，带我到不远之地洞敷药住宿，第二天才移到森林地带躲藏。

痛定思痛之后，也感到饥渴交织，于是母亲不得不出外去寻找食物及清水，可怜妈妈竟然一去不返。

一日，两日……四五日母亲仍然不回来，一定是迷路了，这时的我，不知如何是好，又饿，又怕，一切都完了，心想日本杀不死，这一回非死不可了，悲痛不已，就不顾一切，爬啊爬，爬到森林的山巅，已是有气无力了。

突然从山脚传来母亲的呼唤声，还有一个男人的声音，我抖擞精神发出弱小的回声。最终，母亲在一男人陪同下来救我，相抱而哭，那情况有如再见隔世人。

果然如所料，母亲出去找水和食物是迷了路，幸亏遇到贵人相助。

我们母女终于死里逃生。母亲也告诉我，在她去找水时发现不少未死者向山里爬，不少都死于途中，满山遍野尸骸，惨不忍睹。

父亲，弟弟二人及妹妹四人是无再生之希望了。

过了许久，我们再到当时杀人地方，希望能认出亲人之骨骸。果然老天不负有心人，终于在骨骸发现一枚父亲所戴的金戒指，将父亲骨骸收拾移葬，弟妹骨骸则不能认出作罢。”

她感慨人生悲惨事，终身难以忘怀，那是日本黩武主义的暴行，人神共愤。

……

（9）1988 年 8 月 18 日《南洋商报》，卢有明：《那段日军滥杀良民的日子——三位妇女劫后余生追述惨痛往事》

在港尾村蒙难华族同胞纪念碑委员会成员之一的孙建成奔走联络之下，又有三位日治时期在森美兰州瓜拉庇朥港尾村（巴力丁宜）日本蝗军进行悲惨大屠杀事件中死里逃生者，前来瓜拉庇朥与众多有关人士相聚，同时也于 8 月 15 日下午，和来自日本的一批民间和平访问团成员在上述纪念碑，一齐参加一项追悼祭拜仪式。

她们今次趁着参加追悼集会之便，分别向新闻界追述当年惨痛的往事。

白亚银：尸堆觅生机

白亚银，现年 55 岁，目前是住在柔佛州麻坡，在日治时期她一家六口住在港尾村以耕种为生。

惨案发生时，她的父亲白桂虽然乘机会逃走而没被屠杀，不过母亲张亚莲，姐姐亚妹，妹妹亚香和弟弟炳水，都在日本蝗军的刀尖下牺牲了，她则在尸堆装死才逃出生天。

在日军动手杀人时，她是被先倒下的成人尸体压着而没有中刀，不过满身都染着他人的血渍，当时可能是被吓晕了，所以不会哭叫。后来醒过来，知道事情不妙，也不敢动和出声，结果与被草席盖着的一堆尸体共处了两日一夜之后，才被一位好心的叔叔带去他工作的板厂收留一个时期。

白女士指出，当天上午港尾村居民都被召来集中在草场，听说是要查户口和发安居证，后来人群都被分批由日本兵押去附近的房屋内，然后才分十人一组，押到屋外的甘蔗头边，成人围成一个圆圈，儿童便站在圆圈内，然后数名日军便从成人的背后，以枪口的尖刀猛刺，直至断气为止。有些小孩子则被日军以坚硬的番石榴树枝活活打死。

那时她父亲是带着弟弟被押到另一间屋子，乘日军没注意时逃进森林里躲避。由于她弟弟只有几岁，父亲怕他会啼哭而影响逃走，只好忍痛放下他，自己逃走。当时其弟弟受重伤，过了多日才逝世。

板厂那位善士除了收留白女士外，还救活了不少伤者，她记得的有陈谭娇与叔叔，杨振华等人。善士每日口咬草药为各人敷伤口，又找来衣服和粮食供应，可惜的是她不知该善士的姓名。

案发后数日，她父亲在他人的指示下到该板厂找到她。父女重逢，生活清苦，后来瓜拉庇朥的谭瑞源收留她，而她父亲也因年老去世，她就一直住在谭家，被当作是女儿般看待，直到出嫁为止。她表示对谭家的恩惠将永生难忘。

（以下为冯梅妹和李英的蒙难情况，略）

（10）1988 年 4 月 18 日《通报》：《死尸堆中寻父母　大屠杀鬼哭神号——李辉追述日治时期惨事》

（庇通讯记者特讯）46 年前，日本蝗军在庇朥港尾村（巴力丁宜）一场惨无人道的大屠杀中，一名死里逃生者，后来移居新加坡，而且已成为新加坡公民的李辉（63 岁），欣闻日本民间和平访问团来到巴力丁宜访问，同时邀请蒙难者家属到日本去参加追悼会，特地从新加坡赶到庇朥，出席一项有关会议，同时接受记者访谈。

46 年了，往事如烟，但那一幕幕惨无人道的大屠杀，令人发指，惊心动魄的场面，仍历历在目。

那时的李辉已是 17 岁的少年了，很懂事，在被押上屠场时，却机警地避开蝗军刽子手监视，逃过鬼门关，可是他的父亲李风，慈母叶娥，以及兄长李福却惨死在日本的枪刀下，使他成为无依孤儿。

他叹气地说，本来我有快乐温暖的家，但是一日之间，家破人亡，回忆起来，依然痛心疾首。

家破人亡，痛心疾首

李辉之父母住在巴力丁宜，割胶为业。儿童时代他是在庇朥华民小学求学，日本南侵前他修完小学，并参加在芙蓉举行之小学毕业会考，其兄李福却是在瓜拉庇朥陈景林修车厂学修车。日治时，他们都住在港尾。

那天是1942年3月15日，大清早大批日本兵来到巴力丁宜，村长杨君奉日军官之命召集全村村民，不论男女老幼都集中在街场，有说是要发粮食，也有说发安居证。

事实上当时任何人也没有想到，也没有反抗的机会，一切任由摆布，难以避免此场血腥、人神共愤的屠杀。

李辉说："当时我与父母兄长都在一起，只见日本兵将所有村民分组，被押到不同方向去。他们却被带押到柚芭及香蕉芭。本来我们这一批共有40人左右。

不久，日兵又将我们分为两组，就因此将我们父母兄弟分开。我被配与死里逃生的孙建成，及他的祖母，蔡新婶（都是逃生者）及其它人士被带入卜天香的家，卜家的人都被带到不知去向。而我父母则被配到邻近另一住家，兄长李福却不知去向。

这时屠杀在四周不同的地方发生，这里哀哭、那里痛苦的惨叫声不断传来，令人毛骨悚然，无限悲戚，接着我那邻近的屋内也同样传出阵阵惨叫声，显然那屋内约20人已无生还机会，包括我的父母亲。

我们这一批人已知大事不好，孙建成及其祖母和蔡新婶都躲在房中床底下……"

李辉说："我也下意识地企图设法避难，原来蝗军将邻屋者杀光后，又来到我们这厢押数人过去，同样惨叫不已！

趁着日军出去后，我们发现门后有一辆手推车，几个麻袋，即刻潜入该小车后，顶上用麻袋盖着，不敢动弹……只有让时间决定我的命运。"

他说，"这厢的人全被押去杀了，屋内除了床底下的人及我，已没有他人，不久又听见日军进屋来，也许命不该绝，日军只拉掉床上的草席和被单便出去了……原来他们拿了草席被单去盖死尸，我感到害怕，也感到悲伤，因为我知道村内的人都被杀了，父母和兄长也难逃厄运。"

日军杀人，纵火烧屋

"大概到下午时分，日本蝗军杀了人，并纵火烧屋，一切恢复平静，我与孙建成出来，四面笼罩恐怖的气氛，不知应该怎样，也看见许多尸体，七横八竖暴毙荒野，想着为逃命，设法走为上着。直等到7时许夜幕低垂，孙建成与祖母向胶园摸索而去，我与蔡新嫂则向山后跑。很幸运，没有再见到日本兵。”

“我们在黑暗中靠着平日记忆和习惯，沿着一条小溪，跋涉数里外，来到俗称‘日本园’附近蔡新婶的家，惊惧交集地度过了一宵。”

次晨，知悉日本兵已撤退，一位邻居名叫钱登的赶到蔡新婶的家，告诉说，李辉兄长身中三刀未死亡消息。在钱氏帮助下，去将哥哥李福带回来，可是很不幸，不久之后，李福因伤势过重而不治身亡，使他又由喜转悲。

如今只有孤伶伶一人，尝尽家破人亡的痛苦，这是日本蝗军滔天大罪。但在铁蹄之下，徒呼奈何！

就在蔡新婶家住下来，终日过着提心吊胆、吃不知味、睡不成眠之生活，不知日本人会不会再来。那时，谁也不敢再到这令人悲绝的大屠场。

不过据说：当时逃出生天的寥寥无几，许多重伤者在痛苦呻吟，只有在尸体堆中挣扎，那一堆堆的尸体就没有人去埋，也没有人敢埋，只有让他们暴毙荒野，任由野兽拖噬，那种情景，实非笔墨所能形容。

李辉续称：“钱登是个好心人，也很照顾我们，就这样提心吊胆地过了 41 天。我忍无可忍，坚持必须再到大屠场去凭吊，也希望找到父母的骨骸，将他们设法入土为安。”

死尸腐化，臭味冲天

在钱登帮助下，李辉与钱登到当日他父母被杀害之屋内，在堆堆尸骸中，40 多天了，尸体都腐化了，阵阵臭气熏天。就在尸堆中，他认出了父母亲骨骸，悲痛欲绝、哭不成声。

他之所以能认出父母，全靠当日他们的衣着，只有衣服裹住令人心寒恐怖之骨骼，还有一些腐烂肌肉粘在骨间。在钱登帮助下，将父母的骨骸收入瓷缸内，将它安葬在庇朥中华义山之原，以了却一件心事。

不要在这个伤心地住下去。和平后，他终于离开了港尾，稍后到新加坡去工作，就在新加坡落地生根。目前他已是新加坡公民，也子孙满堂。

他表示，转眼已 46 年，什么都化了。但当年蝗军惨无人道之行为，却永远烙在心中。这次有机会赶来与一些同命人重逢在一起，又悲又喜。

往事已矣，日本反战学者能大义为怀，愿他们实地考察清楚，将事实向日本下一代作出交代，希望日本黩武主义者应该忏悔，无人道之勾当永远受世人所谴责。

李辉也希望蒙难家属不论谁受邀到日本去佐证当年的惨事，必须负起此项神圣任务，能将有关之一切，确实向日本社会公布，使许许多多冤屈得以伸张。

（11）1988 年 4 月 16 日《新生活报》，严常：《店东出钱孤女葬亲——十六死人装垃圾坑》

一对姐弟被父母安排到镇上去避难，虽然是逃过了死劫，但姐弟俩的父母却被日本兵所杀，尸首丢进垃圾坑。

在垃圾坑里，一共有 16 具腐烂的尸体……

今年 58 岁的曾耀华对笔者说，假如她知道日本投降和平后，日本兵是要缴械的话，她会拿锄头去锄他们两下。

也许有人读了，会认为她很凶，不可理喻；可是笔者听了，却觉得她太过慈悲，出于妇人之仁，有所保留。

一家三尸四命无辜死在日本枪尾刺刀下。回忆惨痛往事，气正在心头上，为什么不说拿机关枪去扫，以消消心头之恨。

45 年前，曾耀华只有 13 岁。她和父母亲，以及两个弟弟住在森属柔河（Johol）马禄园的一排公司屋里。

马禄园是一家英国人园址，里面另外住有曾耀华做包工头的叔公两公婆：曾德孝和妻子谢氏，以及其它 11 个工人：周明琛、李关成、王汉超、黄意昌、萧文、林飞、林润、吴充、吴业、谢才和亚宏。

母亲有身孕

1942 年二三月间，柔河街上开始出现日本兵，一队约 20 人。

曾耀华的父亲曾繁英也是胶工，母亲童氏则在家里照顾孩子。由于听到局势很乱，夫妻俩便商量着叫大女儿曾耀华，白天带着一个 5 岁的弟弟，到柔河街上去暂时避一避。

只留下一个 2 岁的弟弟曾祥发，由父母亲带在身边。曾耀华的母亲，当时已怀孕在身，下个月就要临盆。

柔河街上的南和咖啡店，曾繁英有股份，由一位同乡人曾祥章打理。曾耀华叫他做哥哥，姐弟俩白天就住在店里头。

每天清晨 6 点出来，到了下午 5 点才进去。

头尾一共出了三天。当第三天下午 4 点多，曾耀华带着弟弟又要回到马禄园父母亲身边的时候，在路口遇到一个单身汉工人，神色慌张地跑了出来。

大家是认识的，他劝曾耀华千万不可以进去，并告诉她里面日本兵杀了人。

13 岁的曾耀华，自知自己和 5 岁的弟弟是逃过了死劫。但她也知道，父亲、大腹便便的母亲，以及 2 岁的弟弟，却是从此永别了。

13 岁和 5 岁，都是天真烂漫不知天高地厚的儿童，一下子失去了膝前承欢的宠爱与幸福，即将面对的却是另一个未知的陌生世界。

虽说往后三年里，一直和哥哥曾祥章住在一起，吃用不必愁，但是内心的失落与孤寂，才是永远无法补偿的痛苦。

杀人像杀鸡

曾耀华回忆说：无父无母，寄人篱下不知有多辛酸。

日本兵在马禄园杀了人一个礼拜后，警方才准许曾耀华和曾祥章进去看。

只见 16 具尸体，横七竖八地丢进垃圾坑里。尸体已呈现高度腐烂，再也无法辨认谁是谁。过后，曾祥章只好出钱叫人挖大洞，就地草草埋葬。

由于当时没有立碑，再加胶园也不知翻种了多少次，现在是没法找到埋葬地的了。

曾耀华对此深感自责，只恨当年年纪小，不懂做记号。不然每年清明节前往拜祭，也可以略尽一片孝心。

日本兵胡乱杀害曾耀华一家三尸四命，她心中的积恨不是那么容易平复的。杀一个人，就像杀一只鸡一样，一家人平白无辜被杀死，天理何在？她认为日本政府该赔偿孤儿的损失才对。

日治时期，曾耀华吃尽苦头，小小年纪就在落芭拿锄头种芭过日子。

和平后，她 16 岁，即嫁到瓜拉庇朥来，一直住到现在。弟弟 8 岁回中国，如今已 50 岁，命也很苦，娶妻并无生养子女。

曾耀华老觉得，若有父母亲在，当不会弄成这个地步。是谁害了他们？

（12）《丹绒怡保公坟》

在郑春桂引导下，笔者与“调查有关史料”的孙建成、李玉璇、张达明及卢有明等亲自登上丹绒怡保亲查有关公坟。

该公坟是于 1961 年建立，证明是森美兰州庇朥神安池华侨同人所立。

从石碑上所刻制之名字看来，此公坟内只有 20 多个名字，可能尚有其它不知名之所谓无名氏未包括在内。

这些冤魂包括郑春桂家人：郑锦云、陈肴娘、郑春金、姚金桃、郑炼娘，以及：郑应、陈金添、黄顺、黄妹、杨氏、陈照、陈治、婴孩等。

另一部分没有后裔的张广、谢耀、张劳、张坤、谭广、陈松、黎文、梁松、黄富、吕标、胡广、客家义、余廷及妻女。

郑春桂告诉记者称：除了他本人每年在清明节到此公坟祭拜之外，已不见其它人来祭拜。

由此推测，其它的冤魂的后裔可能多已离开人间，年轻一辈不甚了了，抑或远走他方？无法进一步查究。

（13）1992 年 12 月 18 日《南洋商报》，丘盛添：《郑胜通声声大控诉——当年被日本军折磨得死去活来》

郑胜通，今年 68 岁，目前是马来西亚海陆会馆的一名老座办。50 年前，正是日本占领马来亚期间，当年他是住在森州知知港黎旺小地方。

50 年前的往事，他迄今仍不能原谅那一群意图置他于死地的日本人。

很多人都不知道郑胜通的往事。他在少年时代期间，被日本兵拷打至死去活来，可说是一个由地狱里活着回来的人。

他当时完全没有知觉，但是经过一段时间后神奇的事情出现了：他慢慢地恢复了知觉，有了游丝的一呼吸，他望着西下的太阳……

他感觉到自己并没有死去，复活了，不过，他已是一个奇异的、没有感觉的怪人……

年迈的郑胜通，于 14 岁时跟随父母亲由中国南来，初抵当时的马来亚时，是先到森州的知知港黎旺种植香蕉。那时候香蕉芭场遍地皆是，他们一家是住在香蕉芭里。

日本南侵攻入马来亚时，是于 1942 年，知知港也不例外。黎旺农村的香蕉芭，经常是日本兵出没的地方。

记得 1942 年农历四月初九日，是其朋友严必能结婚的日子，严氏请酒宴会，他并没有参加宴会，结果留在家里时，一群日本兵来到家里，日本人说他们接济抗日军，所以将他与父亲郑锡逮捕。

郑胜通是在回忆往事，记得他第一次被日本兵逮捕的依稀印象。

二 次 被 捕

他说，他共被日本兵逮捕二次，第一次很快就放掉，那时他们居住的整条港（地区）共有六人被捕，日本兵把他们叫上车去，载去不远的瓜拉格拉旺兵房。

郑胜通说，他被关进兵房内20天，由于他当年还是一个10多岁的孩子，日本兵较少对他用刑，而那些20多岁、30多岁的被捕者，人人都被拷打，有些受不了而企图逃走时被枪毙的也有。他有一个同伴叫马利招，当时已有病在身，他便是乘机会而要逃走，结果被日本兵用机关枪扫射而当场倒毙现场。

一天吃一餐

郑氏说，在被扣留期间，吃得不足，每人每天只有一餐饭吃，一餐饭只给一团饭，配上一点鱼头、蕃薯等，所以令他浑身都软弱无力，行也不能行。

他说，被扣留了20天后，他与父亲及另一名叫钟昌的人士都被释放了。钟昌被拷打得严重受伤，释放后屡医无效，不久后即去世。

郑胜通说，他记得第二次被日本兵逮捕时，是事隔几个月。当晚约午夜12时，村子里，他与另一人谢财被捕，当时约有200名日本兵到家里来将他带走。日本兵说他与谢财二人认识山顶上的抗日军，并与抗日军有联络，于是逮捕他们一同上山去找抗日军。

他们被带上山顶去。在半山时，日本兵就遇到四名抗日军，结果双方交火，抗日军受伤被捕。

当时是凌晨时分，日本兵把他们带返知知港的警察局去。

否 认 一 切

日本兵怀疑他是抗日军的联络人或情报员，并且说他拥有手枪。他极力否认一切，并且与一名日本长官广田［顶嘴］口角。他记得反问说：“大人，我是个小孩子，如果是你，你会相信给我手枪吗？”

日本兵问不出手枪来，便将我不断地拳打脚踢。两个日本兵用大藤棍轮流将我打，打得我痛不欲生，晕倒过去醒来后，又将我灌肥皂水喝，由上午折磨到下午约5时后，便将我关在牢里过夜。

第二天清早6时，我又被带去盘问，命令我跪在地上，在我双小腿上置放了一根圆木棍，横放着，两个日本人各在一端站上去压住转动，其痛苦实非笔墨所能形容。

吊起拇指

他被问不出任何结果后，就用电线将其手拇指绑住吊起来，双脚离地。吊起来也问不出一个所以然后，便将其双手反背绑住吊起在半空中，像个航天员似的。

郑氏说，这项折磨最痛苦，实非语言可以形容，只记得，大量汗水自我体内排泄了出来；一会儿，便昏厥了过去，完全不省人事。

待苏醒过来后，望见太阳已西下，该是黄昏时候，再看看四周，日本兵不见了，而自己麻痹的身体上，骇然发现自己的双手已不见了……

再细看一下，原来自己的双手却在双臂之下生长出来。由于没有了感觉，不知怎么的一回事，双手却会生长在这个腋下的地方。

今年68岁的郑胜通，口述其毕生难忘的被日本兵拷打的一幕。

永不磨灭

郑氏说，我的身体每一寸地方，由脚趾到头上，都被日本兵折磨得痛不欲生。迄今，不但我的肉体还常常带来隐隐作痛，更带来我精神上的失常；在我心灵的深处，仍是伤痕累累，永不磨灭的印象……

他说，他宝贵的少年时代，17 岁的金色年华，日本兵，残酷的日本兵，把他置之于死地后，想不到他却会大难不死，重新地呼吸了起来，这的确是个神奇，冥冥中似乎有神助似的，他居然会重新活了起来。

他带着残伤的躯体回到了家里，见到了母亲，恍如隔世一般。他经过了调养，医治；事隔迄今50年的时光中，他都是经常靠药物维持着，才能正常地生活下去，如常人一般。

死过的人

他说，他神经失常症迄今仍未消失，有时夜深人静时，一声巨大声响，尤其是开关车门的响声，他都会受惊而到处要躲藏起来，深怕被人再捕而去。所以，家人、亲戚、朋友都了解他这个神经病，时时都对他嘘寒问暖，不敢大声对他说话。

郑胜通说：我这一身，也可说是我这一生，是由死亡边缘地方捡回来的。虽然体内常感到痛，精神上也时而失常，但是生命总算是我的。我能够呼吸，算是一个重新获回生命的人，我非常珍惜它，也不怕它怎样，因为我到底是一个死过的人啦！

对生命似乎已不怕死的郑胜通，他自己也在研究中医及针灸，主要都是在治疗他自己，用他自己做试验品，偶尔也有外人找他针灸一番，试试看！

郑先生一谈起日本人，就感到无限伤心事，不知从何说起？恨不得自己马上变成一个“超人”，可以一下子把天下日本鬼子杀尽以解心头恨。

（14）卢有明：《一家七口遭蝗军杀害　李光绵要为至亲申冤》

目前在芙蓉居住的李光绵（64 岁），在瓜拉庇朥向新闻界披露，于日本军队占领马来亚时期，他的父母亲、哥哥、三位弟弟及一位妹妹都是先后被日本蝗军抓去杀害，他本人则因为当时没有在家，而侥幸逃出鬼门关。

李光绵是阅读了报章的新闻后，特地前来瓜拉庇朥，联络负责向日本政府索取血债赔偿的孙建成，并参与集体索偿的行动，同时向新闻界讲述他家人在当年的不幸遭遇。

李氏指出，在日治时期他只有 13 岁，他们一家人是在森美兰州宁宜附近的罗木支那（属马六甲州）地区，其父亲李克松是在罗木支那镇上开设合春杂货店，住宅则在该镇的郊区。

他说，其父亲是一位急公好义、乐于助人的商人，当时为了担保一位被警方逮捕的朋友，而导致于 1942 年 3 月 3 日，也就是农历正月十八日，发生全家七人先后被日军抓去屠杀的惨剧。

担保他人惹祸

事情发生的经过是这样的，该镇上的一位菜贩莫寿，有一天从马六甲办了一批货物回到罗木支那时，由于某种原因而被警方扣留了。其父亲得知这件事后，自告奋勇前往警局担保莫氏出来。

过了一个星期左右，当一批日本兵列队进入罗木支那时，很可能是当地的警方人员对该担保事件存有某种异议而心里不服，于是向日军告了他父亲一状。结果造成整队蝗军开到该镇郊区，单独包围他们的住家。当时在家里的母亲黄蕉、

10 岁的三弟光庆、8 岁的四弟光辉、6 岁的妹妹秀梅以及年仅两个月大的小弟弟全部都被蝗军抓去。

在那个时候，其父亲、哥哥光发和他本人都不在家，过后他的哥哥光发获知家人被日本兵拘捕的消息马上赶去看个究竟，谁知这一来竟是自投罗网，也一起被蝗军逮捕。

是日下午，他的父亲与朋友亚美及一位咖啡店东主叫“蒙各”者驾车一起从马六甲回来时，也同时被日本蝗军拘捕。

事后他一家七口，以及亚美与“蒙各”总共九人，被押到离开罗木支那大约五英里以外的宁宜彭加兰榴莲地区李俊呈园丘内，动手进行集体屠杀。

在这场浩劫中，只有名叫“蒙各”的海南人被蝗军刺中两刀后大命不死，而逃出生天，但是过了两年之后，“蒙各”也与世长辞了。

这项血腥惨案发生后，他一家七位亲人的尸体在亲友的协助下就地挖了七个洞穴草草加以埋葬，直到 1948 年，才把有关亲人的遗骸移葬在宁宜华人义山之原。

森林里躲七月

至于在惨剧发生之时，李光绵本身为何会侥幸逃过被捕及被杀的厄运，成为一家之中的惟一的生还者，李氏解释说，在当年小时候，他每天放学回来都喜欢到园丘里的工人宿舍，与印度人的孩子游玩，惨案发生当天也是一样。

在惨案发生的那一天，当他从园丘回到店中时，其姐夫告诉他，他的全家人都被日本兵抓去了，于是急忙把店门关好，与其姐夫一同走去园丘内印度朋友的宿舍躲避，以防万一。

过了不久，他们两人又逃到马六甲野新地区的森林里躲藏了七个月的时间，当时由其姐夫每天设法出去寻找食物，以解决温饱问题。在那段日子里，由于饮食量不足，加上森林里蚊虫多，简直是度日如年，最后终于因为体力不支而病倒了，所以只好从森林出来，回到宁宜船头居住谋生。

他的一个美满幸福的家庭，因为上述事件而告破碎，在家破人亡的困境中，只有靠着姐夫的其它亲戚的协助，在没有至亲的人在身边的日子，度过一段孤独的、像流浪似的寄人篱下之生活，直到他长大成年。

想起过去那一段终生难忘的辛酸悲惨的生活经历，他就对日本蝗军残忍的血腥暴行感到非常痛恨。他强调，日本政府必须对当年蝗军这项滥杀无辜的罪行负起全责。他这次为不幸被害的七名至亲申冤，并要求日本政府给予蒙难者后裔应有的赔偿；同时也希望其他受害者家属也能挺身而出，揭发更多日本蝗军在当年干下一连串滥杀良民的血腥罪行，并且也应该支持蒙难者家属集体向日本政府追讨合理赔偿的行动。

（15）《蝗军肆虐滥杀无辜　钟记生索血债赔偿》

（29 日讯）钟记生，现年 59 岁，目前是居住在芙蓉巴蕾再也花园门牌 838 号。他在瓜拉庇朥向新闻界投诉，指日本蝗军在当年杀害他母亲和兄姐三人，并要求日本政府赔偿这笔痛失亲人的血债。

他指出，在日治时期，他年约 8 岁，因为父亲在早年病逝，便与母亲杨容、哥哥钟镜生和姐姐钟妹姑一家四口，在森美兰州林茂甘榜峇都居住，经营小杂货店为生。

日本占领马来半岛之后，在蝗军铁蹄统治之下，到处发生滥杀良民的事件。消息传来之后，地方上的居民都感到害怕，过后他们一家也跟随其它居民搬到离甘榜峇都不远的双溪拉央“金河山园丘”去避难。

当时可能是大家都认为该园丘是一个安全避难所，因此从附近地区逃难到那儿的居民约有 20 多家，共有 100 余人。避难者除了住在该园丘的工人宿舍之外，余者是住在临时建搭的长屋内。

他说，1942 年 3 月份的某一天，日本兵通过地方上的领袖，通知在金河山园丘避难的“难民”不要再躲在该处，必须回到各自的住家。

由于这是蝗军的命令，居民们都不敢违抗，因此各家各户便相继搬回原地去。由于钟记生的小杂货店在他们逃难后不知被何方人士放火烧了，因此造成无家可归，于是母亲便决定先搬到朋友罗荣英位于双溪拉央的家暂住。

当天下午一时左右，钟氏与哥哥一起出来，母亲和姐姐则因为要等罗荣英的父母一起才出来，所以暂时还留在避难所内。后来他的哥哥又回到金河山园丘搬东西，当其兄到该园丘不久后，便有一队三四十人的日军骑着脚车，也进入金河山园丘。

闯金河山园丘　杀死四十余人

那天出来后，钟氏便与罗荣英在其住家后面采人心果，罗氏爬上树，他则在地上等候。当罗荣英爬上树一会儿，便看见那队日本兵踏脚车经过，因为害怕便从树上下来，当时一粒人心果都没采到，两人便一齐进入屋内等候家长从避难所出来。

可是当天一直等到晚上，都不见其他人士从金河山园丘出来，包括钟氏的母亲和兄姐，以及罗荣英的父母亲等人，也没有任何消息。较早前从避难所出来者约有数十人，罗荣英的两位堂兄也在内。

到了第二天，他们才听到一个坏消息，蝗军进入金河山园丘后，便在那儿大开杀戒，将当时所有仍留在那儿的男女老幼 40 余人全部加以杀害，并把尸体丢进园丘内一口大水井里。

日本蝗军杀人之后，有人曾经进去园丘内，所以知道被杀者的尸体是被丢进大水井中。不过却不知道是谁这样做的。

钟记生的母亲和兄姐遇害后，便由过去的邻居张鸿叔收留他几年，后来才由居住在芙蓉的叔父钟福荣接他过去，同时也学习裁缝，重新过着新的生活。

钟氏表示，当年日本蝗军到处干下滥杀无辜的罪行，日本政府必须负起责任，给予受害者后裔合理的血债赔偿。

（16）1993 年 9 月《中国报》：《蝗军杀八口　母迫嫁三次——许三妹为母申冤索赔》

黄妹是一位苦命的妇女，日治时期她的一家八口在日本蝗军所展开的一场大屠杀惨案中遭刺杀，当时她命不该绝，受伤后逃出生天。

过后她害怕会被召去当慰安妇而改嫁，第二任丈夫又被蝗军捉去灌肥皂水，终于活活被害死，留下一名遗腹女。

为了生活，她不得不第三次披上嫁衣，含辛茹苦养大数名子女。谁知惟一的儿子在 8 岁那年，在看戏时被化妆恐怖的剧中人吓死……

黄妹的女儿许三妹，现年 42 岁，目前居住在森州日叻务县新邦留连平民屋内门牌 19 号，是一名胶工。她于昨天在瓜拉庇朥向新闻界投诉其母亲的不幸遭遇，并代表她的母亲申冤，同时要求日本政府针对她母亲的亲人被蝗军先后杀害而给予合理的赔偿。

许三妹指出，她母亲黄妹与首任丈夫赵氏是在中国乡下成婚的，过后夫妇俩便随亲人来到森州知知港余朗朗村庄定居，以耕种为生。

她说，日本统治马来亚时期，她的母亲（当时 38 岁）与首任丈夫，一家八口，包括年龄由 2 岁至 10 岁之间的四男孩及二女儿，听从村长的吩咐，举家前往当地的学校草场集合，以等待领取日本人分派的粮食。

集 体 屠 杀

当所有村民都到来集中后，日本蝗军便命令每一家庭成员分别列队，然后分批由七八名日军押去附近的房屋内，男人都被绑住手，妇女及儿童则免绑。一声号令之下，先向男人下手刺杀，在场的妇孺都被吓得号啕大哭，最后全部男女老幼都被集体刺杀，死里逃生者仅有极少数。

她又说，她母亲黄妹当时头部及背部等被刺中数刀，右眼也中刀而导致后来失明。黄妹受伤后便昏倒在其它尸体之中，由于没有断气，而被当时睡在尸体堆中装死的姑母救出来，她丈夫与儿女则全部因伤重身亡。当天傍晚，日本蝗军又重临该村放火烧屋。

黄妹因为受伤，其侄儿便带她到森林里，由抗日军负责以草药医治，直到伤势治好后才从森林出来。由于在日治时期，听人说女人如果没有结婚便会被征召去当慰安妇（军妓），她因为害怕便与第二任丈夫萧氏结婚。

痛 苦 一 生

黄氏由于过去受了伤，经常有病痛，而不能正常工作，所以生活困难。许三妹的父亲许耀当时体恤黄妹的处境，便与她结婚，以负起照顾她的责任。婚后，他们一家是住在葫芦顶铁船，种植香蕉为生。

许三妹指出，她母亲第三次结婚，生下二女一男；男儿在 8 岁那年，在看戏时因为受不住演员化妆成剧中人的恐怖面貌，结果活生生地被吓死了。

许女士表示，她的母亲真的是一个苦命的女人，已经在 14 年前逝世了。她母亲生前经常提起她过去的悲惨辛酸往事，同时也吩咐她们，如果日后有机会，一定要代表她申冤，并向日本政府索取血债赔偿，还给被杀害的亲人一个公道。

（17）《李信要求日本赔偿——一家五口遭蝗军烧死》

（马口 2 日讯）日本蝗军在 1942 年 3 月 3 日，扎军在森州林茂时，把李信女士当时一家五口，全部放火烧死。惨无人道的罪行，令李信至今仍咬牙切齿，痛恨日本蝗军所犯的巨祸，誓要日本政府，作出人道的合理赔偿。

她今早是在马来西亚（半岛）日本侵占时期蒙难同胞家属协会筹委会主席孙建成陪同下，前来向记者讲述遭遇。

她说，当年其父母李照，56 岁，邓恒，48 岁，两名弟弟李亚苟，13 岁，李亚乌，9岁及妹妹李妹仔，4岁，全被日本蝗军关在一间菜园屋，用火把他们活活烧死。这个惨剧，令她毕生难忘。

她指出，当时一家是居住在林茂偏僻的菜园，父母是菜农。由于她当年16岁，已经出嫁在外地居住，才幸运逃过劫难。

在她的记忆中，周遭菜农只有七八家人。当天早上，大批日本蝗军来搜查，把邻近居住的人士，全关在屋子里面，然后放火焚烧。后来，她在姑姑丈夫郑慈心的通知下，获悉这宗惨剧。

她说，日本投降后，她曾回到菜园屋，见一片园地，已变成荒草丛林，父母及弟妹骨骸，也没有人去收尸。再过一些日子，才知道附近热心侨领，把骨骸埋葬在一个地方，因工作关系，一直没有打听日后的情形。

目前居住在庇朥的李信，68岁，声称日本政府不应视若无睹，对当年马来半岛受杀害的无辜平民，要求作合理赔偿。

另一方面，孙建成表示，目前向他寻求登记的蒙难后裔家属，达300余人，惟委员会尚接受外地的登记者，再延长两个月时间，而森州内则不接受登记。

他说，日本方面对半岛的受害者，已公开道歉，说明了日本政府更应该解决受害者及蒙难家属要求的赔偿，惟有这样，才能挽回世人对日本政府的信心。

他指出，在整理有关登记者的资料后，将提呈到日本民间和平律师团研究，设法为蒙难家属、死亡铁路建筑者追讨这笔血债。

（18）1988年4月19日《星洲日报》，郑顺智：《日军屠杀冷宜八号公司员工惨案——张友悲愤填膺话当年》

张友，现年58岁，现在居住在亚依昆宁。

1942年，农历正月二十四日，是他一生不能忘记的日子。那天，他一家六人，除了他本身身中五刀、装死逃出生天之外，其它五人包括父母及弟妹，却在手无寸铁之下，被日军全部刺杀身亡。

那时，他才12岁，与父母弟妹住在冷宜平芭南洛园八号公司。整个公司共有60余人，除了五人中刀不死之外，其它的人无一生还。

张友是见报后于前日到来庇朥，出席一项日治时期“未亡人”会议。

他在接受记者访问时诉说：八号公司的惨况，令人发指。

虽然已是46年前的事了，但对于日军残杀无辜，仍然感到痛心疾首！

当时，冷宜南洛园包工头申达洲，兼管八号及二号公司，惨案发生时，所幸他不在八号公司。事实上，日军一行三十多人，都是荷枪佩刀，踏着脚车早一天下午抵达八号公司。

来者不善

日军到来，真是所谓来者不善。他们来到公司，饬令整个公司男女老少 60 多人出来排队，首先检查每个人之身体，是否有纹身，他们之意是："纹身者，非良民也"，必遭断魂之难。

结果，一名身材魁伟之年轻人被点中，由数名日军押走，以后消息杳然，下落不明。

点去十名壮健年轻人后，所剩下的是年纪较大，妇女及儿童。日军点算遗下之人后，用笔写着：明天再来，不可少一人，否则全部斩杀……

真傻，当时竟没有一人敢离开，所以会造成集体被斩杀。

张友说：第二天早晨 7 时许，该队日军果然重来。这一回除了荷枪佩刀之外，也带来一些泥铲等工具。

日军来到，又令全部的人出来排队，大家心知肚明，这一回必定有难。其中有人要求日本兵，待去找工头来谈，但日军不允许。

接着，日军又从中挑选十人，押到离公司约六兰带之山沟边胶房与小楼，将十人赶入楼屋去。这里的日本兵又将余下之 30 多人分为两组，8 名小孩（包括张友）及 8 名妇女被关在一间房内，其余的 20 名男人被关在另一房内，每个人都被反手绑住，令你插翅难飞。

出来砰砰枪声

这时那小楼发出砰砰砰之枪声，一阵阵凄惨之叫声传来，吓得大家魂不附体，简直不敢相信日军那么残忍，杀人不见血。

"接着，日军又走到我们的公司，又押十人到该小楼。这时没有枪声，但闻痛苦凄惨叫声……

轮到我们了，这一回休想活命，我与弟弟及其它的人，被押到胶房边的斜坡上，下面是一道小流水沟。我亲眼看到，日军毫无人道，将人一个用枪尾刀向身上乱刺，一人用锄柄或吹火铁筒往那人头部猛击，不死都不可以。"

胞 弟 惨 死

“我与弟弟见到此情景，只有大哭。可是如蝎心肠的日军并不因为我们年纪小而放过，我与弟弟都被刺，一起滚下坡至沟边，弟弟还未死。再加一刀，弟弟脸扑水，活活地死去了。我想，我哭不知如何是好，听天由命吧！”

身 中 多 刀

“这时，我已身中多刀，背后好像被刺了四下，左手被刺一刀，穿过去。我惨叫，悲哭，昏倒过去。之后，我装死，日本人以为我已断命，他们离去了。”

只有四人未死去

“我也看到，”张友说，“总共四个人中刀未死。一人在公司屋，启后门企图逃走，日军开枪，倒下去，但没有死。

房内有一人中刀，他叫亚兴，也没有死。朱带、工头的太太都中刀没有死，梁标从后门逃走未死。

但是梁标以后跟我住一个时期，刀伤始终未治好，半年后，听说在金马士死了。”

求 救 无 门

“二号公司没有事”，张友说，“我与另一人，记忆中是梁标，负伤连夜离开八号公司，穿过树胶林，约二英里，来到二号公司。二号公司的人没有同情心，且认为我们是祸根，杀不死，如果给日本兵知道了，二号公司一定有难，更可能面对同样之命运。

他们不敢收留我，天啊！何处是我家？天茫茫，地茫茫，夜已深，离开二号公司，茫无目的，又惊，又怕，又痛，死去或者更安乐。

也许是老天的安排，走到胶园一个山洞。那山洞很隐密，死里逃生者，勇气比平常强，也顾不了许多，就在山洞平石上倒卧，大概是两天两夜，不相信自己还会活命。

住在亚依昆宁的叔叔听到八号公司集体被屠杀之消息，带着另外两人到八号公司，只见遍地不甘瞑目的尸体，却不见到我。找到二号公司，有人告诉叔叔说我没死，已离开二号公司。他到处找，终于找到大石洞，才发现我负伤睡在石洞内，将我救到亚依昆宁去医治。”

现身证明

张友在接受记者访谈及在“未亡人”会上激动地掀起他的上衣，让在席人士看他背上四个刀伤疤痕，同时指着左手弯一刀穿过之手臂，以证明所作之谈话非虚。

对于日本民间学者考察团到来考察一事，张友认为，如果日本需要作证，就应该更翔实，不要只限于巴力丁宜，因为其它地区受难者也不少，同样是凄戚，家破人亡，妻离子散，一样痛苦，就好像冷宜八号公司，罹难者就有 60 多人，还有冷宜赖家等之不幸者。

（19）1993 年 7 月 28 日《中国报》：《日军杀全家——三老人控诉暴行》

（芙蓉 27 日讯）又有三名日治时期蒙难者后裔，今日控诉日军的暴行。他们的至亲家人杀死，而蝗军残杀他们的家人的血淋淋一幕，令他们毕生难忘。

这三名蒙难者家属是（1）陈福娣女士（68 岁），她一家 5 口被杀；（2）刘九妹女士（75 岁），她死了 6 名亲人；（3）邱鸿（63 岁），他的父亲被召去泰国建死亡铁路后，便一去不返。

他们今日在孙建成的安排下，在芙蓉讲述彼等家人的遭遇。尤其是陈福娣和刘九妹女士，在忆起当年知知港余朗朗大屠杀惨案，他们亲眼见到日军惨无人道的屠杀他们的家人，还有当地妇女和小孩的经过时，都激动得红了双眼。

他们透露，他们当年大难不死，躲避蝗军的搜查后，在住家附近亲睹了余朗朗大屠杀的惨案，此刻忆起，仍然毛骨悚然与一腔的悲愤。陈福娣目前住在古打粦，他的父母、两名弟弟和一名妹妹，在日治时期，被蝗军打死。

他追述说，在 1942 年 3 月 18 日下午 3 时许，日军在该村搜查后，把所有无辜的村民、妇女和小孩，搜捕后集合在当地的一间学校，过后展开惨无人性的大屠杀。

他因为躲在屋后的黄梨园没有被查获，因此逃过劫数。

同住在古打粦的刘九妹当时则躲在屋后部的木薯园，也因此逃出了日军的屠杀。

他们悲愤地说，当时大屠杀就在他们的住家附近进行，他们躲在不远处，亲眼看见蝗军惨杀无辜的罪行。过后，蝗军还一把火把学校烧了。

另一名蒙难者家属邱鸿，来自凤山庄。他披露，他的父亲在1943年被日军捉去泰国建死亡铁路，过后便音讯杳然。他当年只12岁，他相信其父被召去泰国不久，便早已不在人世了。

（20）1993年10月23日《南洋商报》：《赵坤为先父申冤》

（马口22日讯）居住在吉打双溪铅罗冷打曼的赵坤，为其已故父亲赵成波伸冤，指出其父当年日治时代，在庇朥港尾村居住时，被日本蝗军所杀害，并通过大马半岛日治时代蒙难同胞家属协会筹委会登记，要求日本政府，作出人道合理赔偿。

他是今早在唐兄的弄边闻人赵海局绅及该筹委会主席孙建成陪同下，前来马口本报办事处，向记者讲述有关事件。

现年78岁的赵坤，精神奕奕，育有十名子女，在吉打州居住，是获赵海局绅联络后，专程赶到马口，以便为其父当年被日本蝗军杀害伸冤。

据他说，在他年约20余岁时，当时并没有与父亲同住在庇朥港尾村。直到日本投降后，回到庇朥找寻父亲的下落，后来在赵海局绅转告，获知其父已被杀害了。

父亲被捕一去不回

他追忆说，1942年3月间，其父已经在几天前搬出港尾村，转到甘榜去替马来人割胶。由于忘记携带一件冷衣，重回到港尾村旧屋找寻，岂料当日就是蝗军到来进行大屠杀时，结果一去不回头了。

他说，当时不知道亡父的骸骨葬在那里，一直没有追问，是因为自己劳碌奔波，至度过50岁王老五的生涯，才成家立业。

他说，一个星期前，唐兄赵海局绅电话拨来，知道森州庇朥孙建成，已成立一个蒙难家属委员会，嘱他前来为其已故父亲登记。

另一方面，孙建成表示，为了进行登记蒙难者后裔家属的资料，筹委会已延至本月份止，希望那些未前往登记的亲历者或家属，在本月内，尽快前来登记成为索偿委员会的成员。

他说，目前由他协助登记的名单，有超过200余人，包括死亡铁路征召者在内。日期结束后，筹委会不再寻求处理登记工作。

他指出，整理的资料，将会提呈给较早到访森州的日本民间共15人的律师团，由他们在法庭申请审案，争取拥有登记者的索偿工作。

他说，经过三次受日本民间和平团，安排到日本铭骨心会的集会，已经与世界各国蒙难委员会，取得密切联系，争取日本政府索偿工作，乃在积极进行中。

（21）《日本蝗军暴行，造成数不清家破人亡——马口颜世锦诉说当年日军在双溪镭进行大屠杀往事》

（庇朥26日讯）当年日本蝗军在森美兰州境内展开惨无人道的大屠杀血腥暴行，造成数不清的家庭家破人亡，冤魂处处。

受上述浩劫影响的其中一个家庭的成员颜世锦（61岁），目前是居住在马口，他于昨天前来瓜拉庇朥向新闻界诉说40多年前，日本蝗军在马口双溪镭进行大屠杀的一段悲惨往事。

他说，他的哥哥世豪、弟弟世平、堂舅陈振就都是被蝗军所屠杀，甚至不知尸首在何处。其母亲则因为痛失儿子和堂弟，结果也自杀而去，结束了自己宝贵的生命。

他的父亲颜樟，在日本占领我国后的第二年，被召去泰国兴建死亡铁路，自从应召而去，音讯杳然，必是凶多吉少，只留下他和一位妹妹文香。

颜氏指出，他这条老命和妹妹的性命都是因为前来瓜拉庇朥医病，才有机会逃过浩劫。其母亲在事发当天因为带妹妹到庇朥治病，所以才免死在日军的刀下。

他追忆说，惨案发生当天是1942年农历七月十九日，其母亲由庇朥经马口拟回去双溪镭。当她到了马口，见到从双溪镭逃出来的人士，并听说双溪镭镇里人已被日本人杀光，包括他的哥哥、弟弟和堂舅，所有店屋也被日军放火烧成灰烬。

他母亲知悉有关不幸的消息后非常伤心悲痛，当日回来瓜拉庇朥后便偷偷服毒企图自杀，后来虽被人发现，但因中毒已深，经过两日夜的与死神挣扎后，结果却不治逝世。

他又说，当时他患上相当严重的瘤疾，在医院中留医，完全不知道哥哥、弟弟和堂舅被日军屠杀，母亲事后又服毒自杀的悲剧。如今想起日本蝗军一手造成他家破人亡，使他终生难忘。

颜世锦又指出，他们一家人本来都是居住在瓜拉庇朥，日本军南侵后，他的父亲被日军召去泰国任死亡铁路的兴建工作而一去不回来。第二年，在朋友介绍之下，他们一家人迁往双溪镭，租了一间亚答店屋，由他们兄弟三人就堂舅合作经营杂货生意和土产烟，一家生活相当不错。

他说，他们在双溪镭居住了几个月，不幸的大屠杀惨案便发生了。如果当时他和妹妹不是到瓜拉庇朥来医病，相信他们一家便没有一人生还了。

颜氏最后补充说，据逃出生天的居民指出，日本兵在当天上午乘火车到达双溪镭后，便将市镇包围，命令所有居民出来集合，并分别加以捆绑，接着不分青红皂白便展开惨无人道的大屠杀，过后还放火将店屋焚烧，片甲不留。

在上述浩劫中牺牲者共有数百人，逃出生天者只有一小部分人士。

（22）1993 年 10 月 28 日《南洋商报》，卢有明：《枪林弹雨中逃出生天，苏天送亲睹蝗军暴行》

（庇朥27 日讯）目前居住在马口甘榜支那门牌一六八号的苏天送（77 岁），昨日在马来西亚（半岛）日本占领时期蒙难同胞家属协会筹委会主席孙建成的安排下，在瓜拉庇朥向新闻界追述当年在他在马口双溪镭，亲身经历的一段日本蝗军屠杀民众时，他在枪林弹雨中死里逃生的经历。

他说，日本侵占马来半岛之后的 1942 年间，他是身强力壮的 25 岁青年，当时他是马口商人郑福潘的助手，每天早晨都须出门工作，踏着脚车前往双溪镭及附近一带地区，向有关居民收购烟叶、木薯等土产。

当年 7 月 31 日（农历七月十九日）他与雇主郑氏像往常一样，大清早便踏脚车到双溪镭小镇。大约是在上午 10 时，大批的日本军队突然间开到当地，接着便把该小镇包围起来。过后日军又下命令，促镇上所有居民必须出来集合，然后把各人的双手加以捆绑，全部推到一处空地上……

（23）1992 年 8 月 26 日《南洋商报》，徐明生：《死里逃生记——刘修良忆述日治时期的苦难》

日军自 1941 年 12 月 8 日从泰国的百大年攻入马来半岛后，便展开血腥的统治；直至 1945 年 8 月 15 日投降止，共历时三年八个月。

在上述暗无天日的日子里中，惨无人道的侵略者对无辜良民的迫害，简直是无所不用其极，包括毒刑、拷打、枪毙、刺杀、砍杀、奸杀、烧杀等。

尽管当年日军的滔天罪行，在历史长河中飘逝了约半个世纪，但是，当时的身历其境者都会咬牙切齿说：“我永远不会忘记！”

现年 80 岁的刘修良就是其中一个见证者，他无限辛酸地追述了他的“死里逃生记”。

大难不死必有后福

刘老坐在他芙蓉海边路芙蓉园住家的客厅中，以颇为风趣的口气当开场白说，他年轻时不大相信“大难不死必有后福”这句话，然而，自逃过日治时期的“死关”后，不但活到“人生七十古来稀”的年龄，而且还远远超出了十年，因此，现在对那句话信足了一百巴仙。

他说，日军侵占森美兰州时的血淋淋暴行，使到州内的日叻务县、瓜拉庇朥县、林茂县、芙蓉县好些地方变成屠场，更有数以千计的华裔男女老幼变成冤魂。那时身为教师的他，也险些成为其中的一分子。

“1943 年的 11 月 13 日，是我毕生难忘的日子，从新加坡来的特务队看上了我！”

刘老望着客厅里的风扇，仿佛要藉它拨出当年的吉光片羽。片刻，他又说，当天早上 9 时正，一名日本暗探，步入当年设在洛士街福建会馆中华小学的办公室问谁是刘修良？他答称他就是，于是遂被带上卡车。当时，他发现车上已有几个人，他是最后被捕的一名。

他说，过了不久，一车人都被送到目前的邓伯路牢房，关在第三楼。在那里，每间房关二至三人。他记得，当时他与李致祥局绅同处一室。

“形容日军残酷与狡猾，那是一点不错的！”刘老说，一进房后，日军将他们的钱包、手表、自来水笔、钥匙圈等都搜走，并一一送到各人家中。不必说，家人一睹那些东西，都以为被捕者均凶多吉少，哪能不痛哭流涕呢！

其实，他们都没有死，只是要受苦受难。他说，为了让家人安心，他要求一名马来人警察帮忙，拿来铅笔写了“平安勿念”四字，又叫后者偷偷送出去，好叫家中老幼放下那颗忐忑不安的心。

刘老人虽老但记忆力强。他说，那天被捕者共九人，除他与李伯瑜个别是中华小学副校长和马里街大华小学校长外，就是管绍南（加流街南发洋货东主），田谷初（大街大裕兴洋货东主），何楚衡（大街万山和药店东主），黄和谋（沉香路建筑商，当时中华小学董事长），李致祥（当时英殖民地州议员），王会尧（当时中华小学校长），王子家（大街合成冷藏店东主）。

他说，到了在瓜拉庇朥路的鬼屋里被日本特务队拷问时，他才恍然大悟，原来他与同伴都被人诬告说，当年的双十节，他们一班人在沉香路的天师爷宫里开会，发表抗日的言论，肯定是同盟会的成员，所以被“请”了来。

“对于那‘莫须有’的罪名，我们当然矢口否认，但换回来的却是热辣辣的几巴掌和几下日本火腿！”

他说，此后日军改变方法，一个个问，不过，他却有至死不认的决心。直到有一天，在放出犯人冲凉时，身为校长的王会尧才偷偷对他说，日军吃软不吃硬，最恨“死硬派”。由于其已五次否认，故那闪亮亮的长军刀，都在他的脖子后威胁，最后终于承认，以免精神上痛苦。

“王校长也对我说，日军统治期不会太长，承认了不一定是死刑，如果侥幸不死，那岂不是留得青山在，不怕没柴烧吗？”

他说：“好汉不吃眼前亏，被长军刀威胁了两次后，我也乖乖承认。”

死亡线上遇救星

刘老指出，在审讯时，他很幸运遇上三位救星，那条冷过水的命才拾回来。第一位恩人是练成道场场主山崎（日本人），第二位是当年得森州教育局长（日本人），第三位是高等法庭通译员郑官祥（华人）。三位恩公都向庭主说，10 月 10 日那天，我们见到犯人在道场内接受训练，其肯定不会到沉香路去参加同盟会成员的会议。

说到这里，刘老也解释说，所谓练成道场，那是日军的一种训练所，好像现在的师训学院，教师是他们心目中的高级公务员，所以在遴选后都被派到该处接受日文课程与体育活动的训练，以便效忠大日本国。

他说，就这样，他逃过大难，被判无罪释放。不过，其它的八人，他们的遭遇可真惨。被处死刑的是李伯瑜和管绍南，被打伤无药可医而死的是田谷初和何楚衡，被判坐 10 至 15 年牢的有李致祥、王会尧、王子家、黄和谋。战后，黄和谋故去，王会尧于 1948 年回中国。目前仅存者计有他本身、李致祥和远在中国的王会尧。

刘老回忆说，扣留 95 天后释放的他，已骨瘦如柴等于半个死人，因为在牢中，每天只以野苋菜参粥水当餐，一周内只分派一次木薯，加上医药的缺乏，他能活着回家已是好命！往后，他调养了一段长时间，身体才渐渐恢复健康。

他说，战后他在邓普勒路的培华小学当校长，直到 1972 年才退休。这 20 年来，日子过得很安定，闲来剪报收集成册，也学学书法，有老伴在身旁，又有孝顺的儿孙满堂，他还有什么不满足呢？

（24）《丈夫前妻与子女遭蝗军杀害——庇朥老妇伸冤要求赔偿》

（庇朥7日讯）来自森州日叻务古打彝新村的一名老妇林玉兰（74岁），前来瓜拉庇朥会见马来西亚（半岛）日本占领时期蒙难家属协会筹委会主席孙建成，投诉其丈夫前妻及五名孩子在日治时期惨遭日本蝗军杀害的事迹。

林女士指出，日治时期她的丈夫吴桂发一家七口，包括当时的妻子李云娣与三男二女（年龄由2岁至12岁之间），是居住在古打彝奎岭四十二吉（亩）园丘，以养猪及种植香蕉为生。

当时林女士与家人则是居住在奎岭内部，离开吴桂发的住家约有半英里。由于日本蝗军没有进入内部杀人，所以他们一家都平安无事。

她说，在1942年3月18日下午3时许，一队日本蝗军开进奎岭，屠杀了住在当地的吴氏家族44人，以及陈兆胜和阿六顺2人，一共46人牺牲在日军的刀尖下，其中包括吴桂发的前妻与5名儿女。

案发当天，吴桂发已经骑脚车出门到瓜拉格拉旺工作，因此幸免一死。是日傍晚吴氏放工回家时，看见其妻与五名儿女都遭蝗军下毒手杀害，并弃尸在屋后，只是用草席盖着，结果心里非常害怕，连脚车也不要，拔足飞快地逃跑到瓜拉格拉旺的工作地点，暂时在雇主家住宿。

过了三四天之后，吴氏家族亲人申请拾尸埋葬，吴桂发的妻子及五名儿女也与其它被杀的吴氏家族成员共44人同埋一穴。

上述屠杀事件发生后第二年，林玉兰女士才与吴桂发结婚，婚后生下了三男八女。其夫吴桂发已于30多年前病逝，享年55岁。

林女士表示，她丈夫的前妻及五名子女，在当时被杀害是无辜的，所以应该得到日本政府的合理赔偿。

（25）《星洲日报》，郑顺智：《又四人申诉蝗军暴行，加入“蒙协”齐心索赔》

四名来自森雪的人士，目前联袂到瓜拉庇朥会晤“半岛蒙协”筹委会主席孙建成，申诉他们的亲人在日治时期不幸遭遇，并一同加入蒙协，加强力量，以向日本政府提出要求赔偿。

①关毬仔——父亲被截捕一去永不归。

关氏现年62岁，现居住在雪邦新村243号。

他说，其父亲关亚毬，在日治时期是住在雪邦十七缘芭，却是到二十三缘芭种植及养猪，每天三餐都回家吃。

当时他只有 10 岁，不过其母曾经将父亲不幸的事告诉他。

“某日下午 2 时父亲从二十三缘芭回家用午餐，至途中被日军所截。其实被截捕的村民相当多，据说是被送到雪邦五支警局充当‘认人组’，不幸被点中，从此没回来。

根据同组乡民说，父亲被点中是属于‘坏人’，已被载去不知名地方。很肯定地，是被蝗军杀害了。”

②曾会辉——兄长往隆途中被捕，受极刑而死。

曾氏 64 岁，现在居住在雪邦新村 120 号，日治时期其家人是住在丹那美拉种植及养猪。

他说，其兄曾会留，当年（1942 年）结婚才五个月，经常与朋友踏脚车到吉隆坡去办货。

“大约是 1942 年某日，他与另外两名同伴从吉隆坡载货回家，至士毛月地区被日本兵检举，怀疑他是抗日份子，被抓送到加影牢狱。

根据一名较幸运被释放的阉猪佬说，我哥哥被蝗军施以重刑，灌肥皂水，后来转因在半山芭，因病重已被送到文良港医院。

当时，在雪邦有一名老日本人，是管理日产园丘经理，愿意帮忙到吉隆坡去担保兄长回来，只因交通问题，虽然日本人有私家车，却缺乏汽油。等到买到汽油，父亲曾良顶与老日本人赶到文良港医院，查询后，在记录中发现其兄长已告不治身亡。

其实，在半山芭监牢时，父亲去看兄长时，已发现兄长被打得不成人形，秃光头，不能说话，甚至拾地上的香蕉皮嚼吃。”

③李仰川——父亲回家派送红鸡蛋被捕，死于牢中。

李氏 52 岁，现住在丹那美拉新村。

他说：“日治时期，父亲李培基，当年才 20 多岁，原本在雪邦五支一间杂货店任职。

那天，因为我出生弥月（祖母告诉的），父亲请假回家，派送弥月红鸡蛋等给亲戚后，至傍晚回来，一名日本的宪兵（探员）到来，不容分辩，将父亲逮捕，即日送到半山芭监牢。

祖母悲戚，托人前往担保，希望能保出，可惜到了半山芭，不得要领，也见不到父亲，只好悻悻而回。”

他说：“三四天后，再去探狱，这回见到父亲了，可怜父亲已被施极刑睡于地上，爬不起身。

数日后，另一名同被捕去的杨国柱被释放出来。他告诉我祖母，家父可能数日后被释放。

其实，这不过是推测而已。当祖母第四度探狱时，已见不到父亲了。据内部人说，父亲已经死了，祖母悲伤欲绝。”

④吴亚邦——五间店屋被日军拆去建桥。

吴氏现年 63 岁，住在双溪比力新村 257 号。

他说：“日治时期与家人住在雪邦吉枳，父亲吴金义，是经营贩卖猪只的商人，经常运猪只到新加坡售卖。”

父亲克勤克俭，建了一排间店屋，其中商店三间，住宅两间（均为木屋）。

英军战败后，日军开到雪邦，一家人闻风弃屋逃难到山芭区去。

附近有一道桥，在英军撤退时被炸毁，以断绝交通。

次日，日兵开入雪邦吉枳，见桥已毁，不能过河继续前进，于是动手拆掉那三店二住宅，将木料充建桥。

日兵离去后，我父亲出到店口，发现五屋已夷为平地，家具等财物荡然无存，令我们无家可归，伤心不已。

他说，“我们的财产是蝗军所毁，我要参加蒙协，以向日本政府索偿。”

（26）1992 年 12 月 22 日《光华日报》，林源海：《瓜拉古楼华妇林亚娥叙述半世纪前惨痛经历》

本报吉辇记者专访——日军南侵马来西亚半岛，在三年又八个月的铁蹄占领下，多少人家破人亡，失去了至爱的亲人，可爱的家园毁灭在战火中。

对于居住在瓜拉古楼港脚的一名已是祖母级的华妇林亚娥女士，那在战争中失去家园及亲人的惨酷一幕，却像一个恐怖的梦魇，深深的烙印在其脑海中，虽然那已是 50 多年前的湮远旧事了。

林亚娥女士，现年 59 岁，居住在吡叻瓜拉古楼惹兰班台门牌 363 号。其夫婿叶阔咀，在瓜拉古楼河港口为人看顾养鱼场。

所谓大难不死必有后福，林亚娥女士目前共育有三男二女，而且膝下尚有

12 个内孙及 6 名外孙，可说是儿孙绕膝，享受人生天伦之乐。

日军南侵时仅八岁

在日军南侵的时刻，那已经是 1941 年的往事，当时林亚娥女士才 8 岁大，可说是刚懂人事，她是与其父母居住在槟城海墘边的林桥祖屋。

日机弹片炸死母亲

据林女士在接受本报记者的专访时说：虽然那已经是 50 多年前的旧事，但是当时的情景，对她来说却是印象深刻，历历在目，使她毕生难忘。因为在那一天的早晨，她的母亲被日本飞机所投下的炸弹碎片炸死了。她的祖屋也被炸弹炸毁着火。她的一位老太祖母也葬身在燃烧的祖屋中，而且她本身的左手也被炸弹碎片击中，留下了一个深深的疤痕……

她说：她还记得事发当天的清晨，当时她的外祖母刚去世不到一个月，她将本身所穿的黑衣孝服洗好后，拿到屋外去晒时，突然有一枚由日本飞机上投下来的炸弹在其跟前落下，插在烂泥中，使得泥浆四溅，溅污了她的衣服及身体。

炸弹掉落幸未爆炸

她回忆说：当时她年幼无知，不知该从天上掉下来的东西是炸弹，还若无其事，幸好该炸弹掉在烂泥中并未爆炸，不然她当时必定粉身碎骨无疑。现在回想起来，她心犹有余悸。

林女士说：当她带着满身的污泥走入祖屋后，其母亲见到她满身都是泥浆，查问清楚缘由后，又见到日本飞机在上空盘旋，向地面投下炸弹，立刻拉她及其弟妹伏在祖家厅中。

她接着说：当时她还年幼，不知危险及恐惧。但是当她稍后与其弟妹从地上爬起来时，却发现其母亲腹部相信是被炸弹的碎片击中流血，已经气绝身亡，而其左手肘部也受伤流血。

其母亲的名字是叫王金锭，死时才 30 岁。

她接着说：在出事后，她及其弟妹即从外回来，由父亲带往槟城阿逸淡其伯母的家，因为当时姓林桥一带已成为日本飞机轰炸的目标，情况相当的危险。

当时，在其祖屋有一名老太祖母与她同住，当父亲要将她及弟妹们带走时，该年迈的老太祖母表示其本身将不走，坚持欲守着该祖屋。

林女士接着沉浸在往事的回忆中说道：当她及两名弟妹被带离祖家走了不远，即见到其祖屋被炸弹击中，着火焚烧，听说其老太祖母也跟着其祖屋而殉难。

在父亲的带领下，她及其弟妹挤上一辆满是人的罗厘。当罗厘行走时，一路上可以见到许多尸体，情况相当的混乱，就好像是世界末日那样……

（27）1993 年 7 月 22 日《南洋商报》文章：《孙建成下月中飞日数蝗军暴行　慰安妇速呈资料索偿》

（吉隆坡 21 日讯）日治时期蒙难受害者家属的领导人孙建成将于下个月 13 日飞往日本东京出席战后补偿国际研讨会，并吁请全国各地老铁人、慰安妇及受害者家属尽快联络他，以便将他们当年蒙难的史料呈交日本民间人权律师团，进而要求日本政府作出血债的赔偿。

孙建成说，这是第三次启程赴日“请命”。第一次是去年八月陪同李玉璇去日本，那时他并没有受邀讲话，然而第二次应日本反战派和平团的邀请前往日本说话和投诉，让日本人了解日治时期而造成许多无辜者罹难，并向日本当局索偿。

他说，那些受害者家属若要加入他发起的马来亚半岛日治时期蒙难家属筹委会，必须寄来四张影印的身份证、四张个人照片、一份完整的遇难史料及附上 100 元捐助基金，联络电话是 06813079。

他也表示，一部分蒙难的家属采取观望态度，要等到赔偿着落时才提出申请。若是他们没有参与这个组织，日后他们的申请将不会被处理。

他今日也安排两名日治时期蒙难者家属讲述当年日本蝗军的暴行。

首位是周玉蓉（59 岁）追述，1943 年日本蝗军侵占大马，当时她与双亲同住新街场芭蕉园并开设一间咖啡店，她记得大批日军以窝藏共产分子为借口，逮捕极力否认与共产有关系的居民入狱虐待。

用 水 灌 肚

她说父亲周世文在牢房里被惨无人道的日军用水灌肚，把肚皮涨大后，再置板肚上踩挤水分从口呕吐出来。这种酷刑重复多次，终于体力不支，昏死了过去。日军还以为其父一命呜呼，弃尸外头，随后苏醒，又被捉回牢房用刑，前后被收押了一年有余，不成人形。

她说，她的父亲因为体内受到重创，无法工作，家庭重担便落在母亲的肩上，她的父亲虽然活到70多岁辞世，可是在他有生的日子里，受尽各种病痛的折腾，生不如死。

她痛斥日军暴行，使得我国千万同胞受尽苦难，在情在理应讨回一个公道。

……

（28）《24菜农走上不归路》

一名来自吉隆坡冼都新镇门牌0220-59的林柳枝（71岁）向记者揭露：1942年，日本蝗军在万挠双溪珠火车站附近的菜园屋杀害了24名农民，其中也包括他的姑丈陈华及儿子陈亚财。

林柳枝是于前日到瓜拉庇朥，联络蒙难家属协会后，向记者谈话。

他说，日治时期，他本身是住在万挠双溪珠，姑丈则住在义山路口的菜园屋区，以耕种为生，也兼养猪及家禽。

这菜园区总共住有20多家，以大路为界，分为左右两边。

三车日军到来

大约是1942年2月间某天，三车日本蝗军共约十多名来到菜园屋，本来主要是要农民提供鸡只。

据说日本蝗军在右边一排农家范围内的一处草丛中发现了一柄来福枪，农民并不知该枪的来历，以后推想可能是英军投降时遗留下来的，当时农民也不知蝗军是在什么地方发现这支枪的。

蝗军本来就是不讲理的，当他们发现该枪之后，脸色都大变，怀疑农民与“抗日军”有关。

林氏说，当时，蝗军下令左右两边的农民（只召男性）集中起来，然后叫农民自行分队，住在路左的站在左边，住在路右的站在右边一排，农民根本也不知道此举的用意。

接着，日兵吩咐住在路左的壮丁离队回家，住在路右的农民（只有男性，妇女及小孩不在内）则不准离开，总共24名，这时他们心知有难了。

被罗厘载走

罗厘车来了，也由不得分辩，24人均被令登上罗厘车被载走。

这批农民莫名其妙地被载走，也不知载到什么地方，结果是一去永不回头。

林柳枝说，日本蝗军此种残酷手段，50 多年来有冤无处诉。今天，日本必须对此案件负起责任，给予后裔合理的补偿。

（29）1993 年 7 月 20 日《南洋商报》，卢有明：《老铁人谢奕文痛述日治期遭遇》

当年日本蝗军侵略马来西亚时期，所到之处不但经常滥杀手无寸铁的良民，并且还强迫大批身强力壮的各族青年（其中以华裔青年占多数）前往泰国建筑泰缅铁路，以利日本当局扩展他们的军事行动，企图实现更大的侵略野心美梦。

现今居住在森州马口榕吉 C 公司的谢奕文（现年 75 岁），日前专程来到瓜拉庇朥，会见日本占领时期蒙难家属协会筹委会主席孙建成，同时也向新闻界痛述他当年被迫充当死亡铁路劳工，以及在当年所面对的不幸遭遇。

谢氏的父亲谢行甫，当年也是继他之后被日军召去建筑死亡铁路，结果在泰缅边境一病不起，客死他乡。此外，他的叔父谢顺发被日军捉了之后便告一去不回头，肯定是被日军杀害了。

谢奕文指出，日本占领我国时期的 1943 年 10 月间，他与父亲等人一同居住在阿逸君令的双溪拉玛公司以割胶为生。

他的叔父谢顺发，当年约 38 岁，未婚，居住在亚沙汉，担任杂工维持生计。有一天，其叔父与一班工友在亚沙汉市区工作时，突然与其它人一齐被日本兵捉去，听说他们都是被载到马六甲的三保山，全部遭蝗军下毒手屠杀。

谢奕文本人则于某一天下午 4 时左右在园坵的工人宿舍，被突如其来一队日本兵强迫他等 25 人一同登上军车，然后被载去芙蓉集合。

第二天，他们一行 25 人及其它人士，被安排乘火车前往泰国的“万蓬”地方，接着转火车向名叫“金沙育”的地方前进，到了目的地后又再翻山越岭，步行约一英里的路程，总算到达深山野岭的建筑铁路工作地点。

在上述工作地区，除了他们 25 位华人之外，其它的都是印度裔劳工，总共约五六百人之众。

当时他们一班人的工作任务是搬运木枕，以供其它工人安置铁轨，有关工作非常辛苦，不过有一点令人感到庆幸的是，管理他们华裔工人的日本兵头比较善良，所以没有随意欺凌工人，每天供给的粮食也相当不错。

至于其余的大群印度裔工人则没有那么幸运，因为他曾经看见许多表现比较懒散的印籍工人被日军殴打，甚至进行严刑处罚，残酷之处，任何人见了都会感到胆战心惊。

谢氏又说，若按照当时日本兵的口头许诺，当他们工作期满三个月后，是可以被放回家的，而且每天可以领取二元（泰币）的工资。可是当他们辛苦工作了三个月之后，蝗军并不肯放人，却把他们转码头到“马南加西”去干相同性质的工作。在那种恶劣的环境下，他们惟有遵命听从，谁也不敢反抗。

在新的环境下，工作不但更加辛苦，所得到的对待也差劲，后来幸好得到管理前码头工地的日本军官的说情，新管理层才放松管理尺度，他们才不至于受到更大的苦头。

福 星 高 照

过了一段时间，他与同伴韦亚明和梁亚德可说是福星高照，被遴选担任专门伺候日本军人膳食的事务，而不必再做苦工，一直做到日本投降后为止。

日本宣布投降之后，一支联军开到当地，将全部工人召集到“他蒙区”集中营，总数约有 6000 人。大家在那里住了六个月之后，才由联军安排分配所有工人，分批乘船前往新加坡，然后改乘火车回家乡。

他表示，该次被日军召去当建造死亡铁路劳工，而有机会回乡与亲友重聚，可说是万分幸运，因为不少人都得了疟疾、泻痢症、烂脚病等。军方只有供应“金鸡纳霜”单味药品，患病者只好听天由命，其中大部分都是病死异乡，白白牺牲宝贵的性命。

谢氏在当地工作前后大约两年的时光，在他那一伙 25 人当中，只有两位同伴不幸在工作地点去世，可说是不幸中的大幸。

谢奕文指出，当他在“他蒙区”集中营时遇见了故乡同村的人，对方说其父亲在他走后，也被日本军送去泰国建筑死亡铁路，是列入第三批的名单中，只是各自在不同的地点工作，因此彼此没有机会见面。该同村朋友也向他报告不好的消息，他才知悉父亲在工作期间由于患上不治之症而在工地与世长辞，他听后感到万分悲痛，可是那又有什么办法呢？

谢氏在日本军占领马来亚时期，先后失去了父亲与叔父，这种人命的损失实在太大了，因此他要求日本政府必须给予合理的赔偿。

（30）邓丽华：《张国辉夫妇追述伤心往事“蝗军严刑害死父亲”》

（吉隆坡 20 日讯）日治时期，发生许多家破人亡的惨剧：张国辉（71 岁）的父亲张家佑就是在那个乱世期间被蝗军杀害，让他的家人蒙受痛楚和绵绵恨意。

为了向世人告发日军的残酷行径及讨回一个公道，张家佑的儿子张国辉和媳妇王翠英今日向本报控诉日军的罪行。

王翠英（69 岁）说，日本南侵前，他的家公是在双溪古月的一家铁船公司当电器管工，那个时候他们的家境可说是不错的。然而好景不长，当日军占领了马来西亚后，形势的危急和混乱使得人心惶惶，结果张家佑被迫停工，带领一家大小躲到安全的地方。由于失去工作，全家人的生活顿时陷入困境。

稍后，形势略为平定时，张家佑重返铁船公司上班。本以为霉运已过，不料他的一位同事却遭日军带走，几天后一个下雨的清晨，该名同事随同几个日本人到张家佑的家里，把他带走，同时也另外捉走了四名同事。

“那天其实就是我们见面的最后一天，我还记得当时我们还在睡梦中，忽然有人敲门，我的家公就去开门，结果几个日本军进来后用枪指着他，那个时候他连睡衣都来不及换，只穿了一条短裤。我赶快拿了一条长裤给他换，然后他就被带走了，从此就再也没有回来。”

起初王翠英并不知道为什么家公会被带走，后来才从被释放的两个同事口中知道原来日军诬指他们是共产党，并且还使用严刑要他们招认，结果被捉六人中只有两人带着满身伤痕归来，张家佑和另外三名同事却因忍受不了严刑而逝世。

“蝗军逼供的方式令人发指，除了灌水，还用拷打等。我的家公被禁锢，在又打又饿的情形下，他因忍受不了而离开人间，那时他才 40 多岁。”

自张家佑死后，家人就以耕地为生。两年后，其家婆带了女儿前往中国，留下张国辉和他的弟弟自力更生。张国辉当上烧焊工人，然而他却不幸在一次工作意外时遭火灼伤腿部，由于当时医药不发达，结果导致他的脚微跛。

至今张家佑的尸体仍下落不明，为此，他的家人希望能讨回一个公道，以慰张家佑的亡魂。

（31）《日治时期父亲枪下死　吉拉央卢永根向日本讨血债》

（吉拉央 22 日讯）“父亲卢塔在日本蝗军占领马来亚期间，无缘无故被日军逮捕，并于次日遣往淡马鲁后惨遭蛮无人性的日军枪杀。虽然至今已事隔数十载，惟还是不知家父身葬何处？”

居住在吉拉央新村的卢永根对本报披露上述事件。他指出，根据家母在世时引述，先父是于 1942 年农历正月廿八日早上约 10 时左右，在住家遭一队十余人的日本蝗军逮捕，第二天送至淡马鲁后遭日军枪杀。

蒙难者卢塔，原籍福建省大田县人，遇害时仅43岁。当时，一家六口居住在彭亨直凉郊外，离市区大约二英里。

“家父为人安分守己，以种植咖啡及水果为生，家境相当不错。死后留下母亲苏焕、二位分别13岁和6岁的姐姐，一位仅7岁的哥哥，我3岁及一位当时怀胎三个月的弟弟。”

卢永根表示，虽然当时直凉数位领袖，即苏献杯、蔡彬、邱光和卢回等试图出面营救，并于被捕次日前往淡马鲁欲与日本蝗军长官交涉，无奈当彼等抵达时已经太迟了。

他申诉，日本政府不论何时，皆逃避不了占领马来亚时所犯下的大错。这是因为当时蝗军所干的事无法无天，随心所欲，不论男女老幼，一律格杀勿论。

卢氏亦认为，日本当局必须负起占领马来亚时期所留下的血债，在给予蒙难者家属合理赔偿的同时，也必须公开向蒙难者家属或蒙难者阴魂道歉，以消除这场风暴所留下的仇恨。

（32）1993年4月2日《南洋商报》，曹盛干：《五十一年胸口的痛》

人生最惨痛者，莫过于眼巴巴地目睹至亲活生生地遭人放火烧死。

22 岁的卢礼，甫和小他两岁的爱妻得到爱情的结晶，原可以建立一个幸福的家。万料不到，他们一家大小，还有慈母、年幼的弟妹都被残暴的日寇所杀。

现年73岁住在北干那那的卢礼在回忆起51年前那悲痛的一幕时，不禁悲从中来，泣不成声，好久好久才平静下来。

他说，清晨，大约7时许，他是在前一晚听了妈妈罗娇和太太钟碧华的话，于是躲避在沙河芭的森林里。他躲避的地点距离村子大约四百公尺，虽然保住了自己的生命，但一家五六口，都活生生地被日军放火烧死。

这个沙河芭，距离北干那那五英里，就是目前地图上所指的甘榜沙哇。

陪同卢礼接受日本历史教育学艺会访问的还有另外两名生还者，即现年 63 岁的阮但和当时年仅4岁的梁庆治。

阮但当时也是和卢礼躲在芭内，并没有和其它50名男性村民为日本人挖坑，所以才逃劫数。他也和卢礼一样目睹着家园在一场人为的无情火中烧为灰烬，大部分的村民在铁骑下含冤而去。在全村200多口中，只有五六人逃出生天，重见天日。

现年55岁的梁庆治，当时只有4岁，并没有跟妈妈到沙河芭，而留在北干那那，所以也逃过劫数。他的母亲当时只有37岁，因为在沙河芭干内，所以也葬身火海。

卢礼说，沙河芭村内只有十多家，是在日治时期村民逃难时种植粮食的芭场，由于当时没有米粮，所以他们都在那里种番薯和木薯充饥。每家的成员大约十人或七八人。当时据他所知，屋内只有妇女和小孩，因为大家都以为日本兵只对付男人，不会向妇女小孩下毒手。因此，她们和小孩们，包括他的妈妈、太太，一个四个月大的儿子卢亚狗，6 岁的弟弟卢亚文和 4 岁的妹妹卢亚娇在屋内。他们都关起了门，都躲在床底下，不敢出来。

“不久，我看见十多间茅屋都着火起来，原来日本人已经放火烧屋，接着是女人和小孩的尖叫声。”在大火中他也听到枪声，一小时后，十多间屋子已被大火夷为平地。

辣手残杀妇孺

他继称，不久，他远处看到大约有 20 多名日本兵离去，至于他们共有多少人，则不清楚。

他说，等到早上 10 时左右，当日兵离开和没有枪声后，他才敢出来，这时屋子已烧成灰烬，所有的尸体已被烧成焦尸，一堆一堆地，几乎已成灰。除了这些女人和小孩死在屋内，一些妇女在日人放火烧屋时，虽然冲出屋外，往河边逃，但无一能逃过日本兵的枪尖刺刀，都倒在河边的血泊中。

他说，整个村子有 200 多人，相信生还者只剩下五六人罢了。虽然，在乌鲁槽的华侨殉难公墓，只刻着 60 多个名字。

他沉思了一会，再接着说，这宗没齿难忘的事件发生后的第三天，他才从其逃出虎口的岳父钟耀和其弟钟左的口中，获悉另一件惨绝人寰、令人发指的惨剧。

原来，在早一天，即 20 日的黄昏，相信日兵是从布莱山蓄水池一带的山路来到沙河村。

向穴中人猛刺

他说，这些日本人到后，便令全村大约 50 名男人为他们挖地穴，每个宽约一公尺，共挖了几十个。俟洞穴挖好之后，日兵遂令这些男人把树叶铺在洞穴内，然后，令他们一一伏在洞穴内，背部向上，然后便用枪尖刺刀往他们的身上刺。

他说，他的岳父也和其它的人一样是躺在洞内，只感到颈项后一阵剧痛，便拔足飞逃，幸日兵在他逃走时，并没有开枪，所以才逃出生天。

他解释说，日兵当时没有开枪射杀其岳父，相信是恐怕枪声惊动了躲在屋内的妇女和小孩。

卢礼说，他当时是22岁，太太比他小2岁，其母亲则是45岁。

他接着说，他的岳父和岳父的弟弟都大难不死，过了四年，便双双返回广西省的家乡容县，之后，便没有了音讯。如果他们今天还健在的话，也都是百岁人了。

来自日本的日本历史教育者学艺会一团27人是在团长柳功的率领下，按址前往距离新山27英里的北干那那亲自听取在日军铁骑下受害者的现身说法。

他们一行人也在慰问卢礼过后，冒雨到乌鲁槽的华人义山殉难侨胞公墓拜祭遭日军残杀的殉难者。

在归途中，记者遇到一名受难者的家属贺细妹女士，她对日军的冷血行为，使她在3岁时便失去父爱，毕生难忘。

（33）1993年4月1日《新明日报》，李浩财文章：《日军活埋我全家》

（新山31日讯）一个年逾七旬的老人，追述起50年前，母亲、妻子、襁褓中的幼儿、弟弟和妹妹当年被日本侵略军活埋的往事，在20多个日本访客和其它人面前，禁不住眼泪夺眶而出，低头饮泣。

50年前，卢礼（73岁）和父母、妻子及弟弟，为躲避日本鬼子而深入沙河芭（今甘榜沙哇，离北干那那约四英里），在那里垦荒种粮，并在那里和妻子生养了一个四个月大的男婴。但是没有料到，日本侵略军竟连沙河芭那样偏远荒僻的地方，也没有放过，而于1943年农历十月二十日摸了进来。

当时22岁的卢礼，获得妻子和母亲密告，日本兵士在搜捕男人，嘱他暂勿回家。

“我留在山芭，不敢出去。21日早上七八点，我在山芭看见十多间房屋被大火焚烧，我听到女人和小孩的惊叫声。”

卢礼说，房舍大门被关上，女人和小孩没路逃，钻入床底。房舍被纵火时，往外逃的妇女小孩，被日本兵用枪口上的刺刀刺死，弃尸在河边。

他说，他也听到枪声，过了两个小时（早上10点左右），一切复归沉寂，他和匿身于矮青芭的父亲才敢走出来，与两三个也是躲藏在山芭里的男性（目前不知所踪）拿来锄头，掘坑把死者草草掩埋。

卧房床底焦尸成堆

卢礼说，许多烧死者的焦尸是在卧房床底下发现，相信妇女和小孩被关在房舍里时，躲入床底下，“有的一家大小十人，有的七八人，都被烧死了，烧得面目全非，认不出，我们掩埋了整十堆焦尸，大约有七八十人罢。”

三天后，卢礼的岳父钟耀和钟耀之弟钟左与他见了面，彼此对至亲的被杀害，难掩心中悲痛。

钟耀、钟左告诉他，20 日那天傍晚时分，日本兵命令壮丁挖掘壕沟，在地下置放树叶，当时他们不知日本兵的目的，等到日本兵命壮丁躺下约三尺宽的壕沟时，钟耀和钟左迅速爬起来，被日本兵追砍，钟耀的颈项被砍了一刀，但逃脱。

据卢礼说，日本兵没开枪，可能是为了不要惊动屋子里的妇孺，以防她们逃掉。这些妇孺，绝大多数在第二天早上被烧死在屋子里，“男人在壕沟内被刺杀后，屋子里的妇孺却不知道。”

他说，当年他和家人去沙河芭种植的粮食，主要是木薯和番薯。

询及他藏身处与烧杀地点距离多远？卢礼说约有廿兰带（1300 余尺）。他猜想日军是经水塘路，从芭屋进入的。

遗骸残缺不全

他透露，钟耀和钟左已于 1946 年回中国去了，如果现在还活着，已年逾九旬，接近整百岁了，“他们的故乡在广西容县。”

卢礼估计，日本侵略军当年在整个沙河芭，烧死杀死 200 人左右，虽然洋灰制的墓碑（被殉难侨胞公墓之神位）上的姓名，仅有 60 多个。

他说，1946 年收拾骨骸时，许多遗骸残缺不全，“烧杀当天，许多焦尸都已经无法辨认了，有的几个拥成一团。”

卢礼告诉日本访客，他母亲名罗娇（被害时 45 岁）、妻子钟碧华（死时 20 岁，碑上有钟碧华之名）、弟弟卢亚文（6 岁）、妹妹卢亚娇（4 岁）、幼儿卢亚苟（仅四个月大）。

“我妻子和母亲被拉出屋外……”说到这里，他禁不住眼泪夺眶而出，低头饮泣。卢礼说，他母亲、妻子、弟妹和幼儿是被活埋的。

随日本中学教师高岛伸欣莅访的 20 多个日本客人（其中多位教师，也有大学生，包括高岛的学生请末爱砂），在时间逼促中向卢礼告辞，即乘巴士折返乌鲁槽二十一碑中华义山，祭拜“被殉难侨胞公墓之神位”。

刚抵达义山，天即下起雨来，时为傍晚六时半，天色灰蒙，阴雨中的义山益显荒凉。日本访客一行人撑伞步向土地祠后200多公尺外的公墓，点燃香烛。

卢礼没有随行，或许他不应再承受追忆往事的悲痛，否则，天会洒下更大更密的雨滴。

日本当年发动太平洋战争的一级战犯，今日，他们的神位安置在肃穆庄严、风雨不侵的靖国神社中，他们被许多日本人拜祭，视为英雄。祭拜者包括当年担任日本首相的中曾根康弘。50 年前在沙河芭蒙难的族人，除了保存那珍贵的镌上60多个名字的墓碑外，或许应有个较入眼的纪念碑？

（34）《文德里徐旌水揭蝗军兽行　祖父遭遇活生生灌水而死》

（直凉5日讯）彭亨文德里讯　村民徐旌水今日向报界披露，其祖父徐德在日本蝗军占领马来亚时，遭蝗军惨无人道的手段灌水而死，死后连尸体都不知被埋在哪里。时至今日，虽相隔50年，惟每月初一、十五，向祖先灵前上香时，即想起祖父的不幸遭遇下场，悲从中来！

蒙难者徐德，原籍广西，他是于1943年10月29日在文德甲游艺场游乐时，被蝗军雇用的人员带往见日本蝗军长官，过后就活生生的被蝗军灌水以致死亡。

徐德当时居住在文德甲客家村，即当今的文德甲旗山花园后面，遇害时年高56岁。

徐旌水今日披露其祖父徐德不幸遭蝗军灌水死亡时指出，蝗军未占领马来亚之前，他的祖父和他的父母（徐信，韩英）及其兄弟妹，举家居住文德甲客家村，以务农种菜养猪，过着农民生活。在日本蝗军占领马来亚后，由于米粮缺乏，其家人将自己拥有的种菜土地改为种稻，开发土地种植其它土产，当时的生活，粗茶淡饭，尚不成问题。

他表示，其祖父是一乐观者，每日上午协助家人务农后，总喜欢在中午饭后到街市走一趟，就在1943年10月29日那天，其祖父在当时的文德甲游艺场游乐时，被蝗军雇用人员带往见日本蝗军长官，被遭活生生的灌水以至死亡，从此一去不回，连其祖父的尸体埋葬在哪里都不知道。

他说他的祖父是一位与世无争、安分守己的乐观农民，也会遭蝗军随意将此好人灌水至死亡，可见当时蝗军是那么惨无人道。

他申诉，日本政府无论现在或将来，都无法逃避在占领马来亚时期所犯下的错误，因为蝗军当时所干的事无法无天，不分皂白，老幼大小，格杀勿论，如此惨无人道的行为，是人都不会原谅的。

徐旌水认为，日本当局必须负起在占领马来亚时期所犯下的血债，不但给予蒙难者家属合理的赔偿，更须要向蒙难者家属或蒙难的阴魂公开道歉，以消除这场不幸遭遇所留下的仇恨史！

（35）《日军活活杀我妻儿　血债缠老汉40年》

（吉隆坡27日讯）两次从日军刀口逃生，对40年前的血债耿耿于怀，一名白发老者愤愤不平现身说法，怒揭日军暴行。

“娇妻与稚子被日军活活刺死与烧死，自己也在日军百般折磨下几乎人头落地……”这些有如电影中的残酷情节，却活生生的发生在林金帝身上！

现年75岁的林金帝虽然已白发斑斑，老得掉了牙，但提起这一笔血海深仇就热血沸腾与激动异常。

由孙建成发起的日治时期受害者委员会日前呼吁受害者，现身指证日军40年前侵略马来西亚半岛犯下的罪行，以向日本政府索取赔偿。

林金帝向本报申诉自己在日治时期“死过翻生”的遭遇时叙述，他还清楚记得23岁时他住在霹雳美罗，当时日军诬赖他是“抗日军”，将他抓去受刑逼供，被日军灌水进肚痛苦得死去活来，最终将他捆绑等候斩首。

不过，林金帝这次却大难不死，他与其它几个被日军陷害的人士，在深夜时，乘着守岗的日军熟睡时，自行松绑，跳进打巴河避过枪林弹雨逃命。

然而，成功逃生的林金帝回家后面临另一个更沉重的打击，他的妻子与仅出生几个月的男婴竟遭惨无人性的日军刺死及烧死了……一夜之间丧妻失子，林金帝对这残酷的一幕悲愤万分，也毕生难忘。

两度逃生

林金帝在万念俱灰之下到了火车站，准备乘搭火车逃走，就在这时，他又遭日军发现抓回去。

“这次我以为自己必死无疑了，那些‘日本鬼仔’竟然斩了别人的头后，将血淋淋的头颈放在我头上吓唬我，因我是在死囚行列中排最后尾的一个……”

胆小的人可能已被吓破了胆！但林金帝并没有被吓死，虽然他感到极度害怕，但求生的意念还是很强烈。

“这一次，我也是乘着日军打瞌睡时，自行挣扎松绑逃到打巴河跳河逃命。”

逃过两次死劫对林金帝来说可谓是不幸中的大幸。他逃到森林加入抗日军，展开与日军继续对抗的地下活动！

（36）1994 年 4 月 18 日《南洋商报》：《日军屠杀三口　血淋淋惨剧没齿难忘——仁丹练家索血债》

（仁丹 17 日讯）虽然日本蝗军在第二次世界大战所干下的杀害无辜暴行已相隔数十年，但对不幸罹难者的后代及家属而言，这人神共愤的血泪史除了感到痛心疾首外，心里的创痛是永远无法止息的，尤其是清明节祭拜被杀害的至亲时，心里头的气愤更是难平。

受人尊敬的上吡叻仁丹侨领练康，其堂弟练林及长子练炳舟，就是在日治时期被蝗军套以莫须有的罪名施以酷刑，拷打、灌水后，就地枪杀。

这三名受害者练康，当年 59 岁，是仁丹华人侨领，被英属政府委为华人彭古鲁，也是仁丹公立学校董事长，在 1942 年 4 月 19 日受到驻守高乌区日军肃清拘捕，诬告捐款救济中国打日本，不幸惨遭无辜杀害。

练林，当年 53 岁，在 1942 年 4 月 18 日，被施以极刑后押往高乌地方法庭左侧荒地枪杀。

练炳舟，当年 26 岁，为练康长子，受到同样的不幸遭遇，在高乌地方法庭左侧荒地被日军开枪杀死。

48 小时失 3 亲人

根据上吡叻，仁丹练氏家族代表练炳球校长（前大马篮球国际裁判）向报界投诉，在日治时期，日本蝗军以莫须有之罪名，在 48 小时内杀害其家族 3 名当家成员，顿时使到两个家庭陷入困境，这血淋淋的悲局，使其家族各成员没齿难忘。

练校长严正地向日本当局提出控诉，并要求有关当局还他家族一个公道。

讨公道索偿

练校长除了把其家族三名成员的不幸遭遇公诸于世外，也已申请加入由孙建成领导之马来西亚（半岛）日本占领时期蒙难同胞家属协会筹委会，向日本首相署讨回公道及血债赔偿。

练校长也同时呼吁蒙难家属挺身而出提出申诉。

练校长说，其先父练康，是练氏家族的核心人物，也是一名建筑承包商，深受各阶层人士尊敬，为地方作了不少贡献。当年，在日军的一项肃清行动中被拘捕，押往高乌拘留所，受尽折磨，灌水拷打，严刑逼供，始终顽强不屈，于 1942 年 4 月 19 日蒙难，令亲友惋惜悲痛。

蝗军害惨家破人亡

练康堂弟练林是一名奉公守法之工人，亦受到同样的遭遇，于 1942 年 4 月 18 日被蝗军残杀，遗下孀妻及一男一女，使这个家庭陷入家破人亡之境。光复后，其妻含恨而终，姐弟俩各分西东，其独子练虾，现居住新加坡，为一名音乐师。

练康长子练炳舟被拘捕后也逃不过劫数，与父同时同日惨遭杀害，遗下孀妻及一男练再新，现居仁丹。

遗下寡妇和八子女

练校长悲痛的追忆令人发指的往事时说，其先父的不幸遭害，令到母亲及八名兄弟姐妹，如在十字路口中，不知何去何从，当时的苦难幸好在两名堂兄的协助下，方能度过漫长的三年八个月苦难日子。

练氏家族不幸遭遇及悲惨家变，令人不胜唏嘘，如练老先生于黄泉之下，得知日寇之惨败降服，也许可以瞑目。

（37）1994 年 6 月 29 日《中国报》文章：《一家三口遭“蝗军”杀害　钟天彬向日本索赔》

（庇朥28 日讯）来自沙巴州山打根的钟天彬（57 岁），特地前来瓜拉庇朥会见马来西亚（半岛）日本占领时期蒙难同胞协会筹委会主席孙建成，投诉父母及姐姐一家三口在当年遭日本蝗军杀害的惨剧，同时参加该“蒙协”的行列，以便向日本政府索取合理的血债赔偿。

钟天彬指出，日本占领我国时期，他们一家五口原是居住柔佛州古来勿刹的东山园，父亲钟生与母亲林妹是在马赛路石山工作，其姐姐钟女当年是 16 岁，哥哥 7 岁，他则只有 4 岁而已。

1942 年 4 月份的某一天，有一大队日本蝗军进入东山园候，并命令全村大约 300 余名的男女老幼，必须立即前往附近的“小店仔”集合，以等待日本军官分发良民证。

结果当天被蝗军召去的村民，全部都一去不回来，后来事实证明所有男女老幼村民都被毫无人性的日本兵屠杀了。

召集村民

他表示，当天他能够从死里逃生，完全是托救命恩人张娘的福，以及一位“有天良”的日本兵所给予的机会。

根据张娘在后来告诉钟天彬说，当天蝗军下令召集所有村民时，张氏刚好已经离家外出，而钟氏与哥哥则留在家里，由于张娘是他们的亲戚，当她回家时，知悉日本军队有下命令召集村民，而其丈夫也已经去报到，她以为不去是不行的，又见钟氏兄弟仍留在家，便好意地背着钟氏，另左右手则牵着她的孩子和钟氏的哥哥，朝“小店仔”走去，以便也能领取良民证。

当行到途中，遇到一位“有天良”的日本兵，示意他们别向前走，尽快折回去躲避，虽然该名日军没有说明前往集合处会去“送死”，但是看那时的情况的确是有些不妙，因为当时张氏已听到阵阵的枪声正从远处传过来，张氏于是立刻带众人回头，并躲藏在附近的丛林里。

逃出生天

一直等到傍晚时分，还不见有任何村民从集中处回来，很肯定的是全部都被枪杀了，而他们四人却幸运地逃出了生天。

张娘指出，其姐姐当时是女扮男装躲在家里的冲凉房，可能是在其父母被日军召去后，被蝗军发现芳踪而辣手催花，加以先奸后杀。

他指出，近年来他从报章上获悉孙建成仗义执言，一而再、再而三地为蒙难者家属伸冤，并领导“蒙协”进行向日本政府索取合理的血债赔偿，这种不屈不挠的精神令人钦佩，并值得蒙难者家属给予全力支持，以实际行动力争到底。

（孙连红主编：《日侵时期新马华人受害调查》，江苏人民出版社 2004 年版，第 144—209 页）

3.“死亡铁路”华人受害调查*

（1）1993 年 9 月 19 日《星洲日报》：《公公去建死亡铁路　遇害后不知埋哪儿（姜金生）》

（马口 18 日讯）马口的姜金生控诉日本蝗军当年害死他的公公姜祥，要求日本政府给予合理的赔偿。

姜氏是根据他母亲告诉他说，姜祥是在 1942 年，在马口被日军捉去泰缅边境建死亡铁路，结果被日军害死，客死异方，埋尸哪里一点也不知。

他说，姜祥当年被日军逮住后，强拉到金马士乘火车载送到泰缅边境做死亡铁路，结果一去不回头。

姜金生目前住在马口花园。他认为日军当年在大马半岛滥杀无辜，强逼人民参加死亡铁路的工作，其惨无人道的手段是令人齿冷的，因此他说日本政府必须对此作出赔偿，以偿还他们当年所造的罪行。

（2）1993 年 9 月 11 日《南洋商报》第十版：《哥哥日治期蒙难要求日本赔偿，老人积怨爆发讨公道》

（汝来 10 日讯）在第二次世界大战中，日本蝗军铁蹄南侵陷沦时期，雪州士毛月一个公司被捉去二十余名华人，前往泰缅边境建造死亡铁路，结果惟一的大哥被捉去，那是 1943 年中的事。终于等到和平后，由在死亡铁路生还归来者口述透露，兄长是在该地工作约数个月后，由于身患重病缺乏药物治疗，双脚溃烂而死。

上述是由来自森州汝来双溪拉务园丘一位老者叶芳，现年 71 岁，于昨日来谒见本报记者，描述掩藏在心中数十年的积怨而作控诉，以要求日本政府作出合理的赔偿。

他说，其父亲有五名儿女，他与哥哥叶林是家中的男丁，哥哥当年被捉去时 30 岁，而且已有妻室并育有一名女儿，大伙共居住在士毛月一名称为黄华公司园丘内，以割胶为生活，而在 1943 年中的一个早上，大批日军乘着罗里到该园

* 内容有删节。原书含 126 份蒙难者（附照片）投诉资料及受害投诉人资料列表，本书未收入。

丘找壮丁去泰、缅边境修筑铁路，由于叶芳当年只有 16 岁，而且个子矮小而没被征抽而逃过一劫。

随着日本蝗军投降撤离后，只有少数人回到士毛月，其中一位姓黄及另一位名叫叶九，在彼等口中述说，其哥哥到达后数个月后得大病，在药物奇缺下，双脚腐烂而死去。

他继说，其嫂得悉丈夫罹难后，便随即离家出走，丢下其侄女由他照顾。后来他迁居至汝来双溪拉务园丘，俗称日本园丘，其哥哥惟一的遗孤在几年后亦由于患病，被一名妇女庸医治疗后，亦死去，可谓家散人亡。

叶芳老先生居住在汝来数十年，由于得悉最近各报章刊登一些在日军南侵的受难者家属向日本政府追讨血债及赔偿，因此他亦代表其哥哥叶林申冤，希望得到一个合理的交代。

本报记者得悉，在汝来曾有无数人士及家庭亦在第二次世界大战中失去亲人，因为汝来曾有一个别名，英政府称为“鬼域”，也就是说是乱葬岗的意思。据以前的人说，汝来曾是日本军动刑后安葬死人的坟场，同时亦有一间慰安所位于大街，但是由于历史悠久已失去追查的资料。不过笔者曾在年幼时看到汝来火车站（在 1960 年拆除）的一条石柱上尚写着日本字体，因此一般相信，日军曾在雪邦律（汝来的旧名）盘踞一段时间。

（3）1993 年 2 月 9 日《星州日报》：《“病死没人收尸！”蝗军征召建死亡铁路，四人上路只有一人回头》

谢瑞英，61 岁，来自马口巴架峇都。

她父亲谢平（当年 38 岁），居住在“不二乡”一马路（即现在马身新村）。于 1942 年，日本占领时期，一家人以种稻为生。

某日，村长来到她的家，告诉她父亲说：日本军人要征召壮丁到泰国建铁路，任何人不能抗拒，结果父亲与其它三名同村人士到马口警察局去报到。

一去成永诀

据说：较后，父亲与人共乘火车到金马士，然后转火车直到泰国，谁料一去成永诀。同时三人在战后都不见回来，很肯定都已埋尸异乡。

“由于这演变，那时母亲含辛茹苦地抚养我们三姐妹，以后由于生活非常困窘，母亲只好将两个妹妹送给他人抚养，我则留在母亲身边，母亲种禾，我赶鸟儿，挨到日本投降。”

她说，这是日本蝗军迫害得我们家破人亡，两个妹妹也从此失去联络，日本实应该给我们合理的赔偿才对。

（4）《“父亲被蝗军杀了”，李凤：家人痛苦了半辈子》

（马口 12 日讯）“日本蝗军害我家散人亡，虽然事隔多年，但是一提及往事，就触痛我们心灵上的创痛。”

父亲在日治时代被日本蝗军害死的李凤说，他的父亲李青当年被日军捉去时，只有 35 岁，一家人正需要父亲的抚养，却料不到日军侵略马来亚半岛后不久，残酷的日军便把她父亲捉去泰缅边境，参与死亡铁路的工作，而至今音讯全无。

原籍广西的李凤相信，她的父亲肯定是在建筑死亡铁路期间被日军害死，可怜她年纪小小便失去父亲，而且还使她一家人因此痛苦半辈子。

李凤的母亲廖秀经常提醒她不要忘记当年日军捉她父亲的悲事。1942 年底，她们一家人当时住在柔佛的也阁园丘。一天中午，园丘内突然出现车头插着红太阳小旗的卡车，大群日军一见男性壮丁就捉，当时有十多二十人被捉。

李青在那个时候也被日军捉上卡车，然后绝尘而去，这一去，从此成了永别。日军把壮丁用火车从昔加末载去泰缅边境，威逼他们建筑死亡铁路而客死异乡。

廖秀已在 20 年前去世，而李凤后来嫁到马口，目前住在老同城园丘。她说，几十年来，每当忆及父亲的悲惨遭遇，就使他们难忍心头上的创痛，这笔血债日本政府应该负起责任给予赔偿。

（5）1993 年 9 月 19 日《星洲日报》：《被捉去建死亡铁路，父亲或已埋尸荒野》

（马口 18 日讯）在三年八个月的日治时代虽躲过了日本蝗军刀锋，但是亲人却逃不过日军强拉壮丁到泰缅边境，参加修筑死亡铁路而客死他乡的蒙难者何其多。

目前住在马口朱区的黄梅说，她的父亲黄信（当年 30 多岁），被日军捉去后，至今音讯杳然，她相信父亲一定是当年被日军捉去做死亡铁路时，也像其它千千万万的大马无辜者一样死在泰缅边境，埋尸荒野。

据她说，当年他们一家人住在芙蓉附近一个小园丘，蝗军是在 1942 年中某一天上午出现，那天，黄信刚好到芙蓉购物，从此一去不回。

黄梅根据她的母亲谭二梅告诉她说，当时有人看到日军把黄信逮捕送上一部卡车载走，卡车上还有数十名壮丁，事后听说卡车上的人全部被送去建死亡铁路。

在兵荒马乱、日军动不动滥杀无辜的时代，黄信被日军捉去后，仅剩下黄梅及其妹妹黄亚珠母女三人相依为命。由于生活艰苦无法抚养两名女儿，谭二梅当时忍痛把黄亚珠送了给别人，以后便断绝联络，至今完全没有她的下落。

谭二梅在1984年逝世，黄梅目前非常想念她的失散妹妹黄亚珠。她说，日本军害她们家散人亡，罪孽深重，日本政府理应对此作出赔偿。

（6）1993年9月15日《星洲日报》：《谭妹：血账难了！父亲横死泰缅铁道》

（马口14日讯）“日治时代日本蝗军搜捕壮丁送去参加建死亡铁路时，我父亲谭门当时刚好从五区吉禾地芭住家到马口，他便在马口被日军捉去，从此音讯全无。”

目前住在马口志同成园丘的谭妹（52岁）控诉说，日本蝗军把她父亲捉去后不久，便有消息传来他在送抵泰缅边境参与死亡铁路的艰苦工作时，因为水土不服，也受不了山岚瘴气而死在铁道上。

她说，日本蝗军霸占大马半岛三年八个月，造成成千上万的人民家破人亡，这笔账不能因此了事。

她因此趁日本新政府上台，并对蝗军在第二次世界大战所造成的罪行道歉时，向报界痛陈辛酸往事，希望日本政府对大马半岛当时的蒙难者家属及后裔作出合理的赔偿。

她追忆说，当年他们一家人住在马口五区吉禾地芭，1942年中的一天中午，他父亲出门在马口买东西，却不幸被搜捕壮丁的日军捉去。

当时他们一家人感到非常恐惧和悲伤，尤其是她母亲谢梅，更加是肝肠寸断，声声痛责日军的惨无人道。

她说，不久之后，便有消息传回来说她父亲在参加死亡铁路工作时客死异乡，从此她母亲便忧郁成疾，直到十年前悒悒而终，临终前仍对日本蝗军害到她家破人亡而感到悲忿不已。

（7）（主要关于准拿督何成、李振球、何木森、李德贵、萧新华、易兴良、黄南、陈开銮、李金祥九人的报导三篇）

①1993 年 6 月 28 日（星期一）《南洋商报》增版：《战时被迫到印尼苏岛建死亡铁路　吡州七名虎口余生者决向日本当局索赔偿》

（怡保 27 日讯）第二次世界大战期间被日军强迫运到印度尼西亚苏门答腊建造死亡铁路的虎口余生者，欲召集其余已失去联络的生还者，以便通过马华与巫青团洽商后，呈资料给日本当局，以要求给予他们所应得及合理适当的赔偿。

他们一行七人以何成（68 岁）为首，其余者包括萧新华（68 岁），陈开銮（83 岁），李德贵（80 岁），易兴良（67 岁），何木森（69 岁）及李金祥（70 岁），今日向报界揭露当年惨事。尚有两名黄南及林昭德日前居住在狮美，但由于行动不便而不克出席记者招待会。

何成表示，这条鲜为人知的印度尼西亚苏门答腊岛铁路是由该岛的巴干峇鲁直通到马鲁，共长 120 多公里，但在他们兴建完竣后，还没有正式通车时，日军已宣布投降，而他们才有机会重返祖国。

余生者当中的萧新华在追忆往事时指出，他曾于 1942 年被强迫到暹缅修死亡铁路长达一年多。随着该铁路的建竣，他于 1943 年回来我国，但回国后不久于 1944 年 4 月不幸的再次被迫前往苏门答腊建铁路。在这一次的行程中，他便结识了何成及上述五人。

由新加坡动身

他们皆异口同声表示，他们是在 1944 年 5 月 1 日在昭南岛（即现在的新加坡）出发前往苏门答腊的巴干峇鲁，而他们这批前往该处死亡铁路的吡叻州人士共有 78 名，到达后他们感到有受骗的感觉，因所受到的对待与在新加坡时完全不同。

陈开銮追忆说：“我们没有薪水可拿，日本蝗军只供给少许的食品，有时在饥饿时迫不得已只有寻求大山芭的野果充饥，而该处高山为环，前有河川，使得死亡铁路工人不能逃跑。”

他表示，当时的蝗军监督工作，只管打点工作进度，惟有工人拒绝进行工作时，才会殴打他们，只要工人继续工作，蝗军便停止殴打。

他指出，但有时在赶工时，他们须不停的一天工作十多个小时，雨夜赶工时更是饥寒交迫，苦不堪言，如不做会遭到蝗军的拳打脚踢。

此外，他们也表示，在深山野岭工作，而该处又没有良好的医药设备，一旦患上疟疾时只有等待死亡时刻的到来，而该处也没有清洁的水的供应，再加上常年累月的没有足够营养，使得铁道工人很容易患上癞疮皮肤病及其它病。

病死者葬身荒野

他们说，当时许多人因为支撑不住而死亡，有时一天多达几个也有，遗体是随处埋藏的。

1945 年，日本蝗军投降后，他们被迫去苏门答腊死亡铁路的 78 名吡叻州人，能生还被遣送回国的并不到 20 巴仙。回国后由于各忙各的许多都失去联络，大家各处一方。

他们今次希望通过报章把其余曾被强迫去建死亡铁路的工人集合在一起，通过吡叻马华公共投诉局主席温政喜的协助，将有关死亡铁路资料，呈给马华中央公共投诉局主任张天赐与巫青团洽商后，呈交给日本政府，要求给予死亡铁路工人合理适当的赔偿。

②1993 年 6 月 29 日（星期二）《南洋商报》:《饱受日军折磨摧残　死亡铁路受害者要向日本索赔偿》

（怡保 28 日讯）日战期间，被日军捉去苏门答腊兴建印度尼西亚的“死亡铁路”劫后余生的受害者，欲召集起来，成立一个委员会向日本政府索取合理的赔偿费，以弥补当年饱受摧残的身心。

以怡保张何有限公司董事经理何成为首的“印度尼西亚死亡铁路”受害者于昨天在本市利口福酒家召开一项记者会，揭发他们在日战期间，饱受日军折磨，用血与泪完成铁路的事迹。

这一批重聚在一起的受害者，年龄是 67 岁—83 岁之间。他们是：

何成、陈开銮、李德贵、易兴良、何木森、李金祥、黄南、林昭亿（上篇报道人名为林昭德，疑上有错——编者）和萧新华。

他们呼吁当年遭日军捉去苏门答腊巴争吉粦兴建铁路的受害者，重新召集起来，成立一个委员会向日本政府索取合理的赔偿费。

联络电话是：何成 572686、548489 或陈开銮：556648。

何成指出，这件事已向怡保华投诉主任温政喜作出投诉，并希望通过我国政府和日本政府交涉。

通过政府与日交涉

这一批和报界会晤的受害者当中，年龄最老的是陈开銮。另外，受害者萧新华（68 岁），在日战期间，吃尽苦头。他不仅被捉去印度尼西亚苏门答腊修建铁路，之前，他还被送去泰国与缅甸交界的地方兴建长达 93 英里的“暹缅铁路”。

据这一批劫后余生的受害者指出，该条铁路长 120 余公里，从苏门答腊巴干峇鲁通往棉兰附近的马鲁。

“这条铁路之所以称为‘死亡铁路’，是因为被日军俘虏到该处建筑该铁路的数千名劳役，由于不能忍受当时恶劣的环境，而有约半数人身亡。”

何成指出，当时被捉去建筑铁路的地方，置在一个大森林，生活条件极之恶劣，吃不饱、睡不好。天一亮就要进行建铁路工程，直到日落才休息。有时候赶工，晚上也要工作。

“在当时的环境，并没有医药照顾，若生病了则非常麻烦。当时，疟疾丛生，许多劳役皆患病不治身亡。”

这一批“死亡铁路”的受害者，和一批为数共 78 人，同在日军大肃清时，于 1944 年 4 月带往新加坡，然后越洋到苏门答腊进行“死亡铁路”建筑工程。直到一年余后，日军投降时他们才通过各种途径回来本土，结束那一段黑暗的日子。

（8）①1993 年 8 月 22 日（星期日）《新明日报》:《谈到日本赔偿　想起死亡铁路》

我国各界人士多年来不时重提日本蝗军在山下奉文将军指挥策划下,“进出”东南亚时，在铁蹄下、刺刀下、检证下、汉奸走狗出卖下余生者的惨痛追忆，特别是集体屠杀的残局，主要是向日本政府讨回公道，而且提醒世人，不要再掀起血雨腥风。

在第二次世界大战期间，马来亚人民除了被屠杀，也被日本蝗军强拐到泰缅边境兴建“死亡铁路”。

修“死亡铁路”的大约七万余名大马人或他们的家属，据说将与其它遭屠杀者的家属一样，有望获得日本政府的赔偿。

这是一项天大的好消息。但是，何时能够落实还是一个未知数。最重要的是，这还要看日本政府如何作出妥善的赔偿安排。

实际上，这些人士早就应该获得赔偿，只是过去的日本政府没有在这方面答应作出赔偿而已。

如今，日本新首相细川护熙宣布，日本政府准备设立一个1万亿日圆（约马币250亿元）的基金，作为日本在第二次世界大战侵略的赔偿，“死亡铁路”受影响者要求赔偿的机会，也因此露出曙光。

当年，日本军国主义抬头，为了落实“大东亚共荣圈”的美梦，于是进行侵略他人的国家，结果触发了第二次世界大战。

大马华人最大受害者

日本蝗军侵略马来亚时，不但到处滥杀手无寸铁的平民，更强迫大批年轻力壮的各族青年（以华裔青年居多），前往泰国建筑泰缅铁路，以利日本当局扩展他们的军事行动。

为了建造这条全长415公里的铁路以及建筑桂河桥，蝗军害死了11万条人命，而在我国，共有6800多位各族人民被捉去当“苦力”，其中75巴仙一去不回头，客死异乡。

根据各方面的讲述和记载，当这条铁路完成时，共有11万余名劳工和盟军战俘因抵受不住日军的虐待和各种疾病的侵袭，而曝尸荒野，使得后人至今无处祭拜先人。

1941年12月，侵入中国多年的日军，扩大其野心向美国、英国和荷兰等国宣战，然后，迅速占领了泰国、缅甸、马来亚和其它东南亚国家。

预防供应网被切

1942年中旬，日本军事家认为应巩固他们在上述地区的力量，以及派出更大军力去抵抗盟军（美、英、中和荷兰等国）的反攻。

当时，前往缅甸的最佳通道是利用海路经过新加坡和马六甲海峡抵达仰光，再从这里进攻印度。但是日本军事家担心盟军的海军实力将会切断这条重要的输送网。于是，日军总部决定建造一条新的轨道，衔接泰国和缅甸之间的铁路。

日军总部在1942年初策划建造新铁路，到了当年6月，始发出训令，不惜花费大量金钱和动员大批人力来迅速完成铁路工程。

第一批来自新加坡的战俘于1942年6月被运抵曼谷附近NONG PLADAK，开始兴建铁路的工程，另一批盟军战俘则被送到缅甸的THENBYUZAZAT，展开延向泰国的铁路工程。

艰苦工程完成　苦力死亡枕藉

上述两段铁路是在泰缅边界的三塔峡谷附近交接，在泰境内的轨道全长263公里，在缅甸境内的轨道全长152公里。这条泰缅铁路的全部工程于1943年8月完成，9月份，日军开始全面使用它来装运军火。

建造上述铁路时，由于其中大部分轨道经过KWAE NOI河边的森林和悬崖，因此困难重重。尤其是要建造桂河桥时，更面对河水冲击的危险和水涨的艰苦。结果，无数的劳工和战俘相继死去。

②1993年8月22日（星期日）《新明日报》：《4百公里轨道沾血泪　11万无辜异域化白骨》

根据一些战俘和日军的记载，当年，日军曾俘虏了大约6800余名战俘和征召大约20万名来自东南亚国家等地的劳工，强迫他们建造死亡铁路。

结果，总共有大约1800名战俘和大约10万名劳工，由于各种疾病、饥饿、意外和操劳过度等因素，先后毙命。

蝗军无仁　火葬残病者

最令人切齿痛恨的是，许多劳工和战俘在进行建造铁路时，不只死在铁路旁的荒野上，无人埋葬，成为孤魂野鬼，而在变迁工作地点时，一些病重的病人，甚至被放火烧死。

此外，盟军为了阻止死亡铁路的连贯完成，曾经十次派出战机由印度的基地出发，载着大批炸弹偷袭和轰炸正在建筑中的桂河桥，企图击溃日军有意攻打印度的野心。结果，轰炸行动造成许多无辜的劳工和战俘被活活炸死，也使到桂河桥需要花费更多时间才能完成。

当日军建造桂河桥之前，首先在大约100尺外建起一座临时木桥，方便运送各种建筑材料（来自马来亚和印度尼西亚）和其它必需品等，然后才开始兴建坚固的桂河桥。

③1993 年 8 月 22 日（星期日）《新明日报》:《蝗军放火烧病患　陈北水锯烂脚变终生残废》

另一位老铁人为现年 66 岁的陈北水，他来自马六甲野新岭叻地区。在讲述他的际遇时，他说，他在死亡铁路工作期间，由于左脚患上烂脚症，加上无法获得医药照顾，结果只好锯断了小腿，过后也失去了工作能力，以致一直来都没有结婚。

他说，日本占领我国时期，他只有 15 岁。他与母亲及弟弟一起住在柔佛令金拉央路的园丘，以割胶为业。

1942 年，大约是 7 月或 8 月，该园丘负责人通知工友，由于接到日本军官的命令，训示所有居住在园丘的居民，每一户至少派出一人到指定的地点集会，以便由当局运送到泰国充当建筑铁路的劳工。任何人如果违背命令，必会遭受日本蝗军的对付。

当时该园丘内共有 35 人（年龄约由 14—15 岁不等），在报到后就被安排乘火车前往吉隆坡，然后与来自其它地区的人士一起再乘火车前往泰国，坐了两天的火车，终于到达泰国的“万邦”，接着再乘军车向名叫“高岭”的森林地带前进。到了目的地后，又再步行三天的路程，总算到达深山野岭的工作地点。

在那儿工作，大都居住在简陋的宿舍里。他是负责锄泥的工作，将高地锄低，其它的一些则用“鸡公车”推泥，以便把低地填平，前后曾换过几个工作地点。当搬迁工作地点时，有一些患病者无法步行离开，日军又不负责运载，于是放一把火将旧宿舍连病人一起烧掉了。这种毫无同情心、赶尽杀绝的手法的确残忍无比。

当时虽然有白米饭吃，也吃番薯干，不过不曾吃过鲜鱼和肉类，只有一些普通的菜和咸鱼等佐饭。

从工作开始一直到离开为止，他都没有拿过一分钱薪金。带去的衣服穿破了，也没有得到当局供应新衣。只有以烂布遮住下体。

他是到了泰国一年多之后，不知何故患上了烂脚症，由于得不到药物医治，加上情况越来越不妙，后来被送去“万邦”，只好任由日本军医将烂脚的部分（连小腿一起）锯掉，以保住性命。也有一些工友，由于烂脚的程度严重，大多数都是在异国不治身亡。因此，同去的 35 人中，只有 5 人能活着回来。

陈北水的脚锯了之后，由于不能再工作，便一直在“万邦”居留。日本战败投降之后，他们才由英军安排坐船从泰国回到新加坡。当时他不能走，必须由英军背着上船和下船。

回马之后，因为残疾不适合工作，他只好依靠弟弟生活，后来在亲友的协助下，安了一只简单的义脚，以利步行。一直以来，他都是协助弟弟处理一些简单的家务，他迄今还没有结婚。

大战结束了，虽然号称“马来亚之虎”的山下奉文将军被正了法，后来日本政府也赔了三艘商船表示“赎罪”，但50年后的今天，还是有人年年重提蝗军的罪行，为什么？

答案很简单，那就是日本必须对50年前的大悲剧全面负责，而50年后的今天，相信只有赔偿才是还我公道的最佳解决方案。

（9）1993年12月10日（星期五）《星州日报》：《死亡铁路拣回命　辛酸经历难忘记——两“老铁人”要日本赔偿》

（芙蓉8日讯）泰国“死亡铁路”的兴建过程令许多“老铁人”留下深烙不灭的痛苦回忆和说不完的伤悲。芙蓉的二位“老铁人”陈德文和廖昌华同样经历了那段不堪回首的悲痛往事。

陈德文（81岁）和廖昌华（66岁）今日前来本报叙述他们被日本蝗军强迫前往泰缅一带兴建“死亡铁路”的经历。

在1942年的10月，日军在森州一带的胶厂贴通告，强迫所有胶工前往泰缅兴建铁路。当时住在波德申石古洞的陈德文与25名华人和75名印华裔前往泰国；而正值15年少的廖昌华与另50名弄边胶工则坐火车前往新加坡，然后乘火车辗辗转转的到达西贡。

在那段辛酸有加的经历里，他俩的遭遇也不尽相同。他们这一批人被安排在一间大宿舍里，挤“沙丁鱼”似的打地铺；在吃方面更令人心酸，在“大锅饭”里除了有番薯干、盐鱼干、咖喱水之外，还有“加料小食”——一不知名的小虫搀杂其中。

他俩仍心有余悸的说，在别无选择的情况下，惟有与其它人一样闭起眼睛“咕噜”一声吞下去。

在这恶劣的生活环境里，他们还要长途跋涉的经过遥望无际的沼泽地带和弯弯曲曲的小山，六七天后才到达“死亡铁路”的工作地点。

他俩说，在路途中有许多无法承受疾病的侵袭或被蝗军残酷刺毙的发臭尸体。日军没几天便挖一深坑埋去堆积如山的尸体，令人毛骨悚然。廖氏表示，他们除了要在日晒雨淋之下干粗活外，还要面对日军粗暴的殴打，有的更残暴的便一枪刺死毫无反抗能力的人民。

在这苦不堪言的三年多里，他们终于在联军的协助下，脱离这痛不欲生的苦难日子，回到怀念已久的家乡，与家人重聚。

如今，他们要求日本政府以仁道立场赔偿他们当年所承受的精神和肉体的折磨，并作出适当的赔偿。

（10）1992年11月7日（星期二）《新明日报》森甲新闻，陈逸平：《蝗军掳壮男当奴隶　老铁人细说辛酸史》

（庇朥16 日讯）日本蝗军占领我国期间，曾经到处掳掠壮健男人，送到泰缅边境充当建筑“死亡铁路”的劳工，其中以华裔占多数，当时一批一批的劳工被载到荒山野岭进行艰苦的劳力工作，过着奴隶般的困苦生活，甚至有不少人在缺乏医药照顾的情况下而客死异乡。日本军投降后，有机会安返家园的只剩下数目极少的幸运儿。

目前居住在淡边普罗士邦门牌4232号的退休警探罗汉辉（66岁），昨天在瓜拉庇朥向新闻界追述他当年担任“死亡铁路”劳工的一段辛酸经历。

这名老铁人当年16岁，原是居住在马六甲新29碑甘榜邦洛巴浪，平日踏脚车到乡村地区收破旧胶鞋，赚取一点生活费。

送往建死亡铁路

有一天，当他与他姐夫的弟弟陈妙（26岁）一起在野新镇上出现时，被一位陌生人叫去警察局，到了那里被记录了个人资料后，对方便告之要带他们去泰国建筑铁路，每天除了可得3元日薪之外，另外还会将1元工资交给他们的母亲。

后来他们便被载去马六甲过了一夜，第二天才到淡边乘火车北上，经过四天四夜的时间，才到泰国的“万邦”，接着又从曼谷转搭火车前往“干布里”，下火车后，改乘罗里进入森林地带，罗里驶到路的尽头，又再步行一日一夜才到达工作地点。

当时他们共有约200人一起被送到目的地，然后又分为100人一个营地，每25人便有一位工头负责管理工人。

罗氏当时在森林中的工作是几人合力拉树桐铺设铁路，有时也担任铺铁路的工作。负责的日本兵很凶，若见到工人偷懒便会加以鞭打。

他说，在森林的工地里，由于缺乏药物，许多患上霍乱症的工人都相继去世。有人病了，便被送到较简单的“医院”，睡在竹片做成的病床上，与病魔搏斗，也有一些人因病重被锯断脚，过后也被送回我国。

陈妙因为病了，乘机会从“医院”逃了出来，后来去了曼谷。

200人去仅20人回

日本投降后，他们仍继续在该处工作，大约在三个月后，英军才将他们送回我国。他能平安回来，可说是万分幸运，因为同去的200人，有机会回来的只有20人左右。

罗汉辉回国后是任职胶工，直到1949年，他才加入警察部队服务。

昨天在孙建成的安排下，另有五名在日治时期被蝗军杀害的蒙难者后裔，向新闻界讲述他们亲人的遭遇。

黎金，现年54岁，目前是居住在波申石古洞园丘。

日治时期，他只有3岁，一家六口居住在马口双溪雷，被日军杀害者是他的父亲黎仲，母亲甘氏，以及三位哥哥共五人。当时他是被一位好心的妇人抱走，一起跳进粪坑中，才避开日本兵的屠杀。

蝗军离开后，该妇女将他交给住在双溪雷菜园的叔父，由叔父养他到五六岁，后来才由堂嫂李英把他养大成人。

黎鸿，现年51岁，目前是住在芙蓉芭尾新村门牌50号。

当年他们是居住在双溪雷菜园。1942年7月31日，当日军展开大屠杀那天，由于他的父亲黎灿水与兄长黎华刚好前往双溪雷镇，结果就这样被杀害。惨案发生后，其母亲李英，便带姐姐黎金蓉与他，三人一起带了一些番薯和木薯干粮进入森林暂时躲避。

陈高升，现年62岁，居住在新邦葫芦顶大街46号。

日治时代，他们是居住在芙蓉双坡，他的叔父是居住在林茂不叻士郑生郎园丘，结果在一场大屠杀事件中，叔父一家与其长兄一共八人都遭杀害，被杀者名单如下：

长兄陈习妙（当时20岁），叔父陈玉进（30岁）任职该园丘工头；叔母黄玉风（25岁），任职杂工；堂妹陈金云（5岁）与金莲（4岁）；堂弟陈金成（3岁）与金英（1岁）；以及二叔陈春林（28岁），未婚，胶工。

陈高升说，他们是在惨案发生的三天后，才获得朋友的通知，金成中刀后肠子流了出来，并没有当场断气，而是在一星期后因无药可治才告去世。金英则是被蝗军抛上半空，以军刀刺死的。

陈金生，现年51岁，目前居住在淡边宁宜胶园，任职罗里司机。

当年他们一家人是住在柔佛州莆来山下。父亲陈南，母亲林兰，当地共有

20 多家住户，全部家里的男人都被日军捉去，包括他的父亲在内，被捉去者是送去当死亡铁路劳工或已被杀害则不得而知，至今下落不明。

他有一位姐姐陈亚木，是卖给新加坡一姓钟人家，住在明光新村的叔公陈汉，以及莆来山的亲戚陈汉（同名）至今彼此之间都已失去联络。

林三，现年 73 岁，目前是在瓜拉庇朥县武吉古鲁莪新村居住。

在日治时期，其父亲林庆祥，母亲郑善德，大哥林胜桑与二哥哥林胜炎是住在葫芦顶甘榜阿逸万甘密山，他本人则住在瓜拉庇朥马口路 33 碑李顺昌园丘。

日本蝗军脚车队在瓜拉庇朥港尾村展开惨无人道的大屠杀后，于 1942 年 3 月 18 日继续前往日叻务时，召集甘密山一带住宅所有年轻的男人（包括他的父亲和两位哥哥共十多人），到一胶山上加以杀害，只有老人、妇女和小孩子幸免。

他本人是在案发前一天用脚车载了一批香蕉和黄梨土产离开甘密山回到 33 碑，因而逃出鬼门关。案发后第二天，他得到通知，去到现场时他有见到父兄的尸体，后来才雇人把父兄葬在原地。

（11）1994 年 4 月 1 日（星期五）《南洋商报》，卢有明：《被强掳赴泰国建死亡铁路　马来老翁向日政府索赔》

（庇朥 31 日讯）来自马六甲亚罗牙也县牙律地区的马来老铁人卡森敏莫哈末（72 岁），日治时期被蝗军强掳送去泰国充当死亡铁路劳工长达三年多的时间，但是连一分钱薪金都没有拿过，为此特通过参加马来西亚（半岛）日本占领时间蒙难同胞家属协会筹委会，藉以与其它老铁人团结一致，以便向日本政府争取应有的赔偿。

卡森敏莫哈末是在“蒙协”筹委会主席孙建成的安排下，于前日中午与来自日本的民间团体和平访问团成员见面，并在接受访问时讲述他过去在泰国担任建筑死亡铁路劳工的一段难忘经历。

他说，日本统治马来半岛时期，他也是居住在目前相同的地区，记得是在 1942 年某一天下午 6 时 30 分左右，他正与数位同伴在打羽球之际，突然出现了两名全部武装的日本蝗军，同时向着他们一班人招手。当时只有他朝日军的面前走去，其它同伴则各自飞快逃离现场。

结果他就这样被蝗军强掳上军用罗里，与另一些青年一起被载到马六甲，在场已有数百名各族人士集中在一处。过后各人的手臂都被缠上一片红布，后来才知道日军要送他们去泰国建筑铁路。

第二天，他们一批人被分成数组，由军用罗里载去新加坡的日本军营。到了那里，各人又被安排接受验血，验肛门，种牛痘和打预防针。过了数天，约有1000 人同乘一艘日本军船航向西贡；到了西贡后，又换船前往泰国的曼谷。

当一群人在曼谷上了岸，又被载到森林边缘，然后步行进入深山野岭，经过千辛万苦，一直走到一个叫“东布龙隆峇都”地区的工作营才停下来，然后才分成 100 人一组负责各有关的工作。

在他那一组，全部都是马来人，是负责安置铁轨和造桥的工作。这项工作是分日夜两班进行，在工作进行时非常辛苦，尤其是造桥的任务更加危险，因为往往当他们把桥建好后，又被英军炸毁，炸后又得重建。他在这段工作期间，手掌和小脚都曾被铁条弄伤，至今还留下深深的伤痕，令他毕生难忘。

在三年多的建筑铁路工作期间，虽然有白米饭吃，但是却没有吃过一餐好的菜肴，当时大家只求填饱肚子，所以不敢有更高的要求。日军除了供应吃的和穿的之外，从来都没发过薪金。有人病了也没有药物可供医治，重病者都被送去另外一个地点，过后生死不明。

他在泰国的深山野岭中，一直工作到日军投降后，才在联军的帮助下，从曼谷乘船回来新加坡的（士京扬岛），经过当局验证没有传染病才获准离开该岛，乘火车回来淡边，再转车重归家乡的怀抱。离开新加坡回家前，每人得到联军发给的 5 元马币零用钱。

（12）1993 年 10 月 2 日（星期六）《南洋商报》柔佛版：《吕威：那段日子除了苦，还是苦》

日军为了贯通军兵、货粮运送，因此兴建泰缅铁路。这条名为“死亡铁路”，就不知多少性命丧生，多少白骨孤魂长埋那里。（古来：梁文华）

日本南侵马来亚（当时我国的名称），其黩武横行霸道主义，屠杀无数无辜人民。在黩武主义统治下三年八个月黑暗惨苦的日子里，令人永远永远无法忘怀的。

拉夫往筑泰缅铁路

日军为了贯通军兵、货粮运送，因此兴建泰缅铁路。这条名为“死亡铁路”，就不知多少性命丧生，多少白骨孤魂长埋那里。

被日军拉夫往筑泰缅铁路者，75%是归不来了。既然那些能接受百般折磨煎熬，度过难关，25%幸运者回来了，恍若隔世。

古来新村吕威，72 岁，是其中一名被拉夫前往泰缅铁路充劳力者之一，在古来方面前去当劳力的，尚有范苟、曾来、朱贵、叶海（已故）。

吕威追忆说，日本南侵时，他在古来勿刹胶园（目前为云顶集团产业）当锄草工人，虽工薪低，一家人倒也乐融融。

1942 年 5 月间，一个晴天霹雳，使他与妻儿分别三年多。

日军在该园丘捉人去泰缅铁路当劳力。在该园丘每组 25 个工人中抽取 3 人，他是第一批被征去的。

他说，踏上征途时，其长子尚未弥月。数日的煎熬，才抵达目的地。当时这辆火车上的乘客有七八百人，都是赴泰缅死亡铁路当苦力的。

他回忆说，启程时，日军答应有关家眷可按月领若干米粮及款项。结果却只配给几个月后即终止，这是违反当时的协约，日军显然不守信用。

工作重　粮食差

吕威说，他被分配到南昌站工作，5825 部队上城队芦田班。他们居住的是用亚答建成的一座一座长屋。

整个组内约有五六千人，当苦力的，有华人、印人和巫人。

他指出，由于战时物质匮乏，苦力所获得配给的食物也极其差，而且缺乏营养。每日吃的是咖喱汁、白菜干、咸鱼和番薯叶。餐餐如此，许多人都吃到反胃。

他表示，纵使吃不惯，反胃，也得吃，而且 24 小时只两餐而已，其余的咖啡或其它饮品，一概妄想。

在泰缅死亡铁路当苦力，时时刻刻面对死亡威胁。既营养不足，而且果腹也有限，加上极度劳动，非铁般体格不易煎熬。

清早 6 时被号令起床，洗刷后，没有食物果腹，取了工具便前去工作地点。

中午 11 时，有专人将食物送去工厂。午餐休息半小时，11 时半继续工作至下午五时。放工后回到宿舍，沐浴，进餐。6 时再度工作，至下午 12 时，夜间，没有食物，挨饥入睡。同时要挨饥至翌日中午 10 时才有食物。

试想，这简直是非人的生活！

他继续说：他们的工作，主要是用人力。一锄一锄锄下铁道旁泥壁上的泥土，然后填筑铁路。较后安装枕木。通车后，铁路受到盟军轰炸毁坏时，加以抢修，包括填泥、安装枕木等工作。

性命时刻受威胁

在死亡铁路工场工作，体力操劳过度，营养不良，还会受各种疟疾侵害，性命时刻处于死亡边缘。

吕威说：即使生病，也得带病工作。患病者，在清早未点名报到时，遁入附近森林躲避，若躲在宿舍里被发现，必受鞭打处分。

一个苦力不幸死亡，就如死去一条狗那么简单。人一死去，就在附近地方解决，数人挖坑，数人将尸体投去埋葬。就此了事，长埋那孤寂异方乡土。

致死原因，除体力操劳过度，营养不良，印人喜喝生水，导致霍乱，更是比比皆是。大象排出的粪便，苦力没着鞋，不小心踏着，便会生烂脚，难愈，不少人也因此死亡。

偷 窃 事 件

处于同舟共济下，本来每个人都应是守望相助。由于人杂，也难免发生一些令人痛心事。

吕威说，工作一段时间后，日军每十日发一次薪。每次 30 铢（泰币）。由于有了一些金钱，宿舍也发生一些偷窃事件。

偷窃案发生后，日军接获报告，将各族分开居住，情况果然好转一些。

他说，他们得到微薄的工薪，是用来买一些咖啡粉、白粉、香烟等物品。

提到衣着，他透露，那简直是不可思议的。在休息日，在日军配给的麻袋，用刀子割开，然后用铁线缝起来当衣当裤。有者手工好，缝得倒不错。一些粗心者，缝得极差，穿在身上露出肉。不过，大家都是男儿汉，倒也不觉尴尬。至于“笠帽”，也是在森林摘下巨大树叶自制的。

提及在漫长岁月有否写信回家。他说：想都不敢想，既没笔没纸，又无法寄出，如何将音讯寄递？想家，念家，只能在梦中追寻家的温馨。

转换新环境

在死亡铁路煎熬一年多的吕威，过后转到另一个生活环境。

他说，他被转去负责料理日军饮食起居的工作。日军可说极会享受。一组二十余人，有人烹饪，有人晒被，有人扫地，有人煮水，有人专司奉上食物及洗碗。

他表示：进入了这个“环境”，生活可不致那么苦。

他在日军营专司厨务，夜间尚上课，学习读日本文。

吕威兴奋说，日军敌不过盟军，说明非正义之战，必遭人们唾弃。

日军投降，幸运生存者，都被联军召集到一个集中地，休息三个月，然后由联军护送至新加坡。各人才个别回到自己的家乡。

他表示，回来时，见了家人恍如再世。三岁大的孩童，已会声声叫“爸爸”。

时光如驰，再见天日，焉能不欢愉。吕威浸在回忆中，想那美丽的一刻。

日军南侵，为了运输便利，再召集数人去填筑泰缅铁路死亡铁路。75%的人牺牲。这种草菅人命，使许多家庭失去依靠，家庭拆散。对于不幸者没有合理赔偿，已侵犯人道。

所以，无数不幸者，声声谴责黩武主义之日本发动非正义侵略之战争。

（13）1992年11月20日（星期五）《新明日报》:《向日本追讨血债　铁蹄统治受害　汇集力量争取》

（吉隆坡19日讯）日治时期罹难家属和受害者筹委会，今日吁请那些在日本蝗军铁蹄统治，遭受蝗军残酷用刑的生还者和罹难者家属尽速加入该会，以便收集资料向日本政府要求赔偿。

该筹委会负责人孙建成在一项记者会上说，第二次世界大战，日军南侵，攻陷马新，人民在那三年零八个月期间所受到的恐怖待遇，悲惨和亲人的牺牲，是永生不忘的悲惨经历。他表示，他定于下个月五日远赴日本出席日本民间和平团反战派的和平集会，指证日本在马来西亚所犯下的滔天大罪，要求赔偿。他是受邀出席这个和平大会。

“我们无法一一联络罹难家属和受害者，希望全马各地有关人士主动与我们联络，汇集力量准备完整的资料，作为铁证向日本政府要求赔偿，还我们一个公道。”

此外，他也希望各地的罹难者家属和受害者个别举行记者会，把日军的罪行公布于世，经过报章的刊载后，成为有条不紊的资料，方便该筹委会进行工作。

他说，加入该筹委会的罹难者家属只需缴100元的永久会员费，而泰国死亡铁路受害者则缴50元，作为该会进行活动的经费。目前已有70名来自全国各地的罹难者家属和受害者与孙氏联系。

孙氏曾于去年8月3日赴日本大阪，出席慰安妇国际研讨会。他自1984年开始即与日本和平团接触，住在瓜拉庇朥港尾村的孙氏本身也是日治时期的受害者。

1942年3月16日，蝗军屠杀了他九名亲人的性命，只剩下他和老祖母蔡淑美逃出生天，当时他才7岁。

转眼间已过去了50年，可是当年身临其境、受到惨杀而大难不死的人，今天还在默默忍受这场祸害的后遗症。而年轻的一代，对白白牺牲了性命的亲人当年所遭受的痛苦又知道多少？

孙氏表示，罹难者家属和受害者向日本政府要求赔偿是理直气壮及天公地道的。当年马来西亚所获得的日本政府赔偿金，只是两艘价值2500万元的货船。

数名受到日本蝗军残酷杀害而大难不死的人士出席记者会。他们是来自马口的陈来、刘海及尾港村的王伍尾等。

其中以王伍尾的遭遇最令人心酸，虽然事情已发生了50年，但是他右脚的伤至今仍未痊愈，继续纠缠着他，带给他永无止境的痛苦。

回忆当年的情景，王氏是受到蝗军的迫害，以他是抗日军为借口对他施加酷刑，迫他招供。丧失人性的蝗军为了要达到招供的目的，穿上了铁鞋，不断重重踩踏他的右脚和双手，导致他双手和双脚粉碎，烂成一堆泥浆似的。

（14）1994年3月21日（星期一）《星洲日报》，郑顺智：《首位巫裔老铁人现身　痛述建死亡铁路之苦》

首位露面的巫籍老铁人向本报现身说法，痛述日治时期被抓去县暹缅边境建死亡铁路的痛苦经历。

这位老铁人，名叫亚利沙烈，现年75岁，来自马六甲亚罗牙也打波南宁。

他是来到瓜拉庇朥会见蒙协筹委会主席孙建成，要求加入协会，以向日本政府争取合理的赔偿。

老态龙钟的亚沙说：1942年初的一个晚上约12时，四名荷枪实弹的日本蝗军来到其住家，以枪柄猛击大门。当他开门后，蝗军不分青红皂白，令他取些衣服，马上跟他们走。

登上军车后，蝗军随着到另两家，将其两名亲戚耶新姆粦及亚利敏彬捉上车。

此外一路上，不少华印青年都被如法炮制；整整一罗厘人被送载到马六甲宪兵部，在一车中早已挤满许多“同命人”。

约是凌晨3点，日本军人威胁他告诉所有在场的人说：“皇军要你们去泰国修铁路，为期三个月就可回来，工资每日3元，违反者将被……”

接着这批为数约千人分乘军车送到火车站，载到淡边后转火车南下到新加坡。

他说，我们在新加坡 SELARANG PART 住了三天，然后分乘四轮船（每船约三至四百人），乘风破浪经七夜抵达西贡。

枪压下穿山越岭

从西贡，数以千计的人在蝗军持枪压迫下，携带行李步行去边境，穿山越岭，千辛万苦夜宿森林。一路上日本军并未提供粮食，沿途依靠随身一些干粮及住在森林的人家提供一部分食物，饮山涧泉水。这一行差不多走了一个月，许多人不能支撑，有被毒打，也有不少病死原野，也有被打死，暴尸原野，无人置理，可怜可悲，但无人敢反抗。

到了“肯佳那布利”，他才开始见到每三哩有一营站。

我们被令在哇打里母泰森林区自行建营帐，开始苦力生活。而原有的 1000 多人，最后只剩下约 700 人，此情此景，大家都心惊肉跳，吃不饱，睡不好，只有等待死神的召引。

“我们每天凌晨三时就得起身行一小时的山路到工作地点。”

亚利说，他们一组共 24 人是负责砍大树供建铁路木枕。大树砍下后，都赖大象拖拉至目的地。

环境恶劣，饮食不清洁的水，工友大多数生病，但也得冒病工作，偷懒的肯定被殴打毒刑，病了又无药可治，自生自灭，简直生不如死。

“在营里，每天都有死尸，我的两名亲戚也先后死于荒野，每隔三两天就得挖坑埋尸。”

他说，蝗军打人不必看时候，枪柄、木棒、竹桐是他们的行凶武器。他亲眼看到一位同僚因病不能工作，被蝗军当头一棒打倒在桥上，然后一棍打腰顺脚一踢，惨叫一声抛入大河，没有人敢多看一眼。

亚利在铁路工作过了三年多非人生活，大命不死是拣回一条老命。

日本投降后，他在联军的安排下送到曼谷，然后分乘船送到新加坡。回到故乡，有如再生，也好像做了一场噩梦。

亚利认为，日本政府应该对 50 年前的事负起责任，给老铁人或后裔予合理的赔偿，政府更应在此方面给予协助。

（孙连红主编：《日侵时期新马华人受害调查》，江苏人民出版社 2004 年版，第 299—320 页）

4.华人军票损失调查*

1994 年 4 月 11 日（星期一）马来西亚《新明日报》（全国版）：《持香蕉钞速登记——蒙难家属协会要向日本索偿》

（吉隆坡 10 日讯）日治时期蒙难同胞家属协会筹委会展开登记香蕉钞票（日本第二次世界大战时使用的军用票）持有人运动以来，目前已经接获 210 名拥有香蕉钞票的大马人报名，而向该会登记者则有 50 多名。

这些大马人所拥有的香蕉钞票，数目相当庞大。虽然该会尚未作出正确估计，但是，可以肯定的是以亿算计，而其中一名登记者就拥有 76 万元的香蕉钱。

日治时期蒙难同胞家属协会筹委会主席孙建成今日在一项记者会上表示，到目前为止，通过电话向他报名者有 210 人，而登记者则有 50 多名，这些人是来自大马各地，甚至有者远自沙巴。

孙氏说，该筹委会将于今年 8 月派遣代表前往日本，将一切军用票索偿资料及名单，提呈日本民间人权律师团主席高本健一，以进一步商讨向日本政府提出索偿问题。

登记月底结束

他表示，军用票持有人登记运动将在 5 月 1 日结束，那些想参与索偿运动的军票持有者不应再犹豫，尽快向他报名。

他也非议吉隆坡国际邮币公司董事经理陈康伟日前表示要用香蕉钱（军用票）换回现钱是不可能的言论，并指责陈氏的谈话是不负责任的。

日政府须负责

他说，日军统治时期印制的钞票是人民花了很多血汗赚来的，但蝗军后来一走了之，就说这些钞票不能使用，这对那些辛苦地以劳力换取钱财的人民是不公平的，因此日本政府应该对过去所做的一切负责，负起赔偿的责任。

---

* 内容有删节。原书含 226 份受害者（附照片）投诉资料及受害投诉人资料列表，本书未收入。

他说，虽然当年的日本蝗军政府已倒台，但国家还在，就应该负责任。

他指出，日本在第二次世界大战期间，在中国、南太平洋地区、菲律宾、印度尼西亚、香港及缅甸等地所发行的军用票者没印上“保证可以兑换”的字眼，而惟独新马一带所发行的军用票却印有这些字眼，因此他认为用这些军用票换回现钱是理直气壮的。“日本可以赔给英国及菲律宾，马来西亚为什么不可以？”

他表示曾经针对此事致函联合国，却石沉大海。在日本东京，他也跟联合国人权律师团主席嘉莲帕克商量过起诉日本政府，除非有关方面肯赔偿，香港索偿协会主席吴溢兴也来信建议他多进行活动，以引起日本政府重视这件事。

受害者分五种

他表示，在日治时期，受蝗军肆虐残害的受害者可分五种：（1）被残杀，（2）被逼到泰缅建死亡铁路，（3）慰安妇，（4）奉纳金，（5）军用票持有人。

他说，他本身就有九个亲人是被日军杀害的。

他指出，在1985年开始进行有关活动，到了1993年才成立有关筹委会，目前该筹委会正在申请注册中。副主席是姚观生，秘书杨潘照，财政林俊田。

他呼吁全马各地军用票持有者尽速向他联络，其地址是345，Bukit Tembusu，72600，Kuala Pilah，Negeri Sembilan，电话：06—813079。

（孙连红主编：《日侵时期新马华人受害调查》，江苏人民出版社2004年版，第436—438页）

5.抗日时期杂忆

曾月华

我参加过抗日救国活动与反对日本法西斯统治的武装斗争。至今，事情虽然已经过去了 40 多年，但侵略战争带给人民的灾难，是难以忘记的。以下是回忆的片断：

（一）

……

（二）

1942 年 1 月上旬，日军侵入雪兰莪州。马共雪兰莪地委组织群众开展敌后武装斗争，其中有一位主持人是刚从牢狱释放出来的雪州地委刘石同志。他通知大家先到武来岸集合。1 月 4 日，我和阿芳大姐抵达武来岸，见到已集中 70—80 人，其中有工人、店员、教师、学生。原拟上加蕉山扎营，后因英军仓惶败走，被迫临时改变主意，先撤退到森美兰州知知港（Titi），以后再计划回加蕉山（知知港突岭与加蕉山相连）。

我们的队伍于 11 日早晨骑单车向芙蓉（Seremban）方向出发，见沿途设有路障，用汽油桶标示“Danger”（危险），并有英军留守，途中，我们遭遇到好几次日机空袭，并无伤亡。中午到达芙蓉市，队伍还未集中，又遇空袭，有些同志跑到中华中学防空洞，另一些同志来不及躲避，只好躲入沙都路口的回教堂，有些妇女儿童边逃边哭，有些青年闯入商店用鸡公车（独轮车）或汽车拉米、拉布匹，也有不法之徒乘机抢劫金铺。在回教堂内，挤满了华人、马来人、混种人，有些人怕得把头钻入石凳下，回教徒们跪在地上做祈祷，也有二、三人拼命给自己嘴里灌白兰地酒壮胆。突然，一架敌机俯冲轰炸，炸弹落在大都戏院，带着火光的巨大爆炸声，震碎了教堂的门窗玻璃，吓得大家魂飞天外，目瞪口呆，有些妇女一边哭喊，一边奔跑逃命。

中午 12 时许，警报解除，我们到九州岛书店集合。刚歇下不久，见一位女同志在低声哭泣，旁有几位女同志在婉言抚慰，经询问，才知她在经过英军警界线时，被一印籍英军奸污了。对这些所谓“盟军”的无耻兽行，令人不胜气愤。下午3时，森美兰人民抗日部队开来卡车把我们接上知知港，傍晚抵达双沟罗丹村临时驻地。

（三）

1942年1月12日上午，双沟罗丹村学校的球场上一片沸腾，森州部分同志和我们一起集中。集合时我们加影侨中师生计有：周力达、胡逸凡老师、校友符国兴、林育鹰、赵佛祥、颜锦英、邝米兰、曾月华。八位校友相聚，格外亲热兴奋。

雪州部队驻在船子头李安伯家一带。队伍住下后，即派人运粮，搭营房，训练及开展民运工作。初时仅有几支枪，放哨时只好用长矛。不久派出10多位同志到蒲芦顶运武器（可能是“二独”转来的），运回枪支及手榴弹一批。由于队伍庞大，粮食供应不足，每天以石灰米煮粥、木薯、番薯、野菜充饥。住宿在香蕉林里，黑蚊多，又缺蚊帐。加上大部分同志来自城市，不适应生活的大转变，很快就有人患病，发疟疾，生癞疮等。但同志们为了打击敌人，仍是顽强地与困难和疾病作斗争。

3月18日，雪队同志在梨望张盘旧矿场开纪念巴黎公社大会。中午队员仍未到齐，后传来情报说：“日军大规模进攻知知港，各村路口已被封锁”，我们听后立即转移到山边。傍晚从高处远望，一片红光，大家意识到这必是日本法西斯烧杀群众的暴行。

次日，逃出封锁线的同志报告：日本“鲤”部队进入知知港各村，到处抓人杀人，余朗朗全村被血洗，成了屠场。阿明同志途中遇害。接着邝米兰和李文波回来告诉：她俩在途中也被日军抓去，关在牛栏里，由于机智地把随身带的字条吞入肚内，才侥幸逃脱虎口。

3月20日，刘石同志派人到梨望至船子头一带寻找阿明的遗体，发现他死在半路的水塘里，右手还高高举起紧握着拳头，可见他临牺牲时还在高举拳头呼喊抗日口号。我们将他的遗体就地埋葬开了追悼会，大家无不悲愤、哀痛。阿明的爱人秀英，虽然双眼肿如红桃，但神情肃穆，极力克制内心的悲痛。雪队派出的第二批十多位同志（多是琼籍人），从公路至铺芦顶运武器，途中恰遇日军大屠杀，也有几位同志不幸殉难。刘石及全体同志闻悉，悲痛万分。但在动乱之际，连追悼会都开不成。对这些记不起其名字的殉难同志，在此只能当作无名英雄来悼念。

3 月 23 日，营房驻地（即张盘矿场山边）被奸细发现，队伍被迫翻越大山转移到突岭山营地，山下是被烧杀后的余朗朗村。该营地当时驻有森队和新来的“二独”队伍，还收留有几十名英、澳、廓尔咯等英军散兵。这些散兵过不惯森林生活，给养又差，都无精打采地躺在床上，有的撑着拐杖擅自下山，到余朗朗村捉鸡觅食。不久，有些病死，有些不愿在山里过艰苦的生活，逃跑到城镇向日军投降。

突岭根据地设有几间简陋病房，收留着二十多位在余朗朗村抢救回来的被日军杀伤的老百姓（先几批有的死亡，有的送往别处）。有一位老人全家被杀，只剩下唯一的男孙，胸膛被日军刺了七、八刀，随着呼吸，伤口不断流溢着脓液，不到一周便死了。老人泣不成声，以后变为痴呆。校友赵佛祥一家有十二人被杀，只剩下父亲和婶婶—阿刘嬷，她胸膛也被刺了七、八刀。这些伤员，由于缺药医治，日夜呻吟，伤势重的都死亡。

3 月底，我曾经几次被派与符国兴等 10 多人下山运粮，采集瓜菜。当踏进余朗朗村，还见到不少被烧焦了的屋梁，残柱败墙形影相吊。三三两两无主的鸡、猪在篱笆边游荡，有些在茅芭边觅食，见人来了，四散奔跑。埋葬得很浅的尸体发出一股腥臭味，整个村子里显出一片凄凉的景象。

这些就是知知港 3 月 18 日大屠杀的部分情景。根据该地马共区委负责人肖克科提供的材料（肖在事后曾往现场清查和处理善后工作），仅在余朗朗村，被屠杀的无辜老百姓，包括老耄和婴孩，就达 1400 多人，这骇人听闻的兽行惨案，知知港人民是世代铭记、永久难忘的。（编者按：据 1976 年 11 月 18 日马来亚报纸报导，“日本东京都立大学教授小尺有作考察东南亚人文概况，特委派留学新加坡南洋大学现代语言中文系三年级学生大西三男，于 1976 年 11 月中旬，到知知港访问，收集 1942 年 3 月 18 日，日军南侵马来亚大屠杀知知港余朗朗村史实资料，现场凭吊 34 年前罹难者骨骸。该村筹建纪念碑委员会代表证实当时全村死难人数为 1744 人。”）

（《加影历史纪实系列》之二《英烈千秋》，加影牛骨头山殉难烈士家属委员会，2002 年，第 114—119 页）

(二) 菲 律 宾

日寇残杀菲律宾华侨的滔天罪行

○日寇在菲暴行追记

黄引辉

1941 年日寇发动太平洋战争。1942 年 1 月间，日寇铁蹄踏进菲律宾土地。被称为太平洋上的明珠的菲律宾岛国就沦为人间地狱。日寇一进入菲律宾，就肆意烧杀、抢劫。在其血腥占领三年中，全菲律宾死难人数约计 100 万人以上。其中华侨约有 3 万人以上。

尽管当时美国远东军总司令麦克阿瑟曾宣布马尼拉市为不设防城市，可是日寇不顾世界公约，在进入马尼拉市前，就对马尼拉市的港口、码头、仓库等狂轰滥炸，把马尼拉市炸成一片废墟。日寇进入马尼拉市后，就“放假”三天，让那野兽般的军人，到处抢劫商店，冲进民房奸淫妇女。早就以商人为掩护的日军特务，到处搜捕爱国的菲律宾人和华侨，甚至违反国际公法，杀害我国驻菲使领馆人员。日寇为强化其罪恶统治，随便乱抓乱捕菲律宾人民和华侨。数以万计的菲人和华侨被抓去关在马尼拉市“仙爹戈”大监狱和比里毕监狱，由于被抓捕的人太多了，监狱关不了，就在其军营中设临时监狱。被抓去的人，就等于进入鬼门关，几乎无一生还的。大多数都未经审问，就成批成批押出去枪杀或活埋。我大兄黄德金和胡细丹、黄水高等 15 人于 1943 年 7 月间被抓去关在仙爹戈监狱。根据被台湾省籍的日军保释活着出来的黄克诚先生说：他和我大兄关在一起，在 9 月 20 日下午，我大兄等十余人被日寇点名叫出去，就没再回监狱了。后来听到住在仙山脚下的一个华侨菜农说：在 9 月 20 日傍晚，他偷看到日寇押一群华侨到早已挖好的土坑边，用刺刀刺下坑里，然后用土埋掉。

日寇占领菲岛后，强令所有商店，逢日寇的节日时，都要挂日本的太阳旗。不服从者，人被抓去店被砸抢。在交通点设立岗哨，行人经过都必须向日寇行礼，如不遵守，就被叫去拳打脚踢。在重要地点，设立检查站，过往行人均要被检查，凡有贵重的东西，都被抢去，如被认为有嫌疑，不但东西被没收，人也被抓去。那伙日军人和日浪人到处横行霸道，随便打人，随便向商人索取商品，如有反抗或有怨言的，就要遭其毒打，甚至被抓被杀。

日寇利用菲傀儡政权，尽力搜刮民间一切可作武器的金属，片铁难存。民间财富也被恣意霸占、掠夺。最要命的是掠夺民间粮食，以充当日寇军粮。战乱已使菲岛粮食不能自给，而日寇的强抢、掠夺，造成物资、粮食奇缺，民不聊生。加上通货恶性膨胀，人民过着半饥饿的日子，不少儿童和老人，就活活地饿死。

1944 年间，太平洋战事进入新的转折时期，日寇失去了制空权。美军开始反攻。日寇感到其末日将临，更加显出其穷凶极恶的本性。到处杀人放火、奸淫、掠夺。其手段的毒辣、残暴，令人不忍听闻。据菲《华侨商报》刊载：一些现场目睹日寇暴行的人作证揭发的事实，在 1944 年 4 月间，马尼拉市就被有计划地烧毁，成为一片废墟，人民被屠杀、强奸，饿死的不计其数。女人被奸后，还被乱刀剐刮，婴儿遭刺刀刺杀。这不仅仅是战乱中发生的，根据查获日方最高指挥部的文件中披露，这是日方指挥部的残暴而有计划的命令。1945 年 2 月开始，日寇先烧毁马尼拉市大教堂、修道院和图书馆，然后把王城外的地罗曼避难所、康诺惹学院包围起来，四面架起机关枪，放火焚烧，里面有 3000 个难民被活活烧死。有个别人想冲出来逃生，也被日军用机关枪射死。拉刹学院内住有 70 余人，有一半是妇女儿童，被一队日寇冲进，用机枪扫射，用指挥刀砍杀，然后再放火焚烧。另在一个宽 15 米、长 18 米的地牢里，发现一堆 300 余具尸体，这些是被用钢条加铁门关闭起来而活活饿死的。甚至连当时尚未参战的国家，西班牙的侨民产业百分之九十也被烧掠，其领事馆也遭到日寇机关枪扫射，俱乐部被放火烧毁，图书馆、社会文化馆里面有 50 多人被杀死和烧死。一个尿道专家医生和一个医学教授以及 10 多名妇女儿童，被赶进一个房间，用汽油浇泼门窗，活活烧死在里面。在范伦那与莫良礼交界的草地上，有 40 余具被残杀的尸体，死者的双手都是被反绑的。在火车站附近李昭北木材公司的场地里有 150 余具尸体，是被日寇杀死的。在塔虎脱街的甘布斯住宅，室内 45 名妇女，是先被强奸后被剐刮而死的。数名儿童是被用刺刀刺杀的。据侥幸逃出来的人叙述：女人被奸后，再用指挥刀砍刮胸乳，生殖器官被用刺刀尖刺穿。儿童被砍死后再用刀分尸数段。日寇在放火烧毁马尼拉巴西市时，再用机枪扫射要逃出的人群。根据美菲军医院医生叙述：临时医院曾收医不少乳部被剐刮的妇女和一些四肢被砍断的儿童。在一些平民医院里，到处都可见到这样的伤员。以上情况，只是根据报章刊载的一部分而已！

我们华侨界受到日寇的烧、杀、奸、掠也是难计其数的，现只能把其中较大的几个集体屠杀，摘要简介如下：1943 年 9 月间，在班乃岛怡朗省，华侨杨得霞为避战乱，在地处偏僻的朗肴村建一农场。怡朗市的一些华侨也躲于该地。毫无人性的日寇，在拂晓时猝然而至，不分男女老幼，用刀和枪刺刀刺杀，然后放火烧屋，死于这次屠杀的计 70 余人。1945 年 2 月间，日寇利用汉奸以开会为名，命令所有华侨 600 余人，集中在天主教堂的广场，四面架起机枪，然后用指挥刀枪尾刀一个一个刺杀，当场惨叫声震天，血流成河。可能是杀的人太多，手不够力，或刀口已卷刃。其中有三个被刺的，二个被砍的，至傍晚才从死人堆中爬出来。那三位被刺的人，不久也死了。那两位被砍的人，虽活下来，但脖子上留下一条大伤疤，而且头也永远歪倒在左肩上。日寇在宿务，同样对华侨进行惨无人道的大屠杀，华侨死去不计其数。1944 年 5 月间，马尼拉百阁市日寇利用台湾省籍军把两三百个华侨驱集在天主教堂，四面架起机枪，然后放火，300 多华侨活活被烧死。当时有几位参加地下的“抗反”同盟同志，对日寇早有警惕，及时逃避起来，幸免于难。反法西斯战争虽已结束 50 年，对日本帝国主义的滔天罪行，我们是亲历其境、亲受其害的人，现在回忆起来还是历历在目。

（摘自泉州菲律宾归侨联谊会编印：《抗日战争胜利 50 周年纪念》）

○日军残害中国外交官员及侨领的罪行

刘浩然

早在太平洋战争爆发之前，日本领事馆人员以及一些伪装成商人、旅客的日本间谍，已大量搜集有关华侨抗日活动的材料和图片，日军侵占菲律宾后，就对下述人员下了毒手：一是抗敌会领导成员及下属抵制日货委员；二是国民党著名党员和共产党活动分子。日军入城以后，立即动手抓人。据杨启泰的回忆录记载，为了保护侨领，当时台湾医生张海藤曾同日宪兵部交涉，并取来两张宪兵中佐的名片作为依据，然后要侨领集中。于是 42 名侨领自动集中于青年会，海藤将自己与宪兵部交涉的情况通知日宪兵，寻求给予保护。但敌宪兵中尉大仓，却于 8 日带宪兵 10 余人，将 42 名侨领押往菲律宾大学拘禁。这 42 人中有抗敌会主席杨启泰，中华商会主席薛芬士，抗敌会委员薛敏佬、史国铨、许友超、余清箴、李世杰、洪开年、黄士琰、杨启根、王立璇、陈温良、陈水盛、林书晏、蔡祖增、吴道盛、林锦谷、陈三多、詹孟杉、林水×、李焕彩、苏必辉、黄毓欣、吴宾秋、吴家盘、郑汉荣、伍相时、黄海山，抵制日货委员陈穆升、黄念打、蔡派恭、李连朝、施教锯，文化界的于以同，教育界的颜文初和戏剧界的吴九如，以及被认为是“共产党”的洪清机等。此后继续被捕的还有抵制组的苏财安、李福寿，财务组的桂华山等人。他们的财产还被标封。

杨总领事和7名领馆人员及侨领们被拘禁后，日军开头原想利用他们，要求他们：1．通电劝重庆政府和日本“媾和”，承认南京汪伪政权；2．在3个月内为日军募集1937至1941年捐给重庆政府（1200万比索）的两倍款项；3．由日军指挥组成伪“华侨协会”。如答应以上三条则可立即释放，财产退还。但他们坚持正义立场和民族气节，对上述条件“绝对不能接受”。

日军还要杨总领事说出在美国印刷的大量法币存放之处。其实，这一批法币在珍珠港事变前，国民政府已将其运至菲岛海关，拟转运回国内，以后形势恶化，下令由杨氏负责销毁。日本侵略者企图扰乱中国金融，故此穷诘；又胁迫杨启泰交出华侨激进分子名单。但这些阴谋均未得逞。

同年3月18日，日宪兵把8名中国外交人员押往圣地亚哥炮台监禁，将42名侨领移到比里毕大监狱。这些被监禁的中国外交人员及侨领备受酷刑，但他们坚贞不屈。

4月9日，日军攻占曾经作为美菲政府临时基地的峇沓安半岛。侵略者乘军事得胜之时，便于中旬以所谓“军律委员会”的名义审判8名中国外交官，并以“进行反日活动”、“支持重庆政府”、“抵制日货”和“破坏治安”等罪名将他们判处死刑。爱国侨领则被定为“钱财支持抗日”罪，除5名因证据不足被释放外，有28名被判处20年徒刑，9人被判死刑。并宣布所有被判刑者的财产均作为“敌产”予以没收。

4月15日，陈穆升、黄念打、蔡派恭、李连朝、施教锯、于以同、颜文初、吴九如和洪清机等9名爱国侨领被日军秘密残杀于华侨义山。17日，8名中国外交官被押到华侨义山枪杀，然后推入早已挖好的土坑掩埋。

此后不久，日本占领军又判处桂华山、许志北、蔡奇佑等8人20年徒刑。并搜捕抵制组的苏财安、李福寿两委员，于8月19日将他们与积极资助新怡丝夏游击队的陈琼及另一粤侨一起杀害。在这期间，外省不少抗敌会的主席和成员，如描东牙示的蔡及时、新怡丝夏的庄祖武、碧瑶市的陈辉杉、达沃市的陈清泉等也先后被日军杀害。

1945 年，日本无条件投降，菲岛光复。根据华侨义山看守者吴天赐和现场目击者寅那秀及山道示等人提供的情况，在义山东南洼地挖掘出杨总领事等 8 名外交人员的遗骸，于 1947 年运回南京紫金山安葬。并于 1948 年在他们当年就义处建立高大的纪念碑，以纪念下列 8 位为国殉职的外交官：

1．总领事杨光泩；2．领事莫介恩：3．领事朱少升；4．随习领事姚竹修；5．随习领事肖东明：6．随习领事杨庆寿；7．主事卢秉枢；8．学习员王恭玮。

1942 年 4 月 15 日被日军残害的抗敌会抵制日货小组委员计有下列 7 人：

1．蔡派恭；2．施教锯；3．陈穆昇；4．黄念打；5．李连朝；6．李福寿；7．苏财安。

遭害的菲华文教界人士 3 人：

1．颜文初；2．于以同；3．吴九如。后来被杀害的还有张昭明等。

日本占领时期，不少爱国华侨参加地下抗日斗争，给日本侵略军以痛击；后又协助盟军反攻及肃清残敌，英勇奋战。其间壮烈牺牲者甚多，主要为“抗反”、“华支”、迫击团、“抗锄”及“四抗”成员。战后全体华侨为纪念这批为国家民族而英勇战斗、壮烈牺牲的烈士建立了纪念碑，并镌刻碑记，使烈士英名永志青史。

（摘自刘浩然《记日军残害中国外交官员及侨领的罪行》一文，原载《菲岛华侨抗日风云》）

○日寇在怡朗地区的大屠杀

蒋　奋

班乃岛是菲律宾未西耶群岛的一个岛屿，当时全岛分成怡朗、加帛示、安知计三省，华侨约 3000 多人。日寇南侵后，1941 年 12 月中旬，日机 36 架轰炸该岛怡朗市，有侨胞 4 人被炸死。1942 年春，日军占领班乃岛直到 1945 年春败退。三年中间，全岛华侨被日军屠杀有 500 多人，占全岛华侨人口约五分之一。仅怡朗一省被日寇惨杀的，就有 300 多人。如马罗山、巴西、色拉、亚申那、山未迄、亚林佛然、岭挽及怡朗市郊沙洛等地华侨都受到摧残。而其中尤以马罗山、巴西、色拉三社的华侨被杀最多，受害最惨!

马罗山惨案。1943 年 9 月中旬，日军借口马罗山华侨帮助菲游击队，把当地所有华侨集中，一个个拷问鞭打，并采用各种不同刑法屠杀他们。有的被鞭挞至死，有的被砍头，有的被活活烧死，甚至用一种前所未用的屠杀法，把一个叫蔡锭的华侨商人用菲人椿米木棍击其胸部，任他号叫，口吐鲜血而死，然后把他的头割下。当时被害者有黄金来和曾怡树及其店伙、怡朗和源布店店东陈传裔兄弟和店友陈金锭等、金协利店东王国梁夫妇、黎刹汽水厂王平凡夫妇、华商中学教员林金良、木材厂王万雷等 90 多人，另有黄金来长子黄则华被打成重伤未死。

巴西惨案。发生于 1943 年 10 月上旬。日寇于当天清晨与伪菲特务队突然把该社华侨杨德虾椰蔗园包围，令周围华侨集中，男女分开集中于两座屋里，然后翻箱倒筐，掠夺财物，把男的一个个绑起来用刺刀刺杀；女的被脱光衣服，凌辱后杀死。敌人屠杀后并纵火焚烧房子。当时被害的有杨德虾全家，只剩下一个十多岁儿子杨国旌因绑不紧被刺伤后逃脱。最惨的是杨德虾长女一个出生刚十个月的婴儿被日本兽军抢掷地下，然后用刺刀挑起杀害。被害的还有杨藏全家、杨芽兰全家（杨有一子杨建昌因绑不紧被刺伤后逃脱，但其喉咙受重伤）、黄和竖全家、蔡兴炮全家、孙庆珍一家。这次被杀害的共 84 人，其中有怡朗华商中学教员杨宜兴，华商中学篮球队女选手杨秀美、杨秀英、杨明珠、孙佩兰等（遇难人被杀害惨状是后来的伪菲特务队向菲人吐露出来的）。

沙拉惨案。发生于 1943 年 10 月 20 日。日寇借口进剿菲游击队，在夜间从色拉隔社亚非社登陆，沿途奸淫、烧杀、抢掠。据传菲律宾人遇害者近 2000 人。色拉华侨被屠杀的都是住在山奔浪芜洛村。日军在当天上午 9 时许到达该地，除日本兽兵、伪特务外，并押有 20 多个裸体的菲少女（日寇屠杀邻村后押来的）。日军入村后，就把全部华侨集中在戴东权的屋子里，强迫男女都裸体，对他们肆行不堪言状的凌辱折磨，最后一个个带到茅屋下鞭打，拷问菲游击队行踪，鞭打完毕即将他们按在木板上，用军刀斩杀，然后放火焚屋。当时遇难的计有戴东权夫妇、戴九艺夫妇、戴才及其菲妻和女儿（戴才的 15 岁女儿因拒绝日寇奸污，日本法西斯先将她手臂砍下，然后屠杀）、杨文焕父女儿子四人、黄拱、戴永昌等数十人。被集中的华侨只有傅仰万一人死里逃生，他是被砍颈未断而逃出火窟的；也是亲眼见日寇罪行的见证人。同一天，有个叫叶楷士的华侨同他的菲籍妻子正在山间种田，也被日寇杀害。

（摘自蒋奋《追忆日寇在菲律宾怡朗的血腥罪行》一文，《雁来红》第 11 期）

○日寇在古岛毕拉渊的罪行

李清泳　王鹤筹　吴诸谅

1944 年 6 月初，盘踞古沓描岛省会的敌人派出近 200 名日伪官兵，强迫当地土著毛洛族民和两名华人带路，出发包抄丽社，并顺路进剿毕拉渊村。6 月 6 日上午，当敌人突然出现在村边坡地上时，只有几家住在密林附近的，匆匆携妻带儿逃入树林深处脱险，其余 30 人都来不及逃脱，全遭围捕。

敌人既凶残又狡猾，首先向一位经常往沦陷区采购货物的纳卯华侨施加酷刑，诬陷他是“购买物资支援游击队”，毒打数番，几次昏死，又复苏。然后大肆洗劫。把三个集体聚居地的人集中关进一个大鸡舍熬过一夜。6 月 7 日黎明，敌人戒备森严，把这群爱国华侨押出去，列队听他们“训话”。此时，敌人的凶相毕露无遗了。敌酋力竭声嘶地呵斥这群华侨“不与皇军合作”、“联络游击队与皇军对立”等等。接着派出三股日伪军，把人们驱进三间茅屋，捆绑起来，用黑布蒙住他们的眼睛，一声令下，刽子手们的刺刀刺进了他们的胸膛。炎黄子孙的鲜血飞溅，不愿做奴隶的爱国者们躺在血泊之中。敌人又纵火焚烧茅屋，一些儿童活活被烈火烧死，哀号之声惨绝人寰。

敌军屠杀后随即离开毕村。有两个青年葛洛示和小杨被刺未死，从烈火中挣扎出来，一同逃到十多公里以外另一山村，得到前一天最先发现敌人并及时逃脱的蔡金针等几家华侨的救治。但葛洛示伤势太重，无法救活，小杨伤势较轻，在一位女教师的精心护理下，保住了性命，成了这次惨案的唯一见证人。

这次殉难的侨胞，男女老少合计 29 人。拓荒团的领导人黄瑞华一家 8 口，除了他的侄子和我们去丽社而幸免外，全部被杀。

敌祸过后，毕村幸存的侨胞们怀着无限悲痛的心情，把 29 位死难者的遗骸一起掩埋在一口大井中，堆起了高高的坟茔。

1945 年春，日军惨败，撤出岷兰佬岛。原住古岛城镇的菲华人民重新集中在城镇谋生。原华侨互助社、文艺社及拓荒团的同志们又聚合在一起了。他们于日本投降后重新组织起“古岛华侨友谊社”。1947 年，经一班热心的侨胞倡议筹资，把毕拉渊爱国殉难者的骨骸移到古岛华侨义山重新埋葬，并建立起纪念碑。同年 6 月 7 日（殉难三周年纪念日），由华侨友谊社主持，邀请古岛各团体和死难者的亲友们参加，在中华学校礼堂举行隆重的追悼大会，成为古岛华侨社会有史以来一次空前一致的集体行动。

但是，时至今日，日寇残杀毕拉渊爱国华侨仍是一笔未偿还的血债！唯望这个纪念碑永远保留下来，寄托我们对殉难者的哀思，并让后辈永远纪念。

（摘自李清泳、王鹤筹、吴诸谅合写《古岛毕拉渊爱国华侨惨案》一文，《朝阳社十五周年纪念刊》）

○黎明前的黑暗

杨呈祥

1945 年初，马尼拉光复前夕，我怀着无限兴奋的心情，在四层楼的寝室窗前，遥望马尼拉市北方战火连天，立刻跑到青年会向“抗反”临时指挥部报到，接受任务。

报到归队时取到一张临时游击队员证。情报传来哈文尼洛示街发生火灾，我便奉命带领 30 多位在中山小学的“日本工兵”。这些人都是被日军强迫到菲律宾当工兵的汕头同胞。他们早已与我地下抗日组织有联系，日本败退时就被解救出来。此时一听说有任务，他们无不踊跃参加，不顾危险，奋勇向目的地前进。我们抄小路避开日军爆破队伍，沿途时闻爆炸之声，情形极为惊险。救火队伍到达仙下其厘街时，突然由仙彬兰洛街冒出一队车队，满载败退的日军，车上架着机关枪，向救火大队迎面驶来。我胸前挂着游击队员证，领先在马路中前行，沿路两旁居民均站在门口观望。此时紧张万分，我回头一看，幸好救火队员自动避入人群中，否则难免造成惨剧。事后思之，不禁战栗！我救火队员赶到火灾现场后立即奋勇进行灭火工作，及至夜幕低垂，才将火扑灭，深得侨胞们称赞。可是当夜灯初上，巴石河南面旧王城内残余日军开始以迫击炮猛烈轰击河北面的居民区。炮弹落处，屋毁人亡，到处是哭号声，惨不忍睹。

我将这批救火队员撤出火场，平安送回中山小学校舍后，自己却成为无家可归的难民。

入夜，巴石河南岸日军残余，炮击越来越猛烈，美军也开始炮击，巴石河北岸的地区遂成火海。美军强迫居民撤退，我随北撤的难民徒步通过小巷再顺着黎杀大街退至十多公里外的加洛干。次晨，美军发给难民每人一份早餐。吃了早餐之后，我便步行返回市区。沿途看到无数被击毁烧毁的房屋，遍地横尸，有的甚至被炸得人首和手脚分开，状极可怖。

此时美军的火力已将日军压住，使其无力还击。美军的火力已集中袭击河南面的市政府大厦困守之残敌。我踏上计顺桥，远眺巴石河两岸，在日军残酷的"三光"（杀光、抢光、烧光）政策之下，一片片的废墟，满目疮痍。

（摘自杨呈祥《黎明前的黑暗》，《雁来红》第 11 期）

○死里逃生的报告

程泽庚

我本住在三描示仁洛街。2 月 25 日，本区发生大火，我即迁移到百阁区海兰街。27 日下午 3 时左右，有日军数人到来，一个带枪入内，说区里迫近战区，各市民应赶快收拾细软物件，到总医院去。那时我哥哥及亲友邻居共有四五十人，和该区侨胞一起共三四百人，一同到了菲律宾大学。敌人叫我们停住，暂时在草坪上休息。

不久，天下起雨来，日寇叫我们到学校的大厅里去，把行李留在草坪上，不许携带。我们走到里面，那里已有菲律宾人、西班牙人、印度人，连中国人共有一千三四百人，其中有两个日本女人。我们进去后，日军即搬出糖果二箱分给我们，然后就把门、窗关上，只留下一个小窗。随即从这个小窗投进十多个手榴弹。其时各人逃生无路，极为混乱，有人拼命打落一扇板壁，一个大洞敞开，未死的人即由该处逃出，很多妇女小孩被踩死。岂料敌人事先早已在四面埋伏，逃出的人仍被打死。我们几个人幸得未被枪弹打中，逃出后躲避在学校附近，但敌人又立刻来包围，开枪射击，同逃者都被打死。我万幸只被射中一弹，未伤要害，就伏地不敢移动。一小时后敌人又来巡视，我仍不敢动。一个 12 岁的小孩，是我的亲戚，他因略一稍动，即被敌人发现，用刺刀连戳三刀。7 时后，我才扶着这个小孩逃出来。

（摘自"抗反"盟员程泽庚《死里逃生的报告》，《华侨导报》1945 年 3 月 11 日）

○南吕宋描东牙示日寇的暴行

陈　央

我原住描东牙示弹老湾社，3 月 11 日，当美军与华、菲抗日游击队迫近弹老湾社时，市面突然紧张起来。翌日约 6 时，敌人自知死日将至，狂奔怒吼，沿街沿巷敲门击户。当时，我们同伴 6 人，在睡梦中被惊醒，下楼开门，即有几个狰狞倭兵闯入，不分青红皂白，将我们押出。是时，街上已集中了中菲人民将近百人，其中华侨约有40余人。日寇将这些人，以六七人为一组捆绑着，然后押至一所破屋内。这屋子里有一个深坑，敌人强令我们走向深坑，一个个刺杀，被推入坑中。当时这些行将就刑的难民，惊恐万状，哭声震天，我目睹这情境，自念绝无生望。然而，与其作羔羊而死，不如作最后的斗争，或者会有一线生机。主意已定，乃用力撞倒了一个刽子手，然后飞也似地跑到铅线网下跃出圈外。可是当要跃起时，后面砰的一声，敌人开枪了，我中弹倒下。然而逃生的希望，战胜了死神的威胁，我不顾胸前流出的淋淋鲜血，拚命脱去了笨重的羊毛外衣，往前直跑，一口气跑到了一个防空洞。才钻进去，伸头往外探望，这地方离开敌人颇远，未见敌人追来，也许日寇以为我已被打死了。但是这时我的胸前背后都是鲜血，我才想起子弹是从背后打进透过胸前的。时已近黄昏，萧瑟的凄风，加剧了我的剧痛，不久就昏昏地睡去。翌日挣扎到附近某菲人家，住了几天，才到马尼拉就医。

（摘自《南吕宋日寇暴行——陈央死里逃生》一文，《华侨导报》1945年3月21日）

〇又是一笔血债

黄桂华

2月20日上午9时许，三巴洛伪警集众宣示，战事已近，凡属中菲男子，自15岁起到50岁止，全部须做工服役。距敲鼓时间约半个小时，已集中于某寺院。敌人头目对我们说，战事已迫近，希望中菲民众与之合作，帮助“皇军”建筑工事，说完即命令50人（中国人在内）为一批押出做工，每批由3个敌兵监视。至下午1时许停工，即难民分两屋囚禁，并将门窗封闭。不多时对面屋的难民5人一批，被5个敌兵押出，到不远的一个已挖好的坑前，以刺刀刺杀，并推入坑中。其时有临刑的人因恐慌企图逃跑的，即被敌兵开枪打死。与我同伴难民，窥见对面10余敌兵杀人回来，一边走，一边拭刺刀的血迹，个个被吓得面如土色。我目睹此情状，自念同屋难民，死亡是已被决定了，不过是迟早问题，正思量如何对付，敌兵终于到了。先是严密监视，然后以5人为一批，押出去刺杀。这时同屋难民，上天无门，入地无路，哭声震天。我情急生智，溜至一粟堆，用粟与破席把自己盖上，终于被敌人发现，不消说拳足交加，甚至命令跪下，拔出军刀向我砍来。我因拚命挣扎，被砍伤颈部，鲜血淋漓，晕倒在地。醒来已是8时许，在朦胧月光中，只见尸体枕藉。离我不远的施君，正在呻吟着。我即扶着创伤的施君逃跑。走不了多远，后面敌人机关枪怒吼了，我们拖着残躯，沿着崎岭逃生。

（摘自《华侨导报》1945 年 3 月 27 日，记者采访来自南吕宋三巴洛的难侨黄桂华虎口余生的经历）

○南吕宋三巴洛日寇大屠杀

杨柳青

1945 年 2 月，美军已由马尼拉市向南吕宋推进，离三巴洛市已不远了。日军在该市周围的兵员并不多，由于战败，日军的心情紧张，各处贴出书有“必杀”两字的标语。“必杀”两字即是大屠杀的预兆。

2 月 24 日清晨，日军通令全市成年男子总动员，每人必须随身携带草刀或铁铲，要到附近去替日军挖战壕，不去者严办。我们地区“抗反”组织得到这个消息时，立刻作出决定：通知《华侨导报》读者及所能接触到的人们，一律抵制日军的征召。同时指出，当日军面临惨败的时候，什么罪恶的事情，它都能干出来。所以这次所谓挖战壕，可能是个屠杀阴谋，要大家提高警惕。可是当时侨胞们都很害怕，大家不知何去何从，最后只得去问“华协”会长陈××，陈××一口鼓动华侨要去应召。并说，如有人不去而被日军发现，他就不能担保，因此，几乎所有的华侨成年男子计有 600 多人，就去为日军“挖战壕”。结果，实际上是被日军押赴刑场，分队分组用刺刀杀死，然后推进日军事前早已挖好的深沟里去。可怜 600 个无辜的华侨，无缘无故地白白被残杀了。日本法西斯军国主义侵略军的野蛮残忍行为，真是令人发指，毕生难忘。

大屠杀之后，我们撤到市郊的椰林里去，以观动静。几日后，日军把失去亲人而悲痛欲绝的全部老弱妇孺强迫赶到日军的阵地前去，其阴谋是要藉美军的炮火来消灭他们。同时在当夜把全市纵火烧光。

这时候，这一大群——约二三百个孤苦无援的孤儿寡妇是极端悲惨，万分危急的。当我们侦知实情后，便派人绕道深入敌阵地后，偷偷地引导难侨们，沿小路通过椰林撤出危险区，并在沿途设站，护送他们进到安全区去，其中多数人撤往马尼拉，因为那时候马尼拉市已经光复了。

这一群可怜的难侨踏进安全区后，看见我们的工作人员为他们忙碌着，都表示非常感谢。有个马尼拉市的章先生，因为他的家人也获救援，他特地带来了不少慰劳品，表示对我们的谢意。

（摘自杨柳青《战斗在南吕宋的“抗反”读报组》一文，1987《“华支”建军四十五周年纪念特刊》）

（龚陶怡等编:《菲律宾华侨抗日斗争纪实》，中国国际广播出版社1997年版，第293—309页）

（三）缅　甸

1.仰光首次被空袭

瓦城《侨商报》出版后一天，一九四一年十二月十七日，日本帝国主义的铁蹄便踏进缅甸的庄严的土地了。我们报纸的标题是：《日寇偷袭维多利亚角》——维多利亚角即缅甸最南部，今称高桑镇。

侨商报初出三日刊，很快就应各方读者的要求，改作每日一张。由于报纸便宜，由五百份增印到八百份。刚好新的生力军又来了一位，老李放下教书工作从仰光来到瓦城，他懂得闽粤语，即由他出发缅西、缅北推销，报纸，便增印到一千份。尤以后来仰光疏散后，仰光铁路线旅客突增，瓦城车站上报童零售的数目难以统计。同时在华容照相馆楼下开设一家曼德里书店，腊戍有一家新华书店，做了报纸的代销处。

自报纸出版后，我就日夜不能离开公司了。幸好数月前仰光又来一位做木工的族叔，他做了公司的厨子；又有一个内侄，他做了裁纸和装订的杂工，分担了彩兰的煮饭和装订工作。因为在报纸筹备出版之前的九月二十日，兰产下一个女孩子，刚弥月是鲁迅逝世纪念日，我和老刘参加了瓦城青年在闽侨庆福宫门前平台上举行的纪念会讲话，我回来邀朋友姜酌，便给出生的女儿取名“韧”，来志念我们韧性的战斗。

工作最困难的问题，是排字工友还不会排版，每天四个版子还须我在晚上亲自动手。夜里，工场只有我和编辑杨林同志。他校对，有时他帮忙校改版里的错字。他一面工作，一面唱着“我们都是神枪手，每一颗子弹消灭一个敌人……”我的培儿摇着裁纸机的绞轮，也跟着哼起来。这工作是充满斗争快感的。我们工作到深夜完毕，才唤醒印刷工人轧版上机，开始付印明晨的早报。我有时和杨林兄在街头买两包烤玉米，往茶店喝杯热咖啡，这寒夜的生活是够温暖的。

十二月二十四日深夜，我们校好仰光昨日首次被敌机空袭的消息，杨林先去睡了，我独自在排着《海燕》副刊版的当儿，门外忽有人叫我。是尹巾英坐三轮车到来，她说火车刚到，许多朋友逃难来到车站；她又说：钱大嫂在金甘那产科医院产后也遭遇到这场惊险，正脱险乘火车到达车站……

我忙往报社叫醒老刘他们也往车站接应，我和巾英雇了马车先往车站去。这时瓦城灯火管制，路上暗黑已无行人，天气寒冷，我把呢外套脱下给巾英穿上。车里暗黑看不清她的脸，只听见她谈仰光被敌机轰炸，市民死亡，血肉飞溅，肢体挂在电线杆上的惨状。她说话紧张到口沫溅射到我的脸上来。

我们用马车送钱大嫂和婴孩到公共医院去；幸好医院距离车站不远。两月前，我的女人才进过这家医院生育韧儿，所以我认识那些看护妇，马上就代我们找到床位。而且关照一下：这是从仰光空袭脱险的产妇和刚产下三天的婴孩。——战争是这样迫害着无数的母亲和她们的孩子啊!

一九四一年十二月二十三日午，日本轰炸机首次空袭仰光，炸弹落在班扫坦一带（由二十八条街至三十六条街），并低飞扫射平民，炸死和重伤在千余人以上，造成空前的惨剧。敌人投下的小型炸弹，大约三十磅到七十磅不等。街道死尸遍地，血肉挂在路旁树梢，飞溅店门前；有的死尸躺在人力车上，脸孔胸部炸穿，血肉模糊，厥状至惨。当敌机低飞时，停泊仰光江中的美国舰队，成为敌机轰炸的目标。"美籍"中国空军发射高射炮。结果击落敌机三架，有一架坠落十七条街铁市场附近起火，烧了房屋二间，敌机内四人随机俱毁。——这是我们报上登载的消息。

敌机空袭仰光时，由于市民听到警报没有逃避的经验，市中心的白塔公园一带，有数百市民被扫射死亡。英商发新公司的主人夫妇在露台上"观战"，亦被扫射丧命。尤其令人愕然的，当警报发出敌机临空时，马路上电车、公共汽车、人力车依然行驶，所以人力车夫死伤相当大。人行道和住户的防空室建造不善，有许多人因之伤亡。——凤鸣的腰部就因防空室陷落被压伤，她丈夫运送她到瓦城我家里来。

（郑祥鹏编：《黄绰卿诗文选》，中国华侨出版公司 1990 年版，第 300—302 页）

2.瓦城陷落火海中

一九四二年四月三日，瓦城遭日机首次空袭。

我于二月下旬从八莫回到瓦城。兰不放心我留在瓦城，她随后抱着韧儿长途历险乘舟换车回来。她看时局还安静，三月三日便又押带公司的一部份器材乘船再行北上。当轮船一开出瓦城江岸，启航不久，瓦城便遭受日机的首次空袭。炸弹落在皇城内的军区。同日因蒋介石、史迪威在眉苗会谈，腊戍、眉苗亦遭日机空袭。兰在轮船上遥望见，瓦城市内浓烟冲天，她焦虑我的安全；在这整月她为我担心不少。

三月八日，日寇正式占领仰光。三月十一日，中国军队才赶到东吁布防；三月十八日下午在距东吁以南三十英里彪关的河边与敌军初次接触。即国民党中央社称为“东瓜大战”（东吁讹译东瓜，又译同古）。

因为天气炎热，中国军一开到缅境，他们就在车站大吃西瓜。后来四月十五日蒋介石还寄一封“内容毫无意思”的信给史迪威，要求供给中国兵士每排一个西瓜。事实上这时的交通已无法供应大批西瓜，况且西瓜产地已多在战区以南了。中国人认为西瓜可解暑，但有些中国军滥吃西瓜染了痢疾。

入缅的中国第五军政治人员拿了绘画的地图到我们公司要制版印刷。我见地图上所译的地名，没有一个懂得的，彬文那译作“平蛮那”。我以瓦城无制电版设备婉辞。他们竟把我的办公桌背后挂壁的英文缅甸地图取去了。这些第五军的军官还表示要我们把印刷机器赠送他们。

中国军匆匆入缅，名义还搞不清楚。他们来印刷的“前敌总指挥官”的“宣言”，先写作“援缅军”，后来才定为“远征军”。宣言一大张合印中英缅三种文字，是我们工人赶排，用大印报机印刷的。

这时的侨商报，已经是全缅唯一的报纸了。为着报导战事消息，报社特派老任往南珊邦第六军方面采访。这位文弱书生竟当了随军记者，部队也利用他懂得英语当翻译。后来他从东枝回来，送赠我一把珊族的银鞘短刀。

朋友正来往瓦城腊戍之间抢购物资运入祖国。俊生兄搜购大批铁钉；褰裳兄买了一批红墨水笔尖和誊写纸。褰裳兄把无法带走的笔尖交我保管。我准备疏散的行李只有一个皮箧，盛装了衣服便放进一盒盒笔尖，剩下的又用麻袋盛装。时刻警惕着，一面坚持着继续出版报纸，一面准备着到最后的撤退。

四月三日，瓦城遭受日机空袭，全城顿陷于四面黑烟冲天的火海中。炸弹轰隆，房屋震动。因轰炸瓦城东面车站和汉人街一带，燃烧弹蔓延半个市区。朋友们正欲往云南会馆抢救，忽见战工队队员纷纷跑来，巾英姊妹痛哭着，她们的一个妹妹被炸死了!有几个女同志被炸伤了！一个男同志、一个伙夫同志也被炸死了……事后调查：瓦城遭受敌机空袭结果，有二千余市民死亡，城内精华尽毁；有历史价值的云南会馆等建筑亦被炸毁，惟故宫无恙。

次晨，正要把昨夜印好的号外派送，几个报童不来了，全城死寂，商店关门，没有读者接受我们这份最后的报了；但仍由战工队代为分发。

这时我们仍没有打算撤退，只是分散到郊区暂避。我正同工友往探望亲友的情况，市区四面又起火了。这次是奸细纵火。我们忙回公司，督率工友拆卸小型机器和铅字；我又拿机轴铁柭，往撞开报社的门，叫工友搬运同志们的铺盖行李，扯断电线，搬出三部收音机。恰有一部罗厘车开过，我截住车子任从司机索取运费，把全部器材行李运到江边去。这时东南风正紧，火焰和黑烟已吹向我们这边来。

同志们集合到江边来了。战工队队员有五六十人，连我们三个单位：开民印刷公司、侨商报和曼德里书店一共八十多人。把公司早已准备的一包米和罐头干粮取出，分几次烧饭，分几批进食。大家拿出自备的漱口盅和碗杯，蹲在地上吃饭。这时已经晚上了，市内的火焰还一阵阵爆炸、喷发，像几条火龙探向天空吐着血红的火舌。天色愈黑，愈显出火光染得漫天通红，映照着我们蹲在江边的难民群。我一面吃饭，一面说了一句话，张华夫兄说，你哼成诗句了。这句话是：“敌人燃烧起的战火，映照着我们吃晚饭。”

（郑祥鹏编:《黄绰卿诗文选》，中国华侨出版公司 1990 年版，第 309—311 页）

3.日寇的血腥统治

日本帝国主义侵占缅甸，先行派遣间谍深入内地，收买内奸纵火劫掳，屠杀平民，扰乱后方，配合它的进兵。占领缅甸后即进行搜索反日分子，大捕华侨，为巩固统治作一次血腥的屠杀，先来一个下马威。

一九四一年一月十九日，日军骑象偷渡缅泰边境，从缅南进攻毛淡棉，三月七日勃固失守，次日正式占领仰光市，仰光以南的溪渊镇，于二月廿四日即被内奸骚扰，华侨男女老幼被杀害的三百零六人。

日军占领全缅后，于一九四一年六月初开始在全缅搜捕华侨反日份子，由台湾汉奸李禾田带领，根据缅甸华侨救灾总会工作报告书，在各山芭搜捕反日华侨；在仰光市则于六月十一日凌晨五时包围华区，日本宪兵木下队（驻扎建德堂楼下），前山队（驻扎印商提琴标大厦），先后共拘捕华侨六百余人。经过酷刑殴打、灌辣椒水审讯后，竟将杨名题、叶楷书、林加樵、李伯桑、曾文照等数十名拘禁，其余则陆续释放。杨名题等五人于七月十七日被日军宪兵以“破坏东亚新秩序，妨害皇军进展”罪，解往九文台福建公冢枪毙。杨名题等人的眷属男女老幼共五十八人已先前一天被拘押，十八日晨全部被押上火车配送到腊戍，转上卡车往滚弄放逐，他们流落滇西顺宁、保山等地。五十八人多属妇孺，经一个多月的长途跋涉，在路上死亡大半，抵保山时仅剩十一人。

日军在全缅各地搜捕的华侨，据所知被杀的有八莫中华学校教员韩绳祖等，亦以在其家搜得官厅旧制服而加罪，押至江边秘密行刑，尸首亦无下落。

在日寇的血腥统治期间，被屠杀的侨胞无法知道的尚不知数。兹将上述林加樵诸被害侨胞的亲属将他们被日寇放逐的惨状忆述经过，附录如下……

一九四二年六月十一日早晨七时，日本宪兵木下队、前山队在仰光拘捕了华侨六百余人审讯（主要是拘捕战前参加救灾总会、抵制日货委员会的侨胞），经过非人的拷打灌水等酷刑后，林加樵、杨名题、叶楷书、李伯桑、曾文照五人被拘禁。其余的侨胞虽然死里逃生，但都已遭受虐待，变得半死不活了。他们头发蓬乱，眼窝深陷，皮肤青黄，脸部和手足浮肿，形状至为凄惨。

七月十七日，林加樵等五位爱国侨胞被日寇以“破坏东亚共荣圈，妨害皇军进展”的罪名，解往九文台福建公冢枪毙。据曾目击这次屠杀的缅甸人说，日军先叫他们五人各自挖土坑，然后开枪打死。在这片荒芜的黄土中，尸骨化成泥土，饮恨已二十一年了！

在林加樵等人死难前一日，他们的家人七十余人亦全部被拘禁在当时百尺路建德堂楼上日本宪兵木下队本部内，日军只给他们一些饭团，大家不能下咽。关禁了三天，七月十八日早晨，这五位死难者的遗属全部被放逐回国。大佐岗田由台湾籍汉奸李禾田翻译“训话”说：“按照日本皇军规定，一家有一人犯罪，须全家遭杀，这次特别优恤，驱逐你们出境……”遗属们在武装监视下，被四部大卡车送至仰光火车总站，关禁在车厢里，押送到腊戌去。车厢暗黑，只有机枪扫射过的弹孔透进一点空气和阳光。吃饭、睡觉、大小便都只许在车厢内解决。到达腊戌被卡车押送到中缅边界的滚弄放逐回国。他们七十余人扶老携幼，沿滚弄江进入滇西，沿途高山深林，不见人烟，大家不识路，又没人可问，只得在荒山野岭中摸索地走了一个多月。他们所带的粮食只吃十多天已尽，大半的日子靠吃生的蕉果，或摘树叶煮熟蘸盐吃，或以野生的留甘子、奈子孛充饥，喝的又是山水，蚊虫袭击，许多人因此得病在途中死去，尸体无法埋葬，只用布或毯盖着，弃于路旁。他们在高山露宿，大家蹲在一处，用手支持蚊帐，因在雨季，脚下水流，地面潮湿，不能躺下睡。他们日日夜夜受尽风吹日晒，雨淋蚊虐，加以水土不服，大家都打摆子。当时他们谁也不知道谁能够留得残命活下去。在这饥寒交迫、病无药医的惨景下，他们只剩下十多人于战后生还仰光！

十一年了，这笔血债是永远难忘啊！

（郑祥鹏编：《黄绰卿诗文选》，中国华侨出版公司1990年版，第369—371页）

后 记

本课题的承担，得到中国侨联支持并提供查阅资料之便利；韩山师范学院则为笔者开展课题研究工作，提供了良好条件。编研过程中，承蒙中央党史研究室第一研究部研究员（现为科研管理部副主任）姚金果博士和该部研究员、原副主任李蓉博士，负责工作联络并予以具体指导；中央党史研究室宣教局副局长、研究员任贵祥博士，中央党史研究室第一研究部原主任霍海丹编审，拨冗认真审读文稿并提出中肯修改意见。此外，厦门大学南洋研究院院长庄国土教授、暨南大学华侨华人研究所原所长高伟浓教授及其硕士生周珊女士等师长及友好，提供了资料查阅之协助；拙荆李玉茹女士亦不辞辛劳，校对了部分稿件。在此，一并致以衷心的感谢。

黄晓坚

2014 年 11 月 14 日

总后记

历时多年的《抗日战争时期中国人口伤亡和财产损失调研丛书》终于问世了。参加这套丛书编纂工作的，主要是承担《抗日战争时期中国人口伤亡和财产损失》课题调研任务的各省、自治区、直辖市及其下属市、县的领导同志和课题组成员，以及部分著名专家。他们以高度的责任心和使命感，竭尽全力，攻坚克难，终于完成了各自承担的任务，并按统一要求，形成了调研成果的A系列书稿。同时，有关省、自治区、直辖市还从实际情况出发，编纂了主要反映市、县调研成果的B系列书稿。由于各地情况不尽相同及其他原因，呈现在读者面前的丛书，将分批陆续完成和出版。

为了保证质量，我们对本丛书中由各省、自治区、直辖市完成的A系列书稿（即省级调研成果）实行了四级验收制，即：所有的省级调研成果，先由有关省（自治区、直辖市）课题领导小组及其聘请的省级专家验收组分别审读通过、写出书面意见；然后提交到中共中央党史研究室课题组。中共中央党史研究室课题组审读后，再聘请国内知名专家审读书稿，提出书面意见。对每次审读提出的意见，各省、自治区、直辖市课题组都认真研究落实，对书稿进行反复修改，或是说明相关情况，直到符合要求。由一批专家完成的A系列书稿（即带全局性的专门课题调研成果），也通过类似的办法验收。主要反映市、县调研成果的B系列书稿，则由有关省、自治区、直辖市党史研究室组织验收。各种调研成果验收修改的过程，同时也是调研的深化过程、提高过程。经过反复修改补充的成果，在质量上都有明显提高。

中共中央党史研究室课题组在中共中央党史研究室室委会和分管室副主任的具体领导下开展工作。中共中央党史研究室几任主要领导同志即曲青山和孙英、李景田、欧阳淞主任，非常关心和重视本课题调研工作的开展。分管这项工作的室副主任李忠杰同志始终严格把握政治方向，精心部署和安排，明确提出创建“精品工程、基础工程、警世工程、传世工程”的要求，给工作指明方向，还及时领导解决调研过程中遇到的种种困难和问题。各地同志和有关专家同中共中央党史研究室课题组保持密切联系，对中共中央党史研究室课题组的工作给予了积极配合和支持。

中共中央党史研究室课题组由李忠杰、霍海丹、李蓉、姚金果、李颖、王志刚、王树林、杨凯等同志组成。先后担任中共中央党史研究室第一研究部领导职务的黄修荣、刘益涛、蒋建农同志参与了课题调研和审改的部分工作。中共中央党史研究室科研管理部、办公厅的部分同志也参与了有关工作。特别是在北京市和山东省召开的两次全国性会议，中共中央党史研究室科研管理部、办公厅的有关同志自始至终参与了繁忙的会务工作，付出了大量心血和辛勤劳动。

在李忠杰同志直接领导下，中共中央党史研究室课题组承担了组织指导与协调推进各地课题调研和联系有关专家完成全局性专题调研的繁重任务。在人手十分有限的条件下，课题组同志们近10年如一日，以对民族负责、对历史负责的自觉精神，克服困难，埋头苦干，为圆满完成任务做了大量工作。计先后编发213期达60多万字的《工作简报》，同各省、自治区、直辖市的同志和有关专家进行了数以千次、万次的电话联系及当面沟通，先后到10多个省、自治区、直辖市实地调查、参加会议，了解情况，当面指导，协助各地完成调研工作，或邀请有关地方的同志到北京进行座谈；还组织22个省、自治区、直辖市课题组编纂《抗日战争时期全国重大惨案》，同中央档案馆联合编辑《抗日战争时期解放区人口伤亡和财产损失档案选编》，同中国第二历史档案馆、中国人民解放军档案馆联合编辑其馆藏的相关档案资料，撰写有关专题报告，等等。将近10年来，课题组成员虽有变动，但工作始终如一，没有延误和懈怠。

需要说明的是，《抗日战争时期中国人口伤亡和财产损失》课题，有时也简称为抗战损失课题或抗损课题。虽然有学者认为"抗战损失"或"抗损"通常只能反映抗日战争中财产方面的损失，人口伤亡不能称作损失，但考虑到当年国民政府习惯采用"抗战损失汇报"或"抗战中人口与财产所受损失统计"等表述，所以本课题参照前例，以"抗战损失"或"抗损"作为课题简称。

2014年初，根据中央领导同志的指示精神和中共中央党史研究室室委会关于做好出版和对外宣传全国抗战损失课题调研成果准备工作的要求，我们组织部分省、自治区、直辖市的分管领导和课题组成员对已经印出样本的A系列书稿再次进行复审和互审，并邀请部分承担了抗战损失专题调研任务的专家参加审稿工作。这次集中复审和互审的主要任务是：审核已经印出样本的A系列书稿，对相关数据、史实严格把关，保证课题调研结论的真实性，保证书稿没有重大差错。中共中央党史研究室主要领导同志和分管领导同志也提出要求：把工作做得再深入、再扎实一些，统一规范，责任到人，把问题消灭在书稿正式出版之前。

在复审和互审过程中，地方同志和邀请的专家以多种形式及时沟通，围绕审稿发现的问题研究讨论，和中共中央党史研究室分管领导进行交流，对一些重要的共性问题达成一致。经过复审和互审，对有关的A系列书稿做出进一步修改。在此基础上，中共中央党史研究室课题组同志又对拟第一批出版的每一部A系列书稿进行多环节的审读、检查、修改、校对，严格审核把关，尽可能如实、客观地反映调研情况和成果。

中共中央党史研究室的其他同志及一些外聘同志、从地方党史部门借调的同志，如徐玉凤、谢忠厚、杨延力、郭明泉、戴思厚、王俊云、梁亿新、宋河星、毛立红、王莹莹、茅永怀、庚新顺、李蕙芬同志等，满腔热情地参加了本课题调研的部分工作。不论是调研选题的讨论、同有关各方的联络，还是资料的整理、归类、建档等，他们都付出了辛勤的劳动。

这里，还要特别感谢国家社会科学基金规划办公室、国家新闻出版广电总局有关领导和同志对本课题调研工作的支持和帮助，感谢有关部门对丛书出版经费的支持和保证。中共党史出版社的领导汪晓军以及陈海平、姚建萍等同志，也为这套丛书的出版花费了很多心血。

我们相信，本丛书 A 系列和 B 系列各卷的陆续公开出版，必将大大有助于抗战损失课题调研成果的推广利用，有利于固化历史，更好地发挥以史为鉴、资政育人的作用。但是，我们也深知，本课题调研迄今所取得的成果，还只是阶段性的、部分的、不完全的成果。在已经取得的来之不易的成果的基础上，今后，这一课题的调研工作还要深入不懈地继续进行下去。

中共中央党史研究室课题组

2014 年 4 月 30 日